U0891471

高等农林院校系列教材

畜牧微生物学

Animal Husbandry Microbiology

杭柏林　胡建和　徐彦召　金文杰　主编

科学出版社

北　京

内 容 简 介

畜牧微生物学是以微生物学的理论和技术来研究正常动物的微生物、与饲料及其加工相关的微生物、与畜产品相关的微生物、动物的病原微生物及其所致传染病的免疫预防、诊断和治疗等，是动物科学专业学生的重要基础课程之一。

全书包括总论、各论、实验指导和附录。总论部分包括三大类型微生物(原核细胞型微生物、真核细胞型微生物和非细胞型微生物)、微生物生态学、外界因素对微生物的影响、微生物的遗传与变异、动物免疫学等的基础理论；各论部分包括动物病原微生物、饲料与微生物、畜产品与微生物等实用理论；实验指导部分主要是畜牧微生物学的基本实验项目；附录部分包括实验室常用的器皿、仪器、培养基、染色液、试剂等的准备，以及病原分类目录和疫病病种目录。

本书注重基本理论、基本技能，理论联系实际，紧跟学科发展，利于学生综合素质和综合能力的培养。本书是动物科学专业及相近专业的教学用书，也可作为科研生产相关人员的重要参考书。

图书在版编目（CIP）数据

畜牧微生物学 / 杭柏林等主编. —北京：科学出版社，2017.4

高等农林院校系列教材

ISBN 978-7-03-052496-6

Ⅰ. ①畜…　Ⅱ. ①杭…　Ⅲ. ①畜牧学-微生物学-高等学校-教材

Ⅳ. ①S852.6

中国版本图书馆 CIP 数据核字（2017）第 072552 号

责任编辑：王玉时　刘　畅 / 责任校对：郑金红

责任印制：张　伟 / 封面设计：陈　敬

科学出版社 出版

北京东黄城根北街 16 号

邮政编码：100717

http://www.sciencep.com

北京建宏印刷有限公司 印刷

科学出版社发行　各地新华书店经销

*

2017 年 4 月第　一　版　开本：787 × 1092　1/16

2023 年 7 月第六次印刷　印张：24

字数：614 000

定价：88.00 元

（如有印装质量问题，我社负责调换）

编 写 人 员

主　编　杭柏林　胡建和　徐彦召　金文杰

副主编　孙亚伟　范忠军　王　青　张慧辉

编　者

王　青　王　磊　王丽荣　韦光辉	河南科技学院
朱惠丽　孙亚伟　张慧辉　杭柏林	
胡建和　徐彦召　郭　锋	
李　杰	河南省新乡市农牧局
吴晓平	福建农林科技大学
邵红霞　金文杰　钱　琨	扬州大学
范忠军	盐城师范学院

主　审　秦爱建　　扬州大学

前　　言

教育、科技、人才是全面建设社会主义现代化国家的基础性、战略性支撑。必须坚持科技是第一生产力、人才是第一资源、创新是第一动力，深入实施科教兴国战略、人才强国战略、创新驱动发展战略，开辟发展新领域新赛道，不断塑造发展新动能新优势。

随着人类社会的进步与科学技术的发展，学科之间不断相互渗透，畜牧微生物学在其内容、任务、作用、社会地位上已经发生了一些改变，与生物学、医学、公共卫生、环境保护、农业生产、食品加工和生产等多个领域相互联系，对保护人类健康、促进国民经济发展和提高人民生活水平具有重要作用。因此，我们总结了教学科研和临床实践的经验，并参阅国内外相关研究资料，力求组织编写出理论与实际相结合的教材。在本书编写过程中，以培养学生综合能力为指导思想，以紧密联系实际、充分反映新理论与新技术为指导原则，使本书更能体现畜牧微生物学的特点，并经过多次讨论和修改，以力求体现本书的科学性、系统性、实用性和新颖性。

全书内容共分理论教学与实验指导两部分。理论教学部分有绪论、总论和各论，是本书的重点内容。第一篇为总论部分，较系统地介绍了畜牧微生物学的理论和实验技术，主要包括微生物的形态、结构、生理生化、分类、生态、命名、与外界环境条件相互作用、遗传变异和动物免疫学等基本理论和基本知识。第二篇为各论部分，介绍了各种重要动物病原微生物的主要特性、饲料微生物，以及动物性食品卫生相关微生物的有利与有害作用。第三篇为实验指导部分，包括 21 项实验，重点介绍了微生物学的基本实验技术。另外，书后还有 7 个附录，介绍了一些动物病原微生物分类名录等。本书既注重理论教学，又注重实际操作，并将近年来一些新内容做了适当介绍。

本书可供高等农林院校动物科学专业、动物医学专业、生命科学类专业的本科生和研究生使用，也可作为食品加工、食品检验、经济动物、实验动物、动物检疫、医药卫生、畜牧兽医等科研单位和企业单位研发人员的参考用书。

在本书的编写过程中，我们参考了大量的文献，在此，本书全体编写人员向文献的原作者和版权持有者致以最衷心的谢意。同时，由于我们的水平和能力有限，加之新方法和新技术不断产生、新概念和新思路不断涌现，因而书中的疏漏之处在所难免，恳请各位读者在使用过程中提出批评与建议，以便及时修订，在此我们向您致以诚挚的谢意。

编　者

2017 年 1 月于新乡

前　言

目　　录

第三篇　实 验 指 导

绪　　论

微生物(microorganism)是指个体微小(一般肉眼看不见或看不清)、通常须借助显微镜才能看见的生物类群的总称。

一、微生物的类型

目前，已发现的微生物有10万种以上。根据形态、结构、繁殖等特征，可将微生物分为细菌、螺旋体、支原体(曾称为霉形体)、立克次体、衣原体、真菌、病毒、藻类和原生动物。根据核的类型和个体形态，可将微生物划分为三大类型。

1. 原核细胞型　个体呈单细胞，有DNA和RNA，DNA在胞质中不形成细胞核的结构。原核细胞型微生物主要包括细菌、螺旋体、支原体、立克次体、衣原体和蓝藻(又称蓝细菌)。

2. 真核细胞型　个体呈单细胞或多细胞，有DNA和RNA，DNA在完整的胞核内。真核细胞型微生物主要包括真菌、大多数藻类和原生动物。

3. 非细胞型　个体不呈细胞结构，仅含一种核酸(DNA 或 RNA)与蛋白质构成简单的颗粒，必须在宿主细胞内才能复制，大多数病毒属于此类型；或仅含有核酸，如卫星因子和类病毒；或仅含有蛋白质，如朊病毒。仅含有核酸或蛋白质的非细胞型微生物归属于亚病毒。

各类微生物的基本特征如表0-1所示。

表0-1　不同型微生物的基本特征(引自黄青云, 2009)

核　型	类　型	个体结构	个体大小	观　察
原核型	细菌	单细胞	0.1～10μm	油镜
	螺旋体	单细胞	0.1～3μm	暗视野[a]、油镜
	立克次体	单细胞	0.2～0.7μm	油镜
	支原体	单细胞	50～200μm	油镜
	衣原体	单细胞	0.2～1.5μm	油镜
真核型	真菌	单或多细胞	2μm至1m	显微镜或肉眼
	藻类	单或多细胞	1μm至几米	显微镜或肉眼
	原生动物	单细胞	2～200μm	显微镜
非细胞型	病毒和亚病毒	颗粒	0.01～0.25μm	电镜

a. 观察活菌时需用暗视野显微镜。

二、微生物的主要特点

1. 个体微小，结构简单　大多数微生物的个体极其微小，需用显微镜才能观察到。迄今为止，个体最小的细菌是一种引起尿结石的纳米细菌，直径仅为50nm；个体最大的细菌是一种硫细菌，直径为0.1～0.3mm。微生物的结构比较简单，大多数为单细胞，只有少数为多细胞，也有的呈非细胞型的颗粒状。

2. 吸收多，转化快 微生物吸收和转化物质的能力比动物、植物要高很多倍。在合适环境下，大肠杆菌每小时可消耗约为其自重2000倍的乳糖。产朊假丝酵母合成蛋白质的能力比公牛强约10万倍。

3. 生长旺，繁殖快 微生物具有惊人的生长繁殖速度。在合适条件下，大肠杆菌仅需12.5～20min即可分裂一次。

4. 适应强，易变异 微生物极其灵活的适应性(如抗热性、抗寒性、抗盐性、抗酸性、抗压力等)是高等动植物无法比拟的。深海中某些硫细菌可在250～300℃的条件下生长；嗜盐细菌可在饱和盐水中生长繁殖。微生物的变异频率仅为10^{-9}～10^{-6}，但可在短时间内产生大量变异的后代。

5. 分布广，种类多 生物圈各个角落都有微生物的踪迹，无处不在。目前确定微生物种数约有10万多种。随着分离、培养和鉴定方法的改进与研究工作的深入，将会发现更多的微生物。

三、微生物与人类、动物、植物和环境的关系

微生物与人类、动物、植物和环境的关系十分密切。大多数微生物是有益的，少数是有害的。自然界中微生物是人类取之不尽、用之不竭的资源。微生物以其独特的生理代谢优势，参与了污水处理、气候变暖与调节、能源再生、粮食生产、疾病流行等许多人类生产生活与自然的活动。

1. 微生物参与自然界中的物质循环转化 微生物在碳素、氮素和磷素等物质循环转化中起主要作用，可维持土壤肥力，促进植物生长、结果，供给人类粮食和动物饲料；动植物死亡后的残体主要依靠微生物进行分解、转化，如此反复循环。微生物能将纤维素等可再生资源转化成各种化工、轻工和制药等工业原料。利用某些特定微生物可生产能源物质，如某些微生物把纤维素转化成乙醇，产甲烷菌把一些可再生资源转化成甲烷，光合细菌、蓝细菌或厌氧梭菌等微生物生产“清洁能源”——氢气。

2. 微生物与人类食品、动物饲料 微生物在制造人类食品(如酒、酱、醋、面包、干酪等)、动物饲料(如青贮饲料、单细胞蛋白饲料等)过程中发挥重要作用。但也有的微生物可使食品或饲料发生腐败、酸败、霉变，有的产生毒素，引起人类和动物的食物中毒。

3. 微生物与医药 许多微生物与人、动物和植物形成了共生关系，成为人体、动物和植物体中的正常菌群，帮助维持机体健康。利用这些微生物制备微生态制剂，可治疗因正常菌群失调而患病的机体。有许多微生物会引起人、动物和植物的传染病。也有一些微生物可产生抗生素，用于治疗一些传染病。许多病原微生物或其有毒产物，常被用于研制生物制剂，用于传染病的免疫预防、诊断和治疗。

4. 微生物与科学研究 微生物结构简单，操作方便，可用作模式生物，进行生化和基因组学的基础研究。现代遗传工程正广泛利用微生物进行基因克隆、表达，研制各种基因工程疫苗、药用蛋白或肽等。

5. 微生物与环境保护 微生物在环境保护方面有很好的应用，如利用微生物肥料、微生物杀虫剂或农用抗生素来取代会造成环境恶化的各种化学肥料或化学农药，利用微生物生产的聚羟基丁酸酯制造易降解的医用塑料制品以减少环境污染，利用微生物来净化生活污水和有毒工业污水，利用微生物技术来监察环境的污染度。

四、微 生 物 学

微生物学(microbiology)是研究微生物形态、结构、生理生化、遗传变异、生态分布、命名分类，以及与人类、动物、植物等生物相互关系的科学。原来的微生物学还包括了免疫学和原虫学，但随着研究的深入与发展，原虫学已列入寄生虫学科，免疫学已独立成为一门学科。

在历史长河中，人类能有效应用有益微生物为生产生活服务，但也不断地与病原微生物做斗争。在斗争与利用的过程中，微生物学的发展不断取得突破，经历了几个重要阶段。

1. 萌芽阶段　又称为史前期，约 8000 年前至公元 1676 年。在中国，祖先们早就学会了曲、酒、酱、醋、乳酪、酸菜、"酸奶子"等食品的制作，通过驱赶疯狗来防御疯狗病，创造了用患者痘痂接种的方法以预防人的天花，灌服稀释病牛血(灌花)以预防牛瘟，对传染病的病原提出了"虫"和"戾气"等学说。但是，古人受到科学技术落后的限制，还不能观察和认识到微生物。

2. 初期形态学阶段　这一阶段从 17 世纪中后期至 19 世纪中期，经历了约 200 年。1676 年，荷兰业余科学家列文虎克(Antony van Leeuwenhoek)使用自制的可放大 200 倍的简单显微镜首次观察到了细菌(图 0-1)，打开了微生物世界的大门，具有划时代的意义。随后，人们对微生物的形态、大小、排列展开了研究。但是，当时正流行的自然发生论(又称无生源论，其核心思想为"生物是神创造的"）主张"任何生物的作用都是自然发生的，微生物也一样，不受人的控制"。自然发生论的精神枷锁阻碍了科学研究的深入，使得微生物学的研究历经 200 多年却一直在形态学方面停滞不前。

3. 生理学与免疫学发展阶段　这一阶段从 19 世纪中期至 20 世纪初，约有 50 年。1861 年，法国学者巴斯德(Louis Pasteur)以著名的曲颈瓶试验，首次揭示了灭菌肉汤的腐败变质是由微生物作用引起的，微生物是由"种子"繁殖的，不是自然发生的，建立了胚种学说，从而否定了自然发生论，推动了微生物学的发展(图 0-2)。巴斯德还建立了稀释和次代培养的无菌技术，证实了发酵是微生物作用的结果，发明了预防酒变酸的加热消毒法(后被称为巴氏消毒法)，证明了禽霍乱、炭疽和狂犬病等疾病是由病原微生物引起的，并研制出相应疫苗。因此，巴斯德被认为是微生物学和免疫学的奠基人。

图 0-1　安东尼·列文虎克(1632—1723)
(引自张小凡，2013)

图 0-2　巴斯德(1822—1895)
(引自张小凡，2013)

在此阶段，其他著名研究人员也做出了重要贡献：德国医生柯赫(Robert Koch，1843—1910)发明了固体培养基、细菌纯培养法、流动蒸汽灭菌法、细菌染色法、显微摄影术，提出了著名的“柯赫法则”，发现了炭疽杆菌、结核分枝杆菌、霍乱弧菌；1892年，俄国科学家伊凡诺夫斯基(Dimitri Ivanovslcy)首先发现烟草花叶病的病原是一种光学显微镜看不见、能通过细菌滤器的极微小生物——病毒，从而创立了传染病的病毒学说；德国医学家欧立希(Paul Ehrlich)提出了体液免疫学说；俄国免疫学家梅契尼科夫(Elie Metchnikoff)提出了细胞免疫学说。

在这一时期，其他学者改良了细菌染色技术和显微镜技术，发明了细菌分离培养技术和病毒培养技术，分离出许多人和动物的病原，揭示了许多细菌的生化特性、机体免疫现象和机理等，大大丰富了微生物学的内容，使微生物学发展成了一门独立的新学科。

4. 现代微生物学发展阶段 20世纪40年代以来，遗传学、生物化学、分子生物学、电子计算机、显微成像等理论和技术的发展推动了微生物学研究向更高水平发展，微生物学成为整个生命学科中发展最快的前沿学科。例如，微生物的生理生化研究促进了抗生素、化学治疗剂及对人畜传染病治疗的研究，细胞培养、空斑技术、蛋白质及核酸纯化技术促进了病毒学的研究，电子显微镜技术推动了微生物结构亚单位、分子结构及病毒鉴定等的研究，标记抗原和抗体技术、杂交瘤技术促进了免疫学理论及诊断的研究，聚合酶链反应(polymerase chain reaction，PCR)技术、分子克隆技术、电子计算机应用技术使微生物学研究进入分子水平。现在，在微生物的蛋白质组学、基因组学和代谢组学等领域也取得了很多重要成果。我国科学家在兽医微生物学及免疫学的研究方面取得了显著成绩，如在国内消灭了牛瘟和牛肺疫，在世界上首先发现小鹅瘟病毒和兔出血热病毒，研制了世界先进的猪瘟疫苗和马传染性贫血疫苗。“国际微生物组计划(IMI)”如能实施，将对医学、能源、环境、食品、农业等领域带来革命性和技术性的变革。

其他学科(如物理、化学、计算机、材料科学、免疫学、遗传学、生物化学、生态学、生物信息学等)的发展促进了微生物学的发展，也推动了整个生命科学的飞速发展。

五、畜牧微生物学

微生物学在不断向纵深发展的过程中形成了许多独立的分支学科。在基础理论方面，微生物学包括细菌学、病毒学、真菌学、原生动物学、藻类学、微生物生理学、微生物遗传学、微生物生态学、分子微生物学、免疫学等。在专业应用方面，微生物学包括工业微生物学、农业微生物学、医学微生物学、兽医微生物学、畜牧微生物学、食品微生物学、海洋微生物学、水产微生物学等。

畜牧微生物学(animal husbandry microbiology)是微生物学的一门分支学科，主要以微生物学的基本理论和技术研究正常动物体的微生物、自然界中与动物相关的微生物及其作用、与饲料及饲料加工调制有关的微生物、与动物产品及动物产品加工贮藏有关的微生物、动物病原微生物及其所致传染病的预防和诊疗等。畜牧微生物学是一门专业性强、研究内容广泛的应用学科，其任务是将微生物学与免疫学的基本理论和技术知识综合应用到畜牧业生产中，充分发挥有益微生物的作用，控制有害微生物的作用，保障动物健康生长，提高动物产品的数量和质量，促进畜牧业经济的发展。

第一篇
总　论

第一章　原核细胞型微生物

原核微生物(prokaryotic microbes)属于原核生物界(prokaryote)，是指一大类呈微小的细胞形态、仅有原始的类核、无核膜和核仁、不进行有丝分裂、缺乏细胞器的微生物，泛指广义的细菌，主要包括狭义的细菌(bacterium)、放线菌(actinomyces)、螺旋体(spirochaete)、立克次体(richettsia)、衣原体(chlamydia)和支原体(mycoplasma)等。一般讲的细菌是指狭义的细菌。

第一节　细菌的形态与结构

细菌(bacterium)是一类具有细胞壁的单细胞原核微生物，其个体微小、形态简单、结构略有分化、具有 DNA 和 RNA，主要靠二分裂法(binary fission)生长繁殖。

一、细菌的大小、形态及排列

细菌的个体微小、形态简单，以一定方式进行排列。

(一) 细菌的大小

细菌的大小以生长在适宜的温度和培养基中的年轻培养物为标准。单一菌落中，各细菌的大小不完全相同，但在一定范围内。不同类型细菌的大小是有差别的，但同一类型细菌的大小是相对稳定的，具有明显的特征，可作为鉴定细菌的依据之一。表示细菌大小的单位通常用微米(micrometer，μm)。球菌的大小用直径表示，常为 0.5～2μm。杆菌的大小用长和宽表示，较大的杆菌长 3～8μm、宽 1～1.25μm，中等的杆菌长 2～3μm、宽 0.5～1μm，小杆菌长 0.7～1.5μm、宽 0.2～0.4μm。螺旋状菌以其两端的直线距离作长度，一般为 2～20μm，宽 0.4～0.2μm。纳米细菌(nanobacteria)的直径只有 80～500nm，大部分为 100～200nm，只能通过透射电镜进行观察。

细菌的大小会受到不同生长环境(如动物体内外和不同培养基)、细菌的代次和实际测量时各种因素(如制片方法、染色方法、使用的显微镜种类等)的影响。因此，在测定和比较细菌大小的时候，各种因素、条件和技术操作等均应一致。

(二) 细菌的形态和排列

细菌的外部形态比较简单，有三种基本类型，即球状、杆状和螺旋状，并据此将细菌分为球菌、杆菌和螺旋状菌。细菌的繁殖方式是二分裂法。有些细菌分裂后彼此分离，单个存在；而有些细菌分裂后彼此仍有原浆带相连，形成一定的排列方式。在正常情况下，各类型细菌的个体外形和排列方式是相对稳定的，有一定的特征性，可作为细菌分类和鉴定的一种依据。

1. 球菌(coccus，复数 cocci)　多数球菌呈正球形。按分裂方向和分裂后彼此相连的情况，将球菌分为单球菌(monococcus)、双球菌(diplococcus)、链球菌(streptococcus)、四联球菌

(tetracoccus)、八叠球菌(sarcina)和葡萄球菌(staphylococcus)等(图 1-1A)。

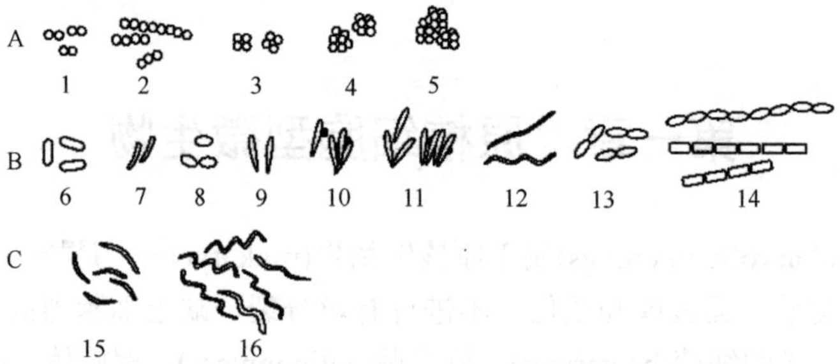

图 1-1 各种细菌的外形和排列(改绘自黄青云，2009)

A. 球菌：1. 双球菌；2. 链球菌；3. 四联球菌；4. 八叠球菌；5. 葡萄球菌。B. 杆菌：6. 单杆菌，钝圆端；7. 单杆菌，菌体稍弯；8. 球杆菌；9. 杆菌，尖端；10. 分枝杆菌及其成丛排列；11. 棒状杆菌及其八字形和栅栏样排列；12. 变成长丝状的杆菌；13. 双杆菌；14. 链杆菌，钝圆端和平截端。C. 螺旋状菌：15. 弧菌；16. 螺菌

(1) 单球菌　分裂后分散单独存在的球菌，如尿素微球菌。

(2) 双球菌　分裂后两个菌相连存在(图 1-2)，其接触面扁平，菌体变成肾形或扁豆状，如肺炎双球菌。

(3) 链球菌　分裂后连成 3 个以上或长或短的链状(图 1-2)，如猪链球菌、无乳链球菌、乳房炎链球菌。

(4) 四联球菌　一个球菌先后向两个相互垂直的平面分裂，分裂后 4 个球菌连在一起，排成方形(图 1-2)，如四联微球菌。

(5) 八叠球菌　球菌在3个相互垂直的平面分裂，分裂后8个球菌细胞分两层排列在一起，成为一个立方形的包裹状(图 1-2)，如尿素八叠球菌、盐渍食品中的八叠球菌。

(6) 葡萄球菌　无方向分裂，分裂后若干球菌无规则地聚集在一起，形似葡萄(图 1-2)，如金黄色葡萄球菌。

在细菌制片时，因取材不同，细菌排列有所不同。在液体中生长的葡萄球菌较少成堆，大多数为分散或成短链状，而液体中的链球菌则连在一起形成长链。在固体培养基中，链球菌则以短链聚集成堆，似葡萄球菌状。

2. 杆菌(bacillus，复数 bacilli)　一般呈正圆柱形，也有近卵圆形的。菌体多数平直，较少稍弯曲(如腐败梭菌)。菌体两端多为钝圆，少数平截(如炭疽杆菌)或尖锐状(如尖端梭杆菌)。菌体短小似球形的称为球杆菌(coccobacillus)，如多杀性巴氏杆菌；会形成侧枝或分枝的称为分枝杆菌(mycobacterium)，如结核分枝杆菌；一端膨大呈球棒形的，称为棒状杆菌(corynebacterium)，如膀胱炎棒状杆菌；有时个别杆菌会变成长丝状，如猪丹毒丝菌、坏死梭杆菌。

杆菌的分裂只有一个方向，分裂面与菌体长轴相互垂直(横分裂)。按分裂后排列方式的不同，将杆菌分为以下几种：单杆菌，分裂后单独散在，大多数杆菌以此方式排列；双杆菌(diplobacillus)，分裂后两两相连，成对存在(图 1-2)，如肺炎杆菌；链杆菌(streptobacillus)，连续分裂后菌端相连成链状(图 1-2)，如炭疽杆菌；少数杆菌分裂后呈铰链样粘连，呈栅栏样或八字形排列(图 1-2)，如马棒状杆菌(图 1-1B)。

3. 螺旋状菌(spiral bacterium)　菌体弯曲或呈螺旋状，两端钝圆或呈尖突状。将螺旋状菌分为弧菌(vibrio)和螺菌(spirillum)(图 1-1C)。弧菌菌体只有一个弯曲，形如逗点，如霍乱弧菌。螺菌有两个以上弯曲，捻转呈螺旋状，如鼠咬热螺菌。

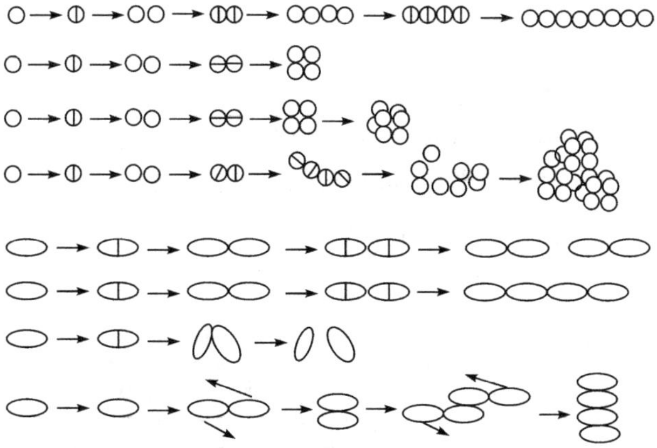

图 1-2　细菌的分裂和排列示意图(改绘自黄青云，2009)

1. 球菌向一个平面分裂，形成双球菌或链球菌；2. 球菌向两个互相垂直的子面分裂，形成四联球菌；3. 球菌向三个互相垂直的平面分裂，形成八叠球菌；4. 球菌无定向地向多个平面分裂，形成葡萄球菌；5、6. 杆菌向一个平面分裂，形成双杆菌或链杆菌；7、8. 杆菌铰链样部分粘连，分裂后形成八字形或栅栏样排列

(三) 细菌的衰老型和多形性

细菌在适宜的环境下有典型的形态，但在老龄培养物或环境发生改变时(在不适宜的环境中或化学药品的作用下)，会出现形状不正常的个体，称为衰老型或退化型(involution form)(图 1-3)，但当重新处于正常环境中，可以恢复至正常形状。有些细菌在正常环境中的形状很不一致，这种现象称为多形性(pleomorphism)，如根瘤菌、棒状杆菌、嗜血杆菌、坏死梭杆菌。

图 1-3　霍乱弧菌的正常形态和衰老型(改绘自黄青云，2009)

1. 正常形态；2. 衰老型

二、细菌的结构

细菌细胞含有细胞壁、细胞膜、细胞质、间体、核体、核糖体(亦称核蛋白体)、质粒和内含物等细菌生命活动所必需的基本结构，有些细菌还有荚膜、鞭毛、菌毛(亦称纤毛)、芽胞等特殊结构(图 1-4)。细菌的结构由外到内可分为三大部分：附属结构，有鞭毛和菌毛等；表面结构，有细胞壁和荚膜等；内部结构，由胞质膜开始，向内有核糖体、质粒和内含物等。只有部分细菌具有鞭毛、菌毛、荚膜、芽胞等一种或几种特殊结构。

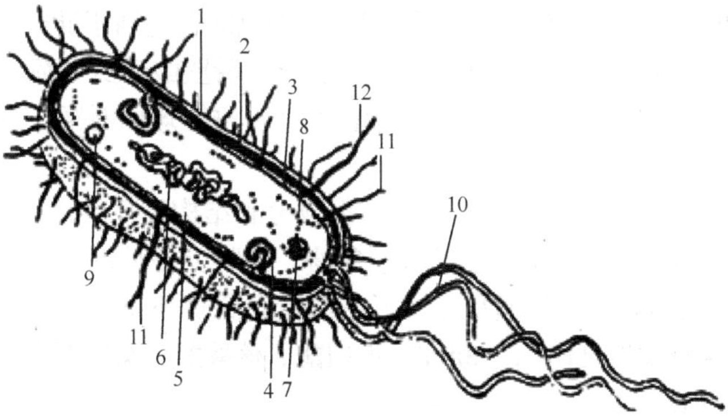

图 1-4　细菌细胞结构模式图(纵切面)(引自黄青云，2009)

1. 荚膜；2. 细胞壁；3. 胞质膜；4. 间体；5. 细胞质；6. 核糖体；7. 质粒；8. 核蛋白体；9. 内含物；10. 鞭毛；11. 普通纤毛；12. 性纤毛

(一) 基本结构

1. 细胞壁(cell wall) 细胞壁在细菌细胞的外层，是一层无色透明、坚韧且有弹性的膜状结构。1884 年，丹麦科学家革兰(Christian Gram)发明了革兰染色法，可将细菌分为革兰阳性菌和革兰阴性菌两大类，它们的细胞壁在结构(图 1-5)和化学组成上有所差异(表 1-1)。

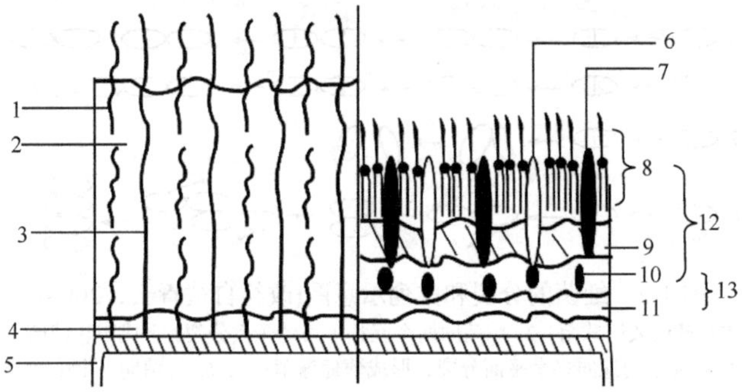

图 1-5 革兰阳性菌(左)和革兰阴性菌(右)细胞壁模式图(改汇自朱军，2010)

1. 壁磷壁酸；2. 肽聚糖；3. 膜磷壁酸；4. 周质空间；5. 细胞膜；6. 孔蛋白；7. 外膜蛋白；8. 脂多糖；9. 磷脂；10. 脂蛋白；11. 肽聚糖；12. 外膜；13. 周质空间

表 1-1 革兰阳性菌与革兰阴性菌细胞壁成分的比较(引自崔保安，2005)

细菌类型	肽聚糖	磷壁酸	脂多糖	脂质	蛋白质
革兰阳性菌	40%～95%	＋	－	2%	10%
革兰阴性菌	5%～10%	－	＋	20%	60%

(1) 革兰阳性菌细胞壁 较厚，15～80nm，主要由肽聚糖、磷壁酸、多糖、蛋白质、脂类等组成。

肽聚糖(peptidoglycan)又称黏肽或糖肽，主要由糖和肽构成，有三种基本结构成分：*N*-乙酰葡萄糖胺和 *N*-乙酰胞壁酸交替排列并通过 β-1,4-糖苷键连接而成的聚糖链支架，连接在 *N*-乙酰胞壁酸分子上的四肽侧链，以及连接四肽侧链的甘氨酸五肽交联桥。这三种成分构成机械强度高的三维空间网格结构。

磷壁酸(teichoic acid)又称垣酸，是由核糖醇或甘油残基经磷酸二酯键连接而成的多聚物，带有一些氨基酸或糖。约 30 个或更多的磷壁酸分子构成的长链插于肽聚糖层中。磷壁酸含量和排列的不同决定了各种革兰阳性菌表面抗原的差异。磷壁酸带负电荷，能与镁离子结合，以维持细胞膜上一些酶的活性。某些细菌的磷壁酸如 A 群链球菌对宿主细胞具有黏附作用，或者是噬菌体的特异吸附受体。

(2) 革兰阴性菌细胞壁 较薄，10～15nm，但成分和结构较复杂，由周质空间(periplasmic space)和外膜(outer membrane)构成。外膜由脂多糖、磷脂、外膜蛋白和脂蛋白等组成，覆盖在周质间隙外面，表面不规则，切面呈波浪形。周质间隙是外膜和细胞膜之间的狭窄空隙，厚 12～15nm，其中含有肽聚糖(厚 1～3nm)、蛋白酶、核酸酶、肽聚糖合成酶、结合蛋白和受体蛋白等多种周质蛋白。

革兰阴性菌的肽聚糖单体结构与革兰阳性菌有差异，聚糖链支架相同，但四肽侧链中第三个氨基酸是内消旋二氨基庚二酸(*m*-diaminopimelic acid，*m*-DAP)，缺失五肽交联桥，所以其结构不如革兰阳性菌坚固。

脂多糖(lipopolysaccharide，LPS)主要由类脂 A、核心多糖和特异多糖(又称侧链多糖)构成。类脂 A 没有特异性，是 LPS 中有毒性的部分，能引起动物发热、白细胞增多、休克、死亡。核心多糖位于类脂 A 的外层，由葡萄糖、半乳糖等组成，有属特异性。特异多糖在 LPS 最外层，有种特异性和型特异性，单糖的种类、排列、空间构型决定了菌体抗原(O 抗原)的特异性。

外膜蛋白(outer membrane protein，OMP)是外膜层中多种蛋白的统称，主要包括微孔蛋白和脂蛋白等。微孔蛋白镶嵌或贯穿于外膜层中，形成跨膜的微小孔道，只允许双糖、氨基酸、二肽、三肽、无机盐等小分子物质通过，起到分子筛的作用。某些微孔蛋白还与细菌对宿主细胞的黏附或与某些特定物质的摄入有关。脂蛋白使外膜层与肽聚糖牢固地连接，可作为噬菌体的受体，或参与铁及其他营养物质的转运。

(3) 细胞壁的主要功能　主要功能包括：保持细菌一定的外形，保护细菌免受外界渗透压和有害物质的损害，对物质的进出起分子筛作用，与细菌的抗原性、致病性、对噬菌体与药物的敏感性及革兰染色特性等有关。

(4) 细菌革兰染色机制　革兰阳性菌细胞壁中肽聚糖含量和交联程度均高，但脂类含量低，乙醇处理后，肽聚糖层中的孔径变小导致通透性降低，使得结晶紫-碘复合物留在细胞内，细胞不被脱色，再用红色染料复染，最后菌体呈紫色。而革兰阴性菌细胞壁中肽聚糖含量和交联程度均低，但脂类含量高，乙醇处理后，脂类物质被溶解，导致通透性增强，结晶紫-碘复合物被洗脱，再用红色染料复染，最后菌体呈红色。

2. 细胞膜(cell membrane)　细胞膜又称细胞质膜或胞质膜，是细胞壁内面、包围着细胞质的一层柔软且具有一定弹性的半透性膜。用高渗溶液处理，细胞膜与细胞质一起收缩，与细胞壁分离(图 1-6)。

细胞膜主要含有磷脂和蛋白质，也有少量的碳水化合物和其他物质。细胞膜是一种液态镶嵌结构单位膜，由磷脂双分子层构成骨架，每个磷脂分子的亲水基团向外，疏水基团向膜中央，蛋白质结合于磷脂双分子层表面或镶嵌贯穿于双分子层。

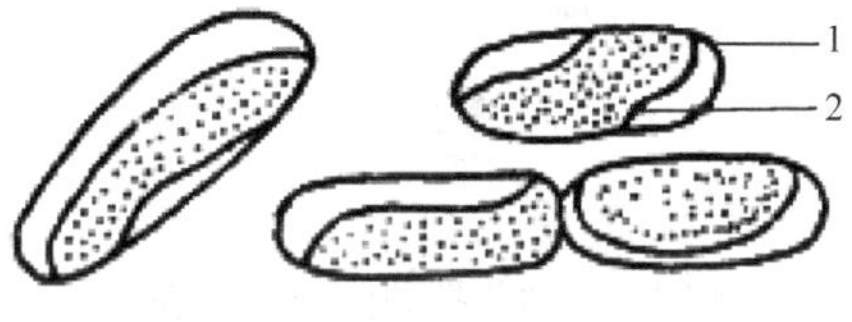

图 1-6　细菌细胞膜(质壁分离)(引自崔保安，2005)
1. 细胞壁；2. 细胞膜

细胞膜选择性调节细胞质和外界环境间的分子交换。很多物质需要通过细胞膜上的转运系统进出细胞。细胞膜含有包括与营养、呼吸和生物合成有关的很多种酶类，是分解和吸收营养物质、产生能量、排出代谢产物的场所，某些光合细菌可在此进行光合作用。细胞膜有传递信息的功能，膜上某些特殊蛋白质能接受一些刺激信号，引起细胞内一系列代谢变化并产生相应的反应。细胞膜还参与细胞壁的生物合成。

间体(mesosome)，又称中间体(midbody)，是细胞膜折皱陷入细胞质内形成的一些管状、囊状或层状结构(图 1-7)，常见于革兰阳性菌。间体中酶系统发达，与细菌分裂、细胞呼吸与电子转运、细胞壁合成、芽孢形成及核质的复制等有关。

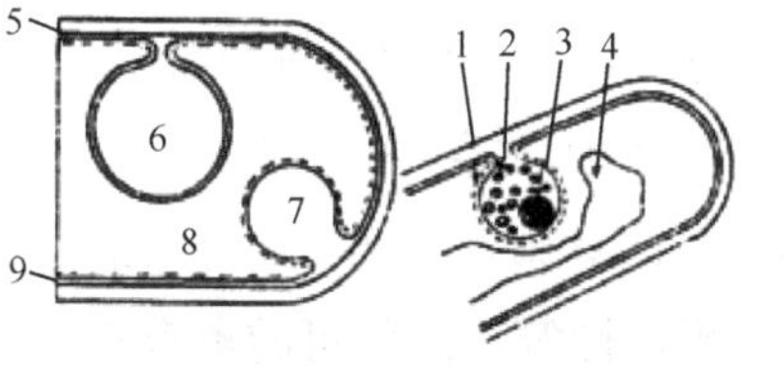

图 1-7　间体示意图(引自崔保安，2005)
1. 间体；2. 小囊泡；3. 较大囊泡；4. 核体；5. 细胞壁；6. 成熟间体；7. 未成熟间体；8. 细胞质；9. 细胞膜

3. 细胞质(cytoplasm)　又称细胞浆，是细胞膜包含着的无色透明、均质、在电子显微镜下呈颗粒状结构的黏稠胶体。幼龄细菌细胞质稠密、均匀、易染色，而老龄细菌细胞质中有空泡，数目多时，呈多孔型外貌。细胞质主要含有水、蛋白质、脂类、多糖类、核糖核酸、空泡和少量无机盐等，具有明显的胶体性质，但受细胞膜包围而不流动。细胞质是细菌进行营养物质代谢，以及合成核酸和蛋白质的场所。

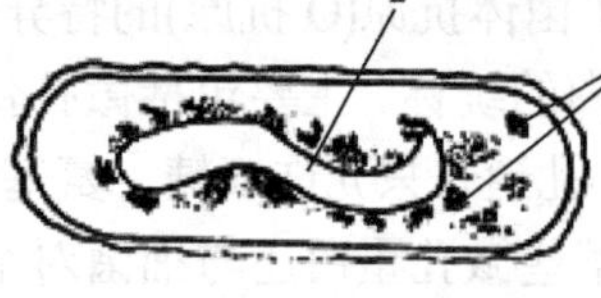

图 1-8 细菌的核蛋白体(示意图)(引自黄青云，2009)

1. 核蛋白体；2. 核体

核蛋白体(ribosome)又称核糖体，是细胞质中由核糖核酸(rRNA)与蛋白质构成的小颗粒(图 1-8)。核蛋白体数目随生长阶段而异，生长旺盛时，有些细菌可达 15 000 个。核蛋白体是细菌合成所需蛋白质的地方。核蛋白体常串联在一起，称多聚核蛋白体。但细菌核蛋白体的蛋白亚基结构与真核生物的不同。

内含物(inclusion)又称包含物，是细菌细胞内一些贮藏营养物质或其他物质的颗粒样结构。内含物或者是营养物如异染颗粒、类脂质(含脂肪滴)、肝糖、淀粉、空泡等，或者是代谢产物如硫磺粒、碳酸钙、草酸盐、伴胞晶体(一种多肽)和铁盐的结晶等(图 1-9～图 1-11)。异染颗粒是某些细菌特有的酸性小颗粒，主要成分为磷酸盐，可作为能源和磷酸源，碱性或中性染料染色时其着色较细胞质深。脂质一般呈 β-羟丁酸的多聚体或脂肪小滴形式存在。多糖主要是指糖苷和淀粉，是贮存的碳源营养物。成熟或老龄菌的细胞质内有空泡，内有细胞液及盐类时称为液泡。

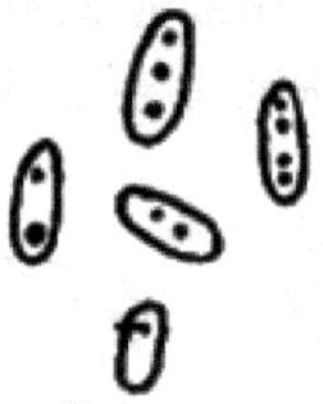

图 1-9 枯草杆菌的异染颗粒

(引自甘肃农业大学，1980)

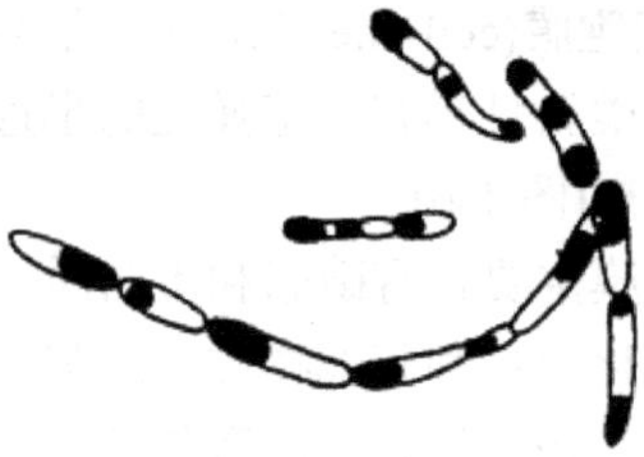

图 1-10 蜡质杆菌的脂肪滴

(引自甘肃农业大学，1980)

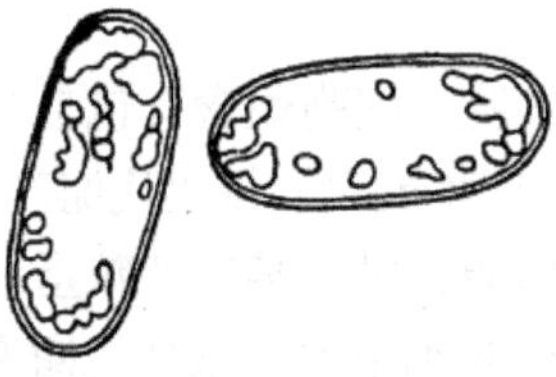

图 1-11 大肠杆菌的肝糖(电镜)

(引自甘肃农业大学，1980)

图 1-12 细菌的核体示意图

(引自黄青云，2009)

质粒(plasmid)是核体之外的 DNA 分子，有 1～200kb，能复制和遗传。质粒含有细菌生命非必需的基因，可控制细菌产生菌毛、毒素、细菌素、耐药性等。质粒可游离存在，也可插入核体中成为细菌核体的一部分，此时称为附加体(episome)。

4. 核体(nuclear body) 又称拟核(nucleoid)，是存在于细胞质中的双链环状 DNA 分子，折叠成超螺旋结构，与少量的蛋白质和 RNA 结合，没有核膜(图 1-12)。核体 DNA 中含有很多的基因(gene)，编码很多的蛋白质，控制着细菌的遗传与变异。不同细菌核体的大小、形状与排列形式有很大差异，同种细菌在不同生长阶段也有很大差异，而且还受环境变化和制片观察过程的影响。特殊染色后，在光学显微镜下，核体一般有两种排列方式：密实地处于菌体中心或边缘区，形成球状、卵状、哑铃状或带状物；较松散地排列，呈网状、海绵状或较小颗粒状散布在整个细胞质内。

(二) 特殊结构

1. 荚膜(capsule)　荚膜是部分细菌细胞壁外面包围整个菌体的一种黏液样物质(图 1-13)。荚膜内含多个细菌时称为菌胶团(zoogloea)。荚膜有一定的形状、轮廓和较一致的密度，能与周围环境明显区分。荚膜折光性低，普通染色时不易着色，用光学显微镜观察时只见到菌体周围存在着一层无色或浅色的外围，但特殊染色(如负染色法)后荚膜清晰可见。荚膜厚约200nm 以上。很多细菌在其外周有薄层荚膜样物质，厚度在 200nm 以下，在光学显微镜下难以辨识，但在电子显微镜下可看见，称为微荚膜(microcapsule)。有些细菌能产生类似荚膜的、边界不清晰的、疏松的、易与菌体脱离的黏液样物质，称为黏液层(slime layer)。

荚膜的化学组成因菌种而异，大多由多聚糖组成，如肺炎球菌；少数由多肽组成，如炭疽杆菌；也有两者皆有的，如巨大芽胞杆菌。荚膜的产生有种的特征，但与环境条件也有密切关系。炭疽杆菌常在动物体内形成荚膜，但在体外如人工培养基中则不形成荚膜或不那么明显。一些腐生性细菌只在含某种糖类的环境中才产生荚膜。荚膜失去并不影响细菌的生长繁殖。

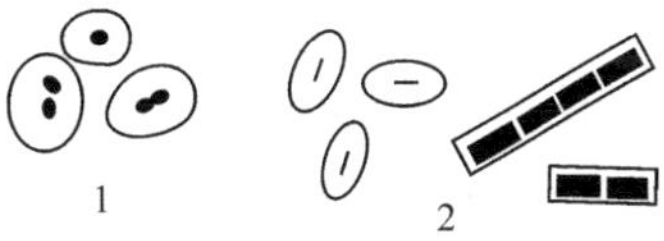

图 1-13　细菌荚膜示意图
(引自黄青云，2009)
1. 球菌；2. 杆菌

荚膜具有保护功能。荚膜可保护病原菌抵抗动物细胞的吞噬和消除抗体的作用，使其充分发挥致病性，这与细菌毒力有关。腐生性细菌在外界产生荚膜，可保护细菌免受干燥和其他有害环境因素的影响。细菌产生荚膜或黏液层使液体培养基具有黏性，在固体培养基上形成表面湿润、有光泽的光滑型或黏液型菌落，失去荚膜后则形成粗糙型菌落。荚膜也是营养物质的贮藏场所和废物排除的地方。荚膜具有抗原性，称荚膜抗原。

2. 鞭毛(flagellum)　鞭毛是大多数弧菌、螺菌、许多杆菌和个别球菌的菌体表面突出的细长丝状物。鞭毛的长度因细菌种类不同而异，一般长 150～200μm，长于菌体本身若干倍。经特殊染色后，染料沉积在鞭毛上，在光学显微镜下可看见鞭毛。

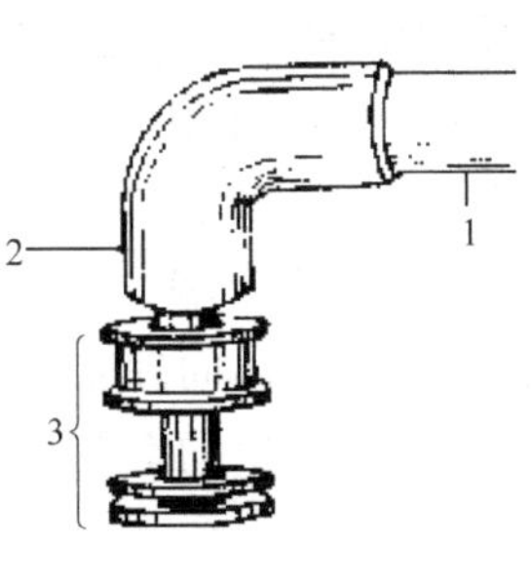

图 1-14　鞭毛的结构
(改绘自朱军，2010)
1. 鞭毛丝；2. 鞭毛钩；3. 基体

鞭毛主要由蛋白质构成，有的还有少量多糖和类脂等。鞭毛具有抗原性，称为鞭毛抗原。

一根完整的鞭毛从形态上可分为三部分(图 1-14)：细胞最外面的螺旋形鞭毛丝、靠近细胞表面的鞭毛钩和埋在细胞膜里的基体。

根据鞭毛的排列和数量将细菌分为几类，大致有四种(图 1-15)：一端单毛菌(monotrichate)，菌体一端只有一条鞭毛，如霍乱弧菌；两端单毛菌(amphitrichaie)，菌体两端各有一条鞭毛，如鼠咬热螺菌；丛毛菌(lophotrichate)，一端丛生鞭毛菌，如铜绿假单胞菌，或两端丛生鞭毛菌，如

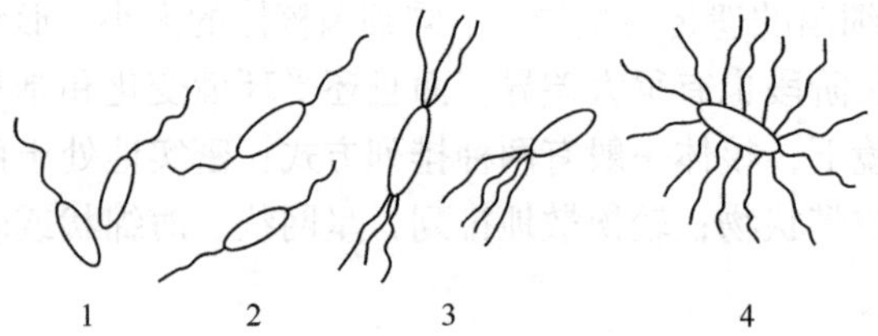

图 1-15　细菌的鞭毛(引自孔宪刚，2013)
1. 一端单毛菌；2. 两端单毛菌；3. 丛毛菌；4. 周毛菌

红色螺菌和产碱杆菌；周毛菌(peritrichate)，菌体周身都有鞭毛，如大肠杆菌、伤寒沙门菌。

鞭毛是细菌的运动器官，其规律收缩时引起细菌运动。运动方式与鞭毛排列有关，一端单毛菌和一端丛毛菌一般呈直线快速运动，周毛菌则无规律地缓慢运动或滚动。在半固体培养基中，有鞭毛的细菌可沿着接种线向四周运动，使培养基混浊。

3. 菌毛(pilus，复数 pili；fimbria，复数 fimbriae)　菌毛又叫纤毛或伞毛，是一些革兰阴性菌和少数革兰阳性菌菌体上比鞭毛数量多，形状较直、较细、较短，长 5～10μm 的毛发状细丝(图 1-16)。菌毛是一种空心蛋白质管，在电镜下才能见到。

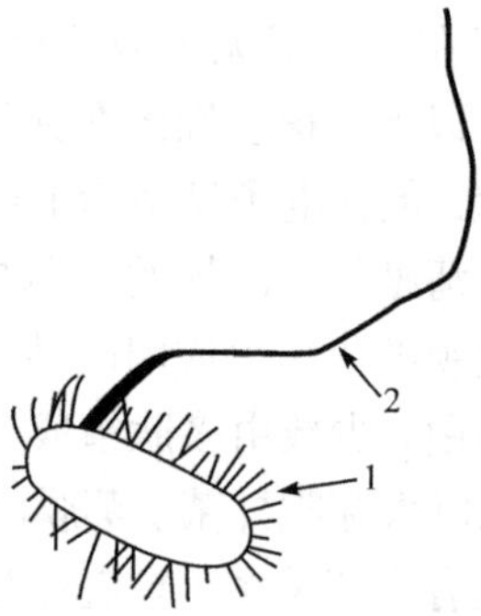

图 1-16　细菌的菌毛示意图
(引自黄青云，2009)
1. 菌毛；2. 鞭毛

菌毛可分为普通菌毛(common pilus)和性菌毛(sex pilus)两类。普通菌毛较纤细、较短，数量较多，每菌可有 50～400 条，周身排列。普通菌毛的主要功能是使细菌牢固附着于宿主细胞上，吸取营养，参与致病，有较好的免疫原性。性菌毛又叫 F 菌毛，由携带致育因子(F 因子)的质粒编码产生，见于少数革兰阴性菌，比普通菌毛粗长、略弯曲，数量比普通菌毛少，一般不超过 4 条，顶端有一膨大部。有性菌毛的细菌叫雄性菌(F^+)，没有性菌毛的细菌叫雌性菌(F^-)。雄性菌通过性菌毛向雌性菌传递质粒，使雌性菌转变成雄性菌。性菌毛也是某些噬菌体吸附于细菌表面的受体。

4. 芽胞(spore)　芽胞是一部分杆菌、个别球菌在生命的某个阶段于菌体内形成一个内生孢子(图 1-17)。有芽胞的菌体称为芽胞体，无芽胞的菌体称为繁殖体或营养体。

图 1-17　细菌芽胞的形态(示意图)(引自陆承平，2013)

芽胞一般呈圆球形、椭球形或短圆柱形。芽胞直径可等于或小于或大于菌体直径。根据位置的不同，将芽胞分为 4 种类型：中央芽胞，位于菌体中央，呈卵圆形，比菌体小，如炭疽杆菌的芽胞，有的比菌体直径大，呈纺锤形；偏端芽胞(或次末端芽胞)，位于偏端，菌体呈网球拍状，如肉毒梭菌的芽胞；末端芽胞，位于末端，正圆形，比菌体大，形似鼓槌，如破伤风梭菌的芽胞；游离芽胞，老龄芽胞脱离芽胞体而独立存在。普通染色时，染料不易渗透进芽胞而不能使芽胞着色，在光学显微镜下呈无色的空洞状。特殊染色时，可使芽胞着色，一经着色却又不易脱色。

芽胞有较厚的芽胞壁和多层芽胞膜(图 1-18)，结构坚实，折光性强，但含水量少(芽胞含水约 40%，而繁殖体含水约 80%)，代谢极低。芽胞对外界不良环境的抵抗力比繁殖体强得多，能耐受高温、干燥和渗透压的作用，一般化学药品不易渗透进去。某些细菌(如炭疽杆菌)的芽胞在干燥情况下能存活数十年，某些细菌(如破伤风梭菌和肉毒梭菌)的芽胞经煮沸 1～3h 仍可存活。芽胞中含有的吡啶2,6 二羧酸(pyridine-2,6-dicarboxylic acid，简称吡啶二羧酸，dipicolinic acid，DPA；繁殖体没有)与芽胞的耐热性有关。

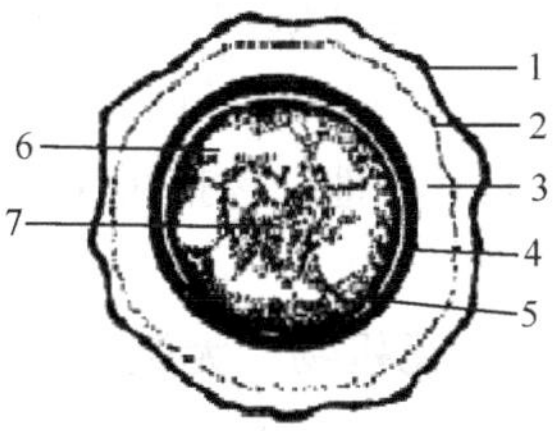

图 1-18 芽胞构造(横切)示意图

(引自陆承平，2013)

1. 芽胞壁；2. 外膜；3. 皮质；4. 胚泡壁；5. 内膜；6. 核体；7. 细胞质

芽胞不是细菌的繁殖器官，而是抵抗外界不良环境条件、保存生命的一种休眠构造。芽胞在不良条件下不表现明显的生命特征，当遇到适宜条件时，芽胞便会萌发和出芽。首先，芽胞内一些酶系统开始活动，芽胞壁的双硫键破裂，导致芽胞的渗透性发生改变，开始吸入水分和营养物。此时的芽胞仍有抗热性、强折光性和不易染色性。而后，芽胞继续萌发，更多酶系统参加活动，皮质部消失或呈纤维状，芽胞内各种成分(特别是核区)发生明显可见的形态变化，芽胞失去约 30%的干重。此时芽胞的抵抗力降低，变成一个敏感、折光性低、易染色、代谢活动高的个体。最后，芽胞出芽，芽胞吸入很多的水分和营养物而胀大、变长，芽胞壁和外膜破裂，新的繁殖体长出，芽胞壁或保持完整或裂成碎片。芽胞出芽的方式有几种：极端出芽，从一侧顶端挺出；中部(或赤道)出芽，从中央与长轴垂直伸出；有少数自两端同时挺出，或在一端斜向出芽。通常一个繁殖体只产生一个芽胞，一个芽胞出芽后只产生一个新的繁殖体。细菌能否产生芽胞以及芽胞的形状、大小、位置等具有种的特征。

第二节 细菌的化学组成和物理性状

一、细菌的化学组成

细菌的化学组成与其他动植物细胞基本相同，就其元素来讲，都含有碳、氮、氢、氧、磷、钾、镁、硫、钙、铁、钠、氯、铜、锌等元素。这些元素以化合物的形式构成了细菌细胞的水分、有机物和无机物。细菌的化学组成受环境条件(如培养基成分、物理条件和菌龄等)的影响，如培养基中含可利用氮较多时，菌体总含氮量就多些。同一种细菌在不同条件下培养时，其化学组成也不尽相同，有时含量甚至很悬殊。所有细菌的化学组成只能是参考数值。

(一) 水分

水分约占细菌细胞重量的 70%～90%。菌体水分可分为结合水和游离水。结合水与细胞中其他成分结合，约占细胞总水量的 17%～28%，不参与渗透作用，也不易冻结和蒸发。水是细菌细胞的重要组成，也是一种良好的溶媒，各种生命活动必须有水才能进行。

(二) 干物质

干物质占细胞总重的 10%～30%，其中有机物占 90%～97%，无机物占 3%～10%。

1. 有机物 有机物是菌体的重要组成，是维持细菌生命活动不可缺少的物质。

(1) 蛋白质。菌体内含氮化合物大部分以蛋白质形式存在，占菌体干重的 47%～74%。

(2) 核酸。在细菌干重中，DNA 占 3%～4%，RNA 占 3%～10%。

(3) 糖类。主要以多糖的形式存在，占细菌干重的 10%～30%。

(4) 脂类。有中性脂肪、脂肪酸和类脂等，主要存在于细胞壁，在细胞膜中以脂蛋白形式存在，在细胞质中以游离的中性脂肪形式存在。一般菌体中脂类含量不多，但有的细菌含量较多，如在结核杆菌中含量可高达 24%。

(5) 其他。包括维生素、有机酸、嘌呤、嘧啶等生长因子，以及色素和某些细菌素等其他化合物。

2. 无机物 无机物占菌体干重的 3%～10%，含有 P、K、S、Ca、Fe、Mg、Cl、Na、Zn、Mn、Al、Cu、Si、I 和 Co 等，其中 P 最多，K 次之。

二、细菌的物理性状

1. 光学性质 细菌为半透明体。当光线照射至细菌，部分被吸收，部分被折射，细菌悬液呈混浊状态。菌数越多，浊度越大。使用比浊法或分光光度计可以粗略地估计细菌数量。

2. 表面积 细菌体积微小，但相对表面积大，有利于物质交换。葡萄球菌直径约 1μm，则 $1cm^3$ 体积的表面积可达 60 000cm^2。因此，细菌代谢旺盛，繁殖迅速。

3. 带电现象 革兰阳性菌等电点(pI)为 2～3，革兰阴性菌 pI 为 4～5，故在近中性或弱碱性环境中，细菌均带负电荷。细菌带电现象与染色反应、凝集反应、抑菌和杀菌作用等有密切关系。

4. 半透性 细胞壁和细胞膜都有半透性，允许水和部分小分子物质通过，有利于吸收营养和排出代谢产物。

5. 渗透压 一般革兰阳性菌的渗透压高达 20～25 个标准大气压(1 标准大气压=101.325kPa)，革兰阴性菌为 5～6 个大气压。细菌所处环境一般是相对低渗，但有坚韧细胞壁的保护而不崩裂。但若细菌处于比菌内渗透压更高的环境中，菌体内水分溢出、胞质浓缩。

第三节 细菌的营养与代谢

一、细菌的营养需要

细菌为了获得能量和合成新的细胞物质而从外界吸收的各种物质称为营养物质。不同细菌对营养物质的需要差别很大，但均包括水、碳源、氮源、无机盐和生长因子等五大类。

1. 水 细菌代谢过程中所有的化学反应、营养吸收、渗透、分泌、排泄均要有水才能进行。

2. 碳源 凡是构成细菌细胞和代谢产物中碳素来源的营养物质均称为碳源。细菌对碳源的需求很广泛。从简单的无机碳到结构复杂的有机碳都可被细菌利用。含碳化合物被细菌利用后可作为合成菌体的原料，也可作为代谢的主要能量来源。致病性细菌主要从糖类中获得碳，己糖是组成细菌内多糖的基本成分，戊糖参与细菌核酸组成。自养型细菌以 CO_2 为唯一碳源，能源来自日光或无机物氧化所释放的化学能。异养型细菌的碳源和能源主要是有机碳(如糖类、有机酸、醇类、芳香族化合物等)。

3. 氮源 凡是构成细菌细胞或代谢产物中氮素来源的营养物质均称为氮源。从分子态氮到复杂的含氮化合物都可被细菌利用。氮源是合成蛋白质和核酸的主要原料，一般不提供能量，只有少数细菌如硝化细菌可以利用部分含氮化合物作为能源。某些细菌不利用糖，但可利用氨基酸作为能源。不同细菌对氮源的需要有差异。固氮能力强的细菌利用分子态氮作为氮源。有些细菌缺乏某些酶，只能在含蛋白胨等有机氮的培养基中生长。

4. 无机盐　无机盐是细菌生长必不可缺的营养物，有两大类：主要元素(包括磷、硫、镁、钾、钠、钙等)和微量元素(包括铁、铜、锌、锰、钴、铜等)。无机盐的作用：构成菌体成分；调节菌体内外渗透压，调节细胞质 pH 和氧化还原电位；促进酶的活性或作为某些辅酶的组分；参与细菌的生长繁殖和致病；参与能量转移；控制细胞膜的通透性。

5. 生长因子　细菌生长过程中必需的但自身不能合成的化合物质称为生长因子(growth factor)，主要包括维生素、某些氨基酸、脂类、嘌呤、嘧啶等。不同细菌对生长因子的需要不同。大肠杆菌很少需要生长因子，但肺炎球菌需要胱氨酸、谷氨酸、色氨酸、天冬酰胺、核黄素、腺嘌呤、尿嘧啶、泛酸、胆碱等多种生长因子。致病菌合成能力差，生长时需要提供相应的生长因子。

二、细菌的营养类型

不同细菌对能源和碳源的要求不同，据此将细菌分为不同的营养类型。

(一) 根据碳源来分

1. 自养菌(autotroph)　是指只能从无机物取得碳源的细菌。这类细菌如硝化菌利用 CO_2、H_2CO_3 等无机碳合成所需要的含碳有机物。

2. 异养菌(heterotroph)　是指能从有机物中取得碳源的细菌。异养菌依赖其他生物供给有机物而营寄居生活。根据寄居对象的不同，异养菌可分为腐物寄生菌(saprophyte)和活物寄生菌(parasite)。前者(如腐生性腐败菌)通常利用已死生物的有机物；后者(大多数的病原菌)通常寄生在动植物体内吸取营养而营寄生生活。异养菌有的是专性的，多数是兼性的(如大肠杆菌也能利用 CO_2，但利用率低)。

细菌可利用的具体营养物有一定的专性范围，即一种细菌只能利用一定种类的营养物。这种特性有助于细菌的鉴定。

(二) 根据能源来分

1. 光能营养菌(phototroph)　能将光能转变为化学能的细菌称为光能营养菌。这类细菌大都是土壤和水中的细菌，在病原菌中不存在此种类型的细菌。

2. 化能营养菌(chemotroph)　从无机和有机化合物中取得能量的细菌称为化能营养菌。大部分细菌属于此类。前者称为无机化能营养菌；后者称为有机化能营养菌。

三、细菌摄取营养物质的方式

细菌对营养物质的摄取是通过细胞壁和细胞膜进行的。营养物质需呈液态才能透入细胞。复杂的有机物如蛋白质、淀粉、维生素等需要先被酶水解成简单的有机物如氨基酸、葡萄糖、有机酸等才能被吸收。细胞膜对物质的吸收和排泄有选择与调节作用。细菌摄取营养物质的方式主要有四种(图 1-19)。

1. 单纯扩散(simple diffusion)　又称被动扩散，是一种最简单的细胞内外物质交换方式，靠简单的分子运动进行扩散。该方式无特异性，速度较慢。细胞内外的溶质浓度一旦达到平衡，扩散即停止。因此，单纯扩散不是细菌取得营养的主要方式。水、某些气体和一些无机盐等小分子物质以单纯扩散的方式渗入(或渗出)细菌细胞。

2. 促进扩散(facilitated diffusion)　细胞膜内有一种载体蛋白称为透性酶(permease)，可与基质特异结合，然后将基质转送至细胞内，且基质不发生任何变化。该方式有特异的选择性，是可逆的，不需要能量。

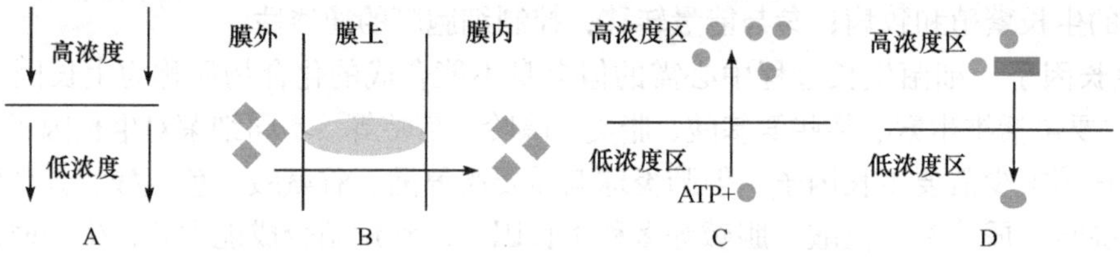

图 1-19　物质运输方式示意图(引自胡建和，2006)

A. 单纯扩散；B. 促进扩散；C. 主动运输；D. 基团转移

3. 主动运输(active transport)　要有特异的载体蛋白，需要能量，是不可逆的。因此，基质可以逆浓度梯度差进行积累，浓度差可达 100～1000 倍。大肠杆菌细胞内乳糖浓度可高出细胞外 500 倍。在这种方式中，常出现饱和效应和吸收竞争的现象。基质浓度很高而使载体饱和，则运输速度就不再提高，称为饱和效应。运输某些性质极为相似的化合物时，若一种化合物过量，则可竞争抑制另一种化合物的吸收，称为吸收竞争，如 L-丙氨酸、L-丝氨酸和 L-亮氨酸之间可出现吸收竞争现象。

4. 基团转移(group translocation)　由磷酸转移酶系统介导，仅适用于糖。该方式与主动运输相似，可逆浓度进行物质运输，需要能量，但输送后的基质发生了变化。

不同细菌对同一种物质有不同的输送方式。大肠杆菌主要利用促进扩散输送乳糖，而金黄色葡萄球菌则主要利用基团转移输送乳糖。

四、细菌的酶

细菌有许多酶系统。根据存在部位和产生条件，将细菌的酶分为胞内酶、胞外酶、固有酶和诱导酶等。胞内酶存在于细胞内部，大部分是参加呼吸的酶类，与细菌分解物质、氧化还原和获得能量等有关。胞外酶是分泌到菌体外的酶(如某些水解酶)，可将大分子分解为小分子(如将多糖分解为单糖或双糖)以便于菌体吸收。有些胞外酶(如血浆凝固酶、透明质酸酶等)却是重要的致病物质。固有酶是细菌常备的酶，如某些脱氢酶。诱导酶是有诱导物时为适应而产生的酶类，如大肠杆菌半乳糖酶，只有乳糖存在时才产生。根据作用底物，细菌的酶可分为糖酶、脂酶、蛋白酶；根据功能，细菌的酶可分为氧化还原酶、转移酶、水解酶、裂合酶、异构酶、连接酶、限制酶和修饰酶等。

不同细菌的酶系统不同，决定了细菌对营养物质的摄取、分解能力及代谢产物的差异。因此，不同细菌的生物化学反应谱是不同的，细菌代谢类型是多样化的，这有助于鉴定细菌的种类。

五、细菌的呼吸

呼吸(respiration)是细菌对营养物质进行利用以产生能量而进行的生物氧化过程。根据环境条件和过程，细菌的呼吸可分为需氧呼吸(狭义的呼吸)和厌氧呼吸(又称发酵)。不同的细菌有基本固定的呼吸类型。实质上，整个呼吸过程可归纳为两个主要步骤：脱氢酶将基质脱氢氧化，放出能量；脱下的氢被传给受氢体，使其还原。

1. 需氧呼吸 需氧菌(aerobe)是指有分子氧存在时才能进行呼吸和生长的细菌。多数需氧菌在大气含氧的浓度下能很好地生长。少数细菌(如布氏杆菌)适宜在分子氧浓度较低的环境中生长，这类细菌特称之为微量需氧细菌(microaerophilic bacterium)或微嗜氧菌。需氧呼吸由于参与的酶类和辅助因子不同，其过程产物也不一样，但一般都能使基质彻底氧化为 CO_2 和 H_2O，有时也有 H_2O_2，并释放能量。少数需氧菌把基质氧化到有机酸阶段，有机酸被积累。这种特性被人类用来生产多种有机酸(如乙酸、草酸、柠檬酸、透明质酸等)或在农畜产品加工中进行利用。

在培养需氧菌时，常采用振荡或通气培养，使培养物直接接触或获得更多的氧气。

2. 厌氧呼吸 厌氧菌(anaerobe)是指没有分子氧存在才能进行呼吸和生长的细菌。在人工培养厌氧菌时，可通过物理、化学或生物学的方法除去培养基和周围环境中分子氧，并使培养物隔绝空气。

厌氧菌在有氧环境中不能生长，有两个主要原因。一是厌氧菌缺乏氧化还原电势(Eh)高的呼吸酶。在氧化还原过程中，Eh 高的物质可氧化 Eh 低的物质，反之不能。组织的 Eh 约为 150mV，普通培养基在有氧环境中 Eh 可达 300mV 左右。因此，细菌必须具有 Eh 比它们更高的呼吸酶(如细胞色素和细胞色素氧化酶)才能氧化环境中的营养物质。但厌氧菌缺乏这类高 Eh 呼吸酶，只能在 120mV 以下的 Eh 时生长。二是厌氧菌缺乏分解有毒氧基团的酶。在有氧条件下，细菌常产生有强烈杀菌作用的超氧阴离子(O_2^-)和过氧化氢(H_2O_2)。在有铁条件下，这两种物质还能产生有损害作用的羟基(—OH)。需氧菌可通过超氧化物歧化酶(superoxide dismutase，SOD)、过氧化氢酶(catalase)和过氧化物酶(peroxidase)把这些有害物质破坏。但厌氧菌缺乏这三种酶。

3. 兼性呼吸 兼性细菌(facultative anaerobe)是有复杂的酶系统、在有或没有分子氧时均能进行呼吸和生长的细菌。大多数细菌为兼性细菌。

六、细菌的代谢及产物

细菌在生命活动过程中通过异化和同化作用产生多种多样的代谢产物。这种多样性常用于鉴定细菌。某些细菌代谢产物及其对人类生产实践有很大的作用。

1. 糖的分解产物 细菌以不同的途径分解糖类，均可产生丙酮酸。但不同细菌对丙酮酸的进一步分解则有所不同。需氧菌将丙酮酸彻底分解为 CO_2 和水，厌氧菌发酵丙酮酸而产生多种酸类、醛类、醇类和酮类。有些细菌分解某些糖类产酸产气，有的只产酸不产气，有的则不能利用某种糖。因此，通过糖利用试验可以鉴别细菌。

2. 蛋白质的分解产物 不同种类的细菌分解蛋白质、氨基酸的能力有差异，结果产生不同的中间产物。某些细菌分解色氨酸形成吲哚(靛基质)，某些细菌分解含硫氨基酸形成 H_2S，某些细菌通过尿素酶分解尿素形成氨。因此，通过蛋白质利用试验可以鉴别细菌。

3. 无机酸、有机酸和氨基酸 无机酸(如硫酸和硝酸)、有机酸(如乳酸、乙酸、丙酸、丁酸等)均与工、农、医等有关。氨基酸(如谷氨酸和赖氨酸等)与食品、医学、饲料等有关。

4. 醇类、酯类和其他芳香物质 乙醇和丁醇等可作为工业原料，一些酯类和芳香物质是酿酒业、乳品加工业中影响产品质量的物质。醇类、酯类和其他芳香物质使青贮饲料有芳香气味。

5. 气体　CO_2、氢、甲烷(沼气)、氨、氮、H_2S 等气体是最常见的细菌代谢废物。沼气可用来发电、照明和作为燃料，氨可增加土壤肥力。

6. 维生素及其他生长刺激素　某些细菌能产生维生素和生长刺激素。宿主正常菌群能合成维生素 B 和维生素 K，除自身利用外，还可被机体利用。

7. 抗生素　某些细菌能产生抗生素如杆菌肽(bacitracin)、多黏菌素(polymyxin)等。抗生素可以防治传染病，有的还能刺激畜禽和植物生长。

8. 毒素　细菌可产生内毒素和外毒素。内毒素(endotoxin)是革兰阴性菌细胞壁中的脂多糖，当菌体结构崩解后才游离出来。外毒素(exotoxin)是大多数革兰阳性菌在生活过程中释放到菌体外的蛋白质有毒产物。

9. 热　堆肥时粪堆温度可达 60～70℃以上。处理不当的干草堆有时会因过热而自燃。

10. 热原质(pyrogen)　是许多革兰阴性菌和少数革兰阳性菌在代谢过程中合成的一种多糖类物质，注入人体或动物体能引起发热反应。热原质能通过细菌滤器、耐高温，湿热 121℃、20min 或干热 180℃、2h 不被破坏。

11. 色素　某些细菌在一定条件(如氧气充足、温度适宜)下能产生色素。有的色素(如绿脓杆菌的黄绿色素)是水溶性的，弥散在培养基中使整个培养基呈现颜色；有的色素(如金黄色葡萄球菌的色素)是脂溶性色素，不溶于水，仅在细菌细胞内，所以菌落显色而培养基不变色。

12. 光　少数细菌能借发光以散发部分能量。大多数发光菌存在于海洋中。

13. 细菌素　是某些细菌菌株产生的一类具有抗菌作用的蛋白质，其作用范围较窄，仅对有近缘关系的细菌才有作用。某株大肠杆菌产生的大肠杆菌素(colicin)只能作用于大肠杆菌的其他相近的菌株。

第四节　细菌的生长繁殖与培养

一、细菌生长繁殖的条件

细菌要进行正常的生长和繁殖，必须具备一些条件。

1. 营养　要有足够的水分、碳素营养、氮素营养、灰分元素营养、生长因子等营养物质。

2. 温度　细菌只能在一定温度范围内进行生命活动。在最适温度时，细菌的生长发育最旺盛。根据温度的不同，可将细菌分为嗜冷菌(psychrophile)、嗜温菌(mesophile)和嗜热菌(thermophile)三大类(表 1-2)。

表 1-2　细菌生长的温度范围(引自李明远，2010)

类型	生长温度范围/℃			备注
	最低温度	最适温度	最高温度	
嗜冷菌	−5～0	10～20	25～30	水中和冷藏处的细菌
嗜温菌	10～20	18～28 37	40～45	腐生细菌 病原细菌
嗜热菌	25～45	50～60	70～85	温泉、土壤、厩肥中的一些细菌

3. pH　细菌只能在一定范围的 pH 下才能生长。在最适 pH 下，细菌生长得最旺盛。大

多数细菌适宜于中性和微碱性的环境(pH7.0～7.6)，个别细菌如霍乱弧菌在 pH8.5～9.0 的培养基中生长良好，鼻疽杆菌可在 pH6.4～6.6 环境中生长。许多细菌可分解糖产酸，使 pH 下降，不利于细菌生长。

4. 渗透压　细菌在等渗透压的环境中生长很好，低渗透压和高渗透压对细菌都有不利影响。盐腌和糖渍因高渗而抑制了细菌及真菌的生长。不过，细菌对非等渗透压有较大的适应和耐受能力。

5. 气体　与细菌生长有关的气体主要是 O_2、CO_2 和 N_2。一般细菌自身代谢产生的 CO_2 即可满足需要，但有些细菌在没有 CO_2 的环境下则不能生长或生长不良。牛布氏杆菌初次分离时，环境中需含有 5%～10%的 CO_2 才能生长。

二、培　养　基

(一) 培养基的概念

培养基(culture medium)是由人工配制的混合营养物，可用于微生物的培养、分离、鉴别、研究和保种。大多数微生物可在人工培养基上生长，但不同微生物对营养的要求存在差异。

(二) 培养基的类型

1. 根据组成来源分类

(1) 天然培养基(complex medium)是用含有化学成分不清楚或不恒定的天然有机物配制而成的培养基，如牛肉膏蛋白胨培养基和麦芽汁培养基。常用的天然有机营养物质有牛肉膏、蛋白胨、酵母浸膏、豆芽汁、玉米粉和牛奶等。

(2) 合成培养基(synthetic medium)是用化学成分完全了解的物质配制而成的培养基，如高氏 1 号培养基和查氏培养基，一般用于微生物的营养需求、代谢、分类鉴定、生物量测定、菌种选育及遗传分析等方面。

2. 根据形态分类

(1) 液体培养基(liquid medium)是不加琼脂而呈液体状态的培养基。营养物质以溶质状态溶解于培养基中，细菌能充分接触和利用。因此，细菌在液体培养基中生长较快，代谢产物也多。

(2) 固体培养基(solid medium)是在液体培养基中加入 1%～2%的琼脂，使培养基呈固体状态。固体培养基常用于菌种保藏、纯种分离、菌落特征的观察及活菌计数等。

(3) 半固体培养基(semi-solid medium)是在液体培养基中加入少量(0.35%～0.4%)的琼脂，使培养基呈半固体状。半固体培养基多用于检查细菌有无运动性。

3. 根据用途分类

(1) 基础培养基(basic medium)。培养基的组成基本满足细菌生长繁殖的营养物质需要，如牛肉膏蛋白胨琼脂、普通肉汤培养基和普通琼脂培养基。

(2) 营养培养基(nutrient medium)。在基础培养基中加入一些额外的营养物质如血液、血清、葡萄糖、酵母浸膏等，可供营养要求较高的细菌生长。

(3) 选择培养基(selective medium)。在培养基中加入某些化学物质，有利于需要分离的细菌生长，抑制不需要的细菌。例如，培养沙门菌的培养基中加入四硫磺酸钠、亮绿，可以抑制大肠杆菌的生长。

(4) 鉴别培养基(differential medium)。根据细菌能否利用培养基中的某种成分，通过指示剂的颜色反应可以鉴别细菌。乙酸铅培养基可以鉴定细菌是否产生 H_2S；在麦康凯培养基上，大肠杆菌形成红色菌落，而沙门菌形成无色菌落。用于鉴别不同微生物种类的培养基称为一般鉴别培养基，其不加抑菌剂而有指示剂，如伊红美蓝琼脂和三糖铁琼脂等。在培养基中加入某种抑制剂和指示剂，抑制某些细菌生长，但促进某种细菌生长，并使菌落具有一定的特征，以助鉴别和分离，这类培养基称为选择性鉴别培养基。亚硫酸铋琼脂含有葡萄糖、亚硫酸铋和煌绿，这些物质能抑制革兰阴性菌和许多革兰阳性菌，但对伤寒沙门菌和副伤寒沙门菌无影响，同时由于伤寒沙门菌能发酵葡萄糖，可将亚硫酸铋还原成硫酸铋，形成黑色菌落，周围有黑色环，对光观察可见金属光泽。在无糖的基础培养基中加入某种特定的糖或氨基酸，以酚红或溴甲酚紫为指示剂，细菌的一系列生化反应结果均由指示剂的最终显色来判断，此类为生化反应鉴别培养基。

(5) 厌氧培养基(anaerobic medium)。用于分离、培养和鉴别厌氧菌的培养基，如疱肉培养基。通常用心、脑或其他脏器浸液来配制厌氧培养基，并加入硫乙醇酸钠、半胱氨酸、葡萄糖、肝块、肉渣、还原铁等还原剂，也可在培养基表面加灭菌液状石蜡。

(6) 增菌培养基(enrichment medium)。这类培养基与选择性培养基和鉴别培养基相类似，可促进想要细菌的生长、抑制杂菌的生长。例如，亮绿胆盐-四硫磺酸钠肉汤对沙门菌和志贺氏菌有增菌作用。

三、细菌的繁殖方式、速度与生长曲线

(一) 细菌的繁殖方式

细菌以简单的裂殖即二分裂方式(binary fission)进行无性繁殖。首先，革兰阳性菌的核体与中介体相连，当核体复制时，中介体一分为二，向两端移动，分别将复制好的一条核体拉向细胞的一侧；然后，核体中部的细胞膜向内陷入，形成横膈，同时细胞壁向内生长；最后，肽聚糖水解酶使细胞壁肽聚糖共价键断裂，分裂为两个子代细胞。革兰阴性菌无中介体，核体直接连接在细胞膜上，复制产生的新核体则附着在邻近的一点上；然后，两点间形成的新细胞膜将各自的核体分隔在两侧；最后，细胞壁沿横膈内陷，分裂成两个子代细胞。隔膜闭合不全的子细胞之间留有原浆带，形成各种排列。

(二) 细菌的繁殖速度

一个菌体分裂为两个菌体所需的时间称为世代时间，简称代时(generation time)。在适宜的人工条件下，多数细菌的代时为 20～30min。但个别细菌如结核分枝杆菌大约 15～18h 才分裂一次。

(三) 细菌的生长曲线

将少量的细菌纯种接种到一定容积的液体培养基中，在适宜条件下培养，定时取样测定细菌数量。开始的短时间内，细菌数并不增加；而后，细菌数增加得很快；继而，细菌数又趋于稳定；最后，细菌数逐渐下降。以细菌增长数的对数值为纵坐标、以培养时间为横坐标进行作图，绘出的曲线称为细菌的生长曲线(growth curve)。根据曲线特征，将细菌的生长曲线分为迟缓期、对数期、稳定期和衰亡期(图 1-20)。在不同时期中，细菌的繁殖速度、形态

和生理特性(包括外形、大小、染色反应、发酵活力、代谢产物、抵抗力等)有不同变化。

1. 迟缓期(lag phase) 接种后1～4h，细菌数几乎不增加，这段时间称为延迟期。这个时期特别是此期末期，细菌体积增长较快，细胞代谢活力强，细胞内RNA含量高，为细菌的分裂做准备，但对不良环境条件比较敏感。

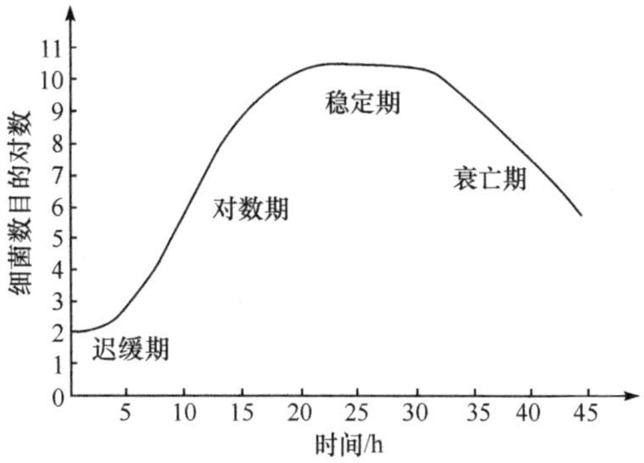

图1-20 细菌的生长曲线示意图

(改绘自黄青云，2009)

2. 对数期(logarithmic phase) 又称指数期(exponential phase)，细胞开始大量地分裂，细菌数量呈几何级数(即 2^n)增加，在生长曲线中呈一条直线，可持续6～12h或更长。对数期的细菌生长活跃，消耗营养多，个体数目显著增多，细胞化学组成、形态、生理特性等比较典型。实验室多取用对数期的细菌作为实验材料。

3. 稳定期(stationary phase) 由于细菌的活跃生长消耗了大量营养物质，使细菌的生长速度逐渐下降，死亡细菌数目增加，以致新细菌数与死亡细菌数趋于平衡。这一时期可维持8～10h左右。在这个时期，细菌的活力逐渐减弱，代谢产物如肝糖、异染颗粒、脂肪粒及不利的代谢产物开始大量积聚，细菌形态、染色、生物活性也出现改变。细菌的生长改变了培养环境，出现了不利因素如pH、氧化还原电势等的改变。

4. 衰亡期(decline phase) 细菌死亡数目逐渐增加，死亡数超过新生数，总活菌数明显下降。此期的某个阶段，活菌数以几何级数下降，称为对数衰亡期。此期内，细菌菌体常出现多种形态如畸形或衰退型，菌体活力下降，细菌死亡并有自溶现象。此期的菌种不宜作种子。

细菌的生长曲线只有在体外人工培养的条件下才能观察到。在自然界或人类、动物体内繁殖时，受多种环境因素和机体免疫因素的多方面影响，不可能出现在培养基中那种典型的生长曲线。但是，细菌的生长曲线反映了一种细菌在某种生活环境中生长、繁殖和死亡的规律，对研究工作和生产实践都有指导意义。

第五节 细菌的分类与命名

一、细菌的分类

(一) 细菌的分类等级

目前，大多认为自然界的生物分为6界，即原核生物界、原生生物界、病毒界、真菌界、植物界和动物界。细菌属于原核生物界，为种系分类的真细菌。广义的细菌包括各类原核细胞型微生物，如细菌、放线菌、衣原体、支原体、立克次体和螺旋体；狭义的细菌专指其中的细菌。

细菌的分类等级与其他生物一样，也是界、门、纲、目、科、属、种。在细菌中，最重要、最常用、最基本的是种，其次是属。科及科以上的等级划分在细菌学上不太完善。随着研究的深入，科和属的划分也常发生变动。

种(species)是细菌分类的基本单位。生物学性状基本相同的细菌群体构成一个菌种。性状相近、关系密切的若干菌种组成一个菌属(genus)。同一菌种的各个细菌，虽性状基本相同，但在某些方面仍有一定差异。差异较明显的称亚种(subspecies，subsp.或 ssp.)，差异小的则为型(type)。按抗原结构不同可分血清型(serotype)；按对噬菌体和细菌素的敏感性不同可分噬菌体型(phage-type)和细菌素型(bacteriocin-type)；按生化反应和其他某些生物学性状不同可分生物型(biotype)。变种(variety，var.)是亚种的同义词，易与亚种混淆，已不再单独使用。

同一菌种不同来源的细菌称为菌株(strain)。具有某种细菌典型特征的菌株称为标准菌株(standard strain)或模式菌株(type strain)。

(二) 细菌的分类依据

细菌个体微小，结构简单。因此，细菌的分类必须依据多方面的性状，主要有表型特征(phenotype)和遗传相关性(genetic relatedness)。表型特征主要包括形态学特性(如形状、大小、排列、结构、染色特性等)、营养类型及生活方式、培养特性、生理生化特性、对抗生素及其他化学物质的敏感性、对噬菌体的敏感性、抗原结构、病原性等。遗传性特征主要包括 DNA 中的(G+C)mol%含量测定、核酸分子杂交、核苷酸序列同源性、16S rRNA 同源性分析等。

(三) 细菌的分类体系

细菌学家们提出了许多细菌分类系统。20 世纪 70 年代后，各国科学家大都使用美国宾夕法尼亚大学的细菌学教授 D. Bergey 主持编写的《伯杰氏细菌鉴定手册》(*Bergey's Manual of Determinative Bacteriology*)。1923 年发行第一版，以后修订、再版，1994 年发行第九版。

1984～1989 年，美国细菌学家 Holt 在《伯杰氏细菌鉴定手册》(第八版)以细菌表型特征分类的基础上，补充细菌核酸杂交、16S rRNA 同源性分析、系统发育等新资料进行分类，编写了《伯杰氏系统细菌学手册》(*Bergey's Manual of Systematic Bacteriology*)第一版，分四卷出版。《伯杰氏系统细菌学手册》第二版分五卷，2001 年开始已陆续出版。

1992 年，Balows 等编著了《原核生物》(*The Prokaryotes*)第二版，共四卷。后来，其他学者相继出版了不同版本的《原核生物》。《原核生物》弥补了伯杰氏手册中经典分类的不足，体现了分子序列对细菌分离的影响，得到微生物学界的高度重视。

《国际系统与演化微生物学杂志》(*International Journal of Systematic and Evolutionary Microbiology*，IJSEM)，原名为《国际系统细菌学杂志》(*International Journal of Systematic Bacteriology*，IJSB)，是细菌分类与命名的世界公认的权威期刊，英文版，由国际微生物学会联合会(International Union of Microbiological Societies)于 1901 年创刊出版。任何分离鉴定的新细菌的有关论文应在该杂志上发表，如果在其他杂志发表，必须提交论文副本给该杂志公布，两年后无异议，所提出的新的细菌名称方能生效。

二、细菌的命名

根据国际细菌命名法规(The International Code of Nomenclature of Bacteria)的规定，细菌的学名(scientific name)采用双名法(binomial nomenclature)，每个菌名由两个拉丁字组成。前一个字为属名，用名词，第一个字母大写；后一个字为种名，用形容词或名词所有格，小写。一般用属名表示细菌的形态或发现者或有贡献者等，种名表明细菌的性状特征、寄居部位或所致疾病等。拉丁化的属名和种名均为斜体，其他附加语均用正体表示。中文的命名次序适与拉丁文相反，是种名在前、属名在后。例如，*Staphylococcus aureus*，金黄色葡萄球菌；*Escherichia coli*，大肠埃希菌；*Neisseria meningitidis*，脑膜炎奈瑟菌；*Lawsonia intracellularis* gen.nov., sp.nov.，胞内劳森菌，新属新种。属名亦可不将全文写出，只用第一个字母或前几个字母代表，但第一个字母必须大写，如 *M. Tuberculosis*(结核分枝杆菌)和 *Cp. psittaci*(鹦鹉热亲衣原体)等。有时泛指某一属细菌，不特指其中某个菌种，则可在属名后加 sp.(单数)或 spp.(复数)，如 *Salmonella* sp.表示为沙门菌属中的细菌。

细菌的拉丁文名字应该按拉丁文的发音规则来读念。但在国内，英语的影响较大，不学或不懂拉丁文的人很多。用英语的读法来读细菌的拉丁文名，其实是不正确的。

三、细菌的鉴定

细菌的鉴定一般在纯培养后进行，其过程主要是通过各种方法测定细菌的分类依据，然后按照细菌的分类体系进行鉴定。

19 世纪以来，主要以形态和生理特征进行细菌的分类与鉴定，即选择一些较为稳定的生物学性状，如菌体形态与结构、染色性、培养特性、生化反应、抗原性等作为分类的标记。20 世纪 60 年代，将数值分类(numerical taxonomy)引入了细菌分类与鉴定，借助计算机将细菌按其性状的相似程度进行归类(一般种的水平相似度>80%)，以此划分种和属，但对性状的选择和重视程度有一定的主观性是该方法的最大缺点。20 世纪 70 年代以来，化学分析和核酸分析方法引入细菌的分类与鉴定，使细菌种群的划分建立在更为客观的基础上。

1. 化学分析　应用电泳、色谱、质谱等方法，对菌体组分、代谢产物组成与图谱等特征进行分析，为揭示细菌表型差异提供了有力的手段。目前有许多微量、快速的鉴定系统，如 API 系统、Enterotube 系统、R/B 系统、Minikek 系统、Palhotec 系统和 Micro-ID 系统等。

2. 核酸分析　包括 DNA 碱基组成(G+C mol%)、核酸分子杂交(DNA-DNA 同源性、DNA-rRNA 同源性)和 16S rRNA 同源性分析，比较细菌大分子(核酸、蛋白质)结构的同源程度进行分类，揭示了细菌演化的信息。这种以细菌发育关系为基础的细菌分类与鉴定称为系统分类与鉴定或种系分类与鉴定。其中，16S rRNA 更为重要，因其在演化过程中保守、稳定，很少发生变异。1987 年 Woese 在大量 16S rRNA 序列分析的基础上，描绘出生物系统发育树，由真细菌(Eubacteria)、古细菌(Archaebacteria)和真核生物(Eukaryotes)共同构成并列的生物三原域。真细菌是指比较常见的细菌(bacteria)。古细菌和真细菌同为原核生物，但古细菌生存在极端环境(如高温、高盐、低 pH)，细胞壁无肽聚糖，蛋白质合成起始甲硫氨酸不需甲酰化，tRNA 基因中有内含子，含有多种 RNA 聚合酶，蛋白质合成对白喉毒素的抑制敏感，而对氯霉素的抑制不敏感，这些特性与真核生物相同，与真细菌不同。

第六节　螺　旋　体

螺旋体(spirochaeta)是一种细长弯曲的、柔软的原核单细胞微生物，能进行屈曲和自由运动，被认为是介于细菌和原生动物之间的一类微生物。螺旋体有与细菌相似的基本结构，不同的是细胞壁与外膜之间有轴丝，因轴丝的屈曲与收缩使螺旋体能自由活泼运动。1835 年，Ehremberg 从水中发现了具有特殊运动的微生物，并将其正式命名为螺旋体。螺旋体广泛存在于外界环境，在人和动物体内也有分布。大部分螺旋体是非致病性的，只有少部分可引起人和动物的疾病。

一、形态、结构和染色

螺旋体呈螺旋状或波浪状，有一个或一个以上完整的螺旋。螺旋体的大小(尤其是长度)差异极为悬殊，长可达 3～500μm，宽可达 0.09～3.0μm，个别螺旋体可细到足以通过一般的细菌滤器。螺旋体的螺旋数目、螺旋间的距离和回旋角度各不相同，是分类上的一项重要指标。在陈旧培养物中或培养物用青霉素处理，螺旋体可呈 L 型。

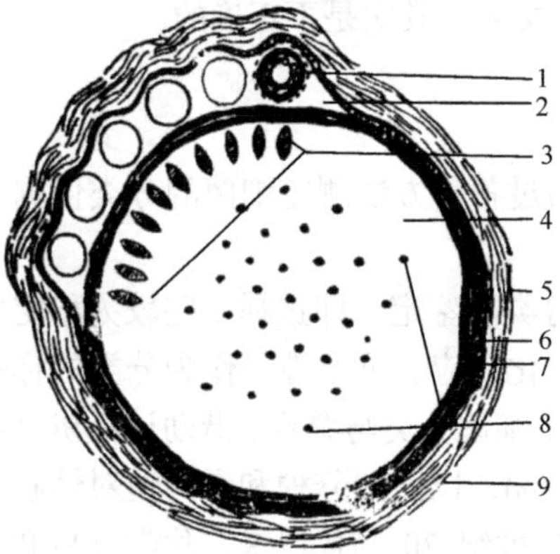

图 1-21　苍白密螺旋体横切面(模式图)
(引自胡建和，2006)
1. 轴丝；2. 中间层；3. 深部轴丝；4. 原生质柱；5. 外鞘；6. 细胞壁；7. 细胞膜；8. 核糖体；9. 黏液层

螺旋体无芽胞，有不定形的核，核酸兼有 DNA 和 RNA。某些螺旋体具有内含物，并可在染色中显示横纹。螺旋体的细胞中心是原生质柱(protoplasmic cylinder)，外有 2～100 根以上的轴丝(axial flagella，又称内鞭毛)，沿原生质柱长轴缠绕。原生质柱有细胞膜，膜外有由细胞壁和黏液层构成的外鞘(outer sheath)，轴丝被外鞘和细胞膜包裹(图 1-21)。轴丝起源于附着盘，其数目与轴丝相等，位于原生质柱的两端。轴丝起于一端，可延长到细胞长度的约 2/3 处。因此，起源于细胞两极的轴丝可于细胞中部相互重叠。轴丝使螺旋体能运动，有三种运动方式：沿长轴旋转而快速地前进，细胞屈曲而伸缩前进，螺旋状或蛇状前进。以相差和暗视野显微镜观察螺旋体效果良好，既能检查形态，又可分辨运动方式，较为常用。

螺旋体是革兰染色阴性，但大多不易着色。有几种病原性螺旋体可为美蓝染色。吉姆萨染色法效果较好，螺旋体被染成红色或蓝色，染成蓝色者一般为腐生性螺旋体。病理组织中的螺旋体可用镀银染色法染色，螺旋体被染成黑褐色，而其他细菌和组织均被染成黄色。用印度墨汁或黑素(nigrosin)或刚果红等进行负染色，螺旋体透明无色，而背景衬有颜色。

二、繁殖和培养特性

螺旋体和细菌一样，以二等分裂法的方式进行繁殖。除个别外，螺旋体的培养比较困难，常要求特殊的培养基和厌氧条件，即便如此，有时也不易成功。短螺旋体、钩端螺旋体、疏螺旋体及个别致病性密螺旋体可采用含血液、腹水或其他特殊成分的培养基培养。不能用人工培养基培养的螺旋体可用易感动物来增殖培养和保种。

三、分　　类

螺旋体在分类上属螺旋体目。根据 16S rRNA 的差异，螺旋体目下有 4 科 13 属。因无相关序列，克利夫兰螺旋体属(*Clevelandina*)、双套螺旋体属(*Diplocalyx*)、霍兰螺旋体属(*Hollandina*)和皮佑螺旋体属(*Pillotina*)的地位尚未确定。在兽医上比较重要的螺旋体有兔梅毒螺旋体(*T. paraluiscuniculi*)、鹅疏螺旋体(*B. anserina*)、猪痢短螺旋体(*B. hyodysenteraie*)和问号钩端螺旋体(*L. interrogans*)等。

第七节　支　原　体

支原体(mycoplasma)，曾译作“霉形体”，是一类介于细菌和病毒之间的单细胞原核微生物，缺乏细胞壁而具有多形性和可塑性。支原体广泛分布于污水、土壤、矿石、植物、昆虫、家畜、禽类和人体等环境与生物体中。许多支原体致人、动物和植物的疾病。

一、形态、结构和染色

支原体个体微小，形体柔软，有高度多形性，常呈球状、丝状、环状、螺旋状等不规则形态，但小球状为其基本形态，是支原体繁殖的基础，称为最小繁殖单体。球状支原体直径约为 125～250nm，丝状的支原体则长短不一，短的仅几微米，长的可达 150μm。支原体能通过细菌滤器。

支原体结构简单，无细胞壁，仅有 3 种细胞器，即细胞膜、核蛋白体和原核细胞核。细胞膜有 3 层结构，内、外层为蛋白质及糖类，中间层是脂质(图 1-22)。有的支原体细胞膜外还有一层由多聚糖组成的微荚膜。细胞膜具有抗原性。由于只有柔软的细胞膜，故支原体具有多形性、可塑性和滤过性。支原体无鞭毛，但有些支原体能在液面滑动或旋转运动。

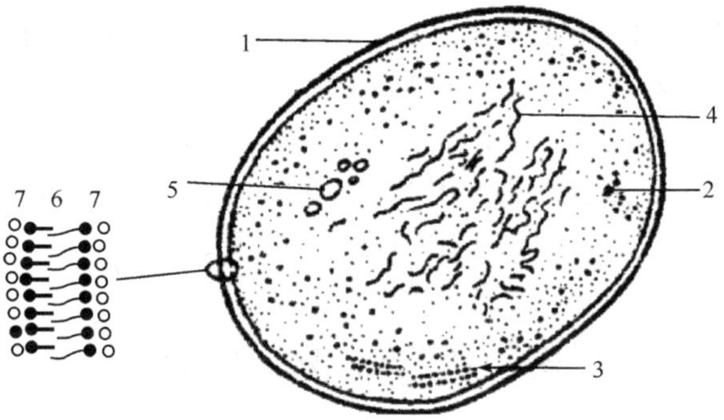

图 1-22　支原体基本形态结构示意图(引自黄青云，2009)

1. 细胞膜；2. 核蛋白体；3. 直线状排列的梭蛋白体；4. DNA；5. 球状粒子；6. 类脂质层；7. 蛋白质层

支原体是革兰染色阴性，但较难着色；用吉姆萨染色法或改良瑞氏染色法效果良好，呈淡紫色。

二、繁殖和培养特性

支原体的营养要求较高，除基础营养物外，多数支原体常依甾醇而生长，甾醇是合成细胞膜的必要成分。因此，通常在培养基中加 10%～20%的新鲜血清以提供甾醇和长链脂肪酸。此外，酵母浸液、葡萄球菌、链球菌的培养滤液对多种支原体的生长发育有促进作用。为了抑制杂菌的生长，常在培养基中加入一定量的青霉素和乙酸铊。多数菌株在需氧条件下生长良好，但在固体培养基上初代分离时，常需减少氧分压，加入 5%CO_2 和 95%N_2，需较湿润的环境，琼脂以 1%～1.5%为宜。适合生长的 pH 为 7.0～8.0，脲原体属较低为 pH6.0±0.5。适宜温度为 36℃。

典型的支原体菌落呈圆形、微小、透明，如露滴状，在 20～40 倍光学显微镜下，表面闪光，如玻璃珠样，菌落中心常深埋于培养基基质中，呈致密的圆形突起，周围环绕呈透明的圆周边，构成“荷包蛋样”、“乳头状”或“脐状”的特征性菌落，直径 250～600μm，大者可达 1mm。幼小菌落呈无色透明，陈旧后中心突起部变为淡黄色乃至棕黄色。猪肺炎支原体和肺支原体的菌落则不典型，无中心生长点。在液体培养基中，支原体生长数量较少，不易混浊，偶尔见到小颗粒样物黏附于管壁或沉于管底。支原体可在鸡胚卵黄囊或绒毛尿囊膜上生长，有些菌株可致死鸡胚。支原体也能在细胞培养中生长，但不一定产生细胞病变。

根据对糖利用能力的不同，支原体可分为两群：一群能分解葡萄糖及其他多种糖类，产酸不产气，称发酵型；另一群不能分解糖，称为非发酵型，但能利用精氨酸作为碳素和能量来源。仅有少数几种支原体二者兼而有之，或均不能利用。某些支原体糖发酵株能产生 H_2O_2，在含红细胞的培养基中形成 α 型或 β 型溶血。少数支原体能液化明胶、消化凝固血清或酪蛋白。

目前，已经提出的支原体繁殖方式有二分裂、出芽、丝状断裂和大细胞释放单体颗粒等。支原体的繁殖速度比细菌慢，一般认为约 3～4h 繁殖一代。因为无细胞壁，所以青霉素和磺胺类药物对支原体的生长无抑制作用。

三、分　类

支原体在分类上属于柔膜体纲(Mollicutes)，下设 4 目 7 科 11 属。附红细胞体属(*Eperythrozoon*)和嗜血巴通体属(*Haemobartonella*)列入支原体目嗜血支原体簇的地位未定科。在兽医上比较重要的支原体有猪肺炎支原体(*M. hyopneumoniae*)、鸡毒支原体(*M. gallisepticum*)、丝状支原体丝状亚种(*M. Mycoides* ssp. *mycoides*)和猪附红细胞体(*E. suis*)等。其中，丝状支原体丝状亚种是引起牛肺疫(牛传染性胸膜肺炎)的病原体，我国已于 2011 年 5 月得到世界动物卫生组织(OIE)的认可——中国为无牛肺疫的国家。

第八节　立 克 次 体

立克次体(rickettsia)是一类专性细胞内寄生的小型革兰阴性单细胞原核微生物，形态结构和繁殖方式等特性与细菌相似，而生长要求与病毒相似。因此，立克次体是一类介于细菌和病毒之间的微生物。立克次体可引起人和动物的许多立克次体病，如斑疹伤寒、恙虫病等。

一、形态、结构和染色

立克次体的细胞形态多样，可呈球形、球杆形、杆形、哑铃形或丝状等，以球杆状居多。立克次体的大小介于细菌和病毒之间，球状直径为 0.2～0.7μm，杆状大小为(0.3～0.6)μm×(0.8～2)μm。立克次体均不能通过细菌滤器。

立克次体有类似于革兰阴性菌细胞壁的结构和化学组成，细胞壁中有肽聚糖、脂多糖和蛋白质，细胞质内有 DNA、RNA 及核蛋白体。

立克次体经革兰染色后呈阴性，吉姆萨染色后呈紫色或蓝色，马基维洛(Macchiavello)法染色后呈红色。

二、繁殖和培养特性

立克次体为专性细胞内寄生，但酶系统不够完整。因此，立克次体只能在真核细胞内依赖于宿主细胞提供的 ATP、辅酶 I 和辅酶 A 等以二分裂方式进行生长繁殖。动物接种、鸡胚卵黄囊接种和细胞培养等方法也常用于培养立克次体。

三、分　类

目前，立克次体设一个目，即立克次体目(Rickettsiales)，下分立克次体科(Richettsiaceae)、乏质体科(Anaplasmataceae)和全孢体科(Holosporaceae)。某些立克次体因缺乏基因信息而地位待定。原来的柯克斯体属(*Coxiella*)现在属于军团菌目(Legionellales)的柯克斯体科(Coxiellaceae)。在兽医上比较重要的立克次体有普氏立克次体(*R. prowazekii*)、鲑鱼立克次体(*P. salmonis*)、犬艾立希体(*E. canis*)、反刍动物艾立希体(*E. ruminantium*)和边缘乏质体(*A. marginale*)等。

第九节　衣　原　体

衣原体(chlamydia)是一类具有滤过性、严格细胞内寄生、经独特发育周期以二等分裂繁殖和形成包涵体样结构的革兰阴性原核细胞型微生物。衣原体曾被认为是原生动物和“大型病毒”，后来通过深入研究，确定其与立克次体很相似，有许多特性与病毒截然不同。因此，衣原体是一类介于立克次体与病毒之间的微生物。

一、形态、结构与染色

在形态上，将繁殖过程中的衣原体分为个体形态和集团形态。个体形态有大、小两种，大而疏松的称为网状体(reticulate body，RB)，小而致密的称为原体(elementary body，EB)。网状体颗粒体积较大，直径 0.7～1.5μm，圆形或卵圆形。原体颗粒呈球形，直径 0.2～0.4μm，普通光学显微镜下勉强可见。包涵体是衣原体在细胞空泡内形成的集团形态，其内含无数子代原体和正在分裂增殖的网状体。

衣原体含有由黏肽组成的细胞壁，其结构和组成类似于革兰阴性菌，但胞壁酸缺少或只含微量；含 DNA 和 RNA 两种核酸及核糖体。

衣原体细胞呈革兰阴性。原体用吉姆萨染色后呈紫色，马基维洛染色后为红色。网状体用吉姆萨和马基维洛染色后均呈蓝色。成熟的包涵体革兰阴性，经吉姆萨染色后呈深紫色。沙眼衣原体的包涵体内含糖原，碘液染色时显深褐色。

二、繁殖与培养特性

衣原体以二等分裂方式进行繁殖，但繁殖需经历独特的周期，即原体和网状体两个阶段。原体是发育成熟了的衣原体，主要在细胞外，较为稳定，有高度传染性。网状体是衣原体在宿主细胞内发育的幼稚阶段，是繁殖型，不具有感染性。在生活周期末，包涵体破裂，导致大量原体进入胞质，引起宿主细胞的裂解死亡，从而原体得以释放。

衣原体有能进行一定代谢活动的酶系统，但不能合成带高能键的化合物，必须利用宿主细胞的三磷酸盐和中间代谢产物作为能量来源，故营专性细胞内寄生。衣原体的培养可使用鸡胚(鸭胚)培养法、动物接法种、细胞培养法。1956 年，我国科学家汤飞凡等用鸡胚培养法获得世界上第一株沙眼衣原体。5～7 日龄鸡胚经卵黄囊接种衣原体后一般 3～5 天后死亡，取死胚卵黄囊膜涂片染色，镜检可见有包涵体、原体和网状体颗粒。动物接种多用于严重污染病料中衣原体的分离培养，常用 3～4 周龄小鼠进行腹腔接种或脑内接种。鸡胚、小鼠、羔羊等易感动物组织的原代细胞，以及 HeLa 细胞、Vero 细胞、BHK21 等传代细胞系来增殖衣原体。细胞培养的衣原体生活周期一般为 48～72h，有些菌株或血清型可能更短些。

三、分　类

衣原体属于衣原体目(Chlamydiales)，设有 4 个科，即衣原体科(Chlamydiaceae)、副衣原体科(Parachlamydiaceae)、西氏衣原体科(Simkaniaceae)和沃氏衣原体科(Waddliaceae)。兽医上比较重要的衣原体有猪衣原体(*C. suis*)、鹦鹉热亲衣原体(*Cp. psittaci*)、猫亲衣原体(*Cp. felis*)、流产亲衣原体(*Cp. abortus*)和牛羊亲衣原体(*Cp. pecorum*)。其中鹦鹉热亲衣原体是一种人畜共患病原，也是一种生物战剂。

第十节　原核微生物的观察方法

一、个体性状的观察

人的眼睛只能看见 0.2mm 以上的物体，而细菌只有 0.2～20μm 大小。只有借助光学显微镜或电子显微镜才能观察到细菌的形态或结构。目前，微生物学研究中最常用的是光学显微镜和电子显微镜。

1. 光学显微镜(light microscope)　利用目镜和物镜两组透镜系统来放大成像。物镜中的油镜放大倍数最大，对微生物学的研究最为重要。使用油镜时，在载玻片与镜头之间滴加香柏油。香柏油对光线的折射率为 1.515，与玻璃对光线的折射率 1.52 极为相近，可使尽可能多的光源进入物镜中，因而提高分辨力，使物象明亮清晰。使用油镜能将将物体放大上千倍。观察细菌时，往往是先将细菌进行染色，通过颜色的反衬作用，可以更清楚地观察到细菌的形态及某些细胞结构。

2. 电子显微镜(electron microscope，EM)　简称电镜，是利用电子流代替可见光波、电磁圈代替放大透镜的放大装置。电镜包括透射电镜(transmissive electron microscope，TEM)和扫描电镜(scanning electron microscope，SEM)。透射电镜主要用来观察细菌内部的结构，而扫描电镜主要用来观察物体的外在结构。细菌的超薄切片，经负染、冰冻蚀刻等处理后，在透射电镜中可清晰观察到细菌内部的超微结构。经金属喷涂的细菌标本，在扫描电镜中，能清楚地显示细菌表面的立体形象。

3. 暗视野显微镜(darkfield microscope)　利用一种特殊的聚光器使整个视野黑暗，光线射在标本上，其中的菌体明亮，像夜空中闪烁的星星。常用于观察活菌(如螺旋体)的运动性。

4. 荧光显微镜(fluorescence microscope)　有一个发出强烈白光的光源、一个只让紫外光通过的滤光集光器、一个装在目镜中滤去紫外光而保护眼睛的滤光片。一些化学物质(如荧光素)可吸收紫外光，放出波长较长的可见光，即荧光。该显微镜常用于免疫学荧光抗体技术中观察抗原抗体反应等。

二、群体性状的观察

1. 液体培养基中的群体性状　大多数细菌在液体培养基中生长繁殖后呈现均匀混浊状态，少数链状的细菌则呈沉淀生长，枯草芽胞杆菌、结核分枝杆菌等专性需氧菌呈表面生长，常形成菌膜。

2. 固体培养基中的群体性状　将标本或培养物划线接种在固体培养基表面，使原本混杂的细菌分散开，经 18～24 h 培养，单个细菌繁殖成一堆肉眼可见的细菌集团，称之为菌落(colony)。不同细菌的菌落在大小、形状、颜色、气味、透明度、表面光滑或粗糙、湿润或干燥、边缘整齐与否和溶血性等方面有不同表现，这有助于细菌鉴定。细菌的菌落一般有 3 种类型：光滑型菌落(smooth colony，S 型菌落)，新分离的细菌大多呈光滑型菌落，表面光滑、湿润、边缘整齐；粗糙型菌落(rough colony，R 型菌落)，菌落表面粗糙、干燥、呈皱纹或颗粒状，边缘大多不整齐；黏液型菌落(mucoid colony，M 型菌落)，菌落黏稠、有光泽，似水珠样，多见于有厚荚膜或丰富黏液层的细菌如肺炎克雷伯菌等。

当菌落相互连接成片，称为菌苔(lawn)。

3. 半固体培养基中的群体性状　半固体培养基的黏度低。有鞭毛的细菌在其中可自由游动，沿穿刺线呈羽毛状或云雾状混浊生长；无鞭毛的细菌只能沿穿刺线呈明显的线状生长。

第二章　真核细胞型微生物

真核微生物(eukaryotes)是指一类具有膜包裹的细胞核、能进行有丝分裂、细胞质中有线粒体或/和叶绿体等细胞器的微生物，包括真菌(fungus)、藻类(algae)和原生动物(protozoon)。真核生物与原核生物有许多不同点，如表 2-1 所示。

表 2-1　真核生物与原核生物的比较(改自李明远，2010)

比较项目		真核生物	原核生物
细胞大小		较大(通常直径>2μm)	较小(通常直径<2μm)
如有细胞壁，其主要成分		纤维素、几丁质等	多数为肽聚糖
细胞膜中甾醇		有	无(仅支原体例外)
细胞膜含呼吸或光合组分		无	有
细胞器		有	无
鞭毛结构		如有，则粗而复杂(9+2 型)	如有，则细而简单
细胞质	线粒体	有	无
	溶酶体	有	无
	叶绿体	光合自养生物中有	无
	真液泡	有些有	无
	高尔基体	有	无
	微管系统	有	无
	流动性	有	无
	核糖体	80S(指细胞质核糖体)	70S
	间体	无	部分有
	贮藏物	淀粉、糖原等	聚β-羟基丁酸(PHB)等
细胞核	核膜	有	无
	DNA 含量	低(约 5%)	高(约 10%)
	组蛋白	有	少
	核仁	有	无
	染色体数	一般 >1	一般为 1
	有丝分裂	有	无
	减数分裂	有	无

续表

比较项目		真核生物	原核生物
生理特性	氧化磷酸化部位	线粒体	细胞膜
	光合作用部位	叶绿体	细胞膜
	生物固氮能力	无	有些有
	专性厌氧生活	罕见	常见
	化能合成作用	无	有些有
鞭毛运动方式		挥鞭式	旋转马达式
遗传重组方式		有性生殖，准性生殖等	转化，转导，接合等
繁殖方式		有性，无性等多种	一般为无性(二等分裂)

第一节 真　菌

真菌(fungus)是一大类不含叶绿素，无根、茎、叶，营腐生或寄生生活的真核微生物，仅少数类群为单细胞，其余为多细胞，大多数呈分枝或不分枝的丝状体，能进行有性和无性繁殖。真菌种类繁多、数量大，约有 10 多万种，分布极为广泛，与人类生产生活有着密切的利害关系。绝大多数真菌对人和动物是有益的，如多种食用菌；而某些类群可感染人和动物，如黄曲霉可损坏肝脏，有的则可导致食品、谷物、农副产品发霉变质。

关于真菌的分类，不同的研究者提出了不同的分类系统。目前，一般采用 Anisworth 和 Bisby 的《真菌学辞典》(第 9 版，2011)介绍的真菌分类系统。该系统认为真菌属于单独成立的真菌界(Kingdom of fungi)，界以下分为 5 个门：壶菌门(Chytridiomycota)、接合菌门(Zygomycota)、子囊菌门(Ascomycota)、担子菌门(Basidiomycota)、半知菌门(Deuteromycota)。但在生产上，一般从外形上将真菌分为酵母菌、霉菌和担子菌三大类群。这只是形态群的俗称，不是真菌学上的分类。它们在分类上属于真菌的各门，如霉菌分属于壶菌门、接合菌门或子囊菌门。部分真菌的形态因温度、营养、气体等条件的改变而由霉菌型变为酵母型或由酵母型变为霉菌型，这种真菌称双相型真菌。

一、酵 母 菌

酵母菌(yeast)是一个通俗名称，一般具有以下特点：一般以单细胞状态存在；多数以出芽繁殖，少数裂殖；能发酵糖类产能；细胞壁常含有甘露聚糖；分布很广，喜在含糖量较高、酸度较大的环境中生长。酵母菌被认为是人类的第一种“家养微生物”，如用于酿酒、制作馒头等。近年来，酵母菌又被用于石油及油品的脱蜡、甘油的发酵、维生素、有机酸及酶制剂等的生产。由于酵母菌细胞含有丰富的蛋白质和维生素，特别是蛋白质中必需氨基酸含量很高，具有很高的食用价值和饲用价值。当然，酵母菌也常给人类带来危害。某些酵母菌能使饲料、食品、纺织品和其他原料腐败变质，少数种属于病原菌，如白假丝酵母(*Candida albicans*，又称白色念珠菌)、新型隐球酵母(*Cryptococcus neoformans*，又称新型隐球菌)等。

（一）形态及大小

酵母菌的形态取决于酵母菌的种属和培养条件。在一定条件下，酵母菌有相对稳定的形态，这有助于菌种的鉴定。在光学显微镜下，酵母菌呈球形、卵形、椭圆形、腊肠形、圆筒形和胡瓜形，少数为瓶形、柠檬形和假丝状等(图 2-1)。有的酵母菌细胞与子代细胞相连成链状，其中细胞间以藕节状相连的细胞串为假菌丝，细胞间呈竹节状相连的细胞串为真菌丝。酵母菌比细菌大得多，大小为(1～5)μm×(5～30)μm 或者更大，最大可达 100μm，在高倍镜下可清楚看到。各种酵母菌有其一定的大小和形态，但也随菌龄和环境条件而异。即使在纯培养中，各个细胞的形态、大小也有差异。

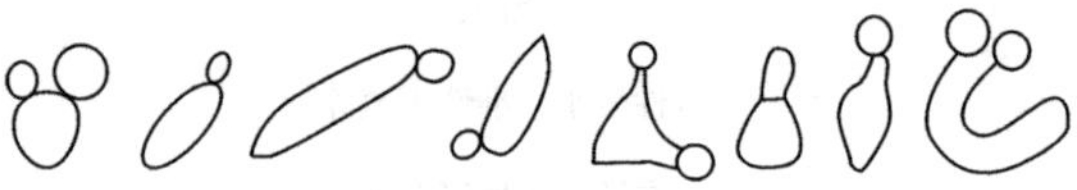

图 2-1　酵母菌的各种形状示意图(引自胡建和，2006)

从左到右：球状、卵圆形、长形、尖角形、三角形、长颈瓶形、柠檬形、弯曲形

（二）细胞结构

酵母菌具有典型的细胞结构，有细胞壁、细胞膜、细胞质、细胞核及其他内含物等(图 2-2)。

1. 细胞壁　幼嫩酵母菌的细胞壁很薄，老龄的变厚，100～300nm，约占干重的 10%，由葡聚糖、甘露聚糖、几丁质等多糖和蛋白质、脂类及无机盐类等成分构成。细胞壁分三层，外层为甘露聚糖，内层为葡聚糖，中间为蛋白质，蛋白质中有些以酶的形式存在，如葡聚糖酶、甘露糖酶、蔗糖酶、碱性磷酸酶和脂酶等。细胞壁强度主要由葡聚糖成分维持。细胞壁表面有凹凸的出芽痕迹。

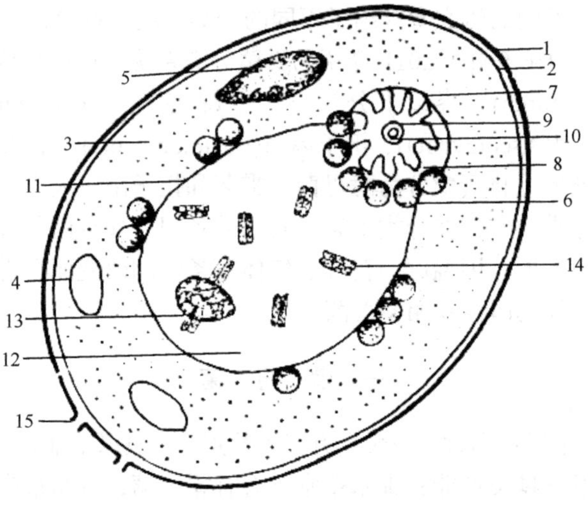

图 2-2　酵母菌细胞结构示意图(引自黄青云，2009)

1. 细胞壁；2. 细胞膜；3. 细胞质；4. 脂肪体；5. 肝糖；6. 线粒体；7. 纺锤体；8. 中心染色质；9. 中心体；10. 中心粒；11. 核膜；12. 核；13. 核仁；14. 染色体；15. 芽痕

2. 细胞膜　被细胞壁包围，主要成分是蛋白质(约占干重的 50%)、类脂(约占 40%)和少量糖类。类脂中有各种甾醇，以麦角甾醇占多。发酵酵母中麦角甾醇达细胞干重的 9.66%。膜由上、下两层磷脂分子，以及镶嵌其间的甾醇和蛋白质组成，磷脂的亲水部分在膜的外侧，

疏水部分在膜的内侧。膜的主要功能：调节细胞外溶质运送到细胞内的渗透屏障，细胞壁等大分子成分的生物合成和装配基地，部分酶的合成和作用场所。

3. 细胞质 幼嫩酵母菌的细胞质均匀，而后出现几个液泡。液泡内含有一些水解酶、聚磷酸、类脂、中间代谢物和金属离子等。当细胞逐渐变老时，细胞质和液泡内还出现异染颗粒、脂肪滴和肝糖等物质。细胞质中还有细胞核、线粒体、核蛋白体、内质网、高尔基体和纺锤体。在有氧条件下，可形成有嵴的线粒体；在无氧条件下，形成无嵴的简单线粒体。

4. 细胞核 幼年细胞核呈圆形，成年细胞核被液泡挤到一边，常变为肾形。酵母菌的细胞核有核膜，核中有核仁和染色体。对固定的酵母菌细胞用碱性品红或吉姆萨染色后可用相差显微镜观察核内染色体。核膜是一种双层单位膜，有大量的核孔，直径40～70nm。纺锤体在细胞核附近，呈球状结构，包括中心染色质和中心体。中心体为球状，内含1～2个中心粒。有的酵母可形成由约7nm单位膜包裹的直径约3μm的圆形或卵圆形的细胞器，称为微体。

(三) 生长和菌落特征

在液体培养基中，酵母菌生长繁殖的规律与细菌基本相同，以时间为横坐标、以菌体干重为纵坐标，可得到一个与细菌生长曲线相似的生长曲线，包括适应期(又称延迟期)、对数生长期(又称指数期)、平衡期(又称稳定期)、衰老期(又称衰亡期)。每期活菌数和总菌数的变化规律与细菌生长曲线相似。

酵母菌在固体培养基表面可见光滑湿润、透明、容易挑起、质地均匀的菌落。但与细菌菌落相比，酵母菌菌落较大、较厚、外观较稠和较不透明。多数酵母菌的菌落颜色是乳白色或矿烛色，少数是黄色或红色，个别为黑色。有的酵母菌菌落表面是干燥粉状的，有的可形成同心环状的菌落。不产生假菌丝的酵母菌菌落较隆起，边缘圆整；而产生假菌丝的酵母菌落较平坦，表面和边缘较粗糙。

(四) 繁殖方式

1866年，A. De Bary证实了酵母菌的生活史。酵母菌一般以无性繁殖为主，以芽殖多见，少数为为横分裂。酵母菌有性繁殖时，产生子囊孢子。

1. 芽殖(budding) 首先，在母细胞上长出一个称为芽体的突起，随后细胞核分裂成两个核，一个留在母细胞，一个与其他细胞物质一起进入芽体。芽体逐渐长大，基部收缩。一定时间后，芽体自母细胞脱落，继续成长，再行出芽产生新个体(图2-3)。分离后在母细胞上留下一个芽痕，而子细胞上有一个蒂痕。如果酵母菌生长迅速，芽体尚未从母细胞上脱落，又从芽体上生出新的芽体，如此反复多次，母细胞与子细胞以藕节状相连成串，则称为假菌丝。有些假菌丝在两个细胞相连处的其他侧面(或四周)又生出芽体，称为芽胞子。

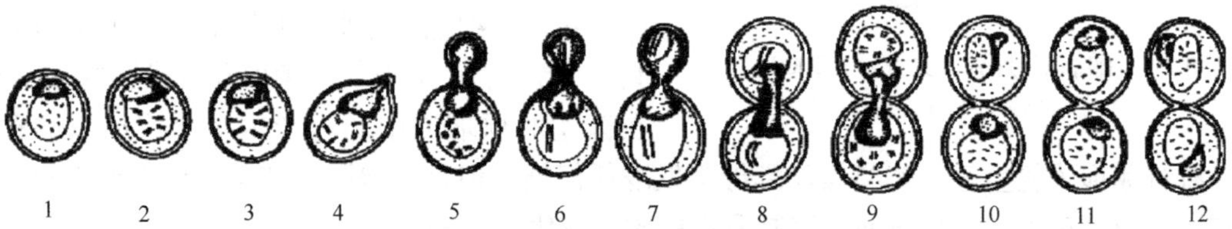

图2-3 酵母菌芽殖示意图(引自黄青云，2009)

1～4. 中心体产生一小突起，细胞表面向外突出；5～8. 出现小芽，然后核物质、染色体、细胞质、中心染色质进入芽内；9、10. 中心染色质横分裂，染色体物质在母子细胞间栓塞，成为以后的芽痕；11、12. 子母细胞核体重新移正方向，使中心体处于相对远端，出芽完成

2. 裂殖(fission) 种类很少的酵母菌如裂殖酵母属(*Schizosaccharomyces*)的八孢裂殖酵母等不能出芽繁殖，无性繁殖时以横分裂法进行，方法与细菌分裂相似。

3. 掷孢子(ballistospore) 掷孢酵母属等少数酵母菌可产生掷孢子，呈肾状，是在卵圆形的营养细胞上生出的小梗上形成的。孢子成熟后通过一种特有的喷射机制将孢子射出。因此，如果用倒置培养皿培养时，可在皿盖上见到由掷孢子组成的菌落模糊镜像。

4. 子囊孢子(ascospore) 子囊孢子的形成取决于酵母菌的种类。两性细胞的结合行有性繁殖，或不经两性细胞的结合而行孤雌生殖以产生子囊孢子。只有极少数种的酵母菌可产生子囊孢子。一般，邻近的两个性别不同的细胞各自伸出一根管状的原生质突起，相互接触后局部融合并形成一个通道，而后发生质配、核配和减数分裂，形成 4 个或 8 个子核，每个子核与其附近的原生质一起，在表面形成一层孢子壁后，就形成了一个子囊孢子，而原来的营养细胞就成了子囊(scaus)(图 2-4)。子囊和子囊孢子有不同形状，是酵母菌分类的重要依据。

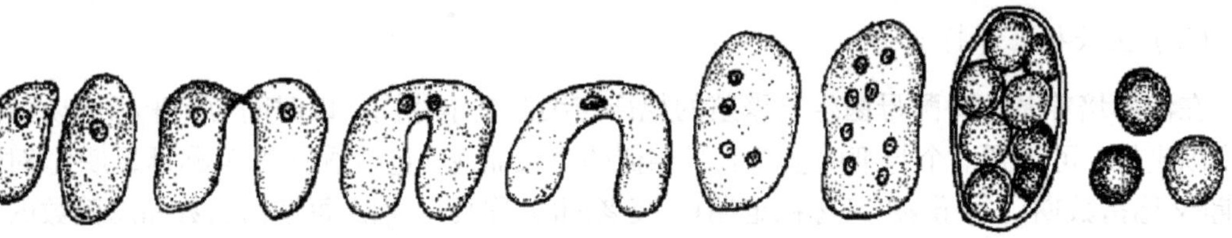

1　　2　　3　　4　　5　　6　　7　　8

图 2-4 酵母菌有性结合形成子囊及子囊孢子(引自黄青云，2009)

1. 两个单倍体营养细胞；2. 两个营养细胞伸出突出物；3. 形成结合桥，进行质配，两核移入其中；4. 核配，形成接合核(2*N*)；5. 接合核分裂两次，其中一次为减数分裂，形成四核的幼小子囊；6. 八核子囊；7. 子囊及子囊孢子形成；8. 子囊破裂、子囊孢子散落

(五) 介绍几种常见酵母菌

1. 酿酒酵母(*Saccharomyces cerevisiae*) 在麦芽汁内呈圆形、卵形、椭圆形、腊肠形等。在麦芽汁琼脂上，菌落为乳白色、平坦、边缘整齐、有光泽。无性繁殖为芽殖，有性繁殖时营养细胞可直接变成子囊，每个子囊内含有 1～4 个圆形或略呈卵圆形光面的子囊孢子(图 2-5)。酿酒酵母除了应用于酿造啤酒、白酒、酒精、药用酵母片及食品工业方面外，还可用废糖蜜培养，作为酵母饲料。

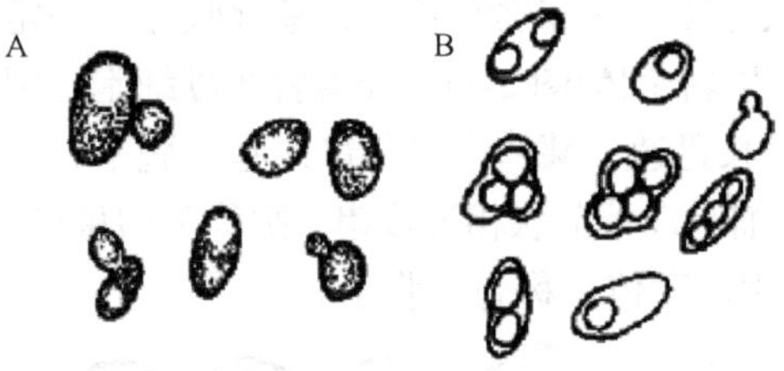

图 2-5 酿酒酵母(引自黄青云，2009)

A. 营养细胞；B. 子囊孢子

2. 产朊假丝酵母(*Candida utilis*) 在葡萄糖-酵母汁-蛋白胨液体培养基中，细胞呈圆形、椭圆形或腊肠形；在麦芽汁琼脂上，菌落为乳白色、平滑；在加盖玻片玉米粉琼脂上，形成假菌丝。

3. 解脂假丝酵母解脂变种(*C. lipolitica* var. *lipolitica*) 细胞呈卵形到长圆筒形，菌落乳白色，黏湿，无光泽；能形成假菌丝和具横膈的真菌丝，在菌丝的顶端或中间可产生单个或成双的芽孢子，有时芽孢子轮生等。解脂假丝酵母不发酵任何糖，但是分解脂肪和蛋白质的能力很强，能利用煤油等正烷烃，是石油发酵制取蛋白质的较优良菌种。

4. 热带假丝酵母(*C. tropicalis*) 细胞呈卵形或球形，菌落白色到奶油色，表面软而平滑或部分有皱纹，无光泽或稍有光泽，能产生大量假菌丝，有时可生成真菌丝。热带假丝酵母氧化烃类能力强，可利用煤油，是石油蛋白生产的重要酵母菌种。用农副产品和工业废料培养的热带假丝酵母可做饲料酵母。目前，我国生产石油蛋白的 Y-17 和生产饲料酵母的 CK-4 均属热带假丝酵母。

5. 乳酒假丝酵母(*C. kefyr*)　细胞呈卵形，菌落奶油色到淡黄色，在玉米粉琼脂培养基上能形成分支的假菌丝，芽孢子较少。乳酒假丝酵母能发酵葡萄糖、乳糖、半乳糖、蔗糖、棉子糖，不分解脂肪，亦能利用硫铵，但不能同化硝酸钾，用于奶酪和乳酒的酿造。

二、霉　菌

霉菌(mold)是丝状真菌的一个俗称，意为“发霉的真菌”，通常指那些菌丝体比较发达而又不产生大型子实体的真菌。在潮湿的气候条件下，霉菌大量生长繁殖，长出肉眼可见的丝状、绒状或蜘蛛网状的菌丝体。霉菌有较强的陆生性，在自然界的分布极广，土壤、水、空气、动植物体内外均有霉菌的踪迹。霉菌的种类和数量惊人，在自然界中扮演各种复杂有机质的分解者的角色。霉菌分解一些复杂的有机物如纤维素、几丁质等的能力比较强。在自然条件下，霉菌常引起食物、工农业产品的霉变和动植物的真菌病害。

(一) 形态和结构

霉菌的孢子常呈球形、卵形、椭圆形、礼帽形、土星形、肾形、线形、针形、镰刀形等。孢子的形态特征是分类的重要依据。霉菌的菌丝(hypha)由孢子萌发生成，是真菌营养体的基本单位。菌丝顶端延长，旁侧分枝，相互交错成团，形成菌丝体(mycelium)(图 2-6)。菌丝在光学显微镜下呈管状，平均宽度为 3～10μm。

菌丝的细胞结构基本上类似于酵母菌，有细胞壁、细胞膜、细胞核、细胞质及内含物(图 2-7)。霉菌菌丝细胞壁厚约 100～300μm，含有几丁质。在成熟过程中，细胞壁成分会发生变化。顶端延伸区和硬化区的内层是几丁质层，外层为蛋白质层；亚顶端部位(次生壁形成区)由内到外是几丁质层、蛋白质层和葡萄糖蛋白网层；成熟区由内到外是几丁质层、蛋白质层、葡聚糖蛋白质层和葡聚糖层；最后是隔膜区。从物理形态来看，细胞壁成分有两大类：一是纤维状物质，即由 β(1→4)多聚物构成的微纤维(包括纤维素和几丁质)，使细胞壁具有坚韧的机械性能；另一类是无定型物质，如蛋白质、甘露聚糖和葡聚糖，包括 β(1→3)、β(1→6)或 α(1→3)葡聚糖，它们混在上述纤维状物质构成的网内或网外，以充实细胞壁的结构。

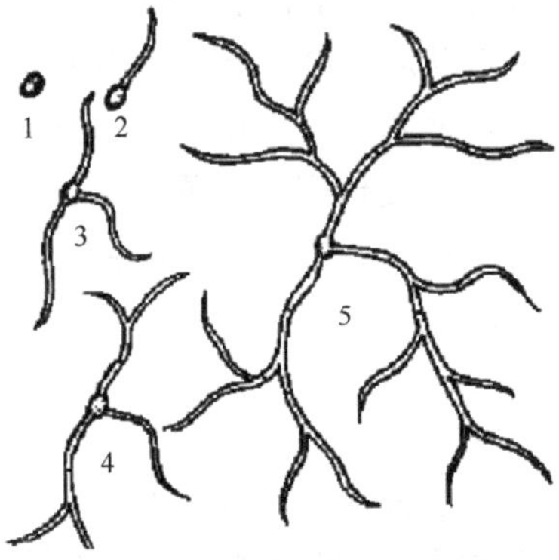

图 2-6　孢子萌发和菌丝的生长过程示意图

(引自黄青云，2009)

1. 孢子；2. 孢子萌发；3～5. 菌丝生长

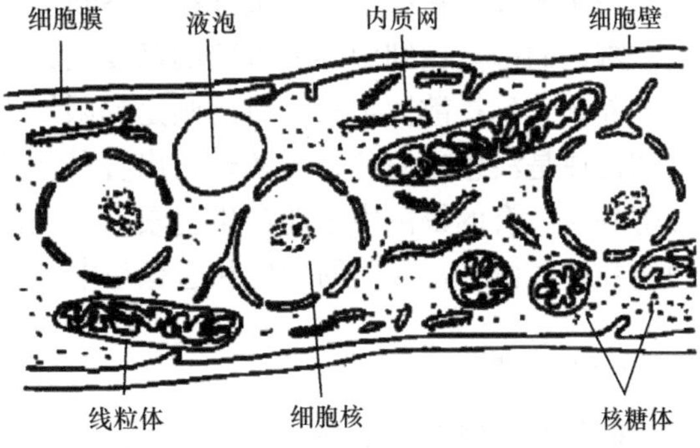

图 2-7　霉菌的细胞结构(引自胡建和，2006)

根据有无隔膜，将霉菌菌丝分为两种：有隔菌丝(septate hypha)，有隔膜，由分枝的成串多细胞组成，每个细胞内含一个或多个核，隔膜把菌丝分成许多细胞，但隔膜中间有孔相通，使细胞质、细胞核和养料互相沟通，每个细胞的功能也相同，菌丝生长，细胞数目增多(图 2-8A)；无隔菌丝(nonseptate hypha)，无隔膜，呈长管状的分枝，单细胞，细胞内含有许多核，生长过程中只有细胞核的分裂和原生质的增长，而没有细胞数目的增多(图 2-8B)。根据功能，霉菌菌丝在功能上有一定的分化，伸入固体培养基内或蔓生于固体培养基表面具有摄取营养物质功能的菌丝称为营养菌丝(vegetative mycelium)或基质菌丝，另一部分伸向空中的菌丝称为气生菌丝(aerial mycelium)。部分气生菌丝发育到一定阶段能生出孢子进行繁殖，称为繁殖菌丝(reproductive mycelium)。营养菌丝和气生菌丝在它们的长期进化过程中，对于相应的环境已有了高度的适应性，并明显表现在产生种种形态和功能不同的特化构造上。营养菌丝体的特化构造有假根、吸器、附着胞、附着枝、菌核、菌索、匍匐菌丝、菌环、菌网；气生菌丝体的特化构造有结构简单的子实体如分生孢子头、孢子囊等，结构复杂的子实体如分生孢子器、分生孢子座、分生孢子盘、子囊果等。

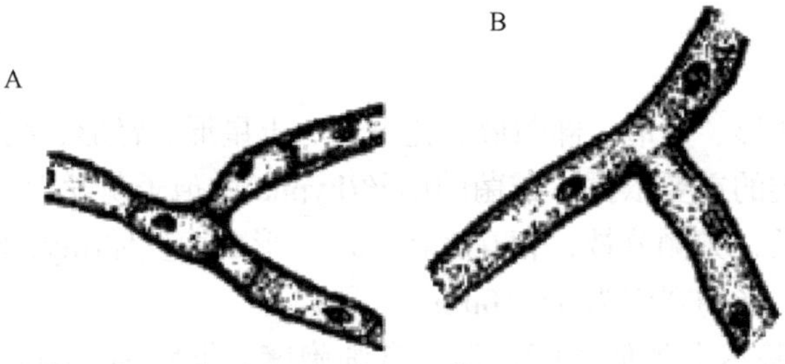

图 2-8　霉菌的营养菌丝(引自黄青云，2009)

A. 有隔菌丝；B. 无隔菌丝

(二) 生长和菌落特征

孢子在适宜条件下，吸水而膨胀，继而突破孢子壁出芽，产生短的芽管状菌丝，然后发育成一个球形菌落。菌丝体的生长点在菌丝的顶端，此部位聚集了大量的原生质泡囊，泡囊可运输细胞壁溶解酶或合成酶及细胞壁物质，这样菌丝就可沿其长度的任何一点产生分枝，在第一次分枝上在产生第二次分枝，不断生长、分枝，最终形成一个霉菌的菌落。

霉菌的菌落比细菌、酵母菌的都要大，常呈绒毛状、絮状和蜘蛛网状等。有些霉菌在固体培养基上呈扩散性生长，有的则是局限性生长。菌落与培养基紧密连接而不易挑起。菌落最初往往是浅色或白色，当菌丝长出各种颜色的孢子后，菌落便相应地呈黄、绿、青、黑、橙等各色。有的霉菌由于能产生色素，使菌落背面也带有颜色，或进一步扩散到培养基中，使培养基变色，正反面的颜色和边缘与中心的颜色常不一致。

(三) 繁殖方式

霉菌的繁殖能力很强，方式多样。在自然界，霉菌以产生各种无性或有性孢子来繁殖。无性繁殖产生个体多、快，是霉菌的主要繁殖方式，而某些霉菌目前只能见到无性繁殖。

1. 无性繁殖　指不经过两性细胞的结合而形成新个体的过程。无性繁殖产生的孢子称为无性孢子，如芽孢子、节孢子、厚垣孢子、孢子囊孢子和分生孢子(图 2-9)。

(1) 芽孢子(blastospore)：由母细胞出芽形成，长大后脱离母细胞或连在母细胞上呈枝叶状。

(2) 节孢子(arthrospore)：由菌丝中间形成许多横膈，顺次断裂而成，多为圆柱状、两端钝圆的单细胞。

(3) 厚垣孢子(chlamydospore)：是在菌丝顶端或中间的细胞质浓缩变圆、细胞壁增厚形成的休眠体。

(4) 孢子囊孢子(sporangiospore)：菌丝发育到一定阶段，顶端膨大，多核的细胞质密集在膨大部，下方长出横膈，形成圆形囊状物，称为孢子囊。孢子囊中的细胞质及内的核，分化形成多个孢子囊孢子。带有孢子囊的繁殖菌丝称为孢子囊柄(梗)。孢子囊柄伸入孢子囊部分称囊轴。有的霉菌孢子囊柄上也有分支，分支顶端也可产生孢子囊。当孢子囊成熟破裂后，散出孢子囊孢子。

(5) 分生孢子(conidium)：在分生孢子梗顶端形成，呈圆形、椭圆形、棒状等，单生、成串货成簇排列，单细胞或多细胞。

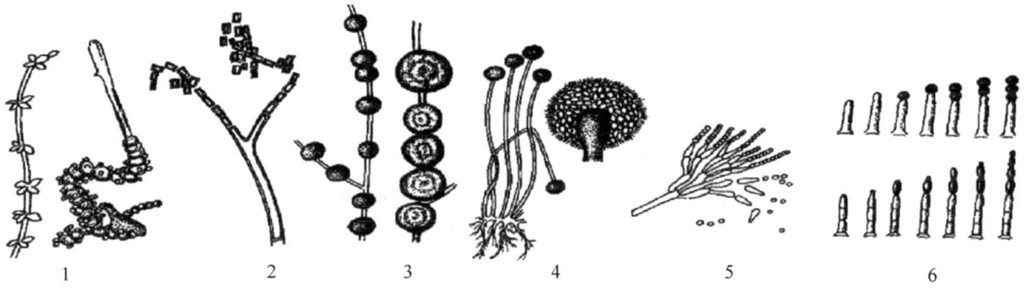

图 2-9　霉菌的无性孢子(引自黄青云，2009)

1. 芽孢子；2. 节孢子；3. 厚垣孢子；4. 孢子囊孢子；5. 分生孢子；6. 分生孢子的形成方法

2. 有性繁殖　两性细胞的结合后，经过质配、核配和减数分裂，而后产生一定形态的孢子，这种孢子叫有性孢子，包括合子、卵孢子、接合孢子和子囊孢子(图 2-10)。

(1) 合子(zygote)：由两个体积大小相等、称为配子的细胞结合而成。

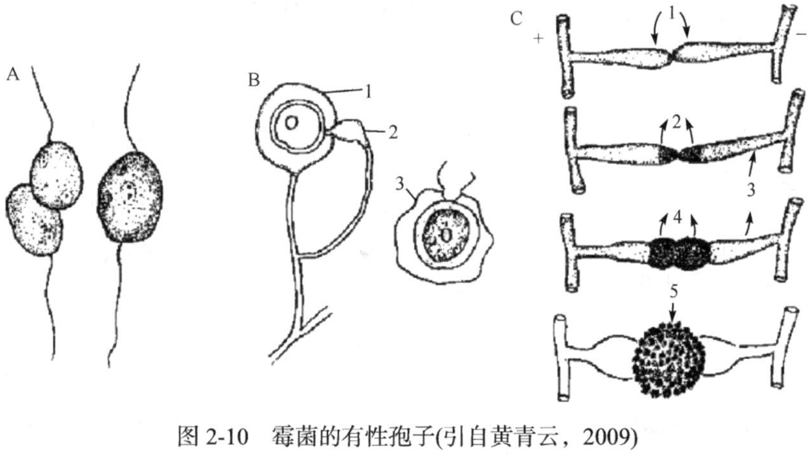

图 2-10　霉菌的有性孢子(引自黄青云，2009)

A. 配子结合形成合子；B. 卵孢子：1. 藏卵器；2. 雄器；3. 卵孢子；C. 根霉接合孢子的形成过程：1. 原配子囊；2. 配子囊；3. 配子囊柄；4. 配子囊结合；5. 接合孢子

(2) 卵孢子(oospore)：由两个大小不同的配子囊结合后发育而成，小的称雄器，大的称藏卵器。当雄器和藏卵器交配时，雄器中的细胞质和细胞核通过受精管进入藏卵器与卵球配合，此后卵球生出外壁，成为卵孢子。

(3) 接合孢子(zygospore)：由菌丝生出形态相同或略有不同的配子囊接合而形成。两个相邻的菌丝相遇，各自向对方伸出极短的侧支，称为原配子囊；接触后顶端各自膨大，并形成配子囊，相接触的两配子囊之间的横膈消失，发生质配与核配，外部形成厚壁，颜色变深，配子囊内产生接合孢子。

(4) 子囊孢子(ascospore)：是子囊菌的主要特征，子囊为圆柱形、棒形或卵圆形，通常内有 2 个、4 个或 8 个子囊孢子，以 8 个的较多。形成子囊的雄性配子囊称雄器，雌性配子囊称产囊体，其上有受精丝。两性配子囊接触后，雄器的细胞质和细胞核通过受精丝进入产囊体，此时只进行质配，之后，在产囊体上生出很多顶端细胞为双核的产囊丝，雌性子核和雄性子核在此进行核配，成为二倍体核，然后经过两次或三次分裂，其中一次为减数分裂，形成 4 个或 8 个子核，每个子核发育成一个子囊孢子，在子囊发育的同时，配子囊周围的菌丝形成保护性结构，称为子囊果。

(四) 介绍几种常见的霉菌

1. 根霉(*Rhizopus*) 已知有 20 余个种，菌丝体分枝不分隔。气生菌丝在培养基上向四方迅速蔓延，称匍匐枝，能充满整个试管或平皿。匍匐枝向基质内生长根状的菌丝称假根，有吸收营养的作用。从假根着生相反的方向，在空中丛生出直立的孢子囊柄；顶端膨大成圆形的囊状物称孢子囊，囊内有许多的孢子囊孢子。根霉的有性繁殖为产生接合孢子。

2. 毛霉(*Mucor*) 大约有 60 多个种，形态上与根霉相似，经孢子囊孢子和接合孢子繁殖，但与根霉的区别是下生假根，孢子囊柄由菌丝的任何位置生出。

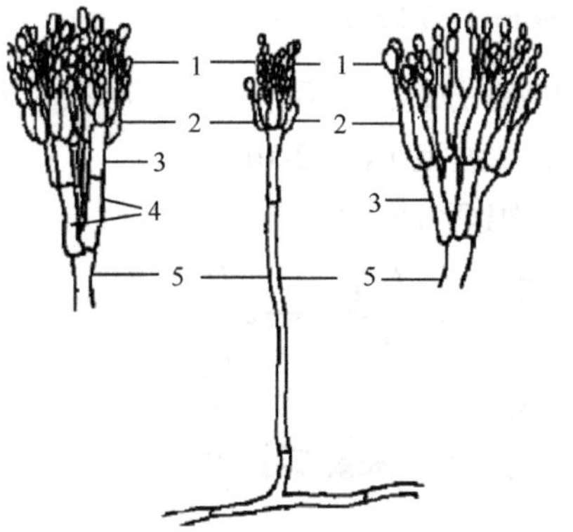

图 2-11 青霉形态(引自黄青云，2009)
1. 分生孢子；2. 小梗；3. 梗基；4. 副枝；5. 分生孢子梗

3. 青霉(*Penicillium*) 有一百余种至数百种，菌体是分枝分隔的多细胞。由营养菌丝或气生菌丝分化出直立分生孢子柄，柄又多次分枝，最后一级产生孢子的细胞称为小梗，着生小梗的细胞称梗基，支持梗基的细胞称为副枝(图 2-11)。小梗上长出成串的分生孢子，使整个分生孢子穗呈扫帚状。分生孢子一般是蓝绿色。目前用于生产青霉素的菌种是黄青霉(*P. chrysogenus* Thom)，它是经过人工培育产生的变种，青霉素发酵后的菌丝废料含有丰富的蛋白质、矿物质和 B 族维生素，可用作畜禽抗生素添加剂。

4. 曲霉(*Aspergillus*) 大约有一百多个种，菌丝和青霉相似，也是多细胞的，但和青霉的主要形态区别在于分生孢子小梗的着生方式。某些菌丝分化出厚壁的足细胞，在足细胞上生出直立的分生孢子柄，柄的顶端膨大成球形顶囊，顶囊表面以辐射的方式长出一层或二层瓶形或杆状的小梗，小梗顶端产生成串分生孢子(图 2-12)。不同种曲霉的分生孢子颜色不一样。

5. 白地霉(*Geotrichum candidum*) 对营养要求不严，能在碳水化合物丰富的蔬菜、青贮料、泡菜、有机肥料上迅速生长。细胞富含蛋白质、脂肪、维生素和核酸，可作饲料。菌丝分隔分叉，在液体培养基上产生醭，在麦芽汁固体培养基上生成白色绒状菌落。培养初期，菌丝生长迅速，而后部分菌丝末端断裂成节孢子链。节孢子在28～30℃经约14h萌发成菌丝。

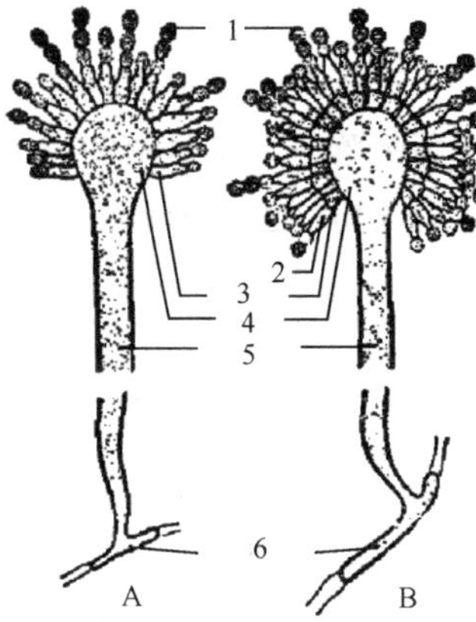

图2-12 曲霉的形态(引自朱军，2010)
A. 分生孢子梗具单列小梗；B. 分生孢子梗具双列小梗；1. 分生孢子；2. 次生小梗；3. 初生小梗；4. 顶囊；5. 分生孢子梗；6. 足细胞

三、担 子 菌

担子菌是一类高级的真菌，与人类的关系密切。有的担子菌是植物的病原菌，引起农作物、森林、木材的病害，能使木材腐朽。有性代担孢子的真菌均属于担子菌门，担子菌门的真菌可引起植物锈菌病、黑粉病等，患病植物被草食动物吃后，可能引起中毒、流产，这是有害的一面。担子菌中也还有不少有益菌，如药用的茯苓、灵芝和马勃等；食用的香菇、草菇、猴头菇和口蘑等。

担子菌的菌丝体发达，由无数有隔膜、分枝的纤细菌丝组成。在发育过程中，担子菌有三种不同的菌丝体。第一次菌丝体，又称初生菌丝体或单核菌丝体，由孢子萌发形成。第二次菌丝体，又称次生菌丝体或双核菌丝体，由两根不同的单核菌丝结合进行质配，产生具有两个不同核的双核细胞菌丝体，这构成担子菌菌丝体的一个重要特征，即锁状联合(图 2-13)。第三次菌丝体，又称结实性双核菌丝体，由第二次菌丝体经过分化、集合在一起形成特化的组织。在环境适宜时，菌丝体形成根状菌索或瘤状的菌核或蕈状的担子果(子实体)，常见的蘑菇和木耳等就是一种担子果。

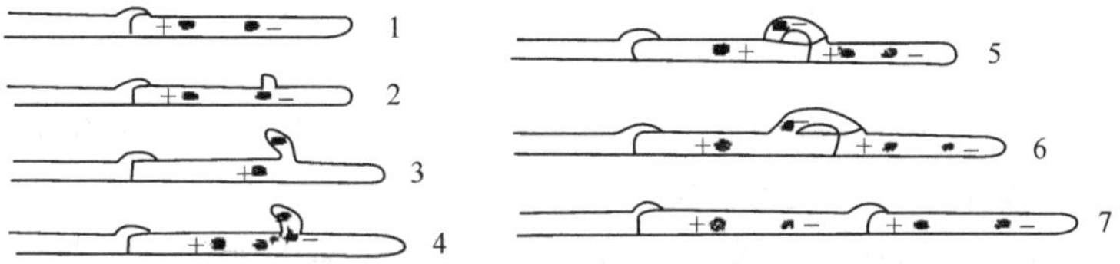

图2-13 锁状联合形成过程示意图(引自黄青云，2009)
1. 双核菌丝尖端；2. 双核菌丝形成突起；3. 一核进入突起；4. 两核分裂成四核；5. 细胞生成横膈，分成三个细胞，两个子核在尖端；6.弯曲桥形成，接触溶解，将另一核输入；7. 隔成两个双核细胞

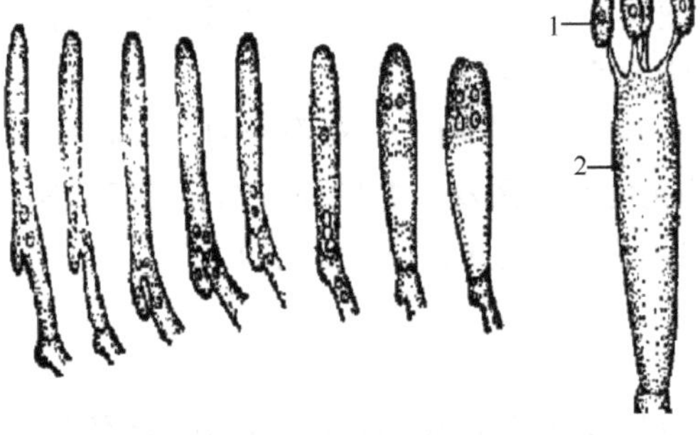

图2-14 担子及担孢子形成过程
(引自朱军，2010)
1. 担孢子；2. 担子

大多数担子菌的无性繁殖不发达或不发生。担子菌的有性繁殖产生担子(basidium)和担孢子(basidiospore)。担子产生于结实性双核菌丝的顶端细胞。首先，在顶细胞内，两核配合形成一个二倍体核，经两次分裂，其中一次为减数分裂，产生四个单倍体子核，这时顶端细胞膨大变成担子，生出四个隆起，隆起渐膨大，子核分别进入隆起内，每核各自发育成一个孢子(图 2-14)。它们着生在担子外壁上，称为担孢子。担孢子是菌丝末端形成的外生性的有性孢子，通常为4个，棒状、球形、管状等。担孢子成熟后散落，在适宜环境下形成菌丝。担孢子是担子菌独有的

特征。

担子、双核菌丝体和锁状联合是担子菌的三大特点。

担子菌菌落一般是紧密的丝绒状、毡状、绳索状，往往扩展呈扇形生长，菌落大都是白色，其次为浅粉红色、鲜黄色、淡棕色或橙黄色。

四、真菌的培养

(一) 真菌生长繁殖的条件

1. 营养　真菌的基本营养需要和细菌相似，但可利用的物质却有所区别。真菌绝大多数为异养菌，不仅能利用单糖和双糖，而且也能利用淀粉、纤维素、木质素、甲壳质等多糖及多种有机酸。真菌对氮素营养要求一般不严，除能利用氨基酸和蛋白质外，许多真菌还可利用尿素、铵盐(NH_4^+)、亚硝酸盐(NO_2^-)和硝酸盐(NO_3^-)等作为氮源。

2. 温度　不同真菌对温度的要求不同。大多数真菌属于嗜温菌，生长温度范围为 10～40℃，最适宜的生长温度范围为 20～30℃。少数嗜热真菌生长温度为 20～50℃，适宜生长温度为 40～42℃。少数为嗜冷真菌，能在 0℃以下生长繁殖，引起冷藏畜禽产品的败坏。一般真菌在 0℃以下停止生长，但并未死亡。哺乳动物消化道的真菌在 37℃时生长得最好。霉菌菌丝及酵母菌对热的耐受力与不产生芽胞的细菌相似，在 60℃中 10min 即被杀死；而酵母和霉菌孢子均较营养体耐热，高出 5～10℃。

3. 氧气　大多数真菌需要充足的氧气。有些真菌是兼性厌氧的，如某些酵母菌在氧气充足时大量繁殖菌体，无氧时菌体减少而发酵产生乙醇。少数真菌是严格厌氧的，如反刍动物瘤胃内的真菌。环境中 CO_2 的浓度对真菌的生长有明显的影响，在 pH 高的环境中，CO_2 对真菌呈现毒性作用。

4. 湿度　真菌适宜生长在潮湿的环境里，多数在相对湿度 95%～100%条件下生长良好，在 80%～85%相对湿度中生长不良或停滞。

5. 渗透压　某些真菌能在高渗透压的环境如炼乳和果酱中生长，依靠酶和细胞膜调整对盐离子及糖进入细胞内的速度。但还有一些真菌，可以在稀薄的溶液中生长。

6. pH　大多数真菌喜生长在酸性环境，在 pH 3～6 之间生长良好，在 pH 1.5～10 之间也可以生长。皮肤病原性真菌的适应范围为 pH4～10。pH 的变化影响某些金属离子的溶解，如在酸性条件下，Mg^{2+}和 Fe^{3+}呈游离状态，当 pH 升高，Mg^{2+}和 Fe^{3+}形成真菌不能利用的不溶性复合物。某些真菌通过自身的活性改变环境 pH，使其能在不同 pH 中生长繁殖，如动物胃中的酵母菌可耐受 pH 为 2 的环境，而在体外最适 pH 为 5.5～6.0。

7. 光线　380～750nm 波长的可见光对真菌生长没有显著影响，但对孢子的形成和释放有重要作用，因为孢子及产孢结构具有向光性。紫外光可使真菌发生变异和损伤、妨碍 DNA 的复制。菌丝是否带有色素对紫外光的敏感性有明显差别，暗色色素有保护作用。

(二) 真菌的分离

真菌的细胞、菌丝和孢子(无性或有性孢子)都可以长成新的个体。据此，真菌的分离方法有菌丝分离法、组织分离法和孢子分离法三类。

1. 菌丝分离法　设法将菌丝片段分离出来，使其在适宜培养基中生长成菌落，以获得纯菌种，常用划线法和稀释法。

2. 组织分离法 本质上也是一种菌丝分离法。真菌子实体内部没有被杂菌污染，只要将子实体全部或局部表面消毒，从内部用无菌工具取一小块组织，直接放在适宜培养基中培养，即可获得纯菌种。

3. 孢子分离法 是利用无性和有性孢子能在适宜条件下萌发、生长成新菌丝体以获得纯菌种的一种方法，常用划线法和稀释法。

(三) 真菌的培养

1. 固体培养 进行菌种分离、培养和研究等实验室工作时，常用琼脂斜面或平板，真菌在其上可以呈菌落或菌苔生长，便于观察和分离。制曲和做发酵饲料时，利用麸皮、谷糠、各种植物秸秆、豆饼等农副产品，按真菌营养要求搭配好，加适量的水拌和成固体培养基作为发酵培养基(生产培养基)，灭菌后接入菌种进行培养。制作酵母饲料和纤维素酶解饲料等可采用这种方法。

2. 液体培养 一般有浅层培养和深层培养两类。浅层培养，又称为表面培养，是把液体培养基放置在浅层容器中，使液体与空气接触，使真菌能得到充足的氧气。培养时常为静置培养，真菌在液体表面呈膜状或醭状生长。深层培养是把大量体液培养基放在深层的容器内进行的培养。由于深层液体的氧气供应不足，所以在培养时，要不断通入足够的空气，以使真菌得到所需的氧气，通过搅拌能使真菌在全部培养液中均匀生长。一般用密闭的发酵罐进行深层培养。小量制备液体种子时，一般用摇瓶机(或摇床)进行摇震培养，通过震动可以增加空气的溶解。

五、真菌的致病性与免疫性

(一) 真菌的致病性

有些真菌呈寄生性致病，有些真菌呈条件性致病，有些真菌则通过产生毒素来致病。真菌性疾病大致包括：

1. 致病性真菌感染 主要是外源真菌感染，包括皮肤、皮下组织真菌感染和全身或深部真菌感染。

2. 条件致病性真菌感染 主要是内源真菌感染，某些非致病性的或致病性极弱的真菌在机体免疫功能低下或菌群失调时所引起的感染。通常发生于长期应用广谱抗生素、激素和免疫抑制剂的过程中，如念珠菌和曲霉感染均为条件致病性真菌感染。

3. 真菌变态反应性疾病 有两种类型：感染性变态反应，在感染病原性真菌后发生，是一种迟发型变态反应；接触性变态反应，复杂且常见，通常因吸入或食入真菌孢子或菌丝而引起，分别属于 I～IV 型变态反应。

4. 真菌性中毒 有些真菌在农作物、食物或饲料上生长，在代谢过程中产生毒素，人及动物食用后可导致急性或慢性中毒。目前已发现真菌毒素有百种以上，引起的病变也多种多样，有的引起肝脏、胰腺、肾脏损害；有的引起神经系统功能障碍，出现抽搐、昏迷等症状；也有的可致造血机能损伤。

5. 真菌毒素与肿瘤 某些真菌毒素有致癌作用。例如，黄曲霉毒素的毒性极强，可诱发肝癌，镰刀菌 T-2 毒素可诱发大鼠的胃癌、胰腺癌、垂体和脑部肿瘤，串珠镰刀菌的毒素与食道癌有关。

(二) 真菌的免疫性

机体对真菌的免疫包括非特异性免疫和特异性免疫两方面。真菌非特异性免疫包括皮肤黏膜与其所分泌的脂肪酸、乳酸的抗真菌作用、正常菌群的拮抗作用及吞噬细胞的吞噬作用。真菌特异性免疫主要是细胞免疫，血清中抗真菌抗体滴度虽然很高，可用于血清学诊断，但抗真菌的作用尚不能肯定。真菌毒素一般为低分子，没有免疫原性，不能刺激免疫系统产生抗体。

第二节　藻　　类

藻类(algae)是没有根、茎、叶，含有叶绿素等光合色素并能进行光合作用的单细胞或多细胞的真核生物类群，不包括苔藓植物和微管束植物。单细胞藻类被认为是微生物。大多数藻类含叶绿素呈绿色，少数藻类含胡萝卜素呈红色或褐色，有些藻类因色素含于叶绿体内而呈黄色、红褐色、青色。很多藻类含有丰富的蛋白质、脂肪、维生素和天然色素，可作饲料或供人食用。藻类分布极广，凡是有水和光线的地方都会有藻类生长。单细胞藻类产生大量地球上可利用的分子氧，使得单细胞藻类成为世界上最重要的微生物之一。

一、形态、大小和结构

藻类呈单细胞或多细胞，形态有圆球状的，也有许多呈丝状。丝状者有简单的无隔膜丝状体(或称管状体)、简单的无分枝有隔膜丝状体和具有不同复杂程度分枝的丝状体等几种类型。藻类大小差别很大，大多数较小，如绿藻仅在显微镜下可见，大的如海带(褐藻)可长达 30 多米。

多数藻类有细胞壁、细胞膜、细胞质、细胞核和细胞器(叶绿素、线粒体、溶酶体、高尔基体、内质网和核糖体)。这些结构的化学组成和功能与真菌相似。有的藻类细胞壁还含有纤维素和果胶质。藻类细胞中贮存的物质有淀粉、类淀粉、脂肪、昆布多糖、麦清蛋白及油类。与细菌或真菌不同的是，藻类细胞质内含有叶绿体。叶绿体是一种膜状细胞器，光合作用即在该处进行。除叶绿素外，叶绿体中还含有脂肪、蛋白质、RNA 和 DNA。

二、藻类的繁殖方式

单细胞藻类以二分裂法繁殖。多细胞藻类一般以产生游动孢子和配子的方法进行繁殖。母细胞内的原生质分裂成许多裸露的小块，自母细胞释放出来形成一个含有核、细胞质、叶绿体、鞭毛和收缩泡的典型无性游动孢子。在母细胞内通过减数分裂形成的游动孢子称为性游动孢子，即配子。游动孢子借鞭毛游动，静止后产生胞壁，发育为一个新的藻体。有的藻类如红藻亚门的藻类的孢子和配子不游动。有的藻类可以进行有性生殖，其方式有同配、异配或卵型生殖等，如褐藻亚门的藻类。

三、藻类的分类

多数微生物学家赞成将藻类分 6 个类群，称为门(部)，主要包括红藻门(Rhodophyta)、褐藻门(Phaeophyta)、绿藻门(Chlorophyta)、金藻门(Chrysophyta)、甲藻门(Pyrrophyta)和裸藻门(Euglenophyta)。红藻门和褐藻门专用于多细胞的藻类，绿藻门包括微生物学中几个种的单细胞藻类，金藻门、裸藻门和甲藻门专用于单细胞的藻类。

第三节 原生动物

原生动物(protozoon)是一类缺少细胞壁、细胞通常无色、具有运动能力、进行吞噬营养的单细胞真核生物。它们个体微小，需要借助显微镜才能看见。原生动物在动物进化史上属最原始、最低等的一个动物类群。它是有“类似动物”特征的真核微生物，被认为是向真菌、植物、动物进化的基本原种。

一、原生动物的形态与结构

原生动物是单细胞动物，形态不一。原生动物有一般细胞的基本结构：细胞膜、细胞质(内含高尔基体、溶酶体、线粒体、内质网等)和细胞核。许多种原生动物是独特的，因为它们具有两种大小不同的核，大核(macronucleus)一个，小核(micronuclei)一个或多个。大核与各种细胞功能有关，小核控制繁殖。许多原生动物形成与膜结合的泡囊-伸缩泡(contractive vacuole)，其功能是收集和排出液体，以维持细胞质中最适的液体浓度，即调节渗透压。细胞骨架为一个微纤维和微管构成的迷宫，帮助原生动物细胞保持结构的完整性。某些原生动物包裹在壳内，某些能形成有高度抗性的孢囊抵抗严酷的环境。

单细胞的原生动物具有完整的生理功能，能够完成一般动物所表现的各种生活机能，如运动、消化、呼吸、排泄、生殖等，是能独立生活的机体，主要是因为原生动物由细胞分化出多种细胞器，如执行运动功能的纤毛、鞭毛和伪足(pseudopodia)，具有摄食功能的胞口、胞咽(cytopharynx)，具有排泄功能的伸缩泡等。

二、原生动物的繁殖方式

许多原生动物有复杂的生活史，有各种各样的营养和形态学类型。例如，原生动物的摄食类型称为滋养体(trophozoite，即营养体)，然后滋养体转变为休眠、抗性的形态，称为孢囊。这种形态上的改变，有点像真菌的菌丝和孢子。孢囊可以有保护功能或繁殖功能。繁殖功能中孢囊帮助原生动物传播。

原生动物的生殖分为无性和有性生殖。所有原生动物都有无性生殖方式(asexual mode)，无性生殖包括纵向二均分裂(如毛滴虫属)、横向二均分裂(如草履虫属)、简单二分裂(如变形虫属)、复分裂(出芽生殖和裂殖生殖，如疟原虫属)，通过有丝分裂，产生遗传性相同的两个子细胞；某些原生动物可以进行有性生殖方式(sexual mode)，有性生殖包括配子生殖和结合生殖，通过减数分裂形成单倍体的核，不同种原生动物的单倍体核经历各种过程和构型，最后在新的个体上通过单倍体核的融合建成二倍体(有两套染色体)。寄生原虫的发育史各有不同，有的进行无性繁殖，有的为无性与有性繁殖交替进行。

三、原生动物的营养方式

原生动物通过内吞(作用)从外界环境吸收营养物质。吸收可溶性大分子的过程称为胞饮(作用)，从环境中获得食物颗粒的过程称为吞噬(作用)。当有机物质进入细胞质后，溶酶体释放酶消化复杂的糖类、蛋白质和脂肪，将其转化为原生动物体内合成反应时所用的小分子物质。

原生动物的营养方式可分为三类：①光和营养，虫体内含有叶绿素，可进行光合作用；②吞噬营养，吞食固体食物颗粒或微小生物来获取养料，颗粒被吞入细胞内消化，消化的产物用于合成反应；③渗透营养，通过体表渗透吸收周围呈溶解状态的物质，主要为某些寄生虫所具有。

四、原生动物的分布与作用

原生动物分布广泛，在水和潮湿的土壤中大量存在。原生动物营自由生活，某些原生动物是寄生的，从生活细胞中取得营养。有些原生动物对宿主是无害的，有些则是致病的(详见兽医寄生虫学)，还有少数在宿主体内互惠共生，如草食动物消化道中的原生动物有助于纤维素、糖类及蛋白质的分解，并合成 B 族维生素和维生素 K 等。

在自然界中，原生动物是食物链的重要组成部分，它们消灭(吞噬)细菌，反过来又被无脊椎动物所吞噬。它们携带细菌的有机质进入食物链，为其他生物提供重要的营养。在反刍动物瘤胃和白蚁肠道内的共生性原生动物产生纤维素酶，降解纤维素，释放其中的糖，通过这种活动使葡萄糖进入食物链，使之转化为大量生物能量代谢可利用的物质。

五、原生动物的分类

原生动物中没有一个分类方案是被所有生物学家所采用的。但是原生动物分类的一个方便方法是根据它们所表现的运动类型。在此方案中，变形虫状的原生动物放在肉足虫纲(或亚门)(Sarcodina)，有鞭毛的原生动物放在鞭毛虫纲(Mastigophora)，有纤毛的放在纤毛虫纲(Ciliophora)，一般不能运动的放在孢子虫纲(Sporozoa)。具有重要致病作用的原生动物有痢疾内变形虫(*Entamoeba histolytica*)、布鲁斯锥虫(*Trypanosoma brucei*)、阴道毛滴虫(*Trichomonas vaginalis*)、鼠弓浆虫(*Toxoplasma gondii*)和球形隐孢子虫(*Cryptosporidium carinii*)等。

第三章　非细胞型微生物——病毒

病毒(virus)是一类非细胞形态结构、仅能在宿主细胞内以复制方式增殖并有传染性的微生物。与真核和原核微生物相比较，病毒是比较简单的(表 3-1)。类病毒、卫星因子和朊病毒等则是结构更为简单的感染性因子，归于亚病毒。现在病毒有真病毒(euvirus)和亚病毒(subvirus)之分，真病毒是经典意义的病毒。

表 3-1　病毒与其他类型微生物的比较(引自崔保安，2005)

微生物种类	细胞结构	在无活细胞的培养基中生长	二等分裂繁殖	核酸类型	核糖体	敏感性	
						抗生素	干扰素
细菌	原核	+	+	DNA，RNA	+	+	–[a]
支原体	原核	+	+	DNA，RNA	+	+	–
立克次体	原核	–	+	DNA，RNA	+	+	+[a]
衣原体	原核	–	+	DNA，RNA	+	+	+
螺旋体	原核	–(+)	+	DNA，RNA	+	+	–
真菌	真核	+	出芽、孢子	DNA，RNA	+	–	–
病毒	非	–	–	DNA/RNA	–	–*	+

注：+为有；–为无；*表示利福平可抑制痘病毒复制；a 表示有些细菌和立克次体对干扰素敏感。

与其他类型的微生物相比，病毒具有以下几个重要特征：①病毒颗粒非常微小，无细胞结构，绝大多数病毒只能用电子显微镜观察；②病毒颗粒主要由核酸和蛋白质组成，且每一种病毒只含一种核酸，即 RNA 或 DNA；③没有核糖体和转移 RNA(tRNA)，也没有合成蛋白质所必需的酶；④病毒只能在一定活的宿主细胞内复制和装配新的子代病毒，不是以二分裂方式繁殖；⑤病毒无细胞壁，对细胞壁有影响的抗生素对病毒影响不大，利福平可抑制痘病毒复制除外；⑥绝大多数病毒在不同程度上对干扰素敏感，即干扰素可抑制多数病毒复制；⑦有些病毒的核酸能整合到宿主细胞的 DNA 中，从而诱发潜伏性感染或肿瘤性疾病。

病毒种类繁多，在自然界分布广泛，可以感染人类、动物、植物和微生物等。其中，感染动物的病毒种类很多，能侵害饲料作物和畜禽，引起畜禽各种传染病，造成畜牧业的严重损失，有的可引起人畜共患病，在公共卫生学上有重要意义。

第一节　病毒的形态、大小和结构

一、病毒的形态和大小

病毒颗粒外形多呈球状或近似球状(拟球形颗粒)，少数病毒呈杆状、丝状、弹状(如狂犬病病毒)或砖块状(如痘病毒)，而噬菌体多呈复杂的蝌蚪状。另外，有的病毒呈多形性

(pheomorphic)，如流感病毒新分离株常呈丝状，在细胞内稳定后则为直径约 100nm 的拟球形颗粒。部分动物病毒的形态和大小如图 3-1 所示。

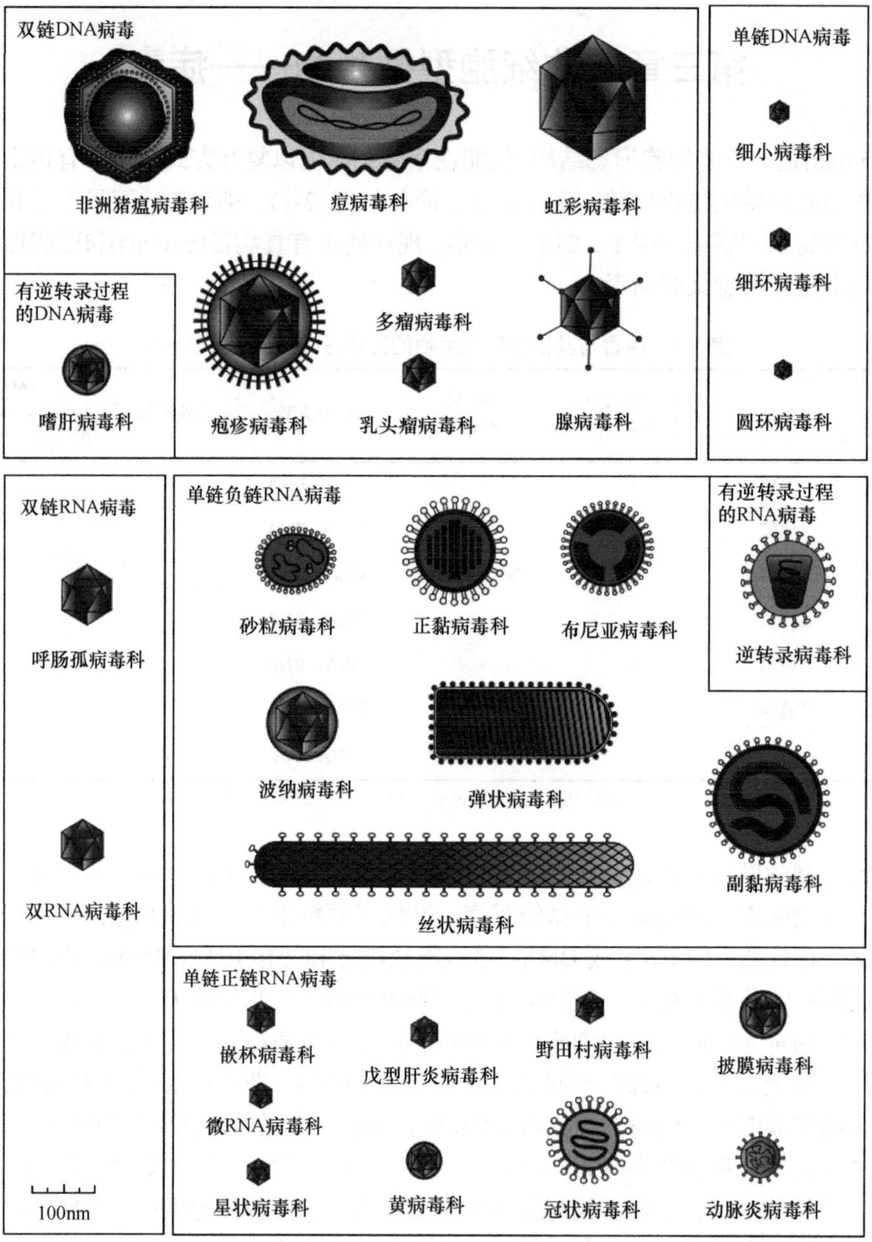

图 3-1 部分动物病毒的形态与大小示意图(改绘自 MacLachlan，2011)

病毒颗粒很小，测量病毒大小的单位为纳米(nanometer，nm)(1nm=1/1000μm)和埃(Å)(1Å=1/10nm)。病毒大小不一，一般为 10～250nm，最小的动物病毒如口蹄疫病毒，直径仅为 10nm，而大型病毒如痘病毒直径可达 300nm[(300～450)nm×(170～260)nm]等。病毒大多数能通过细菌滤器(孔径为 0.22μm 或 0.45μm)。但例外的是，有些病毒可达到 400nm，加上纤突，可达 750nm，Pandoravirus 比 Mimivirus 还大 6.5%。

二、病毒的结构

病毒颗粒又称为病毒子(virion)，结构齐全、功能完整而有感染性(图 3-2)。病毒子中心为一团核酸，称为芯髓(core)，含有病毒基因组及遗传信息。核酸外周包有蛋白质外壳，称为衣壳(capsid)。衣壳由大量的壳粒(capsomere)即蛋白亚单位以次级键结合形成。核酸连同衣壳，称为核衣壳(nucleocapsid)。有的病毒在核衣壳外面还有一层囊膜(envelope)，囊膜上有一些突起，称为纤突(spike)或膜粒(peplomere)。有些病毒在囊膜与核衣壳之间还有一层蛋白，称为基质蛋白(matrix protein)或内膜蛋白(inner matrix protein)。

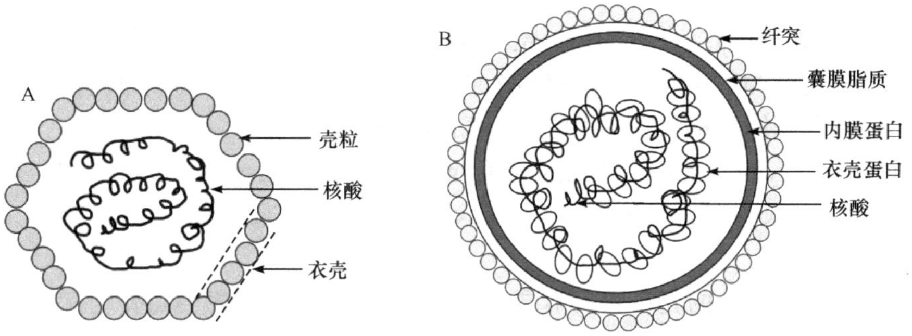

图 3-2 动物病毒基本结构示意图(改绘自黄青云，2009)

A. 裸病毒(二十面体对称)；B. 囊膜病毒(螺旋对称)

(一) 病毒的核酸

病毒只有一种核酸——RNA 或 DNA，两者不会同时存在。病毒的核酸是病毒遗传信息和生命活动的物质基础。有些病毒的核酸可感染细胞，形成完整的病毒，这种核酸称为感染性核酸(infectious nucleic acid)。

(二) 病毒的衣壳

病毒的衣壳由壳粒有规律地堆积而成，有二十面体对称、螺旋式对称和双对称构型(图 3-3)。

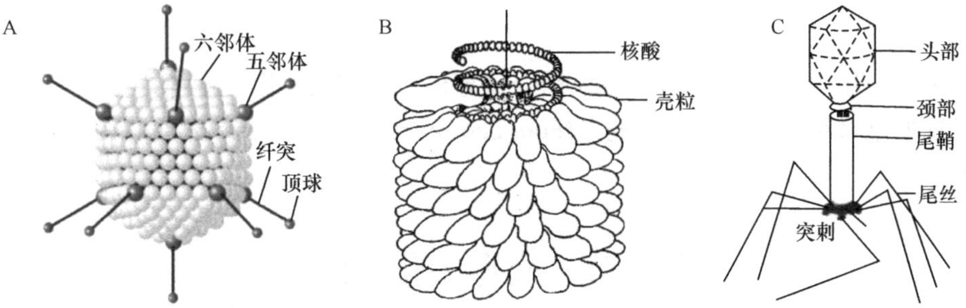

图 3-3 病毒衣壳的对称类型(引自陆承平，2013)

A. 二十面体对称型(腺病毒)；B. 螺旋对称型(烟草花叶病毒)；C. 双对称型(T4 噬菌体)

1. 二十面体对称型(icosahedral symmetry) 壳粒围绕具立方对称的正多面体的角或边排列，形成一个封闭的蛋白质的鞘，即衣壳。这些正多面体包括正四面体、正六面体、正八面体、正十二面体和正二十面体，其中二十面体容积最大，能包装更多的核酸，因此，病毒衣壳多取二十面体对称结构。二十面体衣壳是由 20 个等边三角形构成的 12 个顶、20 个面、30 个棱的立体结构。在二十面体对称衣壳中，壳粒是形态学单位(morphological unit)，由一定数目的多肽分子组成，规则排列成单层或双层，若干个壳粒结合形成衣壳。顶角通常由 5 个壳粒组成，称为五邻体(penton)，三角形面由 6 个壳粒组成，称为六邻体(hexon)。特殊的病毒如SV40(Simian virus 40)的二十面体衣壳仅由 72 个中心凹陷的圆桶状的五聚体构成。在二十面体衣壳中，病毒核酸盘绕折叠在衣壳的有限空间里。在病毒二十面体衣壳制备物中，常发现没有核酸的空衣壳(empty capsid)存在，这表明核酸对于衣壳的形成并非必需，然而空衣壳较完整的病毒颗粒更易降解，所以核酸的结合有助于增加衣壳的稳定性。

2. 螺旋对称型(helical symmetry) 壳粒有规律地沿着中心轴呈螺旋排列，进而形成高度有序、对称的稳定结构。病毒的核酸以多个弱键与壳粒结合，不仅控制螺旋排列形式、壳体长度，而且核酸与壳体的相互作用还增加了壳体结构的稳定性。

3. 双对称型(bisymmetry) 又称复合对称型(complex symmetry)，典型的例子是有尾噬菌体(tailed phage)，其衣壳由头部和尾部组成，含有核酸的头部通常为二十面体对称，尾部为螺旋对称。

不同病毒的衣壳所含的壳粒数目不同，所以壳粒排列形式和数目可作为病毒鉴别分类的依据之一。衣壳具有以下功能：保护基因组以对抗环境中的核酸酶或其他破坏性因素；介导病毒核酸进入宿主细胞；具有抗原性，能引起免疫应答。

(三) 病毒的囊膜

复杂的病毒在核衣壳外还有一层或几层外膜，称为囊膜。有囊膜的病毒称为囊膜病毒(enveloped virus)，核衣壳裸露的病毒称为无囊膜病毒(non-enveloped virus)或裸露病毒(naked virus)。囊膜是核衣壳在宿主细胞内装配完成后，以“出芽”的方式释放时从宿主细胞膜获得的脂蛋白性的双层膜，少数病毒的囊膜来自空泡膜或核膜。有的囊膜表面有许多呈杆球状的糖蛋白性的突起物，称为膜粒或纤突。囊膜的作用：保护病毒的核衣壳；有助于病毒对细胞的吸附和穿入；某些病毒的纤突是病毒与易感细胞吸附的位点；某些病毒的囊膜蛋白是重要的抗原物质。

(四) 其他结构

近年来，应用 X 射线、氨基酸测序结合计算机空间构象模拟技术等，发现了某些在电镜下未曾发现的细微结构，如口蹄疫病毒(Foot and mouth disease virus)表面的沟槽(canyon)或环突(loop)。

第二节　病毒的化学组成

一、核　　酸

任何病毒只含一种核酸，即 DNA 或 RNA。根据链数，将病毒的核酸分为单链 DNA(ssDNA)、双链 DNA(dsDNA)、单链 RNA(ssRNA)和双链 RNA(dsRNA)。除双链 RNA 外，其他核酸又有线状形式和环状形式。有的病毒核酸是分节段的或不分节段的，分节段的为多分子，不分节段的为单分子。单链病毒核酸(主要是 RNA)是有极性(polarity)或意义(sense)的，如果可以作为 mRNA 直接进行翻译，则为正极性或正意义，称为正链 RNA(+RNA)，如果核苷酸序列与其 mRNA 序列互补，即为负极性或负意义，称为负链 RNA(-RNA)。有些病毒的 RNA 是双义(ambisense)，即部分为正极性、部分为负极性，如布尼病毒及沙粒病毒。对于病毒的单链 DNA；如果与其 mRNA 序列相同，则为正极性，即正链 DNA(+DNA)；如果其核酸序列与 mRNA 互补，则为负极性，即负链 DNA(-DNA)。

除了逆转录病毒基因组为二倍体外，其他病毒基因组都是单倍体。最大的病毒基因组(即核酸)含有几百个基因，最小的病毒仅有编码少数蛋白的基因。圆环病毒的基因组仅 1.7kb，是较小的 DNA 病毒；痘病毒的基因组大于 200kb，是较大的 DNA 病毒。与 DNA 病毒相比，RNA 病毒的基因组一般较小。与其他生物相比，病毒的基因组是比较小的。

二、蛋　白　质

大多数病毒的蛋白质占其总重量的 70%，少数占 30%～40%。病毒的蛋白质主要是结构蛋白(structure protein)，是指构成一个形态成熟的、有感染性的病毒颗粒所必需的蛋白质，包括衣壳蛋白、基质蛋白、囊膜蛋白和酶蛋白等。有些病毒还有非结构蛋白(non-structure protein)，是由病毒基因组编码的、在病毒复制过程中产生并具有一定功能但不结合于病毒子中的蛋白质。有些病毒只有几种蛋白质，有些病毒则有 30 种以上的蛋白质。

1. 衣壳蛋白　构成病毒衣壳的蛋白。简单病毒的衣壳蛋白仅有一种或几种蛋白质，复杂病毒则可多达 20 余种。

2. 囊膜蛋白　包括囊膜中的蛋白质和膜粒或纤突的蛋白质，为糖蛋白或脂蛋白，是病毒的主要表面抗原。部分病毒的囊膜蛋白介导病毒与宿主细胞受体的相互作用。有的病毒的囊膜蛋白具有凝集脊椎动物红细胞、细胞融合和酶等的活性。有些囊膜病毒的囊膜内还含有基质蛋白，构成膜脂双层与核衣壳之间的亚膜结构，起支撑囊膜、维持病毒外形等的作用。

3. 酶蛋白　参与病毒复制的酶主要有宿主细胞酶或经病毒修饰改变了的宿主细胞酶、病毒的非结构蛋白和存在于病毒粒子内的酶。根据功能，将病毒粒子内的酶大致分为两类：一类是参与病毒进入和释放等过程的酶，如 T4 噬菌体的溶菌酶、流感病毒的神经氨酸酶等；另一类是参与病毒大分子合成的酶，如逆转录病毒的逆转录酶等。一些复杂病毒如痘病毒还有参与 RNA 转录物加工和 DNA 复制的酶。

三、脂　　类

脂类占病毒总重的 5%～35%，存在于囊膜上，主要来源于宿主细胞的脂类化合物。病毒的脂类 50%～60%为磷脂，20%～30%为胆固醇，其余为甘油三酯和脂肪酸等。脂类构成病毒囊膜的脂双层结构，是囊膜的重要成分。病毒脂类的种类和含量有宿主细胞特异性。此外，在少数无囊膜病毒如 T 系噬菌体、λ 噬菌体和虹彩病毒科(Iridoviridae)的某些成员中发现有脂类的存在。

四、糖　　类

除了核酸的核糖或脱氧核糖外，大多数囊膜病毒还有少量存在于囊膜中的糖类，主要是半乳糖、甘露糖、氨基葡糖、葡萄糖、岩藻糖和氨基半乳糖等，以寡糖侧链存在于糖蛋白和糖脂中，或以黏多糖形式存在。某些复杂病毒还含有内部糖蛋白或糖基化的衣壳蛋白。这些糖类通常是细胞合成的，其组成与宿主细胞有关。糖类在病毒凝集红细胞中起重要作用，用糖苷酶处理可破坏血凝素中的糖类，使病毒的血凝活性丧失。糖蛋白在病毒吸附、侵入宿主细胞中也有作用，也是病毒的重要抗原。

五、其 他 组 成

有些病毒粒子内还存在一些阳离子化合物，如丁二胺、亚精胺、精胺等。这些含量极微的离子物质与核酸呈无规则的结合，其含量仅与环境中相关离子浓度有关，是病毒装配时从环境中获得的不恒定成分。

第三节　病毒的复制

病毒是严格的细胞内寄生物，因其没有完整的生物合成用的酶系统，只能依靠宿主活细胞。在活细胞内，病毒的核酸提供信息，利用宿主细胞的酶、能量合成系统、核糖体和细胞因子等完成增殖(multiplication)。在原代病毒基因组控制下，病毒利用宿主细胞成分合成病毒的核酸和蛋白质，并装配为成熟的子代病毒，经不同方式释放出细胞外，再感染其他易感活细胞，这种病毒增殖的方式称为复制(replication)。从病毒感染宿主细胞到复制后再释放出来的过程，称为复制周期(replication cycle)。完整的复制周期一般包括 5 个连续的阶段，即吸附、侵入、脱壳、生物合成、装配和释放(图 3-4)。

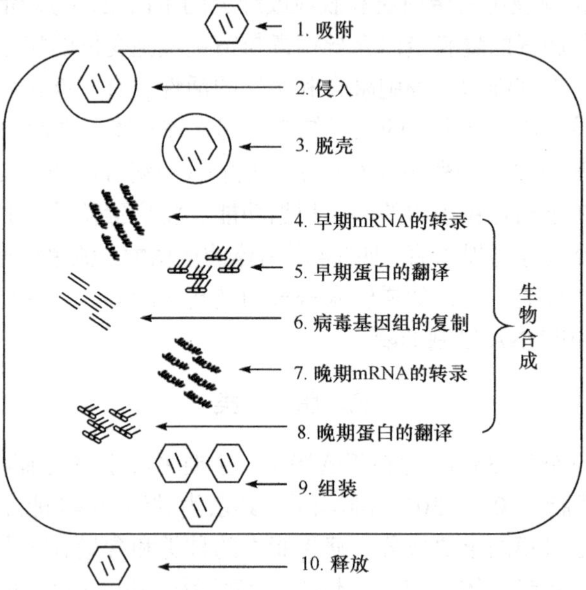

图 3-4　病毒增殖的一般过程(引自陆承平，2013)

一、吸　　附

吸附(absorption)是指病毒吸附在易感细胞上的过程。吸附可分两步进行。第一步为离子间的吸引，是病毒颗粒与细胞在有阳离子(如 Mg^{2+}、Ca^{2+})存在时发生的随机吸附。病毒颗粒和细胞表面都带负电荷，阳离子能降低负电荷，促进静电吸附，是非特异性的和可逆的。第二步为特异性吸附，是病毒颗粒表面分子如纤突等与敏感细胞膜的受体发生的结合，是牢固的和非可逆的。这种特异性吸附对于病毒感染细胞至关重要。

二、侵　入

侵入(penetration)是病毒吸附后通过某种方式进入细胞内的过程，又称穿入或病毒内化。病毒进入细胞的方式有：完整病毒穿过细胞膜的移位方式；利用细胞内吞功能进入细胞，形成含病毒的内吞小体(endosome)，这种方式称为病毒胞饮(viropexis)，又称病毒入胞，是病毒侵入的主要方式；病毒囊膜与细胞膜融合，囊膜留在细胞外面，芯髓进入细胞质内，如新城疫病毒；有些病毒在进入的过程中同时脱壳，如大肠杆菌 T4 噬菌体。

三、脱　壳

脱壳(uncoatration)是病毒侵入后囊膜或衣壳除去而释放出核酸的过程。动物病毒存在不同的结构类型和不同的侵入方式，其脱壳过程也较复杂。一般来讲，某些病毒如副黏病毒等在细胞膜侵入并脱壳，某些病毒如流感病毒等在内吞小体脱壳，某些病毒如腺病毒等在核膜脱壳。总的来讲，病毒侵入细胞后，迅速在蛋白水解酶的作用下，脱掉衣壳，释放出核酸。不同病毒从吸附至脱壳的时间从数分钟至数小时不等。

四、生 物 合 成

病毒在细胞内从脱壳到新的子代病毒出现所经历的阶段称为隐蔽期(eclipse phase)。在此期内，不能从细胞中检测出有感染性的病毒颗粒，但生物合成(biosynthesis)作用却非常活跃，包括核酸复制和蛋白质合成。多数 DNA 病毒在宿主细胞核内合成核酸，但嗜肝 DNA 病毒的基因组复制及痘病毒的基因组复制与转录是在细胞质中进行的。多数 RNA 病毒则在细胞质中合成，病毒蛋白质只能在细胞质中合成，但流感病毒基因组的复制在核中进行；逆转录病毒基因组的复制在细胞质和细胞核中进行。病毒基因组可干扰宿主基因表达，编码酶蛋白的合成，而指导新病毒粒子的合成。干扰使病毒核酸成为细胞代谢的唯一指挥者。

病毒基因组的表达与复制过程有着强烈的时序性。病毒核酸复制以前的转录为早期转录，所转录基因为早期基因，早期基因编码的早期蛋白主要参与病毒核酸复制、调节病毒基因组表达，以及改变或抑制宿主细胞大分子的合成等。核酸复制开始或复制后所进行的转录为晚期转录，所转录基因为晚期基因，晚期基因编码的晚期蛋白主要是子代病毒的结构蛋白。一些复杂的病毒基因组转录时序更复杂，如 T4 噬菌体的转录分为立即早期、迟早期、中期和晚期。

病毒合成所需要的大多数有机化合物由宿主细胞提供，合成过程所需要的能量来自细胞的 ATP 和其他能量化合物。

DNA 病毒基因组转录成 mRNA 后转入核糖体，进行病毒蛋白的翻译。某些病毒 DNA 进入细胞核后整合至细胞的染色体中，称为溶原性(lysogeny)。这种病毒称为溶原性病毒(lysogenic virus)或原病毒(provirus)。在适当的时候，原病毒被激活，开始生物合成。RNA 病毒基因组在细胞质中释放时，正链 RNA 便直接作为信使 RNA 分子，负链 RNA 转变为信使 RNA 分子，开始翻译病毒的蛋白质。某些逆转录 RNA 病毒能够保持在宿主细胞中，并形成溶原性关系。

五、装配和释放

在细胞内，新合成的病毒粒子结构组分以一定的方式结合以组装成完整的病毒颗粒，这个过程称为病毒的装配(assembly)，又叫成熟(maturation)或形态发生(morphogenesis)。多数DNA病毒在细胞质内合成的结构蛋白迁移到核内与核内合成的DNA装配成核衣壳。RNA病毒几乎都在细胞质中装配形成核衣壳。裸露的二十面体病毒先装配成空衣壳，然后与核酸结合，成熟为完整的病毒颗粒。有囊膜动物病毒的装配先是形成核衣壳，然后再装上囊膜，这一过程往往与病毒释放同时发生。

囊膜是通过细胞核膜(如疱疹病毒)或细胞膜(如流感病毒)时获得的，并以"出芽"的方式释放(release)。出芽时，核衣壳被插入有病毒编码的蛋白质的部分细胞膜包围。病毒释放后，细胞膜上的缺口被封闭。若出芽发生得太快，缺口来不及封闭，细胞质则漏出，细胞死亡。无囊膜病毒装配完成后，以细胞破裂方式或以反吞饮方式释放出来。有些病毒如疱疹病毒很少释放出细胞外，而是通过细胞间桥或细胞膜融合的方式在细胞间传播。

附：病毒的一步生长曲线(one-step growth curve)：感染比(multiplicity of infection，MOI)是指在一个系统中病毒粒子数与细胞总数之比。在人工培养的细胞中，接种高MOI的病毒，使所有细胞几乎同时受到病毒感染，如分析该培养系统中的单个细胞，就可以代表病毒在整个体系中所有细胞生长的情况。应用这一方法，可以获得病毒一步生长曲线实验的结果，观察到病毒具有复制周期。

第四节　病毒的人工培养

病毒是严格的细胞内寄生物，因此培养时需要提供敏感的细胞。目前，人工培养病毒的方法有鸡胚培养法、细胞培养法和易感的实验动物法等。

一、鸡胚培养法

鸡胚培养病毒法是简单、方便而经济的方法。但是，不是任何病毒都能在鸡胚中增殖。鸡胚应该是健康、不含有接种病毒特异抗体的鸡胚或无特定病原体(specific pathogen free，SPF)鸡胚。用鸡胚培养法可进行病毒分离、鉴定，也可增殖大量的病毒，制备抗原或疫苗。

病毒不同，接种鸡胚的部位也不同，常用接种部位有绒毛尿囊膜、羊膜腔、尿囊腔和卵黄囊等。选择不同的接种途径，要选择相应日龄的鸡胚，如绒毛尿囊膜接种时用10～12日龄鸡胚，尿囊腔接种时用9～11日龄鸡胚，羊膜腔接种时用11～12日龄鸡胚。接种后的鸡胚一般于37℃和40%～50%的湿度条件下孵育。根据接种途径不同，收获相应的材料。绒毛尿囊膜接种时收获接种部位的绒毛尿囊膜；尿囊腔接种收获尿囊液；卵黄囊接种收获卵黄囊及胚体；羊膜腔接种收获羊水。

不同的病毒在鸡胚的不同部位会产生不同的病变，如禽胚死亡，胚胎不活动，照蛋时血管消失；禽胚充血、出血或坏死灶，常见在胚体的头、颈、躯干、腿等处或整个胚体出血；鸡胚畸形；鸡胚绒毛尿囊膜上出现痘斑。然而许多病毒缺乏特异性的病毒感染指征，必须应用血清学或病毒学相应的检测方法来确定病毒的存在和增殖情况。

二、细胞培养法

细胞培养法常用于病毒的分离、增殖、病毒抗原制备、中和试验、病毒空斑(数量)测定及克隆纯化等，比鸡胚培养法和实验动物法更经济、效果更好、用途更广。

用于培养病毒的细胞有原代细胞(primary cell)、二倍体细胞株(diploid cell strain)和传代细胞系(established cell line)。将动物组织经胰蛋白酶消化，分散的单个细胞经过培养生长，即为原代细胞，如鸡胚成纤维细胞、猪肾细胞、猪睾丸细胞等。将培养的原代细胞连续传代培养，细胞的染色体仍与原代细胞一样为二倍体细胞株。传代细胞系是体外无限制传代的异倍体癌变细胞，其种类很多，常用的有 Vero(非洲绿猴肾)细胞、HeLa(人子宫颈癌)细胞、IBRS2(猪肾)细胞等。细胞培养时，用细胞分散剂将细胞消化成单个细胞的悬液，适当洗涤后加入营养液，使细胞呈悬浮状生长或贴壁生长成单层细胞。病毒接种于细胞培养液中，病毒吸附、侵入细胞后增殖，可见细胞出现变化，如蚀斑、细胞代谢(颜色)反应等，或者用血清学试验在细胞及其培养液中检测出病毒抗原，或者用电镜直接观察到病毒粒子。

细胞培养方法可分为静止培养法(stationary culture)和旋转培养法(roller culture)。静止培养是将细胞分装在培养瓶或培养板(孔)中，置于含 5%CO_2 的温箱中，培养生长成贴壁的单层细胞后，接种病毒进行培养。旋转培养是细胞装进培养瓶后，让瓶在温室的转床中缓慢(5～10r/min)旋转，细胞在瓶壁长满单层，接种病毒继续旋转培养。旋转培养法的病毒产量高，适用于病毒疫苗生产。

大多数动物病毒经敏感细胞培养后都能引起一些显微表现的改变，即产生细胞病变效应(cytopathic effect，CPE)，如细胞聚集成团、肿大、圆缩、脱落、细胞融合形成多核细胞、细胞内出现包涵体(inclusion body，inclusion)、细胞裂解。大多数病毒的包涵体由病毒子组成，是病毒合成和装配病毒子的部位，少数包涵体是细胞对病毒反应的产物。病毒种类不同，其包涵体的数目、大小、形状、位置和染色特性也不同。包涵体有圆形、卵圆形或不规则形的，有的呈晶体形排列；有的在细胞核内，有的在细胞质内，有的两者兼有；有的呈嗜酸性(伊红染色呈粉红色)，有的呈嗜碱性(苏木精染色呈蓝色)。含病毒样本经过适当稀释后接种细胞，辅以染色处理，病毒可在细胞单层上形成肉眼可见的局部病损区域，称为蚀斑(plaque)或空斑。噬菌体的标本经过适当稀释后接种细菌平板，经过一定时间培养，在细菌菌苔上形成圆形的透明区域，称为噬菌斑。第一次接种后未出现病变时，需要重复接种，进行盲传(blind passage)，以提高病毒的毒力(virulence)或效价。标本中如有病毒存在，经过多次传代，其效价或毒力提高，必定会在新的宿主或细胞培养中产生病变。当然，有少数病毒感染后不产生细胞病变，则需借助其他方法以证明病毒的存在。

细胞培养病毒有许多优点：离体活组织细胞不受机体免疫力影响，很多病毒易于生长；便于人工选择多种敏感细胞供病毒生长；易于观察病毒的生长特征；便于收集病毒作进一步检查。

三、实验动物法

将病毒以注射、口服等途径接种到实验动物体内，病毒增殖，可引起实验动物发病或死亡。实验动物法常用于病毒病原性的测定、疫苗效力试验、疫苗生产、抗血清制造及病毒性传染病的诊断等。常用的实验动物级别有普通动物、无特定病原(SPF)动物和无菌(germ-free，GF)动物，其中 SPF 动物一般能满足病毒学试验的需要。限于条件，某些试验仍使用普通动物，但要求所用动物必须是纯品种或品系、健康、血清中无相应的抗体，在年龄、体重和营养状态等方面要尽量一致。实验动物难于管理，成本高，个体差异大，所以许多病毒的培养已由细胞培养法或鸡胚培养法代替。

第五节　病毒的感染与致病作用

一、病毒的感染

病毒侵入机体或细胞并与机体或细胞相互作用，称为病毒的感染。病毒的感染是个复杂的病理过程。

(一) 病毒对细胞的感染

某些病毒如痘病毒、微 RNA 病毒和某些披膜病毒呈现高度的杀细胞作用，细胞在感染病毒后，因代谢障碍，迅速死亡，大量病毒释放到细胞外，这类病毒引起的感染称为杀(溶)细胞性感染。某些病毒在细胞内增殖时，并不影响细胞的生命活动，细胞机能不被严重破坏，病毒多以出芽方式释放或呈细胞到细胞的传播，病毒与细胞之间的这类关系称为稳定态感染。多数病毒对细胞的损害处于上述两个极端之间。另一类病毒在某个发育阶段或某特定条件下，将自身核酸整合到细胞染色体上，随细胞的分裂而增殖，称为整合性感染。还有一些病毒有使细胞融合的能力，称为细胞融合病毒或合胞体病毒。

(二) 病毒对机体的感染

根据感染的过程和表现分为隐性感染和显性感染。隐性感染是指不引起明显临床症状的病毒感染。显性感染是指有症状的感染，即临床上表现明显的症状。隐性感染或显性感染的发生取决于病毒和机体，尤其是机体的免疫状态。有的病毒能引起显性感染和隐性感染，如乙型脑炎病毒可引起人和动物(如马)的急性致死性感染，但在大多数人和动物体内主要表现为隐性感染。

二、病毒的致病作用

(一) 病毒对细胞的损害

病毒增殖时因增殖或病毒本身物质的直接毒害作用导致细胞功能紊乱，从而出现不同的病理变化，这种致病作用称为病毒致细胞病变作用(CPE)。病毒的致细胞病变作用有以下几种。

1. 杀细胞效应　病毒在细胞内增殖引起细胞溶解、死亡，称为杀细胞效应。细胞死亡的原因可能是病毒或病毒性物质的直接作用，也可能是细胞病变后自身性激发作用。病毒感染后，细胞成了病毒成分的加工厂，细胞自身蛋白和核酸的合成受到阻碍，大量新病毒粒子的堆积同样造成细胞新陈代谢的障碍，最终引起细胞死亡。某些病毒感染后，细胞溶酶体膜通透性增加甚至崩解，溶酶体酶释放，导致细胞自溶。病毒感染的细胞抗原特别是表面抗原经常发生改变。这类新抗原往往是新合成的病毒蛋白质嵌入细胞膜后形成的，这种改变了抗原性的细胞经常成为机体自身抗体攻击的目标。某些病毒吸附于细胞表面引起免疫反应，导致细胞溶解。

2. 形成包涵体 某些病毒感染后，细胞质或细胞核内出现的特殊斑块结构，称为包涵体。包涵体是某些病毒对机体或细胞的病理学特征，是病毒鉴定和病毒病诊断的一个辅助依据。

3. 细胞融合 某些病毒如副黏病毒等可引起细胞融合形成多核巨细胞。一般认为，细胞融合是病毒感染的一种伴随现象。病毒溶崩的细胞膜部位为邻近细胞的融合创造了条件，或是病毒囊膜在细胞之间起桥梁作用，随后细胞自身酶参与完成细胞融合过程。导致细胞融合的病毒结构往往是囊膜上的糖蛋白，如副黏病毒的 F 蛋白(融合蛋白)、冠状病毒的 E2 蛋白等。这些糖蛋白与细胞膜上的受体结合，使病毒囊膜与细胞膜融合，从而引起细胞间的融合。细胞融合可发生在机体内同种或异种细胞之间。融合的细胞大多数丧失功能，最后死亡。

4. 细胞转化 某些病毒的 DNA 与宿主细胞 DNA 整合，改变宿主细胞的遗传性状，称为细胞转化。转化的细胞分裂迅速而无限制，在细胞表面和内部出现新的病毒特异性抗原。细胞转化是形成肿瘤的基础。因此，这类病毒可能在动物体内形成肿瘤。但是，能否形成肿瘤还取决于机体的免疫生理状态。

此外，某些病毒如正黏病毒、副黏病毒和大多数披膜病毒等表面具有血凝素，能结合某些动物的红细胞，导致红细胞凝集，称为病毒的血凝作用。

(二) 病毒对机体的损害

某些病毒在宿主细胞内增殖的直接作用及机体免疫系统对病毒感染细胞进行免疫应答的间接作用，对感染细胞、组织和器官造成损伤、功能破坏。禽流感病毒、鸡传染性支气管炎病毒、鸡传染性喉气管炎病毒等感染，可损伤呼吸道上皮细胞；轮状病毒、细小病毒等感染，可破坏消化道上皮细胞；马传染性贫血病病毒感染，可破坏红细胞并抑制机体的免疫功能；鸡传染性法氏囊病病毒感染，可导致法氏囊发炎、坏死和萎缩，B 细胞缺失，免疫功能散失；人类免疫缺陷病毒、牛免疫缺陷病毒和猫免疫缺陷病毒等感染，可破坏 T 细胞，造成机体严重的细胞免疫和体液免疫缺陷。一种病毒感染造成宿主细胞、组织和器官的损伤，功能破坏，又常导致其他病原微生物的继发感染。

某些病毒感染动物后，增殖缓慢，不能有效地引起免疫应答，却在细胞内持续存在，形成慢性、持续性感染(persistent infection)。这类感染常导致动物发生慢性的渐进性疾病，直至死亡，如朊病毒(prion)感染导致的绵羊瘙痒病和牛海绵状脑病。某些病毒如 MDV、禽白血病/肉瘤病毒等的持续性感染可导致宿主细胞向肿瘤细胞转化。

第六节 病毒的干扰现象

一、干 扰 现 象

一种病毒感染后能抑制他种病毒再感染的现象称为病毒的干扰现象(viral interference)。干扰现象若发生于同一株病毒内灭活病毒或缺损病毒对正常病毒的干扰，称为自身干扰(autointerference)；若发生于同种异株之间，称为同种干扰(homologous interference)；若发生于同属异种之间，称为同属干扰(homogenus interference)，较常见。另外，还有宿主细胞对病毒的干扰。

发生干扰现象的原因有以下几种：两种病毒感染同一细胞时需要细胞膜上相同的受体，

一种病毒与细胞吸附后占据受体或将受体破坏，使另一种病毒无法吸附和侵入，这种情况常见于同种干扰和自身干扰；两种病毒利用不同的受体进入同一细胞，但增殖所需的主要原料、关键性酶及合成场所是一致却有限的，因此，先入者为主，强者优先，一种病毒占据有利增殖条件而正常增殖，另一种病毒则受限，增殖受到抑制；缺损病毒是复制不完整的病毒，随着继代越来越多，完整病毒的复制受到影响，使正常病毒越来越少；病毒感染的细胞产生干扰素，抑制病毒的增殖。前三种是病毒与病毒之间的干扰，第四种是机体细胞对病毒的干扰，是最常见的。

病毒的干扰现象如发生在不同的疫苗之间，则会干扰疫苗的免疫效果。此外，干扰现象也被用于细胞培养时病毒增殖情况的测定，主要用于不产生细胞病变、没有血凝性的病毒。

二、干 扰 素

几乎所有的细胞受病毒感染后可合成、分泌一种具有干扰病毒复制作用的小分子糖蛋白，称为干扰素(interferon，IFN)。按产生细胞及性质的不同，将 IFN 分为三种类型。白细胞等产生的称为 α 干扰素(IFN-α)，成纤维细胞等产生的称为 β 干扰素(IFN-β)，T 细胞和 NK 细胞产生的称为 γ 干扰素(IFN-γ)。细胞合成干扰素不是持续的，而是细胞对强烈刺激如病毒感染时的一过性分泌物。干扰素产生后扩散到附近细胞，或进入血流到达全身。

干扰素不能终止病毒在感染细胞中的复制，但能利用邻近细胞分泌和释放出的干扰素去刺激细胞产生抗病毒因子。干扰素被吸收入细胞后，诱导细胞产生另一种具有抑制病毒复制作用的蛋白质(也叫翻译抑制蛋白、抗病毒蛋白)，阻止病毒 mRNA 的翻译，从而抑制病毒复制。干扰素有广谱抗病毒作用，对立克次体和衣原体等也有作用，但有明显的种属特异性，因为动物细胞膜上只有本种动物干扰素的受体。干扰素有免疫调节作用，γ 干扰素可作用于 T 细胞、B 细胞和 NK 细胞，增强其活性；干扰素有抗肿瘤作用，能抑制肿瘤病毒的增殖和肿瘤细胞的生长，调动机体的免疫机能，加快对肿瘤细胞的清除，通过调节癌基因的表达实现抗肿瘤作用。

病毒是最好的干扰素诱生剂。一般认为，RNA 病毒诱生能力较 DNA 病毒强。细菌内毒素、某些微生物(如李氏杆菌、布氏杆菌、支原体、立克次体)及某些合成多聚物[如硫酸葡萄糖、多聚肌苷酸、多聚胞苷酸(简称 Poly I:C)、梯洛龙(Tilorone)]等也能诱导干扰素产生。

干扰素对蛋白分解酶敏感，能被乙醚和氯仿等灭活，但在常温或 pH 2～11 的环境下稳定，对机体或细胞无毒性，也无抗原性。

第七节　病毒的抵抗力

病毒受理化因素作用后会失去感染性，称为灭活。理化因素对病毒的灭活作用可以是直接破坏核酸，或改变病毒蛋白及脂类结构成分，使病毒基因组不能进入宿主细胞。

一、物 理 因 素

1. 温度　病毒耐冷不耐热。大多数病毒在 0℃以下能存活，温度越低，存活时间越长，在干冰和液氮中能长期保存其感染性，故用低温保存病毒。多数病毒对高温敏感，如 55～60℃于几分钟至十几分钟即可灭活大部分病毒。个别病毒如肠道病毒需 75℃、30min 才能灭活，轮状病毒需 100℃、5min 才能灭活，人类乙肝病毒 60℃能存活 10h 以上。温度的剧烈变化如反复冻融，可使许多病毒很快灭活。

2. 电离辐射　X 射线和 γ 射线能改变病毒核酸，导致病毒变异，但对病毒蛋白的作用较小。

3. 紫外线　紫外线可使 DNA 胸腺嘧啶碱基之间形成二聚体，使核酸不能复制和转录，导致病毒灭活。大多数病毒均可被紫外线灭活。紫外线大剂量照射可杀灭病毒，中、小剂量可致弱病毒。

4. 超声波　超声波通过声波的高频震动破坏病毒结构。

5. 干燥　难以致死病毒，但使之致弱。

二、化 学 因 素

1. 酸碱度　多数病毒在 pH6～8 的范围内稳定，在 pH<5.0 或 pH>9.0 时病毒被迅速灭活。不同病毒对 pH 的抵抗力有较大差异。呼肠孤病毒可抵抗 pH3.0，但口蹄疫病毒对 pH 比较敏感，pH6.0～6.5 和 pH8.0～9.0 均可迅速灭活。

2. 脂溶剂　乙醚、氯仿和丙酮等脂溶剂可破坏病毒囊膜而灭活病毒，乙醚的灭活作用最大，氯仿次之，丙酮最差。乙醚灭活试验是鉴定病毒有无囊膜的一个重要指标。

3. 醛类　甲醛和戊二醛可使病毒蛋白质和核酸变性。甲醛可灭活病毒，但对病毒的抗原性影响较小。戊二醛的作用强大，2%碱性戊二醛溶液 1min 可灭活所有病毒。

4. 醇类　乙醇和异丙醇对病毒的杀灭作用不强。相比较而言，乙醇对无囊膜病毒的杀灭作用比异丙醇强，而对囊膜病毒，则是异丙醇的杀灭作用更强。

5. 烷化剂　环氧乙烷、β-丙内酯、乙基乙烯亚胺(EEI)、乙酰乙烯亚胺(AEI)等带有活性烷基，能改变病毒蛋白和核酸的结构，从而灭活病毒。环氧乙烷对血清和鸡胚尿囊液等有机物中的病毒也能有效杀灭。β-丙内酯灭活病毒的能力很强，而 EEI 和 AEI 的作用比较缓和，它们破坏病毒核酸，但不改变病毒蛋白质，是灭活疫苗中常用的病毒灭活剂。

6. 甘油　病毒在 50%甘油盐水中可存活几十天、几个月甚至几年，时间长短与病毒种类有关。因此，常用 50%甘油盐水保存病毒性材料，如同时采用低温措施，效果更理想。但少数病毒如牛瘟病毒不能在甘油盐水中长期存活。

7. 冻干保护剂类化学药品　二甲基亚砜可减少冷冻过程中微小结晶的形成，对冻存病毒有保护作用。蔗糖、葡萄糖等多种糖类和谷氨酸钠可使干燥样品中的最终水分不致过低，防止蛋白质变性；而明胶、白蛋白、血清等能促进病毒制品在冻干过程中的升华干燥，冻干病毒加水溶解时，也可提高溶解性，因此这些物质常被用作病毒冻干保护剂。

8. 抗生素　一般来讲，抗生素对病毒无影响。但某些抗生素如放线菌素 D 和利福平能抑制某些病毒复制，阿昔洛韦可干扰疱疹病毒在皮肤细胞中复制。

9. 多肽　某些多肽对某些特定病毒具有一定的抑制作用，如蜂毒肽可抑制单纯疱疹病毒(HSV)和人免疫缺陷病毒(HIV)。

第八节　噬　菌　体

噬菌体(bacteriophage)是寄生于细菌体内、最后使菌体崩解的一类病毒。现在将感染细菌、支原体和螺旋体等的病毒统称为噬菌体(phage)。

一、噬菌体的形态

嗌菌体有几种常见的外形，如蝌蚪形、微球形、细杆形和柠檬形。不同类型的噬菌体，其形态构造有所不同。典型的蝌蚪形噬菌体由头部和尾部两部分组成(图 3-5)，头部呈二十面体，内有线状的双股 DNA，外裹一层蛋白质衣壳，尾部主要是蛋白质，长短不一，由尾领、尾髓、尾鞘、尾板、尾刺和尾丝组成。尾刺和尾丝为噬菌体的吸附器官，能识别宿主菌体表面的脂蛋白受体。微球形噬菌体无尾部，依赖其表面结构与性菌毛侧面吸附。有些噬菌体尾部不能收缩，有些噬菌体只有短尾，有些噬菌体无尾，有些噬菌体呈长丝状。噬菌体的核酸多为 DNA，少数为 RNA。

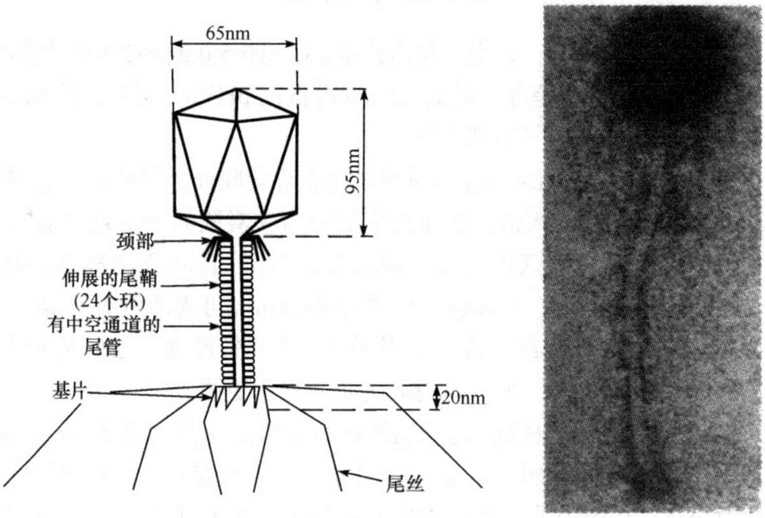

图 3-5　T4 噬菌体的结构模型(左)和电镜照片(右)(引自黄青云，2009)

二、噬菌体的增殖

噬菌体的增殖过程与动物病毒相似，需要一定的温度、酸碱度和钙、镁等离子，但也有一些差别。噬菌体与细菌发生特异性吸附后，侵入与脱壳同步完成。有尾噬菌体通过尾丝或尾刺吸附于细菌细胞的特异受体部位，借助尾部的一种溶菌酶类物质，将细菌细胞壁溶出一个小孔，通过尾鞘收缩，将头部的核酸经尾髓小孔注入细菌体内，而蛋白质外壳留在细胞外。噬菌体在细菌细胞内增殖到一定数目时，噬菌体的晚期基因编码、合成一种溶菌酶，使宿主菌裂解，释放出大量成熟的新噬菌体。一个细菌通常可产生数十到数百个噬菌体。

三、噬菌体的类型

增殖后能使细菌细胞裂解的噬菌体称为裂解性噬菌体(lytic phage)或毒性噬菌体(virulent phage)。在固体培养基上，若菌体感染了裂解性噬菌体，因菌体裂解而出现噬菌斑；在液体培养基中，若菌体感染了裂解性噬菌体，原来混浊的菌液逐渐变得清亮。

感染细胞后，噬菌体将其核酸整合到细菌染色体中，噬菌体的核酸随着细菌的繁殖而复制、遗传，但不形成病毒粒子，这种噬菌体称为温和性噬菌体(temperate phage)或溶原性噬菌体(lysogenic phage)，这种现象叫溶原化(lysogenization)。整合到细菌DNA上的噬菌体基因叫前噬菌体(prophage)，带有前噬菌体的细菌称为溶原性细菌(lysogenic bacteria)或溶原菌(lysogen)。在细菌的某个世代，产生病毒粒子并释放。有的噬菌体从感染菌体细胞到复制、增殖、释放时，细菌细胞并不裂解而仍存活，如大肠杆菌噬菌体fd。有的前噬菌体与细菌的毒力因子有关，如带有前噬菌体的白喉杆菌获得了产生毒素的能力。当白喉杆菌不携带此种噬菌体基因，就丧失产生白喉毒素的能力。

四、抗原性及抵抗力

噬菌体具有抗原性，能刺激机体产生特异性抗体。该抗体能抑制相应噬菌体侵袭敏感细菌，但对已吸附或已进入菌体内的噬菌体不起作用。

噬菌体对理化因素的抵抗力较强，一般经70℃、30min仍不失活。噬菌体能耐受低温、乙醚、氯仿和乙醇，对多数化学消毒剂抵抗力比一般细菌强。噬菌体对紫外线和X射线敏感，一般经紫外线照射10～15min即失活；在饱和氯化钠溶液中，能保持活力数年。

五、噬菌体的实际应用

1. 鉴定菌种和菌型　噬菌体的噬菌作用具有种和型的特异性，可用于细菌的鉴定与分型。例如，用伤寒沙门菌Vi噬菌体可将有Vi抗原的伤寒沙门菌分为96个噬菌体型，应用噬菌体裂解试验还可鉴定未知的炭疽杆菌等。这对流行病学调查、追踪传染源以及细菌研究等具有重要意义。

2. 检测标本中未知细菌　应用噬菌体效价增长试验可检测标本中的相应细菌。在怀疑有某种细菌存在的标本中加入一定数量的已知相应噬菌体，在37℃下培养6～8h，进行噬菌体效价测定。若其效价有明显增长，则表明标本中有某种细菌存在。

3. 遗传工程研究　噬菌体基因数目少，结构简单，培养方便，生长迅速，变异和遗传容易控制和辨认，适于做分子水平的研究工作。噬菌体是转移外源性DNA片段的重要载体，是基因工程研究中重要的实验工具。核酸电泳时，以λ噬菌体DNA经限制性内切核酸酶*Hin*d Ⅲ消化片段作为分子质量标准。应用噬菌体的转导作用已经构建出许多常用的载体，如λ噬菌体、丝状噬菌体M13系列载体等。

第九节　亚　病　毒

亚病毒(subvirus)是个体微小、结构和化学组成更简单、具有感染性的致病因子，又称为亚病毒因子(subviral agents)(表3-2)。亚病毒包括卫星病毒、类病毒和朊病毒。

表3-2　卫星病毒、类病毒和朊病毒的性质比较(引自胡建和，2006)

性质	卫星病毒	类病毒	朊病毒
依赖辅助病毒复制	+	—	—
特异性外壳衣壳化	±[a]	—	+
辅助病毒外壳衣壳化	±[b]	—	—
抑制辅助病毒复制	+	—	—

续表

性质	卫星病毒	类病毒	朊病毒
与辅助病毒序列同源性	—[c]	—	—
在体内外 RNA 的稳定性	高/低[d]	高	—

注：a. 有的有外壳蛋白，有的只有核酸分子；b. 有外壳蛋白的卫星病毒的辅助病毒外壳无衣壳化，仅有核酸分子的卫星病毒的辅助病毒外壳衣壳化；c. 卫星烟草花叶病毒(STMV)(有蛋白外壳)基因组的 3′端与辅助病毒有序列和结构的相似性，某些嵌合的卫星 RNA(只有核酸分子)与辅助病毒基因组有广泛的 3′端序列同源性，其余的没有同源性；d. 有外壳蛋白的低，只有核酸分子的高。

一、卫 星 病 毒

卫星因子(satellites)是必须依赖宿主细胞内共同感染的辅助病毒才能复制的核酸分子。有的卫星因子有外壳蛋白包裹，又称其为卫星病毒(satellite viruses)。多数卫星因子是植物病毒的卫星因子，也有些是动物病毒的卫星因子。腺联病毒(Adeno-associated virus，AAV)是一种单股 DNA 病毒，在宿主细胞内复制时必须有腺病毒和疱疹病毒的辅助。

二、类 病 毒

类病毒(viroid)是一类引起植物病害的、只有单股环状的 RNA 分子，没有蛋白质外壳，RNA 的基因组很小，不编码任何蛋白质，复制时必须完全依赖宿主细胞的酶系统，复制过程只是 RNA→RNA 的直接转录。类病毒能独立侵染寄主，侵入后能自我复制，不需要辅助病毒。1971 年，Diener 首次报道马铃薯纺锤形块茎类病毒(Potato spindle tuber viroid，PSTV)，仅含一个由 359 个核苷酸组成的单链环状 RNA 分子(图 3-6)。至今，已发现有 20 多种类病毒，如柑橘裂皮类病毒、鳄梨白斑类病毒、苹果锈类病毒。

图 3-6　马铃薯纺锤形块茎类病毒
(引自胡建和，2006)

三、朊 病 毒

1983 年，Prusiner 发现朊病毒，修订了原先的中心法则。朊病毒(prion)是细胞正常蛋白变构后形成的具有感染性的蛋白质，为朊病毒蛋白(prion protein，PrP)。在电子显微镜下，朊病毒呈杆状颗粒，直径约 25nm，长 100～200nm(一般 125～150nm)。杆状颗粒不单独存在，总是呈丛状排列，每丛大小与形状不一，多时可达 100 个。朊病毒的结构主要是蛋白质，尚未证实是否存在核酸。朊病毒无免疫原性，不引起宿主的免疫应答，也不诱导干扰素。朊病毒对各种抗菌药物、消毒药物、不利理化因素(紫外线、辐射、去污剂、蛋白酶、高温、核酸酶、核酸变性剂等)都不敏感。

在正常人和动物的细胞 DNA 中有编码 PrP 的基因，表明 PrP 是细胞组成型基因表达产物。这种细胞的 PrP 称为 PrP^{C}，为分子质量 33～35kDa 的糖蛋白。正常细胞的 PrP^{C} 与羊瘙痒病的 PrP^{SC} 为同源异构体，一级结构相同，但 PrP^{C} 具有 43%的 α 螺旋和 3%的 β 折叠，PrP^{SC} 有 34%的 α 螺旋和 43%的 β 折叠(图 3-7)。多个 β 折叠使 PrP^{SC} 溶解度降低，对蛋白酶抗性增加。

关于 PrP^{C} 如何转变为 PrP^{SC} 还有待阐明。有人认为 PrP^{SC} 是于 PrP^{C} 翻译后加工形成的，不是蛋白内共价键的修饰。也有人认为 PrP^{SC} 进入细胞后与 PrP^{C} 结合，形成 PrP^{SC}-PrP^{C} 复合体，导致 PrP^C 构型发生改变，转变为 PrP^{SC}，这样产生的两个 PrP^{SC} 分子，再分别与 PrP^C 结合，产生 4 个 PrP^{SC}，如此周而复始，导致 PrP^{SC} 数目呈指数增加。

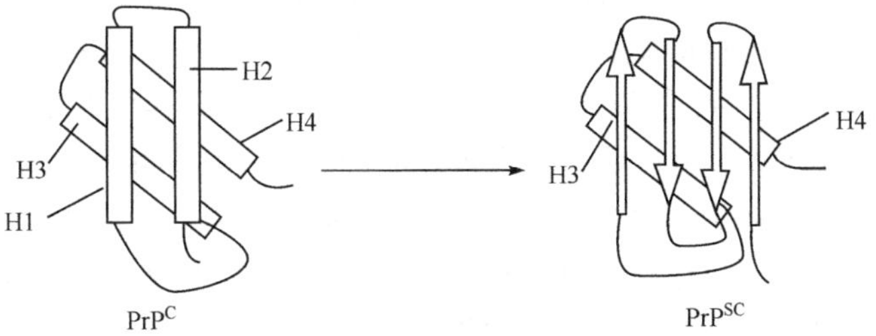

图 3-7　PrP^C 与 PrP^{SC} 分子结构转换模式图(引自胡建和，2006)

朊病毒在宿主体内的潜伏期可长达数月到数十年，主要引起人和动物脑组织空泡变性、淀粉样蛋白斑块、神经胶质细胞增生等非炎症变化，导致神经症状，最终死亡。朊病毒引起的人类疾病有克雅氏病(Creutzfeldt-Jakob disease，CJD)、库鲁病(Kuru)、致死性家族性失眠症(fatal familial insomnia，FFI)、格施向综合征(Gerstmann-Sträussler-Scheinker syndrome，GSS)等，动物的疾病有羊的瘙痒病(scrapie)、鹿的慢性消耗病(chronic wasting disease，CWD)、貂传染性脑病(transmissible mink encephalopathy，TME)，以及猫、牛和羚羊等野生动物的海绵状脑病(spongiform encephalopathy)等。

第十节　病毒的分类与命名

一、病毒的分类地位和等级

在生物的六届系统中，病毒属于病毒界。

病毒的分类系统依次采用目(order)、科(family)、属(genus)、种(species)为分类等级，在未设立病毒目的情况下，科作为最高的病毒分类等级。科下设属，有的科还有亚科之分，科和属是病毒分类的最主要单位。病毒的“种”是一个不确定的分类单位，它构成一个复制系，占据特定的生态环境并具有多原则分类特征(包括基因组、结构、理化特性和血清学性质等)。病毒的“属”是一群具有某些共同特征的种，承认一个新属必须同时承认一个代表种。病毒的“科”是一群具有某些共同特征的属，承认一个新科必须同时承认一个代表属。科与属之间可设或不设亚科。病毒的“目”是一群具有某些共同特征的科。

二、病毒的分类依据

根据病毒的不同特征，将病毒分为不同的类型。根据核酸类型，将病毒分为 DNA 病毒和 RNA 病毒；根据核酸股数，分为双股 DNA(dsDNA)病毒、单股 DNA(ssDNA)病毒、双股 RNA(dsRNA)病毒和单股 RNA(ssRNA)病毒；根据链的极性，分为负股 ssRNA 病毒和正股 ssRNA 病毒；根据核酸复制，分为常规转录病毒和逆转录病毒。根据结构的完整性，分为真病毒和亚病毒。根据宿主范围，将病毒分为噬菌体、植物病毒和动物病毒等。曾经根据病毒颗粒的形态、结构、化学组成、理化特性、血清学性质、组织嗜性等依次分科、属、种和型。一些病毒科之上也建立了目。根据病毒基因组的特征和系统发生学关系，逐渐建立了较合理的病毒分类系统。

三、病毒的分类系统

目前，国际病毒分类委员会(International Committee on Taxonomy of Viruses，ICTV)是国际公认的病毒分类与命名的权威机构。ICTV的病毒分类工作有着严密的程序。专家提出新的分类建议，经过专家组讨论后，报ICTV有关分会讨论，通过后再报ICTV执委会，如获同意，最后提交病毒学会大会评议，通过后分类报告才能确定。有关病毒分类的论文及信息在ICTV的官方期刊*Archives of Virology*发表(1990年以前，*Intervirology*是其官方期刊)。现今，病毒的分类和命名由该委员会统一进行，到2012年，ICTV先后出版了9次病毒的分类报告，并且每隔一段时间，会更新其官方网站上的数据。

目前，据ICTV官方网站(http://www.ictvonline.org/)公布的最新数据，在部分科之上建立了目，共7个：尾病毒目(Caudovirales)、芜菁黄花叶病毒目(Tymovirales)、单负链病毒目(Mononegavirales)、Ligamenvirales、套式病毒目(Nidovirirales)、微RNA病毒目(Picornavirales)和疱疹病毒目(Herpesvirales)。目前，总共有111个科。

四、病毒的命名

由于历史原因，病毒的命名十分混乱。20世纪50年代以前，主要以病毒所致疾病(如口蹄疫病毒、鸡瘟病毒、肝炎病毒、猪瘟病毒，狂犬病病毒等)、对组织或器官嗜性(如嗜神经病毒、嗜上皮病毒、全嗜性病毒等)和分离地点(如新城疫病毒，裂谷热病毒等)来分类和命名。科和属的命名也多以所致疾病(如痘病毒科，禽痘病毒属)或形态结构(如嵌沙病毒科，嵌沙病毒属)或分离地点(如布尼安病毒科，布尼安病毒属)等特点为依据。

病毒种的命名应用少而有实意的词。病毒种名与株名一起应有明确含义，不涉及属或科名。已经广泛使用的数字、字母及其组合可以作为种名的形容语，但新提出的数字、字母及其组合不再被接受。病毒的命名与细菌不同，不用“双名法”，只用单名，不用拉丁文，只用英文或英语化的拉丁文。被ICTV正式认定的病毒名(常称为学名)用斜体表示，一般通用名不用斜体而用正体，如减蛋综合征病毒的通用名为Egg drop syndrome virus，而学名为Duck adenovirus A(鸭腺病毒甲型)。科或属的暂定成员的病毒名称均用正体而非斜体，如Anatid herpesvirus 1(鸭疱疹病毒1型)。病毒外文名称中的目、科、亚科和属，分别用斜体的拉丁文后缀“*virales*”、“*viridae*”、“*virinae*”和“*virus*”。例如，新城疫病毒(Newcastle disease virus)属于单负链病毒目(Mononeyavirales)副黏病毒科(Paramyxoviridae)副黏病毒亚科(Paramyxovirinae)禽腮腺炎病毒属(Avulavirus)。

ICTV不负责病毒种以下的分类和命名，病毒种以下的血清型、基因型、毒力株、变异株和分离株的名称由公认的国际专家小组确定。人工产生的病毒在病毒分类上不予考虑，它们的分类由公认的国际专家小组负责。

第四章　微生物生态学

微生物在自然界中分布广泛，土壤、水、空气中，以及动、植物的体内外都有微生物存在。微生物生态学(microbial ecology)就是研究微生物与其他生物或非生物环境之间相互关系的一门科学。大多数微生物的活动能给生产实践带来好处，但也有些是危害人类和动植物的病原微生物。研究微生物在自然界中的分布及其活动规律，可以利用它们对人类有益的方面，并控制它们对人类有害的方面。

第一节　动物微生态学

动物的体内或体表存在着大量的正常微生物，这些微生物群系之间及微生物与动物之间形成了相互依存、相互作用的不可分割的整体。它们的种类和数量基本上是稳定的，处于平衡状态。现代医学将这些正常微生物视为动物体的组成部分，参与了动物体的生长、发育、消化、吸收、营养、免疫、生物拮抗及其各种功能和结构的发生、发展和衰退的全过程，是一个与呼吸、循环、消化一样的系统，因此被称为微生态系统(microecosystem)。在微生态系统中，正常微生物的生命活动与其宿主的生理平衡和动物的健康都有着密切的关系。

动物微生态学(animal microecology)是研究动物体内外微生物之间、动物体内外微生物与动物之间、动物体内外微生物和动物与外界环境之间相互关系的分支学科。动物微生态学理论认为，动物及体内所寄生的微生物相互作用、相互影响；在环境因素的影响下，动物与微生物保持动态的微生态平衡；在动物与环境的关系中，正常微生物群作为宿主的组成部分，与环境保持一个动态的生态平衡；正常微生物群中的原籍菌对动物有益，外籍菌则有害，两者又可相互转化；正常微生物群的组成存在种属和个体特异性；特定的环境条件可造成动物微生态失调，使生态系统丧失功能；动物和微生物群之间存在共生关系，互相提供营养等生存条件。

一、动物体表微生态学

动物在生活期间受到外界环境等多种因素的影响，其表皮与被毛(简称皮毛)上存在着多种多样的微生物。这些微生物多数来自土壤、水和空气，不洁的畜体还常沾染有粪便中的微生物。在皮毛上不生长的微生物构成皮肤过度种群(transient population)；而能生长的微生物构成皮肤停留种群(resident population)，如葡萄球菌属的一些种是最典型的停留种群微生物。

不同种类动物的生活方式和所处环境不同，皮毛上微生物的类群和数量差异也较大。在相同环境下的同种动物个体之间，皮毛微生物的类群和数量往往比较稳定。这些微生物群体与动物之间以及各微生物类群之间都保持着一定的依存和制约关系，形成了极其复杂的相对生态平衡状态。

皮毛上常见的微生物以球菌为主，如葡萄球菌、链球菌、双球菌、四联球菌、八叠球菌；杆菌中主要有大肠杆菌、绿脓杆菌、棒状杆菌及枯草杆菌等。在皮肤表层、汗腺和皮脂腺内，常有白色葡萄球菌、金黄色葡萄球菌和化脓链球菌等，它们是引起外伤化脓的主要原因。某些患有传染病的动物皮毛上还带有该种疾病的病原，如炭疽芽胞杆菌、布氏杆菌、结核分枝杆菌、口蹄疫病毒和痘病毒等，这些病原微生物常可通过皮毛传播。

一般而言，健康动物皮毛的微生物大都属于腐生性微生物类群，即以腐生性的细菌和真菌为优势菌群，如葡萄球菌、大肠杆菌、绿脓假单胞菌、变形杆菌、需氧或厌氧芽胞杆菌、酵母菌及霉菌孢子。因此，将这些非致病的腐生性微生物统称为动物皮毛正常菌群(animal coat normal flora)。

二、动物消化道微生态概述

正常畜禽胚胎及初生幼畜的消化道是无菌的。出生后，随着吮乳和采食等过程，消化道内出现了微生物，如大肠杆菌，某些微生物从此与寄主共存。消化道内的微生物可分为正常菌群(normal flora，indigenous flora)和过路菌群(passing flora，transient flora)，前者指在消化道中占有特定区域的微生物，后者指那些不能在健康动物消化道内长时间滋生的微生物，除非正常菌群的某一组分空出一个能被过路菌群所占据的特定区域。

不同消化道部位中微生物的类群和数量不同。口腔中微生物很多，因内含有大量食物残屑、脱落的上皮细胞和适宜的温度、水分，其中有葡萄球菌、链球菌、乳酸杆菌、棒状杆菌、螺旋体等。好氧链球菌属的一些种栖居在口腔上皮组织中，厌氧乳杆菌属的一些种栖居粘连在牙周围的蚀斑上。细菌、霉菌孢子和酵母菌也在口腔中发现。食道中微生物很少，因没有食物停留。但禽类嗉囊中有很多随食物进入的微生物，其中乳酸杆菌为嗉囊的正常栖居菌，对大肠杆菌和一些腐败菌有抑制作用，对嗉囊中正常微生物群的保持有重要作用。胃肠道中微生物的类群丰富、数量巨大，有的来自食物和饮水，但进入胃肠道后不一定都能生存，往往只是暂时性的，它们不断进入，也不断被消灭；另外一些微生物能在胃肠道内定居，成为土著胃肠道微生物，这是长期演化适应的结果。

胃肠道微生物(gastrointestinal microorganisms)的组成是很复杂的，它们的数量和种类随动物种类、年龄和饲料的不同而存在差异。单胃动物的胃内因受胃酸的限制，除乳酸杆菌和胃八叠球菌等少量耐酸的细菌外，一般不存在土著微生物；但反刍动物的瘤胃和瓣胃则例外。在小肠，特别是十二指肠，由于各种消化液的杀菌作用，细菌较少；在大肠中，消化液的杀菌作用减弱或消失，且经常有大量残余食物滞留，营养丰富、条件适宜，细菌数显著增加，并且大多为定居在肠道的土著微生物。正常肠道内大约有 200 种以上的细菌，每克粪便在 100 亿(10^{10})个以上，主要为厌氧菌如拟杆菌、真杆菌及分叉杆菌等，占总数的 90%～99%；其次是肠球菌、肠杆菌、乳杆菌和其他菌等。

三、反刍动物瘤胃微生态

反刍动物的前胃(包括瘤胃、网胃和瓣胃)是消化粗饲料的主要场所。前胃内微生物每天消化的碳水化合物占所采食总粗纤维和无氮浸出物的 70%～80%。瘤胃是体内饲料处理工厂，饲料中约 70%～85%可消化物质和 50%粗纤维在瘤胃内消化，每天消化量占采食总碳水化合物的 50%～55%。因此，瘤胃消化在反刍动物整个消化过程中占有非常重要的地位。瘤胃内微生物主导着一系列复杂的消化代谢过程。瘤胃是厌氧性微生物繁殖的良好场所，因为它有下列特点：不断有食物和水分进入瘤胃，供给微生物营养物质；瘤胃的节律性运动将微生物和食物充分搅拌混合；微生物发酵产生大量的热，瘤胃内温度往往超过体温，达 38～40℃，有时高达 39～42℃；微生物发酵产生的酸被随唾液进入的大量碳酸氢盐和磷酸盐中和，发酵产生的大量挥发性脂肪酸随时被吸收，瘤胃内容物和血液系统间的离子平衡，使得瘤胃内 pH 维持在 6.0～7.0，瘤胃内容物保持和血液一样的渗透压；瘤胃具有高度厌氧条件，氧化还原电势维持在 250～450mV 之间；微生物发酵产生大量气体，一昼夜可达 600～700L，瘤胃背囊通常含有 50%～70%的 CO_2、20%～45%的甲烷和少量的氮气、氢气、氧气等，其中少量的氧气随时被需氧微生物利用，其他大部分气体通过嗳气排出。

(一) 瘤胃微生物区系

瘤胃中的微生物可以帮助消化宿主不能消化的植物物质，如纤维素、半纤维素等，为宿主提供能量和养分。瘤胃中微生物十分复杂，常因饲料种类、给饲时间和个体差异等因素而变化。如何区别体外微生物和瘤胃中经常居住、生长繁衍的微生物，Gall 和 HuhMIlen(1951)提出了典型瘤胃微生物(rumen microorganisms)应具有的三个条件：必须能在厌氧条件下生长；必须能将饲料转变为瘤胃内所见的终产物类型，即低级挥发性脂肪酸、CO_2 和 CH_4；每克瘤胃内容物中的数量(指细菌)不少于 100 万个。瘤胃微生物主要由细菌域、真核生物域、古生菌域和不确定域归属的微生物组成，绝大多数属于拟杆菌门、厚壁菌门、变形杆菌门、放线菌门、古广菌门、纤维杆菌门、螺旋体菌门、黏胶球形体菌门和互养菌门等，主要包括厌氧真菌(anaerobic fungi)、细菌、古细菌、原虫和噬菌体。一般，每克瘤胃内容物中含细菌 10^9～10^{10} 个、原虫 10^5～10^6 个、真菌 10^5 个菌体形成单位(thallus-forming units，TFU)。不同反刍动物的瘤胃微生物在种类和数量上不同，或多或少，此有彼无。

1. 瘤胃细菌 瘤胃微生物中细菌种类最多。瘤胃细菌的形态多样，有杆状、球状、螺旋状、梭状、弧状和半月状等。许多细菌或形态相似，或形态变异，单凭形态难以鉴定。但发酵终产物往往是某菌种的特征，同时细菌提供不同的酶以分解不同的底物，所以，Hungate(1966)及 Church(1976)根据底物利用和发酵终产物将瘤胃细菌大致进行了分类。

(1) 纤维素分解菌：除反刍动物外，也存在于其他动物胃肠道。这类细菌能分泌纤维素分解酶以分解天然纤维素和利用纤维三糖。细菌纯培养(单一细菌)的消化与分解纤维素能力比混合菌种的弱，因为植物细胞壁是多种大分子化合物构成的复杂有机体，需要不同细菌分泌不同的分解酶协同作用，才能完成对纤维素的消化与分解。纤维素是瘤胃纤维素分解菌赖以生长和繁殖的物质。该类细菌作用产生的低级挥发性脂肪酸可满足宿主动物的营养需要。采食粗饲料多的反刍动物的瘤胃内纤维素分解菌的数目较多。主要纤维素分解菌包括：丝状杆菌属(*Fibrobacter*)的产琥珀酸丝状杆菌(*Fibrobacter succinogenes*)[曾称产琥珀酸拟杆菌(*Bacteroides succinogenes*)]，丁酸弧菌属(*Butyrivibrio*)的穗状丁酸弧菌(*Butyrivibrio crossotus*)和溶纤维丁酸弧菌(*Butyrivibrio fibrisolvens*)，瘤胃球菌属(*Ruminococcus*)的黄色瘤胃球菌(又称黄化瘤胃球菌，*Ruminococcus flavefaciens*)、白色瘤胃球菌(*Ruminococcus albus*)、布氏瘤胃球菌(*Ruminococcus bromii*)、活泼瘤胃球菌(*Ruminococcus gnavus*)、酸奶瘤胃球菌(*Ruminococcus lactaris*)、卵瘤胃球菌(*Ruminococcus obeum*)和扭链瘤胃球菌(*Ruminococcus torques*)，梭菌属(*Clostridium*)的 *C. lochheadii*、*C. cellobioparum*、*C. Longisporum*、*C. aerotolerans* 和 *C. chartatabidum*，以及溶纤维乳杆菌(*Cillabacterium cellulosolvens*) 等。

(2) 半纤维素分解菌：纤维素是葡萄糖的聚合物，半纤维素是葡萄糖与戊糖的混合聚合物。能水解纤维素的细菌常能利用半纤维素，但许多能利用半纤维素的细菌不能利用纤维素。半纤维素分解菌主要有溶纤维丁酸弧菌、多生茸毛螺旋菌(*Lachnospira multiparus*)(又称多毛毛螺菌)、瘤胃厌氧杆菌(*Bacteroides ruminicola*)、密螺旋体属(*Treponema*)中的布氏密螺旋体(*T. bryantii*)和糖密螺旋体(*T. saccharophilum*)、溶糊精琥珀酸弧菌(*Succinivibrio dextinosolvens*)等。

(3) 淀粉分解菌：喂淀粉含量高的日粮时，瘤胃微生物中淀粉分解菌所占比例较大。许多纤维素分解菌(如 *C. Lochheadii*、产琥珀酸丝状杆菌的一些菌株和溶纤维丁酸弧菌的大多数菌株)也有消化淀粉的能力，但淀粉分解菌缺乏对纤维素的分解能力。能降解淀粉的非纤维降解菌主要包括：嗜淀粉瘤胃杆菌(*Ruminobacter amylophilus*)[曾称为嗜淀粉厌氧杆菌和嗜淀粉拟杆菌(*Bacteroides amylophilus*)]，溶淀粉琥珀酸单胞菌(*Succinimonas amylolytica*)(曾称分解淀粉琥珀酸单胞菌)，不产乳酸丁酸弧菌(*Butyrivibro alactacidigens*)，瘤胃厌氧杆菌(*Bacteroides ruminicola*)，瘤胃新月形单胞菌(*Selenomoas ruminantium*)，分解乳酸新月形单胞菌(*Selenomoas lactilytica*)，牛链球菌(*Streptococcus bovis*)，栖瘤胃普雷沃菌(*Prevotella ruminicola*)，双歧杆菌(*Bifidobacterium*)中的瘤胃双歧杆菌(*B. ruminale*)、*B. Merycicum*、*B. Ruminantium*、伪长双歧杆菌(*B. pseudolongum*)等。

(4) 利用糖类的细菌：大多数分解多糖的细菌也能利用双糖和单糖。植物特别是幼嫩植物含有大量的水溶性碳水化合物能被分解糖的细菌所利用。另外，瘤胃中死菌或菌体裂解释放的糖也能被消化利用。幼龄动物瘤胃中存在分解乳糖的细菌。

(5) 利用酸的细菌：许多细菌能利用乳酸，有些细菌能利用琥珀酸、苹果酸或延胡索酸，有些细菌能利用甲酸和乙酸，草酸也能被瘤胃细菌分解。利用乳酸的细菌主要包括产气费氏球菌(*Veillionella gazogems*)、生碱费氏球菌(*Veillionella alacalescens*)、埃氏胃链球菌(*Peptostrptococcus elsdenii*)、丙酸杆菌属(*Propioni bacterium* sp.)、脱硫弧菌(*Desulphozvibrio*)及分解乳酸新月形单胞菌(*Selenomoas lactilytica*)等。

(6) 蛋白分解细菌：许多瘤胃细菌能利用氨基酸作为主要能源。大多数瘤胃细菌都具有某些蛋白酶活性。已知能分解蛋白质的菌种主要有嗜淀粉厌氧杆菌(*Bacteroides amylophilus*)、地衣芽胞杆菌(*Bacillus licheniformis*)、产芽胞梭菌(*Clostridum sporogenes*)、栖瘤胃普雷沃菌(*Prevotella ruminicolo*)、牛链球菌、溶纤维丁酸弧菌。*Clostridium*、*Fusobacterium*、*Eubacteruim*、*Lachnospira*、*Selenomonas* 和 *Succinivibrio* 等属的一些菌株也具有蛋白降解活性。

(7) 蛋白合成细菌：某些细菌能利用其他细菌的分解产物合成蛋白质。能合成蛋白质的细菌主要有淀粉球菌(*Amylococci*)、淀粉八叠球菌(*Amylosarcinae*)、淀粉螺旋菌(*Amylospirillae*)和其他一些嗜碘微生物。

(8) 产氨细菌：这类细菌在某种程度上与蛋白分解细菌重复，即蛋白分解细菌也能产生氨气。但许多瘤胃细菌也能利用非蛋白质含氮物产生氨气。产氨细菌主要包括瘤胃新月形单胞菌(*Selenomoas ruminantium*)、瘤胃厌氧杆菌(*Bacteroides ruminicola*)、埃氏巨型球菌(*Megasphaera elsdenii*)[曾称为埃氏消化链球菌(*Peptostreptococcus elsdenii*)]及丁酸弧菌(*Butyrivibrio*)等。

(9) 脂肪分解细菌：瘤胃细菌的混合悬浮液可以分解脂肪产生甘油并加以利用，有些细菌氢化不饱和脂肪酸成为饱和脂肪酸，有些细菌能将长链脂肪酸转变为酮体。水解脂肪的细菌主要是脂解厌氧弧杆菌(*Anaerovibrio lipolytica*)及其他一些具有丁酸弧菌形态的革兰阴性杆菌菌株。氢化细菌主要有溶纤维丁酸弧菌、白色瘤胃球菌、微球菌属、真细菌属和 *Fusocillus* 属的一些菌株。

(10) 维生素合成细菌：已知有许多细菌能合成 B 族维生素。能合成微生物的细菌主要有维生瘤胃黄杆菌(*Flavobacterium vitarumen*)和丁酸梭菌等。

(11) 酸利用菌：可利用乳酸的瘤胃细菌主要有瘤胃新月形单胞菌、埃氏巨型球菌(*Megasphaera elsdenii*)、脂解厌氧弧杆菌、向碱性韦荣氏球菌(*Veillonella alcalescens*，*V. parvula*)、痤疮丙酸杆菌(*Propionibacterium acens*)和梭杆菌(*Fusobacterium*)等，产琥珀酸弧菌(*Vibrio succinogenes*)能利用中间发酵产物如 H_2、甲酸、延胡索酸和苹果酸进行氧化还原反应，*Succiniclasticum ruminis* 能使琥珀酸转化成丙酸，*Oxalobacter formigenes* 能利用草酰乙酸生成甲酸。

(12) 乳酸产生菌：一般认为瘤胃中产乳酸较多的是牛链球菌、乳酸杆菌和 *Mitsuokella multiacidus*(曾称为 *Bacteroides multiacidus*)。瘤胃中乳酸杆菌(*Lactobacillus*)的种类很多，如嗜酸乳酸杆菌(*L. acidophilus*)、干酪乳酸杆菌(*L. casei*)、发酵乳酸杆菌(*L. fermentum*)、胚芽乳酸杆菌(*L. plantarum*)、布氏乳酸杆菌(*L. buchneri*)、短乳酸杆菌(*L. brevis*)、瘤胃乳酸杆菌(*L. ruminis*)、小牛乳酸杆菌(*L. vitulinus*)、*L. Cellobiosus*、*L. Helveticus* 和 *L. Salivarius* 等。

(13) 其他瘤胃细菌：瘤胃中还存在着其他一些细菌，如脱硫弧菌(*Desulfovibrio*)、瘤胃脱硫肠状菌(*Desulfotomaculum ruminis*)、吉氏颤螺菌(*Oscillospira guilliermondii*)等。

上面将瘤胃细菌根据分解底物的种类或其终产物予以分类，而实际上大多数瘤胃细菌发酵往往不止一种底物，产生不止一种终产物，常兼有几种生理生化功能。

2. 瘤胃产甲烷菌(rumen methanogens) 根据 16S rRNA 的序列差异，产甲烷菌应属于古细菌(archaea)，与常讲的细菌(即真细菌，eubacteria)有许多不同的特征。瘤胃中产甲烷菌是比较重要的一类微生物。细菌、真菌和原虫不能产生甲烷，但能产生甲酸、氢气，而产甲烷菌能利用这些甲酸、氢气等产物还原形成甲烷。所以，瘤胃中甲酸和氢气的量均很少。反刍动物排出的甲烷量很大，产生的甲烷占瘤胃气体的 25%，如高产奶牛每天可产 500L 甲烷，通过反刍排放到大气中。这造成了饲料能量的损失，对环境也造成了污染(因为甲烷是仅次于 CO_2 的第二大温室气体)。

瘤胃中产甲烷菌数量很大。然而产甲烷菌不易体外培养。已知的产甲烷菌主要包括：瘤胃甲烷杆菌(*Mathanobacterium ruminantium*)、甲酸甲烷杆菌(*Mathanobacterium formicicum*)、索氏甲烷杆菌(*Methanobacterium sohngeni*)、巴氏甲烷八叠球菌(*Methanosarcina barkeri*)和活动甲烷微菌(*Methanomicrobium mobile*)等。

3. 瘤胃厌氧真菌 瘤胃中有大量厌氧真菌菌丝体和游动孢子。与瘤胃细菌一样，瘤胃真菌经过长期进化一直定居在瘤胃内。瘤胃真菌是严格厌氧的，没有线粒体，不能通过呼吸产生能量，但能通过供氢体进行发酵产生能量，同时产生氢气。目前，瘤胃厌氧真菌共有 6 属 16 种之多，都具有降解纤维素和半纤维素的能力，有的还具有降解淀粉和蛋白质的能力。牛瘤网胃内厌氧真菌总数可达 7.6×10^8 个菌体形成单位。日粮中纤维物质含量与瘤胃真菌数量呈正比。当采食高木质化的纤维饲料时，真菌数量可达微生物总数的 8%，而饲喂精料丰富的日粮时，真菌的数量相当少。瘤胃真菌能产生至少 12 种纤维素分解酶。瘤胃真菌体外培养物能发酵纤维素，产生乙酸、乳酸、CO_2 和 H_2 等终产物，释放到培养基中的纤维素分解酶对纤维素的降解有很大作用。除降解植物细胞壁外，瘤胃真菌还可大量利用可溶性糖如葡萄糖、纤维二糖、果糖、麦芽糖、原糖、乳糖、木糖等。真菌的游动孢子有很长的鞭毛，能寻找适合的物质形成菌落。当这种真菌孢子寻找到反刍动物吞咽下的饲草碎片时，便附着在上面进行芽殖，并长成布满整个饲草碎片的菌丝体。数小时后菌丝体就能长出孢子囊，孢子囊又繁殖出大量的活动孢子。孢子囊破裂，孢子落入瘤胃液中。

瘤胃厌氧真菌主要有：*Caecomyces* 属的 *C. communis*(曾称为 *Sphaeromonas communis*)和 *C. equi*，*Cyllamyce* 属的 *Cy. aberensis*，*Neocallimastix* 属的 *N. frontalis*、*N. patriciarum*(曾称为 *N. frontalis*)、*N. Hurleyensis* 和 *N. variabilis*，*Piromyces* 属的 *P. communis*(曾称为 *Piromonas communis*)、*P. mae*、*P. dumbonicus*(曾称为 *P. dumbonica*)、*P. rhizinflatus*(曾称为 *P. rhizinflata*)、*P. minutus*、*P. spiralis* 和 *P. citronii*，*Orpinomyces* 属的 *O. joyonii*(曾称为 *Neocallimastix joyonii*)、*O. intercalaris* 和 *O. bovis*，*Anaeromyces* 属的 *A. mucronatus* 和 *A. elegans*(曾称为 *Ruminomyces elegans*)等。

4. 瘤胃中的原虫(protozoa) 在成年反刍动物体内，大多数瘤胃原虫属于纤毛虫纲(Ciliate)的等毛科(Isotrichidae)和头毛虫科(Ophroscolecidae)。等毛科的原虫通常布满纤毛(cilia)，呈卵圆形。头毛虫科包括许多在体积和形态上差异很大的原虫(表 4-1)。瘤胃原虫的数量比细菌少很多，但原虫体积大，其总体积与细菌相当。一般纤毛虫的大小为 40～200μm。但是，纤毛虫代谢活动的强度和作用的重要性远远不如细菌。原虫以内毛虫(*Endodinium*)和双毛虫(*Diplodinium*)为最多，约占纤毛虫总数的 85%～98%，能分解纤维素的主要为双毛虫。

表 4-1 瘤胃原虫的分类及特性(改自胡建和，2006)

目和属	主要碳水化合物基质	具有的酶	纤维素消化	产物	世代交替时间/h
等毛科					
等毛虫属	淀粉或糖	淀粉酶、果糖酶、果胶酶	0	乙酸、丁酸、乳酸、H_2	48
密毛虫属	淀粉或糖	淀粉酶、麦芽糖酶、纤维二糖酶	0	乙酸、丁酸、乳酸、H_2	24
头毛虫科					
内毛虫属	淀粉	淀粉酶、纤维二糖酶	0	甲酸、乙酸、丙酸、丁酸、乳酸	6～15
前毛虫属	淀粉、半纤维素		+	甲酸、乙酸、丙酸、丁酸、乳酸、	
头毛虫属	淀粉	纤维素酶、半纤维素酶、淀粉酶	0	乙酸、丙酸、丁酸、H_2	24～48
双毛虫属		纤维素酶、半纤维素酶、淀粉酶、蔗糖酶	+		
真双毛虫属			+	脂肪酸、H_2	
多甲虫属			+		48

反刍动物瘤胃中的纤毛虫分别属于不同的科和属，主要有：小布契利虫(*Buetschiium parva*)、原口等毛虫(*Isotricha prostoma*)、肠等毛虫(*Isotricha intestinalis*)、瘤胃厚毛虫(*Dasytricha ruminantium*)、水牛寡等毛虫(*Oligoisotricha bubali*)、*Charoina vetriculi*、短小内毛虫(*Entodinium exiguum*)、*Entodinium nanellum*、最小内毛虫(*Entodinium minimum*)、小内毛虫(*Entodinium parvum*)、牛内毛虫(*Entodinium bovis*)、简单内毛虫(*Entodinium simplex*)、*Entodinium dubardi*、*Entodinium chattenjeei*、双凹内毛虫(*Entodinium biconcavum*)、绵羊内毛虫(*Entodinium ovinum*)、

囊袋内毛虫(*Entodinium bursa*)、长核内毛虫(*Entodinium longinucleatum*)、菱形内毛虫(*Entodinium rhoboideum*)、双乳突内毛虫(*Entodinium bimastus*)、*Entodinium ogimtio*、钩状内毛虫(*Entodinium rostratum*)、二裂内毛虫(*Entodinium bifidum*)、双叶内毛虫(*Entodinium dilobum*)、*Entodinium fujitai*、弯凸内毛虫(*Entodinium gibberosum*)、水牛内毛虫(*Entodinium bubalum*)、*Entodinium acutonucleatum*、皮刺内毛虫(*Entodinium aculeatum*)、印度内毛虫(*Entodinium indicum*)、*Entodinium tsunodia*、四尖内毛虫(*Entodinium quaadricuspis*)、尾刺内毛虫(*Entodinium caudatum*)、矩形内毛虫(*Entodinium rectaugulatum*)、拟态内毛虫(*Entodinium simulans*)、*Entodinium ekendrae*、具齿双毛虫(*Diplodinium dentatum*)、异尾双毛虫(*Diplodinium anisacanthum*)、鸡冠双毛虫(*Diplodinium cristagalli*)、小扇双毛虫(*Diplodinium flabellum*)、较小双毛虫(*Diplodinium mino*)、矩形原始虫(*Eodinium recatangulatum*)、多边原始虫(*Eodinium polygonal*)、后泡原始虫(*Eodinium poster vesiculatum*)、单叶原始虫(*Eodinium nonolobosum*)、叶状原始虫(*Eodinium lobatum*)、喙状单甲虫(*Eremoplastron rostratum*)、牛单甲虫(*Eremoplastron bovis*)、单叶单甲虫(*Eremoplastron monolobum*)、双叶单甲虫(*Eremoplastron dilobum*)、*Eudiplodinium magii*、临近双甲虫(*Diploplastron affine*)、多泡多甲虫(*Polyplastron multivesiculatum*)、水牛鞘甲虫(*Elytroplastron bubali*)、中间后毛虫(*Metadiuium medium*)、r 型后毛虫(*Metadiuium ypsilon*)、钝硬甲虫(*Osteracodinium obtusum*)、薄硬甲虫(*Osteracodinium gracile*)、*Osteracodinium clipwolum*、乳突硬甲虫(*Osteracodinium maminosum*)、三泡硬甲虫(*Osteracodinium trivesiculatum*)、*Enoploplastron triloriculatum*、无尾前毛虫(*Epidinium ecaudatum*)、有尾头毛虫(*Ophryoscolex caudatus*)、*Ophryoscolex purkynjei* 等。

反刍动物瘤胃中的鞭毛虫种类较少，主要有 *Chilomastix caprae*、*Monocercomoncides caprae*、瘤胃单尾滴虫(*Monocercomonas ruminantium*)、似人五毛滴虫(*Pentatrichomonas hominis*)、*Tetratrichomonac buttreyi* 等。

5. 瘤胃噬菌体　20 世纪 60 年代，从牛瘤胃中分离出 6 种噬菌体，它们具有抗沙雷菌和链球菌的能力。多数有长突起的大型噬菌体呈游离状态，而少数吸附于小球菌上。瘤胃内噬菌体数量变化较大，1g 瘤胃内容物约含 5×10^7 个噬菌体。在一个细菌内往往有 2～10 个噬菌体。瘤胃内主要细菌都吸附有噬菌体。瘤胃内噬菌体数量与日粮组成、取样时间和动物饲养地区无关。

(二) 瘤胃中微生物的生态分布

瘤胃中微生物可分为三个群体，即游离于瘤胃液中的微生物菌群、附着于饲料颗粒的菌群和附着于瘤胃壁的菌群，这被称为瘤胃分区理论，又称为瘤胃的分隔化(compartmentation)。幼龄时，瘤胃没有分隔化。随着瘤胃发育和微生物区系的发展，约在 20 天时开始形成瘤胃的分隔化。瘤胃的分隔化一旦形成，一般很稳定，只有在改变日粮或应用抗生素时会改变。

1. 瘤胃壁上的微生物　瘤胃壁可最早形成其特定菌群，只占瘤胃微生物总数的约 1%，但对瘤胃的正常功能具有重要作用。瘤胃壁上的微生物有蛋白酶活性和脲酶活性。有脲酶活性的细菌、微需氧微生物和兼性好氧菌在出生 2 天内可在瘤胃壁上定殖。附着瘤胃壁的细菌约 25%～50%是兼性厌氧菌，适于在有氧组织中生存。瘤胃壁附着的兼性厌氧菌不但能在有氧条件下生存，而且还能保护瘤胃壁和瘤胃内容物中的厌氧菌。附着瘤胃壁的菌系中，有 10%～14%是脲酶产生菌，将从血液扩散到组织中的尿素分解成氨，可能有利于控制血液途径的尿素再循环。有的细菌通过多糖纤维附着于瘤胃上皮表面，对细胞进行蛋白质分解和脱氨基作用。脱落的上皮细胞进入瘤胃后仍附着有大量细菌。

2. 瘤胃液中的微生物 主要是指瘤胃内容物过滤后液体中的微生物，主要有拟杆菌、链球菌、巨细菌、原虫和厌氧真菌游动孢子等，但微生物浓度比瘤胃壁和饲料上的低。瘤胃液细菌并不专一，只有部分细菌专一存在于瘤胃液中。许多微生物利用可溶性糖只在瘤胃液中生长繁殖，有的是过路菌，其只有附着于饲料颗粒和瘤胃壁才能发挥作用；有些微生物可清除底物中的有害物质，具有解毒作用，为瘤胃中其他微生物的生长和瘤胃功能提供保护。瘤胃液中游离的细菌随液体的流动被冲刷到皱胃。

3. 附着于饲料颗粒的微生物 也称为固相中的微生物(solid-associated microorganism)，是瘤胃中粗饲料和淀粉类日粮的主要降解菌，如产琥珀酸丝状杆菌、白色瘤胃球菌、黄色瘤胃球菌、溶纤维丁酸弧菌、嗜淀粉杆菌、原虫和厌氧真菌等。这些微生物受日粮的影响较大。约有一半的瘤胃细菌与饲料颗粒结合。细菌附着于饲料颗粒表面，可以减缓液体流动的冲刷。这种附着与消化代谢的底物有关。通过细菌产生的酶将底物进行消化而获得养分，同时饲料表面被侵蚀形成空腔。

(三) 瘤胃微生物间的关系

瘤胃微生物之间的相互关系可归纳为协同、竞争、共栖和吞噬。

1. 协同(synergism) 指两种或多种微生物在同一环境中，互相协助以共同完成某种作用，包括交互饲喂关系和初级与次级发酵关系。瘤胃中厌氧真菌和纤维分解细菌共同降解粗纤维时，瘤胃真菌通过其丰富的菌根体系侵入饲料粗纤维片段，把大片段降解成小片段，瘤胃细菌进一步降解饲料的小片段。

2. 竞争(competition) 指两种或两种以上微生物共同生存时，为获得能源、空间或有限生长因子而发生的争夺现象。这种关系会影响到菌群对生长底物的争夺、在饲料颗粒上的附着和能量的贮存等。很多纤维分解细菌和厌氧真菌都以纤维素或半纤维素为生长基质或发酵底物，因此，瘤胃中粗纤维是它们争夺的物质，但这些微生物在竞争中又和平共处，并协同降解粗饲料。

3. 共栖(commensalisms) 指两种微生物共同生存时，一方受益或互相受益，为对方提供营养物质和生长因子或生存条件。瘤胃真菌发酵饲料，产生甲酸、乙酸、乳酸、乙醇、二氧化碳和氢气，其中的甲酸和氢气被产甲烷菌利用。

4. 吞噬(predation) 指一种较大型的微生物吞入并消化另一种小型微生物以满足营养需要。瘤胃中原虫虽然能降解和利用粗纤维，但也能吞食瘤胃细菌，作为其合成蛋白质和核酸的主要来源或作为原虫脂肪合成的前体。瘤胃中某些原虫可吞食其他原虫。某些原虫可吞食瘤胃真菌的假根和孢子囊。

有时会并存有两种或两种以上的瘤胃微生物间的关系。瘤胃真菌和产甲烷菌的共栖常能提高微生物对饲料的降解，从结果看也可认为是协同关系。瘤胃细菌和真菌与原虫之间可能是竞争关系，因为当反刍动物瘤胃中去除或灭绝原虫后，瘤胃细菌和真菌的数量显著增加。

瘤胃中各微生物菌群处于一个相互协同、相互制约的生态系统中，某一种菌群的变化会影响到其他菌群的变化，进而影响到瘤胃的整体代谢。

(四) 瘤胃微生物的主要作用

瘤胃微生物在长期演化过程中形成了相对稳定的微生物区系，与宿主之间形成了共生关系，对瘤胃内饲料的降解有重要作用。

1. 粗纤维的消化 反刍动物饲料的碳水化合物有结构性和非结构性的成分。结构性碳水化合物称粗纤维，包括纤维素、半纤维素和木质素，是植物细胞壁的主要成分。粗纤维是反刍动物粗饲料的主要成分，是决定粗饲料消化率的主要因素。反刍动物不能分泌降解粗纤维的酶，因而瘤胃微生物产生的纤维素酶和半纤维素酶对反刍动物粗饲料的消化非常重要。瘤胃中饲料粗纤维成分经瘤胃内纤维素分解菌和一部分纤毛虫在其他微生物协同参与下，逐段被分解，最终产生挥发性脂肪酸(主要是乙酸、丙酸和丁酸及少量的带支链的高级脂肪酸，其中乙酸含量最多)，被动物体吸收利用。除了代谢产生挥发性脂肪酸，瘤胃微生物利用饲料降解产生的单糖和双糖合成糖原，贮存于微生物体内，待其进入小肠被消化后，这些糖原成为动物体葡萄糖的来源之一。瘤胃微生物还产生淀粉酶和其他一些糖化酶，将淀粉和其他非结构性糖类降解，产生低级脂肪酸、二氧化碳和甲烷等。

2. 蛋白质的消化 瘤胃微生物利用水解产生多种蛋白酶和肽酶将饲料蛋白质水解成肽和氨基酸，其中一些氨基酸又进一步降解为有机酸、氨和二氧化碳。瘤胃微生物能利用水解生成的和饲料来源的简单含氮物(氨、一些简单的肽类和游离氨基酸)合成微生物蛋白质，一昼夜可合成300～700g，约占瘤胃蛋白质的20%～30%。当这些微生物转移到皱胃和小肠时，它们的细胞蛋白质被消化和吸收。因为这些微生物既能合成非必需氨基酸又能合成必需氨基酸，所以反刍动物所需的必需氨基酸不依赖于饲料的供给。

瘤胃微生物既能水解饲料蛋白质合成氨，又能利用氨合成蛋白质，对反刍动物的蛋白质供给具有调节作用。在畜牧业生产中，可利用尿素或铵盐来代替日粮中的一部分蛋白质饲料以提高瘤胃微生物合成蛋白质的能力。

3. 维生素合成 瘤胃微生物能合成B族维生素和维生素K。因此，日粮中缺乏此类维生素并不影响动物健康。

4. 脂肪的代谢 进入瘤胃的日粮脂肪可被微生物脂肪酶水解成游离脂肪酸，其中的不饱和脂肪酸被微生物进一步氢化(biohydrogenation)，终产物为硬脂酸，即正十八碳酸(C18:0)。某些不饱和游离脂肪酸经过异构化，产生的共轭物如共轭亚油酸等中间产物可再被氢化。

5. 植酸酶 某些瘤胃微生物可产生植酸酶，使植酸磷变为无机磷，有助于动物体对磷的有效利用。

6. 解毒 有研究表明，某些瘤胃细菌还能产生降解植物有毒物质的酶，使瘤胃起到解毒的作用。产甲酸草酸杆菌(*Oxalobacter formigenes*)能利用草酰乙酸生成甲酸，可能具有去除植物次生代谢物毒性的作用。

四、单胃动物肠道微生态

(一) 几种动物的肠道菌群

1. 猪的肠道菌群

(1) 乳酸菌。猪肠道内的乳酸菌有：乳酸杆菌(*Lactobacillus*)，是猪肠道的最优势菌群，主要菌种有嗜酸乳杆菌(*L. acidphilus*)、唾液乳杆菌(*L. salivarius*)和发酵乳杆菌(*L.fermentum*)

等；双歧杆菌(*Bifidobacterium*)，常见的有嗜热双歧杆菌(*B. thermophilum*)、假长双歧杆菌(*B. pseudolongum*)及猪双歧杆菌(*B. suis*)。

(2) 厌氧菌。猪肠道内的厌氧菌有：拟杆菌科(Bacteroidaceae)，常见的有拟杆菌属、梭杆菌属和纤毛菌属。猪的肠道除猪拟杆菌(*Bacteroides suis*)和化脓拟杆菌(*B. pyoqenes*)构成优势菌群外，还有脆弱拟杆菌(*B. fraqilis*)、多酸拟杆菌(*B. multiacidus*)、单形拟杆菌(*B. uniformis*)、多毛拟杆菌(*B. capillosus*)、吉氏拟杆菌(*B. furcosus*)、双歧拟杆菌(*B. distassonis*)、普通拟杆菌(*B. vnlqatus*)、两路拟杆菌(*B. bivius*)、产黑色素拟杆菌(*B. melaninoqenicus*)、中间拟杆菌(*B. intermedius*)、坏死梭杆菌(*Fusobacterium necrophorum*)、普氏梭杆菌(*F. prausnitzii*)、具核梭杆菌(*F. nucleatum*)、死亡梭杆菌(*F. mortifetum*)、坏疽梭杆菌(*F. necroqenes*)、口腔纤毛菌(*Leptotrichia buccalis*)等；厌氧弯曲杆菌(*Anaerobic curred rods*)，常见的有溶纤维丁酸弧菌(*Butyrivibrio firisolvens*)、反刍月形单胞菌(*Selenomonas ruminantium*)及*Acetivibrio ethanolqiqnens*等；真杆菌(*Eubacterium*)，是猪肠内优势菌，有直肠真杆菌(*E. rectale*)、产气真杆菌(*E. aerofaciens*)、迟缓真杆菌(*E.lentum*)、纤细真杆菌(*E. tenue*)、凸腹真杆菌(*E. uentriosum*)、柱状真杆菌(*E. cylindroides*)等；消化球菌科(*Peptococeaceae*)，猪肠内优势菌之一，有5个属，即消化球菌属、消化链球菌属、瘤胃球菌属、粪球菌属及八叠球菌属，分离的有消化链球菌(*Peptostveptococcus productus*)、厌氧消化链球菌(*P. anaerobius*)等；韦荣氏球菌(*Veillonella*)，在猪肠道内不作为优势菌出现；巨球形菌(*Meqasphaera*)，在猪肠道内检出率较高；氨基酸球菌(*Acidaminococcus*)，在猪肠道能检出，但不是正常菌；梭状芽胞杆菌(*Clostridium*)，包含有致病性的菌，分离的有产气荚膜梭菌(*C. perfringens*)、多枝梭菌(*C. ramosum*)、矛形梭菌(*C. hastiforme*)、生孢梭菌(*C. sporoqenes*)、近端梭菌(*C. subterminale*)及其他未分类的菌种；密螺旋体(*Treponema*)，有时能从健康猪肠道中检出。

(3) 需氧菌。猪肠道内的需氧菌有：肠杆菌科(*Enterobacteriaceae*)，主要是大肠杆菌(*Escherichia coli*)，肠道后部出现的多，此外，还有肠杆菌属(*Enterobacter*)、克雷伯菌属(*Klebsiella*)、变形杆菌属(*Proteus*)和柠檬酸菌属(*Citrobacter*)等作为肠道常住菌；葡萄球菌(*Staphylococcus*)，不是肠内优势菌；芽胞杆菌(*Bacillus*)，有的不在肠内定居，作为过路菌被检出；棒状杆菌(*Corynebacterium*)，是和饲料一同进入肠内的过路菌；假单胞菌(*Pseudomonas*)，健康猪肠内很少；酵母菌，猪的肠内常能分离出来。

据报道，肠道菌群的菌数，成年猪的粪便总菌数在 10^{10} 个/g 以上，并以拟杆菌、消化球菌、厌氧弯曲杆菌、真杆菌、螺旋体等厌氧菌最占优势，它们和乳杆菌共同构成最优势菌群，其他为双歧杆菌、巨球形菌，其细菌总数在 10^8～10^9 个/g，而链球菌、肠杆菌科一般为 10^7～10^8 个/g。

2. 鸡的肠道菌群　鸡嗉囊内乳杆菌构成最优势菌群(10^9 个/g)，也有链球菌和肠杆菌。腺胃、肌胃和嗉囊内菌群类似，仅总菌数有异。小肠中主要是兼性厌氧菌，如链球菌、大肠杆菌、葡萄球菌和芽胞杆菌等，数量上小肠前段较少，后段较多，在应激情况下，大肠杆菌、链球菌可大量增殖，使小肠消化出现异常。盲肠和大肠中主要是厌氧菌，如各种类杆菌、双歧杆菌和乳杆菌等，其次是大肠杆菌。盲肠内各种厌氧菌显著增多，总菌数达 10^{11} 个/g，拟杆菌、真杆菌、双歧杆菌、消化链球菌、梭状芽胞杆菌等是最优势菌群，其次为乳杆菌(10^8 个/g)，链球菌和肠杆菌为 10^7～10^8 个/g。肠道正常菌群的种类和数量随日龄、饲料种类、抗菌药物、天气变化、疫病等因素而变动。雏鸡随日龄增长，肠道后段的菌群中双歧杆菌和大肠杆菌不断增加，厌氧弯杆菌和肠球菌逐渐减少，类杆菌、乳杆菌、芽胞杆菌、消化球菌和葡萄球菌等变化不大。

3. 兔的肠道菌群　盲肠粪便中以拟杆菌占绝对优势，其次为厌氧弯曲杆菌、消化球菌等，其他菌群出现的较少。5～8 日龄哺乳兔肠道各部分的正常菌群总菌数很高，达 10^8～10^9 个/g，而 3～4 周龄兔空肠总菌数降到 10^2 个/g，盲肠、结肠和直肠总菌数变成 10^7～10^9 个/g。5～8 日龄以拟杆菌和大肠杆菌是优势菌群，其次，双歧杆菌只有总菌数的 1/100 左右。3～4 周龄、6.5～8 周龄兔肠道各部分均以拟杆菌占优势，乳杆菌、双歧杆菌和产气荚膜梭菌等由于饲料不同，检出菌数也有差异。

4. 猫的肠道菌群　普通环境的猫粪菌群与狗相似。最优势菌群为拟杆菌、真杆菌、链球菌、乳杆菌、梭菌等，其菌数为 10^{10} 个/g，而双歧杆菌、大肠杆菌和产气荚膜梭菌等的菌数为 10^8 个/g。

5. 狗的肠道菌群　与人肠道菌群完全不同，最优势菌群为拟杆菌、真杆菌、链球菌和乳杆菌等，菌数为 10^8～10^9 个/g，双歧杆菌比人少，大肠杆菌为 10^7～10^8 个/g，产气荚膜梭菌及其检出率均比人稍高。由于饲料不同，双歧杆菌和产气荚膜梭菌的检出菌数有很大变动，但双歧杆菌和梭菌两者常作为最优势菌出现。回肠部以拟杆菌和消化链球菌为最优势菌群。链球菌、葡萄球菌、棒状杆菌、芽胞杆菌等需氧菌的菌数为 10^7 个/g 或稍低。盲肠总菌数为 10^7 个/g 左右，比回肠稍低，拟杆菌为最优势菌。结肠中菌数较高，为 10^{10} 个/g，拟杆菌、消化链球菌、乳杆菌、链球菌、梭菌、真杆菌等是优势菌群。

(二) 单胃动物肠道菌群的作用

由于胃酸和胆汁的作用，单胃动物在胃和十二指肠部分的微生物活动一般受到抑制。但是，在大肠(盲肠和结肠)存在大量微生物。除了细菌外，单胃草食动物如马和兔的大肠内还有厌氧真菌，与这些动物的食草习性有关。这些部位的微生物活动极其频繁并且复杂，有的是有利的，是动物消化代谢的重要组成部分，有的则是有害的。肠道内正常菌群可增强肠黏膜上皮细胞和淋巴细胞的分裂增殖，维持代谢功能、免疫功能，对病原微生物起屏障和拮抗等作用。

1. 营养作用　消化系统的正常菌群通过对日粮特别是对蛋白质、碳水化合物、脂肪和无机盐的消化吸收和代谢合成有利于动物利用的养分，如必需氨基酸、挥发性脂肪酸、维生素等；消化系统的正常菌群中有很多微生物能合成各种维生素，成为动物维生素营养的重要来源。

(1) 营养物质的消化：食草单胃动物如马和兔、杂食动物如猪等均能消化利用饲料中部分粗纤维。纤维素分解活动主要在食草单胃动物大肠内进行，特别是盲肠和结肠前段尤为强烈。食草单胃动物的盲肠发达、庞大，其中的微生物除了细菌外还有厌氧真菌，大肠中微生物消化与反刍动物瘤胃内的微生物消化相似，产生挥发性脂肪酸并吸收，生成甲烷和其他气体。猪的大肠不很庞大，对粗饲料的消化有限，但可消化谷类籽实及其加工副产品中的纤维素和半纤维素。猪盲肠内分解纤维素的主要微生物是一种被碘染色的厌氧性大型球菌，呈短链或成对，与从马盲肠分离的球菌相似；另外还有一类厌氧性的无芽胞杆菌。猪盲肠内分解淀粉的微生物主要是丁酸梭菌，是一类厌氧性革兰阳性芽胞杆菌。淀粉水解后，产生麦芽糖和麦芽三糖等糖类，进一步被多种肠道微生物如大肠杆菌、乳酸杆菌、肠球菌等逐渐发酵，最后形成乳酸、挥发性脂肪酸及CO_2、甲烷等气体。

(2) 有机物的合成：肠道微生物可合成大量菌体蛋白，但与瘤胃内合成的菌体蛋白不同，不能再消化，随着粪便排出体外。大肠细菌可合成脂肪酸，其中挥发性脂肪酸能被动物吸收利用，但高分子脂肪酸不能被利用而随着粪便排出。有的大肠细菌能合成水溶性维生素，可被宿主吸收利用。鸡后部肠道的细菌能合成B族维生素，但不能被吸收利用。

2. 免疫作用 正常菌群能刺激机体免疫器官，使其功能更加完善。无菌动物的体液免疫或细胞免疫均显著低于正常动物。当普通动物的正常菌群失去平衡，其细胞免疫和体液免疫功能会有所降低。

3. 拮抗作用 消化道的正常菌群对非正常菌的侵袭具有很强的屏障作用和拮抗作用。正常菌群中厌氧菌活动、细菌素的产生、免疫作用、物理屏障和生理生化环境等都会对非正常菌群的入侵起拮抗作用。嗜酸乳酸杆菌、乳酸链球菌和双歧杆菌等发酵糖类，使肠道内容物的pH变酸(pH下降到6.0)，具有抗菌和抗病毒的作用。应用这类细菌制成的菌剂饲给家畜，可以综合抑制多种病原体和腐败菌，有利于防制肠道疾病。正常菌群被破坏，使肠道传染病病原较易入侵。

饲料中某些成分如一些寡聚糖不能在小肠被消化，进入大肠特别是结肠后，能选择性地促进一些有益微生物如乳酸杆菌、双歧杆菌等的生长和繁殖，产生短链脂肪酸。这些短链脂肪酸除了能被动物吸收利用外，还能抑制有害菌的繁殖。

细菌素(bacteriocin)是某些细菌分泌的具有杀灭其他细菌的蛋白质，如大肠杆菌产生的大肠杆菌素(colicin)。各种细菌素杀菌范围窄，只能对不同型的菌株及亲缘关系极近的细菌起作用。例如，大肠杆菌素只能作用于致病性大肠杆菌，以及亲缘关系相近的志贺菌、沙门菌和克雷伯菌等。

4. 腐败作用 大肠内很多微生物能分解蛋白质并对氨基酸脱氨基和脱羧基。当蛋白质及未完全吸收的氨基酸进入大肠后，引起腐败作用，产生一些有害物质。

五、畜禽粪便微生态

(一) 微生物群的数量与种类

畜禽粪便中有大量的有机物，是各种微生物生长繁殖的良好场所。粪便中微生物的数量相当高，每克粪便含百亿个以上的活细菌。在适宜的温度和环境中，微生物繁殖得更快，数量也更多。

绝大多数粪便中的微生物来自宿主肠道，少数是后来接触环境污染的。粪便中微生物主要有腐败菌、嗜热菌、霉菌、酵母菌、放线菌等，粪便中有时还含有病原菌。对于反刍动物及单胃草食动物来说，粪中还含有厌氧真菌。这些真菌是宿主消化道中厌氧真菌经过肠道环境的筛选和制约在其粪中形成的厌氧休眠状态菌。从自然干燥数月的粪中仍能通过厌氧条件富集培养出有活性的厌氧真菌。

(二) 堆肥的微生物作用

粪便含有植物必需的各种营养物质，但是生粪肥尤其是混有垫草的粪厩肥直接上地效果不好，只有将其堆放一段时间，通过粪中微生物的作用，将其内的有机物特别是纤维素适当分解腐热，粪肥才能成为一种优质的有机肥料。如果粪中有机物被过度分解，使粗纤维、蛋白质、尿素等降解成可溶性物质，很多养分流失，造成肥力降低。因此，粪肥堆放要采取恰当的方法和合适的时间，疏松和压实相结合，造成需氧-厌氧环境，使微生物进行有效的发酵、合理的分解，控制某些微生物的生长繁殖，以期达到最好的效果。另外，粪肥在堆放过程中，由于微生物特别是嗜热菌的作用，内部温度能上升到 70～80℃，可以杀死某些病原菌、寄生虫及虫卵，减少传染源，称为生物热消毒。

六、动物呼吸道的微生态

健康动物的鼻黏膜上经常存在着随空气进入的微生物如葡萄球菌等。在上呼吸道黏膜特别是在扁桃体黏膜上，长期寄居着一定种类的微生物，如葡萄球菌、绿色链球菌、肺炎球菌、巴氏杆菌等。在动物抵抗力减弱时，这些细菌成为原发、并发或继发感染的病原体。在气管黏膜上，一般距气管分支越深，其数量越少；支气管末梢和肺泡内是无菌的，只有在宿主患病时才有细菌存在。

七、动物泌尿生殖器官的微生态

正常情况下，动物的肾脏、输尿管、睾丸、卵巢、子宫、输精管、输卵管等是无菌的，只在泌尿生殖道口有细菌。

阴道中微生物主要是乳杆菌，其次是葡萄球菌、链球菌、大肠杆菌，少数为抗酸菌。阴道中正常栖居的细菌没有致病性，产生的酸性使阴道保持酸性环境，能抑制其他微生物的生长。

尿道口经常栖居着一些革兰阴性或阳性的球菌，以及若干不知名的杆菌，偶尔也有一些抗酸性杆菌(如耻垢杆菌)存在。由于尿道口容易被粪便、土壤和皮垢所污染，因此也可能存在大肠杆菌、葡萄球菌等细菌。尿道中可检测到葡萄球菌、棒状杆菌等，偶尔也发现肠球菌和支原体。内部泌尿生殖道是无菌的，但在某种情况下，大肠杆菌等逆行而上，进入膀胱、肾等，引起上行性感染。

八、动物其他组织器官的微生态

动物组织器官内，正常情况下是无菌的，但在特殊情况下可能有菌，如某些传染病隐性感染、手术康复后一定时期内。有的细菌能从肠道经门静脉进入肝脏，或由淋巴管进入淋巴结。在动物临死前，抵抗力极度减弱，某些非病原菌或机会致病菌能通过这些途径进入组织器官内。

有一些病毒如白血病病毒、疱疹病毒等，以及所谓的慢病毒、类病毒等可潜伏在正常动物的组织细胞中，不引起任何病理过程，但在某些理化因素或其他应激因素作用下，可激活这些病毒，复制出完全病毒，引起病理变化(特别是肿瘤)。

九、动物微生态平衡

(一) 微生态平衡的概念

微生态平衡(microeubiosis)是在长期历史进化过程中形成的正常微生物群与其宿主在不同发育阶段的动态性生理性组合，这个组合是指在共同的宏观环境影响下正常微生物生态组织结构与其宿主(人类、动物与植物)体内、体表的相应生态空间结构的正常相互作用构成的生理性统一体，这个统一体的内部结构和存在状态就是微生态平衡。胃肠道微生态平衡(gastrointestinal microeubiosis)就是指胃肠道微生物各种群之间、微生物与宿主之间存在的相互联系与制约的动态关系，是宿主动物保持健康和发挥正常生产性能的必要条件。

微生态平衡是具体的。不同种属、不同年龄、不同生态空间、不同发育阶段的动物有其特定的微生态平衡。微生态平衡不是孤立的，局部平衡受总平衡的影响。因此，确定一个微生态平衡必须综合、全面、相互联系地分析和判断。

(二) 影响微生态平衡的因素

1. 外环境 外环境对微生态平衡影响包括对宿主的影响和对微生物菌群的影响。①对宿主的影响：空气中氧含量过低、氨含量过高、病原微生物含量增多、气温突变等环境因素，以及饲料与饮水变质、污染、组成成分的不全价、动物饥饿等均可造成宿主的代谢紊乱或感染，直到死亡；化学物质与辐射对宿主的影响主要表现在组织、器官遭受侵害，自然防御机制受破坏，免疫机能降低或抑制。②对微生物菌群的影响：外环境对微生物的影响是间接的，主要是通过宿主生理功能的改变影响微生物菌群。猪饥饿时，肠道原籍菌群在上皮细胞表面的定殖受到一定的影响；宿主受射线照射后，葡萄球菌毒性增强、耐药性提高。环境温度降低，使肠道内双歧杆菌数量减少，引发菌群失调。

2. 宿主 宿主是微生态系统的主要成员。因此，任何影响宿主生理功能的因素及其自身的免疫机能、遗传性状均可直接或间接影响微生态系统的平衡。免疫缺陷、同位素照射、营养失调、疾病等引起免疫抑制的因素均可造成微生态失调。不同种属动物肠道菌群的组成和数量显著不同，说明宿主的遗传因素是控制正常菌群组成与数量的因素之一。胃酸减少或缺乏都会使胃内正常菌群菌数减少，使肠道厌氧及兼性厌氧菌在胃内的数量增多。肠蠕动过速或缓慢直接影响微生物在肠道内的存留时间和繁殖数量。胆汁酸分泌减少、肠道黏液过少等都可以影响正常微生物菌群的定殖与数量，使得外袭菌易于侵入。

3. 微生物菌群 正常微生物菌群是微生态系统的主要成员，是构成微生态平衡的重要因素。微生物菌群除受外环境、宿主状态及其生境影响外，其自身状态与种群间相互关系也是影响微生态平衡不可忽视的因素。

十、微生态失调

(一) 微生态失调的概念

一般认为，微生态失调(microecological imbalance)是指正常微生物群之间、正常微生物与其宿主之间的微生态平衡由生理性组合转变为病理性组合的状态。微生态失调包括三个内容：一是正常菌群之间的平衡状态遭到破坏，即菌与菌之间的比例失调；二是菌群与宿主之间的平衡失调，如宿主患病或抗生素使用过度，菌群与宿主之间的平衡遭即到破坏；三是菌群、宿主与外环境之间的失调，如外界环境改变引起宿主患病。因此，微生态失调主要有两种表现：一是正常微生物群的种类、数量和定位的变化，二是宿主表现出患病或动物机体出现病理变化；两者互为因果。

微生态平衡与失调是可转换的。转换条件是外环境，转换的步骤是互生经过抗生到偏生。互生是指两种或两种以上共同生长的微生物相互受益，保持微生物菌群的平衡状态。抗生是指使用抗生素等药物后微生物菌群间比例失调。偏生是指两种微生物共同生长时，一方产生抑制另一方生长的因子，如病原菌产生抑制正常菌的因子，造成病原菌过度生长，机体就会患病。

(二) 引起微生态失调的原因

有许多因素会引起微生态的失调。

1. 抗菌疗法 长期或大量内服广谱抗菌药后，消化道中有益菌被大量杀死而失去优势，原来受平衡控制的少数致病菌会迅速繁殖而成为新的优势菌，这样往往引起疾病。

2. 感染疾病 当动物患某种传染病时，病原体在体内大量存在，处于优势地位，而正常菌群处于劣势，即发生微生态失调，从而表现出一定的疾病症状。

3. 外界环境因素 气候突变引起动物腹泻，与肠道菌群失调有关。急剧改变饲料、长期喂单一饲料等可使消化系统正常菌群的生态平衡受到破坏，使某些潜在致病菌得以繁殖而引起疾病，或引起维生素缺乏症和胃肠炎等。早期断奶仔猪常由于日粮的突然变化经常出现消化不良、腹泻、生长缓慢等早期仔猪断奶综合征，主要原因是消化道正常菌群平衡的破坏。与宿主一样，消化道正常微生物也要从日粮中获得营养。因此，营养结构的突然变更很容易引起微生物菌群结构的变化。

4. 机体正常生理结构的破坏 外科手术、消化道瘘管等导致正常菌群结构破坏，引起局部微生态失调。

5. 免疫抑制疗法 动物接受激素、同位素治疗，导致免疫功能下降，引致微生态失调。

6. 年龄增加 随着宿主年龄的增加，宿主的生理机能逐渐下降。这会影响体内菌群的布局，使得有益菌减少，有害菌增加。

十一、动物微生态制剂

微生态制剂研究与应用的理论基础是动物微生态学。正常情况下，动物消化道存在复杂多样的微生物群，在微生物之间、微生物与宿主之间保持着动态平衡，优势种群为有益菌。但在某些条件下，这种动态平衡受到破坏，菌群失调，引发动物消化代谢紊乱、抗病力下降及生产性能降低。微生态制剂的使用，则可弥补动物消化道中有益菌的缺乏，从而使宿主恢复对疾病的抵抗力，促进动物生长。

(一) 微生态制的概念及类型

微生态制剂(microbial ecological agents)是一类通过有益微生物活动或相应物质帮助宿主建立起新的肠道微生物区系以达到预防疾病和促进生长的添加剂。微生态制剂包括益生素、化学益生素和合生素。

1. 益生素(probiotics) 又称益生菌，一般指通过改善肠道微生物区系平衡而对动物起有利作用的微生物活菌添加剂，也称微生物活菌制剂。被用作益生素的微生物通常有乳酸杆菌、双歧杆菌等。

2. 化学益生素(prebiotics) 又称益生元，是指不被宿主消化吸收但能选择性促进宿主消化道有益微生物或饲喂的益生素的活性或生长，从而对宿主有益的饲料或食品中的某些成分，如寡果糖等。

3. 合生素(synbiotics) 又称合生元，是指益生素与益生协同剂按一定比例混合起来制成的产品。益生协同剂是指对体内自身的益生菌和从体外分离进入体内的益生菌等具有协同作用的有生命和无生命的物质，如益生细菌、益生真菌等非特异免疫增强剂，以及酶制剂、氨基酸、寡聚糖、中草药等。

(二) 微生态制剂的作用机理

1. 优势种群理论 宿主体内正常微生物群中存在一种或数种优势种群，优势种群的丧失即意味着微生态失调。动物肠道微生态系统中，厌氧菌占 99%以上，兼性厌氧菌和需氧菌不到 1%，因此肠道优势种群是厌氧菌。很多微生态制剂的主要成分就是优势种群菌株，其作用就在于恢复或补充优势种群，使失调的微生态达到新的平衡。

2. 生物夺氧理论 多数病原微生物属于需氧菌或兼性厌氧菌。动物肠道微生态失调、局部氧分子浓度升高有利于病原微生物的生长和繁殖。使用微生态制剂可以培育耗氧微生物，降低局部氧分子浓度，可抑制病原微生物的生长，恢复微生态平衡，从而达到预防和治疗疾病的目的。

3. 生物拮抗理论 正常微生物群构成了机体的化学屏障和生物屏障。微生物的代谢产物如乙酸、丙酸、乳酸、抗生素和其他活性物质等共同组成化学屏障；微生物群有秩序地定殖于黏膜、皮肤等表面或细胞之间形成生物屏障。补充微生态制剂可以重新构建机体的化学屏障和生物屏障，阻止病原微生物的定殖，发挥生物拮抗作用。益生菌及其活性细胞组分可促进或诱导动物肠道抗菌肽如β防御素的表达，而抗菌肽具有重要的抗病原微生物和免疫调节作用。

4. 营养关系理论 肠道内正常微生物可以进行食物消化吸收，合成蛋白质、维生素以及其他有益物质。使用适量的微生态制剂可以显著提高饲料的利用率，维护机体微量元素的平衡。

5. "三流运转"理论 部分微生态制剂可以作为免疫调节因子，增强吞噬能力和抗体产生能力；还可以促进有毒物质的代谢，促进肠蠕动，维持黏膜结构完整，从而保证了微生态系统中基因流、能量流和物质流的正常运转。

十二、实验动物的分类

悉生动物是指一切生命形态都知道的动物。根据悉生动物的概念可将实验动物分成以下 6 类。

1. 无菌动物(germ-free animal) 是指体内不含有任何微生物或寄生虫的动物。实际上，某些内源性病毒很难除去。因此，无菌动物是一个相对概念。生产无菌动物时，首先以无菌技术由动物子宫或孵育的鸡蛋内取出胎儿，在无菌隔离罩或隔离室内培育。在动物整个生活期内要采取一切措施杜绝外界微生物与无菌动物接触。无菌动物虽能在无菌环境内存活和传代，但其生命力不强，生理功能低下，有些局部组织器官不同于普通动物。无菌动物没有受到任何微生物的刺激和干扰，可用于研究动物体内外微生物区系对机体的影响，研究免疫、肿瘤、病理及传染病的净化等。但无菌动物的培育和饲养技术相当的难。

2. 悉生动物(gnotobiotic animal) 狭义的悉生动物是指无菌动物，广义的悉生动物是指有目的地带有某种或某些已知微生物的动物。无菌动物带有或接种了一种微生物的动物叫单联悉生动物，带两种微生物者称双联悉生动物，依此类推。

3. 无特定病原动物(specific pathogen-free animal, SPF 动物) 是指没有某些特定的具有病原性或潜在病原性的微生物和寄生虫及其抗体的动物或禽类胚胎，是在无菌动物的基础上，与特定病原菌以外的正常菌群相联系而培育的动物。SPF 动物的培育和饲养与无菌动物同样严格。利用 SPF 动物可培养无慢性传染病的动物群，可探讨病原微生物对机体的致病作用和免疫发生的机理。目前世界各国都十分重视建立 SPF 动物群，在科研和生产实践中广泛应用。

4. 清洁动物(clean animal) 是指来源于剖腹产、饲养于半屏障系统、其体内外不能携带人畜共患病和动物主要传染病病原的动物。清洁动物是无菌动物与健康动物纯正的正常微生物群相联系的结果。

5. 普通动物(conventional animal) 是指在开放条件下饲养、未经积极的微生物学控制、体内外存在着多种微生物但不携带人畜共患病病原的动物。

6. 灭绝原虫反刍动物(defaunated ruminant, protozoa-free ruminant) 在研究反刍动物瘤胃发酵及其功能的过程中，通常进行灭原虫处理，去除体内原虫，这类动物称灭绝原虫反刍动物。在这种情况下的原虫是指正常反刍动物瘤胃内固有的、对反刍动物有益的原虫，因此与 SPF 动物不同。灭绝原虫反刍动物可用来选择性地接种原虫，研究特殊原虫对反刍动物瘤胃发酵、养分的消化、代谢和呼吸的影响。

第二节 土壤微生物生态学

土壤是大多数腐生性微生物生活的最好环境，具有这些微生物生长繁殖所需的一切营养物质、适当的水分、酸碱度，以及适合的需氧或厌氧环境。因此，土壤有“微生物天然培养基”之称。土壤中居住的大量微生物是水和空气等自然环境如中微生物的主要来源。

一、土壤中微生物的分布

从地球终年结冰的极地到炎热的赤道地带，甚至酷热的沙漠和深海底层的泥土中都有微生物存在。从表层到十几米深的土壤中有不同类型微生物的活动。土壤中有机物含量、湿度、温度、酸碱度及土壤的类型不同，细菌的含量也有差异。表层土壤受日光照射、雨水冲刷和干燥的影响，细菌数量比较少；离地面 10～20cm 深的土壤肥沃，微生物数量最多，越往深处，微生物数量越少(表 4-2)。

表 4-2 典型花园土壤不同深度的微生物数量(引自沈萍，2000) (单位：cfu/g)

深度/cm	细菌(放线菌)	真菌	藻类
3～8	9 750 000(2 080 000)	11 900	25 000
20～25	2 179 000(245 000)	50 000	5 000
35～40	570 000(4 9000)	14 000	500
67～75	11 000(5 000)	6 000	100
135～145	1400(–)	3 000	—

二、土壤中微生物的种类、数量和作用

土壤中微生物的种类较多，有细菌、放线菌、真菌、螺旋体、噬菌体、藻类和原生动物等，其中细菌最多，占土壤微生物总数的 70%～90%，放线菌和霉菌次之，藻类和原生动物较少。因此，土壤是人类最丰富的“菌种资源库”。土壤中微生物的群类和数量，随着土层深度、有机物含量、湿度、温度、酸碱度、土壤种类的不同而有差异。肥沃的土壤，每克可含菌几十亿个。表层土壤由于受日光照射和干燥，微生物数量较少；离地面 10～20cm 的土层中微生物数量最多，越往深处则微生物越少，在数米深的土层处几乎可达无菌状态。

土壤中微生物的活动对植物营养有重要作用。固氮菌和根瘤菌能固定大气中分子态氮，使其转化为化合态氮，供植物吸收。磷细菌和其他产酸细菌能分解植物难以利用的含磷有机化合物，使之成为植物易于吸收利用的无机磷酸盐等。因此，可以利用微生物制备各种细菌肥料，以提高土壤肥力，促进饲料作物增产。

三、土壤中病原微生物

土壤中除了有土著微生物外，还有一些随着动植物尸体及人畜的排泄物、分泌物、污水、垃圾等废弃物一起进入土壤的微生物，主要有大肠杆菌、肠球菌、芽胞杆菌、放线菌和真菌等。一些动植物的病原微生物随之进入土壤，成为传染病病原的来源。但是，对大多数病原微生物来说，土壤并不是生长繁殖的适宜环境。其主要原因有：土壤缺乏病原微生物需要的特殊营养物质和适宜的理化环境；土著微生物和噬菌体的拮抗作用妨碍病原微生物的生存；大多数病原微生物只能在土壤中生存较短的时间。

少数病原微生物抵抗力较强，有芽胞的病原菌如炭疽杆菌、破伤风梭菌、气肿疽梭菌、腐败梭菌、魏氏梭菌等能在土壤中生存数年甚至数十年以上，无芽胞的病原菌如结核分枝杆菌能在土壤中存活 5 周至 2 年，布氏杆菌能存活约 100 天，猪丹毒杆菌能存活约 160 天，鼠伤寒沙门菌能存活约 3 个月，化脓性链球菌可存活 2 个月。当其他条件同时具备时，土壤中的病原微生物随时都可能使动物和植物感染。一般来说，病原微生物在潮湿的土壤中比在干燥条件下的生存时间多 2～4 倍，在低温条件下比高温时活得久些。有机物丰富(如随病原菌来的粪便、痰、脓、血液)的土壤有利于病原微生物的生存。

为防止“土壤感染”传染病的发生，应避免病原微生物污染土壤。患病动物的粪便、垫草应堆积发酵后再进入土壤。怀疑或被病原微生物污染的物品应进行严格的消毒处理。患传染病死亡的动物尸体应焚烧或深埋地下 2m 深处进行无害化处理。

第三节　空气微生物生态学

一、空气中微生物的来源

空气不是微生物生长繁殖的适宜环境。空气中缺乏营养物质，干燥、流动和阳光的直接照射，使得进入空气中的微生物很快就死亡。只有一些对干燥和阳光抵抗力强，或者能产生芽胞或色素的细菌及真菌孢子能在空气中存活一段时间。

空气中微生物的主要来源是人、动植物体及土壤中微生物，伴随尘埃、水滴、动物哞叫、喷嚏、咳嗽时喷出的飞沫等微粒一并飞扬进入，以气溶胶(aerosol)的形式存在。霉菌孢子常被

气流直接吹散入空气。

二、空气中微生物的种类和数量

空气中微生物的种类和数量随地区、海拔高度、季节、气候等环境条件的不同而异(表 4-3)。在畜舍、医院、商店、候车室、城市街道等人流较多的地方，空气中细菌含量较高，而在大山、高空、原始森林、草地、田野、终年积雪的山脉等地方空气中含菌量较少。通风不良、不合卫生要求的畜舍内，微生物数量最多。尤其是冬天，畜舍密闭，空气流通不良，空气中的含菌数比夏季多。在奶牛舍中进行喂饲干草、刷拭皮肤、打扫牛栏等工作时，空气中的灰尘和微生物大大增加，这些扬起的灰尘和微生物要经过 30～60min 才能沉降下来。

表 4-3 不同地方空气中的细菌数量(引自崔保安，2005)

地方	细菌数量/(cfu/m^3)
畜(禽)舍	1 000 000～2 000 000
宿舍	20 000
城市街道	5 000
城市公园	200
海洋上空	1～2
北极	0

空气中微生物的种类主要是霉菌和放线菌的孢子、酵母菌、需氧性芽胞杆菌的芽胞及某些产生色素的球菌等。

空气中微生物的存在给乳品工业、食品工业、发酵工业等生产可能带来经济上的损失，也是微生物实验室工作、生物制品的污染和外科手术创口感染的来源之一。

三、空气中病原微生物

空气中一般没有病原微生物。但是，在患者和患病动植物附近、医院和兽医院周围，患者喷嚏、咳嗽时或病畜哞叫、喷嚏、咳嗽时喷出含有病原体的微细泡沫以气溶胶的形式飞散到空气中，或者其带有病原体的分泌物和排泄物干燥后随尘埃进入空气中，则该处空气中就会暂时带有病原微生物。健康的人或动物往往因吸入而感染。经空气扩散是病原传播的重要途径。吸入带病原的飞沫或尘埃而发生的传染，分别称为飞沫传染和尘埃传染，统称为空气传播。

一般讲，进入空气中的病原菌很快死亡，某些病毒和支原体等在空气中仅生存数小时。能在空气中生存一段时间的病原微生物的抵抗力较强，如化脓性葡萄球菌、链球菌、结核杆菌、炭疽芽胞杆菌、破伤风梭菌、腐败梭菌、气肿疽梭菌、肺炎球菌、绿脓杆菌及烟曲霉等。带有病原微生物的飞沫和尘埃被易感动物吸入后容易引起呼吸道传染病，如肺结核、肺炎、流行性感冒，有时可使新鲜创面发生化脓性感染。有些病原微生物经空气传播可引起大范围的传染病流行，如流行性感冒病毒、口蹄疫病毒等。因此，应注意畜舍通风、换气和空气消毒，对病畜进行隔离，以减少空气传播。

第四节　水的微生物生态学

一、水中微生物的来源

水中微生物一般来自土壤、污水、尘埃、腐败的动植物体，以及动植物的排泄物、分泌物等。在有机物丰富的水中，微生物不但能够生存，并且还能大量地增殖，在这种情况下，水本身又成为微生物的来源之一。

二、水中微生物的分布、种类和数量

水中微生物的分布、种类和数量，因水源的不同、污染程度的差异和有机物含量及各种理化因素(如光照、酸碱度、渗透压、温度、含氧量和有毒物质等)的影响而有很大的差别。大气水如雨水和雪，微生物含量很少；江河、湖泊、浅井等地上水，微生物种类多、数量大；地下水，如自流井和泉水，微生物种类少、数量少。深度不同的水层中，微生物的分布、种类和数量也不同。水面受到阳光的直接照射，细菌数量少；距水面 5～20m 的水层中，含菌数最多；20m 以下的水层，菌数随深度的增加而减少；在水底，有机质丰富，含菌数又有增加。饮用自来水是河水或湖水经过净化及消毒处理并定期检测的水，故细菌含量少。

人口聚集区的湖泊、河流等淡水由于不断地接纳各种污物，其中的含菌量比较高，每毫升水中可达几千万个甚至几亿个。细菌种类主要有芽胞杆菌、梭菌、变形杆菌、大肠杆菌、粪链球菌等，有时还含有伤寒、痢疾、霍乱等的病原菌。远离人们居住地区的湖泊、池塘等水域受到的污染较低，细菌数量较少，一般每毫升水中含有几十个到几百个细菌，细菌种类主要是荧光假单胞菌、色杆菌、无色杆菌、硫细菌、衣细菌、铁细菌、柄细菌、小球菌等。由于海洋的盐度高、有机物含量少、温度低、深海静水压力大等特点，海洋微生物多是嗜盐、嗜冷和耐高渗透压的；海洋中的多数细菌有鞭毛、革兰阴性、有色素、多形性。

三、水的自洁作用

河水虽然在城镇等地区受到污染，但继续流动过程中，日光的照射、水中原生动物的吞噬和微生物之间的拮抗作用、水中有机质不断被分解使水中微生物得不到营养物质、水中悬浮颗粒沉淀时将附着的细菌带到到水底、水流的振动作用和氧化作用、清净支流的冲淡等综合因素的作用使水中微生物大量减少，这称为水的自洁作用。水的自洁作用在卫生学上具有重要的意义。但是，一般的江河水源远流长，有不同程度的污染，需经净化、消毒处理，使其符合卫生标准，才能用于饮用。

四、水中病原微生物

含有病原微生物的人畜排泄物和分泌物、家畜尸体、垃圾和污水直接或间接污染水源，使水中含有病原微生物。医院、兽医院、屠宰场、皮毛加工厂等排出的污水，一旦进入水源，通过大小河川传播出去，或透过土壤侵入地下水，可能引起传染病传播。常见的借水传播的传染病有伤寒、痢疾、霍乱、钩端螺旋体病、马鼻疽、布氏杆菌病、野兔热、炭疽、猪丹毒、马腺疫、口蹄疫、猪瘟等。

水中的营养条件、生长环境及水的自洁作用不适宜于微生物的生长发育。因此，病原微

生物在水中的生存时间短。但被病原微生物污染的水能迅速散播，许多传染病特别是肠道传染病往往顺着河流迅速蔓延。因此，水禽传染病常呈急速传播，几乎全群同时发生并迅速传播给下游禽群。

第五节 微生物在自然界物质循环转化中的作用

植物利用光能通过光合作用把空气中的 CO_2 和水合成为碳水化合物，从土壤和水中吸取无机氮和矿物质合成蛋白质。动物将植物性有机物同化为动物性有机物。动植物的有机物最后又转化为无机物，在此过程中，主要是微生物的活动使得对生物生命有重要关系的各种元素尤其是碳素和氮素能够完成循环，在自然界中达到平衡。微生物引起的物质循环转化主要是通过微生物从各种物质取得营养和能量等生命活动而实现的。微生物的各种作用和产物对畜牧业及农业有重要的意义，常常是有利的，有时却又是有害的。

一、微生物与碳素循环转化

碳素有多种形态，有气体的 CO_2、溶于水的 CO_2、有机物中的碳、岩石和化石中的碳。碳素不断地从一种形式转化为另一种形式，使得大气中保持着约 0.03%的 CO_2。微生物参与碳素的循环转化主要是通过对各种含碳化合物特别是含碳无氮有机物的作用，其中最主要是发酵作用和氧化作用。图 4-1 概括了碳素在自然界中的循环转化。

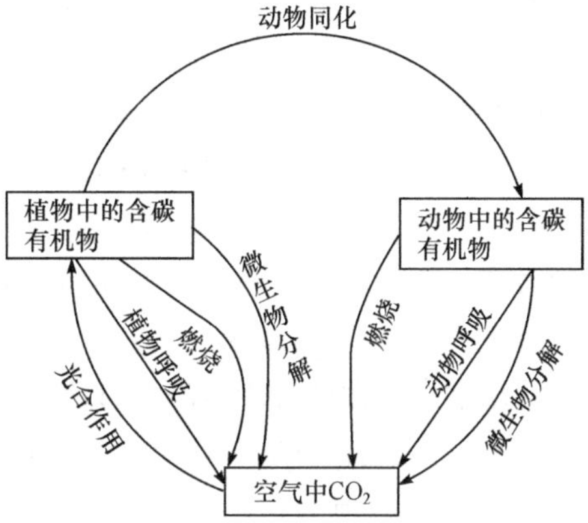

图 4-1 碳素循环转化(改绘自黄青云，2009)

(一) 常见的发酵作用

发酵是微生物对基质(主要是糖类)进行分子内的厌氧性呼吸。常见的发酵作用以己糖的分解为基础，一部分有机物被氧化，另一部分被还原而不能进行彻底的分解，结果会积累一定种类和数量的产物，其中的主要产物是各种发酵作用命名的依据。

1. 酒精发酵 厌氧条件下，酵母将己糖分解为乙醇(酒精)并放出二氧化碳的作用，称为酒精发酵。它是碳水化合物转化的一种重要形式，其反应式为：

$$C_6H_{12}O_6\text{(葡萄糖)} \longrightarrow 2CH_3COCOOH\text{(丙酮酸)} + 4H^+ \qquad \text{(脱氢)}$$

$$2CH_3COCOOH \longrightarrow 2CH_3CHO\text{ (乙醛)} + 2CO_2 \qquad \text{(脱羧)}$$

$$2CH_3CHO + 4H^+ \longrightarrow 2CH_3CH_2OH\text{(乙醇)}$$

$$C_6H_{12}O_6\text{ (葡萄糖)} \longrightarrow 2CH_3CH_2OH\text{(乙醇)} + 2CO_2 + 92J$$

酒精发酵的特点：己糖分解是脱氢生成丙酮酸。丙酮酸经脱羧生成乙醛，乙醛是最终受氢体，它接受氢产生乙醇。酒精发酵与工农业生产和畜产品加工都很有关系。能引起酒精发酵的微生物包括酵母菌、一些霉菌和少数细菌，以酵母菌为主。

2. 乳酸发酵 细菌利用单糖或双糖进行厌氧性发酵产生乳酸的过程，称为乳酸发酵。乳酸发酵有两种类型，即正型乳酸发酵和异型乳酸发酵。正型乳酸发酵的过程和产物比较单纯，只产生乳酸。

$$C_6H_{12}O_6(\text{葡萄糖}) \longrightarrow 2CH_3COCOOH(\text{丙酮酸}) + 4H^+$$

$$2CH_3COCOOH(\text{丙酮酸}) + 4H^+ \longrightarrow 2CH_3CHOHCOOH(\text{乳酸})$$

$$C_6H_{12}O_6(\text{葡萄糖}) \longrightarrow 2CH_3CHOHCOOH(\text{乳酸}) + 84J$$

异型乳酸发酵过程和产物比较复杂，除产生乳酸外，还有乙醇、乙酸、琥珀酸、CO_2、氢气等。

$$2C_6H_{12}O_6(\text{葡萄糖}) \longrightarrow CH_3CHOHCOOH(\text{乳酸}) + COOHCH_2CH_2COOH(\text{琥珀酸}) + CH_3COOH(\text{乙酸}) + CH_3CH_2OH(\text{乙醇}) + CO_2 + H_2 + x\,J$$

引起乳酸发酵的微生物包括多种细菌和霉菌，以细菌为主，如乳酸链球菌、乳酸杆菌和大肠杆菌等。酸乳制品及青贮饲料都要求正型乳酸发酵，才能得到良好的质量。

3. 丙酸发酵 糖或乳酸被微生物发酵形成丙酸、乙酸、CO_2和水的过程，称为丙酸发酵。

$$3C_6H_{12}O_6(\text{葡萄糖}) \longrightarrow 4CH_3CH_2COOH(\text{丙酸}) + 2CH_3COOH(\text{乙酸}) + 2CO_2 + 2H_2O + x\,J$$

或$3CH_3CHOHCOOH(\text{乳酸}) \longrightarrow 2CH_3CH_2COOH(\text{丙酸}) + CH_3COOH(\text{乙酸}) + CO_2 + H_2O + x\,J$

引起丙酸发酵的微生物主要为丙酸细菌，在牛乳和乳制品中常见。

4. 丁酸发酵 糖和其他有机化合物(如有机酸、醇、脂肪、蛋白质等)经细菌在厌氧条件下发酵分解成丁酸和其他一些副产物的过程，称为丁酸发酵。

$C_6H_{12}O_6(\text{葡萄糖}) \longrightarrow CH_3CH_2CH_2COOH(\text{丁酸}) + 2CO_2 + 2H_2 + 75J$ 或 $3CH_3COCOOH(\text{丙酮酸}) + H_2O \longrightarrow CH_3CH_2CH_2COOH(\text{丁酸}) + CH_3COOH(\text{乙酸}) + 3CO_2 + H_2$

引起丁酸发酵的微生物主要是丁酸梭菌，其广泛分布在自然界中，能引起畜禽产品或饲料的败坏，丁酸的恶臭气味使产品质量降低，甚至不能利用。

5. 纤维素的丁酸发酵 纤维素在厌氧条件下被厌氧性纤维素分解菌分解，产生丁酸发酵。纤维素在细菌的纤维素酶和纤维素糖酶作用下，先水解为葡萄糖，然后进行丁酸发酵。

$$\underset{(\text{纤维素})}{(C_6H_{10}O_5)_n} \longrightarrow \underset{\text{纤维二糖}}{n(C_{12}H_{22}O_{11})} + nH_2O \longrightarrow \underset{\text{葡萄糖}}{n(C_6H_{12}O_6)} \longrightarrow \text{丁酸发酵}$$

纤维素是植物细胞壁的主要成分。分解纤维素的微生物多是厌氧性细菌，如食纤维素菌属、生孢食纤维素菌属、纤维单胞菌属等的细菌。在草食动物的胃肠里也存在着大量的厌氧性纤维分解菌，在动物的营养代谢过程中有非常重要的作用。

(二) 氧化作用

微生物在代谢中以游离氧作为最终电子受体的过程称为有氧呼吸，也称为氧化作用。在氧化作用过程中，有机物往往被彻底分解，最后转化为 CO_2 和 H_2O，但少数情况下，分解并不彻底，到一定阶段，转化为某种有机酸(如柠檬酸、草酸)而积累起来。氧化作用常根据被作用的基质而命名。

1. 乙醇和乙酸的氧化 乙醇在有氧情况下被微生物氧化为乙酸。

$$CH_3CH_2OH(\text{乙醇}) + O_2 \longrightarrow CH_3COOH(\text{乙酸}) + H_2O + x\,J$$

在氧气充分存在时，乙酸可进一步被微生物彻底氧化而形成 CO_2 和 H_2O。

$$CH_3COOH(\text{乙酸}) + 2O_2 \longrightarrow 2CO_2 + 2H_2O$$

引起乙醇氧化成乙酸和乙酸氧化成 CO_2 和 H_2O 的微生物为乙酸菌属的细菌。

2. 脂肪和高级脂肪酸的氧化　脂肪和高级脂肪酸在有氧条件下被有脂肪酶的微生物氧化分解为甘油和脂肪酸，再氧化为 CO_2 和 H_2O。在分解过程中，产生酮酸、酮和醛等中间产物，有苦味和不良气味，可引起畜产品败坏。多种微生物都能分解脂肪，其中荧光假单胞菌(*Pseudomonas fluorescens*)的分解能力很强，在含水量不少于 0.3%的脂肪中，即能起分解作用。

3. 碳水化合物的氧化　多数微生物能把碳水化合物彻底氧化为 CO_2 和 H_2O。其过程大致都是先分解为单糖，然后再彻底分解。但也有少数真菌的分解不彻底，停留在一定阶段，积累某种有机酸，如柠檬酸、草酸等。好几种霉菌能产生柠檬酸，以黑曲霉产酸能力最强。

4. 纤维素的氧化　在有氧条件下，纤维素可被微生物氧化分解，其过程和厌氧性分解相似，但葡萄糖分解为 CO_2 和 H_2O。能引起纤维素氧化分解的微生物包括黏细菌、部分放线菌和真菌，其中黏细菌和真菌特别重要。

二、微生物与氮素循环转化

氮素有三种形式，即有机化合态、无机化合态和分子态，其中分子态最多，约占大气含量的 4/5。绿色植物和多种微生物可利用无机态氮化物合成有机态氮化物。动物只能利用有机态氮化物合成自身氨基酸和蛋白质。微生物可将有机态氮化物分解转化成无机态或分子态氮化物，或者将分子态氮固定为氮化物。图 4-2 概括了氮素在自然界中的循环转化。

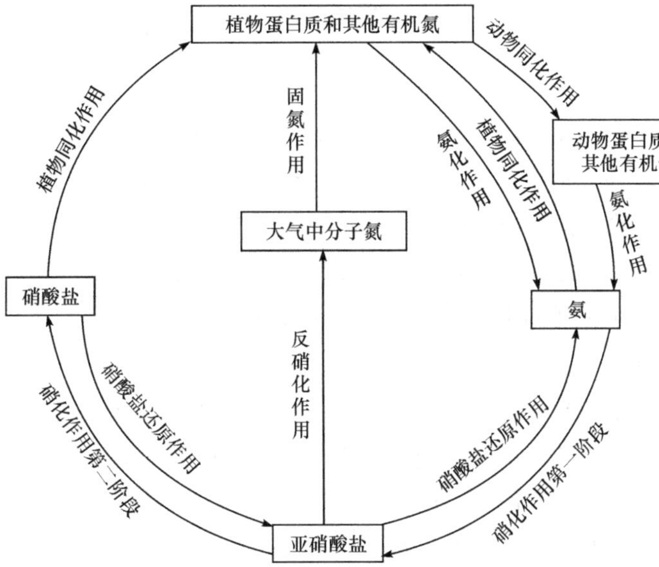

图 4-2　氮素循环转化图(改绘自黄青云，2009)

(一) 氨化作用

含氮有机化合物经微生物分解而产氨的过程称为氨化作用(ammonification)。常见的氨化作用包括尿素、尿酸和蛋白质的氨化作用。尿素和尿酸是人畜的主要排泄物，尿酸水解产生尿素，尿素是饲料植物的重要养料，进入土壤后被尿素细菌的尿酶分解成碳酸铵，碳酸铵很快被分解为氨和 CO_2。蛋白质的氨化作用可以在有氧和厌氧条件下进行。有氧条件下，氨化过程产生的有机酸和其他产物最后分解为 CO_2 和水或其他简单化合物，没有什么特殊臭味，称为腐化；在厌氧条件下，有机酸和其他产物不能被完全氧化，积累起来，或者部分变为醇类或其他诱导物，有着特别的臭味，称为腐败。有的细菌在分解蛋白质过程中可产生 H_2S 和吲哚，是细菌鉴定的一个重要特征。能引起氨化作用的微生物包括细菌、放线菌和真菌。

$$CO(NH_2)_2 + 2H_2O \xrightarrow{\text{脲酶}} (NH_4)_2CO_3 \qquad (NH_4)_2CO_3 \longrightarrow 2NH_3 + CO_2 + H_2O$$

(二) 硝化作用

氨经过亚硝酸的中间阶段氧化为硝酸的过程称为硝化作用，分别由同时并存的亚硝酸细菌和硝酸细菌连续作用所引起(图 4-3)。

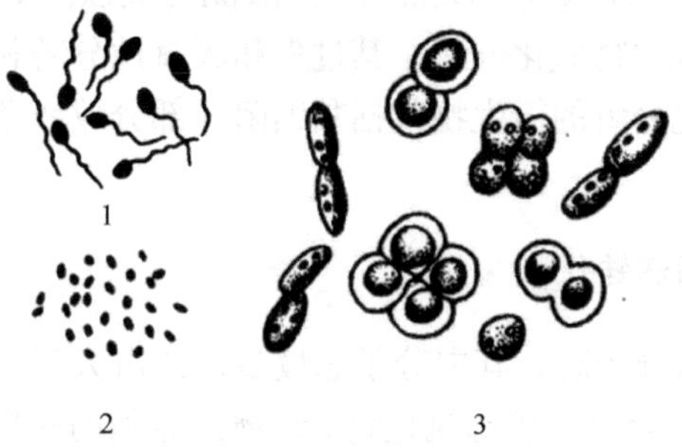

图 4-3 硝化作用和固氮作用的细菌
(引自黄青云，2009)
1. 亚硝酸细菌；2. 硝酸细菌；3. 圆褐固氮菌

第一步，在亚硝酸细菌作用下，氨氧化成亚硝酸：$2NH_3 + 3O_2 \longrightarrow 2HNO_2 + 2H_2O + 619kJ$

第二步，在硝酸细菌作用下，将亚硝酸氧化成硝酸：$2HNO_2 + O_2 \longrightarrow 2HNO_3 + 200kJ$

土壤中的氨转化为硝酸盐,更适合植物吸收。亚硝酸的毒性很强，如在环境中累积，对亚硝酸细菌或其他微生物及植物都有毒害作用。亚硝酸细菌的代表种是欧洲亚硝酸单胞菌，硝酸细菌有 3 个属，分别是硝酸杆菌属、硝酸针状菌属和硝酸球菌属。

(三) 反硝化作用

反硝化作用是指微生物还原硝酸为亚硝酸、氨和氮气的过程。还原至亚硝酸或氨称为硝酸盐还原作用，还原至分子态氮称为脱氮作用。很多细菌和真菌都能引起硝酸盐还原作用。有些青贮饲料含有硝酸盐，在细菌作用下引起硝酸盐还原为亚硝酸盐，家畜食后发生中毒。

$$HNO_3 + 2H^+ \xrightarrow{\text{硝酸盐还原}} HNO_2 + H_2O$$

脱氮作用的反应过程与有机质的脱氢氧化相伴发生：

$$C_6H_{12}O_6 + 6H_2O \longrightarrow 6CO_2 + 24H^+ \qquad 24H^+ + 4NO_3^- \longrightarrow 12H_2O + 2N_2$$

$$C_6H_{12}O_6 + 4NO_3^- \longrightarrow 6CO_2 + 6H_2O + 2N_2 + 1757kJ$$

一些兼性需氧菌在厌氧条件下引起脱氮作用。当土壤通气不良、温度过高、形成厌氧环境、有可溶性不含氮有机物、酸碱度为微碱性时，脱氮作用能旺盛地进行，使土壤中化合态氮变成分子态氮进入大气中，造成土壤含氮量的损失。

(四) 固氮作用

分子态氮不能直接被植物和大多数微生物利用，必须以氨离子、亚硝酸离子和硝酸离子的形式被植物吸收。部分细菌直接将分子态氮还原为氨的过程称为固氮作用。氮的固定有两种方式：一是非生物固氮，即通过雷电、火山爆发和电离辐射等固氮，以及以铁作催化剂在高温(500℃)和高压(30.3975MPa)下的化学固氮，此种方式形成的氮化物很少；二是生物固氮，即通过微生物的作用固氮，大气中 90%以上的分子态氮只能由微生物的作用而固定成氮化物。固氮微生物可以分为三大类。

1. 自生固氮微生物 能把空气中分子态氮转化为氨并同化为自身氨基酸和蛋白质的微生物称为自生固氮微生物，包括固氮菌属、固氮梭菌属和固氮蓝细菌。

2. 共生固氮微生物 1888 年，M. W. Beijerinck 首次从豆科植物的根瘤中分离到共生固氮的根瘤菌。与某些高等植物共生时能固定空气中分子态氮的微生物称为共生固氮微生物，包括根瘤细菌、弗兰克菌、蓝细菌。根瘤菌能侵入植物根毛，刺激植物形成根瘤，在根瘤内利用植物的碳素和矿物质营养进行固氮，植物也从其中获得氮素营养，彼此过着共生生活。豆科植物一般都有根瘤菌与其形成根瘤。有些细菌、真菌、放线菌和藻类能与一些非豆科高等植物或低等植物共生，形成根瘤、叶瘤或菌根等构造，进行共生固氮。

3. 联合固氮微生物 生活在植物根际、根表或根的表皮细胞中获取营养并固氮的微生物称为联合固氮微生物。联合固氮(或称共栖固氮)是共生固氮和自生固氮体系间的过渡类型。联合固氮微生物有生脂固氮螺菌、产碱菌、巴西固氮螺菌和氮单胞菌等。

三、硫的循环转化

硫常以有机化合物的形态随动植物或微生物的残骸落入土壤，被微生物分解，硫即呈 H_2S 的状态而析出。H_2S、元素硫或硫的其他不完全氧化物在微生物作用下进行氧化进而形成硫酸的过程称为硫化作用。硫酸可以使极难溶解的化合物(如磷酸盐)溶解，或者与其他元素结合成硫酸盐。图 4-4 概括了硫在自然界中的循环转化。能引起硫和无机硫化物氧化的微生物主要有硫化细菌、丝状硫细菌和利用光能的绿色及紫色硫细菌。许多兼性或厌氧菌则将硫酸盐还原为硫化氢的过程称为反硫化作用。

$$CaSO_4 + CH_3COOH \longrightarrow H_2S + CaCO_3 + CO_2 + H_2O$$

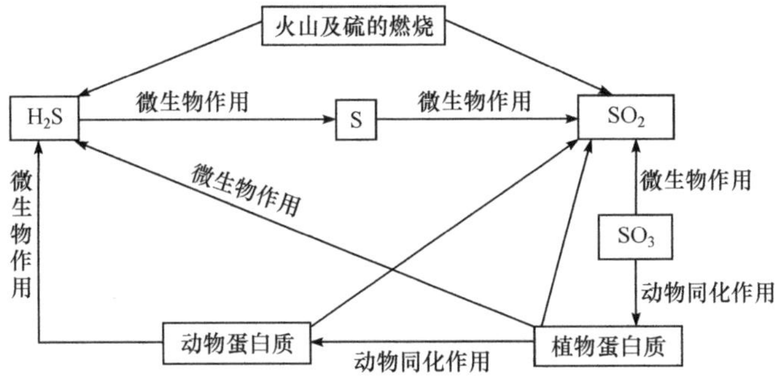

图 4-4 硫的循环转化图(改绘自黄青云，2009)

四、磷的循环转化

磷的转化主要包括三个过程：有机磷的无机化；磷酸盐由不易溶解状态变为易溶解状态；磷酸盐的还原。这些作用都是在各种微生物活动下进行的。图 4-5 概括了磷在自然界中的循环转化。有机磷经过无机化可转化为磷酸，磷酸与土壤中的盐基化合物变为不易溶解的磷酸钙盐、镁盐或铁盐，在细菌产生的酸的作用下，使磷酸盐溶解，被植物吸收利用。某些微生物在厌氧条件、有机质含量高时将磷酸盐还原为亚磷酸和次亚磷酸，甚至磷化氢，使磷素从土壤逸入空气中而散失。

$$H_3PO_4 \longrightarrow H_3PO_3 \longrightarrow H_3PO_2 + H_3P\uparrow$$

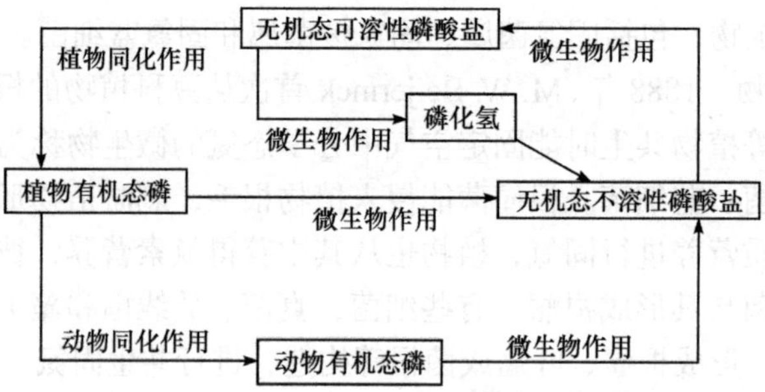

图 4-5 磷的循环转化(改绘自黄青云，2009)

第五章 外界因素对微生物的影响

微生物存在于自然界，与外界环境有着密切的关系。微生物的形态结构、生长繁殖、致病力及抗原性等均受到外界环境直接或间接的影响。同时，微生物也通过自身新陈代谢活动影响周围环境。当外界环境适宜时，微生物能进行正常的新陈代谢；当环境不适宜时，微生物为了适应新的环境，其活动发生相应的改变，可能改变某些生物学特性，如引起变异；当环境改变过于剧烈，微生物的代谢发生障碍，生长被抑制，菌体蛋白发生变性、凝固，酶系统被破坏，菌体蛋白和核酸的合成受到障碍，最终死亡。本章将重点介绍对微生物不利的外界因素，包括物理因素、化学因素和生物学因素等。首先介绍几个概念。

1. 灭菌(sterilization) 指杀死一切病原菌和非病原菌及其芽胞或孢子，使物体表面或内部没有任何活的微生物的方法，即杀死物体中所有微生物的方法。灭菌可分为杀菌和溶菌两种，前者指菌体虽死、但形体尚存，后者指菌体细胞溶化、消失。

2. 消毒(desinfection) 指用化学物质杀死病原微生物，对非病原微生物及其芽胞、孢子并不严格要求全部杀死的方法。

3. 防腐(antisepsis) 又称抑菌(bacteriostasis)，指用化学药品或其他方法阻止或抑制微生物生长繁殖的方法。

4. 无菌(asepsis) 指在一定空间内没有活微生物的状态。无菌法(asepticism)是指在操作过程中采取的防止或杜绝任何微生物进入一定空间的方法。

第一节 物 理 因 素

一、干 燥

菌体在干燥环境中失去大量水分，新陈代谢便会发生障碍，引起菌体蛋白变性，同时由于盐浓度增高，酶失去活性，从而微生物的生长受到影响并逐渐死亡。不同微生物对干燥的抵抗力不同，如巴氏杆菌、嗜血杆菌、鼻疽杆菌等在干燥环境中仅能存活几天，结核杆菌在痰、血液和组织块中可耐受干燥数月之久。芽胞对干燥的抵抗力比较强，如炭疽杆菌和破伤风梭菌的芽胞在干燥环境中可存活数年或数十年。霉菌孢子对干燥的抵抗力也较强。大多数微生物在干燥环境中不能生长繁殖。

在畜牧生产中，常利用干燥来保存青干草。让青绿植物的水分迅速蒸发，至含水分 25%时堆成草垛或打捆，继续干燥至含水分 16%以下，干草不致霉败腐烂，可长期保存。谷物含水量低于 14%、温度低于 30℃时可长期保存。温度高于 30℃、湿度超过 17%或者温度较低(10℃左右)、湿度高于 19%时，霉菌等微生物易于生长，谷物和混合饲料就易于霉坏或产生一些霉菌毒素(如黄曲霉毒素、棕曲霉毒素 A 等)。

二、渗 透 压

与菌体细胞渗透压相等的环境渗透压对微生物是有利的。大多数微生物细胞质中有 K^+、谷氨酸、脯氨酸等调节菌体内渗透压的物质，当环境渗透压在一定范围内逐渐改变，微生物的活力受到的影响不大。但当渗透压发生突然变化或变化超过一定限度时，微生物的生长受到抑制、甚至死亡。

将菌体置于浓盐水和浓糖水等高渗溶液中，菌体内水分向外渗出，细胞质因高度脱水而与细胞壁脱离，这种现象称为"质壁分离"或"生理干燥"，菌体生长受到抑制。生产实践中常用盐腌和糖渍等方法保存食品或果品就是利用了这个原理。但是，有些微生物能在浓盐水和浓糖水等高渗溶液中生长繁殖，这类微生物统称为嗜高渗菌(osmophilic organism)，又分为嗜盐菌和嗜糖菌。将菌体置于蒸馏水等低渗溶液中，水分大量渗入菌体内，菌体细胞显著膨胀，甚至使细胞膜胀裂，这种现象称为"胞膜破裂"或"胞浆压出"。由于细胞壁的保护作用，菌体对低渗透压有一定的抵抗力。在培养细菌时，为避免低渗透压影响菌体的生理活动，常在培养基中加入适量氯化钠以使渗透压趋于平衡。

三、温 度

适宜的温度有利于微生物生长发育。温度过高或过低会影响微生物的新陈代谢，生长发育受到抑制，严重时死亡。温度通过影响酶活性、细胞膜流动性和物质溶解度来影响微生物的生理功能。根据微生物对温度的适应性，将温度分为 3 个基点：生长最低温度、最适温度、最高温度。最适温度是微生物生长繁殖最快、最盛，并能将生活机能充分表现出来的温度。能够生长的最高或最低温度，分别称为最高温度和最低温度。低于最低温度，微生物停止生长，但仍维持生命力；超过最高温度，微生物蛋白质凝固变性，超得越多，微生物死亡越快。杀死细菌的最低温度称为致死温度。

(一) 低温对微生物的影响

当环境温度低于生长最低温度时，微生物的新陈代谢逐渐降低，最后处于停滞状态，但仍能在较长时间内维持生命；当温度上升到最适温度时，微生物开始生长繁殖。所以，常用冰箱(4℃或−70～−20℃)保存微生物。但有些微生物如伤寒沙门菌和白喉杆菌等在−195.8℃(液态氮)或−252℃(液态氢)下仍能存活。细菌芽胞和霉菌孢子可在−195.8℃下存活半年。但有些微生物如脑膜炎奈瑟菌和流感嗜血杆菌等对在冰箱内保存比在室温下死亡更快。一般，温度越低，病毒存活时间越长。

应用低温保存微生物时必须迅速冷冻，复苏是迅速融化。当缓慢冷冻或融化接近冰点时，微生物细胞质内的水分易形成冰晶，扰乱细胞质的胶体状态，且冰晶能刺伤菌体胞膜和胞壁，造成细胞内物质外溢，同时细胞外冰晶使菌体内水分外渗，引起电解质浓缩和蛋白质变性，从而产生损害。迅速冷冻使细胞质内水分结成均匀的玻璃样状态，损坏作用不大；在迅速融化时，此种玻璃样水分不形成冰晶。为了减少细菌在冷冻时死亡，在菌液内加入 10%甘油、蔗糖或脱脂乳、或 5%二甲基亚砜作为保护剂。长期冷冻保存细菌和真菌是不适宜的，最终必将死亡。反复冷冻和融化对任何微生物都有很强的破坏力。

冷冻真空干燥法(简称冻干法)采用迅速冷冻和抽真空除水的原理，将物品置于玻璃容器(安瓿或小瓶)内，迅速冷冻，并不断抽出玻璃容器内气体，使冰冻物品中水分因升华而迅速脱水干燥，并在真空状态下封瓶。经冻干的菌种可以保存数月至数年而不散失其活力。弱毒苗、补体和诊断血清等常用冻干法保存。

(二) 高温对微生物的影响

微生物对高温比较敏感。高温对微生物的蛋白质、核酸和酶系统等产生直接破坏作用，蛋白质因氢键被破坏而变性或凝固，双股DNA变成单股，活化的核酸酶使单股DNA断裂。因此，常用高温进行灭菌和消毒。但不同种类微生物对高温的敏感性有差别。一般无芽胞杆菌在60℃时30min死亡或70℃时10～15min死亡；80～100℃时，有的细菌立即死亡，有的几分钟后死亡。细菌芽胞较耐高温，100℃经2h还不被杀死。肉毒梭菌芽胞在沸水中要6h以上才能被杀死。

高温灭菌有不同的方法，分为干热灭菌法和湿热灭菌法。在同一温度下，湿热比干热的效力高。湿热灭菌时微生物蛋白质吸收水分而较易凝固，因为蛋白质含水量与蛋白质凝固温度成反比，其相互关系见表5-1。湿热的穿透力比干热强，且蒸汽与物体接触后凝结成水，放出的潜热能提高物体温度。因此，湿热灭菌比干热灭菌的温度较低、时间较短，但两类方法各有其适合消毒的物品。

表5-1　蛋白质含水量与其凝固温度的关系(引自黄青云，2009)

蛋白质含水量/%	30min内凝固所需的温度/℃
50	56
25	74～80
18	80～90
6	145
0	160～170

1. 干热灭菌法　指不含有蒸汽的加热灭菌方法，主要有2种方法。

(1) 火焰灭菌法：直接用火焰烧灼，可杀死所有的微生物，但使用的对象有限。这种方法又分为灼烧和焚烧两种。灼烧法是直接在火焰上烧灼，主要用于耐烧的物品，如接种针(环)、玻璃棒、金属器具、试管等。焚烧法是直接点燃或在焚烧炉内焚烧，常用于可以烧毁的物品，如动物尸体、垫草、病料包装用纸和其他污染废气物等。

(2) 热空气灭菌法：在干燥条件下利用热空气进行灭菌的方法。灭菌时利用干热灭菌器(干烤箱)，在150～160℃时经2～2.5h可杀灭所有的病原微生物及其芽胞或孢子。本方法主要用于在高温下不损坏、不变质的物品，如玻璃制品、金属器械、针头、滑石粉、凡士林和液体石蜡等。热空气的穿透力较低，一般细菌繁殖体在100℃经1.5h才被杀死，芽胞需140℃经3h才能被杀死，当温度达到160℃维持2～3h，可达到灭菌目的。灭菌时，要使温度逐渐升降，切忌太快。

2. 湿热灭菌法　指含有蒸汽的热力灭菌方法，主要有4种方法。

(1) 煮沸消毒法：100℃维持15～20min可杀灭细菌繁殖体，煮沸1～2h才能杀死芽胞。在水中加入2%～5%石炭酸能增强杀菌力，煮沸15min可杀死炭疽杆菌的芽胞；在水中加入1%碳酸钠，使溶液偏碱性，能增强杀菌力，并能减缓金属氧化。本方法常用于外科手术器械、注射器及食具等物品的消毒。

(2) 流通蒸汽灭菌法：用蒸笼或流通蒸汽灭菌器进行，100℃维持 30min 可杀死细菌繁殖体。要消灭细菌芽胞和霉菌孢子，经 100℃蒸汽消毒 30min 后，将物品置于 37℃或常温下，待芽胞发芽，再进行 100℃蒸汽消毒 30min，连续几次，这样可以达到灭菌的目的，这种方法叫间歇灭菌法(fractional sterilization)，又称丁达尔灭菌法，由英国 Tyndall 于 1877 年发明。这种方法适用于不耐高温的物品如蛋清培养基、血清培养基、糖培养基。有时为避免破坏血清等，还可用较低的温度如 70～80℃加热 1h，间歇连续 6 次，也能达到灭菌的目的。应用间歇灭菌法时，应根据灭菌对象的不同、以灭菌为目的，对使用温度、加热时间、连续次数进行适当增减。

(3) 巴氏消毒法：利用不太高的温度最大限度地杀死物品中病原微生物和其他微生物，同时不损害物品营养和风味的消毒方法，常用于消毒牛乳、葡萄酒、啤酒和果酒等的消毒。巴氏消毒法又可分为 3 类：低温维持巴氏消毒法(LTH，63～65℃、30min)、高温瞬时巴氏消毒法(HTST，71～72℃、15s)和超高温巴氏消毒法(ultra high temperature pasteurization，UHT)。UHT 利用超高温瞬时杀菌装置使鲜牛乳成薄层状态，通过热交换式的金属板或管道使温度迅速升至 132℃以上维持 1～2s，而后迅速冷却，从而达到消毒目的。经此方法消毒的鲜乳在常温下可保存半年，且鲜乳成分尤其是维生素 A 和维生素 C 被破坏的很少。

(4) 高压蒸汽灭菌法：应用高压蒸汽灭菌器(autoclave)加热使其内的温度达到 121℃并维持 15～20min，可杀灭所有的微生物及其芽胞，是实验室和生物制品生产中最普遍采用的方法。在一个大气压下，蒸汽的温度只能达到 100℃，当加压时，温度随着压力的增高而上升到 100℃以上。高压蒸汽灭菌器是一个密闭的、耐高温和高压的容器，具有严格的盖，容器内的蒸汽不会漏。使用时，先排净容器内冷空气，使温度与蒸汽的压力相符。若冷空气排不净，压力虽达到要求，但温度却不高，这会影响灭菌效果。凡耐高温、不怕潮湿的物品如大多数培养基、玻璃器皿、金属器械、工作服、敷料、橡皮手套和小实验动物尸体等，可用高压蒸汽灭菌器灭菌。容器内装的物品多时，灭菌时间要适当延长。所需温度与时间视灭菌材料的性质和要求决定。

四、光　　线

直射日光有强烈的杀菌作用，许多微生物在直射日光的照射下 0.5h 到数小时即死亡。芽胞对日光照射的抵抗力比繁殖体强得多，经 20h 才死亡。日光对被污染的土壤、牧场、畜舍和用具等的消毒及江河的自净作用具有重要意义。但日光的杀菌效力因地(空气中尘埃污染程度)、因时(上午、中午、下午)、微生物种类及其所处的环境不同而异。烟尘严重污染的空气、玻璃、有机物的存在都能减弱日光的杀菌力。空气中水分含量、温度的高低及微生物本身的抵抗力强弱等也影响日光杀菌作用。将结核分枝杆菌涂在纸片上，经日光照射后很快死亡，但痰中的结核分枝杆菌由于蛋白质和黏液等的保护而不易被杀死。将患者衣物、病畜(禽)饲养工具和其他用具洗涤后，在直射日光下暴晒数小时，可杀死大部分病原微生物。日光在水的自洁作用、表层土壤的消毒等方面也有重要意义。

日光包括红外线(波长 800～4×10^5nm)、可见光(波长 400～800nm)和紫外线(波长 1.36～400nm)。一般波长越长的光线杀菌力越弱，反之杀菌力越强。

红外线　因产生高热而发挥杀菌作用。

可见光线　绝大多数微生物的生长繁殖不需要可见光线，只有藻类和极少数细菌如紫色硫菌和绿色硫菌等例外。可见光具有微弱的杀菌作用，长时间照射能妨碍微生物的新陈代谢。因此，常用无光线的恒温箱培养微生物，用冰箱保存菌种。将某些染料如结晶紫、美兰、红汞、伊红和沙黄等加到培养基中或涂在外伤表面，能增强可见光的杀菌作用，称为光感作用(photosensitization)。一般在有氧条件下才出现光感作用，与染料激活氧或染料氧化后生成的氧化物的杀菌作用有关。光感作用对原生动物、细菌、病毒和噬菌体等均有灭活作用。一些病毒、细菌和毒素经过光感作用后失去活性，但仍有抗原性，可制成灭活疫苗。革兰阳性菌的光感作用比革兰阴性菌敏感。伊红、美蓝和红汞仅作用于革兰阳性菌，而沙黄则作用于革兰阴性菌。

紫外线 波长200～320nm的紫外线有杀菌作用,其中265～266nm的紫外线杀菌力最强。紫外线的杀菌作用主要表现在两个方面：一是破坏核酸，细菌DNA吸收足够多的、260nm左右的紫外线后，相邻的两个胸腺嘧啶形成二聚体，DNA分子则不能进行正常复制与转录；二是氧化杀菌，紫外线使空气中的氧变成臭氧，臭氧释放出的原子氧有强烈的杀菌作用。紫外线对革兰阴性无芽胞杆菌的杀菌力强，而杀死革兰阳性菌如葡萄球菌和链球菌则需要 5～10倍的照射剂量。常用的紫外线杀菌灯可将部分电力转变为253.7nm 的紫外线，杀菌力强而稳定，但穿透力差，即使是薄的玻璃，也能阻止其通过。因此，紫外线杀菌灯只能用于物体表面消毒，常用于微生物学实验室(病毒室或细菌室)、无菌操作室(操作间或箱)、手术室、种蛋室等的空间消毒，有时也用于不能用高温或化学药品消毒的器械和物品表面，如高速离心机的胶质沉淀管的消毒。紫外线杀菌灯的消毒效果与照射时间和距离有关，一般灯管离地面距离为2m，照射1～2h。

五、辐 射

辐射是能量通过空间传递的一种物理现象，能量借助波动或粒子高速运动而传播，包括电磁波辐射和粒子辐射。电磁波辐射是由赫兹电波、红外线、可见光、紫外线、X射线、γ射线、宇宙线辐射构成；粒子辐射由α、β射线以及高能质子、中子等组成。辐射除可被一些产生色素的细菌作为能源利用外，对多数细菌有损害作用。辐射对细菌的影响，随其性质、强度、波长、作用距离、时间而不同，但必须被细菌吸收才能影响细菌代谢。辐射对微生物的灭活作用可分为电离辐射和非电离辐射。非电离辐射包括可见光、日光、紫外线。电离辐射包括α、β、γ射线、X射线以及高能质子、中子等，它们可将被照射物质原子核周围的电子击出，引起电离。

X射线(波长0.06～13.6nm)是一种高能电磁波，但杀菌力不如紫外线，作用也较慢。X射线破坏—SH基(使之氧化)的作用，而—SH基是微生物酶的重要成分。致死量的X射线能杀死大肠杆菌、葡萄球菌、白喉杆菌等细菌和一些霉菌，但对病毒的作用较小。一般认为波长越短的X射线杀菌力越强。X射线照射20～30min可杀死琼脂培养基上的大肠杆菌、炭疽杆菌和葡萄球菌等细菌，但对液体培养基中细菌的杀伤力不强。

放射性元素的射线通常分为3种，即α、β、γ射线。α射线是带正电荷的质子，β射线是带负电荷的电子。α、β射线的电离辐射作用较强，具有抑菌或杀菌作用。γ射线(波长0.001～0.4nm)的电离辐射作用较弱，仅有抑菌作用和微弱的杀菌作用。但β、γ射线穿透力强。钴60(^{60}Co)的γ射线有极强的穿透能力，可以杀灭畜产品中布氏杆菌、狂犬病病毒、新城疫病毒和炭疽芽胞杆菌。培养基灭菌时，γ射线不破坏营养成分，较高温灭菌效果好。射线抑菌或杀菌作用由两方面构成：一方面，射线的电离作用使微生物细胞发生损伤，导致变异或死亡；另一方面，射线作用于微生物周围介质，并产生反应，介质接受射线或者产生副产物，副产物间接损害微生物代谢的某些环节如核酸和蛋白质的代谢而导致菌体生长被抑制或被杀死。

六、滤过除菌

滤过除菌(sterilization by filtration)是通过机械阻留作用除去液体或空气中的细菌等微生物的方法。常用细菌滤器过滤不能加热灭菌的液体，如糖培养基、各种特殊培养基或溶液、血清、毒素、抗毒素、抗生素、维生素、氨基酸等。用细菌滤器不能除去病毒、支原体和细菌 L 型，在微生物学实验室中常用。分离病毒和制取细菌纯毒素时也常用细菌滤器过滤。过去常用赛氏滤器和玻璃滤器，近年已普遍使用可更换滤膜的滤器或一次性滤器。滤膜孔径常用 0.45μm 和 0.22μm 两种。

空气过滤器则常用于超净工作台、无菌隔离器、实验动物房、无菌操作室，以及疫苗、药品、食品生产中洁净厂房等的空气过滤除尘(菌)。过滤器中的滤纸、滤布及滤毡用玻璃纤维、合成纤维和其他纤维制成。滤器分粗效(清除 5μm 以上粒径的尘埃)、中效(清除 1μm 以上的尘埃)和高效(清除 0.3μm 以上的尘埃)3 种等级(表 5-2)。普通动物房的空气只要求粗放过滤，洁净动物房应粗效加中效过滤，生物洁净室则必须经粗效、中效和高效 3 级过滤。

表 5-2　各级空气过滤的效率、滤材及更换时间(引自陆承平，2013)

级别	过滤效率/%	常用滤材	更换时间
低效	10～60	动植物纤维或合成纤维	2 周～1 个月
中效	60～90	泡沫塑料、玻璃纤维或纸浆	3～6 个月
高效	90～99	玻璃棉、纸浆与石棉纤维	6～12 个月
超高效	99.9 以上	石棉纤维、超细玻璃纤维、矿渣棉或过氯乙烯纤维	1～2 年或检测后决定

七、超声波杀菌

频率在 9000～20 000Hz/s 以上的超声波可裂解绝大多数微生物，但往往有残存。细菌和酵母菌在超声波作用下几十分钟内死亡，大多数噬菌体和病毒对超声波有一定的敏感性，但小型病毒对超声波不敏感，球菌较杆菌的抗性强，细菌的芽胞抵抗力比繁殖体强。超声波杀菌效果与超声波频率、处理时间、微生物种类及数量有关。

一般认为，超声波的作用机制主要包括：在超声过程中，微生物细胞内容物受到强烈震荡而被破坏；产生的过氧化氢发挥氧化杀菌作用；产生的热破坏细胞的酶；空(腔)化作用，即高频振动时，应力薄弱区形成许多真空的小空腔，逐渐增大，最后崩破，崩破时压力可达 1.013×10^8Pa(1000 个大气压)，细菌接近或进入空腔后由于细胞内外压力差的作用而被崩解。

八、氧化还原电势

氧化还原反应中，电子从一种物质转移到另一种物质，两种物质之间产生的电位差叫氧化还原电势(Eh)，常用毫伏(mV)表示。强氧化能力物质的氧化还原电势较高，强还原能力物质的氧化还原电势低。另外，一个具体环境的氧化还原电势的高低还与氧分压和 pH 有关。微生物在适宜的氧化还原电势中能进行正常的生命活动，过高或过低的氧化还原电势会影响微生物的生长。不同微生物生长所需的氧化还原电势不同。厌氧菌需在氧化还原电势低的环境中生长，在培养厌氧菌时加入还原性物质以降低培养基的氧化还原电势。需氧菌需在氧化还原电势高的环境中生长，在培养基中通入空气或加入氧化剂等物质以提高培养基的氧化还原电势。兼性厌氧菌在不同氧化还原电势值的环境中采用不同的方式进行呼吸。

第二节　化学因素

化学因素主要是指一些化学物质，包括化学消毒剂和化学治疗剂。各种化学物质对微生物的影响是不同的，有的可促进微生物的生长繁殖，有的阻碍微生物新陈代谢的某些环节而呈现抑菌作用，有的使菌体蛋白变性或凝固而呈现抑菌或杀菌作用。同一种化学物质因浓度、温度、时间及对象等的不同，呈现抑菌作用或杀菌作用。用于抑制微生物生长繁殖的化学药物称为防腐剂(antiseptic)或抑菌剂(bacteriostat)；用于杀灭动物体外病原微生物的化学制剂称为消毒剂(disinfectant)；用于消灭宿主体内病原微生物的化学制剂称为化学治疗剂(chemotherapeutic agent)。实际上，消毒剂在低浓度时只能抑菌，而防腐剂在高浓度时也能杀菌，它们之间并没有严格的界限，统称为防腐消毒剂。消毒剂与化学治疗剂不同。消毒剂在杀灭病原微生物的同时对动物组织细胞也有损害作用，所以只能外用，其中极少数不被吸收的化学消毒剂亦可用于消化道消毒。化学治疗剂对于宿主和病原微生物有选择性，能阻碍微生物代谢的某些环节，使其生命活动受到抑制或使其死亡，而对宿主细胞无作用或副作用甚小。

一、防腐剂和消毒剂的种类

在实际工作中，根据具体情况选择适当的防腐剂和消毒剂。选择的消毒剂应有强大的杀菌力、穿透力，奏效快；使用方便，价格低廉，便于贮存；性质稳定，不易氧化分解和不易燃易爆；对动物机体应无毒性或毒性较小，对衣物、用具、金属制品(如铁丝笼、仪器设备、器械等)等无腐蚀性；无残留，对环境无污染；杀菌力不受或少受脓汁、血液、坏死组织、粪便和痰等的影响。总的来讲，杀菌作用强的消毒剂大多是分子小、不电离、易溶于水(也易溶于有机溶剂)的化合物。消毒剂在类型上有以下几类。

1. 酸类　以氢离子(H^+)浓度显示杀菌和抑菌作用。H^+影响细菌表面两性物质的电离程度，从而影响细菌的吸收、排泄和代谢。常用的酸类消毒剂包括无机酸如硝酸、盐酸和硼酸等，有机酸如甲酸、乙酸和乳酸等。通常无机酸的杀菌作用比有机酸强。

2. 碱类　杀菌力决定于氢氧根(OH^-)的浓度，浓度越高，杀菌力越强。OH^-在室温条件下水解蛋白质和核酸，使菌体的结构和酶受到损害；OH^-也能分解菌体的糖类。常用的碱类消毒剂有烧碱、生石灰乳和草木灰水等。

3. 重金属盐类　重金属盐类与细菌酶蛋白的—SH 结合，使其失去活性，使菌体蛋白变性或沉淀。重金属盐类的杀菌力随着温度升高而加强，每升高 10℃，其杀菌力可增加 2～3 倍。

4. 氧化剂类　氧化剂主要是氧化杀菌。常用的氧化剂类消毒剂有 $KMnO_4$ 和 H_2O_2 等。

5. 卤素类　所有卤素都有显著的杀菌作用。常用的卤素类消毒剂有碘酒、碘液、NaF 等。

6. 酚类　对细胞细胞壁和细胞膜有吸附损害作用，能抑制和杀死大部分细菌繁殖体。常用的酚类消毒剂有石炭酸(苯酚)、来苏尔等。

7. 醇类 通过脱水作用使菌体蛋白凝固和变性，浓度 70%～75%的酒精杀菌力最强。

8. 醛类 主要是甲醛，常用浓度为 0.2%～0.5%，使蛋白质变性，但不破坏抗原性。

9. 表面活性剂 又叫去污剂或清洁剂。根据电荷，分为：阳离子表面活性剂如新洁尔灭(一般浓度为 0.05%～0.1%)、消毒宁(度米酚)0.1%、消毒净(洗必泰)0.1%，阴离子表面活性剂如 SDS(十二烷基磺酸钠)和非离子表面活性剂(一般没有杀菌作用)。

消毒剂的杀菌机制主要有 4 种：使菌体蛋白变性或凝固，如酚类、醇类、重金属盐类、酸碱类、醛类等；损伤细胞膜，如低浓度酚类、表面活性剂、醇类等脂溶剂；干扰细菌酶系统和代谢，如氧化剂、重金属盐类；改变核酸的功能，如染料、烷化剂等。

二、影响消毒剂作用的因素

1. 消毒剂性质 不同消毒剂对微生物的作用方式不同，与其性质和化学结构有关。因此，不同消毒剂有不同的作用范围，有的只对某一部分细菌有杀菌作用，有的只对对象物有杀菌作用。两种理化性质不同的消毒剂合用时可能相互拮抗，使效果降低，如阴离子清洁剂肥皂与阳离子清洁剂苯扎溴铵共用时发生化学反应，使消毒效果减弱或完全消失。

2. 消毒剂浓度 一般来讲，消毒剂的浓度越大，其作用越强。0.5%苯酚起抑菌作用，而 2%～5%苯酚呈现杀菌作用。但消毒剂浓度超越限度并不一定能提高消毒效力。无水乙醇的杀菌作用不如 70%乙醇强，过高浓度的乙醇使菌体表面蛋白迅速凝固，影响其继续渗入，杀菌效力降低。因此，配制消毒剂时应选择最有效且安全的浓度。

3. 作用时间 消毒剂杀死微生物所需时间的长短与消毒剂的性质和浓度、温度、微生物所处环境(如有机物的有无、pH 等)及微生物的种类等有关。一般来讲，消毒剂浓度越高、温度越高、作用时无不良因素等，杀菌所需时间越短。重金属盐类的杀菌效力随温度增高而增加好多倍。温度升高，使得消毒剂的分子运动增加，杀菌时间随之缩短。当微生物处于粪便、痰、脓汁、血液及脏器时，消毒剂要先与这些有机物结合，而减少了与微生物作用的机会，结果消耗了消毒剂的杀菌效能。这时提高消毒剂浓度并延长消毒时间，方能达到消毒目的。

4. 微生物种类 革兰阳性菌的等电点比革兰阴性菌低，在一定 pH 环境中所带负电荷较多，所以革兰阳性菌较易与带阳离子的碱性染料、重金属盐及去污剂结合。细菌芽胞结构坚实，消毒剂不易渗透，所以对消毒剂的抵抗力比繁殖体强。一般消毒剂对结核杆菌的作用要比其他细菌繁殖体差。70%乙醇可杀死一般细菌繁殖体，但不能杀灭细菌芽胞。

5. 环境条件 pH 会影响消毒效果。戊二醛呈中性，其水溶液呈弱酸性，加入碳酸氢钠后才发挥杀菌作用；pH3 时新洁尔灭发挥杀菌作用所需浓度比 pH9 时高 10 倍。一般来讲，未电离分子较易通过细胞壁，杀菌效果好。在酸性溶液中，细菌带阳电荷，阴离子杀菌力强；在碱性溶液中，细菌带阴电荷，阳离子杀菌力最强。

6. 其他 影响消毒效果的其他因素还有湿度、穿透力、表面张力及拮抗物质等。

三、抗微生物药物

抗微生物药物是用于消除宿主体内或体表微生物的药物，主要阻碍微生物生长繁殖的某些环节，使其受到抑制或杀灭。抗微生物药物有许多种类，广泛应用于治疗畜禽各种传染病，有些还作为预防感染、促进动物生长的饲料添加药物。这些在兽医药理学中有详细的介绍。下面仅简单介绍一些抗微生物药物。

1. 喹诺酮类(quinolones)　作用于细菌 DNA 旋转酶，造成染色体 DNA 的损伤，使细菌不能分裂繁殖，导致死亡。多数喹诺酮类药物对革兰阴性菌、支原体的杀菌力强，对革兰阳性菌作用较弱。喹诺酮类药物在体内吸收快、分布广，不良反应较少，对深部组织感染和细胞内感染的病原菌有效。常用的喹诺酮类药物有诺氟沙星、环丙沙星、恩诺沙星、单诺沙星、培氟沙星和氧氟沙星等。

2. 磺胺类及抗菌增效剂　对磺胺类药物敏感的细菌不能直接利用叶酸，只能利用比较简单的物质如对氨基苯甲酸(PABA)为原料合成叶酸。磺胺类药物的结构与 PABA 相似，能与 PABA 争夺细菌的酶系统，从而发生竞争性对抗。磺胺类药物有广谱的抗菌作用，能抑制大多数革兰阳性菌和一些革兰阴性菌的繁殖，一般无杀菌作用。对磺胺类药物敏感的细菌有葡萄球菌、溶血性链球菌、马腺疫链球菌、猪丹毒杆菌、炭疽杆菌、破伤风梭菌、大肠杆菌、巴氏杆菌、沙门菌等。结核杆菌、绿脓杆菌等对个别磺胺类药物敏感。磺胺类药物对少数真菌和衣原体也有抑制作用。抗菌增效剂属抗菌药物，与磺胺类药物或抗生素并用，使抗菌效果增强数倍至数十倍，并能扩大治疗范围。常用的抗菌增效剂有甲氧苄氨嘧啶(TMP)和二甲氧苄氨嘧啶(DVD)。

3. 呋喃类　在呋喃环上引入不同基团的一类人工合成化合物，能抑制细菌的生长繁殖，主要有呋喃西林、呋喃唑酮、呋喃妥因等。

4. 抗生素(antibiotics)　是某些微生物在新陈代谢过程中产生对其他微生物有抑制或杀灭作用的物质。抗生素主要是干扰细菌的代谢过程，如干扰细菌细胞壁的合成、损伤胞质膜、影响细菌细胞的蛋白质合成和影响核酸(DNA 或 RNA)的合成。大多数常用抗生素是从放线菌(如链霉菌)、霉菌(如青霉等)或某些细菌的培养液中提取的，有些抗生素能用化学方法合成或半合成。不同抗生素的抗菌作用不同。抗生素的作用对象有一定的范围，称为抗菌谱。按抗菌谱将常用的抗生素大致分为 4 类：窄谱抗生素、广谱抗生素、抗霉菌抗生素及抗癌抗生素。氯霉素、金霉素、土霉素和四环素等有广谱抗菌作用。青霉素主要对革兰阳性菌有抑制作用，多黏菌素主要杀死革兰阴性菌。

5. 抗病毒药　在临床上有一些化学抗病毒药物，如病毒灵、金刚烷胺和病毒唑等。

6. 抗真菌药(antifungals)　临床上应用的抗真菌药有两性霉素 B、灰黄霉素、酮康唑、伊曲康唑、克霉唑、氟康唑和制霉菌素等。

7. 植物杀菌素(phytocide)　是某些植物中存在的杀菌物质。黄连、黄柏、黄芩、大蒜、金银花、连翘、鱼腥草、穿心莲、马齿苋、板蓝根等中草药含有杀菌物质。黄连和黄柏中含有的小檗碱(称为黄连素)对革兰阳性菌和革兰阴性菌有抑制作用，对痢疾杆菌、结核杆菌、鼠疫耶尔森菌、溶血性链球菌、伤寒沙门菌和大肠杆菌等具有抗菌作用。

8. 细菌素(bacteriocin)　是某种细菌产生的具有杀菌作用的蛋白质，只作用于同种的不同菌株或亲缘关系相近的细菌(表 5-3)。大肠杆菌产生的大肠杆菌素(colicin)除了能作用于某些型别的大肠杆菌外，还能作用于亲缘关系相近的志贺菌、沙门菌、克雷伯菌和巴氏杆菌等。细菌素可分为 3 类：多肽细菌素，多由革兰阳性菌产生；蛋白质细菌素，多由革兰阴性菌产生，大肠菌素是其代表；颗粒细菌素，形态类似噬菌体，由蛋白亚单位组成，如铜绿假单胞菌的 pyocin。几乎所有细菌都有一些菌株能产生细菌素。细菌素的作用与噬菌体有些相似，能与敏感细菌上特异受体相吸附，这是细菌素吸附所必需的。细菌素能将细菌杀死，但不能使细菌溶解，这点与噬菌体不同。

表 5-3 重要的细菌素及其产生菌(引自陆承平，2013)

细菌名称	细菌素名称	细菌名称	细菌素名称
铜绿假单胞菌	Pyocin	金黄色葡萄球菌	Staphylococcin(Aureocin)
大肠杆菌	Colicin	化脓链球菌	Streptocin(Steptococcin)
枸橼酸杆菌	Colicin	绿色链球菌群	Viridin
志贺杆菌	Colicin	变异链球菌	Mutacin
沙门菌	Colicin	粪肠球菌	Enterocin(Enterococcin)
克雷伯菌	Pneumocin(Klebein)	屎肠球菌	Enterocin(Enterococcin)
阴沟肠杆菌	Cloacin	产气荚膜梭菌	Welchicin(Perfringocin)
变形杆菌	Proticin(Miracin,Morganocin)	肉毒梭菌	Boticin
黏质沙雷菌	Marcescin	巨大芽胞杆菌	Megacin
鼠疫耶尔森菌	Pesticin	产单核细胞李氏杆菌	Monocin
霍乱弧菌	Vibriocin	白喉棒状杆菌	Diphthericin(Corycin)

第三节 生 物 因 素

微生物与微生物之间、微生物与动植物之间也存在着非常复杂而且多样化的相互关系，如共生、拮抗、寄生、协同等，彼此相互制约、相互影响，共同促进了整个生物界的演化。

1. 共生(symbiosis) 是指两种或多种生物共同生活在一起，互相依赖，互为有利，彼此并不相互损害。微生物与微生物之间的共生比较少见，微生物与其他生物之间的共生实例则较多见，如豆科植物与根瘤菌、瘤胃内微生物与牛羊、真菌和藻类共生形成地衣等的共生关系。土壤内根瘤菌侵入豆科植物须根细胞，逐渐形成根瘤，成为一个形态上的整体。根瘤菌单独生存时不能固定大气氮，只有与豆科植物共生时，在根瘤内从植物获得营养物，固定大气氮给植物吸收，这又形成一个生理上的整体。

2. 拮抗(antibiosis) 是指一种生物在生长发育过程中产生某些物质抑制或杀死他种微生物的现象。青霉产生青霉素、某些放线菌产生链霉素对许多细菌(包括致病菌)有抑制或杀灭作用。某些微生物代谢产物改变环境氢离子浓度、渗透压等造成对其他微生物生长不利的因素。青贮时，乳酸菌产生大量的乳酸降低了 pH，使大多数不耐酸的腐败细菌死亡。酵母菌酒精发酵时，产生的酒精抑制了其他杂菌的生长。细菌素的作用、噬菌体裂解相应细菌等也属于微生物之间的拮抗现象。动物机体细胞能产生对病原微生物有拮抗作用的物质，如眼泪、唾液、腹水、血清、乳汁，鸡蛋白、各种鱼卵中均含有的溶菌酶，以及细胞在病毒或干扰素诱导剂作用下产生的干扰素等。另外，很多中草药也具有拮抗杀菌作用或抗病毒作用。导致拮抗的物质基础是抗生素、细菌素等细菌代谢产物，植物中存在的杀菌物质如黄连素(小檗碱)，以及噬菌体、蛭弧菌等有裂解细菌活性的微生物。

3. 寄生(parasitism) 是指一种生物从另一种生物获取营养赖以生存，但对后者有毒害作用。前者称为寄生物，后者称为寄主。侵害寄主的微生物包括细菌、病毒、支原体、立克次体、放线菌及霉菌等。脱离寄主就不能生长繁殖的寄生物称为专性寄生物，如病毒、立克次体、噬菌体等。既能在寄主体内营寄生生活、又能在寄主体外营腐生生活的寄生物称为兼性寄生物，如大多数病原细菌、放线菌、霉菌等。寄生物与寄主的关系比较复杂。寄生物通过不同途径侵入寄主获得营养，大量生长繁殖，有时还能使寄主产生各种病理变化。寄主也以各种方式抵抗寄生物的侵害，以保护自己。

4. 协同(synergism)　两种或多种生物在同一环境中互相协助、共同完成或加强某种作用，任何一种单独时不能达到目的，这种现象称之为协同。猪流感病毒感染后，猪一般表现体温升高、食欲不振、精神委顿、呼吸急促、咳嗽等，多数猪在 5～10 天内康复，但能引起副猪嗜血杆菌、巴氏杆菌、肺炎链球菌及沙门菌等继发感染，使猪的病情变的复杂严重，常发生出血性肺炎或肠炎而死亡。牛羊瘤胃内厌氧真菌和纤维分解菌协同降解粗纤维。

第六章　微生物的遗传与变异

微生物的遗传变异是研究微生物基因携带的遗传信息从亲代到子代的正确传递和发生变化的规律。遗传(heredity)是亲代与子代之间的相似性，使微生物的性状保持相对稳定，是微生物存在的根据。变异(variation)是亲代与子代以及子代之间的不相似性，使微生物更能适应外界环境的变化，从而在物种上发生演化。细菌遗传和变异的特征早就得到应用，如巴斯德发现高温培养后炭疽杆菌的致病力大为减弱但抗原性仍保持，注入健康动物不会致病，但动物获得对有毒炭疽杆菌的免疫力。基因(gene)是能编码产生有功能的肽链、蛋白质或 RNA 的一段 DNA(在 RNA 病毒是一段 RNA)。基因编码产物决定微生物的性状。因此，基因决定微生物的遗传与变异，是微生物遗传与变异的基础。

第一节　微生物遗传变异的物质基础

微生物遗传变异的物质在化学本质上是 DNA 和 RNA。DNA 和 RNA 构成微生物特定的基因组，从而传递遗传信息。基因组(genome)是指微生物染色体和染色体以外的遗传物质的总称，而病毒的基因组是由芯髓核酸(DNA 或 RNA)构成的。

1. 染色体(chromosome)　是遗传变异的主要物质基础，为环状双螺旋 DNA 长链。DNA 链骨架由磷酸和脱氧核糖组成，含 4 种碱基，即 A、T、G、C。细菌染色体 DNA 的复制是双向复制的，即双链 DNA 解链后从复制起点开始，在一条模板上按顺时针方向进行连续的大片段复制，另一条模板上按逆时针方向进行小片段复制，然后把小片段连成长链。细菌 DNA 以半保留方式复制。新形成的 DNA 双链分子和所携带的遗传信息与亲代的完全相同，故子代与亲代的性状相同。如果在 DNA 复制过程中，子代 DNA 发生改变，便会出现变异。

2. 转座因子(transposable element)　是微生物的某些 DNA 片段，其可作为独立单位在染色体上或不同细胞之间移动。细菌的转座因子有三种类型：插入序列(IS)、转座子(Tn)和某些特殊的噬菌体如噬菌体 Mu(促变噬菌体的简称)。IS 分子质量较小，为 0.7～1.4kb。Tn 分子质量为 2～2.5kb，是遗传学和基因工程研究的有用工具。IS 和 Tn 都携带编码转座酶的基因，DNA 末端都有短的倒置末端重复子。Mu 的分子质量为 2～2.5kb，与一般温和噬菌体不同，它可整合到大肠杆菌染色体的任何位置，引起插入突变。

3. 毒力岛(pathogenicity island，PAI)　是指病原菌的某个或某些毒力基因群，其分子结构与功能有别于细菌染色体，但位于细菌染色体之内，因此称为“岛”。毒力岛有如下特性：PAI 两端往往有重复序列和插入元件；G+C mol%及密码使用与细菌染色体有明显不同；分子质量较大，多为 30～40kb，有的可达 100kb；PAI 编码的产物多为分泌性蛋白或细胞表面蛋白；一种病原菌可有一个以上的毒力岛；毒力岛的结构特点决定了它可在细菌的不同菌株乃至不同菌种之间进行 DNA 重组；毒力岛与细菌的毒力变异有关。环境中存在着致病菌株与非致病菌株，后者可通过基因重组从前者获得毒力岛而具备致病性，而不是通过自身固有基因的修饰导致毒力变异。

4. 质粒(plasmid) 是细菌染色体以外的遗传物质，为环状闭合的双链DNA，少数呈线状。大质粒有几百个基因，小质粒有20～30个基因。质粒能自我复制，有的需要与核质染色体的复制同步，称为严谨型复制。一个质粒就是一个复制子，在细菌内可以拷贝出一到多个质粒。质粒DNA编码基因可以赋予细菌某些特殊性状如细菌耐药性、致病性、产生细菌素和许多生化特性等。质粒会自行丢失或消失。但质粒对于细菌生命活动不是必需的。质粒有转移性，可通过接合、转化或转导等方式在不同细菌间转移。当质粒从一个细菌转移到另一个细菌时，携带的性状也随之转移。质粒的转移可发生于同种和同属的细菌之间，甚至不同种属细菌间。按转移特性，将质粒分为两类：结合性质粒如F质粒，一般使细菌有致育性，接触时能从一个细菌转移至另一个细菌；非接合性质粒，不能在细菌间转移，但可通过载体如噬菌体或直接进入另一个细菌而转移，有的可与结合性质粒结合，随结合性质粒转移。穿梭载体是一类特殊的质粒，可在种属关系差异较大的微生物中转移，如在大肠杆菌与酵母之间。质粒有相容性和不相容性，相容性质粒可以在一种菌体内同时存在，而不相容性质粒不能在一个菌体内同时存在。

第二节 常见的微生物变异现象

在自然情况下或人工培养条件下，微生物可自发地或人为地发生变异，其变异现象是多样的。

一、形态的变异

在生长过程中，由于培养环境或其他条件的变化，同一菌株能发生形态和大小等方面的变异。细菌的外形常变为多型性、衰老型，或由杆状变为球形等。炭疽杆菌在马牛感染时呈杆状，在猪局部感染时呈纤丝等不规则形态，在猪咽喉部多呈不典型的竹节状。猪丹毒杆菌在慢性病猪心脏病变内呈长丝状。鼠疫杆菌在含3%～6%食盐的琼脂培基上呈多形态性(衰残型)。正常细菌在青霉素、溶菌酶、抗体或补体作用下呈L型，L型细菌在合适环境中又变成正常形态的细菌。

二、结构的变异

1. 荚膜的变异 有些有荚膜的细菌可变为不产生荚膜，有的以后还能恢复产生荚膜的能力。炭疽杆菌在动物体内或某些特殊培养基中形成荚膜，在普通培养基中则不能产生。荚膜是致病菌的毒力因素之一，具有抗原性。荚膜丧失使得毒力和抗原性发生相应改变。

2. 鞭毛的变异 有鞭毛的细菌可变为没有鞭毛的变种，鞭毛抗原也就随之丧失。变形杆菌培养于普通琼脂表面时可形成鞭毛，呈弥漫性薄膜状生长，称为H型细菌；将其培养于含0.1%石炭酸的琼脂培养基表面时不形成鞭毛，呈局限性孤立菌落，称为O型菌落，将其移到不含石碳酸的琼脂培养基上，鞭毛又可恢复。使有鞭毛的细菌丧失其鞭毛形成能力的变异称为H-O变异。

3. 芽胞的变异 能形成芽胞的细菌在体外培养时(如长期高温培养)丧失产生芽胞的能

力。炭疽杆菌在 42～43℃经过 10～20 天后失去形成芽胞能力，毒性降低。

4. V-W 变异 部分新分离的伤寒、丙型副伤寒杆菌有一层 Vi 抗原，遮盖在 O 抗原外面，这种有 Vi 抗原的菌株称为 Vi 菌株。Vi 菌株经多次培养逐渐失去 Vi 抗原，使 O 抗原暴露出来，称为 W 菌株，这种变异称为 V-W 变异。

5. 细胞壁的变异 细菌在一定的特殊条件下变成无细胞壁型(L 型)，当处于正常培养环境，会恢复到有细胞壁的形态。

三、毒力的变异

自然情况下和人工诱变时，微生物毒力可由强毒变为弱毒或由弱毒变为强毒。一般将病原微生物通过易感动物可以使其毒力增强，通过非易感动物或物理化学因素的处理可使其毒力减弱。

应用生物学、物理学、化学等方法，已经培育出许多病原微生物的弱毒株。布氏杆菌羊型 5 号菌苗是强毒马耳他布氏杆菌通过鸡育成的弱毒菌株。将有毒力的牛型结核分枝杆菌接种在含有马铃薯、胆汁和甘油的培养基中，连续传 230 代，历时 13 年，获得一株毒力减弱但仍然保持抗原性的变异毒株，这就是目前广泛用于预防结核病的卡介苗(BCG)。失去荚膜的弱毒肺炎球菌通过小鼠腹腔内传代又可重新产生荚膜，毒力增强。某些强毒株病毒连续通过非易感动物时，毒力会逐渐减弱，形成人工致弱的弱毒株，如猪瘟兔化弱毒疫苗株。霍乱强毒菌株通过豚鼠 190 代后再经过鸡胚传 40 代，育成禽霍乱弱毒菌株。

有些细菌通过合适环境或易感动物后，由弱毒株变为强毒株。无毒白喉杆菌受到强毒白喉杆菌体内增殖的 β-噬菌体感染后，可变为能产生白喉毒素的强毒变异菌株。产气荚膜梭菌与八叠球菌共生时，毒力会增强。肉毒梭菌当被温和噬菌体感染时，可产生毒素。有些病毒自然毒株之间存在着明显的毒力差异，其中自然弱毒株可作为疫苗株。当发现保存的微生物种子开始发生退化时，可从变异群体中分离出尚未变异的个体，或者将其移到适宜的或原来诱变的环境中生长繁殖，以恢复其性状。当病原微生物毒力减弱后，为了恢复其毒力，可连续通过易感动物，这称为复壮。

鼠疫流行不同时期分离菌株的毒力有不同程度的差异。流行初期鼠疫杆菌的毒力强，自然染疫动物或实验感染动物多死于急性败血症，培养的细菌生长旺盛；流行末期鼠疫杆菌的毒力减弱，感染动物常呈慢性病理变化过程，不易直接分离出鼠疫杆菌，细菌培养生长缓慢，细菌数量也较少。因此，在进行疫源地调查时，应特别注意自然突变形成的弱毒菌株。

四、菌落和蚀斑的变异

菌落变异主要是光滑(S)型菌落与粗糙(R)型菌落之间的变异。细菌菌落发生变异，其他一些性状包括物理特性、生化反应、形态、结构、抵抗吞噬能力和毒力等也发生相应改变(表 6-1)。多数病原菌 S 型菌落时毒力强，变成 R 型菌落时毒力变弱。但少数病原菌则相反，炭疽杆菌 R 型菌落时毒力强，变为 S 型菌落时毒力变弱。有些革兰阴性菌菌落从 S 型变为 R 型时，细胞壁脂多糖侧链丢失，散失部分致病力。有些革兰阳性菌如肺炎链球菌编码多糖荚膜的基因发生突变后，菌落从 S 型转变为 R 型，散失荚膜形成能力和部分毒力。

表 6-1　光滑型菌落与粗糙型菌落的比较(引自陆承平，2013)

特性	S 型	R 型
菌落形态	光滑、湿润、边缘整齐	粗糙、干皱、边缘不整齐
细菌形态	典型，正常、一致	不典型，异常而不一致
肉汤中生长情况	均匀混浊	颗粒状生长，易于形成沉淀
生理盐水或 0.2%台盼蓝中的悬浮稳定性	稳定，不易沉淀，均匀混浊	不稳定，自凝集而易沉淀
毒力	一般都强	一般弱毒或无毒
生化特性	典型，强	不典型，弱
表面抗原成分	含有特异性表面多糖抗原	失去特异性表面多糖抗原
有荚膜的细菌荚膜形成情况	条件适宜时，一般有荚膜	无荚膜
对噬菌体的敏感性	敏感	弱
对吞噬作用的抵抗力	较强	较弱
对正常血清杀菌作用的敏感性	不敏感	敏感

新分离的肠道菌株菌落常为 S 型，经人工培养后菌落变为 R 型。极少数细菌如炭疽杆菌、结核分枝杆菌、鼠疫杆菌的新分离菌株菌落正常为 R 型，在一定条件下变为 S 型。这些变化对临床分离菌的鉴定和疾病诊断有重要意义。

病毒引起细胞病变特征的变异包括蚀斑的形态、大小、色泽和性状的改变。同一病毒在相同条件下通常产生性状一致的蚀斑。因此，蚀斑的改变是病毒变异的一个重要指标。细胞培养的条件常常影响蚀斑的特征，这种改变是可逆的。病毒基因突变引起的蚀斑变异是新毒株出现的标志，是不可逆的。

五、药物敏感性的变异

细菌的药物敏感性可发生变异，原来对某种药物敏感的细菌变异为不敏感的耐药菌株，通过自发突变或抗性遗传因子的传递产生大多数抗性。细菌耐药和化学药物的存在并无关系。获得抗性的细菌在没有药物存在时生长繁殖数次的后代一般也不丧失抗性。原来对某种抗菌药物敏感的某种细菌通过某种方式获得对该药物的耐药性，有时甚至产生只有该药物存在时才能生长的赖药性，如痢疾杆菌长期在含链霉素培养基上培养会形成依链株(耐药菌株)。病原菌的耐药性变异对药物治疗十分不利。

细菌对于青霉素、氯霉素、四环素、红霉素等抗生素可出现因诱导而产生的耐药性，它并非起源于遗传因子的改变，而类似于诱导酶的产生，是基因在表达过程中发生的诱导现象。在含有少量青霉素 G 的培养基中培养枯草杆菌或蜡样芽胞杆菌时，可诱导这些细菌产生青霉素酶以破坏青霉素。

六、代谢的变异

某种微生物原来在代谢过程中能合成某种营养成分，变异后失去这种合成能力，无法在基本培养基上正常生长繁殖，成为营养缺陷型(auxotroph)。变异株丧失对某种糖类、维生素、氨基酸或其他生长因子的合成能力，则必须在培养基中人为提供缺失的营养成分才能生长。

有的细菌通过紫外线照射或化学诱变剂处理后能成为营养缺陷型。营养缺陷型菌株可作为杂交、转化、转导和原生质体融合等研究中的标记菌种。有的微生物原来没有合成某种成分的能力，变异后获得了这种合成能力。原来没有发酵乳糖能力的某些大肠杆菌，变异后能产生β-半乳糖苷酶，能发酵乳糖。这种代谢变异特性可用于该种营养成分的微量检测和遗传变异研究，对研究细菌代谢产物的生物合成途径很有用处。

细菌的形态结构、代谢活动，以及毒力和抗原性等都是以生化活动为基础的，而生化活动又主要是通过一系列酶实现的。因此，从某种意义上讲，细菌的大多数变异都是生化变异或酶活性变异。在微生物遗传学和生化遗传学研究中，经常使用的营养缺陷型也是一种酶活性变异株。

七、抗原性的变异

微生物各种抗原成分在环境的影响下会发生变化，暂时失去或添加某种抗原。如果微生物抗原结构基因发生突变，形成原有抗原结构的能力丧失或引起抗原改变，最终导致微生物的抗原性发生变异。细菌细胞壁缺陷变异(细菌 L 型等)、荚膜变异、鞭毛变异、S-R 变异、V-W 变异和 H-O 变异等都将引起细菌抗原性变异。

革兰阴性菌的 LPS 能直接激活 B 淋巴细胞，分化为浆细胞产生各种抗体。其中抗 O-特异性抗体有严格的特异性，因为 LPS O-特异性链上单糖的种类、位置、排列顺序及多糖链空间构型构成了 O-特异性链上的抗原决定簇，决定了革兰阴性菌光滑型菌株的种和型抗原特异性。当细菌发生 S→R 变异时，O-抗原特异性链的结构发生改变，产生的抗 O-特异性抗体的特异性也相应发生改变。

病毒抗原性的变异可导致新的病毒血清型出现。有的病毒有许多血清型，往往易于发生抗原变异。口蹄疫病毒有 7 个主型、60 多个亚型，抗原性很不稳定，并且不断地演变。

八、对温度的感受性变异

用加热或降温培养的方法可培养耐热变异株或低温耐受变异株。例如，巴斯德曾将炭疽杆菌在 42℃培养，获得了致弱的炭疽杆菌，可用于疫苗实验。

第三节　微生物的变异机制

微生物的变异机制主要有两种，即非遗传性变异(表型变异)和遗传性变异(基因型变异)。

一、非遗传性变异

微生物受外界环境的诱导作用，基因表达暂时改变，某一表型性状随之发生改变，当除去该诱发条件时，可恢复原来的性状。由于基因型并未发生改变，故此种变异不会遗传给子代，属于非遗传型变异。细菌的形态、结构、菌落和一些代谢的变异多属于此类，如 S→R 变异。

二、遗传性变异

微生物的基因发生了改变，相应性状也发生变化并遗传下去，这属于遗传性变异。遗传性变异一般又包括基因突变和基因转移两个方面。

(一) 基因突变

基因突变(mutation)是指微生物基因组核酸的碱基序列发生稳定的可遗传变化。复制后 DNA 发生改变，产生的蛋白质和酶也不同，从而导致性状改变。基因突变并无一定方向，必须经过测试和筛选才有实用意义。

1. 按照改变范围的大小 分为染色体畸变(chromosomal aberration)和点突变(point mutation)。

(1) 染色体畸变：是指染色体的一大段发生了变化，包括染色体结构上的缺失(delection)、重复(duplication)、插入(insertion)、易位(translocation)和倒置(inversion)。

(2) 点突变：是基因 DNA 链中一个或少数几个核苷酸对的改变，包括核苷酸对的置换(replacement)和因缺失或插入而造成的移码(frame shift)，置换进一步可分为转换(transition)与颠换(transversion)。

基因突变可以是自发的，也可以是人工诱发的。细菌突变在自然情况下发生频率不高，突变率一般为 $1/10^4$～$1/10^9$，即 1 万～10 亿个细菌中出现 1 个。人工使用强烈的理化因素(称为诱发因素或诱变剂)可使突变率大为提高。

2. 按引起突变的原因 分为自然突变(spontaneous mutation)和人工诱变(induced mutation)。

(1) 自然突变：是在未经人工改变的外界条件下自然发生的突变，经常发生，但突变频率很低。在药物敏感的原始细菌群体中，发生耐药性突变的仅是极少数的个别细胞。

(2) 人工诱变：是人工使用强烈的理化诱变因素而发生的突变，突变频率高于自然突变。许多理化因素如 X 射线、紫外线、亚硝酸、吖啶橙类染料、烷化剂和碱基结构类似物等均可作为细菌的诱变剂，提高细菌的突变率。

(二) 基因转移

基因转移(transgenosis)是细菌供体细胞间接或直接地将部分遗传物质单向传递给受体细胞，从而导致受体细胞发生基因重组的现象。基因重组(gene recombination)是受体细胞的整个基因组与供体细胞的 DNA 片段结合，使受体细胞获得供体细胞的部分遗传物质。细菌基因转移一般有 5 种方式。

1. 转化 1944 年，Oswald Avery、C. M. Macleod 和 M. McCart 在研究细菌转化时发现遗传物质的化学本质是 DNA。受体菌直接从外界摄取供体菌的游离 DNA 片段，将其整合到基因组内，从而获得供体菌游离 DNA 片段所控制的性状，这种现象称为转化(transformation)。转化后的受体菌称为转化子(transformant)。

革兰阳性菌和革兰阴性菌都可发生转化现象，但不是所有细菌都可以。大多数细菌不能接受外源性 DNA，不能将它整合到染色体中；另外，细菌还能产生内切酶，能识别并破坏进入细胞的外源 DNA。一般情况下，只有处于感受态(competence)的细菌才容易接受外源 DNA，进行转化作用。转化可以自然发生，通常只能发生于亲缘接近的细菌之间，而且频率很低。转化可以人工进行。基因工程研究中，将基因重组质粒转化到大肠杆菌中，培养、筛选基因克隆菌株。

2. 转导 以温和噬菌体为媒介，将供体菌的部分 DNA 片段携带到受体菌中，受体菌获得供体菌的这部分遗传性状，这种现象称为转导(transduction)。获得新遗传性状的受体菌称为转导子(transductant)。转导又分为普遍性转导和局限性转导两类。

普遍性转导(general transduction)是指噬菌体将供体菌染色体DNA中任何一部分或质粒转移给受体菌，与噬菌体裂解期有关。在裂解后期组装新噬菌体时，大约有 $1/10^7$～$1/10^5$ 的新噬菌体装配错误，将细菌 DNA 的部分片段装入噬菌体中，成为一个完全缺陷的转导噬菌体(transducing phage)。当转导噬菌体侵入另一受体菌时，将错配的供体菌 DNA 片段带入受体菌，出现两种结果。其一，供体菌 DNA 片段与受体菌染色体 DNA 整合，后者成为遗传性状稳定的转导子，这称为完全转导(complete transduction)；其二，有些供体菌 DNA 片段不能与受体菌染色体整合，仍保持游离状态，不自身复制，但能转录、翻译和表达，这称为流产转导(abortive transduction)。

局限性转导(restricted transduction)是指噬菌体仅将供体菌染色体 DNA 中个别特定基因如半乳糖苷酶(gal)基因等转给受体菌，与温和噬菌体的溶原期有关。λ 噬菌体进入大肠杆菌，处于溶原期时，噬菌体 DNA 整合在大肠杆菌染色体的特定部位如半乳糖苷酶基因(*gal*)与生物素基因(*bio*)之间，细菌受紫外线照射或化学因素作用后，λ 噬菌体从溶原期进入裂解期，其 DNA 从细菌染色体上分离，分离时有 10^{-6} 的噬菌体将其本身 DNA 上的一段留在细菌染色体上，却带走整合位点两侧的 *gal* 基因或 *bio* 基因，这种发生偏差的噬菌体称为部分缺陷噬菌体，当此噬菌体再次侵入受体菌时，可带入原来供体菌的 *gal* 或 *bio* 基因。这种转导当噬菌体在寄主中消失时，通过噬菌体转换而获得的性状也同时丧失。

3. 溶原性转换 是指通过一个正常的温和噬菌体(即不带有任何其他个体基因的温和噬菌体)去感染寄主菌，寄主发生溶原化，噬菌体的基因整合到寄主染色体 DNA 上，使寄主菌基因型发生变异，从而获得新的遗传性状，这种现象称为溶原性转换(lysogenic conversion)，又称为噬菌体转换(phage conversion)。这种现象与转导相似，但本质不同。当噬菌体在寄主体内消失时，所获得的新性状也同时消失。β 棒状杆菌噬菌体感染不产生毒素的白喉杆菌 C4 菌株，使 C4 菌株发生溶原化，C4 菌株变成产毒素的致病菌株，这就是因为发生了溶原性转换。另外，沙门菌的血清型变异也常常是因为溶原转变而来的。

4. 接合 1946 年，J. Lederberg 和 E. L. Tatum 发现了接合作用。供体菌(通常是指雄性细胞)通过性菌毛与受体菌相接触，将自身可转移的遗传物质通过性菌毛传送给受体菌中，受体菌发生基因重组，获得新的遗传性状，这种现象称为接合(conjugation)。并非所有细菌都能发生接合，只有带接合性质粒的细菌才能通过接合传递遗传物质。这里简单介绍几种接合性质粒。

(1) F 质粒：又称致育质粒(fertility plasmid)，编码性菌毛。有 F 质粒的细菌有性菌毛，称为雄菌(F^+)；无 F 质粒的细菌无性菌毛，称为雌菌(F^-)。接合时，F^+菌的性菌毛与 F^-菌表面受体结合，然后性菌毛收缩，F 质粒的一条链通过性菌毛中空管道进入 F^-菌，同时以滚环模式进行复制，供体菌不失去 F 质粒，受体菌由 F^-菌变为 F^+菌，能长出性菌毛。F 质粒还能整合到染色体上，这称为高频重组(high frequency recombination，Hfr)，这种能整合到染色体上的 F 质粒又称附加体(episome)，此时 F 质粒随染色体一起复制。Hfr 菌也有性菌毛，可接合。Hfr 菌与 F^-菌接合时，Hfr 菌染色体基因以单链进入 F^-菌，以高频重组整合进 F^-菌染色体中。Hfr 染色体中领先基因高频率向 F^-菌转移，其后基因的转移频率逐渐降低，并容易中断，而 F 质粒在染色体末端，不易转入F^-菌中。Hfr 菌中 F 质粒有时会从染色体上脱离下来，终止其 Hfr 状态。从染色体上脱离的 F 质粒有时带有染色体上几个邻近的基因，这种质粒称为 F′质粒。当 F′质粒转入 F^-菌时，F^-菌同时获得这一部分新基因，这种 F′质粒转移基因称为性导(sexduction)。

(2) R 质粒：为耐药性质粒(resistance plasmid)，由功能不同的两个部分组成，一个是耐药性转移因子(RTF)，其作用类似于 F 质粒；另一个是耐药性因子(RF)，决定耐药性。RTF 和 RF 均能自主复制，但是只有两者一起存在时才能将耐药性转移给另一个细菌。有 R 质粒的耐药菌长有 R 菌毛，与R^-菌(没有 R 质粒)接合时，将 R 质粒转移至R^-菌体内。当 RF 与 F 因子共存于某个细菌细胞时，能阻止 F 因子转移的 RF 称为 fi^+(fertility inhibition)因子，常见于大肠杆菌和痢疾杆菌，另一些不阻止 F 因子转移的 RF 称为 fi^-因子，常见于沙门菌。R 质粒不能整合到宿主染色体上，是一种稳定的质粒。R 质粒所致的耐药性与许多药物有关，如氯霉素、四环素、青霉素及磺胺等。R 质粒可自主复制，传至下一代，在同种和不同种属菌株之间转移，造成传染性耐药。

(3) Col 质粒：控制细菌素合成，有的可产生性菌毛，能在细菌间通过接合进行转移的称为转移性质粒，不能在细菌间通过接合进行转移的称为非转移性质粒。当细菌同时具有可转移的质粒如 F 质粒时，两者可同时发生接合转移。

5. 原生质体融合 以有特殊价值并带有选择性遗传标记的两个细菌为亲本，利用人工的方法去除其细胞壁，成为原生质体，然后使两者融合，形成遗传稳定、有双亲菌株优良性状的融合子(fusant)，这个技术称为原生质体融合(protoplast fusion)。该技术是继转化、转导和结合之后一种更加有效的转移遗传物质的手段。

第四节 微生物遗传变异的方法

为了提高微生物产品的数量和质量，或者为了满足研制疫苗及其他方面研究的需要，可用各种人工方法获得符合要求的微生物变异株，以适当的方法保存微生物的遗传性。

一、自 然 筛 选

微生物在自然环境中不断地发生变异，可从有关群体中，测定相关性状，筛选出所需要的优良菌株。新城疫Ⅱ系弱毒疫苗株就是从自然变异中筛选获得的。

二、人 工 诱 变

利用物理学方法(紫外光、激光等非电离辐射，X 射线、β 射线、γ 射线、快中子等电离辐射、同位素、高温或低温等)、化学方法(各种化学诱变剂如 5-溴脱氧尿苷、5-氟脱氧尿苷、2-氨基嘌呤、8-氮鸟嘌呤、亚硝酸、羟胺、烷化剂如 β 丙酸内酯和芥子气等、亚硝基胍、吖啶类染料如吖啶黄和吖啶橙、尿黄素等、溴化乙锭、一系列烷化剂、吖啶类结合的化合物如 ICR191 等)和生物学方法(通过异种动物、细胞培养和禽胚培养等的长期人工传代培养)，增加微生物突变的机会，淘汰不适应株，使潜伏的适应株增殖出来，经过筛选获得所需要的菌株或毒株。对于真核微生物(如子囊菌、酵母)，可人工进行有性杂交，对其后代进行筛选，选择优良性状的菌株。

三、原生质体融合

能进行原生质体融合的细胞极为广泛，不仅包括原核生物中的细菌和放线菌，还包括真核生物的细胞。原生质体融合技术已经广泛应用于细菌、放线菌、真菌等微生物的遗传育种研究，并取得了显著成绩。但原生质体融合的具体遗传机制还在探索之中。

四、基 因 工 程

基因工程(gene engineering)是用人工方法提取需要的某一供体生物的DNA大分子，在离体的条件下用适当的工具酶，把它与作为载体的DNA分子连接起来，然后与载体一起导入某一易生长繁殖的受体细胞中，让外源遗传物质在其中“安家落户”，进行复制和表达，从而获得新的产物。基因工程的步骤包括：目的基因的分离；目的基因与载体DNA的体外重组，形成一个完整的有复制能力的嵌合体；重组载体导入受体细胞，通常用转化方法，导入能容纳外源载体的受体细菌；复制与表达，重组载体在受体细胞内必须自主复制而获得扩增，以表达目的基因，使之成为“工程菌”。将人胰岛素A、B两链的人工合成基因组合到大肠杆菌的不同质粒上，然后转移到菌体内，生产出胰岛素。应用基因工程技术表达细菌的抗原成分，用以制备新型诊断试剂或疫苗，或用一种细菌表达两种细菌的抗原，制备多价菌苗等，均取得了实质性进展。将病原微生物基因组DNA中的毒力基因缺失，则可获得无毒、安全、有效、稳定的基因缺失疫苗。

第七章　动物免疫学基础

免疫(immunity)是机体对自身和非自身物质的识别，并清除非自身的大分子物质，从而保持机体内外环境平衡和稳定的生理学反应。免疫的主要功能是免疫防御、自身稳定和免疫监视。免疫是生物体在长期进化过程中形成的一种保护性生理反应，具有记忆性和高度的特异性，但过强的免疫反应会对机体产生有害作用。免疫学诞生于18世纪末，是研究生物机体免疫的一门生命科学，其理论知识和技术内容十分丰富。免疫学与微生物学的关系非常密切，这里仅简要介绍动物免疫学的基本理论和应用技术知识。

第一节　免疫系统

免疫系统(immune system)是由主宰或执行机体免疫功能的器官、细胞和分子所组成的一个系统，是生物机体同体内外各种因素长期斗争过程中逐渐建立和发展起来的，随着生物种系的进化而逐渐完善(图7-1)。

一、免疫器官

免疫器官(immune organ)包括中枢免疫器官和外周免疫器官。

(一) 中枢免疫器官

中枢免疫器官(central immune organ)是源生免疫细胞或诱导淋巴细胞成熟的器官，包括骨髓、胸腺和禽类的法氏囊(图7-2)。

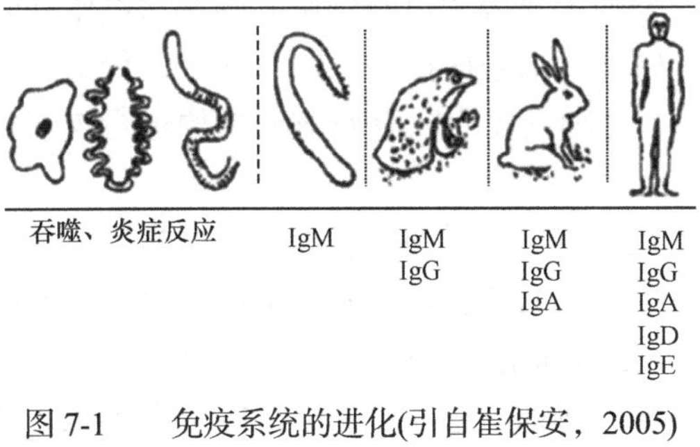

图7-1　免疫系统的进化(引自崔保安，2005)

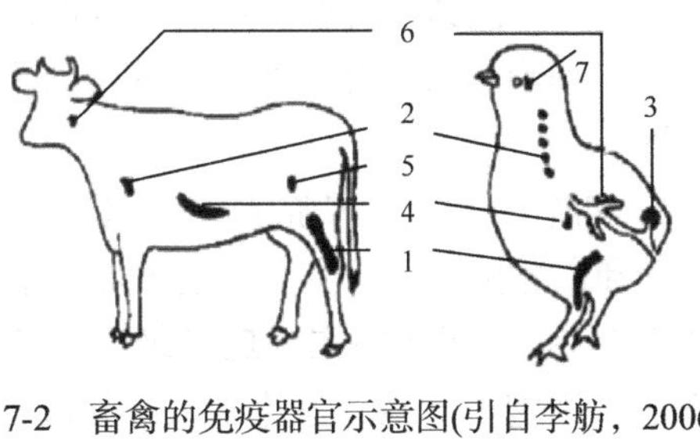

图7-2　畜禽的免疫器官示意图(引自李舫，2006)
1. 骨髓；2. 胸腺；3. 腔上囊；4. 脾脏；5. 淋巴结；6. 扁桃体；7. 哈德腺

1. 骨髓(bone marrow)　主要是指四肢长骨骨髓，是源生淋巴干细胞(lymphoid stem cell)、自然杀伤细胞、单核-吞噬细胞、红细胞、粒细胞等免疫细胞的器官。哺乳类动物骨髓中淋巴干细胞可成熟为B细胞，直接与进入骨髓的抗原发生免疫应答，产生抗体。骨髓是重要的免疫器官，若骨髓被破坏，机体会出现严重的免疫缺陷。

2. 胸腺(thymus)　哺乳动物的胸腺位于胸腔前部纵膈内，而禽类的胸腺分叶位于颈部两侧。胸腺随年龄增大而增长，至性成熟时最大，以后逐渐退化萎缩。胸腺中淋巴干细胞可成熟为 T 细胞。骨髓的淋巴干细胞经血流到达胸腺，在胸腺素(thymusin)和细胞因子等诱导下分化增殖，大部分凋亡，少部分成熟为胸腺依赖淋巴细胞(thymus dependent lymphocyte)，简称 T 淋巴细胞(T lymphocyte)或 T 细胞(T cell)。T 细胞随淋巴和血流迁移到外周免疫器官，参与细胞免疫应答，辅助和调节体液免疫应答。幼年期，胸腺对 T 细胞成熟至关重要，此时切除胸腺可造成严重的细胞免疫缺陷。成年动物切除胸腺的后果没那么严重，切除几个月后细胞免疫功能才逐渐减弱。长期应激、严重营养不良和长期患病等会导致胸腺萎缩，引起细胞免疫缺陷。

3. 法氏囊(bursa of Fabricius)　法氏囊是禽类特有的淋巴器官，位于泄殖腔背侧，性成熟前长到最大，以后逐渐退化、萎缩、消失。骨髓的淋巴干细胞到达法氏囊，被诱导成熟为囊依赖性淋巴细胞(bursa dependent lymphocyte)，简称 B 淋巴细胞(B lymphocyte)或 B 细胞，其特性和免疫作用与哺乳动物骨髓中成熟的 B 细胞相同。B 细胞经淋巴和血液循环移到外周免疫器官，参与体液免疫应答。法氏囊被切除或破坏，B 细胞成熟受到影响，接种抗原不能产生抗体。性成熟前感染传染性法氏囊病病毒，法氏囊被破坏、萎缩，将严重影响体液免疫应答。

(二) 外周免疫器官

外周免疫器官(peripheral immune organ)是各种免疫细胞分布、与抗原进行免疫应答的器官，包括淋巴结、脾脏、黏膜免疫系统和鸡的哈德腺等(图 7-2)。

1. 淋巴结(lymph node)　哺乳动物的淋巴结分布于淋巴管径路上，包含大量巨噬细胞、T 细胞和 B 细胞，其中 T 细胞约有 75%，B 细胞约有 25%。水禽在颈胸和腰共有两对淋巴结，其余禽类无淋巴结，仅有分散的淋巴组织。淋巴结和淋巴组织起过滤、捕捉淋巴液中的抗原并进行免疫应答的作用。

淋巴结包括皮质区、髓质区及两个区域间的副皮质区(猪淋巴结的构造相反)。皮质中主要是 B 细胞，B 细胞受抗原刺激后不断分裂增殖，形成生发中心。皮质区也有一些 T 细胞，分散于各生发中心之间。副皮质区中主要是 T 细胞。髓质区主要是巨噬细胞、树突状细胞和浆细胞。进入淋巴结的抗原，被髓质内的巨噬细胞、树突状细胞捕捉、吞噬、加工，传给副皮质区的 T 细胞，引起分化增殖，进行细胞免疫应答，并辅助皮质区 B 细胞对抗原进行体液免疫应答。

2. 脾脏(spleen)　脾脏是造血、贮血、滤血和淋巴细胞分布及进行免疫应答的器官。脾脏有红髓和白髓两部分，红髓中有网状细胞、巨噬细胞、浆细胞和各种血细胞；白髓包括淋巴结和脾小结，淋巴结内主要是 T 细胞，脾小结内主要是 B 细胞，受抗原刺激后形成生发中心。脾脏中 B 细胞占 65%，血流中大部分抗原在脾脏中被巨噬细胞吞噬、加工，传给 T 细胞，辅助 B 细胞进行体液免疫应答。

3. 黏膜免疫系统(mucosal immune system，MIS)　由肠黏膜、Peyers 结、肠系膜淋巴结、阑尾、气管黏膜、腮腺、泪腺、泌尿生殖道黏膜和乳腺管黏膜等淋巴组织共同组成的一个黏膜免疫应答网络。该系统中分布的 T 细胞和 B 细胞总量比脾脏和淋巴结中的还要多，疫苗抗原到达黏膜淋巴组织，引起免疫应答，产生大量 IgA，分布于黏膜表面，形成第一道特异性免疫保护防线。

4. 禽哈德腺(Harder gland)　又称瞬膜腺，位于眼窝中腹部、眼球后中央，除了分泌眼泪以润滑、保护瞬膜外，也分布有T细胞、B细胞，是对抗原进行免疫应答的部位。

二、免疫细胞

免疫细胞(immune cell)是指参与免疫应答的细胞，包括免疫活性细胞、免疫辅佐细胞和其他免疫细胞。

(一) 免疫活性细胞

免疫活性细胞(immune active cell)是指抗原刺激后活化、增殖、分化为效应性淋巴细胞，并产生特异性免疫应答的细胞，主要为T细胞和B细胞。

1. T细胞的来源、分布和亚群　骨髓多能干细胞分化成前驱T细胞后，进入胸腺，发育为成熟的T细胞，又称胸腺依赖性淋巴细胞(thymus dependent lymphocyte)，简称为T淋巴细胞或T细胞。成熟T细胞经血流分布到外周免疫器官的胸腺依赖区定居和增殖。外周免疫器官中T细胞可经血液→组织→淋巴→血液再循环巡游于全身各处，称为淋巴细胞再循环(lymphocyte recirculation)。受到抗原刺激后，T细胞分化为效应性T细胞(effector T cell)和少量记忆性T细胞(memory T cell)。效应性T细胞可介导细胞免疫应答，记忆性T细胞参加淋巴细胞再循环。

根据发育阶段和免疫功能，将T细胞分为以下主要亚群。

(1) 细胞毒性T细胞(cytotoxic T cell，Tc或CTL)：又称杀伤性T细胞，能特异地杀伤带有抗原的靶细胞如感染微生物的细胞、同种异体移植细胞及肿瘤细胞等。通过释放穿孔素和其他机制使靶细胞溶解。Tc的杀伤力较强，可连续杀伤数个靶细胞。

(2) 抑制性T细胞(suppressor T cell，Ts)：具有抑制细胞免疫和体液免疫的作用。Ts细胞的抑制作用与Th细胞的辅助作用对于稳定并调节免疫系统的生理功能和免疫应答的强度起着重要作用。

(3) 辅助性T细胞(helper T cell，Th)：具有协助体液免疫和细胞免疫的功能。

(4) 诱导性T细胞(induced T cell，TI)：能诱导Th细胞和Ts细胞的成熟。

(5) 迟发型变态反应T细胞(delayed-allergy T cell，TD)：介导迟发型变态反应。TD细胞能分泌多种细胞因子，作用于单核巨噬细胞、淋巴细胞和粒细胞，引起单核细胞浸润为主的炎症反应，发挥清除抗原的功能。

Th细胞、TI细胞和TD细胞属$CD4^+$T细胞，Ts细胞和Tc细胞属于$CD8^+$T细胞。

2. B细胞的来源、分布与亚群　骨髓多能干细胞分化成前驱B细胞，在骨髓或腔上囊分化为成熟的B细胞，又称为骨髓依赖性淋巴细胞(bone-marrow dependent lymphocyte)或囊依赖性淋巴细胞(bursa dependent lymphocyte)，简称B淋巴细胞或B细胞。成熟的B细胞分布到外周免疫器官的非胸腺依赖区定居和增殖。和T细胞一样，外周免疫器官中B细胞也进行淋巴细胞再循环。当受到抗原刺激后，B细胞分化为浆细胞(plasma cell)和少量记忆性B细胞。浆细胞直接介导体液免疫应答，记忆性淋巴细胞参加淋巴细胞再循环。

根据产生抗体是否需要Th细胞的协助，将B细胞分为B1和B2两个亚群。B1亚群为T细胞非依赖细胞，产生抗体不需Th细胞协助；B2亚群为T细胞依赖细胞，必须在Th细胞协助下才能产生抗体。

3. 免疫活性细胞的表面标志　T 细胞和 B 细胞在光学显微镜下均为小淋巴细胞，形态上难以区分。但两种淋巴细胞的表面存在着大量不同种类的蛋白质分子，这些表面分子称为表面标志。T 细胞和 B 细胞的表面标志包括表面受体和表面抗原。

表面受体(surface receptor)是指淋巴细胞表面上能与相应配体如特异性抗原、绵羊红细胞和补体等发生特异性结合的分子。表面抗原(surface antigen)是指淋巴细胞表面上能被特异性抗体识别的表面分子。由于表面抗原是在细胞分化过程中产生的，称之为分化抗原(differentiation antigen)。 通过单克隆抗体系统可以鉴定细胞表面抗原。为便于区分，将识别同一分化抗原的来自不同实验室的单克隆抗体归为一个分化群(cluster of differentiation，CD)，简称为 CD 系列。将单克隆抗体鉴定的细胞表面抗原称为 CD 抗原或 CD 分子。

表面抗原和表面受体并无严格的区别，有些表面受体已命名为 CD 抗原，如 E 受体即为 CD2；有些 CD 抗原也有受体特性，如 CD4 可视为 MHC Ⅱ类分子的受体等。

(二) 免疫辅佐细胞

T 细胞和 B 细胞是免疫应答的主要承担者。但是，免疫应答的完成还需要体内巨噬细胞、树突状细胞等对抗原进行捕捉、加工和处理，这些细胞称为免疫辅佐细胞(immune adjuvant cell)。免疫辅佐细胞在免疫应答中能将抗原提呈给免疫活性细胞，因此，又称为抗原提呈细胞(antigen presenting cell，APC)。抗原提呈细胞可分为两类：一类是带有 MHC Ⅱ类分子的细胞，包括单核巨噬细胞、树突状细胞、B 淋巴细胞、郎格汉斯细胞等，主要进行外源性抗原的提呈；另一类是带有 MHC Ⅰ类分子的抗原提呈细胞，包括所有的有核细胞，主要进行内源性抗原的提呈。

1. 单核-巨噬细胞系统(mononuclear phagocyte system，MPS)　由骨髓中髓系干细胞发育形成，包括血液中单核细胞(monocyte)和各种组织中巨噬细胞(macrophage，MΦ)。巨噬细胞主要分布于疏松结缔组织、肝脏、脾脏、淋巴结、骨髓、肺泡和腹膜等处，可存活数周到几年。组织中巨噬细胞分裂程度很低，主要靠血液中单核细胞来补充。组织中巨噬细胞比血液中的单核细胞含有更多的溶酶体和线粒体，具有更强大的吞噬功能。在单核巨噬细胞表面有 IgG Fc 受体、补体 C3b 受体、各种淋巴因子受体等。

单核-巨噬细胞等非特异性免疫细胞可对大量的不同病原体进行迅速识别和应答。模式识别理论认为，各类病原体共同存在某些可被非特异性免疫细胞识别的分子，如细菌的脂多糖、磷壁酸、肽聚糖等，这些分子称为病原体相关分子模式(pathogen associated molecular pattern，PAMP)；非特异性免疫细胞表达各种可与病原体 PAMP 识别的分子，称为模式识别受体(pattern recognition receptor，PRR)；非特异性免疫细胞通过其 PRR 与病原体的 PAMP 识别、结合后，无需细胞增殖，可快速发生生物学反应。

单核-巨噬细胞在特异性免疫和非特异性免疫中具有多种功能。

(1) 吞噬和杀灭作用：可吞噬消化异物、杀灭多种病原微生物，并吞噬处理机体自身衰老死亡的组织细胞，是机体非特异性免疫的重要因素。结合有抗体(IgG)和补体(C3b)的抗原性物质更易被巨噬细胞吞噬。巨噬细胞在抗体存在下可发挥 ADCC 作用。巨噬细胞是细胞免疫的一种效应细胞，经淋巴因子如 γ 干扰素激活的巨噬细胞能更有效地杀伤细胞内寄生菌和肿瘤细胞。

(2) 抗原提呈作用：单核巨噬细胞也是重要的抗原提呈细胞。抗原性异物被吞噬后，在细胞内被消化加工，大部分异物被降解，具有抗原决定簇的小肽片段被运送至细胞膜表面，以一定方式提呈给免疫活性细胞。

(3) 合成和分泌多种活性因子：巨噬细胞能合成和分泌 50 余种生物活性物质，如参与免疫调节的细胞因子、中性蛋白酶、溶菌酶、白细胞介素、干扰素、前列腺素、血浆蛋白和各种补体成分等。

(4) 抑瘤与助瘤作用：巨噬细胞合成分泌的蛋白水解酶、精氨酸酶和肿瘤坏死因子等具有抑制及杀灭肿瘤的作用。但有些巨噬细胞受肿瘤趋化因子的招引进入肿瘤组织内，分泌肿瘤血管因子等，促进肿瘤生长或转移。

2. 树突状细胞(dendritic cell，D)　是一组非淋巴样单核细胞，成熟时细胞伸出伪足状或树枝样突起，来源于骨髓和脾脏红髓，广泛分布于机体的淋巴组织、除脑之外的结缔组织和上皮组织。

D 细胞无吞噬能力，细胞表面有或没有 IgG Fc 受体、补体 C3b 受体，但大多数 D 细胞带有较多的 MHC Ⅰ类和 MHC Ⅱ类分子。D 细胞的主要功能是提呈不需细胞处理的抗原，尤其是可溶性抗原，能将具有进入 D 细胞能力的病毒抗原、细菌内毒素抗原等提呈给免疫活性细胞。

3. B 细胞　B 细胞作为抗原提呈细胞是现代免疫学的一个发现。活化 B 细胞的抗原提呈能力与巨噬细胞相近。B 细胞可依靠其抗原受体 SmIg 捕获抗原物质。

(三) 其他免疫细胞

1. 杀伤细胞(killer cell，K)　是一种来源于骨髓的淋巴细胞，主要存在于腹腔、血液和脾脏中。K 细胞表面具有 IgG Fc 受体。当靶细胞和相应的 IgG 结合，K 细胞再与 IgG Fc 结合，从而使自身活化，释放细胞毒素，裂解靶细胞，这种作用称为抗体依赖性细胞介导的细胞毒作用(antibody-dependent cell-mediated cytotoxicity，ADCC)(图 7-3)。K 细胞杀伤的靶细胞包括病原微生物感染的宿主细胞、恶性肿瘤细胞、移植物中异体细胞及某些较大的病原体如寄生虫等。

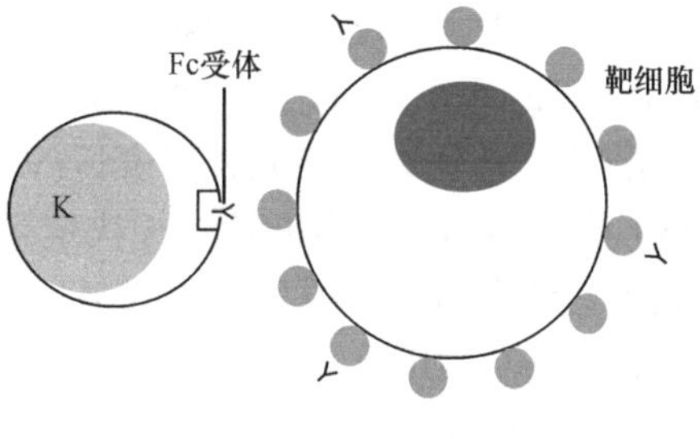

图 7-3　K 细胞的 ADCC 示意图
(改绘自苏燎原，2000)

2. 自然杀伤细胞(natural killer cell，NK)　来源于骨髓，是一种不依赖抗体、不需抗原刺激和致敏而能直接杀伤靶细胞的淋巴细胞，主要存在于外周血和脾脏中。NK 细胞能非特异性地杀伤肿瘤细胞，抵抗多种微生物感染，排斥骨髓细胞的移植，通过释放多种细胞因子如 IL-1、IL-2、干扰素等发挥免疫调节作用。多数 NK 细胞有 IgG Fc 受体，能介导 ADCC 作用。

3. 粒细胞(granulocyte)　中性粒细胞是血液中主要的吞噬细胞，细胞内有溶酶体、过氧化物酶、碱性磷酸酶和其他抗菌物质。中性粒细胞在抗感染中起重要作用，同时分泌炎症介质，促进炎症反应，还可处理颗粒性抗原提供给巨噬细胞。嗜碱性粒细胞参与Ⅰ型变态反应。嗜碱性粒细胞中有大量的嗜碱性颗粒，内含组织胺等血管活性物质，细胞膜上存在 IgE Fc 受体，能结合 IgE，IgE 与相应抗原结合后，引起细胞脱颗粒，释放血管活性物质，引起过敏反应。分布于外周淋巴组织、皮肤结缔组织、小血管周围、小肠黏膜下组织等处的肥大细胞，具有和嗜碱性粒细胞类似的作用。

4. 红细胞(erythrocyte) 和白细胞一样，红细胞具有重要的免疫功能，如识别抗原、清除体内免疫复合物、增强吞噬细胞的吞噬功能、提呈抗原物质和免疫调节等功能。

具有非特异性免疫活性的其他细胞还有 NKT 细胞、γδT 细胞、B1 细胞、肥大细胞等。

三、免 疫 分 子

免疫分子(immune molecular)是指机体内参与免疫应答的各种分子。免疫分子是机体免疫系统的重要组成部分，在机体内广泛分布，可归纳为免疫淋巴细胞膜上的分子与体液中的分子两大类。

(一) 淋巴细胞膜上的免疫分子

淋巴细胞膜上的免疫分子包括 T 细胞抗原受体(TCR)、B 细胞抗原受体(SmIgM、SmIgD)、白细胞分化抗原(CD)、主要组织相容性复合体(MHC)分子及其他分子等。

1. T 细胞抗原受体(T cell receptor，TCR) 是指 T 细胞膜上能与抗原识别、结合的蛋白分子。每个 T 细胞表面约有 30 000 个 TCR，每个 TCR 是由 α、β 两条肽链组成的二聚体，每条肽链都有 1 个像免疫球蛋白一样的可变区和恒定区，可变区有 3 个变化很大的高变区，高变区组成与抗原肽(决定簇)特异识别、结合的结构。TCR α 链和 β 链的基因由许多编码可变区的基因片段组成，在 T 细胞发育成熟过程中不断进行基因重排和组合。机体内不同克隆的成熟 T 细胞上的抗原受体可变区不同，称为 TCR 多样性。据推算，一个机体内成熟 T 细胞约有 10^{15} 个克隆，每个克隆的 TCR 可变区结构都不同，可识别、结合各种不同的抗原。

2. B 细胞抗原受体(B cell receptor，BCR) 是指 B 细胞发育成熟过程中能特异识别、结合抗原的膜表面免疫球蛋白(surface membrane immunoglobulin，SmIg)分子。每个 B 细胞约有 10^5 个 SmIg。每个 SmIg 分子由两条较长的肽链(称为重链，H 链)和两条较短的肽链(称为轻链，L 链)构成。H 链和 L 链均由可变区(V 区)和恒定区(C 区)组成。H 链的 V 区(VH)和 L 链的 V 区(VL)共同构成直接与相应抗原决定簇特异识别结合的构型。SmIg 的 H 链和 L 链分别由 B 细胞染色体中的 H 链基因和 L 链基因编码合成。 编码 Ig H 链和 L 链的基因有许多不同的 V 基因，H 链基因还有 μ、δ、γ、α、ε 等 5 类恒定区基因。在 B 细胞发育、增殖、成熟过程中，不断发生 VL 基因和 VH 基因的重排，形成不同克隆的 B 细胞。由于 SmIg VL 和 VH 的结构都不同，称为 SmIg 多样性。据推算，一个正常家畜体内，约有 10^9～10^{12} 个 B 细胞克隆，可以识别各种不同的抗原决定簇。

在 B 细胞发育初期，表达重链恒定区的是 μ 基因，B 细胞继续发育、成熟，部分转换为 δ 基因。所以，未成熟 B 细胞表达的 SmIg 是 IgM，成熟 B 细胞表达的是 SmIgM 和 SmIgD。

3. 白细胞分化抗原(cluster of differentiation，CD) 是指白细胞(包括淋巴细胞、单核细胞、巨噬细胞、粒细胞等)、血小板、血管内皮细胞、成纤维细胞、上皮细胞及神经内分泌细胞等在分化的不同群、成熟的不同阶段，以及活化过程中出现或消失的细胞表面标志性膜蛋白分子，应用单克隆抗体测定、归类，统一以分化群(CD)命名和编码。不同分化阶段的细胞都有一些特征性的 CD 分子，借此可以从 CD 分子水平上鉴定细胞。

4. MHC 分子 不同动物的某对染色体上含有一个具有大量等位基因、功能相似的基因区域，该基因区域中含有编码主要组织相容性抗原的基因，故称为主要组织相容性复合体

(major histocompatibility complex，MHC)。各种动物的 MHC 各有名称，如小鼠的称 H2、猪的称 SLA(又称 Sudo)等。MHC 基因分为Ⅰ、Ⅱ和Ⅲ类，分别编码表达Ⅰ、Ⅱ和Ⅲ类蛋白分子。

5. 其他膜分子　参与免疫的细胞膜分子还有许多。例如，T 细胞的 E 受体、PHA 受体，B 细胞、单核/吞噬细胞等的 Fc 受体、C3b 受体，各种免疫细胞的细胞因子受体，多种激素(如雌激素、甲状腺素、肾上腺皮质激素、肾上腺素、前列腺素 E、生长激素、胰岛素)受体，神经递质(如组织胺、乙酰胆碱、5-羟色胺、多巴胺等)受体，神经肽(如内啡肽、脑啡肽、P 物质等)受体等。

(二) 体液中的免疫分子

1. 免疫球蛋白(immunoglobulin，Ig)　是由浆细胞分泌的有抗体活性的蛋白质。Ig 在体液免疫中起重要作用，能消灭相应抗原，在一定条件下也能引起变态反应。

2. 补体(complement)　动物和人血清中存在的不耐热球蛋白分子，能促进溶菌素的溶菌作用。豚鼠血清的补体成分最完全，补体的生物学活性和作用也最好。正常血清中补体的活性极易受温度、酸碱等的影响，56～60℃作用 30min 可使之完全灭活。补体在平常情况下不表现活性，只有经过激活才起各种生物学作用。

3. 细胞因子(cytokine)　细胞因子是免疫细胞受抗原或丝裂原刺激后产生的非抗体、非补体的具有激素样(微量而高效)活性的蛋白质分子，与内分泌激素和神经递质等共同组成细胞间的信号分子，在机体的免疫应答、炎症反应等过程中起着重要作用。产生细胞因子的细胞主要有活化的免疫细胞、基质细胞类(包括血管内皮细胞、成纤维细胞、上皮细胞等)和某些肿瘤细胞等。抗原的刺激、感染、炎症等许多因素可刺激细胞因子的产生。另外，各细胞因子之间也可彼此促进合成和分泌。

细胞因子主要包括白细胞介素、淋巴因子及干扰素。白细胞介素(interleukin，IL)主要在白细胞间发挥作用，淋巴因子(lymphokine)主要作用于其他靶细胞，干扰素(interferon，IFN)主要作用于同种生物细胞。一种淋巴细胞可产生多种细胞因子，而一种细胞因子可由多种细胞所产生。细胞因子均是低分子质量(<80 000)的分泌型蛋白，绝大多数为糖蛋白。细胞因子的生物学活性很强，可在皮摩尔(pmol/L，10^{-15}～10^{-13}mol/L)水平发挥生物学活性。一种细胞因子有多种功能，有时多种细胞因子表现同一功能，并且相互交错形成复杂的调节网络。细胞因子必须与靶细胞上特异性高亲和力受体结合后才能介导生物学效应，细胞因子与受体结合，然后通过细胞内的第二信使系统将信号传递到细胞内，从而发挥作用。几乎所有的细胞因子都是在细胞受到抗原或丝裂原刺激后的活化过程中合成和分泌，并通过自分泌即作用于产生细胞或旁分泌即作用于邻近细胞的方式短暂地产生，并在局部发挥作用，而不是通过内分泌的方式作用于远处细胞。

第二节　抗　原

凡能刺激机体产生抗体和致敏淋巴细胞，并能与之结合引起特异性免疫反应的物质称为抗原(antigen，Ag)。抗原具有抗原性(antigenicity)，抗原性包括免疫原性与反应原性两个方面。免疫原性(immunogenicity)是指抗原能刺激机体产生抗体和致敏淋巴细胞的特性。反应原性(reactogenicity)是指抗原与相应的抗体或致敏淋巴细胞发生反应的特性。

大分子蛋白质、糖蛋白、脂蛋白、核蛋白等抗原既具有免疫原性又具有反应原性，这些物质称为完全抗原(complete antigen)，又称免疫原(immunogen)。分子质量小、结构简单的药物、氨基酸、糖、脂肪、核酸和激素，不能引起机体免疫应答，但在体外与牛血清白蛋白(BSA)、牛血清丙种球蛋白(BGG)、卵清蛋白(OA)、鸡丙种球蛋白(CGG)、钥孔嘁血蓝蛋白(KLH)、人工合成多聚赖氨酸(PLL)等载体偶联后或在体内与一些组织蛋白结合后可成为完全抗原，刺激机体发生免疫应答，产生抗体，并与抗体特异结合，这些物质则称为不完全抗原(incomplete antigen)或半抗原(hapten)。

一、构成完全抗原的条件

1. 异物性 异种动物之间的组织、细胞和蛋白质均是良好的抗原。通常，动物间的亲缘关系相距越远、生物种系差异越大，免疫原性越好，此类抗原称为异种抗原(heteroantigen)。同种动物不同个体的某些成分也具有一定的抗原性，此类抗原称为同种异体抗原(alloantigen)，如血型抗原、组织移植抗原。

动物自身组织通常情况下不具有免疫原性，但在特殊情况下可成为自身抗原。组织蛋白的结构发生改变，如机体组织受烧伤、感染及电离辐射等使原有的结构发生改变，从而成为自身抗原性。机体的免疫识别功能紊乱，将自身组织视为异物，从而导致自身免疫病。某些与免疫系统缺少接触的组织成分如眼球晶状体蛋白、精子蛋白、甲状腺球蛋白等因外伤或感染而进入血液循环系统时，被机体视为异物，引起免疫反应，这些物质称为自身隐蔽物质。

2. 分子大小 免疫原性良好的物质分子质量一般都在 10 000Da 以上。在一定条件下，分子质量越大，免疫原性越强；分子质量小于 5000Da 的物质，免疫原性较弱；分子质量在 1000Da 以下的物质，本身没有免疫原性，但与大分子蛋白质载体结合后可获得免疫原性，称为半抗原。

3. 化学组成、分子结构复杂 分子质量相同，但化学组成、分子结构与构型不同的分子的免疫原性有一定的差异。一般讲，物质的分子结构越复杂，免疫原性越强。例如，含芳香族氨基酸的蛋白质比只含非芳香族氨基酸的蛋白质免疫原性强。明胶的分子质量可达 100 000Da 以上，但其肽链主要由直链氨基酸组成，进入体内不稳定，易被酶分解，故免疫原性差。

4. 物理状态 颗粒性抗原的免疫原性通常比可溶性抗原强。可溶性抗原分子聚合后或吸附在载体颗粒表面，可增强其免疫原性。例如，将甲状腺球蛋白与聚丙烯酰胺颗粒结合后免疫家兔，可使 IgM 的效价提高 20 倍。免疫原性弱的蛋白质如果吸附在氢氧化铝胶、脂质体等大分子颗粒上，可增强其抗原性。

5. 进入途径 抗原分子必须以完整颗粒进入免疫活性细胞所在部位才能刺激机体产生抗体或致敏淋巴细胞。如果在进入之前，抗原分子已被分解成小分子的氨基酸或短肽链时，因其结构在各种生物体内基本相似，则其失去异物的特性，从而也失去抗原性。

二、抗原的分类

(一) 根据抗原的免疫原性

根据免疫原性的差异，将抗原分为完全抗原和不完全抗原(半抗原)。

(二) 根据抗原的来源

根据来源的不同，将抗原分为外源性抗原和内源性抗原。

1. 外源性抗原(exogenous antigen)　是指通过各种途径进入机体的非自身抗原。例如，机体自然感染的各种病原微生物、寄生虫或它们产生的毒素、人工注射的各种抗原包括疫苗等。

2. 内源性抗原(endogenous antigen)　是由机体细胞产生的非己抗原，如感染病毒的细胞产生的病毒蛋白抗原、癌变细胞的肿瘤蛋白抗原等。

(三) 根据抗原与免疫机体的关系

根据抗原与免疫机体的关系，将抗原分为异种抗原、同种抗原、自身抗原和异嗜性抗原。

1. 异种抗原(heteroantigen)　是指与被免疫动物不同种属的抗原，如各种细菌、病毒、疫苗、异种动物的细胞和血清蛋白等。

2. 同种抗原(alloantigen，homoantigen)　是指与被免疫动物同种属的抗原，如同种动物不同个体的血型抗原和细胞的组织相容性抗原(如 MCH　Ⅰ类分子)。

3. 自身抗原(autoantigen)　机体在烧伤、电离辐射和感染等条件下，形成的"自身抗原"或释放出"隐蔽抗原"。

4. 异嗜性抗原(heterophile antigen)　是指一些微生物、植物、动物及人体的某种细胞或组织抗原中有共同的抗原成分，这类抗原相应免疫血清互相之间发生交叉反应，称为异嗜性抗原。这类抗原首先由 Forssman 发现，又称为 Forssman 抗原。例如，溶血性链球菌与人肾小球基底膜及心肌组织之间有异嗜性抗原，人体反复感染链球菌后产生的抗链球菌抗体可对人肾小球和心肌组织产生免疫效应，导致肾小球肾炎或心肌炎。异嗜性抗原的发现对分析自身免疫病的病因、血清学试验的交叉反应等具有意义。异嗜性抗体可应用于某些传染病的免疫学诊断。例如，人感染梅毒螺旋体要检查患者血清中梅毒螺旋体抗体，但梅毒螺旋体很难培养制备抗原，因其与牛心肌有共同抗原，所以可用牛心肌抗原代替进行血清学试验，检出患者血清中的抗体。

(四) 根据 T 细胞的依赖性

根据对 T 细胞的依赖性，可将外源性抗原分为两类。

1. 胸腺依赖性抗原(thymus dependent antigen，TDAg)　这类抗原刺激 B 细胞产生抗体时需要辅助性 T 细胞的协助，称为胸腺依赖性抗原或 T 细胞依赖性抗原。大部分蛋白抗原属此类。TD 抗原在分子结构上有 T 细胞决定簇和多种不同的 B 细胞决定簇。

2. 胸腺非依赖性抗原(thymus independent antigen，TIAg)　少数抗原不需要 T 细胞协助，能直接刺激 B 细胞产生抗体，称为胸腺非依赖性抗原，如大肠杆菌脂多糖(LPS)、肺炎球菌荚膜多糖等。TI 抗原是糖的多聚体，分子结构上 B 细胞决定簇重复排列，不需要 Th 细胞参与，即能刺激 B 细胞发生免疫应答(图 7-4)。

(五) 根据免疫保护性

1. 保护性抗原(protective antigen)　病原微生物结构中，部分蛋白抗原免疫动物后产生的抗体有保护作用，能中和相应病原，或在补体、吞噬细胞、NK 细胞等协助下能杀灭相应病原，这类抗原称为保护性抗原，如鸡新城疫病毒的 F 蛋白和 HN 蛋白、口蹄疫病毒的 VP1 和 VP4

蛋白、大肠杆菌的 K 抗原。保护性抗原是疫苗中的有效抗原，刺激机体产生的抗体是免疫血清中的有效抗体。

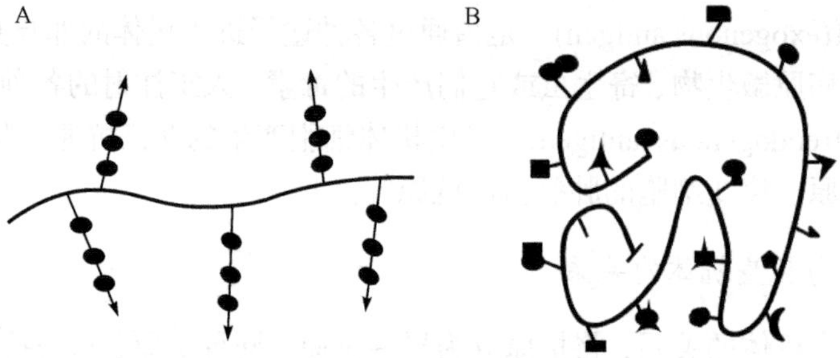

图 7-4　胸腺非依赖抗原(A)与胸腺依赖抗原(B)(改绘自胡建和，2006)

2. 非保护性抗原(non-protective antigen)　病原微生物结构中，部分抗原免疫动物后产生的抗体没有保护作用，这类抗原为非保护性抗原。但是，检测动物血清中非保护性抗原相应的抗体有助于诊断相应的传染病。

(六) 根据 T 细胞的激活情况

1. 普通抗原(conventional antigen)　是指在动物体内只特异识别、激活相应克隆的 Th 细胞的抗原。绝大多数天然抗原是普通抗原。普通抗原激活 Th 细胞需要抗原提呈细胞(APC)处理，APC 通过 MHC Ⅱ分子传递抗原决定簇给相应克隆 Th 细胞的 TCR 进行特异识别、结合，所以普通抗原激活的 T 细胞数量少。

2. 超抗原(superantigen，SAg)　是指能使体内许多克隆的 Th 细胞激活的抗原。例如，金黄色葡萄球菌肠毒素 A-E、A 群链球菌表面 M 蛋白和致热外毒素 A-C、关节炎支原体丝裂原等。超抗原激活 T 细胞无需 APC 处理，不受 MHC Ⅱ类分子限制。超抗原一端与 APC 的 MHC Ⅱ类分子外侧结合，另一端与 T 细胞 TCR 可变区(VR)外侧结合，即可激活 T 细胞。多数克隆 T 细胞 TCR-Vβ 的外侧结构相同，极微量的超抗原就能使许多克隆 T 细胞激活。因此，SAg 又称多克隆 T 细胞激活剂。

三、抗原决定簇

抗原决定簇(antigenic determinant)是指抗原分子表面具有一定空间构型和免疫活性的化学基团，又称抗原决定基。抗原决定簇的大小是相对恒定的。通常，蛋白质抗原的每个决定簇由 5～7 个氨基酸残基组成，多糖抗原的每个决定簇由 5～6 个单糖残基组成，核酸抗原的每个决定簇由 5～8 个核苷酸残基组成。

抗原决定簇的数目称为抗原的抗原价(antigenic valence)。含有多个抗原决定簇的抗原称为多价抗原(polyvalent antigen)，大部分抗原都属于这类抗原。只有一个抗原决定簇的抗原称为单价抗原(monovalent antigen)，如简单半抗原。

抗原决定簇决定抗原的特异性。根据抗原决定簇特异性的不同，将其分为单特异性抗原决定簇和多特异性抗原决定簇。单特异性抗原决定簇(single specific antigen determinant)是指只有一种特异性的决定簇，多特异性抗原决定簇(more specific antigen determinant)是含有两种以上不同特异性的决定簇。天然抗原一般都为多价抗原和多特异性决定簇抗原。

四、抗原的特异性与交叉性

不同抗原物质之间可能有相同或相似的抗原组成或结构，存在共同的抗原决定簇，这些共有的抗原组成或决定簇称为共同抗原(common antigen)或交叉抗原(cross antigen)。种属相关的生物之间的共同抗原又称类属抗原(group antigen)。

如果两种不同的抗原物质之间存在相同的抗原组成或决定簇，则一种抗原可以与另一种抗原物质刺激机体产生的抗体之间相互发生反应，称为交叉反应(cross reaction)或类属反应(group reaction)(图 7-5)。例如，牛冠状病毒和鼠肝炎病毒之间、猫传染性腹膜炎病毒与猪传染性胃肠炎病毒之间有相同的抗原组成，相互间可发生交叉反应。不同微生物之间也可存在共同的抗原成分，在血清学诊断中会出现交叉反应，从而造成诊断上的混乱。

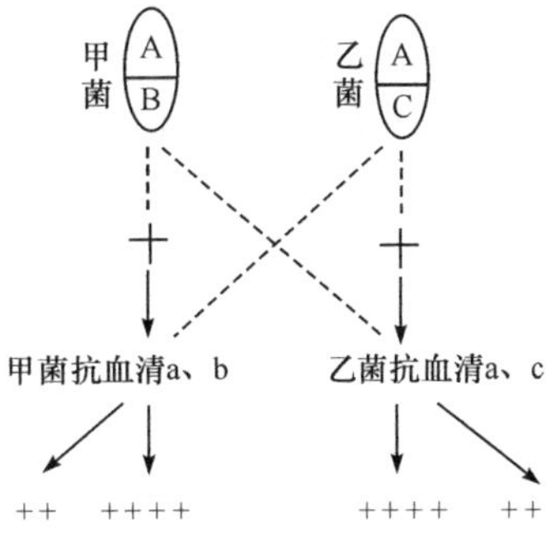

图 7-5 交叉反应(引自胡建和，2006)

五、重要的微生物抗原

1. 细菌抗原(bacterial antigen) 细菌结构比较复杂，有多种抗原成分。根据结构的不同，将细菌抗原分为鞭毛抗原(H 抗原)、菌体抗原(O 抗原)、荚膜抗原(K 抗原)、菌毛抗原等。

2. 病毒抗原(viral antigen) 各种病毒都有相应的抗原结构。一般有 V 抗原(囊膜抗原)、VC 抗原(衣壳抗原)、S 抗原(可溶性抗原)和 NP 抗原(核蛋白抗原)。

3. 毒素抗原(toxic antigen) 破伤风杆菌、肉毒梭菌等多种细菌能产生外毒素，其成分为糖蛋白或蛋白质，有很强的抗原性，能刺激机体产生抗体即抗毒素(antitoxin)。

4. 其他微生物抗原 真菌、寄生虫及其虫卵都有特异性抗原，但免疫原性较弱，特异性不强，交叉反应较多。

六、佐剂与免疫调节剂

(一) 佐剂

佐剂(adjuvant)是指预先注射于机体或与抗原混合后注射能增强抗原免疫原性的物质。

1. 用于疫苗的佐剂 细菌和病毒的灭活疫苗、亚单位疫苗或基因工程亚单位疫苗等疫苗的免疫原性差，加入一定比例的佐剂可提高免疫效果。常用的佐剂有氢氧化铝胶和注射用白油(轻质矿物油)等。氢氧化铝胶疫苗吸附于铝胶颗粒表面，易被提呈细胞吞噬，且在注射部位持久释放，提高免疫效果。注射用白油与灭活后的细菌或病毒液乳化成油包水剂形，称为油剂苗(oil vaccine)。油剂苗提高免疫效果原理与弗氏不完全佐剂相似，但不会引起注射部位肉芽肿。蜂胶是蜜蜂采集花粉等经过咀嚼、唾液中酶的作用而制成的物质，含有大量氨基酸、有机酸、微量元素、维生素，是一种安全、有效的疫苗佐剂。

2. 用于制备高免血清的佐剂 为制备高免血清，常用弗氏不完全佐剂(Freund’s incomplete adjuvant，FIA)和弗氏完全佐剂(Freund’s complete adjuvant，FCA)。FIA 是将抗原水溶液加石蜡油或植物油后，以羊毛脂或 Tween-80 乳化成油包抗原水溶液的状态，注入机体后，因抗原受油的保护，油滴缓慢分解，抗原持久释放，发挥长期的刺激作用，而石蜡油在注射部位刺激、形成肉芽肿，集中大量巨噬细胞、淋巴细胞，大大促进抗体的产生。FCA 是在 FIA 中加入杀死的分枝杆菌而制成。分枝杆菌能促进 T 细胞、B 细胞的分化增殖，增强巨噬细胞的功能。因此，FCA 增强免疫的作用比 FIA 更强。但是，弗氏佐剂在接种部位产生的肉芽肿可发展成溃疡，对动物刺激甚大。此外，石蜡油不能代谢分解，也影响动物的肉质，所以弗氏佐剂不适用于作为疫苗佐剂。

3. 其他　维生素 A、脂质体也可作为免疫佐剂。维生素 A 可促进细胞免疫。脂质体是人工制备的类脂质小球体，将抗原溶液包裹在脂质体内起佐剂兼载体作用，能大大提高细胞免疫和体液免疫效果，但成本高。此外，IL-2、IL-18、IFN-γ 等细胞因子也起佐剂作用。

(二) 免疫调节剂

免疫调节剂(immunomodulator)包括具有正向调节功能的免疫增强剂和具有负向调节功能的免疫抑制剂。

1. 免疫增强剂(immunopotentiator)　是指一些单独使用即能引起机体出现短暂的免疫增强作用的物质，有的可与抗原同时使用，有的佐剂本身也是免疫增强剂。

免疫增强剂主要包括生物性免疫增强剂(如胸腺激素、干扰素等)、细菌性免疫增强剂(如卡介苗等)、化学性免疫增强剂(如左旋咪唑、西咪替丁等)、营养性免疫增强剂(如维生素等)、中药性免疫增强剂(如香菇、灵芝等)。

免疫增强剂可用于治疗某些传染病(如真菌感染)、免疫性疾病(如免疫缺陷)、免疫抑制性疾病及非免疫性疾病等。大多数免疫制剂具有双向调节作用，即在低浓度时的刺激作用和高浓度时的抑制作用；或依机体免疫功能状态，可使过高或过低的免疫功能调整到正常水平。

2. 免疫抑制剂(immunosuppressor)　是指在治疗剂量下，可产生明显免疫抑制效应的物质。

免疫抑制剂主要包括合成性免疫抑制剂(如糖皮脂激素等)、微生物性免疫抑制剂(主要来源于微生物的代谢产物)、生物性免疫抑制剂(如抗淋巴细胞血清、单克隆抗体等)、中药性免疫抑制剂(如雷公藤、冬虫夏草等)。

免疫抑制剂可作用于免疫反应的不同环节。不同分化阶段的免疫细胞对免疫抑制剂的敏感性不同。免疫抑制剂对细胞和体液免疫应答的抑制效应各异。免疫抑制剂一般具有较为严重的副作用，可引起骨髓抑制、肝肾功能损伤，继发严重的感染和胎儿畸形等。

第三节　抗　　体

抗体(antibody, Ab)是指机体受到抗原物质刺激后由 B 淋巴细胞转化成浆细胞后产生的能与相应抗原发生特异性结合反应的免疫球蛋白(Ig)。抗体主要存在于动物的血液(血清)、淋巴液、组织液及其他外分泌液中。因此，将抗体介导的免疫称为体液免疫(humoral immunity)。

依据化学结构和抗原性的差异，将免疫球蛋白分为 IgG、IgM、IgA、IgE 和 IgD。此外，在成熟的 B 细胞表面具有的抗原受体，其本质也是免疫球蛋白，即膜表面免疫球蛋白(SmIg)。

一、免疫球蛋白的分子结构

所有种类免疫球蛋白的单体分子结构都是相似的，即由两条相同的重链和两条相同的轻链共四条肽链构成的“Y”形或“T”形分子结构(图 7-6)。IgG、IgE、血清型 IgA、IgD 以单体分子形式存在，IgM 是 5 个单体分子构成的五聚体，分泌型 IgA 是 2 个单体构成的二聚体。

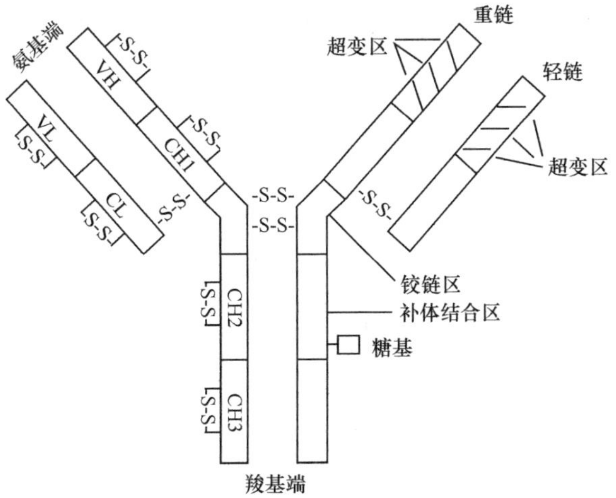

图 7-6　免疫球蛋白(IgG)的结构模式图(改绘自胡建和，2006)

1. 重链(heavy chain，H)　由 420～446 个氨基酸组成，两条重链之间由一对或一对以上的二硫键互相连接。重链氨基端(N 端)开始的 1/4 部分约 130 个氨基酸形成的结构是随抗体分子的特异性不同而有所变化，这一区域称为重链的可变区(variable region of heavy chain，VH)；其余的氨基酸比较稳定，称为恒定区(constant region of heavy chain，CH)。在重链的可变区内，有 3 个区域的氨基酸变异度最大，称为超变区(hypervariable region of heavy chain，HV)；其余的氨基酸变化较小，称为骨架区(framework region)。

免疫球蛋白重链 CH 的氨基酸有 γ、μ、α、ε 和 δ 型，由此将免疫球蛋白分为 5 种类型(class)，即 IgG、IgM、IgA、IgE 和 IgD。根据 CH 内个别氨基酸的差异和 H 链间二硫键的位置，每类 Ig 又可分为不同的亚类(subclass)。

2. 轻链(light chain，L)　由 210～230 个氨基酸组成。两条相同轻链的羧基端(C 端)以二硫键分别与两条重链相连接。轻链 N 端开始的 1/2 部分约 108 个氨基酸形成的结构随抗体分子的特异性变化而有差异，称为轻链的可变区(variable region of light chain，VL)，与重链的可变区相对应，并共同构成抗体分子的抗原结合部位(antigen-binding site)；其余的氨基酸比较稳定，称为恒定区(constant region of light chain，CL)。轻链的可变区内部有 3 个超变区，其氨基酸变化特别大；其余的氨基酸变化较小，称为骨架区。

根据结构和抗原性的不同，免疫球蛋白的轻链有 2 个型(type)，即 κ 型和 λ 型。每个 Ig 分子的两条轻链均是相同的 κ 型或 λ 型。

3. 其他　免疫球蛋白还具有一些特殊分子结构，如连接链、分泌成分和糖类等，为个别免疫球蛋白所具有。

二、免疫球蛋白的功能区

免疫球蛋白的多肽链分子可折叠形成几个由链内二硫键连接成的环状球形结构，这些球形结构称为免疫球蛋白的功能区(functional domain)。

IgG、IgA 和 IgD 的重链有 4 个功能区，其中有一个功能区在可变区，其余的在恒定区，分别称为 VH、CH1、CH2 和 CH3；IgM 和 IgE 有 5 个功能区，即多了一个 CH4(图 7-7)。轻链有两个功能区，即 VL 和 CL，分别位于可变区和恒定区(图 7-7)。免疫球蛋白的每一个功能区都是由约 110 个氨基酸组成，虽功能不同，但结构上具有明显的相似性。IgG 和 IgM 的 CH2 都有补体结合位点。

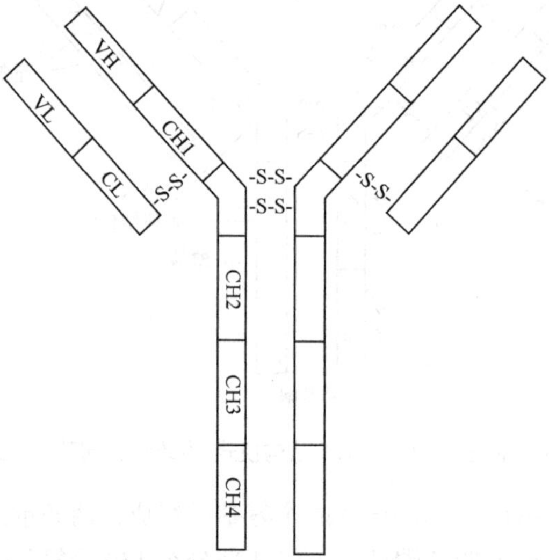

图 7-7　免疫球蛋白(IgE 和 IgM 单体)的功能区(改绘自胡建和，2006)

两条重链之间二硫键连接处附近的重链恒定区即 CH1 与 CH2 之间大约 30 个氨基酸残基的区域为免疫球蛋白的铰链区(hinge region)，它能使 Ig 张合自如，作用类似于“万能关节”，便于可变区的抗原结合位点与不同距离的抗原决定簇结合。同时使免疫球蛋白变构(T 型、Y 型)，暴露补体结合点，与补体结合并激活补体，产生多种生物学效应。

三、水解片段与生物学活性

用木瓜蛋白酶(papain)可将 IgG 抗体分子水解成大小相近的三个片段，其中有两个相同的片段，可与抗原特异性结合，称为抗原结合片段(fragment antigen binding，Fab)，另一个片段可形成蛋白结晶，称为 Fc 片段(fragment crystallization，Fc)。用胃蛋白酶(pepsin)可将 IgG 抗体分子分解成两个大小不同的片段，一个是具有双价抗体活性的 $F(ab)'_2$ 片段，另一个是无生物学活性的小分子肽链碎片，以 pFc′表示(图 7-8)。

1. Fab 片段的组成与生物学活性　Fab 片段由一条完整的轻链和 N 端 1/2 重链所组成。由轻链与 VH 和 CH1 在可变区和稳定区各组成一个功能区。抗体结合抗原的活性就是由 Fab 片段中 VH 和 VL 所组成的抗原结合部位呈现的。除了结合抗原外，VH 和 VL 所组成的抗原结合部位也是抗体分子特异性的部位。

2. Fc 片段的组成与生物学活性　Fc 片段由 C 端 1/2 重链组成，包含 CH2 和 CH3 两个功能区(IgM 和 IgE 还包括 CH4 功能区)。Fc 片段无结合抗原活性，但与抗体分子的生物学活性有密切关系，如选择性通过胎盘、与补体结合并活化补体、决定免疫球蛋白分子的亲细胞性(即与带 Fc 受体细胞的结合)及免疫球蛋白通过黏膜进入外分泌液等。补体结合位点在 CH2 上，细胞受体的结合位点则位于 CH3。

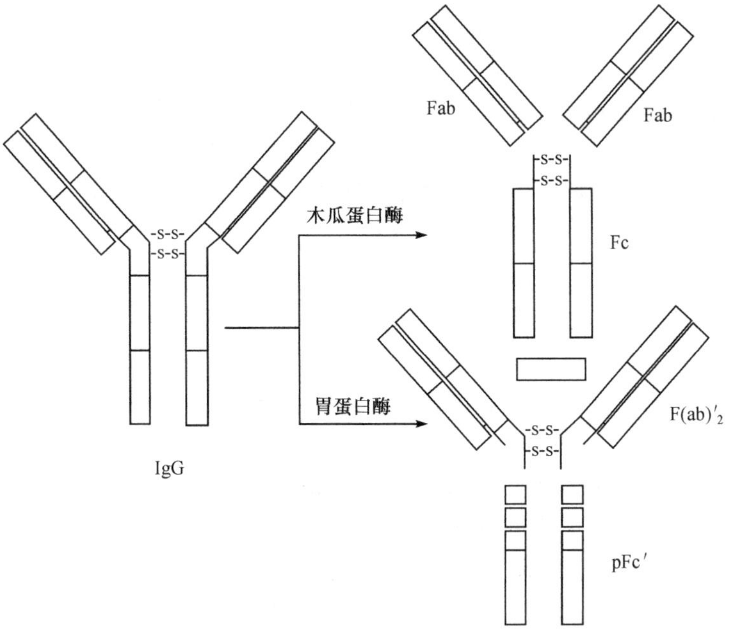

图 7-8　免疫球蛋白的水解片段(改绘自胡建和，2006)

四、抗体的分类

(一) 根据抗原的来源

1. 异种抗体(heteroantibody)　由异种抗原免疫产生的抗体，如各种微生物抗体等。

2. 同种抗体(alloantibody)　由同种属动物之间的抗原物质免疫产生的抗体，如血型抗体等。

3. 自身抗体(autoantibody)　针对自身抗原所产生的抗体，如抗自身抗体。

4. 异嗜性抗体(heterotropic antibody)　由异嗜性抗原产生的抗体。

(二) 根据有无抗原刺激

1. 天然抗体(natural antibody)　指无明显抗原刺激而天然存在于动物体内的抗体，如存在于人血清中的天然血型抗体。

2. 免疫抗体(immune antibody)　指自然感染或人工免疫后体内所产生的抗体。

(三) 根据与抗原是否产生可见反应

1. 完全抗体(complete antibody)　指二价抗体或多价抗体，与抗原结合后在特定条件下出现可见反应。

2. 不完全抗体(incomplete antibody)　指单价抗体，抗体分子只有一个抗原结合部位能与相应抗原结合，另一个部位无活性。不完全抗体可与颗粒性抗原结合，但不产生可见反应。

五、免疫球蛋白的主要特性与功能

1. IgG　IgG 的重链为 γ，是人和动物血清中含量最高的免疫球蛋白，占血清免疫球蛋白总量的 75%～80%。IgG 多以单体形式存在，是介导体液免疫的主要抗体。IgG 主要由脾脏和淋巴结中的浆细胞产生，大部分存在于血浆中，其余存在于组织液和淋巴液中。

IgG 是动物自然感染和人工主动免疫后产生的主要抗体，不仅含量高，而且持续时间最长，半衰期为 23 天。IgG 是唯一可通过人和兔胎盘屏障的抗体。因此，IgG 在新生儿的抗感染中起着十分重要的作用。IgG 具有抗菌、抗病毒、抗外毒素及调理、凝集和沉淀抗原等多种免疫活性。IgG 也参与Ⅱ型和Ⅲ型变态反应。

2. IgA　IgA 的重链为 α，以单体和二聚体两种分子形式存在。IgA 单体存在于血清中，称为血清型 IgA，约占血清免疫球蛋白的 10%～20%。IgA 二聚体为分泌型 IgA(SIgA)，由呼吸道、消化道、泌尿生殖道等部位黏膜固有层中的浆细胞产生，两个单体由一条 J 链连接在一起(图 7-9A)，主要存在于呼吸道、消化道、泌尿生殖道的外分泌液，以及初乳、唾液、泪液、脑脊液、羊水、腹水、胸膜液等。

分泌型 IgA 是黏膜表面的主要抗菌、抗病毒和抗毒素的抗体，在呼吸道、消化道等局部黏膜免疫中起着重要的作用，是机体黏膜免疫的一道“屏障”，抵御经黏膜感染的病原微生物。在传染病的预防接种中，经滴鼻、点眼、饮水及喷雾等途径免疫，均可产生分泌型 IgA，从而建立相应的黏膜免疫力。新生儿通过初乳及哺乳期的乳汁得到母体的分泌型 IgA，获得自然被动免疫。

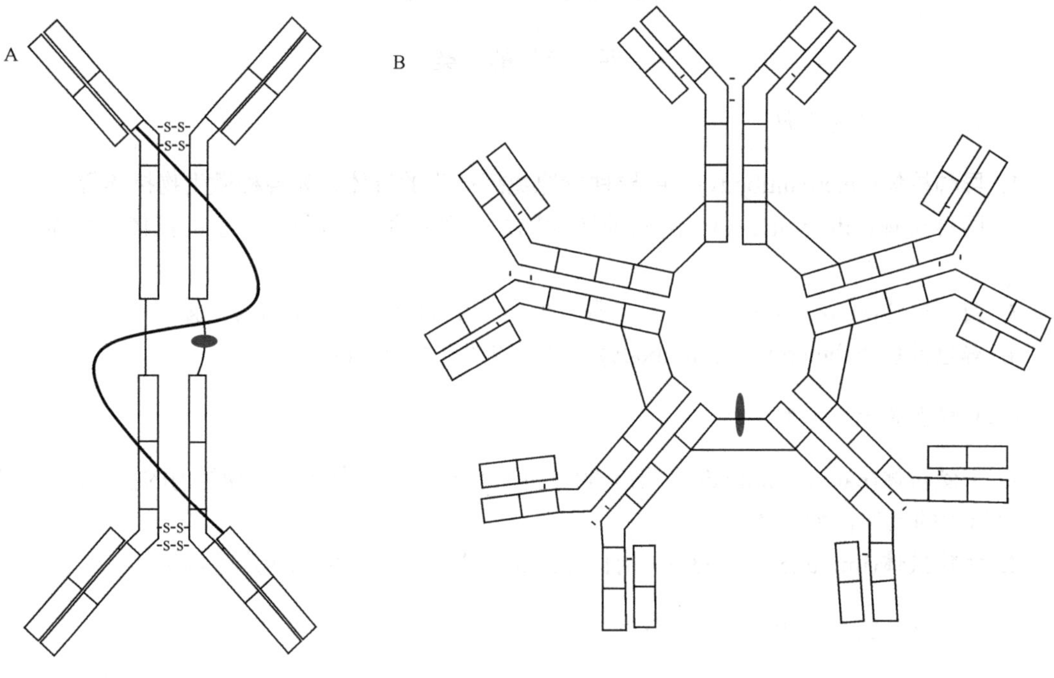

图 7-9　多聚体免疫球蛋白分泌型 IgA(二聚体)(A)和 IgM(五聚体)(B)的结构示意图(改绘自胡建和，2006)

3. IgM　IgM 的重链为 μ，是机体初次体液免疫应答最早产生的免疫球蛋白，其含量仅占血清的 10%左右。IgM 主要由脾脏和淋巴结中 B 细胞产生，分布于血液中。IgM 是所有免疫球蛋白中分子质量最大的，又称为巨球蛋白，是由 5 个单体组成的五聚体，单体之间由 J 链连接(图 7-9B)。由于分子上含有多个抗原结合位点，所以 IgM 是一种高效能的抗体。

IgM 在体液免疫中产生最早，但持续时间短，半衰期为 5 天。因此，IgM 不是机体抗感染免疫的主力，但在早期抗感染免疫中起着十分重要的作用，同时可通过检测 IgM 抗体进行疫病血清学的早期诊断。IgM 具有抗菌、抗病毒、溶血、调理及凝集、中和毒素、激活补体、促进吞噬等免疫活性。IgM 也具有抗肿瘤作用。此外，IgM 还参与Ⅱ型、Ⅲ型变态反应。

4. IgE　IgE 的重链为 ε，以单体分子形式存在，半衰期为 2.5 天，重链比 IgG 多一个功能区(CH4)。IgE 的产生部位与分泌型 IgA 相似，由呼吸道和消化道黏膜固有层中浆细胞产生，在血清中的含量甚微。

IgE 是一种亲细胞性抗体，易与肥大细胞、血液中嗜碱性粒细胞和血管内皮细胞结合，从而引起Ⅰ型变态反应。IgE 在抗寄生虫、某些真菌感染方面也具有重要作用。

5. IgD　IgD 的重链为 δ，在血清中含量极低，且不稳定，容易降解。IgD 是成熟 B 细胞膜上的抗原特异性受体，为 B 细胞的重要表面标志，且与免疫记忆有关。IgD 可能与某些过敏反应有关。

六、单克隆抗体

1. 多克隆抗体(polyclonal antibody)　免疫血清中的多克隆混合在一起的抗体。

2. 单克隆抗体(monoclonal antibody，McAb)　是由一个 B 细胞分化增殖的子代细胞(浆细胞)产生的针对单一抗原决定簇的抗体。这种抗体的生物学性状及分子结构均完全相同。B 淋巴细胞虽然可以产生抗体，但不易在体外增殖培养，而骨髓瘤细胞虽不能产生抗体，但易于在体外无限增殖培养。1975 年，Dohler 和 Milstein 建立了体外淋巴细胞杂交瘤技术，用人工的方法将能产生特异性抗体的 B 淋巴细胞与骨髓瘤细胞融合，形成 B 细胞杂交瘤，其兼有两个亲本的特性，能源源不断地产生大量高纯度的特异性抗体(图 7-10)。这种由克隆化的 B 细胞杂交瘤产生的抗体即为单克隆抗体。

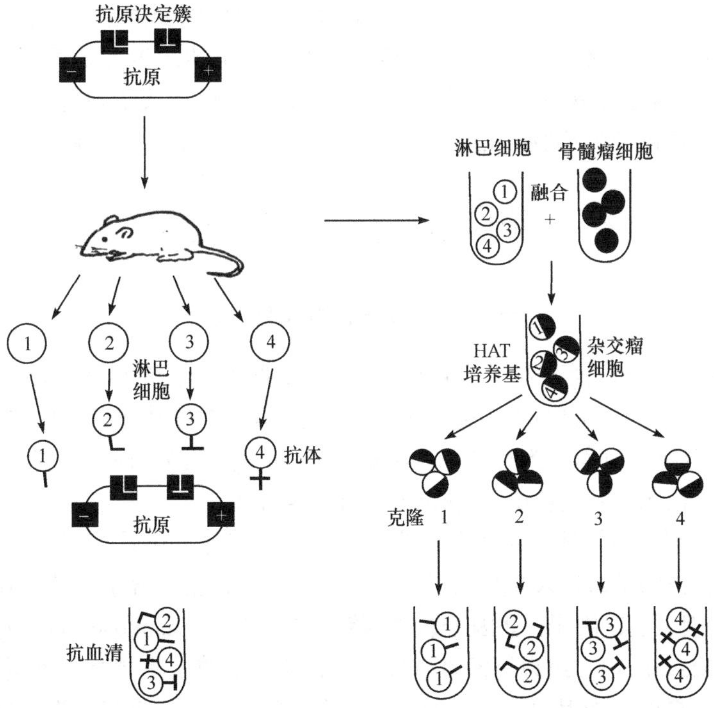

图 7-10　多克隆抗体(左)与单克隆抗体(右)(引自胡建和，2006)

与多克隆抗体相比，单克隆抗体具有无可比拟的优越性，它具有敏感性高、纯度高、特异性强、效价高、成本低、均质性好、亲和力稳定、重复性强等优点。因此，单克隆抗体广泛应用于血清学技术、免疫学基础研究、肿瘤免疫治疗、抗原纯化、抗独特型抗体疫苗研制等方面。

七、抗体的异质性

1. 同种型(isotype)　同种动物所有个体 B 细胞产生的免疫球蛋白的类、亚类，型、亚型都相同，不同种动物之间则不同。因此，人与各种哺乳类动物的免疫球蛋白，在动物间可互为免疫原。

2. 同种异体型(allotype)　即同种动物不同个体的 B 细胞产生的免疫球蛋白分子，存在抗原特异性的差异。这是由于 CH 或 CL 上一个(或几个)氨基酸改变而造成的抗原性差异，将这个起决定作用的氨基酸称为异型标志。

3. 独特型(idiotype)　是指同一动物个体内，不同 B 细胞克隆产生的免疫球蛋白，VH 和 VL 区内的抗原决定簇不同，表现抗原特异性的差异。同一个体内有千万个 B 细胞克隆(免疫活性细胞)，每个 B 细胞克隆产生的 Ig 分子 V 区均有不同的抗原特异性，由此将 Ig 区分的型别称为独特型。独特型抗原决定簇是由 Ig 的可变区(VH 和 VL)结构决定的，其氨基酸排列顺序的差异主要在超变区。不同 B 细胞系(克隆)产生的免疫球蛋白具有特异的抗原结合部位，而且是均质的。所以，一个 B 细胞克隆就只合成一种独特型抗体。机体内有千万个克隆的 B 细胞，机体内就会有千万种不同的独特型抗体分子产生。独特型在更精细的水平上反映了每个抗体形成细胞遗传性的微细差别。

除血清中的免疫球蛋白分子外，T、B 淋巴细胞表面的抗原受体也具有独特型抗原特异性。独特型抗原决定簇不仅在不同种间、同种异体间可刺激机体产生抗独特型抗体(anti-idiotype Ab)，而且在自身体内也可诱导产生抗独特型抗体。这样，就形成了独特型与抗独特型的网络系统，由此构成机体内免疫细胞间相互制约的关系，在机体免疫应答调节中起着重要作用。

第四节　补 体 系 统

一、补体系统的组成与性质

补体(complement)是广泛存在于哺乳动物、鸟类、两栖类、鱼类等正常动物血清中具有酶原活性，激活后产生生物学效应的一组不稳定的球蛋白。补体并非单一血清成分，而是包括 30 多种成分的混合物，故称之为补体系统(complement system)。补体系统也是机体中比较复杂的一个限制性蛋白水解系统(limited protein lysis system)。

根据功能的不同，将补体系统成分分为三组：第一组是补体系统固有的成分，即存在于体液中，是参与补体激活级联反应的补体成分，包括 16 种蛋白分子，即 C1q.r.s、C4、C2、C3、C5～C9、B 因子、D 因子、P 因子、甘露糖结合凝集素(mannose-binding lectin)和丝氨酸蛋白酶(serine protease)；第二组以可溶性或膜结合的形式存在，是调节与控制补体系统活化的分子，即 C1INH、C4bp、H 因子、I 因子、P 因子和 S 蛋白等；第三组为介导补体活性片段，或调节蛋白生物学效应的补体受体分子，如 CR1、CR2、CR3、CR4、CR5、H 因子受体(fH-R)及 C3a 受体(C3aR)、C2a 受体(C2aR)及 C4a 受体(C4aR)等。

在一般情况下，除 C1q 外，补体系统固有成分在体液中均以非活性状态存在，当受"激活剂"作用后，按一定顺序活化，并产生一系列的生物学活性，如协助抗体和吞噬细胞杀灭病原微生物，担负着机体的非特异性抗感染作用等。补体活化过程中产生的某些分解产物可引起炎症反应，造成免疫损伤。补体的性质不稳定，对温度很敏感，室温下 24h 被破坏；61℃ 2min、56℃ 15～30min 其活性丧失，称为灭能或灭活(inactivation)；在 0～10℃，其活性能保持 3～4 天，冻干后低温下能保存 3 年左右。紫外线、酸、碱、乙醇、乙醚、氯仿、蛋白酶等均可破坏补体。因为豚鼠血清中的补体丰富且稳定，在血清反应中所用补体常是正常豚鼠血清。

1968 年，世界卫生组织命名委员会方规定，以 C 代表补体的固有成分，其成分分别以 C1(含 C1q、C1r、C1s 三个亚组分)、C2、C3……C9 表示。当某一种成分或数种成分的复合物活化后，在其数字上加一横线表示，如 $C\overline{1}$……等。灭活的补体成分，在其符号前加英文字母 i 表示，如 iC3a。

不同补体成分在动物体内的合成部位不同。C1 在胃肠道上皮细胞内合成；C2 和 C4 由巨噬细胞合成；C3 主要由肝脏合成，也可由巨噬细胞合成；C6 和 C9 在肝脏合成；C5、C8 在肝、脾、肾、肺等多种脏器合成。肝脏能合成多种补体成分，但发生药物中毒时，补体含量明显下降。与其他血浆蛋白相比，补体代谢率极快，血浆中补体每天约有一半被更新。尽管如此，正常血清中补体的含量仍比较稳定，约占血清总蛋白量的 10%，只有在疾病情况下才出现波动，可能发生复杂的变化。在正常血清中，C3 含量最高，约有 1600μg/mL；C4 含量居中，约有 430μg/mL；C2 含量最低，约有 30μg/mL。

二、补体系统的激活途径

除 C1q 外，补体成分以无活性的酶原形式存在于血清中，必须激活后才能发挥作用。激活时，前一个成分往往是后一个成分的激活酶。因此，补体按一定顺序激活，称为补体顺序反应。根据起始顺序不同，补体激活过程可分为以下途径。

1. 经典途径(classical pathway)　又称传统途径或 C1 激活途径，共 11 种补体成分参与了经典途径(图 7-11)。在抗原抗体(如 IgG 和 IgM)复合物的作用下，各成分依次活化。根据 11 个成分对细胞膜作用特点的不同，将各成分归纳为三个功能单位：①识别单位(recognition unit)，包括 C1q、C1r、C1s，负责识别与细胞膜上抗原结合的抗体；②激活单位(activation unit)，包括 C2、C3 和 C4，负责激活补体某些成分；③攻膜单位(membrane attack unit)，包括 C5、C6、C7、C8 和 C9，作用于细胞膜，使细胞溶解。同一功能单位的各补体分子间有很大的化学亲和性，活化后，相互结合在一起，共同执行一种生物学功能。

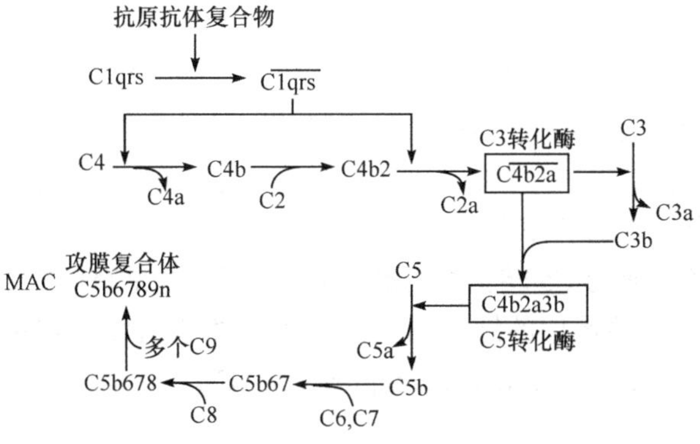

图 7-11　补体经典激活途径(引自崔治中等，2004)

2. MBL 途径　病原微生物感染早期发生的急性期反应(acute phase response)导致肝细胞合成并分泌急性蛋白，其中甘露聚糖结合凝集素(mannan-binding lectin，MBL)和 C 反应蛋白能激活补体系统，这种激活途径称为 MBL 途径(MBL pathway)(图 7-12)。

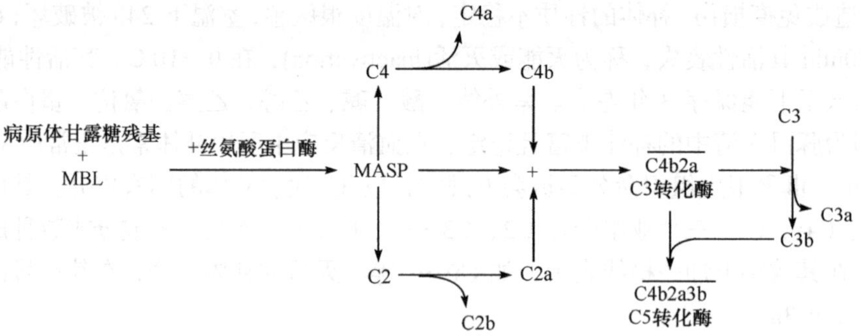

图 7-12　补体 MBL 激活途径(引自崔治中等，2004)

MBL 属于凝集素家族，是一种钙依赖性糖结合蛋白，能结合甘露糖残基。正常血清中 MBL 水平极低，而在急性期反应时，MBL 水平明显升高。MBL 与细菌的甘露糖残基结合后，再与丝氨酸蛋白酶结合，形成 MBL 相关丝氨酸蛋白酶(MBL-associated serine protease，MASP)。MASP 具有与激活的 C1 同样的生物学活性，能水解 C2 和 C4 分子，继而形成 C3 转化酶，后续反应过程与经典途径相同。MBL 途径起始于炎症期产生的蛋白与病原体的结合，不依赖于抗原抗体复合物。

3. 旁路途径(alternative pathway)　又称替代途径、C3 激活途径、备解素途径、第二前端反应或第二通路(图 7-13)。该途径不需要 C1、C2、C4，由 I 因子、P 因子、D 因子和 B 因子等参与激活过程。在缺乏 C4 的豚鼠和缺乏 C2 的人体内，某些细菌、脂多糖(LPS)、酵母多糖、右旋糖酐、植物多糖、菊糖、眼镜蛇毒、胰蛋白酶、豚鼠的 IgG 和人的 IgA、IgD、IgE 等可绕过 C1、C2、C4，而在 I 因子等的参与下，完成补体 C3-9 激活的连锁反应。

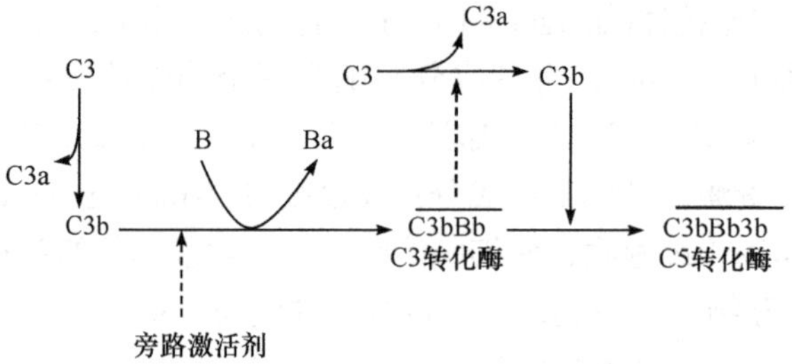

图 7-13　补体旁路激活途径(引自崔治中等，2004)

补体的旁路激活途径大大增加了补体系统的作用，扩大了非特异性和特异性免疫之间的联系。在抗感染免疫中，抗体产生前，LPS 等激活物先于经典途径激活补体，发挥抗感染的功能，从而使机体具有一定的免疫力。

三条补体活化途径形成的 C5 转化酶可裂解 C5 分子，这是补体级联反应中最后一个酶促步骤。此后过程只涉及完整蛋白的结合与聚合。若补体激活发生在脂质双层上，则可形成 C5b～9(膜攻击复合物，membrane attack complex，MAC)。

三、补体系统激活的调节

机体可通过一系列复杂的因素调节补体激活过程，使之反应适度。例如，依赖 C3b 的正反馈途径可扩大补体的生物学效应。若补体过度激活，会消耗大量补体成分，使机体抗感染能力下降，同时激活过程中产生的大量生物活性物质使机体发生强烈的炎症反应，造成组织损伤，引起病理过程。补体的过度激活可通过内控机制来调节。这种机制主要包括以下几个方面。

(一) 补体成分自身衰变的调节

有些激活的补体成分不稳定，易于衰变，成为补体激活过程中的一种自身调控机制。例如，C4、C3 和 C5 活化的片段 C4b、C3b 和 C5b 等若不与细胞膜结合，则在极短时间内失活；C2 极易自 C42 及 C423 中解离，而使这两种酶失去活性。

(二) 体液中灭活物质的调节

血清中存在的多种补体成分抑制物或灭活因子可灭活特定的补体成分。

1. C1 抑制物(C1 inhibitor，C1INH) 又称 C1 酯酶抑制因子，是血清中一种不耐热、不耐酸的糖蛋白。C1INH 与 C1 不可逆地结合，使其失去酯酶活性，不能裂解 C4 和 C2，即不能形成 C4b2a。因此，C1INH 能抑制经典途径中 C3 转化酶(C4b2a)的形成，阻断或削弱后续补体成分的反应。另外，C1INH 能封闭血浆中其他数种活性蛋白质如纤维蛋白溶酶、缓激肽原酶和凝血活酶等，抑制凝血系统、纤溶系统和激肽系统的作用，从而影响炎症反应的发生。

2. C3b 灭活因子(C3b inactivator，C3bINA) 又称 I 因子(factor I)，对天然 C3 无作用，但能裂解 C3b 的 α 链，形成无活性的 iC3b，从而使 C4b2a 和 C3bBb 失去与 C3b 结合形成 C5 转化酶的机会，进而阻断了后续反应的进行。

3. C3b 灭活剂加速因子(C3b inactivator accelerator) 又称 H 因子或 β1H，是存在于正常血清中的补体调节性球蛋白。在经典途径中，H 因子能促进 I 因子灭活 C3b 的速度；在旁路途径中，H 因子能竞争性抑制 B 因子与 C3b 的结合，使 C3b 从 C3bBb 中解离，从而加速 C3bBb 的灭活。

4. C4 结合蛋白(C4 binding protein，C4bp) 能竞争性抑制 C2a 与 C4b 的结合，增强 I 因子对 C4b 的灭活作用。因此，C4bp 能抑制经典激活途径中 C3 转化酶的形成。

5. S 蛋白(S-protein) 又称膜攻击复合物抑制因子(membrane attack complex inhibitor，MACINH)，能干扰 C5b67 与细胞膜的结合。C5b67 虽能与 C8、C9 结合，若不结合到细胞膜上，就不能使细胞溶解。

6. 过敏毒素灭活因子 是一种血清羧肽酶，属于 α 球蛋白。C3a 可促使肥大细胞释放具有过敏毒素作用的组织胺，而过敏毒素灭活因子可裂解 C3a 末端的精氨酸或赖氨酸残基，使过敏毒素失活。

四、补体的生物学作用

补体是非特异性免疫的重要组成部分，能非特异地除去体内抗原-抗体复合物，参与机体的保护性免疫应答和自身稳定功能，但也能引起免疫病理损伤。

1. 免疫溶解作用 抗原-抗体复合物激活 C1、C4、C2 和 C3，引起连锁反应，形成的 C5～

9 膜攻击组分在致敏细胞表面凝聚，导致细胞溶解。补体能导致多种细胞的免疫溶解，包括红细胞、血小板、细菌、具有囊膜的病毒和淋巴细胞等。但由于细胞种类的不同，作用效果有不同程度的差异。

补体配合抗体杀灭细菌，主要是沙门菌、嗜血杆菌及弧菌等一些革兰阴性菌，对革兰阳性菌则无此作用，这可能与革兰阳性菌细胞壁表面缺乏补体受体有关。

2. 免疫黏附作用 结合有补体的抗原-抗体复合物可与具有 C3b 和 C4b 受体的灵长类动物红细胞及非灵长类动物血小板发生黏附。如果复合物中抗原为颗粒性，则可形成肉眼可见的凝集现象，在显微镜下观察，可看到红细胞周围黏附着颗粒性抗原，呈花瓣状。

3. 免疫黏附现象(immune adherence phenomenon) 引起的红细胞(或血小板)凝集反应非常敏感，只要存在少量抗原抗体复合物即可激活补体系统，使指示细胞发生肉眼可见的凝集。如果应用该系统检测病毒、类病毒等，其敏感性比琼脂扩散试验大 1 万倍，比对流免疫电泳大 500 倍，比补体结合反应大 40 倍。

4. 加强吞噬作用 C3b 和 C4b 片段的一端可与免疫复合物结合，另一端可与具有相应受体的吞噬细胞结合。因此，C3b 和 C4b 作为桥梁将免疫复合物和吞噬细胞相互连接起来，有利于吞噬细胞对免疫复合物的吞噬和清除。另外，C3a、C5a 和 C567 的趋化因子作用也能促使吞噬细胞向异物颗粒移动，以利吞噬。

5. 促炎作用 C3a 和 C5a 的趋化因子(chemotaxins)作用招引血管内中性白细胞游出，集聚于肇事局部，加强吞噬作用，引起炎症反应。另外，C3a 和 C5a 的过敏毒素(anaphylatoxin)作用使肥大细胞和嗜碱性粒细胞脱粒，释放组胺、5-羟色胺和肝素等生物活性胺，引起血管扩张，毛细血管通透性增加、水肿，平滑肌收缩。局部水肿中，往往有抗体和吞噬细胞等不断地从毛细胞血管中渗出，在感染局部发挥抗感染作用。

6. 灭活病毒作用 免疫因素对病毒的中和作用至少包括三种机理：病毒表面包被、病毒颗粒凝集和病毒溶解。当抗体单独作用时，只能包被或凝集病毒，而有补体参与时，则能引起上述三种作用同时发生，灭活病毒。

7. 免疫调节作用 补体能防止免疫复合物沉淀、溶解，并能加速清除免疫复合物。此外，补体对细胞免疫和体液免疫有调节作用。C5a 能促进抗原诱导的 T 细胞增殖。在外周血淋巴细胞培养中加入 C5a 可加强 T 细胞对破伤风类毒素的增殖反应，应用纯化的抗 C5 单克隆抗体可除去 C5a 的上述作用。活化的 C3b 可作为 B 细胞的有丝分裂原，促进 B 细胞增殖。

第五节 免疫应答

免疫应答(immune response)是机体的免疫系统受到抗原刺激后免疫细胞识别抗原并产生一系列复杂的免疫连锁反应，表现出一定生物学效应的过程。根据抗原接触机体的次数和时间，可将免疫应答分为初次应答、再次应答和回忆应答。

参与免疫应答的核心细胞是 T 淋巴细胞和 B 淋巴细胞，而巨噬细胞等是免疫应答的辅佐细胞。免疫应答的主要表现形式是体液免疫和细胞免疫，分别由 B 细胞和 T 细胞介导。免疫应答的重要特征是特异性、记忆性、区别自己和异己。一般情况下，机体的免疫系统对抗原表现为识别、排斥和清除的排异反应，发挥免疫保护作用，为正免疫应答；免疫系统对正常情况下的自身成分表现为特异性不应答，为负免疫应答，亦称自身免疫耐受。正免疫应答和负免疫应答均为保护性生理性免疫应答。因免疫机能失调而导致的超敏反应、免疫缺陷和自身免疫等则为损伤性病理性免疫应答。

一、免疫应答的基本过程

免疫应答是多种免疫细胞和细胞因子相互作用共同完成的识别、排斥、清除抗原的复杂过程，是连续的、不可分割的。但为了便于理解，人为地将免疫应答分为三个阶段(图 7-14)。

1. 抗原识别阶段　又称致敏阶段。抗原进入机体后，抗原提呈细胞对其捕获、加工处理和提呈，免疫活性细胞即 T 细胞和 B 细胞对抗原进行特异性识别。

2. 增殖、分化阶段　又称反应阶段。免疫活性细胞识别抗原后，增殖、分化为淋巴母细胞，进而产生效应性淋巴细胞和效应分子。T 细胞增殖、分化为效应性 T 细胞或称致敏淋巴细胞，并产生各种细胞因子；B 细胞增殖、分化为浆细胞，合成并分泌抗体。一部分淋巴细胞在增殖过程中分化为记忆性淋巴细胞。

3. 效应阶段　活化的效应细胞和效应分子发挥细胞免疫效应和体液免疫效应，共同清除抗原性异物。

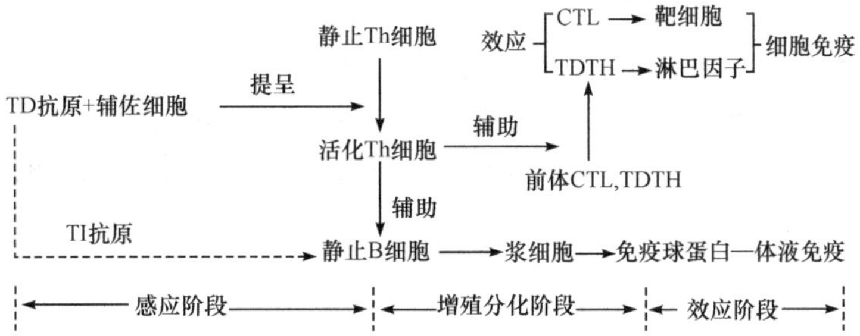

图 7-14　免疫应答的基本过程示意图(引自胡建和，2006)

二、体液免疫应答

体液免疫(humoral immunity)是 B 细胞介导的免疫应答(B cell mediated immunity，BMI)，由抗体实现免疫效应。

(一) 体液免疫应答的过程

1. B 细胞识别抗原　B 细胞对 TD 抗原和 TI 抗原的识别有很大的不同，两种抗原引发的体液免疫应答也有不同特点。

(1) B 细胞识别 TD 抗原：TD 抗原进入未免疫机体后被巨噬细胞和树突状细胞等抗原提呈细胞摄取、处理，形成抗原多肽-MHC Ⅱ类分子复合物，提呈给 Th 细胞，激活的 Th 细胞释放多种细胞因子，以促进 B 细胞活化。

再次应答时，抗原提呈细胞主要由抗原特异性 B 细胞承担。B 细胞本身受到抗原刺激，表达 IL-2 等的受体，同时又将抗原提呈给 Th 细胞，使 Th 细胞活化，产生包括 IL-2 在内的多种细胞因子，从而能刺激更多的抗原特异性 B 细胞增殖分化。

(2) B 细胞识别 TI 抗原：TI 抗原不经抗原提呈细胞和 Th 细胞的传递而直接激活未致敏的 B 细胞分化为浆细胞，并产生抗体。TI 抗原多为脂多糖、聚合鞭毛素、某些细菌的荚膜多糖等，可直接与 B 细胞表面受体结合，从而激活 B 细胞。识别 TI 抗原的是 B1 细胞，而 B1

细胞只表现初次应答，不表现再次应答的一系列变化。因此，TI 抗原不诱发再次应答。

2. B 细胞的活化、增殖和分化　一个 B 细胞约含 10^4～10^5 个抗原受体。B 细胞通过表面抗原受体结合摄入的抗原，获得活化的第一信号(抗原刺激)。第二信号是活化的 Th 细胞表面相关结构与 B 细胞的结合。B 细胞被双信号刺激激活，表达包括 IL-2 受体在内的多种受体。活化的 Th 细胞释放的 IL-2 等细胞因子结合并作用于 B 细胞。B 细胞的代谢旺盛，体积增大，胞浆丰富，胞核增大，核仁明显，呈母细胞化，进一步增殖分化为浆细胞。浆细胞是 B 细胞的终末细胞，具有合成分泌各种类型 Ig 的能力。

TD 抗原刺激的 B 细胞，在分化阶段有部分 B 细胞停止增殖分化，成为记忆性 B 细胞(Bm)。记忆性 B 细胞具有高度的抗原亲和性。当再次接触相同抗原时，记忆性 B 细胞能迅速接受抗原刺激而活化、增殖、分化为浆细胞，合成分泌抗体。但是，TI 抗原不能刺激机体产生记忆性 B 细胞，因此没有免疫记忆反应。

3. 抗体的产生　活化的 B 细胞最终分化成能产生各种类型 Ig 的浆细胞，即 IgM 型浆细胞、IgG 型浆细胞、IgA 型浆细胞、IgE 型浆细胞和 IgD 型浆细胞，合成并分泌各种抗体。

(二) 抗体产生的一般规律

机体在初次和再次接触抗原刺激后，体内产生的抗体在质和量上存在较大的差异。

1. 初次应答及其特点　机体初次接触抗原刺激后产生抗体的过程，称为抗体产生的初次应答。初次应答的特点主要有：从抗原进入机体到血清中检出抗体所需要的时间称为抗体产生的诱导期，初次应答的诱导期比较长；最早的是 IgM，在几天内达到高峰，随后下降，而后产生 IgG，IgA 产生最迟；产生的抗体以 IgM 为主；抗体总量较低，维持时间较短，与抗原的亲和力较弱。

2. 再次应答及其特点　再次应答是指机体再次接触相同抗原引起抗体产生的过程。再次应答的特点主要有：抗体产生的诱导期显著缩短，约为初次应答的一半；抗体产生的顺序与初次应答相同，但以 IgG 为主；再次应答间隔时间越长，机体越倾向于只产生 IgG；经消化道等黏膜途径进入机体的抗原可诱导产生分泌型 IgA；抗体的总量较多，维持时间较长，对抗原的亲和力较高。再次应答在抗体产生的速度、数量、质量及维持时间等方面均优于初次应答。因此，在预防接种时，间隔一段时间再次接种，起到强化免疫的作用。

(三) 体液免疫应答的生物学效应

1. 中和作用　抗体与相应毒素结合后，毒素分子的构型被改变而失去毒性作用，结合复合物也易被吞噬细胞吞噬。抗体与相应病毒的结合阻止了病毒与靶细胞的结合。存在于细胞外的病毒易被抗体等体液因素及吞噬细胞等消灭。

2. 调理作用　抗体与病原表面抗原结合，形成病原-抗体复合物，或者激活补体形成病原-抗体-补体复合物，抗体的 Fc 段与吞噬细胞表面 Fc 受体结合，从而促进吞噬细胞对病原的吞噬作用。

3. 激活补体　抗体与病原体结合后可经传统途径激活补体，在病原体表面形成膜攻击复合物，从而使病原体细胞溶解死亡，即免疫溶解作用。补体激活过程中产生的活化片段也可发挥调理作用，促进抗原的清除。

4. 局部黏膜免疫作用　黏膜固有层中浆细胞产生的分泌型 IgA 可阻止病原微生物对黏膜

上皮的吸附，是抵抗经呼吸道、消化道和泌尿生殖道感染的病原微生物的主要防御力量。

5. 抗体依赖性细胞介导的细胞毒作用(antibody-dependent cell-mediate cytotoxicity，ADCC) IgG 和 IgM 与靶细胞(包括病毒感染的细胞、肿瘤细胞等)结合后，其 Fc 段结合 K 细胞，从而发挥效应细胞介导的细胞毒作用，杀伤靶细胞。

6. 免疫损伤作用 抗体在体内引起的免疫损伤主要是由 IgE 参与的Ⅰ型，以及由 IgG、IgM 参与的Ⅱ和Ⅲ型变态反应，此外还有一些自身免疫疾病。

(四) 影响抗体产生的因素

抗体是机体免疫系统受到抗原刺激后产生的。因此，抗体的产生取决于抗原和机体两个方面。

1. 抗原方面

(1) 抗原的性质：抗原类型会影响到免疫应答的类型。一般来说，细胞外寄生的病原体及胞内寄生的病原体体外生活阶段多引起体液免疫；胞内寄生的病原体如病毒、胞内菌、胞内原虫等在细胞内增殖时主要引起细胞免疫应答。

(2) 抗原的物理状态和化学结构：不同物理状态和化学结构的抗原对机体的刺激强度也不同，抗体的产生速度和维持时间也不同。一般聚合状态的抗原比单体抗原的免疫原性强，颗粒性抗原比可溶性抗原的免疫原性强，某些佐剂增强免疫的机理即是如此。TI 抗原不能引起免疫记忆，而 TD 抗原则可产生长期的免疫记忆。

(3) 抗原的用量、接种次数及接种间隔时间：在一定限度内，抗体产生的量与接种的量呈正相关。当抗原用量超过一定限度时，抗体的量不再增加，形成所谓的免疫麻痹。当抗原用量过少，却不能引起足够强烈的免疫应答。为了获得较强且持久的免疫力，须多次刺激机体以产生再次应答。活疫苗可以在机体内有一定程度的增殖，只需免疫一次即可；而灭活苗和类毒素则应免疫 2～3 次，才能产生足够的抗体。适当的时间间隔也是产生持久免疫力的重要因素。一般灭活疫苗需间隔 7～10 天，类毒素需间隔 6 周左右。

(4) 免疫途径：抗原进入机体的途径会影响抗体产生的量和类型。为避免被消化酶水解而失去免疫原性，常经非口途径接种，如注射、滴鼻、点眼、吸入、刺种等。但某些弱毒苗如新城疫 La sota 系、传染性法氏囊病疫苗等经口免疫效果也较好。经消化道如饮水、呼吸道如滴鼻、点眼等途径接种可刺激机体产生分泌型 IgA (此抗体不仅在抗感染第一线起保护作用，而且受母源抗体的影响相对较小)。

2. 机体方面 动物的年龄、遗传因素、营养状况、内分泌激素及疾病等因素均可影响抗体的产生。除先天性免疫功能低下的个体外，大多数机体只要营养良好，都能产生足够的抗体。幼小动物因免疫系统尚未成熟、老龄动物免疫功能逐渐下降、营养不良的机体免疫系统发育不良、处于感染状态的机体免疫系统受到损害，都会影响抗体的产生。此外，机体的特殊生理时期如妊娠对抗体的产生也有一定的影响。

母源抗体对幼小动物的免疫效果影响很大。母源抗体是幼小动物通过胎盘、初乳、卵黄等从母体获得的抗体。一方面，母源抗体可帮助幼小动物抵抗感染，如新生仔猪在 2～3 个月内对猪丹毒杆菌、新生羔羊对布氏杆菌具有较强的不感受性，原因即是获得了母源抗体。另一方面，母源抗体对免疫接种后机体的免疫应答有严重干扰。因此，在实际工作中，要利用母源抗体的抗感染作用，也要注意避免其对免疫的干扰。

三、细胞免疫应答

广义的细胞免疫包括巨噬细胞的吞噬作用、K 细胞和 NK 细胞介导的细胞毒作用、T 细胞介导的特异性免疫。狭义的细胞免疫是由 T 细胞介导的免疫应答(T cell mediated immunity, TMI)，其特征是以单核细胞浸润为主的炎症反应和特异性细胞毒作用。这里只介绍狭义的细胞免疫。

(一) 细胞免疫应答的过程

1. T 细胞识别抗原　T 细胞对外源性抗原和内源性抗原的识别方式不同，但都需经抗原提呈细胞对抗原进行处理和提呈，以及抗原特异性 T 细胞对抗原的识别两个阶段。

(1) T 细胞识别外源性抗原：抗原提呈细胞(APC)可随机捕获外源性抗原，也可通过相关抗原受体等捕获抗原。APC 摄取抗原的方式包括吞噬、吞饮、吸附和调理等。在 APC 的酸性环境中，抗原被酶解成抗原肽段，与 APC 胞浆质中 MHC Ⅱ类分子结合，形成抗原肽-MHC Ⅱ类分子复合物，然后被转运到 APC 表面，供 $CD4^+$ Th 细胞识别。经 APC 加工处理的抗原的免疫原性比未加工处理的提高约 1000 倍。Th 细胞表面的 TCR 能同时识别 MHC Ⅱ类分子和抗原肽段，并与之结合，完成对外源性抗原的识别。

(2) T 细胞识别内源性抗原：以病毒为例。病毒在易感细胞内增殖时，合成的病毒特异性蛋白被细胞质中蛋白酶体摄取并降解加工成抗原肽段，再与细胞内 MHC Ⅰ类分子结合成复合体，然后被转运到细胞表面，供 $CD8^+$ Tc 细胞识别。动物体内所有有核细胞均可表达 MHC Ⅰ类分子。因此，凡受到病毒、胞内菌感染的有核细胞和肿瘤细胞均可提呈内源性抗原。只有 Tc 细胞的 TCR 可结合 MHC Ⅰ类分子。因此，表达于细胞表面的抗原肽-MHC Ⅰ类分子复合物只能被 Tc 细胞识别。

(3) T 细胞识别超抗原：此类抗原不需抗原提呈细胞的处理，可直接与抗原提呈细胞的 MHC Ⅱ类分子结合，并提呈给 T 细胞，而且可激活多个 T 细胞亚群。

2. T 细胞的活化、增殖和分化　T 细胞结合抗原肽-MHC 分子复合物后，结合信息被 T 细胞表面相关分子传递到细胞内，启动细胞的活化、增殖和分化过程。

Th 细胞接受抗原信息后，细胞膜上相关分子将信息传递到细胞内，激活细胞内一系列酶系统，DNA 进行复制，细胞增殖并产生各种细胞因子，其中以 IL-2 最为重要。静止的 T 细胞不表达 IL-2 受体，但 T 细胞特异性识别抗原后，IL-2 受体大量表达，接受 Th 细胞释放的 IL-2 的刺激，大量增殖，大部分分化为终末效应性 T 细胞，并发挥细胞免疫效应。在 Th 细胞增殖的过程中，一部分停留在分化的中间阶段，成为记忆性 T 细胞。

(二) T 细胞介导的细胞免疫效应

细胞免疫效应主要由 Tc 细胞和 TD 细胞介导，有多种免疫细胞和免疫分子参与。

1. Tc 细胞介导的细胞毒效应　Tc 细胞在体内以非活化的前体细胞形式存在，经抗原刺激并接受 Th 细胞释放的 IL-2 等细胞因子的作用，分化为效应细胞。活化的 Tc 细胞释放穿孔素和数种溶细胞酶到靶细胞，使靶细胞膜溶解，并断裂靶细胞的 DNA。Tc 细胞的杀细胞作用有抗原特异性，受 MHC Ⅰ类分子限制，只能识别内源性抗原(靶细胞抗原)。Tc 细胞必须与靶细胞直接接触才有杀伤作用。Tc 细胞能连续杀伤靶细胞，效率较高。Tc 细胞的细胞毒效应在抗病毒感染、抗肿瘤和同种异体移植排斥方面具有重要作用。

2. TD 细胞介导的炎症反应 TD 细胞在体内以非活化的前体细胞形式存在，经抗原和 IL-2 等细胞因子的双重刺激，增殖分化为效应性 T 细胞。活化的 TD 细胞释放多种淋巴因子，作用于数种细胞，呈现多方位的效应。其中，淋巴因子吸引以巨噬细胞为主的多种细胞聚集在局部，巨噬细胞发挥强大的吞噬和杀伤作用。激发 TD 细胞活化有抗原特异性，但淋巴因子和巨噬细胞的作用无特异性。

(三) 细胞免疫应答的生物学效应

1. 抗感染作用 主要针对胞内感染的病原体如细菌、病毒、真菌、寄生虫等。

2. 抗肿瘤作用 通过 Tc 细胞的特异性杀伤作用、巨噬细胞的作用、细胞因子直接或间接作用，发挥杀瘤或抑瘤效应。

3. 免疫损伤作用 参与Ⅳ型变态反应、移植排斥反应和某些自身免疫病。

第六节 免 疫 调 节

免疫系统是一个非常复杂的生理系统，能对环境中千差万别的抗原刺激作出相应的免疫应答。免疫应答的发生、发展、强度和类型受到多种因素的影响及调节，使应答和谐而协调地进行，亦即通过免疫调节机制来控制免疫应答的正常进行，从而维持机体内环境的稳定性。

免疫调节(immunoregulation)是指在免疫应答过程中，各种免疫细胞和免疫分子相互促进或/和抑制，构成正负调节的网络结构，并在遗传基因控制下，完成免疫系统对抗原的识别和应答。如果调节机制失控或异常，可能导致各种免疫性疾病的发生。根据参与免疫应答调节的因素在性质上的不同，可以分为免疫细胞的调节、免疫分子的调节和神经内分泌系统与免疫的相互调节。

一、免疫细胞的调节

参与免疫调节的细胞主要有 T 细胞、B 细胞、NK 细胞和巨噬细胞等，通过细胞间的直接接触或辅助性和抑制性介质对免疫应答进行调节。

1. T 细胞的免疫调节 当 APC 把抗原提呈给 T 细胞，细胞间相互作用便开始了。Th 细胞最先被激活，释放细胞因子参与和调节免疫应答过程，如激活巨噬细胞、诱导 Tc 细胞和 TD 细胞成熟、促进细胞免疫效应、辅助 B 细胞产生抗体、缓慢激活 Ts 细胞等。Ts 细胞一旦活化，反过来对 Th 细胞发挥抑制作用，但这种抑制作用可被 Tcs 细胞抵消，使免疫应答过程处于正负调节的动态平衡之中。Th 与 Ts 细胞是一对关键的调节细胞，任何一方异常，调控失衡，即可能出现病理状态。

Ts 细胞对体液免疫与细胞免疫应答均有抑制作用。反抑制性 T 细胞(T contrasuppressor，Tcs)兼有向 Th 细胞提呈抗原和反抑制作用的双重功能，以抵消 Ts 细胞对 Th 细胞的抑制作用。抗原和免疫复合物等均可激活 Tcs 细胞。反抑制环路还可防止机体对有害抗原物质产生无反应应答或免疫耐受性。免疫抑制占优势时，肿瘤、严重创伤、胞内细菌感染等可激活 Tcs 细胞，这有助于免疫功能的恢复。

2. B 细胞的免疫调节 B 细胞除介导体液免疫应答外，尚有提呈抗原等免疫调节作用。B 细胞表面的抗原受体有聚集抗原的作用，能将低浓度的抗原提呈给 Th 细胞，以利于免疫应答的发生。B 细胞中也有抑制性 B 细胞(Bs)亚群，可被 LPS 或免疫复合物激活。激活的 Bs 细胞可分泌 B 细胞抑制因子(BsF)。BsF 在免疫应答的早期起抑制作用，以 FcR 阴性的 B 细胞和前体 B 细胞为靶细胞。这提示 Bs 细胞只对体液免疫应答起负调节作用。

3. NK 细胞的免疫调节 除抗肿瘤和抗感染的功能外，NK 细胞还有免疫调节作用。在致瘤病毒、肿瘤抗原、某些丝裂原等刺激下，NK 细胞能产生干扰素和 IL-2、IL-1 等细胞因子。而这些细胞因子都是重要的免疫调节剂，能促进 T 细胞和 B 细胞的增殖、分化和成熟，增强 NK 细胞自身活性。

NK 细胞也有抑制性调节作用，主要表现为：杀伤和抑制胸腺中未成熟的 T 细胞，消除可能出现突变的胸腺细胞；抑制骨髓中造血干细胞，影响各种血细胞的发育；抑制 B 细胞的增殖分化，影响抗体的产生。NK 细胞的抑制作用是生理性的，是重要的自身稳定机制。

4. 巨噬细胞的免疫调节 巨噬细胞吞噬、消化抗原异物，往往将抗原异物完全降解，从而消除或减弱抗原的刺激作用，抑制免疫应答。巨噬细胞经抗原激活后可分泌前列腺素 E，抑制 T 细胞和 B 细胞的增殖，对免疫应答进行负调节。巨噬细胞也可提呈抗原供 Th 细胞识别，同时能调节抗原浓度。

二、免疫分子的调节

1. 抗原的免疫调节 抗原是诱导免疫应答的始动因素，是免疫应答的前提。抗原的质和量会对免疫应答的发生与发展有重要影响。在一定范围内，应答的程度随抗原量的增加而增加；超过此范围，则反应降低或形成免疫耐受；当抗原在体内耗尽，免疫应答即停止。因此，抗原是免疫应答的最基本的调节因素。

非胸腺依赖抗原刺激机体产生抗体的最适范围非常狭窄，易于诱导免疫麻痹，主要产生 IgM，不引起回忆反应。而胸腺依赖抗原的最适抗原量范围较广，高剂量使 B 细胞和 T 细胞一起陷于无反应状态，而低剂量仅仅使 T 细胞无反应性。

2. 细胞因子的免疫调节 除抗原刺激外，淋巴细胞的激活还需要细胞因子的调节。几乎所有的细胞因子都直接或间接地参与了不同种类免疫活性细胞的活化、生长、分化及效应发挥等过程。例如，T 细胞在识别巨噬细胞提呈的抗原时，还须接受巨噬细胞分泌的 IL-1 的刺激才能进一步激活、增殖、分化。T 细胞和 B 细胞的增殖、分化也依赖于 Th 细胞和巨噬细胞提供的细胞因子才能实现，如果 IL-2 供给不足，免疫应答即下降或停止。具有免疫调节活性的细胞因子包括 IL-2、IL-4、IL-5、IL-7、IL-9、IL-10、IL-12、IL-13、IL-14、IL-15、IL-16、β-转化因子等。它们参与调节机体的免疫应答和炎症反应，影响应答反应的强度和持续时间。细胞因子对靶细胞作用的强弱取决于细胞因子的局部浓度、靶细胞的敏感性和同时存在的其他细胞因子的影响。许多细胞因子有双向作用，适量时增强免疫效应，超量时则起抑制作用。

3. 黏附分子的免疫调节 TCR/CD3、SmIg、CD2/LFA-3、CD4、CD8、MHC Ⅰ类分子、MHC Ⅱ类分子等均属免疫球蛋白超家族，它们广泛参与机体的免疫调节过程。

在感应阶段，T 细胞的活化不仅取决于 TCR/CD3 复合体对 APC 上 MHC-抗原多肽的特异性识别，还需要其他协同刺激信号。LFA-1/ICAM-1、CD2/LFA-3 和 CD44 及其配体等稳定细胞间的接触，从而促进 T 细胞的活化。此外，ICAM-1 表达增高可以增强单核细胞的抗原提呈功能。在效应阶段，LFA-1/ICAM-1 参与介导 CTL 对靶细胞的杀伤作用。LFA-1/ICAM-1、CD2/LFA-3、VLA-4 等与活化的 T 细胞黏附，使后者向 B 细胞传递活化信号。黏附分子介导的 T 细胞-B 细胞相互作用可调节 B 细胞向浆细胞分化及其产生抗体的功能。此外，LFA1/ICAM1 和某些 VLA 还参与巨噬细胞、NK 细胞、K 细胞、LAK 细胞等对靶细胞的非特异性杀伤作用。

4. 抗体的免疫调节　抗体既是免疫应答的产物，也是体液免疫应答中最强的调节成分之一。抗体既发挥正调节作用，也可发挥负调节作用。

抗体的正调节作用主要体现在：抗 β 链抗体的 $F(ab')_2$ 与 BCR(SmIgM)结合，B 细胞接受刺激而增殖，促进免疫应答的发生；B 细胞产生的亲细胞抗体结合于 APC 膜上，抗体一方面浓集抗原以利于淋巴细胞激活，另一方面使那些不能处理抗原的 APC(如树突状细胞等)将抗原以免疫复合物的形式提呈给 T 细胞和 B 细胞，促进免疫应答发生；抗独特型抗体(内影像组)可代替抗原对 B 细胞的刺激作用，引起 B 细胞的增殖反应。

抗体有负调节作用即反馈抑制作用。将某种抗体注射于动物体内，可抑制动物产生该种特异性抗体。不论是在接种抗原前、接种抗原同时或接种抗原 24h 后注射抗体，对初次应答产生 IgM 无影响，但对再次应答产生 IgG 有影响。抑制作用维持时间的长短取决于抗体的半衰期、剂量及类别。抗体负调节机制主要在于：游离抗体与 B 细胞抗原受体(BCR)竞争抗原，高浓度的游离抗体与 BCR 竞争结合抗原表位，抗体封闭了抗原表位，导致 B 细胞应答降低，或抑制 B 细胞的免疫应答；免疫复合物(IC)引起受体交联，即 IC 中抗原表位与 BCR 结合，抗体的 Fc 段与 B 细胞上的 FcR 结合，而这种双重结合引起 BCR 与 FcR 交联，发出抑制信号，抑制 B 细胞活化与增殖，不能进入抗体合成期。FcγR 阳性的 B 细胞发出抑制信号，FcγR 阴性的 B 细胞为被抑制的靶细胞。

5. 免疫复合物(IC)的免疫调节　IC 可促进或抑制免疫应答。在初期，抗原量多，抗体量少，形成的 IC 与 APC 表面的 FcR 结合，可增强 APC 的功能，表现为对免疫应答的促进作用；在后期，抗体量增多，抗原被结合掉，从而抑制免疫应答。此外，免疫球蛋白的类别不同，其调节作用也各异。在反应初期，产生的抗体多为 IgM，所形成的 IC 可促进免疫应答；在应答后期，IgG 增多，所形成的 IC 对免疫应答起抑制作用。

6. 补体活性片段的免疫调节　某些补体成分或活性片段对免疫应答有调节作用。C3b 和 C5a 可通过某种方式促进免疫应答。若外来抗原已与 BCR 结合，然后 C3b 再与 B 细胞表面 C3bR 结合，即可触发 B 细胞活化。C3b 还可通过独特型-抗独特型复合物的溶解，消除免疫网络的抑制作用。C5a 是一种有力的免疫增强剂，可使 C5aR 阳性 Ia 阴性的巨噬细胞分泌 IL-1，从而促进免疫应答。C5a 还能促进抗原诱导的 $CD8^+$、$CD4^+$ T 细胞增殖。C3a 可抑制某些特定抗原(如绵羊红细胞)诱发的体液免疫反应，也可抑制破伤风类毒素诱导的 T 细胞增殖和 CTL 介导的细胞毒作用。C3a 的免疫抑制机理可能与其能诱导 Ts 细胞有关。在免疫应答早期，C5a 的免疫促进作用比 C3a 的抑制作用强。其他补体片段如 iC3b、C3c、C3d 等也可参与免疫调节。iC3b 能诱发单核细胞释放前列腺素，发挥免疫抑制作用。C3 的不同片段选择作用于不同的淋巴细胞亚型，在调节免疫效应和免疫应答强度方面有一定意义。

三、神经、内分泌系统与免疫系统的相互调节

免疫系统是一个复杂的生理系统，它本身不仅有非常精细的调节机制，同时也受到机体免疫系统之外的神经系统和内分泌系统的调节。反之，免疫系统也对神经系统和内分泌系统加以调节与影响。

1. 神经介质和激素对免疫功能的调节 神经介质(包括神经递质和神经肽)和内分泌激素是神经-内分泌系统作用于免疫系统的主要物质基础，通过与免疫细胞上特异性受体的结合而影响免疫功能。几乎所有的免疫细胞上都有不同的神经递质及内分泌激素受体。淋巴细胞和单核细胞上有糖皮质类固醇激素受体。T 淋巴细胞、B 淋巴细胞和血液中各种白细胞上有肾上腺素 β 受体。哺乳动物淋巴细胞上还有多巴胺受体。人中性粒细胞及小鼠脾细胞上可能有肾上腺素 α 受体。T 淋巴细胞、B 淋巴细胞、单核细胞、巨噬细胞、肥大细胞、NK 细胞上有阿片样受体。激素、神经肽、神经递质等神经内分泌信息分子通过经典内分泌、旁分泌、神经分泌和自分泌途径影响和调节免疫应答。神经内分泌系统与免疫系统的这种联系称为“软线联系”(softwire connection)。

2. 植物神经系统对免疫功能的调节 胸腺、骨髓、脾脏、淋巴结及消化道淋巴组织都受植物性神经的支配。当神经冲动时，除了可调节这些器官内的血流量外，还有神经递质及激素可调控免疫器官与免疫细胞的生长、发育及功能。对成年大鼠腹腔内注射 6-羟多巴胺以破坏交感神经末梢，机体抗体生成减少，而副交感神经可能有免疫增强效应。神经系统通过神经纤维与免疫系统直接联系，称为“硬线联系”(hardwire connection)。

3. 中枢神经系统对免疫功能的调节 实验损伤小鼠左侧大脑半球皮层可导致小鼠免疫功能受到不同程度的减弱，而损伤右侧大脑皮层则增强免疫，但对大脑皮层左右侧调控免疫功能有较大差异的机制所知不多。实验损坏下丘脑前叶可引起免疫功能的深度抑制，多项指标证明免疫细胞减少，免疫功能减弱。因此，正常情况下，下丘脑前叶通过增强或促进作用而发挥免疫调控。但是，破坏下丘脑后叶并不引起免疫功能异常。除丘脑外，海马回、杏仁核、乳头体、松果体等也有免疫调控作用。电损毁大鼠双侧海马回、杏仁核或乳头体后，淋巴细胞数目增加，这些细胞对 ConA 的反应增强，表明这些区域可能是免疫抑制区。

条件反射对免疫应答有调节作用。给小鼠注射环磷酰胺作为非条件刺激，同时饲以甜饮作为条件刺激，多次结合可形成条件反射；十余天后，单饲甜饮可引起免疫抑制。机体的免疫增强、移植免疫、肿瘤免疫等反应都可形成条件反射，说明它们受控于神经系统。但是，关于免疫应答的条件反射形成机理尚不清楚。

4. 免疫系统对神经-内分泌系统的反馈作用 免疫系统通过多种途径反馈影响神经-内分泌系统。免疫细胞可以产生和释放内分泌激素，也可以通过它们生成的细胞因子等作用于神经-内分泌系统及全身器官。

(1) 免疫反应性激素的分泌：免疫细胞可分泌神经内分泌激素，称之为免疫反应性激素(immune reactive hormone)。免疫细胞生成的神经内分泌激素往往是在病毒感染或毒素刺激下产生和释放出来的。病毒能刺激淋巴细胞产生脑啡肽和促肾上腺皮质激素(ACTH)，但不产生促甲状腺激素(TSH)。LPS 可以引起淋巴细胞释放 β-内啡肽。葡萄球菌肠毒素 A 可引起 TSH 的释放，但不释放 ACTH。

(2) 细胞因子的作用：免疫细胞产生的多种细胞因子除了调节自身的活动外，还可以作用于神经-内分泌系统，影响全身各系统的功能。细胞因子对神经-内分泌系统的影响往往是多因素和多途径的，有时也是“殊途同归”。多种细胞因子如 IL-1、IL-6、TNF、B 细胞生长因子(BCGF)等对星形细胞具有促有丝分裂作用。各种细胞因子及胸腺素可影响或调控垂体前叶激素的分泌。某些细胞因子如 IL-1α、IL-1β、TNF 能直接作用于下丘脑而引起发热。细胞因子对疼痛有双重效应，即致痛作用和镇痛作用。在炎症部位，IL-1 和 IL-6 可引起痛觉超敏，而 IL-2、

IL-1、IFN 等可介导镇痛作用。多数细胞因子对下丘脑-垂体-甲状腺轴和下丘脑-垂体-性腺轴有较强的抑制作用。

(3) 免疫应答的作用：体液免疫应答能改变外周淋巴器官中去甲肾上腺素的含量。用绵羊红细胞免疫大鼠，大鼠脾脏中去甲肾上腺素含量显著降低，降低程度和持续时间与免疫应答强度成反比，注射局部的淋巴结中去甲肾上腺素含量也降低。而去甲肾上腺素主要是抑制免疫功能的。因此，体液免疫过程中淋巴器官内去甲肾上腺素水平降低，解除其对淋巴细胞的抑制作用。同时，体液免疫过程中，血液中神经内分泌激素水平发生改变。抗原免疫动物后，血浆中糖皮质激素含量上升，升高程度与免疫应答的强度有关。

综上所述，由于神经-内分泌系统与免疫系统的相互作用是双向的，它们拥有一套共同的神经肽激素、细胞因子及受体，使这三大系统间或系统内得以相互交流和调节，由此构成神经-内分泌-免疫网络(neuroendocrine-immune network)。各种生物活性物质对神经、免疫和内分泌三大系统的作用不是独立进行的，而是在整体条件下以较完整的环路为基本单位，构成复杂的网络。这些环路的工作方式是正反馈和负反馈，具有精确调节、放大效应、整合效应、自限性及级联反应等特点。它们的作用既有直接和间接之分，亦有同时和先后之分，系统间交互作用，结果引起增强、减弱、协同等功能效应。神经-内分泌-免疫网络的存在基于免疫组织和器官受交感神经、副交感神经和肽能神经纤维的支配。病毒、毒素等抗原物质直接作用于免疫细胞，通过免疫细胞释放的神经-内分泌激素和细胞因子的作用以动员和调节免疫系统的功能，作用于神经-内分泌系统以动员全身各种机能活动对上述刺激作出协调和有效反应。

第七节　抗感染免疫

机体抵抗病原微生物感染的免疫分为两种类型，即先天性免疫和获得性免疫。先天性免疫(innate immunity)，又称为非特异性免疫(nonspecific immunity)或天然免疫(natural immunity)或固有免疫(innate immunity)，是机体在长期种系发育和进化过程中逐渐形成的一种天然防御功能，是机体生来就有的一种防卫机能，有遗传性，对病原微生物等抗原的排斥反应无针对性，发挥作用最快，起着第一线的防御作用，是特异性免疫的基础和条件。特异性免疫(specific immunity)是机体在后天受到病原微生物等刺激而产生的有针对性的免疫。非特异性免疫与特异性免疫具有不同的类型和机制(图 7-15)。

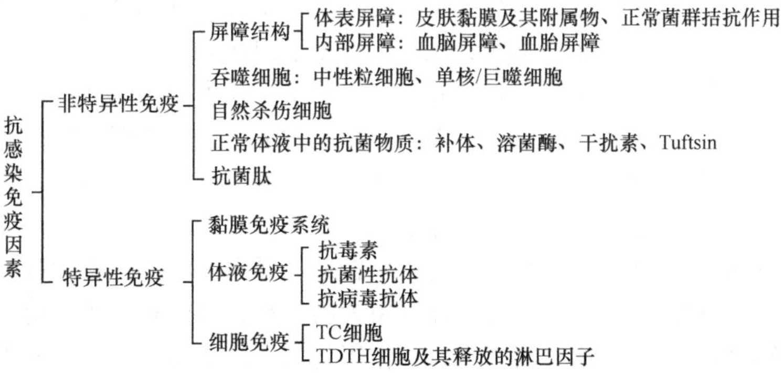

图 7-15　机体的抗感染免疫因素(改绘自胡建和，2006)

一、生理性屏障

(一) 表面屏障

体表皮肤和所有与外界相通的腔道黏膜与外界呈直接接触。体外感染的微生物只有通过皮肤和黏膜才能侵入体内。因此，皮肤和黏膜构成了动物机体防御外部入侵者的第一道防线。

皮肤和黏膜的屏障作用主要表现在：机械的阻挡作用，正常健康的皮肤和黏膜可以起到此作用； 排除微生物的作用，如呼吸道纤毛上皮的摆动作用，尿液、泪液、唾液的冲洗作用；抑菌和杀菌作用，皮下和黏膜下腺体的分泌液中含有多种抑菌和杀菌物质，如汗腺分泌的汗液中含有的乳酸、皮脂腺分泌的脂肪酸、泪液和唾液中的溶菌酶等都具有抑制或杀灭局部病原菌的作用；正常菌群对病原微生物的颉颃作用。

(二) 内部屏障

1. 血脑屏障 由软脑膜、脑毛细血管壁和壁外胶质细胞形成的胶质膜构成，能阻止血液中病原菌和大分子毒性物质进入脑组织和脑脊液。婴幼儿的血脑屏障发育不完善，故较易发生中枢神经感染。

2. 胎盘屏障 由母体子宫内膜的基蜕膜和胎儿绒毛膜及滋养层细胞构成，可防止母体感染的微生物及其产物侵入胎儿。妊娠早期胎盘屏障发育尚未完善，此时母体若发生疱疹病毒等病毒感染，病毒较容易侵入胎儿，引起胎儿的畸形或死亡。

此外，动物体内还有多种内部屏障，如肺脏中的气血屏障、睾丸中的血睾屏障等，都能阻止病原微生物进入组织。

二、吞噬细胞及其吞噬作用

病原微生物突破机体的屏障进入机体内部后会遭到吞噬细胞的吞噬和围歼。因此，吞噬细胞及其吞噬作用是机体内部的第二道防线。动物体内的吞噬细胞主要有两大类：一类是以血液中中性粒细胞为代表，个体较小，属于小吞噬细胞；另一类是单核吞噬细胞系统，包括血液中单核细胞和单核细胞移行于各组织器官而形成的多种细胞。吞噬细胞不仅有强大的吞噬能力，还分泌多种免疫活性分子。

1. 吞噬过程 当病原体通过皮肤或黏膜侵入组织后，中性粒细胞和单核细胞等吞噬细胞从毛细血管中游出，聚集到病原体存在部位。吞噬过程主要经过几个连续步骤：趋化，病原微生物进入机体后，吞噬细胞在细菌或趋化因子作用下向病原微生物存在部位移动，对其进行围歼；识别与调理作用，吞噬细胞识别并结合病原微生物表面特征性物质以进行吞噬，若病原微生物结合血清中抗体和补体成分，则更容易被吞噬，称为调理作用；吞入与脱颗粒，病原微生物与吞噬细胞接触后，吞噬细胞伸出伪足，接触部位细胞膜内陷，将病原微生物包围并摄入细胞质内形成吞噬体，随后吞噬体逐渐离开细胞边缘向细胞中心移动，与此同时，细胞内溶酶体颗粒向吞噬体移动、靠拢，与之融合形成吞噬溶酶体，将含有各种酶的内容物倾于吞噬体内以杀灭和消化病原微生物，此现象为脱颗粒；杀菌和消化作用，溶酶体酶与吞噬体内的病原微生物混合后，通过酶的水解等作用将病原微生物杀死，分解成小分子残渣，而后排除细胞外。

2. 吞噬的结果 吞噬细胞对异物的吞噬有两种不同的结果。完全吞噬，即动物整体抵抗力和吞噬细胞的功能较强，病原微生物在吞噬溶酶体中被完全杀灭，消化后连同溶酶体的内容物一起以残渣的形式排出体外；不完全吞噬，即某些细胞内寄生的细菌如结核杆菌、布氏杆菌及某些病毒等，能抵抗吞噬细胞的消化作用而不被杀灭，甚至能在吞噬细胞内存活和繁殖。吞噬过程也可引起组织损伤。在某些情况下，吞噬细胞异常活跃，在吞噬过程中会释放溶酶体酶到细胞外，导致邻近组织损伤。

三、正常体液中抗微生物物质

正常动物组织和体液中存在的多种物质对微生物有杀灭或抑制作用，并可协同抗体、免疫细胞发挥更大的抗微生物作用。

1. 溶菌酶　是一类低分子质量、不耐热的碱性蛋白，主要来源于吞噬细胞，广泛分布于血清及泪液、唾液、乳汁、肠液和鼻液等分泌物中。溶菌酶作用于革兰阳性细菌细胞壁的肽聚糖，切断连接*N*-乙酰葡糖胺和*N*-乙酰胞壁酸的聚糖链，使细胞壁丧失了坚韧性，细菌发生低渗性裂解，从而杀伤或杀死细菌。革兰阴性菌因肽聚糖外由脂蛋白、脂多糖等包围，一般不受溶菌酶的影响。若有抗体和补体存在，使革兰阴性菌的脂蛋白受到破坏，则溶菌酶也能破坏革兰阴性菌的细胞壁。

2. 补体系统　补体存在于人和动物的血清中，是一组具有类似酶活性的近 20 多种蛋白质。正常生理情况下，补体成分以无活性的酶前体形式存在，不表现活性，但在抗原-抗体复合物等激活因子的刺激下，补体系统各成分可依次被激活，表现各种活性。补体的抗微生物活性可参见本章第四节。

四、抗　菌　肽

抗菌肽(antimicrobial peptide，AMP)在许多生物中被发现，其主要是 30 个氨基酸残基左右的阳离子多肽。抗菌肽的阳离子性质有利于其与带负电荷的靶细胞膜结合，并最终与靶细胞整合。哺乳动物中的抗菌肽主要是防御素(defensin)和 cathelicidin。防御素常是 β 片层结构，而 cathelicidin 常是 α 螺旋结构。根据半胱氨酸和二硫键，将防御素分为 3 个类群，即 α、β 和 θ。

抗菌肽以多聚体的形式聚集在靶细胞膜上，形成小孔，从而导致细胞内容物渗漏，最终细胞瓦解。抗菌肽除了具有抗细菌的功能外，还有抗病毒、抗寄生虫、抗真菌、抗肿瘤、调节免疫等功能。此外，防御素能刺激前炎症细胞因子的产生。α-防御素主要由中性白细胞产生，其他类型细胞也可产生。β-防御素主要由呼吸道和胃肠道的上皮细胞产生，皮肤和其他部位的上皮细胞也可产生。Cathelicidin 可以由中性粒细胞、上皮细胞、NK 细胞和肥大细胞等产生。

五、抗细菌免疫

1. 细胞免疫的抗菌作用　布氏杆菌、李氏杆菌、结核杆菌、马鼻疽杆菌、某些棒状杆菌和沙门菌等胞内菌进入细胞，通过菌体表面有抵抗消化作用的结构抵抗吞噬细胞的杀灭，反而利用细胞作为保护屏障，使体液中抗体等抗菌物质无法作用于菌体。因此，抵抗这类细菌感染主要靠细胞免疫。

机体初次感染这些胞内菌时，细胞免疫尚未建立，吞噬细胞可把它们吞噬，但不能有效地消灭，病原菌易在体内蔓延。在感染过程中，T 细胞接受了病原菌抗原的刺激，逐渐建立起特异性细胞免疫，致敏 T 细胞释放多种淋巴因子，激活巨噬细胞以增强吞噬和消化能力，同时调集大量吞噬细胞等聚集于病原菌周围，增强杀灭和清除病原菌的作用，从而有效地控制感染。在此过程中，活化的巨噬细胞的杀灭作用通常无特异性，可杀灭对巨噬细胞有抵抗作用的多种细菌。例如，单核细胞增多性李氏杆菌病康复的动物往往对结核病的抵抗力也显著增强。

2. 吞噬作用为主的抗菌作用　当受到肺炎球菌、葡萄球菌、链球菌等化脓性细菌感染时，机体主要靠巨噬细胞在特异性免疫因子的协同下进行吞噬、消灭病原菌。特异性抗体与细菌表面的抗原决定簇结合，形成抗原-抗体复合物，激活补体，并结合补体 C3b，通过补体 C3b 发挥调理作用，促进吞噬。同时，激活补体的某些片段具有趋化作用，吸引吞噬细胞聚集到细菌存在部位，促进吞噬。因此，在防制化脓性细菌感染中，应调动和增强机体吞噬细胞的功能。

3. 抗毒素免疫　破伤风梭菌、产气荚膜梭菌等细菌感染时，以外毒素为主要致病因素。机体针对外毒素可以产生抗毒素。抗毒素与细菌外毒素发生特异性结合，可以阻止外毒素对易感细胞的结合或封闭其活性部位，从而中和外毒素的毒性。不能吸附细胞的毒素，在抗体和补体的作用下，易被吞噬细胞吞噬、降解并清除掉。但在有些情况下，外毒素与抗毒素形成的免疫复合物不能被吞噬细胞吞噬、清除，却在循环系统中沉积于某些部位的毛细血管而引起免疫损伤，导致Ⅲ型变态反应。

4. 抗含内毒素细菌的免疫　机体产生的抗内毒素抗体为菌体抗体，能与内毒素结合，但不能消除其毒性，需要依赖补体、抗体和吞噬细胞对细菌菌体和内毒素进行清除。在感染早期，吞噬细胞吞噬细菌，但杀灭作用不强，内毒素在特异性抗体产生之前通过旁路途径激活补体以溶解细菌，同时通过补体的活性片段来加强吞噬作用。随着感染的进行，机体产生特异性抗体，抗体发挥调理作用，促进吞噬，同时以经典途径激活补体，通过补体的调理作用和补体其他片段的趋化作用加强吞噬。对革兰阴性菌释放的游离内毒素，主要靠单核-吞噬细胞的吞噬作用来清除它的毒性。

机体黏膜表面的分泌型 IgA 对许多以呼吸道和消化道黏膜上皮细胞为感染对象的细菌，如大肠杆菌、志贺痢疾杆菌等起主要作用。大肠杆菌 K88 或 K99 等菌毛抗原能使菌体吸附肠黏膜上皮细胞，但其特异性抗体与该抗原特异性的结合可阻止菌体与肠黏膜上皮细胞的结合，从而有效地防止仔猪黄痢的发生。

六、抗病毒免疫

病毒在细胞内增殖时，以细胞免疫为主。当病毒在细胞外或形成病毒血症时，以体液免疫为主。

1. 体液免疫的抗病毒作用　抗病毒特异性抗体主要有两大类，即补体结合抗体和中和抗体。补体结合抗体由病毒核蛋白抗原刺激机体产生，不能结合病毒表面抗原。中和抗体是由病毒表面抗原刺激机体产生的，主要包括 IgG、IgA 和 IgM。中和抗体中和病毒的机制主要有两种：抗体结合病毒，覆盖于病毒表面，阻止病毒对细胞的吸附；特异性抗体封闭的病毒不能吸附细胞，延长了在细胞外停留的时间，最终被吞噬细胞消化、分解。中和抗体只能在细胞外体液中发挥作用，主要是防止病毒继续感染细胞及其蔓延扩散。

抗体还可通过抗体依赖性细胞介导的细胞毒作用(ADCC)杀伤带有病毒抗原的靶细胞。带有 Ig Fc 受体的 K 细胞等能与结合在感染细胞表面的 Ig Fc 片段结合，诱发 K 细胞的细胞毒作用，杀伤感染病毒的靶细胞；同时还能激活补体，引起靶细胞溶解。

2. 细胞免疫的抗病毒作用 病毒侵入细胞后，病毒基因组编码的抗原表达于受染宿主细胞表面。这类抗原不仅出现在感染细胞上，也出现于病毒诱导产生的肿瘤细胞表面。这些细胞表面的这类抗原被机体的免疫系统识别为异物而被消灭。抗病毒感染的细胞免疫主要由致敏淋巴细胞(Tc 和 TD)来执行。Tc 细胞能特异性识别、结合病毒感染的细胞，发挥其细胞毒作用，破坏靶细胞。TD 细胞在受到特异性抗原刺激后释放多种淋巴因子，动员吞噬细胞、淋巴细胞等消灭病毒及受到病毒感染的细胞。

3. 干扰素的抗病毒作用 受到病毒感染时，机体产生的干扰素可发挥抗病毒作用。干扰素对病毒的作用无特异性，只要细胞内有干扰素的存在，任何病毒都会受到抑制。因此，干扰素对病毒感染起重要的防御作用，临床上可用于病毒病的预防和治疗。

七、抗寄生虫免疫

寄生虫的抗原有一些独特的特征。寄生虫抗原的抗原性一般比较弱，是长期适应机体环境的结果。寄生虫努力使自己变为宿主组织的一部分而不被识别为外来物质，从而逃避机体的免疫，可以更好地在宿主体内存活。寄生虫的虫体抗原成分复杂，既有表面抗原，又有内部抗原，还有分泌性抗原。其中，能诱发宿主产生保护性免疫的为保护性抗原，如某些分泌性抗原和虫体表面抗原。寄生虫在不同发育阶段甚至同一发育阶段出现抗原变异。例如，巴贝斯虫在裂殖体、孢子期都有新的抗原；布氏锥虫的表面抗原每隔一段时间都会脱落，呈典型的抗原变异。因此，机体对寄生虫的免疫有一些独特类型。消除性免疫，即机体能完全消除侵入机体的虫体。这是免疫的理想结果，在寄生虫感染临床上很少见。非消除性免疫或带虫免疫，即宿主不能完全消除侵入体内的虫体，少数残留虫体对机体不会造成严重损害，却可以不断刺激机体产生对再感染的免疫力。这是寄生虫感染中常见的一种免疫状态。效果有限的获得性免疫，即获得性免疫很难完全发挥有效的作用。

1. 对原虫的免疫

(1) 非特异性免疫的抗原虫作用：目前还不十分清楚机体对原虫的非特异性免疫机制，但通常认为应包括吞噬细胞的吞噬作用和炎症反应或由炎症反应包围寄生虫形成包囊。

(2) 特异性免疫的抗原虫作用：原虫能刺激机体产生特异性免疫，包括体液免疫和细胞免疫。抗体通常作用于体液和组织液中游离生活的原虫，而细胞免疫作用于细胞内寄生的原虫。抗体对原虫的作用主要包括：抗体与虫体结合以限制其活动，并阻止其入侵易感细胞；有的抗体能抑制原虫的酶，从而抑制原虫增殖；抗体与虫体结合后，激活补体，与吞噬细胞一起清除虫体；抗体与感染虫体的细胞结合后，通过 ADCC 作用杀死细胞内寄生的虫体；IgE 在抗滴虫感染中起重要作用。胎儿滴虫和组织滴虫，可刺激局部抗体反应，以 IgE 使局部发生Ⅰ型变态反应，从而不利于虫体生活，而 IgG 到达感染部位使虫体不能活动而被清除。对细胞内寄生的原虫如龚地弓形虫和小泰勒焦虫等，以细胞免疫为主清除，其机理与结核杆菌引起的免疫应答相似。

2. 对蠕虫的免疫

(1) 非特异性免疫的抗蠕虫作用：宿主方面影响蠕虫寄生的因素包括年龄、品种、性别等。

性别和年龄对蠕虫寄生的影响与激素有很大关系。动物的性周期有明显季节性，而寄生虫的繁殖周期与宿主的繁殖周期往往相一致。体内已存在的虫体在种内或种间对营养和寄生场所的竞争作用，对动物体内蠕虫群体的数量和组成起着重要的调节作用。

(2) 特异性免疫的抗蠕虫作用：蠕虫幼虫存在于组织中，而成虫寄生于胃肠道或呼吸道中。机体对蠕虫抗原能产生 IgM、IgG 和 IgA 等常规抗体，通过中和幼虫的穿透组织的酶、结合口孔或肛门口分泌物来封闭口孔和肛门口、结合虫体外鞘抗原阻止其脱壳、切断成虫某些酶的作用以抑制虫卵和虫体结构的发育等方式起到抗蠕虫的作用。在抗蠕虫免疫中最重要的是免疫球蛋白 IgE。寄生虫抗原刺激机体产生 IgE，IgE 致敏的肥大细胞再次接触抗原时，引起细胞脱颗粒，分泌血管活性物质，而这些活性物质导致平滑肌收缩、毛细血管通透性增加、嗜酸性粒细胞浸润，从而激发局部Ⅰ型变态反应，同时与抗体和补体联合，杀死某些蠕虫幼虫。通过 IgE 介导，巨噬细胞与蠕虫幼虫结合，将其杀伤。细胞免疫对蠕虫幼虫也有重要作用。通过迟发性变态反应将单核细胞吸引到幼虫侵袭部位，诱发局部炎症反应，或通过细胞毒性淋巴细胞的作用杀伤幼虫。

第八节 变态反应

变态反应(allergic reaction)是机体对某种抗原的再次刺激产生的一种异常的、强烈的、有害的免疫反应，又称为超敏反应(hypersensitivity)。引起变态反应的物质称为变应原(allergen)或过敏原。这些物质可以是完全抗原，如微生物、寄生虫、异种动物血清或蛋白、异体组织细胞、植物花粉、昆虫毒液和食物等；也可以是半抗原，如青霉素、磺胺类和奎宁等药物、油漆、染料和化学品等。变应原通过呼吸道、消化道、皮肤或黏膜等途径进入机体，使机体处于致敏状态，以后出现变态反应。实事上，大多数机体对变应原不发生变态反应，只有少数呈过敏体质的机体才发生变态反应。过敏体质的机体体内常有 IgE 过度产生、IgA 缺乏或消化道黏膜通透性增强等表现。

变态反应可导致机体组织损伤和机能紊乱，表现出各种特征性的免疫病理损伤过程。根据变态反应中参与的细胞和活性物质、损伤组织器官的机理和产生反应所需时间长短的不同，变态反应可以分为四个型：Ⅰ型变态反应(也称过敏反应)、Ⅱ型变态反应(也称细胞毒型变态反应)、Ⅲ型变态反应(也称免疫复合物型变态反应)和Ⅳ型变态反应(也称迟发型变态反应)。其中，前三型是由抗体介导的，反应发生较快，称速发型变态反应；Ⅳ型是细胞介导的，与抗体无关，反应发生较慢。

一、Ⅰ型变态反应

Ⅰ型变态反应，又称过敏反应，是指机体再次接触抗原时在数分钟至数小时内引起的以炎症为特点的反应。

1. 反应机制 机体在变应原的刺激下产生一种亲细胞性抗体 IgE。该抗体吸附在皮肤、消化道和呼吸道黏膜、毛细血管周围组织中的肥大细胞、血液中嗜碱性粒细胞和血小板等细胞的表面，使机体处于致敏状态。当机体再次接触同种变应原时，变应原即与吸附在细胞表面的 IgE 抗体结合，引发免疫反应，导致细胞脱颗粒，释放出各种生物活性物质，如组织胺、5-羟色胺、激肽、前列腺素和白细胞三烯等。这些活性物质作用于皮肤、呼吸道和消化道等相应器官，引起炎症反应，导致毛细血管扩张和通透性增加、血压下降、皮肤黏膜水肿、腺体分泌增多、平滑肌痉挛等。Ⅰ型变态反应的过程如图 7-16 所示。

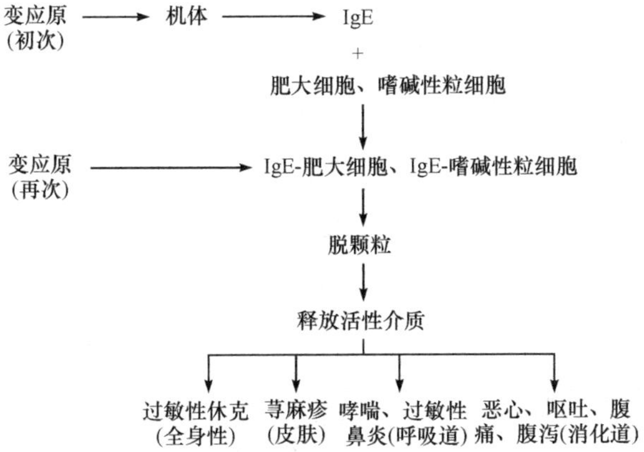

图 7-16　Ⅰ型变态反应的发生示意图(引自黄青云，2009)

Ⅰ型变态反应发生于不同部位，可出现不同的症状。在皮肤上，可出现红肿和荨麻疹；在呼吸道，可出现喷嚏、流涕、气喘和呼吸困难；在消化道，可出现呕吐、腹痛和腹泻；在全身，可引起过敏性休克，甚至死亡。

2. 常见的过敏反应　主要有两类：一是因大量过敏原(如静脉注射)进入体内而引起的急性全身性反应，比如青霉素过敏反应；二是局部的过敏反应，这类反应尽管较广泛，但往往因为表现较温和而易被忽视。局部过敏反应主要包括：由饲料引起的消化道和皮肤症状，由霉菌和花粉等引起的呼吸系统和皮肤症状，由药物、疫苗和蠕虫感染引起的反应。

二、Ⅱ型变态反应

Ⅱ型变态反应，又称细胞毒型变态反应，是由于抗体直接作用于相应细胞或组织上的抗原而引起的细胞损伤或溶解。引起Ⅱ型变态反应的变应原可以是机体本身受理化或生物因素作用而变构的细胞膜抗原，如红细胞的血型抗原；也可以是吸附在细胞表面的相应抗原，如药物半抗原、荚膜多糖、细菌内毒素脂多糖等。

1. 反应机制　变应原刺激机体产生抗体 IgG 和 IgM。当 IgG 和 IgM 与细胞上相应抗原或吸附于细胞表面的相应抗原、半抗原发生特异性反应时，可激活补体系统，引起细胞溶解或被吞噬细胞吞噬，导致组织损伤及功能障碍。Ⅱ型变态反应的过程如图 7-17 所示。

2. 常见的细胞毒型变态反应

(1) 输血反应：各种动物都有血型系统。在红细胞表面存在着各种抗原，而在不同血型的个体血清中有相应的天然抗体，通常为 IgM。当输血者的红细胞进入不同血型的受血者的血管，红细胞与抗体结合而凝集，激活补体系统，产生血管内溶血，在局部形成微循环障碍等。其实，在输血过程中，除了针对红细胞的抗原，还有针对血小板和淋巴细胞抗原的抗体反应，但因为数量较少，反应不明显。

(2) 新生动物溶血性贫血：也是一种因血型不同而发生的溶血反应，在新生骡驹中的发生率大约为 8%～10%。因为亲代血型抗原差异较大，母马在妊娠期间或初次分娩时易被致敏而产生抗体。这种抗体通常经初乳进入新生驹的体内引起溶血反应。这与人因 RhD 血型而导致的溶血反应相类似。因此，初产母马的幼驹发生溶血反应的可能性较经产的要低。

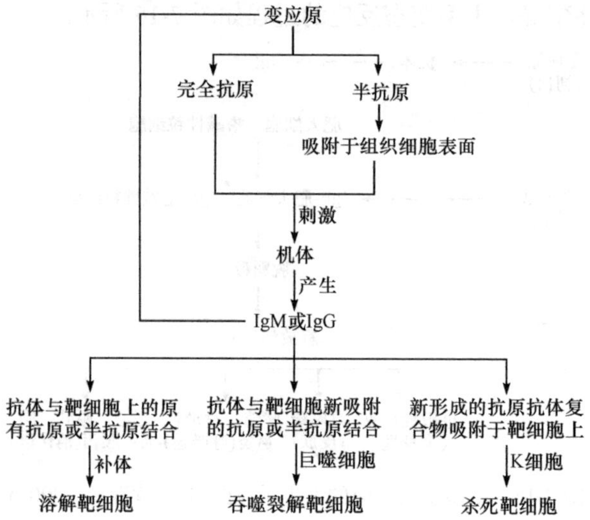

图 7-17　Ⅱ型变态反应示意图(改绘制崔治中，2015)

(3) 病原引起的溶血反应：有些病原如沙门菌的脂多糖、马传染性贫血病毒、貂阿留申病毒和某些原虫的抗原成分能吸附宿主红细胞，被吸附的红细胞受到自身免疫系统的攻击，发生溶血反应。

(4) 组织移植排斥反应：接受器官或组织的受体产生相应抗体时，被移植的器官在几分钟或 48h 后发生排斥反应。

三、Ⅲ型变态反应

Ⅲ型变态反应，又称免疫复合物型变态反应，是指机体在某些抗原如细胞内寄生菌初次刺激下，T 细胞被致敏，当再次与相同抗原接触时，致敏淋巴细胞释放出多种淋巴因子，吸引和激活吞噬细胞向抗原集中，并加强吞噬，形成以单核细胞、淋巴细胞等为主的局部浸润，导致局部组织肿胀、化脓甚至坏死等炎性变化。

1. 反应机制　血液中可溶性抗原和抗体比例不同，形成的抗原-抗体复合物的大小也不同。大的复合物易被吞噬细胞消化，小的复合物经血液循环到达肾脏，通过肾小球滤过，从尿中排去，而中等大小的复合物不被吞噬，也不能被排除，却沉积于血管基底膜，激活补体，招引中性粒细胞，在吞噬复合物时释放溶酶体酶，导致血管基底膜组织损伤，形成血管炎。Ⅲ型变态反应的过程如图 7-18 所示。

2. 常见的免疫复合物型疾病

(1) 血清病：血循环中免疫复合物吸附并沉积于组织，导致血管通透性增高并形成炎症性病变。例如，在使用异种抗血清治疗时，抗血清在发挥中和毒素作用的同时作为异源蛋白诱导相应免疫反应，当再次使用这种血清时会产生免疫复合物，表现为肾炎和关节炎等。

(2) 自身免疫复合物病：如 NZB/NZW 杂交鼠 F_1 代表现的全身性红斑狼疮。这种小鼠在出生时并无特殊的临床症状，但在 2～3 个月龄后因产生抗自身红细胞的抗体而发生溶血性贫血，同时还可产生抗核酸抗体等。雌鼠尤其严重，几个月后死亡。某些自身免疫性疾病也常伴有Ⅲ型变态反应，主要是由于自身抗体和抗原，以及相应免疫复合物持续不断地生成，超过了单核吞噬细胞系统的清除能力，这些复合物就吸附并沉积在周围的组织器官。

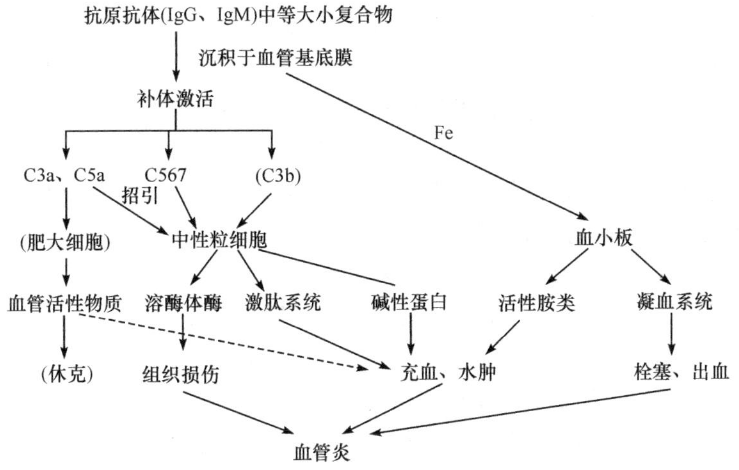

图 7-18　Ⅲ型变态反应示意图(引自黄青云，2009)

(3) Arthus 反应：由于多次皮下注射同种抗原，形成中等大小免疫复合物，沉积于注射局部的毛细血管壁上，激活补体系统，导致中性粒细胞积聚等，引起局部反应，最后导致组织损伤，如局部出血和血栓，严重时可发生组织坏死。

(4) 由病原感染引起的免疫复合物病：在如 α 溶血性链球菌或葡萄球菌性心内膜炎、病毒性肝炎、寄生虫感染等慢性感染中，病原持续刺激机体产生弱的抗体反应，并与相应抗原结合形成免疫复合物，吸附并沉积在周围的组织器官。

四、Ⅳ型变态反应

Ⅳ型变态反应，又称迟发型变态反应，由细胞免疫引起，无抗体与补体参加，发生较慢，一般在接触抗原后 6h 左右开始出现，24～28h 达到高峰，然后消退。这种变态反应是由病原或其代谢产物作为变应原引起的，是在传染过程中发生的，因此，也称为传染性变态反应。结核分枝杆菌、副结核分枝杆菌、布氏杆菌和鼻疽杆菌等胞内寄生菌在感染过程中即能引起以细胞免疫为主的Ⅳ型变态反应。

1. 反应机制　TDTH 细胞受变应原作用产生多种淋巴因子，导致血管通透性增加，单核细胞、淋巴细胞聚集于抗原部位，单核细胞在吞噬、消化抗原时，释放溶酶体酶，引起邻近组织局部炎症和坏死。Ⅳ型变态反应的过程如图 7-19 所示。

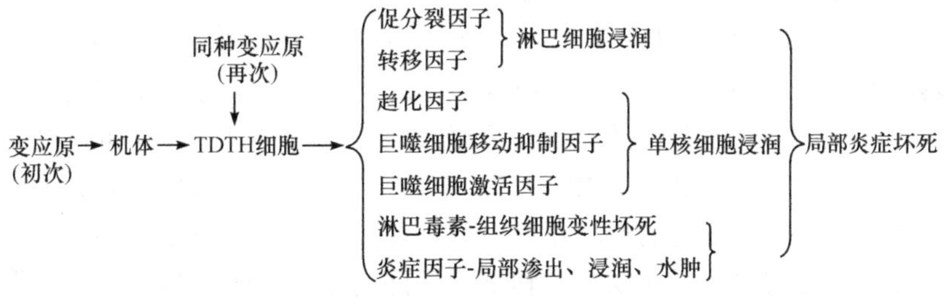

图 7-19　Ⅳ型变态反应示意图(引自黄青云，2009)

2. 常见的迟发型变态反应

(1) Jones-Mote 反应：以碱性粒细胞在皮下直接浸润为特点。再次接触抗原约 24h 后，皮肤出现大的肿胀，持续时间可达 7～10 天。可溶性抗原也能引起这种反应。

(2) 接触性变态反应：是指人和动物接触部位的皮肤湿疹，一般在再次接触抗原 48h 后发生。镍、丙烯酸盐和含树胶的药物等进入皮肤，通过共价键或其他方式与机体的蛋白质结合，产生免疫原活性，致敏 T 细胞。致敏 T 细胞再次接触这类物质时，在 6～8h 出现单核细胞浸润，在 12～15h 反应最强烈，皮肤水肿、形成水泡。

(3) 结核菌素变态反应：在结核病患者皮下注射结核素 48h 后，注射部位发生肿胀和硬变。该反应可用于结核杆菌感染的诊断。鼻疽菌素点眼检测马鼻疽也是同样原理。在接种抗原 24h 后，局部发生大量单核吞噬细胞浸润(半数为淋巴细胞和单核细胞)；约 48h 后，淋巴细胞从血管中迁移出来，并在皮肤胶原蛋白滞留。随着病变发展，出现以肉芽肿为特点的反应，其过程取决于抗原存在时间。在此期间，无嗜碱性粒细胞的出现。

(4) 肉芽肿变态反应：许多细胞介导的免疫反应都产生肉芽肿，因为微生物持续存在并刺激巨噬细胞，而后者不能溶解、消除这些异物。免疫复合物的持续刺激也能形成上皮细胞的肉芽肿增生，但其组织学不同于结核菌素反应。前者是抗原持续性刺激的结果，而后者是对抗原的局部限制性反应。免疫病理性肉芽肿可由微生物引起，也可由非抗原性的滑石粉等引起，但无巨噬细胞参与。另外，迟发型变态反应性肉芽肿的另一特征是上皮类细胞。

第九节　免疫学实验技术

通常，将体外发生的抗原抗体反应统称为血清学反应(serological reaction)或血清学试验(serological test)。血清学试验特异性强、检出率高、重复性好、方法简易快速，广泛应用于微生物的鉴定、传染病和寄生虫病的监测与诊断。根据抗原和抗体的性质、反应条件、参与反应的介质及反应现象的不同，血清学试验可以分为凝集试验、沉淀试验、补体结合试验、中和试验和免疫标记技术等。血清学试验方法的研究正向着高度特异性、高度敏感性、精密的分辨能力、高水平的定位、试验电脑化、反应微量化、方法标准化、试剂商品化和方法简便快速等方面发展。目前，许多旧方法已经被新方法代替，并继续向前发展。

一、细胞免疫检测技术

检测机体的细胞免疫状况，通常检测外周血中 T 细胞的数量和功能。检测 T 细胞的数量常用 E 玫瑰花环试验和 T 细胞酸性 α 乙酸萘酯酶测定。检测 T 细胞的功能常用淋巴细胞转化试验、巨噬细胞移动抑制试验、T 细胞活化试验等。也可应用现代流式细胞仪、单克隆抗体、细胞因子等检测 $CD8^+$ T 细胞、$CD4^+$ T 细胞，以及 Th1、Th2 的数量和功能等。

1. E-玫瑰花环试验(erythrocyte rosettes test)　人、猪、牛、羊等的 T 细胞膜上有绵羊红细胞受体(CD2)，马、犬的 T 细胞膜上有豚鼠红细胞受体。将动物外周血中淋巴细胞和上述红细胞洗涤，两者按细胞数 1:30～50 的比例混匀，4℃过夜，染色，高倍镜观察，可见到一个淋巴细胞周围结合 3 个以上红细胞的玫瑰花环。通常计算 200 个淋巴细胞中所形成的玫瑰花环数，算出 E-玫瑰花环形成率。因动物个体和试验条件的差异，动物 E-玫瑰花环形成率的正常值范围较宽，例如，马 38%～66%，牛 32%～63%，猪 30%～40%。

2. 酸性α乙酸萘酯酶测定　又称酯酶染色法，是一种鉴别 T 细胞和 B 细胞并进行 T 细胞计数的简便方法。T 细胞的酸性 α-乙酸萘酯酶(acid α-naphthyl acetate esterase，ANAE)在弱酸性条件下能水解乙酸萘酯产生乙酸离子和 α-萘酚，后者与六偶氮副品红偶联，生成红色反应物，沉积于 T 细胞内，经甲基绿复染后，沉淀物呈红黑色或深紫红色。用油镜观察，T 细胞有绿色的大圆形核，胞质边缘或其中有一个或多个红黑色的粗大颗粒。B 细胞形态一样，但无明显的红黑色颗粒。

3. 淋巴细胞转化试验(lymphocyte transformation test，LTT)　是一种体外检测 T 细胞功能的常用方法。T 细胞膜上具有植物血凝素(PHA)、伴刀豆球蛋白 A(Con A)等非特异性丝裂原的受体，当淋巴细胞在体外与 PHA(或 T 细胞与特异性抗原)共同培养时，T 细胞受到刺激，转化为代谢旺盛、蛋白质和核酸合成增加、细胞体积变大的淋巴母细胞。转化率的高低反映机体细胞免疫功能的高低。

淋巴细胞转化试验有两种方法：形态学方法和掺入法。形态学方法是直接用油镜检查 200 个淋巴细胞并计算转化率。形态学方法简便，无需特殊设备，但判断过渡型细胞时常带有主观性，因而准确度较差。掺入法是在试验过程中加入 ^{3}H 胸腺嘧啶核苷(^{3}H-T dR)，转化细胞中均会掺入 ^{3}H-TdR，试验结果用液体闪烁计数器测定，以试验管(加 PHA)与对照管(不加 PHA)的每分钟脉冲数(cpm)计算刺激指数(SI)。掺入法的结果准确，但需要专门仪器。

4. 巨噬细胞移动抑制试验　也是一种体外检测 T 细胞功能的常用试验。TDTH 细胞受特异性抗原刺激后分泌各种淋巴因子，其中有巨噬细胞(Mφ)移动抑制因子(MIF)，MIF 具有抑制 M φ 游走的作用。试验可在组织培养小室内进行，称毛细管法；也可在琼脂凝胶中进行，称琼脂糖法。以前者为例，在小室内加入特异性抗原后，TDTH 细胞产生 MIF，抑制装于毛细管内的 Mφ 的移动，Mφ 游出管口形成的细胞团面积小，在对照小室中因未加特异性抗原，TDTH 不产生 MIF，毛细管中 Mφ 的游动不受抑制，游出管口的面积大，用显微镜绘图器测量游出细胞团的面积，计算移动指数(migration index，MI)或移动抑制指数(migration inhibition index，MII)。

5. T 细胞活化试验(MTT 检测法)　T 细胞受 PHA、Con A 或抗原激活，向淋巴母细胞转化，DNA 和蛋白质的合成增加，最终细胞分裂增殖。在 T 细胞增殖过程中，细胞线粒体脱氢酶产生增加。MTT 为一种甲氮唑盐，是细胞线粒体脱氢酶的底物，经酶的分解，产生蓝黑色的甲臜(formazane)，该产物的多少与活化 T 细胞数成正比，可用酶标检测仪(595m)测量该产物的光密度，能反映 T 细胞的转化功能，结果与 ^{3}H-TdR 掺入法相当。MTT 法不用同位素，是一种敏感、较准确的细胞免疫检测方法。

6. 流式细胞术(flow cytometry，FCM)　FCM 可自动分离外周血液中的 $CD8^{+}$T 细胞和 $CD4^{+}$T 细胞。在待检测的淋巴细胞悬液中，用相应荧光标记的 CD4 和 CD8 单克隆抗体作用后，进入具有激光光源、单个细胞高速流动、荧光信号自动处理、各种细胞自动分离收集等综合系统的流式细胞仪，可快速、准确地分离 $CD8^{+}$T 细胞和 $CD4^{+}$T 细胞，并测出其数量。FCM 分离的细胞纯度高，达 99%，不受污染，不损伤活性。

二、体液免疫检测技术

(一) 凝集试验

颗粒性抗原(如细菌、红细胞等)或吸附在乳胶、白陶土、离子交换树脂和红细胞上的抗原与相应抗体结合，在适量电解质存在下，经过一段时间，互相凝聚，形成肉眼可见的凝集块，称为凝集试验(agglutination test)。参与凝集试验的抗原称为凝集原(agglutinogen)，抗体称为凝集素(agglutinin)，主要为 IgG 和 IgM。根据抗原性质和反应方式的不同，凝集试验可分为直接凝集试验和间接凝集试验。

1. 直接凝集试验 指颗粒性抗原与相应抗体在电解质的参与下直接结合、凝聚成团块的现象，可分为平板凝集试验和试管凝集试验。

(1) 平板凝集试验：是一种定性试验，可在玻板或载玻片上进行。将含有已知抗体的诊断血清与待检菌悬液各一滴在玻片上混合均匀，数分钟后，如出现颗粒状或絮状凝集，即为阳性反应。反之，也可用已知的诊断抗原悬液检测待检血清中有无相应的抗体。此法简便快速，适用于新分离细菌的鉴定或分型和抗体的定性检测，如大肠杆菌和沙门菌等的鉴定，以及布氏杆菌病、鸡白痢、禽伤寒和败血支原体病的检疫。该方法也可用于血型的鉴定。

(2) 试管凝集试验：是一种定性和定量试验，在小试管中进行。将待检血清用生理盐水或其他稀释液进行倍比稀释，然后每管加入等量抗原，混匀，37℃水浴或放入恒温箱中数小时，观察液体澄清度和沉淀物，根据不同凝集程度记录结果。以出现 50%以上凝集的血清最高稀释倍数为该血清的凝集价，也称为效价或滴度。本试验主要用于抗体效价的测定。

2. 间接凝集试验 将可溶性抗原(或抗体)先吸附于与免疫无关的小颗粒表面，再与相应的抗体(或抗原)结合，在电解质存在的适宜条件下出现的肉眼可见的凝集现象。用于吸附抗原(或抗体)的颗粒称为载体。常用的载体有动物红细胞、聚苯乙烯乳胶、硅酸铝、活性炭和葡萄球菌 A 蛋白等。抗原多为可溶性蛋白，如细菌、立克次体和病毒的可溶性抗原、寄生虫的浸出液、动物的可溶性物质、各种组织器官的浸出液、激素等，亦可能是某些细菌的可溶性多糖。吸附抗原(或抗体)后的颗粒称为致敏颗粒。根据载体的不同，间接凝集试验可分为间接血凝试验、间接血凝抑制试验、乳胶凝集试验、协同凝集试验和炭粉凝集试验等。

(1) 间接血凝试验：是以红细胞为载体的间接凝集试验。吸附抗原的红细胞被称为致敏红细胞。致敏红细胞与相应抗体结合后，能出现红细胞凝集现象。用已知抗原吸附于红细胞上检测未知抗体，称为正向间接血凝试验。用已知抗体吸附于红细胞上鉴定未知抗原，称为反向间接血凝试验。常用的红细胞有绵羊、家兔、鸡和人的 O 型红细胞。红细胞几乎能吸附任何抗原，且红细胞是否凝集容易观察。因此，利用红细胞作载体进行的间接凝集试验已广泛应用于血清学诊断的许多方面，如多种病毒性传染病、支原体病、衣原体病、弓形体病等的诊断和检疫。

(2) 间接血凝抑制试验：抗体与游离抗原结合后就不能凝集抗原致敏的红细胞，从而使红细胞凝集现象受到抑制。通常，用抗原致敏的红细胞和已知抗血清检测未知抗原或测定抗原的血凝抑制效价。血凝抑制效价是指抑制血凝的抗原最高稀释倍数。

(3) 乳胶凝集试验：以乳胶颗粒作为载体的间接凝集试验。该试验既可检测相应抗体也可鉴定未知抗原，且简便、快速。在临床上，该方法广泛应用于伪狂犬病、流行性乙型脑炎、钩端螺旋体病、猪细小病毒病、猪传染性萎缩性鼻炎、禽衣原体病、山羊传染性胸膜肺炎、囊虫病等的诊断。

(4) 协同凝集试验：葡萄球菌 A 蛋白是大多数金黄色葡萄球菌的特异性表面抗原，能与多种哺乳动物血清中 IgG 分子的 Fc 片段结合，结合后的 IgG 仍保持抗体活性。当这种覆盖着特异性抗体的葡萄球菌与相应抗原结合时，相互连接引起协同凝集反应，在玻板上数分钟内即可判定结果。该方法已广泛应用于快速鉴定细菌、支原体和病毒等。

(5) 炭粉凝集试验：以极细的活性炭粉为载体的间接凝集试验。试验可在玻板上或塑料反应盘中进行，数分钟后即可判定结果。通常，用抗体致敏炭粉颗粒，制成炭素血清，用以检测抗原；也可用抗原致敏炭粉，用以检测抗体。该方法可用于腺病毒感染、沙门菌病、大肠杆菌病、囊虫病等的诊断。

(二) 沉淀试验

可溶性抗原与相应抗体结合，在适量电解质存在的条件下，经过一段时间，出现肉眼可见的白色沉淀，称为沉淀试验(precipitation test)。参与沉淀试验的抗原称为沉淀原(precipitinogen)，主要是蛋白质、多糖、类脂等，如细菌的外毒素和内毒素、菌体裂解液、病毒悬液、病毒的可溶性抗原、血清和组织浸出液等。沉淀反应中的抗体称为沉淀素(precipitin)。常用的沉淀试验有环状沉淀试验、絮状沉淀试验、琼脂扩散试验等。

1. 环状沉淀试验　将可溶性抗原叠加在小玻管中抗体表面，数分钟后，在抗原抗体相接触的界面出现白色环状沉淀带，即为阳性反应。本法主要用于抗原的定性试验，如炭疽病的诊断(Ascoli 试验)、链球菌的血清型鉴定和血迹鉴定等。

2. 絮状沉淀试验　抗原与抗体在试管内混合，在电解质存在条件下，抗原-抗体复合物形成絮状物。本法常用于毒素、类毒素和抗毒素的定量测定。

3. 琼脂扩散试验　简称琼扩，抗原、抗体在含有电解质的琼脂凝胶中扩散(琼脂凝胶呈多孔结构，孔内充满水分，其孔径大小取决于琼脂的浓度，1%琼脂凝胶的孔径为 85nm)，当两者在比例适当处相遇时，即发生沉淀反应，出现肉眼可见的沉淀带。琼脂扩散试验有单向单扩散、单向双扩散、双向单扩散和双向双扩散四种类型。

(1) 单向单扩散：在冷至 45℃左右的 0.5%～1.0%琼脂缓冲盐水中加入一定量的已知抗体，混匀，加入小试管，凝固后，将待检抗原加于其上，置密闭湿盒内，于 37℃温箱或室温中扩散数小时，抗原在含抗体的琼脂凝胶中扩散，在比例最适处出现沉淀带。此沉淀带的位置随着抗原的扩散而向下移动，直至稳定。抗原浓度越大，则沉淀带的距离也越大。因此，该方法可用于抗原定量。

(2) 单向双扩散：将含有抗体的琼脂加于小试管底，中间加一层不含抗体的、同样浓度的琼脂，凝固后加待检抗原，置密闭湿盒内，于 37℃温箱或室温中扩散数日。抗原抗体在中间层相向扩散，在比例最适处形成沉淀带。此法主要用于复杂抗原的分析。

(3) 双向单扩散：在冷至 45℃左右的 2%琼脂缓冲盐水中加入一定量的已知抗体，制成厚 2～3mm 的琼脂凝胶板，在板上打孔，孔径 3mm，孔距 10～15mm，于孔内滴加抗原后，置密闭湿盒内，37℃温箱或室温进行扩散。抗原在孔内向四周辐射扩散，与琼脂凝胶中的抗体接触，形成白色沉淀环，环的大小与抗原浓度呈正比。本法可用于抗原的定量和传染病的诊断，如鸡马立克病。

(4) 双向双扩散：用 1%琼脂制成厚 2～3mm 的凝胶板，在板上按规定图形、孔径和孔距打圆孔，于相应孔内滴加抗原、阳性血清和待检血清，置于密闭湿盒内，于 37℃温箱或室温扩散数日，观察结果。当用于检测抗原时，将抗体加入中心孔，待检抗原分别加入周围相邻孔，若出现沉淀带且完全融合，说明是同种抗原；若两相邻孔沉淀带有部分相连并有交角时，表明二者有共同抗原决定簇；若两相邻孔沉淀带互相交叉，说明二者抗原完全不同。当用于检测抗体时，将已知抗原置于中心孔，周围相邻孔分别加入待检血清，两侧相对应孔加入标准阳性血清，若待检血清孔与相邻阳性血清孔出现的沉淀带完全融合，则判为阳性；若待检血清孔无沉淀带或出现的沉淀带与相邻阳性血清孔出现的沉淀带相互交叉的，判为阴性；若待检血清孔无沉淀带，但两侧阳性血清孔的沉淀带在接近待检血清孔时向内弯曲的，判为弱阳性，而向外弯曲的，则判为阴性。本法应用广泛，已普遍用于传染病的诊断和抗体的检测，如鸡马立克病、鸡传染性法氏囊病、禽流感、支原体病、鸡传染性喉气管炎、伪狂犬病、牛地方性白血病、马传染性贫血和蓝舌病等。

(三) 免疫电泳技术

免疫电泳技术(immunoelectrophoresis technique)是将琼脂双扩散与琼脂电泳技术结合起来的一种血清学检测技术。临床上应用比较广泛的有对流免疫电泳和火箭免疫电泳。

1. 对流免疫电泳 在电场作用下，利用抗原抗体相向扩散的原理，使抗原抗体在电场中定向移动，能提高试验的敏感性，并缩短反应时间。在 pH8.6 的琼脂凝胶板上打孔，两孔为一组，孔径 3mm，抗原、抗体孔间距为 4～5mm。将抗原加入负极端孔内，抗体加入正极端孔内，用 2～4mA/cm 电流电泳 1h 左右，观察结果，在两孔之间出现沉淀带的为阳性反应。沉淀带出现的位置与抗原抗体的泳动速度和含量有关，当二者平衡时，形成的沉淀带在两孔之间呈一直线。若二者泳动速度差异悬殊时，沉淀带位于对应孔附近，呈月牙形。而抗原或抗体含量过高时，沉淀带溶解。因此，对每份检样应选 2～3 个稀释度进行试验。

2. 火箭免疫电泳 是单向单扩散和电泳技术相结合的一种血清学试验。抗原在电场作用下在含有抗体的琼脂中定向泳动，二者比例合适时，形成类似火箭样的沉淀峰。沉淀峰的高度与抗原的浓度成正比。试验时，在冷至 56℃左右的巴比妥缓冲液琼脂中加入一定量的已知抗体，制成琼脂凝胶板。在板的负极端打一排孔，孔径 3mm，孔距 8mm，然后滴加待检抗原和已知抗原，以 2～4mA/cm 电流电泳 1～5h。若抗原与抗体比例合适，则孔前出现顶端完全闭合的火箭状沉淀峰；抗原大量过剩时，不形成沉淀峰或沉淀峰不闭合；抗原中等过剩时，沉淀峰呈圆形；当二者比例不适当时，常不能形成火箭状沉淀峰。

(四) 补体结合试验

补体结合试验(complement fixation test)应用可溶性抗原如蛋白质、多糖类、脂质、病毒等与相应抗体结合后，其抗原抗体复合物可以结合补体，但这一反应肉眼看不到，只有在加入一个指示系统即溶血系统的情况下，才能判定。参与反应的抗体主要是 IgG 和 IgM。

补体结合试验有溶菌和溶血两大系统，含有抗原、抗体、补体、溶血素和红细胞等 5 种成分。补体没有特异性，能与任何一组抗原抗体复合物结合，如果与细菌及相应抗体形成的复合物结合，就会出现溶菌反应；而与红细胞及溶血素形成的致敏红细胞结合，就会出现溶血反应。试验时，先将抗原、待检血清和补体按一定比例混匀，保温一定时间，再加入红细胞和溶血素，作用一段时间后，观察结果。不溶血，则补体结合试验阳性，表示待检血清中有相应抗体，抗原-抗体复合物结合了补体，加入溶血系统后，由于无补体参加，所以不溶血。溶血，则为补体结合试验阴性，说明待检血清中无相应抗体，补体未被抗原-抗体复合物结合，加入溶血系统后，补体与溶血系统复合物结合，出现溶血反应。

补体结合试验可用于检测未知抗原或抗体，生产上可用于多种传染病如口蹄疫、水泡病、副结核病、山羊传染性胸膜肺炎、禽衣原体病等的诊断及抗原的定型。但由于操作较繁琐、影响因素较多，该法已逐渐为其他简易敏感的试验所替代。

(五) 中和试验

病毒或毒素与相应抗体结合后，丧失了对易感动物、鸡胚和易感细胞的致病力，称为中和试验(neutralization test)。本试验具有高度的特异性和敏感性。

1. 毒素和抗毒素中和试验 外毒素或类毒素刺激机体产生的抗体，称为抗毒素(antitoxin)。抗毒素能中和相应的毒素，使其失去致病力。

(1) 体内中和试验：将一定量的抗毒素与致死量的毒素混合，在恒温下作用一段时间，接种实验动物，同时设不加抗毒素的对照组。如果试验组动物被保护，对照组动物死亡，则证明毒素被相应抗毒素中和。在兽医临床上，常用于产气荚膜梭菌和肉毒梭菌的毒素定型。

(2) 体外中和试验：在细胞培养上进行的毒素中和试验和溶血毒素中和试验。

2. 病毒中和试验 病毒免疫动物所产生的抗体能与相应病毒结合，使其感染性降低或消失，从而丧失致病力。抗体只能在细胞外中和病毒，对已进入细胞的病毒无作用。抗体并不都有中和活性，有些抗体与病毒结合后不能使其失活，如马传染性贫血病毒与相应抗体结合后仍保持高度的感染力。病毒中和试验有体内法和体外法。

(1) 体内中和试验：也称保护试验，先给实验动物接种疫苗或抗血清，间隔一段时间，再用一定量的病毒攻击，视动物是否得到保护来判定结果。该方法常用于疫苗免疫原性的评价和抗血清的质量评价。

(2) 体外中和试验：将病毒悬液与抗病毒血清按一定比例混合，在一定条件下作用一段时间，然后接种易感动物、鸡胚或易感细胞，根据接种后动物、鸡胚是否得到保护和细胞是否有病变来判定结果。该方法常用于病毒性传染病的诊断，如口蹄疫、猪水疱病、蓝舌病、牛黏膜病、牛传染性鼻气管炎、鸡传染性喉气管炎、鸭瘟和鸭病毒性肝炎等的诊断。此外，该方法还用于新分离病毒的鉴定和定型等。

(六) 免疫标记技术

免疫标记技术(immunolabelling technique)是一种将抗原抗体反应的特异性和标记分子的敏感性结合起来的试验技术，主要有荧光抗体技术、酶标记抗体技术、放射免疫技术等。这些技术可用于检测抗原或抗体，其特异性和敏感性远远高于常规的血清学技术。以下着重介绍荧光抗体技术和酶标记抗体技术。

1. 荧光抗体技术 又称免疫荧光技术，用荧光色素对抗体或抗原进行标记，再与相应抗原或抗体结合，然后在荧光显微镜下观察荧光，以分析示踪相应的抗原或抗体的方法。本方法既有免疫学的特异性和敏感性，又有显微镜观察的直观性与精确性，广泛应用于细菌、病毒、原虫等的鉴定和传染病的快速诊断。

(1) 荧光色素的选择：广泛用于标记抗体或抗原的荧光色素主要是异硫氰酸荧光素(FITC)，此外还有四乙基罗丹明(RB200)、四甲基异硫氰酸罗丹明(TMRITC)和三氯三嗪基氨基荧光素(DTAF)等。用于标记抗体或抗原的荧光色素必须易与蛋白质稳定结合，不影响抗体或抗原的免疫活性，以及抗原与抗体的特异性结合。

(2) 标本片的制备：细菌培养物、感染动物的组织或血液、脓汁、粪便和尿沉渣等可用于制备涂片或压印片，感染组织还可制备冰冻切片或低温石蜡切片。对于病毒，可用盖玻片上的单层细胞作标本。标本的固定常用丙酮和95%乙醇。固定后的标本应随即用PBS反复冲洗，干燥后即可染色。

(3) 染色：荧光抗体染色方法有直接法和间接法。直接法是用荧光抗体直接检查抗原。直接滴加相应荧光抗体于标本区，置湿盒内，于 37℃温箱染色 30～60min，取出，用 0.01mol/L PBS(pH7.2～7.4)充分漂洗 3 次，每次 3～5min，再用蒸馏水漂洗 2 次，每次 1～2min，吹干，然后滴加缓冲甘油封片，即可于荧光显微镜下观察。间接法是先将已知未标记的抗体加到未知抗原上或用未知未标记抗体加到已知抗原上，再加相应的荧光抗抗体。如抗原与抗体发生反应，标记的抗抗体就会和已结合的抗体进行结合，从而可鉴定未知的抗原或抗体。试验时，于标本区滴加未标记的相应抗体，置湿盒内，于 37℃温箱作用 30～60min，取出，以 0.01mol/L PBS(pH7.2～7.4)充分漂洗 3 次，每次 3～5min，再用蒸馏水漂洗 2 次，每次 1～2min，吹干，然后滴加荧光抗抗体，置湿盒内，于 37℃温箱染色 30min，再如前漂洗、吹干，滴加缓冲甘油后封片、镜检。间接法比直接法敏感，对一种动物而言，只需制备一种荧光抗抗体，即可用于多种抗原或抗体的检测，而且镜检所见的荧光也比直接法明亮。

(4) 荧光显微镜检查：用 FITC 标记抗体染色标本镜检时，抗原所在部位呈黄绿色荧光。

2. 酶标记抗体技术　又称免疫酶技术，是利用抗原抗体的特异性结合和酶的高效特异催化作用显色而建立起来的免疫检测技术。常用的标记酶是辣根过氧化物酶(HRP)，其作用底物为过氧化氢，催化时需要供氢体，无色的供氢体氧化后生成有色产物，使不可见的抗原抗体反应转化为可见的呈色反应。常用的供氢体有 3, 3′-二氨基联苯胺(DAB)和邻苯二胺(OPD)，前者反应后形成不溶性的棕色物质，适用于免疫酶组化法；后者反应后形成可溶性的橙色产物，敏感性高，易被酸终止反应，呈现的颜色可数小时不变，是 ELISA 中常用的供氢体。下面主要介绍免疫酶组化技术、酶联免疫吸附试验和斑点酶联免疫吸附试验。

(1) 免疫酶组化技术：又称免疫酶染色法，是将免疫酶应用于组织化学染色，以检测组织和细胞中或固相载体上抗原或抗体的存在及其分布位置的技术，分为直接法和间接法。直接法是用酶标记抗体直接处理含待检抗原的标本，洗涤后浸于含有过氧化氢和 DAB 的显色反应液中，作用一段时间，然后在普通光学显微镜下观察颜色反应，抗原所在部位呈棕黄色。间接法是将含待检抗原的标本先用未标记的抗血清处理，洗涤后再用相应的酶标记抗抗体处理，洗涤，然后浸于含有过氧化氢和 DAB 的显色反应液中，作用一段时间，于普通光学显微镜下观察颜色反应，以判断是否有抗原-抗体-抗抗体复合物存在。

(2) 酶联免疫吸附试验：简称 ELISA(enzyme linked immunosorbent assay)，是一种固相免疫酶测定技术，其应用最广，发展较快。将抗原或抗体吸附于固相载体表面，酶标记物与相应抗体或抗原反应，形成酶标记抗原-抗体复合物，在遇到相应底物时，结合物上的酶催化底物产生水解、氧化或还原等反应，从而生成可溶性或不溶性的有色物质，用肉眼或酶标仪判定结果。颜色的深浅与相应的抗体或抗原量成正比。因此，可根据颜色的深浅来定量抗体或抗原。

(3) 斑点酶联免疫吸附试验：以纤维素薄膜为固相载体，在膜上进行免疫酶反应。将抗原或抗体吸附在纤维素膜表面，通过相应抗体或抗原和酶标记物的一系列反应，形成酶标记抗原-抗体复合物，加入底物，结合物上的酶催化底物使其水解、氧化成另一种带色物质，沉着于抗原抗体复合物吸附部位，呈现出肉眼可见的颜色斑点，试验结果可通过颜色斑点的出现与否和色泽深浅进行判定。该方法不仅保留了常规 ELISA 的优点，还弥补了抗原或抗体对载体包被不牢等缺点，已广泛用于猪瘟、猪伪狂犬病、猪细小病毒病、牛副结核、马传染性贫血等多种传染病的抗原和抗体的检测，以及杂交瘤细胞的筛选。

其他免疫标记技术包括放射免疫测定技术、免疫金标记技术、免疫印迹技术和免疫 PCR 技术。其中，免疫金标技术已得到较广泛的应用。

第十节　免疫学在畜牧生产中的应用

一、兽医生物制品

兽医生物制品(veterinary biological agent)是利用微生物、寄生虫及其组分或代谢产物，以及动物或人的血液、组织等材料为原料，通过生物学、生物化学及生物工程学的方法加工制成的，用于传染病或其他有关疾病的预防、诊断和治疗的生物制剂。狭义的生物制品包括疫苗、免疫血清和诊断液。广义的生物制品还包括各种血液制剂、肿瘤免疫、移植免疫及自身免疫病等非传染性疾病的免疫诊断、治疗及预防制剂，以及提高动物机体非特异性免疫力的免疫增强剂等。本节介绍狭义的生物制品。

(一) 疫苗

疫苗(vaccine)是由病原微生物、寄生虫及其组分或代谢产物所制成的用于人工主动免疫的生物制品。将疫苗接种于动物体内，产生针对某病原微生物的特异性免疫应答，以抵抗感染、预防疾病。根据我国农业部文件规定“由特定细菌、病毒、立克次体、螺旋体、支原体等微生物及寄生虫制成的主动免疫的生物制品一律称为疫苗”。

1. 传统疫苗　包括灭活疫苗、活疫苗、类毒素及寄生虫疫苗等。

(1) 灭活苗(inactivated vaccine)：即通常所说的死疫苗或死苗(killed vaccine)，分为三种类型。①一般灭活苗，即选择抗原性强的菌(毒)种，经大量培养后，用理化方法灭活制成。一般灭活苗通常要加入免疫佐剂，以提高免疫力。②自家灭活苗，即从患病动物自身病灶中分离出来的病原体经培养、灭活后制成的疫苗，再用于动物本身，又称为自家疫苗。自家灭活苗对治疗慢性、反复发作、用抗生素治疗无效的细菌或病毒性感染有良好效果，如葡萄球菌感染症。③脏器灭活苗(组织灭活苗)，即利用病死动物含病原微生物的脏器制成乳剂，灭活脱毒制成，如兔病毒性出血症的组织灭活苗是用含病毒量高的肝脏制成。组织灭活苗的制法简单，成本低廉，在没有特效疫苗的情况下，作为一种应急措施，对疫病流行区控制疫病的发展可以起到很好的作用。

(2) 活疫苗：又称弱毒苗(live attenuated vaccine)，是利用人工诱变获得的弱毒株、筛选的天然弱毒株或失去毒力的无毒株制成的疫苗。活疫苗分为同源弱毒疫苗和异源疫苗。异源疫苗只占活疫苗的极小部分，如用于预防鸡马立克病的火鸡疱疹病毒。

(3) 类毒素(toxoid)：是将细菌的外毒素用适当浓度(0.3%～0.4%)的甲醛溶液处理，使之脱毒而制成的生物制品。盐析后，加入适量的氢氧化铝胶成为吸附精制类毒素，可延缓其在机体内的吸收，免疫效果更持久。

(4) 寄生虫疫苗：一般是由致弱的或灭活的寄生虫组成。当前，中国市场上的球虫卵囊疫苗，效果较好。

(5) 联苗和多价苗：联苗(combined vaccine)是由不同种微生物或其代谢产物制成的疫苗，如鸡新城疫-传染性鼻炎-传染性支气管炎三联苗。多价苗(multivalent vaccine)是指用同种微生物不同型或株制成的疫苗，如大肠杆菌多价苗。联苗和多价苗可简化接种程序，减少接种动物应激反应的次数。

2. 新型疫苗 主要是通过现代分子生物学技术制备的疫苗。

(1) 亚单位疫苗(subunit vaccine)：利用微生物的一种或几种亚单位或亚结构制成的疫苗称为微生物亚单位疫苗。此类疫苗没有微生物的遗传信息，但免疫动物能产生针对此类微生物的免疫力，并可免除微生物非抗原成分引起的副作用，保证疫苗的安全性。

(2) 基因工程亚单位疫苗(genetic engineering subunit vaccine)：将微生物的保护性抗原基因重组于载体质粒，导入受体菌或细胞，使该基因在受体菌或细胞中高效表达，产生大量的保护性抗原肽段，提取这些抗原肽段，加佐剂即可作为疫苗。

(3) 基因工程活载体疫苗：又称重组活病毒疫苗。将微生物保护性抗原基因即目的基因插入载体病毒如痘病毒、疱疹病毒等的特定位置上，将载体病毒转染细胞，载体病毒在细胞中复制的同时表达选择的保护性基因，表达产物作为抗原以刺激宿主产生免疫保护效应。一个载体病毒中可同时插入多个外源基因，表达多种病原微生物的抗原，同时起到预防多种传染病的效果。

(4) 基因缺失苗：利用基因工程技术除去细菌或病毒的致病基因，使其失去致病力，但仍保留其免疫原性及繁殖或复制能力，成为基因缺失株。基因缺失株用作疫苗比较稳定，无毒力返祖现象，是效果良好且安全的新型疫苗。

(5) 合成肽疫苗(synthesis peptide vaccine)：按照病原微生物保护性抗原决定簇的氨基酸序列，人工合成含有保护性抗原决定簇的短肽，并连接于载体蛋白上所制成的疫苗。该疫苗稳定、安全，且不需低温保存，可制成多价苗。

(6) 抗独特型疫苗(antiidiotype antibody vaccine)：免疫网络学说指出，抗体的可变区既表现抗体的活性，同时又有抗原的特性，是一种独特型抗原决定基，能刺激自身淋巴细胞产生针对该独特型抗原决定基的抗体，即抗独特型抗体。抗独特型抗体在结构上与刺激机体的源抗原相似。因此，利用抗独特型抗体代替源抗原免疫动物可激发机体产生对相应病原体的免疫力。

另外，疫苗还可根据物理状态分为液体疫苗和冻干疫苗；根据病毒抗原增殖方式分为动物培养苗、鸡胚培养苗和细胞培养苗；根据免疫途径分为注射用疫苗、口服苗、气雾苗和皮肤划痕苗等。

(二) 免疫血清

动物经反复多次免疫同一种抗原物质后，机体血清中产生大量针对此抗原的特异性抗体，采集此动物的血液分离血清，即为免疫血清(immune serum)或称高免血清、抗血清，用于治疗和紧急预防。免疫血清注入机体后可立即发挥抗病作用，但这种免疫力维持时间较短，一般为 2～3 周。因此，使用免疫血清进行传染病防制时应多次注射。

在临床上，抗菌血清应用较少，较多的是抗病毒血清和抗毒素血清，如小鹅瘟抗血清、破伤风抗毒素等。它们只能中和游离的病毒和外毒素，对已经结合细胞的病毒和毒素不能发挥作用。因此，使用抗血清时应注意早期足量。

(三) 诊断液

利用微生物、寄生虫及其代谢产物、含有特异性抗体的血清制成的专供传染病、寄生虫病或其他疾病，以及机体状态诊断用的生物制品，称为诊断液(diagnosticum)，包括诊断抗原和诊断抗体(血清)。

1. 诊断抗原　包括变态反应性抗原和血清学反应抗原。变态反应性抗原，即利用变态反应来判断机体感染状态或机体素质的抗原。例如，检查结核感染的旧结核菌素和纯蛋白衍生物结核菌素，检查牛、羊布氏杆菌感染的布氏杆菌素等。血清学反应抗原，即用于血清学试验的抗原，包括各种凝集反应抗原(如鸡白痢全血平板凝集反应抗原、鸡支原体全血平板凝集反应抗原等)、沉淀反应抗原(如炭疽环状沉淀反应抗原、马传染性贫血琼脂扩散试验抗原等)、补体结合反应抗原(如鼻疽补体结合反应抗原、马传染性贫血补体结合反应抗原等)。在各种类型的血清学试验中，同种微生物的抗原会因试验类型而有所差异。因此，在选择诊断抗原时，应根据试验类型选择诊断抗原的种类。

2. 诊断抗体　包括诊断血清和诊断用的特殊抗体。诊断血清是用抗原免疫动物制成的，如鸡白痢阳性血清、炭疽沉淀素血清、大肠杆菌和沙门菌的因子血清等。诊断用特殊抗体可以通过诊断血清精制而成。某些多克隆抗体或单克隆抗体也可作为诊断用特殊抗体。

二、免疫学预防

对动物传染病应“防重于治”，采取“综合预防”措施，其中重要的一项是做好疫苗接种。为保证疫苗免疫的效果，必须注意以下几个方面。

1. 熟悉疫苗　疫苗种类多，各有优缺点。平时要注意了解、熟悉每种疫苗的适用动物及其品种和年龄，保存条件和保存期，接种的剂量和途径，免疫期，预防的疾病，针对的血清型等。应用时，应切实遵照疫苗的说明使用。

2. 选择疫苗　针对本群或本地区动物已有过流行或受到威胁、可能发生流行的传染病，应选择相应疫苗，进行接种预防。对当地从未发生、也不可能有流行的传染病，不必引进疫苗来接种，尤其不要引入毒力较强的疫苗或强毒苗，例如，鸡的传染性喉气管炎强毒胚疫苗，引进后会传播病原。引进弱毒苗或死苗，可能使以后发生可疑疫病时血清学诊断复杂化。

3. 制定免疫程序　免疫程序指一个乃至一群动物在生长过程中应接种的各种疫苗的最适接种计划，包括每种疫苗的一免、二免、三免等的时间，即各种疫苗接种的合理安排。免疫程序必须根据本群动物或和本地区疫病流行规律、动物品种和年龄、母源抗体水平、接种疫苗后抗体维持情况、动物健康状况、生产规律、疫苗种类和性质、免疫途径和剂量等因素综合考虑，科学制订，最好建立免疫监测方法和制度，根据母源抗体和免疫后抗体水平的情况，随时加以调整。

4. 检查免疫效果　每次接种疫苗后应检查免疫效果。若发现免疫失败，应分析原因，采取措施，及时补接种。导致免疫失败的原因有许多。①动物方面，主要包括母源抗体或前次免疫的抗体水平很高时接种疫苗，抗体与疫苗结合，相互起消除作用；动物营养不良或处于应激状态，免疫应答功能降低；动物患过损伤免疫系统的疾病，对疫苗丧失免疫应答；已潜伏感染强毒，接种弱毒疫苗后起激发作用等。②疫苗方面，主要包括疫苗中残存或污染强毒、疫苗的血清型与现场病原的血清型不符、疫苗质量差或过期失效、活菌苗接触过抗菌药或消毒药而被大量杀死。③人员方面，有人在临用时不正确地用酒精或用消毒剂去消毒接种疫苗的注射器，给刚大量注射抗菌素或服抗菌药的动物接种活菌苗；动物漏接种疫苗或接种方法不当，没有真正接种到疫苗或接种剂量不足。④环境方面，卫生不良，存在毒力强大的病原微生物。

5. 搞好饲养管理与环境卫生　动物机体良好的免疫应答建立在良好的营养和健康基础上，产生的免疫保护力也只在一定的水平范围内。若环境卫生差，存在传染源，散布出大量毒力强大的病原，免疫动物仍将感染发病。

三、免疫学诊断

应用诊断制剂、免疫学实验技术检测患病动物血清中的特异抗体或组织中的病原(抗原)称为免疫学诊断(immunological diagnosis)，已广泛应用于传染病、寄生虫病、肿瘤、自身免疫病和变态反应性疾病等的诊断，在新分离病毒株和菌株的鉴定与分型、微生物和寄生虫的抗原分析方面也有重要应用。

1. 对动物传染病的诊断　免疫学方法可用于检测病原抗原或其相应的抗体来表明病原的感染是存在的或曾经存在的。

(1) 血清学诊断：用已知抗原诊断液检查患病机体血清中是否存在相应抗体，借以诊断传染病；用已知诊断抗体检查患病机体或排泄物中是否存在相应抗原，以检查病原体的存在。常用的血清学试验有凝集试验、沉淀试验、补体结合试验、中和试验和标记抗体技术等。学清学诊断常用于慢性传染病的定期检疫和急性传染病的诊断。

(2) 细胞免疫检测：T 细胞在血细胞中的含量经常作为机体细胞免疫状态、甚至整体免疫状态判断的依据。常用的 T 细胞检测方法有 E-玫瑰花环试验、EY-玫瑰花环试验、淋巴细胞转化试验等。此外，对机体免疫功能检测的方法还有巨噬细胞功能检测、红细胞免疫功能检测等。

(3) 传染性变态反应诊断：某些病原体在引起抗感染免疫的同时，使机体发生变态反应。因此，用相应的微生物成分作为变应原检测机体变态反应发生情况，可作为传染病诊断的一种手段。常用结核菌素点眼和皮内注射来诊断牛羊等动物的结核病就是利用了传染性变态反应诊断的方法。

2. 妊娠诊断　母马在怀孕 40 天后，子宫内膜能分泌促性腺激素并进入血液，在 40～120 天期间含量最高。由于该激素有抗原性，可用它免疫其他动物制备相应抗体，通过血清学试验来确定马是否怀孕。诊断方法有间接血凝抑制试验、反向间接血凝试验和琼脂扩散试验等。

四、免疫学治疗

应用抗毒素或免疫血清治疗患相应传染病的动物，称为免疫学治疗。应用抗毒素血清或免疫血清治疗畜禽传染病时，应尽早使用，大剂量、重复使用，并防止过敏反应发生。为防止过敏反应的发生，在使用抗毒素或抗病毒血清时，应进行皮试或脱敏注射，并提前准备好肾上腺素等应急药物。

五、免疫学与动物营养

疫苗免疫对预防动物传染病很重要。但是，科学配制饲料，保证和增强动物机体免疫系统的功能是基础。在饲料中添加各种微量营养素，可提高动物的免疫性能。应用细胞免疫和体液免疫的检测技术检测饲喂动物机体的免疫状况，是了解和分析饲料及饲料添加剂营养效果的重要方面。

六、免疫学与动物遗传育种

1. 血液分型　动物不同品种、同种不同个体的血液成分(血细胞、血清蛋白、酶等)都有不同的抗原成分。利用血清学技术检测血液的抗原组成，加以分析，获知血型，对于鉴定亲子关系、品种、品系、同卵双生或异卵双生子，诊断初生幼畜溶血症，检出具有遗传免疫缺陷病或自身免疫病的不良种畜等，均具有重要作用。

2. 内分泌研究　内分泌系统是动物机体生理活动控制和调节的决定因素。了解各种内分泌激素的分泌规律及其与生理活动的关系，在动物饲养和生产上十分重要。应用血清学方法可检测母畜发情、帮助配种、受精卵人工移植、诊断母畜不孕原因等。应用免疫学原理，研究相应激素的疫苗对促进动物生长、控制产蛋母鸡的抱窝性也具有意义。

七、免疫学与兽药残留检测

在动物性食品中残留了超出国家允许量的兽药会对人体健康造成威胁。免疫学方法可用于动物性食品中兽药的残留检测。例如，饲料中或肉中残留的克伦特罗可用 ELISA 方法或免疫金标试纸条进行检测。

第二篇
各　论

第八章 微生物的病原性与感染

凡能引起人和动植物发病的微生物，称为病原微生物(pathogenic microorganism)，又称致病微生物。其他不能使人和动植物致病的微生物称为非病原微生物(non-pathogenic microorganism)。

绝大多数病原微生物都是寄生性病原微生物，它们从宿主获得营养，在宿主体内生长繁殖，并造成宿主的损伤和疾病。而有些病原微生物长期生活在宿主体内，只在一定条件下才表现出致病作用，这类微生物称为机会性病原微生物(opportunistic microorganism)。某些微生物不侵入机体，而是以其有毒代谢产物随同食物或饲料进入人或动物机体，呈现致病作用，这类微生物称为腐生性病原微生物(saprophytic pathogenic microorganism)，如肉毒梭菌毒素(神经麻痹型毒素)的毒性最强，比氰化钾高 1 万倍，1mg 可杀死 2 亿只小白鼠。

第一节 微生物的病原性与毒力

病原微生物的致病作用主要取决于它的病原性和毒力。

一、病 原 性

病原性(pathogenicity)，又称致病性，是指一定种类的病原微生物在一定条件下在动物体内引起致病过程的能力。这种能力有“种属”的特征，有一定的特异性。一种病原微生物只能引起一定的传染病，如炭疽杆菌只能引起炭疽而不引起其他疾病，伤寒杆菌只引起伤寒，痢疾杆菌只引起痢疾。这是由细菌的种属特性决定的。

二、毒 力

毒力(virulence)是指病原微生物的不同菌株或毒株的致病能力大小的程度。通常，毒力越大，病原性越强。它是微生物菌株或毒株的“个性”特征。菌株或毒株(strain)是指从同一种类动物的不同个体或不同地区的同一种动物体内分离得到的同一种病原微生物。根据毒力的不同，一种病原微生物可分为强毒株、弱毒株和无毒株。

构成细菌毒力的因素有侵袭力和毒素两个方面。

(一) 细菌的侵袭力

细菌的侵袭力(invasiveness)是指病原菌突破机体的防御机能、在体内生长繁殖和蔓延扩散的能力。构成细菌侵袭力的因素有细菌的表面结构和相关酶类。

1. 细菌的表面结构 细菌的某些表面结构参与了细菌的侵袭。

(1) 荚膜：细菌的荚膜具有抵抗吞噬细胞的吞噬和溶菌酶及补体等杀菌物质的作用，是重要的致病因子。有荚膜细菌的毒力比该种细菌失去荚膜时的毒力明显增强。荚膜还可以帮助细菌与宿主细胞发生粘连和结合，如炭疽杆菌的荚膜。

(2) 菌毛等黏附因子：绝大多数病原菌的感染首先是从细菌吸附到黏膜上皮细胞表面开始

的，并防止被呼吸道的纤毛运动、肠蠕动或黏液分泌等活动所清除。然后，病原菌在局部繁殖，积聚毒力因子或继续侵入细胞和组织，直至形成感染。一般，在革兰阴性菌为菌毛，如引起仔猪黄痢的大肠杆菌就是借菌毛附着于肠黏膜上皮细胞而致病。革兰阳性菌的黏附因子是菌体表面的突出物，如A型链球菌的膜磷壁酸。菌毛的黏附作用有组织特异性。例如，志贺菌黏附于结肠黏膜，产毒性大肠杆菌黏附于小肠黏膜。

2. 与侵袭力有关的酶类 这些酶本身并无毒性作用，只是破坏了机体内一些防止异物向组织内渗透的物质，从而能促进病原菌在体内生长、繁殖、扩散、蔓延，呈现致病作用。这类酶均属胞外酶。

(1) 透明质酸酶：透明质酸是一种典型的"胞间粘合剂"，在组织中使细胞结合在一起。透明质酸酶能水解机体结缔组织中的透明质酸，使组织通透性增强，有利于细菌和毒素在组织中扩散、蔓延。链球菌和葡萄球菌能产生此种酶。

(2) 凝血浆酶：能使血浆凝固，产生纤维性的网状结构，从而保护细菌免受吞噬。金黄色葡萄球菌能产生此种酶。

(3) 链激酶：能激活血液中溶纤维蛋白酶原成为溶纤维蛋白酶，溶解感染组织中已凝固的纤维蛋白，有利于细菌及毒素在组织中扩散。链球菌常产生此种酶。

(4) 卵磷脂酶：能水解组织细胞和红细胞膜，使组织坏死或溶血。产气荚膜梭菌可产生此种酶。

(5) DNA酶：细胞裂解后可析出DNA，DNA能使渗出液黏稠，使病原微生物的活动受限。而DNA酶能使DNA溶解，从而有利于细菌扩散。

(6) 胶原酶：能水解肌肉或皮下结缔组织中的胶原纤维，从而使肌肉软化、崩解、坏死，有利于病原菌的侵袭和蔓延。

(二) 细菌的毒素

有些病原微生物产生的特殊毒性物质能干扰细胞和组织的生理代谢功能，从而增强了微生物的毒害作用，这种毒性物质称为毒素(toxin)。细菌的毒素主要有外毒素和内毒素两种。

1. 外毒素 细菌在菌体内合成但分泌到菌体外，以发生毒性作用的"毒性蛋白质"，称为外毒素(exotoxin)。外毒素是一种蛋白质，容易被热破坏，毒性作用强，产生的症状有特异性，有良好的抗原性。产生外毒素的细菌主要是某些革兰阳细菌。

根据对宿主细胞的亲和性及作用方式的不同等，外毒素可分成神经毒素、细胞毒素和肠毒素三大类。常见的重要细菌外毒素见表8-1。

表8-1 常见的细菌外毒素(引自白惠卿等，2008)

类型	细菌	外毒素	疾病	作用机制	症状和体征
神经毒素	破伤风梭菌	痉挛毒素	破伤风	阻断抑制性神经递质释放	骨骼肌强直性痉挛
	肉毒梭菌	肉毒毒素	肉毒中毒	抑制神经冲动传递，抑制胆碱能运动神经释放	肌肉松弛麻痹
细胞毒素	白喉棒状杆菌	白喉毒素	白喉	抑制细胞蛋白质合成	肾上腺出血，心肌损伤，外周神经麻痹
	葡萄球菌	TSST-1[a]	TSS[b]	增强对内毒素休克的敏感性	发热、皮疹、休克
	A型链球菌	致热外毒素	猩红热	破坏毛细血管内皮细胞	猩红热皮疹

续表

类型	细菌	外毒素	疾病	作用机制	症状和体征
肠毒素	霍乱弧菌	肠毒素	霍乱	激活肠黏膜腺苷酸环化酶，增高细胞内 cAMP 水平	小肠上皮细胞内水和 Na^+丢失，腹泻，呕吐
	产毒性大肠杆菌	肠毒素	腹泻	不耐热肠毒素同霍乱肠毒素，耐热肠毒素使细胞内 cGMP 增高	同霍乱肠毒素
	产气荚膜梭菌	肠毒素	食物中毒	同霍乱肠毒素	呕吐，腹泻
	金黄色葡萄球菌	肠毒素	食物中毒	作用于呕吐中枢	呕吐为主，腹泻

a. 毒素休克综合征毒素-1(toxic shock syndrome toxin 1，TSST-1)；b. 毒素休克综合征。

类毒素是外毒素经 0.4%的甲醛溶液在 37℃下处理一段时间，使其脱毒，但保持很强的抗原性，称为类毒素(toxoid)。它可用于相应传染病的预防，如精制破伤风类毒素用于预防破伤风。

2. 内毒素　革兰阴性菌及其他一些微生物(衣原体、立克次体、螺旋体)细胞壁中的脂多糖(lipopolysacharides，LPS)成分，称为内毒素(endotoxin)，当菌体细胞死亡溶解时才能释放出来。

内毒素由亲水性的多糖部分及疏水性的类脂 A(lipid A)部分组成，即 LPS 基本骨架由 *O* 特异性多糖、非特异性核心多糖和类脂 A 三部分组成。核心多糖是内毒素组成中较为恒定的部分；类脂 A 为一种特殊类型的磷脂，是内毒素的主要毒性组分；*O*-特异性多糖由多个寡聚糖重复单位组成。不同细菌 LPS 重复单位的数目(决定链的长度)在 0～70 个以上不等。*O*-多糖侧链是革兰阴性菌及其内毒素分子中最易变异的抗原成分，不同种属细菌的 *O*-抗原结构不同，故它们间无血清学交叉反应性。

细菌内毒素有多种多样的生物学活性。*O*-特异性多糖及核心寡聚糖除具有免疫原性、诱生特异性抗体以外，原则上不参与内毒素毒性的表达。表达内毒素毒性的分子基础为类脂 A，故普遍认为类脂 A 为内毒素的毒性中心。内毒素的毒性作用无特异性，各种病原菌内毒素的作用大致相同。内毒素对宿主可产生有害作用和有益作用。有害作用表现为引致发热、血液循环中白细胞骤减、组织损伤、弥漫性血管内凝血、休克等，严重时导致死亡。有益作用表现为佐剂活性、诱生干扰素和肿瘤坏死因子、诱导抗感染的非特异性抵抗力、促有丝分裂作用、激活 T 细胞和 B 细胞及巨噬细胞等。内毒素的活性在加热 160℃经 2～4h 或用强碱强酸或强氧化剂煮沸 30min 才能灭活。

3. 外毒素和内毒素的主要区别　两种毒素在毒素作用、化学组成、耐热性、抗原性等多个方面有所区别(表 8-2)。

表 8-2　外毒素和内毒素的主要区别(引自胡建和，2006；孔宪刚，2013)

特性	外毒素	内毒素
化学性质	蛋白质	脂多糖
产生及存在部位	由某些革兰阳性菌或阴性细菌产生，并分泌到体外	由革兰阴性菌产生，在菌体裂解后才释放到体外
耐热性	通常不耐热，60～80℃、30min 被破坏	极为耐热，160℃、2～4h 才能被破坏
毒性作用	特异性；为细胞毒素、肠毒素或神经毒素，对特定细胞或组织发挥特定作用	全身性；致发热、腹泻、呕吐

续表

特性	外毒素	内毒素
毒性程度	高，往往致死	弱，很少致死
免疫原性	强，刺激机体产生中和抗体(抗毒素)	较弱，免疫应答不足以中和毒性
能否产生类毒素	能，用甲醛处理	不能
检测方法	皮内试验、中和试验及动物试验	鲎血试验及热原试验

三、细菌毒力的测定

疫苗效价、血清效力或药物疗效检测时都必须将试验用的细菌、病毒和毒素的毒力加以测定。在毒力测定中，常用于表示毒力大小的单位有以下几种。

1. 最小致死量 特定动物感染后在一段时间内发生死亡的最小活微生物的量或毒素量，称为最小致死量(minimal lethal dose，MLD)。

2. 半数致死量 在一段时间内，使半数实验动物感染后发生死亡的活微生物量或毒素量，称为半数致死量(median lethal dose，LD_{50})。

3. 最小感染量 原微生物对试验对象(动物、鸡胚、组织细胞等)引起感染的最小剂量，称为最小感染量(minimal infective dose，MID)。

4. 半数感染量 病原微生物对半数试验对象发生感染的剂量，称为半数感染量(median infective dose, ID_{50})。

四、微生物毒力改变的方法

1. 毒力增强的方法 连续通过易感动物，可使病原微生物的毒力增强。有的细菌与其他微生物共生或被温和噬菌体感染，也可增强毒力。例如，产气荚膜梭菌与八叠球菌共生时毒力增强，白喉棒状杆菌只有被温和噬菌体感染时才能产生毒素而成为有毒细菌。

2. 毒力减弱的方法 病原微生物的毒力可自发地或人为地减弱，这在疫苗制造上有重要意义。常用的方法有：将病原微生物连续通过非易感动物；在较高温度下培养；在含有特殊化学物质的培养基中培养；在含有特殊抗血清、特异噬菌体或抗生素的培养基中培养；长期进行一般的人工继代培养。

实验室为了保持所藏菌种或毒种的毒力，除改善保存方法(最好冻干保存)外，可适时将其通过易感动物。

第二节 传染的发生与过程

一、感染的概念

病原微生物在一定环境条件下，突破机体的防御屏障侵入机体，在一定的部位生长、繁殖，并引起不同程度的病理过程，称为感染(infection)。

在感染过程中，一方面是病原微生物的侵入、生长、繁殖、产生有毒物质，破坏机体生理平衡；另一方面是动物机体为了保护自身生理平衡，对病原微生物发生一系列的防卫反应。

因此，感染是病原微生物与动物机体之间相互作用、相互斗争的过程。感染后，微生物可以被机体消除或转变为机体正常菌群的一部分。当病原微生物表现致病力和感染效应累积而引起组织损伤时，开始出现一定的病理变化和临床症状，疾病发生了。当感染而发病的动物排出的病原微生物再感染其他动物时，传染就发生了。被传染的动物可能表现出与原先排出病原微生物的动物相同的病理变化和临床症状。这样，传染病(infectious disease)就发生了。

污染和感染有明显的差别。当潜在性感染微生物在机体存在但还没有侵袭组织时，污染(contamination)发生了。当微生物开始侵袭组织、快速大量繁殖时，感染就发生了。

二、传染病发生的条件

感染发生的基本过程是感染来源中病原微生物经过一定方式进入易感动物机体后开始生长、发挥致病作用，被感染动物表现出一定临床症状或病理变化时，传染病就发生了。

(一) 病原微生物的毒力、数量与侵入门户

病原微生物是传染发生的首要因素。没有病原微生物，传染就不可能发生。侵入的病原微生物必须要有足够的毒力、足够的数量，才能抵抗和突破机体的防御机能，向深部扩散，进而繁殖，引起传染。侵入宿主的微生物剂量称为感染剂量(infectious dose)。不同微生物导致传染病的感染剂量不同，如伤寒杆菌的感染剂量非常低，可能低至几百个细菌，而引起霍乱的感染剂量却相当高。感染剂量不同的原因与机体不同器官对侵入微生物的抗性有关。

有一定毒力和数量的病原微生物要有适当的侵入门户(portal of entry)才能引起感染。消化道、呼吸道和生殖道黏膜及皮肤都可成为侵入门户。有的病原微生物可经多种侵入门户引起感染，如炭疽杆菌、结核分枝杆菌、猪瘟病毒等可经损伤的皮肤、消化道和呼吸道侵入；而有的病原微生物只能通过一种门户入侵，如破伤风梭菌必须经深而窄的伤口感染，才能引起破伤风。

(二) 传染来源

传染的发生必须要有传染来源。传染来源(reservoir)是指不断向外界环境排出病原体的生物机体，包括患传染病的动物和人、带菌(带病毒)者和媒介等方面。

1. 患传染病的动物和人 在动物和人患病期间，可随其分泌物、排泄物等排出病原微生物；在病死后，病原微生物仍可随其尸体向外界散播。这是主要的传染来源。

2. 带菌(带病毒)者(carrier) 有些病原微生物侵入机体，并生长、繁殖，但不对该动物致病，却可由机体向外界排出；或者动物在患病痊愈、临床康复期间，体内仍有残留的病原微生物生长、繁殖，并向外界排出。这些现象都称为带菌(带病毒)观象，而带有病原体的动物则称为带菌(病毒)者。带菌(毒)者是很危险的传染来源。带菌(毒)者不断向体外排出病原体，但其本身又不表现临床症状而不易被发现，从而造成更大的危害。

按照疾病所处的阶段，带菌者可分为不同的类型。潜伏期带菌者(incubation carrier)，即感染后无任何病征或病征出现之前就能传播病原体的动物或人。例如，携带艾滋病病毒的动物或人就是潜伏期带菌者。康复期带菌者(convalescent carrier)，即曾经患过病、现在无症状但仍能传播病原体的动物或人。例如，甲型肝炎病毒常通过恢复期带菌者传播。长期带菌者(chronic carrier)，又称慢性带菌者，即疾病已经痊愈但偶然旧病复发时能传播病原体的动物或

人。例如，患过结核病的人是长期带菌者。接触带菌者(contact carrier)，即一种偶然机会，从一个来源得到微生物并携带它们到另一处去的人或动物。例如，食品工业的工作人员是接触携带者。

3. 传递媒介(vector)　媒介可以是生物性媒介(biological vector)或机械性媒介(mechanical vector)，例如，传播黄热病病毒的蚊子是生物性媒介，在食物中传播微生物的苍蝇是机械性媒介。病原微生物可以机械地污染各种外界环境，如饲料、水、空气、土壤、畜舍、场地、器具，以及动物、植物和人类体表等。由于这些环境缺乏病原微生物的生活条件，不适于长期生存繁殖，也就不能持续排出病原微生物，而不能成为传染来源，但可以成为传递病原微生物的媒介物。易感动物接触到机械性媒介中病原微生物后就会发生感染，感染后如有临床症状，则传染病开始发生。

(三) 传染方式

传染来源中病原微生物一般通过直接或间接的方式侵入另一些易感动物。

1. 直接接触传染(direct contact transmission method)　由病畜与健畜直接接触，如啃咬、交配、舐舔、吮吸等传递病原微生物而引起。例如，狂犬病是健畜被病犬咬伤而导致狂犬病病毒传染引起的。

2. 间接接触传染(indirect contact transmission method)　病原微生物通过各种媒介物传递，间接地使健康动物发生传染。多数传染病以这种方式进行病原传染。

不少传染病既能直接接触传染，更常见的是间接接触传染。例如，鸡新城疫、结核病、猪丹毒等。

3. 水平传播(horizontal spread)　指不同成员间的传播，一个个体传给另一个个体。

4. 垂直传播(vertical spread)　是指在世代之间的传递，即从亲代传到子代、通过胎盘(或胚胎)或分娩过程传递。

(四) 易感动物

对病原微生物具有感受性的动物称为易感动物(susceptible animal)。不同种类、品种的动物及不同个体之间对各种病原微生物有不同的易感性。动物对病原微生物的易感性有动物种属特异性，是动物长期进化的结果，较难改变。例如，猪感染猪瘟病毒，而其他动物不发生猪瘟。同一种动物但不同的品种对同一病原微生物的感受性也有差异。例如，不同品种的鸡对鸡马立克病毒的感受性不同。但是，多种动物甚至人、畜、禽对同一病原微生物都有易感性。例如，狂犬病病毒几乎感染所有的哺乳动物。动物机体由于年龄、性别、营养状况、生理机能及免疫状况等不同，易感性也有差异。

(五) 外界环境条件

外界环境条件如气候、温度、湿度、地理环境、饲养管理及卫生条件等因素，对易感动物和病原微生物都有直接或间接的影响。外界环境条件如温度、湿度、季节、蚊蝇的活动、饲养水平和饲养密度等一方面可影响动物机体的防御机能、病原微生物的生存和毒力，另一方面也可影响病原微生物与易感动物之间的接触、侵入动物机体的可能性及感染易感动物的程度。

三、感染的表现形式

病原微生物进入体内后，宿主对其发生一定反应，结果表现出不同形式。

1. 显性感染(apparent infection)　当病原微生物具有相当的毒力和数量，而机体抵抗力相对比较弱时，动物表现明显的临床症状。

2. 隐性感染(inapparent infection)　又称无症状感染，侵入动物机体的病原微生物定居在某一部位，动物不表现任何症状，处于这种情况下的动物为带菌动物。

3. 不感染(non-infection)　当机体有高度抵抗力，或入侵的致病菌毒力很弱或数量不足，或入侵的部位不适宜，病原菌被机体迅速消灭，则不发生感染。

四、感染的过程

(一) 病原微生物在宿主体内的散播与定殖

病原微生物侵入机体后，先在局部生长、繁殖，有些从此就定殖在那里；另一些则进入血流和淋巴液中进行散播，侵害全身，然后定殖在一定的组织器官。

1. 根据感染的先后顺序分

(1) 初次感染(primary infection)：指机体首次被某种病原微生物感染。

(2) 继发感染(secondary infection)：是指机体已被某种微生物感染，现在被另一种病原微生物感染。

2. 根据感染后发病程度分

(1) 急性感染(acute infection)：是指那些发病快、重度症状和进展很快达到顶点的感染。

(2) 慢性感染(chronic infection)：发病缓慢，从轻微症状到重度症状会持续很长时间，并有一个持续的恢复期。

3. 根据各种病原微生物侵入机体后散播与定殖的部位分

(1) 局部感染(localized infection)：病原微生物进入机体后，在一定部位定殖、生长、繁殖，产生毒性产物，引起局部病理反应。

(2) 全身感染(systemic infection)：某些病原微生物能突破机体防御屏障，进入血流或淋巴液，从而散播到全身各个组织器官，引起全身性感染。

全身性感染常见有以下几种情况：菌(病毒)血症(bacteremia/viremia)，即病原微生物通过血流转移到其他组织器官，但不在血流中大量繁殖，只是短暂经过和存在；败血症(sepsis)，即病原微生物从局部进入血流，并在血流和全身各组织器官中生长、繁殖，进而危害全身；毒血症(toxemia)，即病原微生物在局部生长，其分泌的毒素进入血流，引起机体中毒，但病原体不进入血流；脓毒血症(septicopyemia)，即化脓菌通过血流散播，致使多数组织器官出现化脓性感染；内毒素血症(endotoxemia)，即革兰阴性菌在宿主体内感染，使血液中出现内毒素后引起的症状。

4. 根据引起感染的微生物数量分

(1) 单一感染(simple infection)：一般是由一种微生物引起的单一疾病。

(2) 混合感染(mixed infection)：同时由多种病原微生物引起的感染。

(二) 病原微生物的排出

病原微生物在体内生长、繁殖，能随时不断地向机体外排出。排出途径与传染病的性质、病原微生物存在的部位有关，可以通过呼吸道、消化道、泌尿生殖道或其他一种或多种组织器官，随分泌物和排泄物而排出。因此，患传染病或带菌(病毒)动物的各种分泌物和排泄物均可能含有可传染的病原微生物。在患某些传染病时，皮屑、毛鬃、羽毛、蛋等也可成为排出病原微生物的途径。在传染病潜伏期内，或病愈后相当一段时间，甚至带菌(带病毒)动物的终生，都有排出病原微生物的可能。

第三节　微生物学诊断

微生物学诊断是动物传染病诊断的重要环节，有时甚至是决定性环节。在拟定检验方案和分析检验结果时，必须结合传染病的流行病学、临床症状、病理剖检变化等方面进行全面的分析判定，并尽可能以简便和迅速的方法获得诊断结果。微生物学诊断内容和步骤，包括以下几个方面。

1. 检验材料的采取　采取检验材料和送检是进行微生物学诊断的第一步，必须十分恰当，否则将影响诊断工作，不能获得正确结果。

2. 涂片、染色和镜检　用被检材料或纯培养物作涂片，然后进行革兰染色和瑞氏染色。根据不同需要，可作特殊染色，以观察病原菌形态特征、有无病原细菌或病毒包涵体存在。病毒性病料还可制作超薄切片，用电子显微镜检查其形态结构。

3. 分离培养　将细菌性疾病的病料接种在适宜培养基上；病毒性的病料经细菌滤器滤过或经双抗处理，选择合适的禽胚或细胞或动物进行分离、培养。

4. 培养特性、生化特性的检查　得到培养物后，细菌可接种各种培养基，以观察培养特性和生化特性；而病毒则接种适当的禽胚或细胞，观察其病理变化或空斑形成等。

5. 动物试验　用被检材料(有时也用纯培养物)接种实验动物，以观察病原的致病性。常用家兔、小白鼠、豚鼠等，亦可按具体情况选择同种动物。接种后，观察体温、症状等反应；死亡后，观察病理剖检变化。也可采取病料用于有关检查和试验，以进一步确定其致病性。

6. 免疫学试验　有些动物传染病可作血清学诊断，如凝集试验、沉淀试验、补体结合试验、中和试验、琼脂扩散试验等；有些传染病(如大肠杆菌病和沙门菌病)可用纯培养物以单因子血清作定型鉴定。还有少数传染病可用变态反应试验作诊断。也可将检验材料或分离培养物进行标记抗体技术(荧光、酶、同位素等)，以判定抗原。一些病毒培养物还常用血凝和血凝抑制试验来鉴定。

7. 现代诊断方法　分子生物学、化学、物理、微电子计算机等多学科的先进技术可应用于微生物学诊断。例如，快速、准确、简易、标准化、商品化的肠杆菌科细菌鉴定卡、大肠杆菌测试卡、细菌的自动化快速检测仪、PCR 技术、核酸探针技术等。

第四节　传染病的综合防制

在适宜条件下，一定数量和足够毒力的病原微生物从传染来源排出，经过一定的传播途径侵入另一易感动物，形成新的传染来源。这样连续不断地传播就构成了传染病的流行。流行过程是从动物个体被传染发病，发展到动物群体发病的过程。它是由传染来源、传播途径和易感动物三个环节相互联系起来的。缺少任何一个环节，新的传染就不可能发生，也不能构成传染病在动物群体中的流行。当流行已经形成时，若切断任何一个环节，流行即告终止。因此，防制传染的发生和传染病的流行，应针对流行过程的三个环节，采取综合性防制措施，即消灭传染来源，扑灭病原微生物，造成不利于病原微生物存在和散播的环境条件以切断传播途径，加强和改善动物的饲养管理，应用人工免疫等方法提高动物对传染病的抵抗力。综合性措施包括了“检、养、防、治”四个方面，主要是平时的预防措施和发生传染病后的扑灭措施。这些措施不是截然分开的，而是互相联系、互相配合的。在实际防疫工作中，根据传染病的特点，抓住重点，才能有效地防止和控制传染病的发生与流行。

1. 平时的预防措施 主要包括：严格执行边境检疫、交通检疫和屠宰检查，加强兽医监督作用，防止外来传染病的侵入；对健康动物每年都要定期检疫，及早发现传染来源，防止病原传播；加强和改善饲养管理，贯彻自繁自养和全进全出的原则，减少疾病的传播；搞好环境卫生，执行严格的消毒制度，开展杀虫、灭鼠，粪便无害化处理，杀灭可能存在的病原微生物，消除和减少病原的传播；有计划、有目的地给健康动物群体定期进行免疫接种，提高动物的一般性和特异性的抗病力。

2. 发生传染病后的扑灭措施 主要包括：及时诊断和上报疫情，通知邻近单位做好预防工作；及时对患病进行隔离、治疗、紧急接种，对危害性较大的传染病要采取封锁措施，以防止传染病的蔓延和扩散；对患病动物要进行强化治疗或紧急屠宰措施，可以挽救病畜，减少损失，达到消灭传染来源的目的；对死亡动物和拟淘汰的患病动物进行恰当处理，及时对污染的环境进行消毒。

第九章 重要致病性细菌

第一节 葡萄球菌

葡萄球菌(staphylococcus)广泛存在于环境当中及人和动物体内。致病性葡萄球菌常引起各种化脓性疾病、败血症或脓毒血症，污染食品时可引起食物中毒。

1. 形态与染色 葡萄球菌呈球形，直径0.4～1.2μm，呈不规则排列，但在脓汁或液体培养基中常呈双球或短链排列(图9-1)。无芽胞，有的形成荚膜或黏液层。革兰染色阳性，衰老的菌株有时呈阴性。

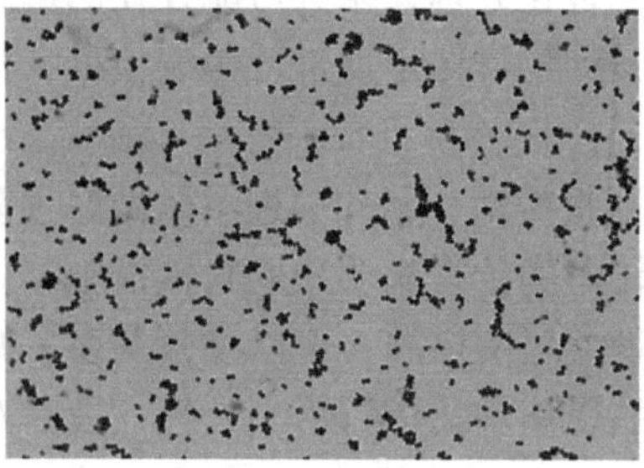

图9-1 葡萄球菌(引自Markey，2005)

2. 培养特性 普通培养基上生长良好，能产生各种不同的脂溶性色素。普通肉汤中生长迅速，初混浊，管底有少量沉淀，轻轻振荡，沉淀物上升，旋即消散，培养2～3天后可形成很薄的菌环，在管底则形成多量黏稠沉淀。需氧或兼性厌氧。致病性葡萄球菌在血液琼脂平板上形成明显的β溶血环。

3. 生化试验 触酶阳性，氧化酶阴性，多数菌株能分解葡萄糖、乳糖、麦芽糖产酸不产气，致病性葡萄球菌能分解甘露醇，还可产生血浆凝固酶。

4. 抗原构造 葡萄球菌细胞壁含有多糖及蛋白质两类抗原。多糖抗原有型特异性。金黄色葡萄球菌多糖抗原为A型，化学组成为磷壁酸中核糖醇残基。表皮葡萄球菌多糖抗原为B型，化学成分为甘油残基。蛋白抗原主要是葡萄球菌蛋白A(SPA)。所有人源菌株都有SPA，而动物源的很少。SPA是一种单链多肽，能与哺乳动物免疫球蛋白的Fc片段非特异性结合，结合后的IgG仍能与相应抗原发生特异性反应。这一现象已广泛用于免疫学及诊断技术。

5. 抵抗力 在干燥的脓汁或血液中可存活2～3个月，80℃、30min才能杀死，煮沸可迅速灭活。另外，3%～5%石炭酸、70%乙醇、1%～3%龙胆紫等消毒剂对此菌有良好的消毒效果。1:20 000洗必泰、消毒净、新洁尔灭、1:10 000度米芬等可在5min内杀死此菌。葡萄球菌对磺胺类、青霉素、金霉素、红霉素、新霉素等敏感，但易产生耐药性。某些菌株能产生青霉素酶或携带抗四环素、红霉素等基因，从而对这些抗生素产生耐药性。

6. 分类 过去按葡萄球菌产生的色素，将其分为金黄色葡萄球菌、白色葡萄球菌和柠檬色葡萄球菌。1974年，葡萄球菌分为3种：金黄色葡萄球菌、表皮葡萄球菌和腐生葡萄球菌。2004年，《伯杰氏系统细菌学手册》将葡萄球菌属的细菌分为37种，其中常见的动物致病菌有金黄色葡萄球菌、中间葡萄球菌及猪葡萄球菌等。

7. 致病性 葡萄球菌的致病因素包括以下几个方面。

(1) 溶血素：多数致病性葡萄球菌能产生此种毒素。按抗原性，其可分为α、β、γ、δ、ε

五种，对多种哺乳动物红细胞有溶血作用，其中以兔红细胞最敏感，绵羊红细胞次之，人及马红细胞几乎不敏感；对白细胞、血小板及多种细胞有毒性作用；可引起平滑肌、骨骼肌痉挛；注入动物皮内，能引起皮肤坏死；若给家兔静脉注射可使其死亡。人源菌株主要产生 α 溶血素，动物菌株常见的是 β 溶血素。不耐热，65℃作用 30min 即可破坏。

(2) 血浆凝固酶：多数致病菌株产生，可使血浆纤维蛋白与菌体交联，引起菌体凝集，有助于致病菌株抵御宿主体内吞噬细胞和杀菌物质的作用，同时使感染局限化。检测葡萄球菌的血浆凝固酶是鉴别菌株的重要指标，致病菌株多数为凝固酶阳性，非致病菌株为阴性。

(3) 耐热核酸酶：由葡萄球菌致病菌株产生，100℃作用 15min 不失去活性。感染部位组织细胞和白细胞崩解时释放出核酸，使渗出液黏性增加，此酶迅速分解核酸，从而有利于病菌扩散。目前也将该酶的检测作为鉴定致病菌的重要指标之一。

(4) 肠毒素：引起人类食物中毒，刺激呕吐中枢，表现呕吐、腹泻。但动物中，除幼猫及幼猴外，大多数对此毒素有很强的抵抗力。

此外，葡萄球菌还可产生溶纤维蛋白酶、透明质酸酶、磷酸酶、卵磷脂酶、脂酶等。葡萄球菌产生的酶和毒素能引起畜禽各种化脓性疾病。例如，马的创伤感染、脓肿和蜂窝织炎，牛及羊的乳房炎，鸡关节炎，猪和羊皮的炎等。

8. 微生物学诊断　针对不同病型应采集不同的病料，如化脓性病灶取脓汁或渗出物，败血症取血液，乳腺炎取乳汁，食物中毒取可疑食物、呕吐物及粪便等。

(1) 涂片染色镜检：取病料直接涂片、革兰染色镜检。根据细菌形态、排列和染色特性作初步诊断。

(2) 分离培养与鉴定：将病料接种于血液琼脂平板，培养后观察其菌落特征、色素形成、有无溶血，菌落涂片染色进行镜检。要确定其致病力，可做甘露醇发酵试验、血浆凝固酶试验、耐热核酸酶试验，阳性者多为致病菌，必要时做动物接种试验。

发生食物中毒时，将从剩余食物或呕吐物中分离到的葡萄球菌接种到普通肉汤中，于 30%CO_2 条件下培养 40h，离心后取上清液，100℃加热 30min，幼猫静脉或腹腔内注射，15min 到 2h 内出现寒战、呕吐、腹泻等急性症状，表明有肠毒素存在。用 ELISA 或 DNA 探针可快速检出肠毒素。

9. 防治　皮肤创伤应及时妥善处理，防止病菌侵入。加强卫生管理，防止人的食物中毒。动物患病痊愈后，能获得一定程度的免疫，但免疫力较低，不能阻止葡萄球菌再次感染。目前，耐药菌株日益增多，要根据药物敏感试验结果选用适宜的抗菌药物。对慢性反复感染者，可试用自家苗或用葡萄球菌外毒素制成的类毒素治疗，有一定疗效。

第二节　链　球　菌

链球菌(streptococcus)的种类很多，在自然界中分布广泛，有的为非致病菌，有的构成人和动物体的正常菌群，有些则引起机体的多种化脓性疾病、肺炎、乳腺炎、败血症等。

1. 形态与染色　链球菌呈圆形或卵圆形，直径 0.5～1.0μm，常呈链状或成双排列(图 9-2)。个别菌株有鞭毛，有的菌株有菌毛，幼龄培养物可形成荚膜，革兰染色阳性。

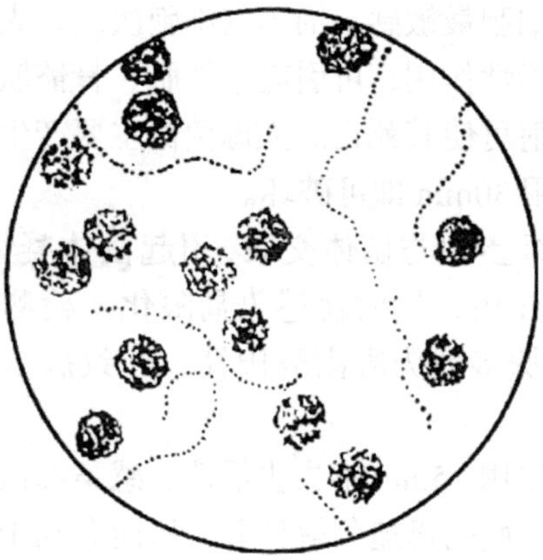

图 9-2　脓汁中的链球菌(引自崔保安，2005)

2. 培养与生化特性　本菌为需氧或兼性厌氧菌，少数为厌氧菌。营养要求较高，普通培养基上生长不良，在加有血液、血清、腹水、葡萄糖等的培养基中生长良好。在血液琼脂平板上，长成直径0.1～1.0mm、灰白色、表面光滑、边缘整齐的小菌落。多数致病菌株可形成不同的溶血现象。在血清肉汤中生长，初呈均匀混浊，后呈长链的细菌沉于试管底部，上部培养基透明。能发酵葡萄糖、蔗糖，不同菌株表现对其他糖不同的利用能力。

3. 抗原构造　链球菌的抗原构造比较复杂，主要有三种。

(1) 群特异性抗原：又称C抗原，是存在于链球菌细胞壁中的多糖成分。目前，据此抗原确定的血清群有20个，分别用大写英文字母(A～H，K～V，缺I和J)表示。

(2) 型特异性抗原：又称表面抗原，是位于多糖抗原之外的蛋白质抗原，A群链球菌具有M、R、T等蛋白质，M抗原与致病性及免疫原性有关。非A群链球菌中有的具有类M蛋白结构。

(3) 核蛋白抗原：又称P抗原，为属特异性抗原，与葡萄球菌属有交叉。

4. 抵抗力　本菌的抵抗力不强，60℃、30min即被杀死，对青霉素敏感。因此，青霉素是治疗链球菌病的首选药物。

5. 分类

(1) 按照抗原分类：根据链球菌的群特异性抗原，将链球菌分为A、B、C、D、E、G、N、Q、R、S等20个血清群(表9-1)。

(2) 根据溶血能力分类：根据在血琼脂平板上的溶血现象，将链球菌分为α、β、γ三类，在鉴定细菌的致病性方面有一定意义。α型链球菌，即菌落周围形成不透明的草绿色溶血环，红细胞未完全溶解，血红蛋白变成草绿色。此类链球菌致病力不强，多为条件致病菌。β型链球菌，即菌落周围有完全透明的溶血环，红细胞被完全溶解。此类链球菌致病力强，常引起人和动物的各种疾病。γ型链球菌，即菌落周围无溶血现象，一般不致病。

表 9-1　能致人和动物疾病的链球菌(引自陆承平，2013)

群	种名	溶血类型	宿主	所致疾病	天然寄生宿主
A	化脓性链球菌	β	人 牛 驹	猩红热、脓肿、风湿等 乳腺炎(罕见) 淋巴管炎	人上呼吸道
B	无乳链球菌	β(α，γ)	牛、绵羊、山羊 人及犬 猫	慢性乳腺炎 新生儿(犬)败血症 肾及尿路感染	乳腺管 母体阴道
C	停乳链球菌	α(β，γ)	牛 羔羊	急性乳腺炎 多发性关节炎	口腔、生殖器
	停乳链球菌类马亚种	β	马 猪、牛 犬、禽	脓肿、心内膜炎及乳腺炎 各种化脓	阴道、皮肤

续表

群	种名	溶血类型	宿主	所致疾病	天然寄生宿主
C	马链球菌马亚种	β	马	马腺疫、乳腺炎及出血性紫癜	
	马链球菌兽疫亚种	β	马 牛 猪 禽 绵羊、山羊 人	乳腺炎、流产、继发性肺炎 子宫炎及乳腺炎 败血症、关节炎 败血症、关节炎 败血症 败血症(从牛乳感染)	阴道及皮肤 母猪黏膜及皮肤 扁桃体
D	粪肠球菌	α(β, γ)	多种动物	机会感染，如鸡败血症、牛乳腺炎、犊或羔心内膜炎、犬尿道感染	多种动物肠道
	屎肠球菌	α，γ	多种动物	机会感染，如牛、鸡腹泻，牛乳腺炎	多种动物肠道
	类马链球菌	α	多种动物	机会感染	多种动物肠道
	牛链球菌	v	多种动物	机会感染	多种动物肠道
E(P，U，V)	类猪链球菌	β	猪	下腭脓肿及淋巴腺炎	黏膜
G	犬链球菌	β	肉食兽 牛	新生畜败血症、生殖道、皮肤及伤口感染 偶发性乳腺炎	生殖道及直肠黏膜
N	乳链球菌	α	牛	致病性不明	奶、植物及猪扁桃体
Q	禽肠球菌	α，γ	多种动物	致病性不明	禽及兽的粪
R(D)	猪链球菌 2 型	α	猪(断奶至 6 月龄) 人	脑膜炎、关节炎、败血症 脑膜炎及败血症	扁桃体及鼻腔 猪
S(D)	猪链球菌 1 型	α，β	猪(2～4 周)	脑膜炎、关节炎、肺炎及败血症	扁桃体及鼻腔
未定型	乳房链球菌	α(γ)	牛	乳腺炎	皮肤、阴道及扁桃体
	肺炎链球菌	α	人及灵长类	肺炎、败血症及脑膜炎	上呼吸道
			豚鼠、某些品系大鼠	肺炎	
	海豚链球菌	β	虹鳟等	突眼、体表坏死性溃疡、脑膜炎、败血症	某些鱼类

6. 致病性 链球菌可产生多种酶和外毒素，引起人和多种动物的化脓性疾病，如马腺疫、牛乳房炎、猪和羊链球菌病等。链球菌的致病因素主要包括毒素和酶。链球菌溶血素，分为溶血素 O 和溶血素 S。溶血素 O 对氧敏感，遇氧后暂时失去溶血能力，加入亚硫酸钠或半胱氨酸等还原剂时可恢复其溶血作用。溶血素 O 对心肌有较强的毒性作用，能破坏中性粒细胞、巨噬细胞和神经细胞。溶血素 S 由链球菌 A、C、G 等群产生，对氧稳定，无抗原性，对热和酸敏感，溶血作用比溶血素 O 慢，呈 β 溶血，也能破坏白细胞、血小板等。链激酶，又称溶纤维蛋白酶，能溶解血凝块，利于细菌的扩散。此外，链球菌还产生链道酶、透明质酸酶等，和葡萄球菌产生的酶作用相似。A 群链球菌还产生致热外毒素，是人猩红热的致病原因。

7. 微生物学诊断 根据链球菌所致疾病不同，可采集脓汁、乳汁、血液等病料进行检查。

(1) 涂片镜检：取适宜病料涂片，革兰染色镜检，若有革兰阳性呈链状排列的球菌，可初步诊断。在链球菌败血症羊、猪等动物组织涂片中，其往往呈双球状，有荚膜，瑞氏染色或吉姆萨染色比革兰染色更清楚；在腹腔或心包液等组织液中常呈长链状排列，但荚膜不如组织中明显。

(2) 分离培养：将病料接种于血液琼脂平板上，观察菌落特征和溶血现象，进一步根据生理生化特性加以诊断。用血清学试验可确定链球菌的群和型。

8. 防制 一般防制原则与葡萄球菌相同。链球菌主要通过飞沫传播。因此，对急性咽炎、扁桃体炎患者，要彻底治疗，防止风湿热、急性肾炎的发生；此外，应注意空气、器械、敷料等的消毒灭菌。青霉素G是治疗A群链球菌感染的首选药物，B群等链球菌对抗菌药物敏感性不一。使用时，最好先做药物敏感试验。

第三节 大肠埃希菌

大肠埃希菌(*Escherichia coli*，*E. coli*)是肠杆菌科埃希菌属中有代表性的菌种，俗称大肠杆菌，大部分是肠道正常菌群成员之一。某些引起人和动物发病，称为致病性大肠杆菌。一些大肠杆菌还是分子生物学和基因工程中重要的实验材料及研究对象。

1. 形态及染色特性 革兰阴性的直杆菌，大小(0.4～0.7)μm×(2.0～3.0)μm，两端钝圆，散在或成对(图9-3)；碱性染料有良好的着色性，菌体两端偶尔略深染。无芽胞；大多数菌株为周身鞭毛，但也有无鞭毛或丢失鞭毛变异株；一般均有普通菌毛，少数菌株兼有性菌毛；通常无可见荚膜，但常有微荚膜。

图9-3 大肠埃希菌(引自李明远，2010)

2. 培养及生化特性 本菌为需氧或兼性厌氧菌，最适生长温度为37℃，最适pH为7.2～7.4。在普通肉汤中，培养18～24h时，呈均匀混浊，管底有黏性沉淀，液面管壁有菌环，培养物常有特殊的粪臭味。在营养琼脂上，生长18～24h时，形成圆形、凸起、光滑、湿润、半透明、灰白色、边缘整齐或不太整齐(运动活泼的菌株)、中等偏大的菌落，直径2～3mm。在麦康凯琼脂上，形成红色菌落；在伊红美蓝琼脂上，生成黑色、带金属光泽的菌落；在SS琼脂上，一般不生长或生长较差，生长者呈红色；在远藤琼脂上，形成带金属光泽的红色菌落。一些致病性菌株在绵羊血平板上可产生β溶血。

本菌能发酵多种糖类产酸产气，如发酵葡萄糖、麦芽糖、甘露醇等产酸产气；大多数菌株可迅速发酵乳糖，仅极少数迟发酵或不发酵；约半数菌株不分解蔗糖。吲哚试验和甲基红试验均为阳性；VP试验和枸橼酸盐利用试验均为阴性；几乎均不产生硫化氢，不分解尿素。

3. 抗原及血清型 大肠杆菌抗原主要有O、K和H三种，它们是本菌血清型鉴定的物质基础。

(1) O抗原：是S型菌的一种耐热菌体抗原，121℃加热2h不破坏，成分是细胞壁脂多糖上的侧链多糖。当S型菌体丢失这部分结构而变成R型菌时，O抗原也随之丢失。每个菌株只含有一种O抗原，其种类用阿拉伯数字表示，可用单因子抗O血清做玻板或试管凝集试验进行鉴定。

(2) K 抗原：是菌体表面的一种热不稳定抗原，多存在于被膜或荚膜中，个别位于菌毛中。具有 K 抗原的菌株不会被相应的抗 O 血清凝集，称为 O 不凝集性。根据耐热性不同，K 抗原又分成 L、A 和 B 三型。一个菌落可含 1～2 种不同 K 抗原，也有无 K 抗原的菌株。除 K88 和 K99 是蛋白质外，其余的 K 抗原均属多糖。

(3) H 抗原：是一类不耐热的鞭毛蛋白抗原，加热至 80℃或经乙醇处理，其抗原性即被破坏。有鞭毛菌株一般只有一种 H 抗原，无鞭毛菌株或丢失鞭毛的变种不含 H 抗原。H 抗原能刺激机体产生高效价的凝集抗体。

目前，已确定大肠杆菌 O 抗原有 174 种，K 抗原有 80 种，H 抗原有 53 种。因此，有人认为自然界中可能存在的大肠杆菌血清型高达数万种。但是，致病性大肠杆菌血清型的数量是有限的。大肠杆菌的血清型按 O:K:H 排列形式表示。例如，O111:K58(B):H12，表示该菌具有 O 抗原 111，B 型 K 抗原 58，H 抗原为 12。

4. 抵抗力　大肠杆菌对热的抵抗力较其他肠道杆菌强，加热 60℃、15min 仍有部分细菌存活。在自然界的生存力较强，在土壤和水中可存活数周至数月。胆盐和煌绿等对大肠杆菌有抑制作用。

5. 致病性　大多数大肠杆菌在正常条件下是不致病的共栖菌，在特定条件下如移位侵入肠外组织或器官可致大肠杆菌病。只有少数大肠杆菌属病原性大肠杆菌，正常情况下极少存在于健康机体内。根据毒力因子与发病机制的不同，可将与动物疾病有关的致病性大肠杆菌分为肠道致病性大肠杆菌和肠道外致病性大肠杆菌。肠道致病性大肠杆菌主要包括肠产毒素型大肠杆菌(ETEC)、肠致病型大肠杆菌(EPEC)、肠出血型大肠杆菌(EHEC)、肠侵袭型大肠杆菌(EIEC)、肠聚集型大肠杆菌(EAEC)和弥散黏附型大肠杆菌(DAEC)。肠道外致病性大肠杆菌主要有败血性大肠杆菌(SEPEC)、尿道致病性大肠杆菌(UPEC)、新生儿脑膜炎大肠杆菌(MEC)和禽致病性大肠杆菌(APEC)。这里简要介绍 ETEC 和 STEC。

(1) 肠产毒素型大肠杆菌(ETEC)：ETEC 是一类最常见的致人和幼畜腹泻的病原性大肠杆菌。初生幼畜被 ETEC 感染后，常因剧烈水样腹泻和迅速脱水死亡，发病率和死亡率均很高。致病因素主要由黏附素性菌毛和肠毒素两类毒力因子构成，二者密切相关、缺一不可。黏附素性菌毛是 ETEC 的一类特有菌毛，能黏附于宿主小肠上皮细胞，又称其为黏附素或定居因子，对其抗原亦相应称为黏附素抗原或定居因子抗原。这种黏附素性菌毛可避免肠蠕动和肠液分泌的清除作用，得以使 ETEC 在肠内定居和繁殖，进而发挥致病作用。因此黏附素虽然不是导致宿主腹泻的直接致病因子，但它是构成 ETEC 感染的首要毒力因子。目前，在动物 ETEC 中，已发现的黏附素主要有 F4(K88)、F5(K99)、F6(987P)和 F41，其次为 F42 和 F17。肠毒素是 ETEC 在体内或体外生长时产生并分泌到胞外的一种蛋白质性毒素，按对热的耐受性不同，可分为不耐热肠毒素(LT)和耐热肠毒素(ST)两种。在动物 ETEC 中，只有猪源 $F4^{+}$菌株能同时产生 LT 和 ST，其他菌株仅产 ST。LT 对热敏感，65℃加热 30min 即被灭活。硫酸铵能使其沉淀，福尔马林可将其变为类毒素。LT 作用于宿主小肠和兔回肠，可引起肠液积蓄。对此毒素可应用家兔肠袢试验进行测定，即将家兔小肠肠管结扎，如注入被检物的肠段显著膨胀、变薄、微血管扩张、腔内充满大量淡黄色胶胨样液体，即证明标本中有肠毒素。LT 对 Y1 小鼠肾上腺细胞和中国仓鼠卵巢细胞(CHO)也有毒性作用，可用于培养鉴定。ST 通常无免疫原性，100℃加热 30min 不失活，可透析，能抵抗脂酶、糖化酶和多种蛋白酶作用。ST 对人和猪、牛、羊均有肠毒性，可引起肠腔积液而导致腹泻。

(2) 产类志贺毒素大肠杆菌(STEC)：是一种具有产生致贺毒素能力的肠出血型大肠杆菌(EHEC)。STEC 是重要的人兽共患病原，可致人的腹泻、出血性大肠炎、溶血性尿毒综合征等。STEC 的某些菌株可致猪水肿病，以头部、肠系膜和胃壁浆液性水肿为特征，伴有共济失调、麻痹或惊厥等神经症状，发病率较低，但致死率很高。引起猪水肿病的 STEC 有两类毒力因子。黏附性菌毛(F18 菌毛)有助于细菌在猪肠黏膜上皮细胞定居和繁殖。志贺毒素是引起猪水肿病的一种蛋白质性细胞毒素，被肠道吸收后，在不同组织器官内引起血管内皮细胞损伤，改变血管通透性，导致病猪出现水肿和典型的神经症状，而神经症状是由脑水肿所致。

除上述一些主要毒力因子外，与大肠杆菌致病性有关的其他毒力因子如内毒素、具有抗吞噬作用的 K 抗原、溶血素、大肠菌素 V、血清抵抗因子、铁载体等在不同动物大肠杆菌病中可能有不同的致病作用。

6. 微生物学诊断　对幼畜腹泻及猪水肿病病例可采集粪便作为病料，死后取各段小肠内容物或黏膜刮取物，以及相应肠段的肠系膜淋巴结，分别在麦康凯平板和血平板上划线分离培养。对败血症病例可无菌采集病变内脏组织，直接在血琼脂或麦康凯平板上划线分离培养。观察菌落的形成及特征，并涂片染色镜检。另外，挑取麦康凯平板上的红色菌落或血平板上呈 β 溶血(仔猪黄痢与水肿病菌株)的典型菌落，分别转到三糖铁培养基和普通琼脂斜面做初步生化鉴定和纯培养。必要时，将三糖铁培养基上符合大肠杆菌的生长物或普通琼脂斜面纯培养物做 O 抗原鉴定。有条件时，进一步检测毒力因子，可确定其属于何类致病性大肠杆菌。

7. 防制　目前，国内外已有多种预防幼畜腹泻的实验性或商品化菌苗，主要包以抗黏附素为基础的单价或多价菌毛抗原灭活全菌苗或亚单位苗、以抗肠毒素为主的类毒素苗或 LT 亚单位苗、表达一种或两种黏附素以及同时表达一种黏附素和 LT 的基因工程菌苗。用这些菌苗免疫怀孕母畜后，均能使其后代从初乳中获得抗致病性大肠杆菌感染的被动保护力。在已发生仔猪黄痢的猪群中，仔猪出生后立即口服或肌注抗血清，可获得满意预防效果；发病初期仔猪用此血清，也可取得较好的治疗效果。抗菌药物虽然可减轻病情或暂时控制疫情发展，但停药后常复发。特别是耐药菌株的大量出现，以往有效的许多药物变得无效或低效。因此，最好选用经药物敏感试验确定为高效的抗生素进行治疗，方能取得良好效果。

第四节　沙　门　菌

沙门菌(salmonella)是肠杆菌科沙门菌属的细菌，是一群寄生于人和动物肠道内的直杆菌。许多沙门菌对人和动物有致病性，能引起人和动物的多种沙门菌病，且是人食物中毒的主要病原之一。本属菌可分为肠道沙门菌和邦戈尔沙门菌两个种。肠道沙门菌又分为 6 个亚种：肠道亚种、萨拉姆亚种、亚利桑那亚种、双相亚利桑那亚种、豪顿亚种及因迪加亚种。目前，血清型已有 2500 种以上，其中有 20 个血清型属于邦戈尔沙门菌，其余均属于肠道沙门菌。沙门菌通常用所致疾病、最初分离地名或抗原式三种方式来命名。目前，对沙门菌或各亚种成员的鉴定主要根据培养特征、生化试验和 DNA 特征，而血清型分型是作为亚种水平以下的鉴定内容。

1. 形态及染色特性　呈直杆状，大小(0.7～1.5)μm×(2.0～5.0)μm，革兰阴性。除雏沙门菌和鸡沙门菌无鞭毛外，其余均有周身鞭毛，个别菌株偶尔出现无鞭毛的变种。绝大多数有普通菌毛，一般无荚膜。

2. 培养及生化特性　只有雏沙门菌、鸡沙门菌、羊流产沙门菌和甲型副伤寒沙门菌等在普通琼脂培养基上生长贫瘠，形成较小的菌落。在肠道杆菌鉴别或选择性培养基(如远藤琼脂和麦康凯琼脂)上，大多数菌株因不发酵乳糖而形成无色菌落；产生 H_2S 的致病性沙门菌菌株在 SS 琼脂上，菌落中心呈黑色。培养基中加入硫代硫酸钠、胱氨酸、血清、葡萄糖、脑心浸液和甘油等有助于沙门菌生长。在培养时，易发生 S-R 变异。绝大多数沙门菌发酵糖类时均产气，但伤寒沙门菌和鸡伤寒沙门菌从不产气。正常产气的血清型也可能有不产气的变型。常见沙门菌的生化特性见表 9-2。

表 9-2　常见沙门菌的生化特性(引自胡建和，2006)

病名	葡萄糖	乳糖	麦芽糖	甘露醇	蔗糖	H_2S	尿素分解	靛基质	甲基红	VP	枸橼酸盐利用
鼠伤寒沙门菌	⊕	–	⊕	⊕	–	+	–	–	+	–	±
猪霍乱沙门菌	⊕	–	⊕	⊕	–	±	–	–	+	–	+
猪伤寒沙门菌	⊕	–	⊕	–	–	–	–	–	+	–	–
都柏林沙门菌	⊕	–	⊕	⊕	–	+	–	–	+	–	+
肠炎沙门菌	⊕	–	⊕	⊕	–	+	–	–	+	–	±
马流产沙门菌	⊕	–	⊕	⊕	–	+	–	–	+	–	+
雏沙门菌	⊕	–	–	⊕	–	+	–	–	+	–	–
鸡沙门菌	+	–	+	+	–	±	–	–	+	–	–

⊕表示 90%以上阳性，产气；+表示 90%以上阳性；–表示 10%以下阳性；±表示有些菌株阳性，有些菌株阴性。

3. 抗原及变异　沙门菌具有 O、H、K 和菌毛 4 种抗原。O 和 H 抗原是其主要抗原，构成绝大部分沙门菌血清型鉴定的物质基础，其中 O 抗原又是每个菌株必有的成分。

(1) O 抗原：是沙门菌细胞壁表面的耐热多糖抗原，100℃经 2.5 h 不被破坏。一个菌体可有几种 O 抗原成分，以小写阿拉伯数字表示。将具有共同 O 抗原(群因子)的各个血清型归入一群，以大写英文字母表示。目前，已发现的全部沙门菌可分为 A、B、C1～C4、D1～D3、E1～E4、F、G1～G2、H……Z、O51～O63 及 O65～O67 计 51 个 O 群，包括 58 种 O 抗原。分离自人及哺乳动物的沙门菌，绝大多数属于 A～E 群。O 抗原可刺激机体产生 IgM 型抗体。沙门菌经乙醇处理、破坏鞭毛抗原后的菌液，即为血清反应用的 O 抗原，与 O 血清进行凝集反应时，较长时间后出现颗粒状不易分散的凝集现象。

(2) H 抗原：是蛋白质性鞭毛抗原，共有 63 种，60℃经 30～60min 及乙醇作用可破坏其抗原性，但能抵抗甲醛。H 抗原可分为第 1 相和第 2 相。第 1 相抗原以小写英文字母表示，特异性高，为少数沙门菌株所有，故曾称为特异相。第 2 相抗原用阿拉伯数字表示，但少数是用小写英文字母表示的，特异性低，常为许多沙门菌所共有，曾称为非特异相。多数沙门菌具有两相 H 抗原，称为双相菌，并常发生位相变异。少数沙门菌只有其中一相 H 抗原，称为单相菌。根据 H 抗原的不同，同一 O 群的沙门菌再分成许多不同的血清型。H 抗原刺激机体产生 IgG 型抗体。运动活跃的沙门菌新培养物经甲醛处理后，即为血清学所使用的抗原，此时鞭毛已被固定，O 抗原全部遮盖，故不能被 O 抗体凝集。此抗原若与 H 血清相遇，则在 2h 之内出现疏松、易于摇散的絮状凝集。

(3) K 抗原：是伤寒、丙型副伤寒和部分都柏林沙门菌表面抗原，包在 O 抗原外面，属于

K 抗原的范畴。但是，一般认为它与菌株毒力有关，故称为 Vi 抗原。Vi 抗原是一种 *N*-乙酰-D-半乳糖胺糖醛酸聚合物，60℃经 1 h 即破坏其凝集性和免疫原性。有 Vi 抗原的菌株不被相应的抗 O 血清凝集，称为 O 不凝集性，将 Vi 抗原加热破坏后则能发生凝集。在普通培养基上多次传代后易丢失 Vi 抗原。Vi 抗原的抗原性弱，刺激机体产生较低效价的抗体。

沙门菌的抗原有时可发生变异，除 H-O 和 S-R 变异外，在菌型鉴定中最常见的是 H 抗原的位相变异。将一个双相沙门菌的菌株在琼脂平板上划线分离，所得的菌落中，有的有第 1 相 H 抗原，有的有第 2 相 H 抗原。若任意挑取一个菌落在培养基上多次传代，其后代又可出现部分是第 1 相而另一部分是第 2 相的菌落。这种两个相的 H 抗原可以交相产生的现象称为位相变异。因此，双相菌初次分离时，单个菌落的纯培养往往只有一个相 H 抗原，鉴别时常只能检出一个相，而测不出另一相。此时，可用已知相血清诱导的位相变异试验来获得未知的另一个相 H 抗原。

用已知的沙门菌 O 和 H 单因子血清进行玻板凝集试验，可确定一个沙门菌分离物的血清型或抗原式，对可能有 Vi 抗原的菌株还须用 Vi 抗血清进行鉴定。

沙门菌的血清型表示方法是 O 抗原：第 1 相 H 抗原：第 2 相 H 抗原。例如，鼠伤寒沙门菌血清型为 1，4，[5]，12: i : 1，2，即表示该菌具有 O 抗原 1，4，[5]，12，第 1 相 H 抗原为 i，第 2 相 H 抗 1，2，括号中抗原表示该抗原可能无。如有 Vi 抗原，可写在 O 抗原之后。例如，都柏林沙门菌血清型为 1，9，12[Vi] ：g，P ：-。

4. 抵抗力 沙门菌的抵抗力中等，与大肠杆菌相似，不同的是亚硒酸盐、煌绿等染料对本菌的抑制作用小于大肠杆菌，可用于制备选择培养基，有利于分离粪便中的沙门菌。

5. 致病性 沙门菌是一种重要的人畜共患病原菌，有广泛的动物宿主，最常侵害幼龄动物，引发败血症、胃肠炎及其他组织局部炎症。对成年动物往往引起散发性或局限性沙门菌病，发生败血症的怀孕母畜可表现流产，在一定条件下也能引起急性流行性暴发。在一个发病的动物群中，有一定比例的个体是隐性感染或康复带菌者，并间歇排菌，成为主要传染源。许多带菌的野鸟和啮齿动物、蜱和某些昆虫也能成为一种传染来源。沙门菌很容易在动物与动物、动物与人、人与人之间通过直接或间接的途径传播，不需要中间宿主，主要传染途径是消化道。许多环境条件如卫生不良、过度拥挤、气候恶劣、内服皮质类激素、分娩、长途运输，以及发生其他病毒或寄生虫感染均可导致易感动物发生沙门菌病。

根据致病类型的不同，可将沙门菌分为三群。第一群是具有高度适应性或专嗜性的沙门菌，它们只对人或某种动物产生特定的疾病，属于这一群的不多。例如，雏沙门菌和鸡沙门菌仅能使鸡和火鸡发病；马流产、牛流产和羊流产等沙门菌分别致马、牛、羊的流产等；猪伤寒沙门菌仅侵害猪。第二群是在一定程度上适应于特定动物的偏嗜性沙门菌，仅为个别血清型。例如，猪霍乱沙门菌和都柏林沙门菌分别是猪和牛羊的强适应性菌型，多在各自宿主中致病，但也能感染其他动物。第三群是非适应性或泛嗜性沙门菌，它们具有广泛的宿主谱，能引起人和多种动物的沙门菌病，具有重要的公共卫生意义。这群血清型占本属的大多数，鼠伤寒沙门菌和肠炎沙门菌是其中的突出代表。经常危害人和动物的泛嗜性沙门菌约 20 余种，加上专嗜性和偏嗜性菌在内不过仅 30 余种。除鸡沙门菌和雏沙门菌外，绝大部分沙门菌培养物经口或腹腔或静脉接种小鼠，能使其发病死亡，但致死剂量随接种途径和菌种毒力不同而异。豚鼠和家兔对本菌易感性不及小鼠。

沙门菌的毒力因子有许多种。脂多糖是沙门菌外胞壁的基本成分，构成 O 抗原和内毒素，是沙门菌的一个重要毒力因子，在防止吞噬细胞的吞噬和杀伤作用上有重要作用，可引起发热、黏膜出血、白细胞减少、弥散性血管内凝血、循环衰竭等中毒症状及休克死亡。有些沙门菌血清型可产生类似大肠杆菌的肠毒素。细胞毒素能引起肠上皮细胞的损伤。

6. 免疫性 体液免疫和细胞免疫在抗沙门菌感染中都很重要。动物接触环境中沙门菌或在注射疫苗后，体液免疫应答主要是 IgM 抗体；在疾病康复或口服弱毒苗感染的动物肠道中可出现特异性分泌型 IgA；沙门菌免疫母牛的初乳和奶中含有特异性抗体。细胞免疫反应与大剂量沙门菌攻击动物的保护性通常呈现很好的相关性。

7. 微生物学诊断 对未污染的被检组织可直接在普通琼脂、血琼脂或鉴别培养基上划线分离。对已污染的被检材料如饮水、粪便、饲料、肠内容物和已败坏组织等，常需要增菌后再分离。常用的增菌培养基有亮绿-胆盐-四硫磺酸钠肉汤、四硫磺酸盐增菌液、亚硒酸盐增菌液及亮绿-胱氨酸-亚硒酸氢钠增菌液等。这些培养基能抑制其他杂菌生长，而有利于沙门菌大量繁殖。接种量为培养基量的 1/10。接种后于 37℃培养 12～24h，如未出现疑似本菌菌落，则需从已培养 48h 的增菌培养物中重新划线分离一次。鉴别培养基常用麦康凯、伊红美蓝、SS、去氧胆盐钠-枸橼酸盐等琼脂，必要时还可用亚硫酸铋和亮绿中性红等琼脂。绝大多数沙门菌因不发酵乳糖，故在这类平板上生长的菌落颜色与大肠杆菌不同。挑取几个鉴别培养基上可疑菌落分别纯培养，同时分别接种三糖铁琼脂和尿素琼脂，37℃培养 24h。若反应结果均符合沙门菌者，则取三糖铁琼脂的培养物或与其相应菌落的纯培养物做沙门菌 O 抗原群和生化特性的进一步鉴定试验，必要时做血清型分型。可用乳胶颗粒凝集试验、ELISA、对流免疫电泳、核酸探针和 PCR 等方法进行快速诊断。

8. 防制 目前，兽用疫苗多限于预防各种家畜特有的沙门菌病，如猪副伤寒、马流产，以及牛、羊的都柏林等沙门菌的灭活菌苗在国内外均已应用。弱毒或无毒活菌苗注射或口服免疫动物的效果优于灭活菌苗，但有些国家禁用。至今，对多种畜禽致病的沙门菌仍无法制出普遍有效的菌苗。有效的抗生素主要有庆大霉素、卡那霉素、呋喃唑酮、氯霉素、TMP-SMZ 及诺氟沙星或环丙沙星等。但是，本属菌的耐药菌株不断增加，最好在使用前进行药敏试验。

第五节 鸭疫里氏杆菌

鸭疫里氏杆菌(*Riemerella anatipestifer*)属于黄杆菌科里氏杆菌属，原名鸭疫巴氏杆菌，是引起雏鸭传染性浆膜炎的病原。

1. 形态与染色 鸭疫里氏杆菌菌体呈杆状或椭圆形，大小为(0.3～0.5)μm×(0.7～6.5)μm，偶见个别长丝状，长约 11～24μm。多单在，少数成双或短链排列。有荚膜，无芽胞，无鞭毛。瑞氏染色可见两极着色。革兰染色阴性。

2. 培养与生化特性 营养要求较高，普通培养基和麦康凯培养基上不生长。初次分离培养，需提供 5%～10%的 CO_2。巧克力或胰蛋白胨大豆琼脂(TSA)平板置于 CO_2 培养箱或烛缸中，37℃培养 24～48h，菌落无色素，椭圆形，微突起，表面光滑，奶油状，直径 1～2mm。在含血清或胰蛋白胨酵母的肉汤中，37℃培养 48h，呈上下一致的轻微混浊，管底有少量沉淀。本菌不发酵葡萄糖、蔗糖，可与多杀性巴氏杆菌区别；不发酵半乳糖、乳糖、果糖、甘露醇、甘露糖等，极少菌株发酵麦芽糖或肌醇。靛基质、硝酸盐还原、柠檬酸盐利用、MR、VP、H_2S 试验等均为阴性，氧化酶和触酶试验为阳性。

3. 血清型　比较复杂，目前发现有 21 个血清型，以阿拉伯数字表示，并在不断增加。我国早期分离的菌株均属 1 型，近年来证实至少有 13 种血清型存在。不同血清型及同型不同菌株的毒力有差异。

4. 抵抗力　对外界环境抵抗力不强。鲜血琼脂培养物置 4℃冰箱保存，容易死亡，通常 4～5 天应继代一次。对庆大霉素、新霉素、壮观霉素、磺胺喹恶林等敏感，但易产生耐药性。

5. 致病性　鸭疫里氏杆菌主要感染雏鸭，尤其是 2～3 周龄雏鸭易发病，引起急性或慢性的败血症和浆膜炎，表现为眼和鼻孔有分泌物、绿色下痢、共济失调和抽搐；慢性病例表现为斜颈、纤维素性渗出等，生长发育严重受阻。兔和小鼠不敏感。豚鼠腹腔注射大量细菌可致死。

6. 微生物学诊断　根据临诊症状和剖检变化可作出初步诊断，然后进行微生物学检查。采集血液、肝脏、脾脏、脑等涂片，瑞氏染色后镜检。分离培养时，无菌操作取发病初期病鸭的脑和心血，用巧克力培养基容易分离到本菌。肝、脾分离率低。分离时应同时接种麦康凯培养基，以与大肠杆菌区别。分离到的细菌进行葡萄糖和蔗糖发酵试验，也可接种小鼠，与多杀性巴氏杆菌区别。有条件时，进行荧光抗体法检查。取上述病料涂片、固定，用特异性荧光抗体染色，在荧光显微镜下检查，鸭疫里氏杆菌呈黄绿色环状结构，多为单个散在，而其他细菌不被荧光抗体染色。因此，可与大肠杆菌和巴氏杆菌相区别。

7. 防制　完善饲养管理制度，实行全进全出，改善育雏条件，特别注意通风、干燥、防寒，改善饲养密度，勤换垫料。药物防制是控制发病和死亡的一项重要措施，通过药物敏感性试验选用敏感药物，混于饲料，防制效果显著。目前，某些血清型的灭活菌苗和弱毒菌苗有良好的免疫效果。

第六节　多杀性巴氏杆菌

多杀性巴氏杆菌(*Pasteurella multocida*)属于巴氏杆菌科巴氏杆菌属的细菌。本菌可引起多种动物巴氏杆菌病，表现为出血性败血病或传染性肺炎。本菌可正常存在于多种健康动物的口腔和咽部黏膜，属于机会性致病菌。

1. 形态与染色　巴氏杆菌呈球杆状或短杆状菌，两端钝圆，大小为(0.25～0.4)μm×(0.5～2.5)μm。单在，有时成双排列(图 9-4)。新分离的强毒株有荚膜，但培养后荚膜迅速消失。无鞭毛，不形成芽胞。革兰染色阴性。病料用瑞氏染色或美蓝染色时，可见典型的两极着色。

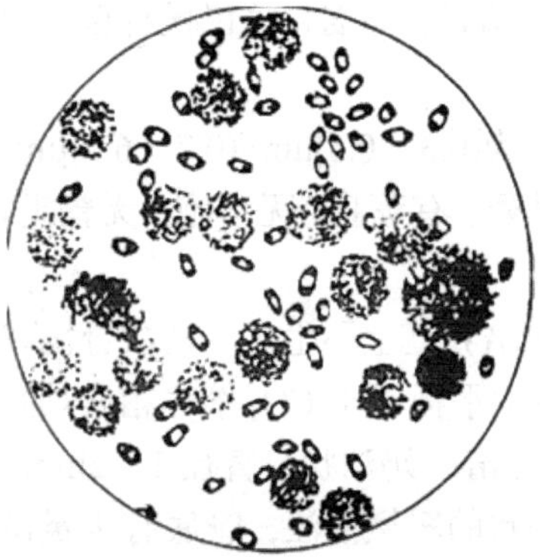

图 9-4　多杀性巴氏杆菌
(引自崔保安，2005)

2. 培养及生化特性　巴氏杆菌为需氧或兼性厌氧菌，最适温度为 37℃，pH7.2～7.4。营养要求较严格。在普通培养基上，生长贫瘠；在麦康凯培养基上，不生长；在加有血液、血清或微量血红素的培养基上，生长良好。在血清琼脂平板上，培养 24h，长成淡灰白色、边缘整齐、表面光滑、闪光的露珠状小菌落，无溶血现象。在血清肉汤中，开始轻度混浊，4～6 天后液体变清，管底出现黏稠沉淀，振摇后不分散，表面形成菌环。

巴氏杆菌可分解葡萄糖、果糖、蔗糖、甘露糖和半乳糖，产酸不产气。大多数菌株可发酵甘露醇，一般不发酵乳糖，可形成靛基质，甲基红试验和VP试验均为阴性，不液化明胶，产生H_2S。

3. 血清型　以荚膜抗原和菌体抗原区分血清型，前者有6个型，后者有16个型。以阿拉伯数字表示菌体抗原型，大写英文字母表示荚膜抗原型。我国分离的禽多杀性巴氏杆菌以5∶A为多，其次为8∶A；猪的以5∶A和6∶B为主，8∶A与2∶D其次；羊的以6∶B为多，家兔的以7∶A为主，其次是5∶A。

4. 抵抗力　抵抗力不强。在无菌蒸馏水和生理盐水中很快死亡。在阳光中暴晒10min，或56℃经15min或60℃经10min可被杀死。在干燥空气中2～3天死亡，在厩肥中可存活约1个月。2%～3%石炭酸、3%福尔马林、10%石灰乳、2%来苏儿、0.5%～1%氢氧化钠等在几分钟即可杀死本菌。对青霉素、链霉素、四环素、土霉素、磺胺类及许多新的抗菌药物敏感。

5. 致病性　本菌对鸡、鸭、鹅、野禽、猪、牛、羊、马、兔等都有致病性。实验动物中，小鼠和家兔最易感。急性型，呈出血性败血症，并迅速死亡。亚急性型，黏膜、关节等部位出现出血性炎症等。慢性型，呈现萎缩性鼻炎(猪、羊)、关节炎及局部化脓性炎症等。

6. 免疫性　健康带菌动物具有一定程度的免疫力。动物患病痊愈后，可获得较强的免疫。

7. 微生物学诊断　采集渗出液、心血、肝、脾、淋巴结等病料制作涂片或触片，以碱性美蓝或瑞氏染色液染色，发现典型的两极着色的短杆菌，结合流行病学和剖检变化，可作初步诊断。但是，慢性病例或腐败材料中不易发现典型菌体，须进行分离培养和动物试验。用血琼脂平板和麦康凯琼脂同时进行分离培养，在麦康凯培养基上不生长，在血琼脂平板上生长良好，菌落不溶血，革兰染色为阴性的球杆菌。接种此菌于三糖铁培养基上可生长，并使底部变黄。必要时可进一步作生化反应鉴定和动物实验。取1∶10病料乳剂或24h肉汤培养物0.2～0.5mL，皮下或肌肉注射于小白鼠或家兔，经24～48h死亡，死亡剖检观察病变并镜检进行确诊。可用抗血清或单克隆抗体进行荚膜抗原和菌体抗原型的鉴定。检测动物血清中的抗体可用试管凝集、间接凝集、琼脂扩散试验或ELISA。

8. 防制　国内外已研制出多种灭活菌苗、弱毒菌苗及荚膜亚单位疫苗。该菌的高免多价血清具有良好的紧急预防和治疗作用。青霉素、链霉素、四环素、土霉素、磺胺类等抗菌药可用于治疗。

第七节　放线杆菌

放线杆菌属(*Actinomyce*)的细菌呈革兰阴性、多形性。细菌为球形、卵圆形或杆状，以杆状为主，大小在0.4～1.0μm，偶尔见长丝状，特别是在含葡萄糖和麦芽糖的培养基上，菌体最长者可达6μm。多以单个或成对排列，很少形成链状。不形成芽胞，无运动性，除荚膜放线杆菌和胸膜肺炎放线杆菌外，绝大多数放线杆菌不形成荚膜。

放线杆菌呈兼性厌氧，有机化能营养，发酵型代谢。最适培养温度为37℃，最适pH为7.5。除猪胸膜肺炎放线杆菌Ⅰ型生长需要Ⅴ因子外，其余种不依赖Ⅹ及Ⅴ因子，能在复合培养基上生长。大多数放线杆菌在血液琼脂培养基上无溶血性，但猪放线杆菌和胸膜肺炎放线杆菌有溶血性。除猪放线杆菌能产生黄色素外，其他放线杆菌一般不产生色素。能利用葡萄糖和果糖，在24h内产酸不产气，不能发酵卫矛醇、肌醇和菊糖。MR试验阴性，不产生能基质，能还原硝酸盐。除了伴放线杆菌和精液放线杆菌外，其他种均为尿素酶试验阳性。大多数能在麦康凯培养基上生长。DNA 中 G+C 含量为 40%～43%。

一、猪胸膜肺炎放线杆菌

猪胸膜肺炎放线杆菌(*Actinobacillus pleuropneumoniae*)，旧名猪胸膜肺炎嗜血杆菌(*Haemophilus pleuropneumoniae*)或副溶血嗜血杆菌(*H. parahaemolyticus*)，后经 DNA 杂交试验证实该菌与林氏放线杆菌有很高的同源性，故将其列入放线杆菌属中。它是引起猪传染性胸膜肺炎的病原菌。该病以伴有胸膜炎的出血性坏死性肺炎为特征，主要侵害 2～5 月龄、体重 30～60kg 的猪，有高度传染性，常呈急性或最急性经过，发病率、死亡率均在 50%以上，是集约化猪场常见的重要猪病之一。

1. 生物学性状 胸膜肺炎放线杆菌有两种生物型。光学显微镜下，生物 I 型为小杆菌，具有多形性。培养时需要加入 V 因子(辅酶Ⅰ，NAD)。不能在麦康凯培养基上生长，在含 5%绵羊血琼脂平板上于 37℃培养 18～24h 后，可见光滑、湿润、圆形的针尖大小的菌落，在巧克力琼脂平板上菌落稍大些。生物Ⅱ型菌比生物 I 型的大，有两极浓染特性，生长不需要 V 因子，能在麦康凯培养基上生长。在绵羊血平板上，胸膜肺炎放线杆菌可产生稳定的 β 溶血。该菌兼性厌氧，革兰染色阴性，不形成芽胞。

该菌能发酵葡萄糖、麦芽糖、甘露糖、甘露醇、蔗糖、木糖和果糖产酸，尿素酶试验、硝酸盐还原试验和 CAMP 试验均为阳性，硫化氢试验、V-P 试验和 MR 试验均为阴性。

目前，该菌有 15 个血清型。生物 I 型中含有 13 个血清型(1～12 型和 15 型)，其中 1 型又分为 1a 和 1b，5 型又分为 5a 和 5b。生物Ⅱ型中含有 2 个血清型(13 和 14 型)，其致病性比生物 I 型要弱。胸膜肺炎放线杆菌的主要毒力因子包括荚膜多糖(CP)、脂多糖(LPS)、外膜蛋白(OMP)、细胞毒素(Apx)、转铁结合蛋白(TBP)、酶蛋白等。细胞毒素是本菌最重要的致病因子。不同血清型的菌株可产生 4 种细胞毒素：ApxⅠ、ApxⅡ、APXⅢ和 APXⅣ。ApxⅠ具有强溶血性和强细胞毒性，分子质量为 110kDa，分布在血清型 1、5、9、10 及 11 的菌体中；ApxⅡ具有强溶血型和中等细胞毒性，分子质量为 105kDa，分布在除血清型 3 和 10 外的所有血清型菌体中；ApxⅢ有强细胞毒性，但无血溶性，分子质量为 120kDa，分布在血清型 2、3、4、6 及 8 的菌体中；APXⅣ有弱溶血性，分子质量为 202kDa，只在体内产生，见于血清型。

人工感染或自然感染可产生有效的免疫应答。感染后 10～14 天，可检出血清抗体，抗体水平在感染后 4～6 周达到高峰。

该菌抵抗力弱，对常用消毒剂敏感，60℃经 5～20min 即可杀死，但对结晶紫和杆菌肽有一定的抵抗力。

2. 微生物学诊断 取病死猪肺坏死组织、胸水、鼻及气管渗出物做涂片，革兰染色后镜检，可见革兰阴性两极着色的球杆菌。分离时，取上述病料接种巧克力琼脂或绵羊血琼脂，置于 5%CO_2 环境中，37℃过夜培养。如有溶血小菌落生长，应进一步做 CAMP 试验，检测其脲酶活性及甘露醇发酵能力。可通过琼脂扩散试验或直接凝集试验鉴定分离株的血清型。

3. 防制 治疗时，一般首选青霉素。免疫防制可用本地血清型的分离株制成灭活苗就地使用。同时，通过对猪群血清抗体检测，淘汰阳性猪，建立净化猪群。

二、林氏放线杆菌

林氏放线杆菌(*Actinobacillus lignieresi*)也称为李氏放线杆菌或李尼尔放线杆菌。本菌主要引起牛、绵羊和猪颈部软组织、内脏及皮肤感染，发生肉芽肿和化脓，也是引起牛“木舌病”的病原菌之一。

1. 生物学性状 本菌通常呈短杆状或球杆状，大小为1.5μm×0.4μm，但由于培养基的不同，其形态也有所不同。在含葡萄糖和麦芽糖的培养基上，多呈长杆状或丝状；在含血液或血清的培养基上，多呈短杆状或球杆状；在肉汤培养基上，多呈链状或丝状。无运动性，无鞭毛、芽胞和荚膜。在肉芽肿和慢性化脓病灶中，长成灰白色小颗粒、无显著放射状菌丝。革兰染色阴性，无抗酸性，石炭酸复红染色呈两极着色。

需氧和兼性厌氧，最适培养温度为37℃，最适pH为7.6。对营养要求高，在含有5%血液或10%血清的培养基中才能生长。在血液琼脂或营养琼脂培养基上，初代培养时菌落细小、圆形、蓝灰色半透明，带有黏稠性，继续传代菌落的黏稠性减小甚至消失。在含血清肉汤培养基中，浊度均匀，形成菌膜和少量沉淀。不溶血。在麦康凯培养基上可生长。不需要V因子。

氧化酶和磷酸酶试验阳性，产生硫化氢，靛基质、脲酶试验阳性，甲基红试验为阴性。在24h内能发酵葡萄糖、麦芽糖、甘露醇、果糖、蔗糖、糊精和木糖，产酸不产气。不能发酵卫矛醇、肌醇、菊粉、鼠李糖、山梨醇和山梨糖。DNA中D+C含量为41.8%～42.6%。

抗原结构复杂，有耐热抗原和不耐热抗原。耐热抗原又称菌体抗原，根据其结构，将林氏放线杆菌分为6个抗原型。耐热抗原为表面抗原，是菌体周围的一些黏性物质。

该菌的环境抵抗力弱，60℃经15min，以及常用消毒剂、日光、干燥等均可杀死本菌。此外，该菌对四环素、链霉素、氯霉素及磺胺类药物敏感。

2. 微生物学诊断 取脓汁或脓肿内容物，用灭菌生理盐水冲洗数次，挑取灰白色小颗粒，置于载玻片上，于高倍镜下观察，可见小颗粒表面有棍棒状突起，并呈放射状排列。加1～2滴15% KOH溶液于颗粒上，另取一盖玻片用力压碎颗粒，若颗粒已钙化，可先加稀盐酸溶解后再压。压碎后经革兰染色，可见集聚在一起的细菌，并呈放射状排列，短杆状，无菌丝，革兰阴性。牛放线杆菌颗粒中菌体呈丝状，具分支，革兰阳性。分离培养时，无菌采取脓汁、脓肿、淋巴结或其他病变组织内的小颗粒，置于已灭菌的乳钵中磨碎，接种血琼脂平板和肉汤培养基，经37℃培养24～48h后，观察菌落和生长情况，并进行生化试验，注意与牛放线菌做鉴别。

第八节 嗜血杆菌

嗜血杆菌属(*Haemophilus*)的细菌是一群酶系统不够完备、需血液中的生长因子(尤其是X和V因子)才能生长的细菌。嗜血杆菌为革兰阴性，需氧或兼性厌氧，营寄生生活。嗜血杆菌存在于人和动物的呼吸道黏膜，常存在于人和动物的各种病灶及分泌物中，可引起人和动物的多种疾病。

1. 形态与染色 多为短小杆菌，有时也呈球状、杆状或长丝状等多形性，一般长0.8～1.5μm，宽0.3～0.4μm。多单个，偶有短链排列。革兰阴性，美蓝染色呈两极浓染。不运动，无鞭毛，无芽胞，新分离的致病菌株有荚膜。

2. 培养特性　需氧或兼性厌氧，最适生长温度为 35～37℃，可生长范围为 25～43℃，最适 pH 为 7.6～7.8。初次分离培养时，5%～10%CO_2 可促进生长。在巧克力琼脂(制备过程中加热使红细胞破裂，释放出大量 X 及 V 因子，有利于细菌生长)上，37℃培养 24～48h，生长为圆形、整齐、光滑、闪光的光滑型菌落。菌落大小因种别及营养成分等而有差异，可为针尖大至小米大。在血液琼脂培养基上培养嗜血杆菌时，如同时有葡萄球菌生长，由于葡萄球菌能合成较多的 V 因子，所以在葡萄球菌菌落周围生长的嗜血杆菌菌落较大，离葡萄球菌越远则越小，这种现象称之为"卫星现象"。

3. 生化特性　本属菌的生化反应较弱，对糖类发酵多不稳定。详见表 9-3。

表 9-3　动物主要嗜血杆菌的生理生化特性(引自崔保安，2005)

	昏睡嗜血杆菌	副猪嗜血杆菌	血红蛋白嗜血杆菌	嗜沫嗜血杆菌	副兔嗜血杆菌	鼠流感嗜血杆菌	绵羊嗜血杆菌
需 X 因子	–	–	+	+	–	+	+
需 V 因子	–	+	–	–	+	–	–
触酶	–	+	+	–	+	+	V
氧化酶	+	–	+	–	+	–	+
CO_2 促生长	+	V	–	+	+	–	–
溶血性	V	–	–	–	–	–	–
吲哚	V	–	+	–	+	–	–
尿酶	–	–	–	–	+	–	–
葡萄糖产酸	+	+	+	+	+	+	+
氮还原	+	+	+	+	+	+	+
蔗糖	–	+	+	+	+	+	–
乳糖	–	V	–	+	–	–	+
木糖	+	–	+	–	–	–	+
甘露糖	+	–	+	–	–	–	V
鸟氨酸脱氢酶	+	–	–	–	+	N	N
精氨酸水解酶	–	–	–	–	+	N	N

V 表示变化不定；N 表示没有记载。

4. 抗原构造　本属菌有荚膜多糖抗原和菌体结构抗原。荚膜多糖抗原的成分主要是多糖和磷壁酸，具有型特异性。菌体结构抗原包括脂多糖抗原和外膜蛋白抗原。脂多糖抗原在种内和属内均有交叉反应；同型细菌的外膜蛋白抗原有所不同，可用于本属细菌亚型区分及流行病学调查。

5. 抵抗力　本属菌抵抗力不强，易被常用消毒剂及较低温度的热力所杀灭。一般 60℃、5～20min 即死。对低温有一定抵抗力，5℃下可存活 7～10 天。本菌对结晶紫和杆菌肽有一定的抵抗力。因此，由污染病料分离本菌时，在巧克力琼脂内加 1∶25 000 结晶紫或杆菌肽，以抑制其他杂菌生长。

6. 致病性　嗜血杆菌的毒力因子包括荚膜、菌毛和内毒素等，能引起人和动物的多种疾病。流感嗜血杆菌可致各种呼吸道感染及小儿急性脑膜炎等。副流感嗜血杆菌存在于正常上呼吸道，可致人尿道炎。副猪嗜血杆菌可引起猪的格氏病(Glasser's disease)，表现为多发性浆膜炎，包括心肌炎、胸膜炎、脑膜炎及关节炎。绵羊嗜血杆菌偶尔可致绵羊的支气管肺炎等。血红蛋白嗜血杆菌是犬泌尿道中的正常栖居菌，致病力弱，在一定条件下可引起犬泌尿系统炎症。嗜沫嗜血杆菌为人口腔正常菌群成员，偶尔可致心内膜炎。副兔嗜血杆菌分离自患黏液性肠炎的兔。鼠流感嗜血杆菌可致小鼠呼吸道感染及结膜炎。昏睡嗜血杆菌可致牛血栓性脑膜脑炎及败血症、呼吸道及生殖道感染，并可致绵羊生殖道呼吸道感染及败血症。

7. 微生物学诊断　通过革兰及美蓝染色镜检、巧克力琼脂和鲜血琼脂平板培养特性观察、卫星试验，X 和 V 因子需要试验、卟啉试验、生化试验和血清学试验等方法进行鉴定。

8. 免疫与治疗　耐过嗜血杆菌所致疾病的动物具有较强的免疫力，以体液免疫为主。用菌苗进行免疫预防有一定的效果。治疗可用链霉素、红霉素、土霉素、四环素等抗生素和磺胺类药，有一定疗效。

第九节　布 氏 杆 菌

布氏杆菌(Brucella)是多种动物和人布氏杆菌病的病原，不仅危害畜牧生产，而且损害人类健康。

1. 形态与染色　革兰染色阴性的球形或短杆状的细菌，初次分离时趋向球形。大小为(0.5～0.7)μm×(0.6～1.5)μm，多单在，很少形成短链或小堆状(图 9-5)。不形成芽胞和荚膜，无鞭毛不运动。吉姆萨染色呈紫色。经柯兹洛夫斯基或改良 Ziehl-Neelseni 染色法染成红色，可与其他细菌相区别。

2. 培养及生化特性　专性需氧菌,但许多菌株尤其是在初代分离培养时尚需 5%～10%CO_2。最适生长温度 37℃，最适 pH 为 6.6～7.4。血清和血液可促进其生长。大多数菌株在初次培养时生长缓慢，一般需 5～10 天甚至 20～30 天才能形成菌落；但实验室长期传代保存的菌株，培养 2～3 天即可生长良好，而且对营养要求降低，在普通培养基上也能生长。在液体培养基中，呈轻微混浊生长，无菌膜，老龄培养物中可形成菌环，有时形成厚的菌膜。在固体培养基上，光滑型(S)菌落无色透明、表面湿润、有光泽、透光呈淡黄色、侧光呈轻微乳白色和略带蓝灰色，菌落大小不等，一般直径为 0.5～1.0mm，小者 0.05～0.1mm，大者 3～4mm；粗糙型(R)菌落不太透明，多呈颗粒状，表面灰暗，颜色由无光泽白色、淡黄白色或浅黄色到褐色，易碎或黏滞，不易从培养基表面刮净；有时出现混浊不透明、黏胶状的黏液(M)型菌落。除 S、R 和 M 型菌落外，还会出现这些菌落间的过渡类型，如 S→R 型菌落间的中间(I)型菌落。

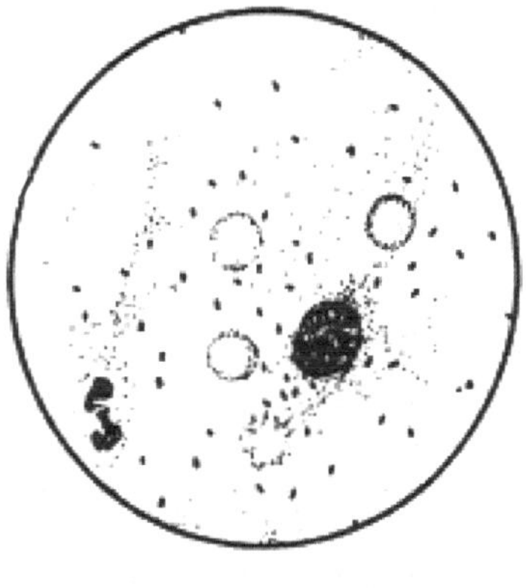

图 9-5　布氏杆菌(引自黄青云，2009)

本菌不液化明胶，吲哚、甲基红和 VP 试验阴性，不利用柠檬酸盐。有的菌型能分解尿素和产生硫化氢。不同型别分解糖的能力不同，一般能分解葡萄糖，产生少量酸，不分解甘露醇。

3. 分类 根据宿主特异性，将布氏杆菌属分为 10 个种，即马耳他布氏杆菌、流产布氏杆菌、猪布氏杆菌、绵羊布氏杆菌、沙林鼠布氏杆菌、犬布氏杆菌、田鼠布氏杆菌、牛布氏杆菌、海豚布氏杆菌和海豹布氏杆菌。布氏杆菌会出现 S→R 变异，此种变异很少发生回变。在变异过程中，还会出现中间过渡(SI)型和中间(I)型，以及黏液(M)型。

4. 抗原构造 布氏杆菌的抗原结构非常复杂，一般分为属内抗原与属外抗原。

(1) 属内抗原：主要包括 A、M 及 R 抗原。A 抗原与 M 抗原的抗原决定簇位于细胞壁的脂多糖蛋白复合物上，为外露的多糖链部分。光滑型布氏杆菌具有 A 和 M 两种抗原，有的菌型以 A 抗原为主，有的以 M 抗原为主，分别能与相应的单相抗血清发生凝集反应。另有少数菌型的两种抗原的含量相近，可凝集两种单相抗血清。抗光滑型菌株的血清只能与光滑型布氏杆菌发生凝集，而不与非光滑的 M 型或 R 型布氏杆菌发生交叉凝集。R 抗原为细胞壁低蛋白含量的脂多糖复合物，为大多数非光滑型布氏杆菌的共同抗原决定簇，其抗血清可与绵羊种和犬种布氏杆菌凝集，而不与光滑型布氏杆菌发生凝集。光滑型菌株发生 S→R 变异后，丧失 A 和 M 抗原，暴露出 R 抗原后，可与 R 抗血清发生凝集反应。

(2) 属外抗原：布氏杆菌抗原可与巴氏杆菌、弧菌、弯曲菌、钩端螺旋体、沙门菌和大肠杆菌等属的细菌发生交叉凝集反应。进行血清学诊断时，可用一定浓度的巯基化物处理血清，能明显地甚至完全清除交叉反应；如仍不能完全清除，可用吸收的方法去掉非特异性交叉反应。

5. 抵抗力 对外界环境的抵抗力较强，具体见表 9-4。链霉素、土霉素、庆大霉素、氯霉素和金霉素等对本菌均有抑制作用，而青霉素无效。对磺胺类药物有一定的敏感性。

表 9-4 不同环境条件下的存活时间(引自胡建和，2006)

生存环境	生存时间	生存环境	生存时间
污染的土壤和水	1～4 个月	煮沸	立即死亡
皮毛	2～4 个月	60℃加热	30min
鲜乳	8 天	直射日光下	4h
乳、肉食品	2 个月	0.5%洗必泰或 0.01%度米芬、消毒净或新洁尔灭	5min
粪便	120 天	2%石炭酸、来苏儿、烧碱溶液或 0.1%升汞	1h 内杀死
流产胎儿	至少 75 天	5%新鲜石灰乳	2h
子宫渗出物	200 天	1%～2%福尔马林	3h

6. 致病性 本菌不产生外毒素，但有毒性较强的内毒素。病菌通过皮肤、消化道、呼吸道等途径侵入机体后，被吞噬细胞吞噬成为胞内寄生菌，并在淋巴结生长、繁殖、形成感染灶。一旦侵入血流，则出现菌血症。

不同种别的布氏杆菌各有一定的宿主动物。在我国，马耳他布氏杆菌的自然宿主是绵羊和山羊，也能感染牛、猪、人及其他动物；流产布氏杆菌的自然宿主是牛，也能感染骆驼、绵羊、鹿等动物和人，马和犬是此菌的主要贮存宿主；猪布氏杆菌生物型 1、2 和 3 的自然宿主是猪，生物型 4 的自然宿主是驯鹿，除生物型 2 也可自然感染野兔外，其余生物型亦可感染人和犬、马、啮齿类等动物。布氏杆菌可引起豚鼠、小鼠和家兔等实验动物感染，豚鼠最为易感。各种动物感染后，一般无明显临床症状，多属隐性感染，病变多局限于生殖器官，主要表现为流产、睾丸炎、附睾丸炎、乳腺炎、子宫炎、关节炎、后肢麻痹、跛行或鬐甲瘘等。

7. 微生物学诊断　进行细菌学检查时，采集流产胎儿的胃内容物、肺、肝、脾，以及流产胎盘和羊水等；也可采集阴道分泌物、乳汁、血液、精液、尿液，以及急宰病畜的子宫、乳房、精囊、睾丸、淋巴结、骨髓和其他有局部病变的器官。病料直接涂片，革兰染色和柯兹洛夫斯基染色镜检。若发现革兰阴性、鉴别染色为红色的球状杆菌或短小杆菌，即可作出初步疑似诊断。无污染病料可直接划线接种于适宜的培养基，而污染病料应接种到加有放线菌酮 0.1mg/mL、杆菌肽 25IU/mL、多黏菌素 B 6IU/mL 和加有色素的选择性琼脂平板。初次培养时，应置于 5%～10%CO_2环境中，37℃培养。每 3 天观察 1 次，如无细菌生长，可继续培养至 30 天后，仍无生长者方可认为阴性。对于含菌数量较少的病料，可通过豚鼠皮下接种或鸡胚卵黄囊接种等进行增菌培养。挑选可疑菌落进行纯培养，再以布氏杆菌抗血清进行玻片凝集试验，作出诊断。将病料乳剂腹腔或皮下注射豚鼠，每只 1～2mL，每隔 7～10 天采血检查血清抗体，如凝集价达到 1∶50 以上，即认为有可能感染。也可于接种后 5 周左右扑杀豚鼠，观察病变并进行分离检查。

血清学检查包括血清中抗体检查和病料中布氏杆菌的检查两类方法。动物在感染布氏杆菌 7～15 天可出现抗体。因此，检测血清中的抗体是布氏杆菌病诊断和检疫的主要手段。常采用玻板凝集试验、虎红平板凝集试验、乳汁环状试验进行现场或牧区大群检疫，再以试管凝集试验和补体结合试验进行实验室最后确诊。还可选用琼脂扩散试验或酶联免疫吸附试验等作为辅助诊断。用已知抗体检查病料中是否存在布氏杆菌时，常用荧光抗体技术、反向间接血凝试验、间接炭凝集试验及免疫酶组化法染色等。

试管凝集试验与平板凝集试验主要检查 IgM 抗体，适应于急性病例的诊断。牛、马、骆驼等大动物血清凝集价达 1∶100 为阳性，1∶50 为可疑；羊、猪、狗等血清凝集价 1∶50 为阳性，1∶25 为可疑。为提高检出率，对羊血清的稀释液主张用 12%高渗盐水。可疑病畜于 3～4 周后采血重检，如仍为可疑反应，牛、羊即可按阳性处理，猪、马则须视情况而定。若畜群以往既无此病存在，目前又无临床病例，且血检无一阳性出现，则可判为阴性。但是，需注意上述凝集反应可由非特异性免疫球蛋白(例如，因免疫接种而产生 IgM 抗体)引起非特异性反应。另外，某些慢性病例主要是具有不完全抗体，也不能表现阳性反应。虎红平板凝集试验时，虎红平板抗原是用虎红染色细菌并用乙酸缓冲液调 pH 至 3.6 的酸性缓冲平板抗原，能抑制引起非特异性反应的 IgM 和增强特异性 IgG 的活性，其反应敏感、稳定，特异性优于试管凝集试验。有人认为，IgG 一旦消失，该试验即变为阴性，其试验结果与布氏杆菌病转归有着明显的一致性。因此，这种试验已在许多国家推广使用，作为常规诊断的方法之一。乳汁环状试验是检查新鲜乳汁中抗体的方法，操作简便，准确性较高，被广泛用于牛、羊布氏杆菌病的诊断。补体结合试验主要检验 IgG 抗体，特异性和敏感性均较凝集试验高，适于诊断慢性布氏杆菌病。但因操作方法复杂，只在特殊情况下才应用。皮肤变态反应一般在感染后的 20～25 天出现，因此不宜作早期诊断。此法对慢性病例的检出率较高。凝集反应、补体结合反应和变态反应出现的时间各有特点。即动物感染布氏杆菌后，首先出现凝集反应，消失较早；其次，出现补体结合反应，消失较晚；最后出现变态反应，保持时间也较长。因此，在感染初期阶段，凝集反应常为阳性，补体结合反应或为阳性或为阴性，变态反应则为阴性；到晚期、慢性或恢复阶段，凝集反应与补体结合反应均转为阴性，仅变态反应呈现阳性。

8. 防制　菌苗接种虽有显著效果，但要根除此病，还须严格执行全面检疫及淘汰病畜的措施。已有的菌苗种类很多，我国创制和应用的菌苗有羊型和猪型两种弱毒菌苗。羊型 5 号(M5)弱毒活菌苗是我国哈尔滨兽医研究所将马耳他布氏杆菌生物 1 型 H2 强毒菌株经鸡传代减毒育成，对牛、山羊、绵羊和鹿布氏杆菌病的预防效果较好。此菌苗可采取皮下注射或气雾的方式应用，免疫期在羊可达一年半，在牛和鹿均为一年。此菌苗引起动物产生的凝集性抗体效价较低，持续期较短。其缺点是可引起怀孕动物流产，故禁止使用。对接触气雾的人员可引起较严重反应，应引起注意。猪型 2 号(S2)弱毒活菌苗是我国农业部兽医药品监察所由猪体选育的自然弱毒株研制而成，毒力弱，生物性状稳定，免疫原性好，对猪、绵羊、山羊、牦牛等都有较好的免疫效果，可接种任何年龄的动物，甚至可以接种怀孕动物而不引发流产。免疫方法有饮水、气雾和皮下注射(羊也可作肌肉注射)3 种，可根据情况灵活选用。免疫期在猪为一年，在牛和羊均为 2 年。国外常用的菌苗主要有 4 种，即牛型 19 号弱毒活菌苗、羊型 ReV.1 弱毒活菌苗、牛型 45/20 死菌佐剂苗、羊型 53H38 死菌佐剂苗。为了克服活菌苗产生副作用，利用提取的布氏杆菌细胞壁、核糖体、内毒素等成分而制备的亚单位疫苗用于预防接种有一定的效果。

第十节　溶血性曼氏杆菌

曼氏杆菌属(*Mannheimia*)成员原属于巴氏杆菌属，Angen 等(1999)根据 DNA 杂交及 16S rRNA 序列的实验结果，建议建立这一新属，至少有 6 个种，代表种为溶血性曼氏杆菌(*M. haemolytica*)。本节主要介绍溶血性曼氏杆菌。溶血性曼氏杆菌原名溶血性巴氏杆菌，是反刍动物牛、绵羊的肺炎和新生羔羊急性败血症的病原菌。

1. 形态与染色　形态与多杀性巴氏杆菌相似，人工培养时间长，则呈多形性，菌体大小 0.5～2.5μm，有荚膜、菌毛，无芽胞，不运动，瑞氏染色呈两极着色，革兰染色阴性。

2. 培养及生化特性　本菌对培养要求不高，在血琼脂平板上培养 24h，长成光滑、半透明的菌落，直径 1～2mm。大多数菌株在牛血平板上出现 β 溶血。本菌可在麦康凯琼脂上生长，但生长慢。在普通肉汤中生长，呈均匀混浊，带少量沉淀。兼性厌氧或微需氧，发酵葡萄糖不产气，氧化酶多为阳性。不发酵山梨糖、海藻糖、甘露糖、阿拉伯糖或葡萄糖苷。脲酶阴性。发酵甘露醇、山梨醇、木糖、麦芽糖及糊精。生化特性与多杀性巴氏杆菌的主要区别是靛基质试验，本菌为阴性。

3. 分类与血清型　原名溶血性巴氏杆菌的细菌是一个较复杂的类群，按其生化特性的差异，分为 A、T 两个生物型。根据菌体表面的蛋白抗原的差异，通过血凝试验，可将本菌分为 17 个血清型。T 生物型含 3、4、10 和 15 共 4 个血清型，其余血清型属 A 生物型。这 17 个血清型中的 11 个(血清型 1、2、5、6、8、9、12、13、14 及 16)现划归溶血性曼氏杆菌，血清型 11 为葡萄糖苷酶曼氏杆菌(*M. glucosida*)，剩余的 3、4、10 和 15 这 4 个血清型归为海藻糖比伯斯坦杆菌。溶血性曼氏杆菌的代表株从绵羊分离，属血清型 2。

4. 致病性　本菌存在于牛、羊鼻咽部等，可致牛、绵羊肺炎、新生羔羊败血症、羊乳腺炎等。尽管正常反刍动物的上呼吸道有本菌共栖，但一般认为毒力较强的致病菌株才有致病性。本菌毒力因子复杂，已知所有血清型菌株都可以产生白细胞毒素(leukotoxin)，其主要成分是相对分子质量 105 000 的多肽，能特异性地溶解反刍动物的白细胞和血小板。此外，菌毛和多糖荚膜及其他胞壁成分也有致病作用。

5. 免疫　灭活菌苗有一定的免疫效果。提取的本菌细胞壁成分加上佐剂，免疫动物能产生显著的抗体应答。本菌产生的白细胞毒素能诱导机体产生高效价中和抗体。

6. 微生物学诊断　从患病死亡动物的肺、水肿液等病料中分离细菌，然后根据形态、培养及生化特性进行鉴定。必要时，用间接血凝试验或 ELISA 等测定细菌的血清型。

第十一节　梭　杆　菌

梭杆菌属(*Fusobacterium*)细菌为革兰染色阴性，通常呈细长梭状，不形成芽胞。有些具有周身鞭毛能运动，有些则不能运动，只能产生谷氨酸脱氢酶，可与拟杆菌属相区别。能分解碳水化合物和蛋白胨，主要代谢产物为酪酸，也常产生乙酸、乳酸和少量丙酸、琥珀酸、蚁酸和短链醇类，有些菌能转化某种酸为盐。糖发酵不活泼，产生靛基质，通常不产生触酶。为专性厌氧菌。常可从动物或人与自然界相通的器官中分离到。在有氧环境中，不在琼脂表面生长。氧化的培养基能阻抑某些种生长，但在培养基中加入血清、瘤胃过滤液或腹水能促进生长。适宜温度为 37℃，适宜 pH 为 7.0 左右。大多数细菌 DNA 中 G+C mol%为 26～34。许多种是动物和人的专性寄生菌，寄居于口腔、上呼吸道、瘤胃、肠道、泌尿生殖道，尤其在口腔最多。有些种具有病原性，最常见的种为坏死梭杆菌(*Fusobacterium necrophorum*)，可见于多种化脓性或坏疽性病灶及梗死的器官中。本节主要介绍坏死梭杆菌。

坏死梭杆菌在自然界的分布极为广泛，是反刍动物趾间坏死杆菌病、牛肝脓肿、猪皮肤溃疡及牛犊白喉等病的病原菌。同义名很多，最常见者为犊白喉杆菌(*Bacillus diphtheriae vitulorum*)、兔链丝菌(*Streptothrix cuniculi*)、坏死杆菌(*Bacterium necrophorum*)、坏死梭形菌(*Fusiformis necrophorum*)、坏死棒状杆菌(*Corynebacterium necrophorum*)、坏死放线菌(*Actinomyces necrophorum*)等。

1. 形态、结构和染色　坏死梭杆菌为一种多形性细菌。感染组织中通常呈长丝状，菌宽约 0.5～1.75μm，长可超过 100μm，有时可达 300μm。但有的菌呈现短杆状、梭状、甚至球杆状。新分离菌株以平直的长丝状为主。在某些培养物中还可见到较一般形态粗两倍的杆状菌体。在病变组织和肉汤中以丝状较多见。24h 内的培养物着色均匀，超过 24h 以上，菌丝内常形成空泡，此时以石炭酸复红或碱性美蓝染色，染色部分被淡染的或几乎无色的部分隔开，宛如佛珠样。菌体内有颗粒包涵体，无鞭毛，不能运动，不形成芽胞和荚膜。

2. 培养特性　本菌为严格厌氧菌。接种在固体培养基，在无氧环境中培养表面形成菌落后，转入有氧环境中继续培养，菌落仍可继续增大，适宜温度为 37℃，适宜的 pH 为 7.0。在用普通培养基如营养琼脂、肉汤等培养时，须加入血清、血液、葡萄糖、肝块或脑块，可助其发育(普通琼脂和肉汤中发育不良)。在葡萄糖肉渣汤中培养，须加入硫基乙酸钠，以降低培养基氧化还原电势方能生长，通常呈均匀一致的混浊生长，有时形成平滑、絮状、颗粒状或细丝状沉淀，最后 pH 可达 5.8～6.3。在含二氧化碳环境中培养时，菌落呈蓝色，被一圈不透明的明显的环围绕着。

本菌分为 A、B、AB 三型。在血液琼脂上，A 型菌落扁平，轮廓不规则，呈金属灰白色，

β溶血；B型菌落隆起，轮廓圆整，黄色，不或弱溶血；AB型菌落为中间型，可见菌落为毡状菌丝所构成，中央致密，周围较疏松。

3. 生化特性　除少数菌株偶尔可使果糖和葡萄糖发酵微产酸外，各种糖类均不发酵。有的菌株分解明胶，但不能分解复杂的蛋白质，能使牛乳凝固并胨化。在蛋白胨酵母浸汁葡萄糖肉汤中，代谢产物主要为酪酸，也可产生少量乙酸和丙酸；极少数菌株的代谢产物以乳酸为主，并可产生少量的琥珀酸和蚁酸。在血液琼脂平板上，多数菌株为β型溶血，少数菌株呈α型溶血或不溶血。β型溶血株通常脂酶阳性，不溶血株或弱溶血株为阴性。不还原硝酸盐。能产生靛基质，培养基散发恶臭味。DNA中G+C mol%含量为31～34。

4. 抗原性　坏死梭杆菌含有对热敏感和热稳定两种抗原，不同菌株间存在着很大的抗原性差异。

5. 抵抗力　本菌对理化因素抵抗力不强，在1%高锰酸钾、2%氢氧化钠、1%福尔马林、5%来苏儿或4%乙酸中，15min内可将其杀死。在60℃经15min或煮沸1min即可死亡。但是，在污染的土壤中能存活10～30天，在粪便中存活50天，在尿中存活15天。

6. 致病性　本菌产生内毒素。将菌体加热杀死，皮内注射于家兔，能够引发炎症和坏死。内毒素与本菌的细胞壁结合在一起，其主要成分为类脂A，十分耐热。用坏死梭杆菌培养物的滤过液皮下注射家兔后，能使家兔产生轻度的炎性病变，可见滤液中有外毒素存在。A型β溶血菌株能产生杀白细胞素，对牛及小鼠有致病力；还能产生血凝素，对小鼠有致病力。B型不或弱溶血菌株不产生杀白细胞素，无致病力。

本菌侵袭力不强，正常组织可阻止其繁殖。当组织由于外伤、坏死、浸软或被其他微生物感染而受损时，本菌就容易侵入并繁殖，引起坏死性皮炎、坏死性口炎、坏死性肝炎及腐蹄病等。在所有的动物中，其典型的病变为坏死、脓肿和腐臭。有些病例可出现菌血症。致病力与产生杀白细胞素(蛋白质外毒素)和内毒素的能力有关。

7. 微生物学诊断　初次分离时，常从病健交界处采取病料制成涂片，用石炭酸复红或碱性美蓝染色，观察有无着色不均匀的长丝状菌体；同时取未被污染的肝、脾和肺等接种于葡萄糖血液琼脂平板培养基上，进行分离培养。如用病变部皮肤为病料，可先接种易感动物(如家兔)，取死亡后的坏死组织进行分离培养。进行动物实验时，取一小块病料埋入家兔皮下，在接种部位产生广泛的皮下坏死，常于4～7天内由于极度消瘦而死亡，采取死亡家兔的内脏接种熟肉培养基或肝脑培养基，可分离到本菌的纯培养物。

8. 免疫　以A型强毒株制造的灭活疫苗具有免疫力。

第十二节　产单核细胞李氏杆菌

李氏杆菌属(*Listeria*)的细菌为革兰阳性杆菌，需氧或兼性厌氧，无芽胞，不产生荚膜，20～25℃能运动，37℃不运动。DNA的G+C mol%为36～38。本属有7个种，包括产单核细胞李氏杆菌(*L. monocytogenes*)、伊氏李氏杆菌(*L. ivanovii*)、无害李氏杆菌(*L. innocua*)、韦氏李氏杆菌(*L. welshimeri*)、塞氏李氏杆菌(*L. seeligeri*)、格氏李氏杆菌(*L. grayi*)和莫氏李氏杆菌(*L. murrayi*)。本属代表种为产单核细胞李氏杆菌。产单核细胞李氏杆菌对人、家畜、家禽、野生动物均有侵袭力，亦可寄生在蝉、蝇、昆虫、鱼及甲壳动物体内，存在于河水、污泥、屠宰场污物、青贮料、奶及奶制品。

1. 形态与染色 本菌为规则的短杆状，大小为(0.4～0.5)μm×(0.5～2.0)μm，两端钝圆，多单在，有时排列成V形、短链(图9-6)。老龄培养物或粗糙型菌落的菌体可呈长丝状，长达50～100μm。不形成荚膜，无芽胞，在20～25℃培养，可产生4根周生鞭毛，在37℃至少可产生1根鞭毛。革兰染色阳性，老龄培养物有时可脱色为阴性，常呈两极染色，无抗酸性。

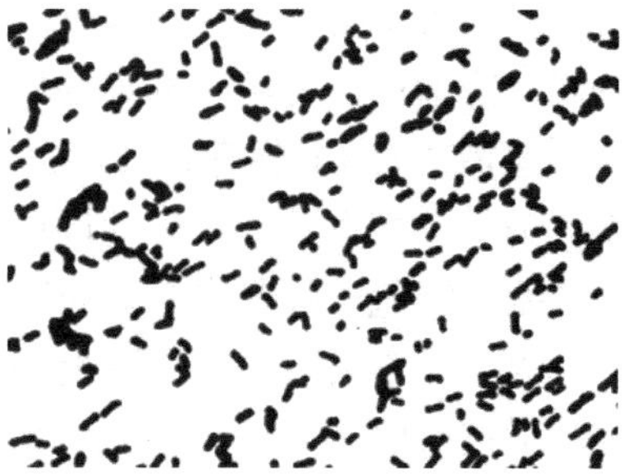

图9-6 产单核细胞李氏杆菌
(引自任家琰，2001)

2. 培养特性 本菌为需氧或兼性厌氧菌，生长温度为1～45℃，最适温度为30～37℃。在普通琼脂培养基中可生长，但在血清或全血琼脂培养基上生长良好，加入0.2%～1%的葡萄糖及2%～3%的甘油，生长更佳。在4℃可缓慢增殖，约需7天。光滑型菌落透明、蓝灰色，培养3～7天，直径可至3～5mm。在45°斜射光照时，菌落呈特征性蓝绿光泽。在血清琼脂培养基上，移去菌落，可见其周围下面的自溶血环，此特性可与棒状杆菌、猪丹毒杆菌鉴别。在液体培养基中培养18～24h后，呈轻度混浊，数天后形成黏稠的沉淀，振荡时呈螺旋状上升。继续培养，可形成颗粒状沉淀，不形成菌环、菌膜。在半固体培养基中，37℃培养24h，可沿穿刺线呈云雾状生长，随后缓慢扩散，在培养基表面下3～5mm处呈伞状。

3. 生化特性 由于菌株不同，糖发酵结果有差别。本菌37℃培养24h，可分解葡萄糖、果糖、海藻糖、水杨苷、鼠李糖，产酸不产气；不分解棉子糖、肌醇、卫茅醇、侧金盏花醇、木糖及甘露醇。本菌不产生硫化氢及能基质，不还原硝酸盐，石蕊牛乳在24h微变酸，但不凝固。甲基红及V-P试验阳性。此菌在麦康凯琼脂上不生长。过氧化氢酶阳性。

4. 抗原构造 本属菌具有O抗原及H抗原。O抗原用阿拉伯数字表示，H抗原用小写英文字母表示。不同O抗原及H抗原可组合成16个血清型。产单核细胞李氏杆菌具有13个血清型，分别为1/2a、1/2b、1/2c、3a、3b、3c、4a、4ab、4b、4c、4d、4e和7。

5. 抵抗力 本菌耐碱不耐酸，在55℃湿热中经40min、常用消毒药5～10min能杀死本菌。在培养基上可存活几个月。抗干燥能力强，在干粪中能存活2年以上。低温可延长其存活时间。在饲料中，夏季可存活1个月，冬季可存活3～4个月。在pH5.0～9.0的环境，1年后仍可检出。在4℃耐盐达30.5%。体外试验对氨卞青霉素等敏感，对土霉素等敏感性差，对磺胺、枯草杆菌素和多黏菌素有抵抗力。

6. 致病性 在自然条件下，本菌可使牛、绵羊、山羊、禽、兔、鹿等动物发病，牛羊较易感，较牛或羔羊表现为败血症或肝等脏器出现坏死灶，成年牛、羊往往表现为神经症状的“转圈病”。孕畜可致流产。试验动物中，家兔和小鼠易感性最强，豚鼠和大鼠次之。犬、猫抵抗力较强，猪、马罕见患病。健康动物往往带菌并经粪排菌污染环境。

5%～10%的人是无症状健康带菌者，孕妇感染本菌出现类似流感症状，并致胎儿流产。细胞免疫水平低下的成人及儿童感染时可出现神经症状。兽医师及从事相关职业的人员易患皮肤型李氏杆菌病，抵抗力降低时则发展为全身性感染。

7. 微生物学诊断 分离培养及鉴定时，取患畜的血液、脑脊液或脑组织研磨液加入50mL胰蛋白胨肉汤中，经37℃增菌培养24h，移植到胰蛋白胨琼脂培养基(或加有5%绵羊红细胞)上，经37℃培养48h，观察是否有β溶血环或蓝绿光泽的菌落。如无特征菌落，需再培养，逐日观察，直至第 7 天。严重污染的组织、粪便、青贮料、污水等应该用增菌培养基进行增菌分离。冷增菌法可用于本菌的检出，方法是取具有神经症状的病畜脑组织，加营养肉汤制成 10%悬液，置 4℃保存，每周接种血琼脂平板 1 次，直至 12 周。得到特征性纯培养物后，做革兰染色、溶血检查、运动性检查、生化特性鉴定及血清学检查。进行动物试验时，将细菌悬液滴入家兔、豚鼠或小鼠的结膜囊内，经 24～48h 可发生明显的脓性结膜炎，兔反应明显。几天后分泌物减少，结膜炎和角膜混浊仍存在，特别是角膜炎可持续数周至数月。小鼠腹腔注射被检菌 2～7 天，濒死时剖检，肝及脾可见局灶坏死，并能从肝及心血中分离出细菌。将李氏杆菌接种 10 日龄鸡胚绒毛尿囊膜，42h 后形成明显的坏死灶。进行血清学检查时，可借助凝集反应检查，患病羊、牛、猪血清凝集价可达 1∶250～1∶500，患马可达 1∶1000～1∶2500，牛流产时可达 1∶800～1∶1600。

8. 免疫与治疗　灭活的强毒株接种小鼠可产生数月的坚强免疫力，而无毒力的活菌接种的小鼠只能产生短期的抵抗力。此种免疫应答能通过淋巴细胞而被动转移，但不能通过血清被动转移。预防的关键在于控制该菌的污染，避免用污染的青贮饲料喂牲畜。患病初期可用敏感的抗生素治疗。

第十三节　丹 毒 杆 菌

猪丹毒杆菌(*Erysipelothrix rhuriopathiae*)是猪丹毒的病原体。

1. 形态与染色　猪丹毒杆菌为革兰阳性、纤细的小杆菌，菌体直或稍弯，长 0.5～2.5μm，宽 0.2～0.4μm。老龄培养物中菌体着色能力较差，常呈阴性。病料中单在、成双或成丛排列，慢性病猪心脏疣状物中的细菌多为长丝状(图 9-7)。无鞭毛，无荚膜，不产生芽胞。

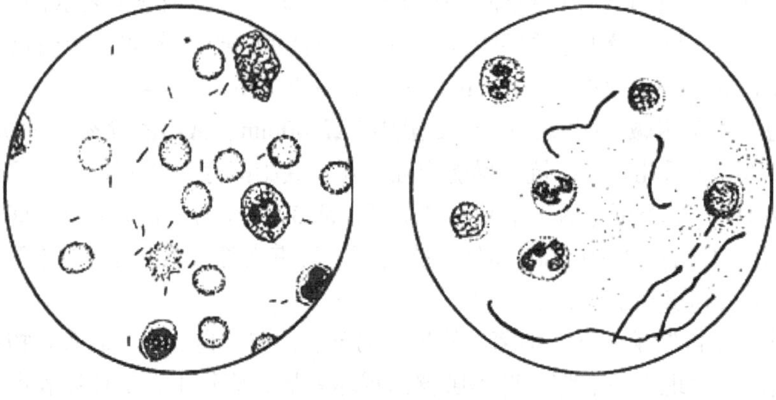

图 9-7　猪丹毒杆菌的杆状(左)和丝状(右)形态(引自黄青云，2009)

2. 培养与生化特性　猪丹毒杆菌为微嗜氧菌，实验室培养时兼性厌氧。最适 pH 为 7.2～7.6，最适温度为 30～37℃。普通琼脂培养基和普通肉汤中，生长不良，培养基中加入血液、血清、1%葡萄糖、0.5%吐温-80，有明显促生长作用；在血琼脂平板上，经 37℃培养 24h，可形成湿润、光滑、透明、灰白色、露珠样的圆形小菌落，并形成 α 溶血环。在麦康凯培养基上，不生长。在普通肉汤中培养，呈轻度混浊，管底部形成颗粒样沉淀，振动后呈云雾上升。在加有 5%马血清和 1%蛋白胨水的糖培养基中可发酵葡萄糖、果糖和乳糖，产酸不产气；不发酵甘露醇、山梨醇、蔗糖等。产生 H_2S，不产生靛基质、不分解尿素。甲基红及 VP 试验阴性。明胶培养基穿刺培养 6～10 天，呈试管刷状生长，不液化明胶。

3. 抵抗力 本菌是无芽胞杆菌中抵抗力较强的。在干燥环境中能存活 3 周，在污水中可存活 15 天，在深埋的尸体中可存活 9 个月。在病死猪熏制的火腿中 3 个月，仍可在深部分离出活菌。对热和直射日光较敏感，70℃经 5～15min 可完全杀死。对常用消毒剂抵抗力不强，0.5%甲醛几十分钟可杀死。用 10%生石灰乳或 0.1%过氧乙酸涂刷墙壁和喷洒猪圈是目前较好的消毒方法。本菌可耐 0.2%的苯酚，对青霉素很敏感。

4. 抗原结构与血清型 依据菌体可溶性的耐热肽聚糖的抗原性，本菌分为 25 个血清型和 1a、1b 及 2a、2b 亚型。大多数菌株为 1 型和 2 型，从急性败血症分离的菌株多为 1a 型，从亚急性及慢性病例分离的多为 2 型。

5. 致病性 本菌通过消化道感染，进入血液，而后定殖在局部或引致全身感染。细菌产生的神经氨酸酶是可能的毒力因子，酶的存在有助于菌体侵袭宿主细胞。感染动物能产生神经氨酸酶抗体。

本菌分布十分广泛，可寄生于哺乳动物、禽和鱼类。其中猪分离率最高，可引发 3～12 月龄猪发生猪丹毒；3～4 周龄的羔羊发生慢性多发性关节炎；禽类也可感染，鸡呈衰弱和下痢症状，鸭呈败血症经过。人可经外伤感染，发生皮肤病变，称“类丹毒”，因为病状与人的丹毒病相似，但后者由化脓链球菌所致。实验动物以小鼠和鸽子最易感。

6. 微生物学诊断 病料采集时，对于败血型猪丹毒，生前耳静脉采血，死后可采取肾、脾、肝、心血、淋巴结，尸体腐败可采取长骨骨髓；对于疹块型猪丹毒，可采取疹块皮肤；对于慢性病例，可采心脏瓣膜疣状增生物和肿胀部关节液。涂片镜检时，取上述病料涂片染色镜检，如发现革兰阳性、单在、成对或成丛的纤细的小杆菌，可初步诊断。如为慢性病例，可见长丝状菌体。分离培养时，取病料接种于血液琼脂平板，经 24～48h 培养，观察有无针尖状菌落，并在周围呈 α 溶血，取此菌落涂片染色镜检，观察形态，进一步明胶穿刺等生化反应鉴定。动物试验时，将病料制成乳剂，对小白鼠皮下注射 0.2mL 或鸽子胸肌注射 1mL，若病料有猪丹毒杆菌，则接种动物于 2～5 天后死亡，死后取病料涂片镜检或接种培养基进行确诊。进行血清学诊断，可用凝集试验、协同凝集试验、免疫荧光法进行诊断。

7. 防制 本菌具有良好的免疫原性。目前，我国应用猪丹毒弱毒菌株制成的冻干苗，有良好的免疫力。应用灭活苗也有较好的保护效果。世界卫生组织提出的猪丹毒灭活苗的标准为：以干燥菌苗 0.8mg 接种小鼠，免疫 2～3 周后，以强毒菌攻击能获得 50%以上保护，为 1 个单位，有效菌苗每毫升必须含 20 个单位，猪接种 60 个单位以上，免疫期 6 个月。用牛或马制备的抗猪丹毒血清可用于紧急预防和治疗。也可用青霉素治疗本病。

第十四节 炭疽芽胞杆菌

炭疽芽胞杆菌(*Bacillus anthracis*)是芽胞杆菌属的细菌，又称为炭疽杆菌，是引起人、各种家畜和野生动物炭疽病的病原。

1. 形态与染色 本菌是革兰阳性的粗大杆菌，大小为(3～8)μm×(1～1.5)μm。在动物体内，菌体单在或 3～5 个菌体形成短链，相连的菌端平截而呈竹节状(图 9-8)。无鞭毛。芽胞呈椭圆形，位于菌体中央，芽胞不突出菌体(图 9-8)。在动物体或含有血清的培养基上，形成荚膜；但在普通培养基中，不形成荚膜。荚膜有较强的抗腐败能力，当菌体因腐败而消失后，仍有残留荚膜显示，称为“菌影”。在猪体内，此菌形态较为特殊，菌体常弯曲或部分膨大，轮廓不清。在培养基中，常形成长链，培养 18～24h，开始形成芽胞。芽胞成熟后，菌体的躯壳消失。因此，在陈旧的培养物中能见到游离芽胞。一般认为，动物体内的炭疽杆菌只有暴露在体外并接触空气中氧气之后，才能形成芽胞。

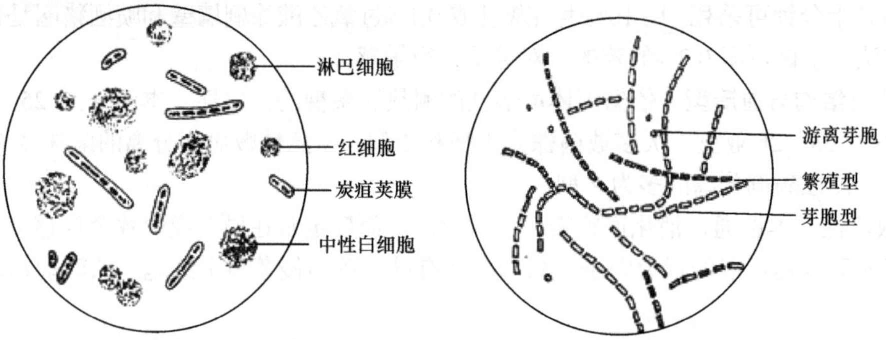

图 9-8　炭疽杆菌组织涂片(左)与培养物图片(右)(引自崔保安，2005)

2. 培养与生化特性　本菌为需氧菌，氧气不足时也可生长，但较差。最适温度为 30～37℃，最适 pH 为 7.2～7.6。对营养要求不高。在普通琼脂上培养 24h，强毒菌株形成灰白色不透明、大而扁平、表面干燥、边缘呈卷发状的粗糙型菌落(图 9-9)，无毒或弱毒菌株形成的菌落较小，形成表面较为光滑、湿润、边缘比较整齐的光滑型菌落。在血液琼脂上，一般不溶血，但个别菌株可轻微溶血。在普通肉汤中培养 24h，上部液体仍清朗透明，液面无菌膜或菌环形成，管底有白色絮状沉淀，若轻摇试管，沉淀会升起，卷绕成团而不消散。在明胶穿刺培养中，细菌除沿穿刺线生长外，向四周呈直角放射状生长，整个生长物好似倒立的雪松状；培养 2～3 天，明胶表面逐渐被液化，呈漏斗状。在含 0.5 IU/mL 青霉素的培养基中，幼龄炭疽杆菌细胞壁的肽聚糖合成受到抑制，形成原生质体相互连接成串珠状，称为“串珠反应”(图 9-9)。若培养基中青霉素含量加至 10 IU/mL 时，则完全不能生长或轻微生长。这是炭疽杆菌所特有的，可与其他需氧芽胞杆菌鉴别。

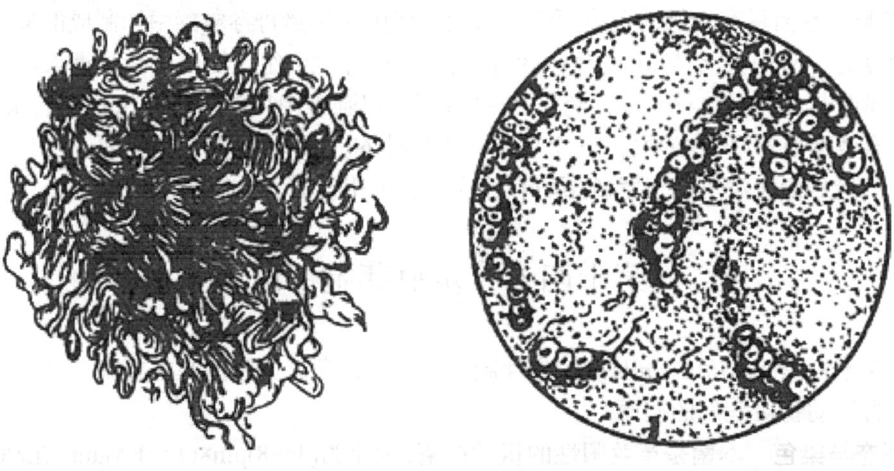

图 9-9　炭疽杆菌的卷发状菌落(左)与青霉素琼脂上的串珠现象(右)(引自黄青云，2009)

本菌能分解葡萄糖、麦芽糖、蔗糖、果糖、蕈糖和甘油，不发酵阿拉伯糖、木糖和甘露醇；能水解淀粉、明胶和酪蛋白。VP 试验阳性，不产生靛基质和 H_2S，能还原硝酸盐。牛乳经 2～4 天凝固，然后缓慢胨化，不能或微弱还原美蓝。

3. 抵抗力　炭疽杆菌繁殖体的抵抗力不强，60℃经 30～60min 或 75℃经 5～15min 即可杀死。常用消毒剂均能在短时间内将其杀死。例如，1∶2500 碘液、0.5%过氧乙酸经 10min 即可将其杀死。对青霉素、链霉素、红霉素、氯霉素等多种抗生素及磺胺类药物高度敏感。在未解剖的尸体中，细菌可随腐败而迅速崩解死亡。

芽胞的抵抗力特别强，在干燥状态下可长期存活。需经煮沸 15～25min，121℃灭菌 5～10min，或 160℃干热灭菌 1 h 方被杀死。实验室干燥保存 40 年以上的炭疽芽胞仍有活力。干燥皮毛上附着的芽胞，也可存活 10 年以上。牧场一旦被污染，传染性可保持 20～30 年。对曾经掩埋炭疽尸体的土地，必须严格控制。在开垦后的头 1～2 年，只准种植黑麦、蒜、三叶草等植物，因其根系可分泌一种杀死炭疽杆菌的物质，能起到净化土壤的作用。常用消毒剂是新配的 20%石灰乳或 20%漂白粉作用 48h，0.1%升汞作用 40min 或 4%高锰酸钾作用 15min。炭疽芽胞对碘特别敏感，0.04%碘液 10min 即将其破坏，但有机物的存在对其作用有很大影响。此外，过氧乙酸、环氧乙烷、次氯酸钠等都有较好的消毒效果。皮毛消毒可用加有 2%盐酸的 5%食盐水，于 25～30℃下浸泡 40 h，或于室温 20～25℃和相对湿度 40%～68%的室内，将环氧乙烷与溴甲烷按 1∶44 的比例混合，以 1.5kg/m^3 的用量熏蒸 24 h。

4. 抗原结构　本菌有荚膜抗原、菌体抗原、保护性抗原和芽胞抗原 4 种主要抗原。

(1) 荚膜抗原：仅见于有毒菌株，与毒力有关，其抗原刺激产生的抗体无保护作用，但有较强的特异性，依此建立了各种血清学鉴定方法，如荚膜肿胀试验和免疫荧光抗体法等。

(2) 菌体抗原：是存在于本菌细胞壁及菌体内的半抗原，与细菌毒力无关，但性质稳定，即使在腐败的尸体中经过较长时间或经过加热煮沸甚至高压蒸汽处理，抗原性不被破坏。常用的 Ascoli 反应的加热处理抗原即依据于此。但是，此法特异性不高，其他需氧芽胞杆菌能发生一定程度的交叉反应。

(3) 保护性抗原：是一种胞外蛋白质抗原成分，在人工培养条件下也可产生，为炭疽毒素的组成成分之一，具有免疫原性，能使机体产生抗本菌感染的保护力。

(4) 芽胞抗原：是芽胞的外膜、中层、皮质层一起组成的炭疽芽胞的特异性抗原，具有免疫原性和血清学诊断价值。

5. 致病性　本病原菌引起的炭疽病几乎遍及世界各地，一年四季均可发生。它能致各种家畜、野兽和人类的炭疽，其中牛、绵羊、鹿等易感性最强，马、骆驼、猪、山羊等次之，犬、猫、食肉兽等则有相当大的抵抗力，禽类一般不感染。感染途径主要通过消化道传染，也可经呼吸道及皮肤创伤或通过吸血昆虫传播。食草动物炭疽常表现为急性败血症，菌体通常在死前数小时才出现于血流。猪炭疽多表现为慢性咽部局限感染，犬、猫和食肉兽则多表现为肠炭疽。人类对炭疽杆菌的易感性介于食草动物与猪之间，感染后发生肠炭疽、皮肤炭疽、肺炭疽或纵膈炭疽，均可并发败血症和炭疽性脑膜炎。实验动物中小鼠、豚鼠、家兔和仓鼠均极易感，大鼠则有抵抗力。

致病因素主要与荚膜和毒素有关。荚膜能增强细菌抗吞噬能力，使其易于扩散。毒素由水肿毒素、致死毒素和保护性抗原构成，但不能单独发挥生物学活性作用，必须与保护性抗原组合才具有毒性作用。它们主要是损伤微血管的内皮细胞，增强微血管的通透性，损害肾脏功能，干扰糖代谢，血液呈高凝状态，易形成感染性休克和弥漫性血管内凝血，最后导致动物死亡。

6. 微生物学诊断 死于炭疽的病畜尸体严禁剖检，只能自耳根部采取血液，必要时切开肋间采取脾脏。皮肤炭疽可采取病灶水肿液或渗出物，肠炭疽可采取粪便。已经误解剖的畜尸，可采取脾、肝、心血、肺、脑等组织进行检验。细菌学检查时，用病料涂片染色镜检，如发现有荚膜的竹节状大杆菌，即可初步诊断；在陈旧病料中，可看到“菌影”。确诊时，需要分离培养。细菌分离可用普通琼脂或血琼脂平板。为了抑制杂菌生长，还可接种于戊烷脒琼脂、溶菌酶-正铁血红素琼脂等炭疽选择性培养基。经 37℃培养 16～20h，挑取纯培养与芽胞杆菌如枯草芽胞杆菌、蜡状芽胞杆菌等鉴别。也可进行动物接种，将检验材料制成 1:5 乳悬液，皮下注射小白鼠 0.1～0.2mL，如为炭疽，多在 18～72h 因败血症而死亡，剖检时可见注射部位呈胶样水肿，脾脏肿大。取血液、脏器涂片镜检，当发现有荚膜的竹节状大杆菌时，即可确诊。

有多种血清学方法用于诊断炭疽，多用已知抗体来检查被检的抗原。Ascoli 沉淀反应是用加热抽提待检炭疽菌体多糖抗原与已知抗体进行的沉淀试验。这个方法快速简便，不仅适用于死亡动物的新鲜病料，而且对干皮毛、陈旧或严重污染杂菌的动物尸体的检查也适用，但特异性不高，敏感性也较差。进行间接血凝试验时，将炭疽抗血清吸附于炭粉或乳胶上，制成炭粉诊断或乳胶诊断血清，然后用玻片凝集试验的方法，检查被检样品中是否含有炭疽芽胞。若被检样品每毫升含炭疽芽胞 7.8 万个以上，可表现阳性反应。应用协同凝集试验可快速检测炭疽杆菌或病料中的可溶性抗原。将炭疽标本的高压灭菌滤液滴于玻片上，加 1 滴含阳性血清的协同试验试剂，混匀后，于 2min 内呈现肉眼可见凝集者，即为阳性反应。串珠荧光抗体检查将串珠试验与荧光抗体法结合起来，即将被检材料接种于含青霉素 0.05IU/mL 的肉汤中培养，涂片用荧光抗体染色检查。此法与常规检验的符合率达到 80%～90%。琼脂扩散试验用来检查是否有本菌特异的保护性抗原。具体方法是将琼脂培养基上生长的单个菌落，连同周围琼脂一起切取，填入琼脂反应板上已打好的孔中，在中央孔内与 16～18h 前滴加的抗炭疽免疫血清进行 24～48h 的扩散试验，阳性者有沉淀线。还可应用酶标葡萄球菌 A 蛋白间接染色法和荧光抗体间接染色法等检测动物体内的炭疽荚膜抗体。

7. 防制 痊愈动物可获得坚强的免疫，再次感染者很少。我国目前应用的菌苗主要有两种。第 II 号炭疽芽胞苗是著名微生物学家巴斯德将强毒炭疽杆菌培养于 42.5℃条件下，使其丧失形成芽胞的能力，再于 35℃培育 4～7 天，使其形成芽胞的能力重新恢复，培育而成。此菌苗适用于牛、马、驴、骡、骆驼、绵羊、山羊和猪，一般不引起接种反应。注射后 14 天，可产生坚强免疫力，免疫期达一年。无毒炭疽芽胞苗是南非兽医研究所选育的一株弱毒变种，失去了形成荚膜的能力，但残余毒力较第 II 号炭疽芽胞苗强，可杀死小鼠及部分豚鼠，使豚鼠及家兔发生明显水肿，却不致死家兔；但对山羊反应强烈，可引起严重的局部反应，有时甚至死亡。此菌苗适用于牛、马、驴、骡、绵羊和猪，免疫期达一年。另外，还有炭疽亚单位苗，即以不含活菌的炭疽保护性抗原作为免疫原，此苗不但反应轻，而且能抵抗强毒炭疽杆菌芽胞经呼吸道的攻击。

紧急预防与治疗可用抗炭疽血清。抗炭疽血清是用弱毒菌苗对马或牛进行基础免疫后，再用强毒炭疽杆菌多次注射而制成。此血清可用于治疗，或在发生炭疽的疫区用作紧急预防。

第十五节　病原性梭菌

常见的病原性梭菌(clostridium)主要有产气荚膜梭菌、肉毒梭菌、气肿疽梭菌、腐败梭菌、诺维梭菌和破伤风梭菌。这些梭菌都是革兰阳性杆菌，能形成芽胞，芽胞直径大于菌体，致使菌体形如梭状。除产气荚膜梭菌能形成荚膜而无鞭毛外，其余均不形成荚膜而有周身鞭毛。通常均能产生外毒素，而且毒力强。大多专性厌氧，培养须采用厌氧培养法。诺维梭菌等厌氧要求十分苛刻，其培养基必须新鲜制备或保存于厌氧环境之中。腐败梭菌、诺维梭菌、肉毒梭菌等在固体培养基表面易于蔓延生长，造成菌落融合混杂。为获得单个菌落，可将培养基的琼脂浓度提高至4%～6%，或在培养基中加入0.1%～0.5%巴比妥钠、苯巴比妥钠或水合氯醛，或者划线接种后在表面再加注一层琼脂培养基，以限制菌落蔓延。按性质和症状的差异，可将由梭菌引起的动物疾病大致分为5类：气肿疽与恶性水肿、快疫与类快疫、痢疾与肠炎、食物中毒、破伤风。

一、产气荚膜梭菌

产气荚膜梭菌(*C. perfringens*)，旧名魏氏梭菌或产气荚膜杆菌，广泛分布于土壤、污水、饲料、食物、粪便及人畜肠道等，在一定条件下，可引起多种严重疾病。

1. 形态及染色特征　为两端钝圆的粗大杆菌，大小为(0.6～2.4)μm×(1.3～19.0)μm，单在或成双，也有短链状排列(图9-10)。芽胞大呈卵圆形，位于菌体中央或近端，使菌体膨胀，但一般条件下罕见形成芽胞。多数菌株形成荚膜，荚膜多糖的组成因菌株不同而有变化。

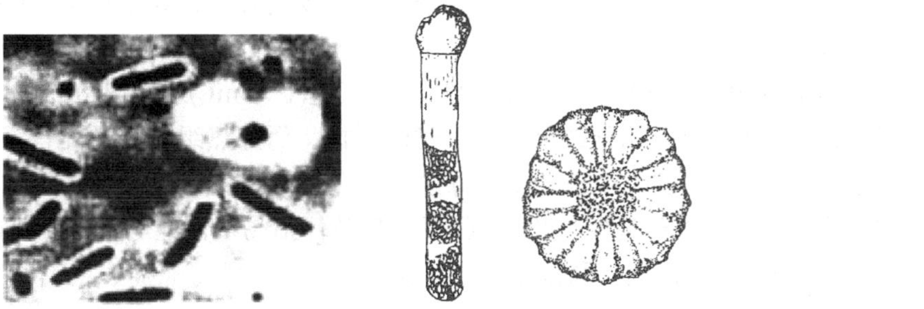

图9-10　产气荚膜梭菌的形态(左)(引自李明远，2010)、爆裂发酵(中)与勋章样菌落(右)(引自崔保安，2005)

2. 培养及生化特性　本菌对厌氧程度的要求并不严。生长温度范围为20～50℃。因此，可用高温快速培养法进行选择分离，即在45℃下每培养3～4h传代一次，较易获得纯培养。对营养要求不苛刻。在普通培养基上即可生长，若加入葡萄糖、血液，生长会更好。此菌生长非常迅速，在适宜的条件下，8min即可繁殖一代。在绵羊血琼脂平板上，可形成直径2～5mm、圆形、边缘整齐、灰色至灰黄色、表面光滑、半透明、圆屋顶状或勋章样的菌落(图9-10)，偶尔出现裂叶状边缘的粗糙菌落及丝状边缘的不规则扁平菌落等。在血琼脂平板上，大多数菌株可产生双环溶血，内环是θ毒素所引起的完全溶血，外围是α毒素产生的不完全溶血环。

突出的生化特性是对牛乳培养基的“爆裂发酵”(图9-10)。接种培养8～10h，分解牛乳中的乳糖，使牛乳酸凝，同时产生大量气体，使凝块破裂成多孔海绵状，严重时被冲成数段，甚至喷出管外。此现象可用于本菌的快速诊断。本菌对糖的分解作用极强，大多数的糖可被分解，但不分解甘露醇及水杨苷。缓慢液化明胶，产生硫化氢。

3. 抵抗力　在含糖厌氧肉肝汤中，因产酸，本菌于几周内死亡；在无糖厌氧肉肝汤中，能生存几个月。芽胞在 90℃经 30min 或 100℃经 5min 死亡，而食物中毒型菌株的芽胞可耐煮沸 1～3h。

4. 菌型　以菌体抗原进行血清型分类意义不大。毒素用小写希腊字母表示，至少有 20 种，其中 α、β、ε 和 ι 是主要致死毒素。根据主要致死型毒素与其抗毒素的中和试验，将此菌分为 A(α)、B(α、β、ε)、C(α、β)、D(α、ε)和 E(α、ι)5 个型。

5. 致病性　本菌的致病作用主要在于毒素。A 型菌主要引起人食物中毒，人和动物的气性坏疽，牛、羔羊、新生羊驼、野山羊、驯鹿、仔猪、家兔等的肠毒血症。B 型菌主要引起羔羊痢疾，驹、犊牛、羔羊、绵羊、和山羊的肠毒血症或坏死性肠炎。C 型菌主要引起绵羊猝狙，羔羊、犊牛、仔猪、绵羊的肠毒血症和坏死性肠炎，以及人的坏死性肠炎。D 型菌引起羔羊、绵羊、山羊、牛及灰鼠的肠毒血症。E 型菌可致犊牛、羔羊肠毒血症，但很少发生。实验动物以豚鼠、小鼠、鸽和幼猫最易感，家兔次之。用液体培养物 0.1～1.0mL 肌肉或皮下注射豚鼠，或胸肌注射鸽，常于 12～24h 引起死亡。喂服羔羊或幼兔，可引起出血性肠炎并导致死亡。

6. 微生物学诊断　A 型菌所致气性坏疽及人食物中毒的微生物学诊断主要依靠细菌分离鉴定。其余各型所致的各种疾病均系细菌的毒素所致，细菌本身不一定侵入机体，同时正常人肠道中常有此菌存在。因此，细菌学检查时只有分离到毒力强大的细菌才具有一定的参考意义。鉴定本菌的要点为：厌氧生长、菌落整齐、生长快、革兰阳性、粗杆菌、不运动，有双层溶血环，引起牛奶暴烈发酵，胸肌注射鸽越夜死亡，胸肌涂片可见有荚膜的菌体。有效的微生物学诊断方法是肠内容物毒素检查。取回肠内容物，如采集量不够，可再采空肠后段或结肠前段内容物，加适量灭菌生理盐水稀释，经离心沉淀后取上清液分成两份，一份不加热，一份加热(60℃经 30min)，分别静脉注射家兔(1～3mL)或小鼠(0.1～0.3mL)。如有毒素存在，不加热组动物常于几分钟至十几小时内死亡，而加热组动物不死亡。为确定致死动物的毒素类别及其细菌型别，须进一步做毒素中和保护试验。

7. 防制　预防羔羊痢疾、猝疸、肠毒血症及仔猪肠毒血症等，可用三联菌苗或五联菌苗，即快疫、猝疽、肠毒血症三联菌苗，或羊快疫、猝疽、肠毒血症、羔羊痢疾、黑疫五联菌苗。

二、肉毒梭菌

肉毒梭菌(*C. botulinum*)是一种腐生性细菌，广泛分布于土壤、海洋和湖泊的沉积物、哺乳动物与鸟类及鱼的肠道、饲料及食品中。此菌不能在活的机体内生长繁殖，即使进入人畜消化道，亦随粪便排出体外。当有适宜营养并获得厌氧环境时，即可生长繁殖并产生肉毒毒素。人畜食入含此毒素的食品或饲料时，即可中毒而发生肉毒中毒症。

1. 形态与染色　多呈直杆状，大小有差异，C 型和 D 型为(0.5～2.4)μm×(3.0～22.0)μm，G 型为(1.3～1.9)μm×(1.6～9.4)μm。单在或成双，芽胞卵圆形，位于菌体近端，大于菌体直径，使细胞膨大(图 9-11)。易在液体和固体培养基上形成芽胞，但 G 型菌罕见形成芽胞。

2. 培养及生化特性　本菌专性厌氧。对温度的要求因菌类不同而异，一般最适生长温度为 30～37℃，产毒素的最适温度为 25～30℃。6.5%NaCl、20%胆汁和 pH8.5 可抑制其生长。营养要求不高，在普通培养基中均能生长。培养特性极不规律，甚至同一菌株也是变化无常。

在血琼脂平板上，形成直径 1～6mm、圆形到扇状、裂叶状或根状边缘的不规则菌落，扁平或隆起，透明或半透明，灰色至灰白色，常带有斑状或花叶状的中心结构，β 溶血。G 型菌有时会呈扩散膜状生长而覆盖整个平板，有时也会形成大而粗糙的煎蛋样菌落。在疱肉培养基中培养 24～48h，生长良好，能消化肉渣，使之变黑并产生恶臭气味。

生化反应随毒素型而有所差异，同一型的各菌株之间也不完全一致。在病原性梭菌中，本菌的特征为发酵蔗糖，不发酵乳糖，各型均液化明胶，产生 H_2S，但不产生吲哚。

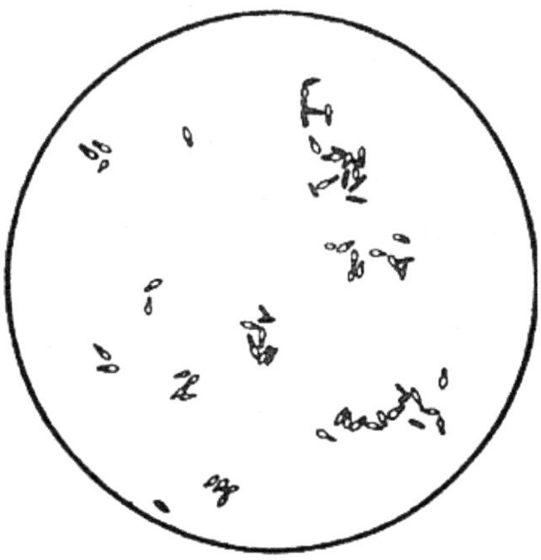

图 9-11　肉毒梭菌(引自黄青云，2009)

3. 抵抗力　本菌繁殖体抵抗力中等，加热 80℃经 30min 或 100℃经 10min 能将其杀死，但芽胞的抵抗力极强。大多数菌株的芽胞在湿热 100℃经 5～7h、高压 105℃经 100min 或 120℃经 5～20min、干热 180℃经 15min 可被杀死。肉毒毒素的抵抗力较强，在 pH3～6 范围内毒性不减弱，但对碱敏感，在 pH8.5 以上即被破坏。此外，0.1%高锰酸钾、加热 80℃经 30min 或 100℃经 10min 均能破坏毒素。

4. 分型与毒素　根据毒素抗原性的差异，可将该菌分为 A、B、C(Cα 和 Cβ)、D、E、F、G 共 7 个毒素型。用各型毒素或类毒素免疫动物，只能获得中和相应毒素的特异性抗毒素。另外，各型菌虽产生其型特异性毒素，但型间尚存在交叉现象，如 E 型菌与 F 型菌能相互产生少量对方的毒素成分。肉毒毒素(botulin)是一类锌结合蛋白质，有蛋白酶活性，性质稳定，是毒性最强的神经麻痹毒素之一，其毒性比氰化钾大 1 万倍。例如，A 型菌在食品中自然产生的 A 型毒素，每克食品可致死十几万至几十万只小鼠。纯化结晶的肉毒毒素 1mg 可杀死 2 亿只小鼠，对人的致死量约为 0.1μg。一般来说，经口投服致死量要比腹腔注射致死量大数万倍乃至数十万倍。

5. 致病性　所有动物对肉毒毒素均有感受性。在家畜中，以马最为易感，猪最迟钝。B 型毒素能引起马、牛、水貂等动物饲料中毒和鸡软颈病。C 型毒素为各种禽类、马、牛、羊及水貂肉毒中毒症的主要病因。D 型毒素的致病性还不十分清楚。鼠、兔、鸡、鸽等各种实验动物对肉毒毒素都敏感，但易感程度在各动物种属之间、在毒素型别之间有一定的差异。

6. 微生物学诊断　从可疑媒介物或患病人畜胃肠内容物及血清中检查肉毒毒素是主要的微生物学诊断手段。肉毒毒素检测有几种方法。进行动物接种方法时，被检物若为液体材料，可直接离心沉淀；固体或半流体材料，则须稀释制成乳剂，于室温下浸泡数小时甚至过夜后再进行离心。取上清液腹腔注射小鼠 0.5mL，观察 4 天。若有毒素存在，小鼠一般多在注射后 24h 内发病、死亡，主要表现为竖毛、四肢瘫软、呼吸困难呈风箱式，腰部凹陷，最终死于呼吸麻痹。进行毒素中和试验时，可分 3 组进行。各取 1mL 被检毒素液，第 1 组(毒素中和组)加等量多型混合肉毒抗毒素，混匀后置 37℃作用 30min；第 2 组(毒素灭活对照组)加等量缓冲液，混匀后煮沸 10min；第 3 组(毒素对照组)加等量缓冲液，混匀即可。3 组混合液分别腹腔注射小鼠 0.5mL，观察 4 天。若 1 组和 2 组的小鼠均获保护存活，而第 3 组小鼠以特有症状死亡，则可判定有肉毒毒素的存在；若第 1 组也不能保护，则说明该毒素不是肉毒毒素，必要时需进行毒素定型试验。另外，还可以用 A～F 型抗毒素致敏的醛化红细胞做间接血凝试验、用已知型别的抗毒素进行琼脂扩散试验。进行细菌分离鉴定时，利用本菌芽胞耐热性强的特性，接种检验材料悬液于疱肉培养基，于 80℃加热 30min，置 30℃增菌产毒培养 5～10 天，对上清液进行毒素检测；再移植于血琼脂 35℃厌氧培养 48h，挑取可疑菌落，涂片染色镜检并接种疱肉培养基，30℃培养 5 天，进行毒素检测及培养特性检查，以确定分离菌的型别。

7. 防制　在动物肉毒中毒症常发地区，可用明矾沉淀类毒素进行预防注射，有效免疫期可持续半年至一年，也可用氢氧化铝或明矾菌苗接种。人畜一旦出现肉毒中毒症后，立即用多价抗毒素血清进行治疗。若毒素型别已确定，则应用同型抗毒素血清。

三、气肿疽梭菌

气肿疽梭菌(*C. chauvoei*)，又名费氏梭菌，俗称黑腿病杆菌，为气肿疽的病原。此病主要发生于牛，症状主要是肌肉丰满部位发生气性水肿，病变肌肉常呈暗红棕色到黑色，故称为黑腿病。该菌平日以芽胞形式存在于土壤中，通过消化道或创伤感染而引起发病，是一种地区性土壤传染病。

1. 形态与染色　染色不规则，病料及幼龄培养物中为革兰阳性，老龄时呈阴性。为两端钝圆的杆菌，(0.5～1.7)μm×(1.6～9.7)μm，易呈多形性。单在或成双，在接种豚鼠腹腔渗出液中常单在或 3～5 个呈短链。液体和固体培养基中很快形成芽胞，在感染的肌肉及渗出液中也能形成芽胞。芽胞卵圆形，位于菌体中央或近端，横径大于菌体而使芽胞体呈梭状或汤匙状(图 9-12)。

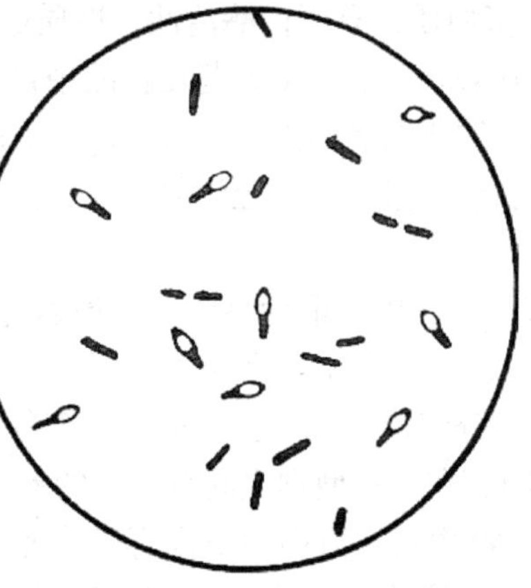

图 9-12　气肿疽梭菌(引自黄青云，2009)

2. 培养及生化特性　专性厌氧菌。最适生长温度为 37℃，25℃和 30℃生长贫瘠，45℃不生长。最适 pH 为 7.2～7.4。在普通培养基上生长不良，加入肝浸液或葡萄糖及血液或血清有助生长。6.5%NaCl、20%胆汁和 pH8.5 可抑制其生长。在葡萄糖血琼脂上，菌落呈圆形、直径 0.5～3mm、半透明到不透明、中央隆起的纽扣状，或周围有突出的葡萄叶状，微弱 β 型溶血。在高层葡萄糖琼脂上，菌落呈微弱突起的球形或扁豆状。在厌氧肝汤中，培养 12～24h，均匀混浊并产气，随后培养液逐渐清朗并形成松散的白色沉淀。生化特性与腐败梭菌的区别在于能分解蔗糖而不分解水杨苷，牛乳仅凝固而不胨化，产生靛基质，不产生 H_2S。

3. 抵抗力　此菌芽胞的抵抗力极强，在腐败尸体中可生存 6 个月，病料中能活 8 年之久，在土壤中可保持活力达 20～25 年。液体培养基等中的芽胞能耐受煮沸 20min。对 NaOH 有极强的抵抗力。0.2%升汞溶液经 10min 或 3%福尔马林经 15min 能将芽胞杀死。

4. 抗原性　各菌株有一个共同的 O 抗原。按 H 抗原，分成两个型。多数菌株具有相同的芽胞、菌体及鞭毛抗原。与腐败梭菌有一个共同的芽胞抗原。此菌菌体有良好的免疫原性，毒素也有免疫原性，全菌死菌苗可诱导抗菌和抗毒素免疫。

5. 致病性　6 月龄至 2 岁的牛最易感，小于 6 个月的犊牛有抵抗力，成年牛较少发病。绵羊对此菌的抵抗力比牛强，绵羊源菌株的毒力比牛源菌株更强，水牛、鹿、猪等也可感染。犬、猫、兔及禽类等动物和人在自然情况下均不感染。实验动物以豚鼠易感性最强，小鼠次之，一般剂量不能感染家兔，鸽子对此菌无感受性。

此菌在适宜培养基中，可产生 α、β、γ 和 δ 四种毒素。α 毒素是耐氧的溶血素，β 毒素是脱氧核糖核酸酶，γ 毒素是透明质酸酶，δ 毒素是不耐氧溶血素。毒素静脉注射小鼠或豚鼠时，可引起呼吸困难和死亡；皮下注射可产生局部出血水肿，但不能致死。家兔具有明显的抵抗毒素的致死作用。抗毒素是特异的，只能抗气肿疽梭菌感染，对腐败梭菌的感染无保护作用。

6. 微生物学诊断　对可疑病例采取病变组织、肌肉及渗出液进行细菌检查。涂片镜检，发现较大的梭状芽胞杆菌，还须进行分离鉴定才能作出诊断。也可用病料或培养菌肌肉注射豚鼠，若是此菌，则豚鼠常于 24～48h 内死亡。剖检，注射部位肌肉呈暗蓝色，较干而呈海绵状，仅有少许气泡。由此再取动物病料镜检并分离培养。结果应注意与腐败梭菌鉴别。

7. 防制　菌苗有氢氧化铝甲醛菌苗和明矾甲醛菌苗两种。注射后 14 天，能产生可靠免疫力，免疫期均为半年。抗气肿疽免疫血清用于早期治疗，有明显效果，但后期效力不大。

四、诺 维 梭 菌

诺维梭菌(*C. novyi*)可引起人和动物的不同疾病。

1. 形态　为极长的大型芽胞杆菌，粗细一致，两端钝圆，多单在，有时成双或呈短链。易形成芽胞，呈卵圆形，横径大于菌体，位于菌体近端或中央。

2. 培养特性　严格厌氧。最适生长温度 45℃，大多数菌株在 37℃生长良好。可发酵碳水化合物并能刺激生长，在 20%胆汁、6.5%NaCl 中或在 pH8.5 下不生长。在血琼脂平板上，菌落呈 β 溶血，直径 1～5mm，圆形或不规则，扁平或隆起，灰色，半透明，无光泽或闪光，边缘呈波浪形、裂叶状或根状，具有结晶状或镶嵌样的中心结构，有时呈扩散、膜状生长。

3. 抵抗力　大多数菌株的芽胞在湿热 105～120℃经 5～6min 可杀死，在 5%石炭酸、1%福尔马林或 0.1%硫柳汞中能存活 1h，次氯酸盐可迅速杀死芽胞。

4. 分型　菌体抗原和鞭毛抗原在本菌血清学分型上是不重要的。此菌可产生 8 种毒素，按其毒素的差异，可分为 4 个不同的菌型。溶血梭菌因产生的几种毒素与诺维梭菌相同，故曾称为 D 型诺维梭菌。

5. 致病性　本菌产生的毒素致病，不同菌型引致人和动物的不同疾病。A 型菌又称第 II 恶性水肿杆菌或水肿梭菌，存在于土壤、海洋沉积物、人和动物创伤及粪便，引起人气性坏疽、动物恶性水肿及绵羊的大头病。B 型菌曾称巨大杆菌，发现于人和动物的感染部位，平时能以潜伏性芽胞的形式存在于动物肝、脾等中，当肝组织因寄生虫游走或其他因素造成损伤时，芽胞即趁机发育繁殖，产生强烈毒素而引起发病，主要引起绵羊的黑疫，也可感染山羊，牛和马也曾有个别病例报道。C 型菌又称水牛梭菌，可引起水牛骨髓的渐进性坏死与化脓，仅见于印度尼西亚。D 型菌为溶血梭菌，为牛细菌性血红尿的病原，绵羊偶有发生，我国尚无此病报道。A 型和 B 型诺维梭菌对豚鼠、小鼠、大鼠、家兔、鸽等实验动物均有致病作用，但 C 型菌却对实验动物无致病力。

6. 微生物学诊断　恶性水肿的检查材料为气性水肿部位的水肿液及病变组织，黑疫则应取肝脏特征性坏死病灶的边缘组织。显微镜检查时，病料涂片镜检，对恶性水肿无多大诊断意义，对黑疫若从肝脏坏死病灶边缘组织发现典型巨大杆菌，则具有很高的诊断价值。确诊须进行细菌分离。细菌培养应当注意严格无菌操作，也可将材料于接种前先煮沸 5min，或者通过实验动物鉴定。获细菌纯培养后，可按本菌的形态与染色、培养及生化特性进行鉴定，或用定型血清中和试验测定菌型。进行动物实验时，以病理材料混悬液肌肉注射豚鼠，其中若有 A 或 B 型菌，动物常于 1～3 天内死亡。死后剖检，除可见注射部有出血性水肿之外，腹部皮下组织尚呈胶样水肿，透明无色或玫瑰色，厚度有时可达 1cm，且可向前延伸至颈部。这种病理变化及其特征，具有很大诊断价值。必要时进行毒素检查。病理材料中诺维梭菌毒素有价值的检查方法是卵磷脂酶中和抑制试验。该法可用于羊黑疫的检验，肝坏死病灶组织的阳性检出率可达 82.6%，腹水的检出率较低，仅为 52.6%；而对死于其他原因及正常屠宰羊只的肝组织进行同样试验，未发现有假阳性反应。

7. 防制 在黑疫流行地区，可用甲醛菌苗对羊只进行预防注射，也可用羊厌氧菌五联菌苗。免疫预防与羊群寄生虫防制相结合，可收到更好的预防效果。

五、腐败梭菌

腐败梭菌(*C. septicum*)，旧名恶性水肿杆菌，是引起动物和人恶性水肿的主要病原菌。此菌还可引起羊快疫。本菌广泛分布于土壤，也存在于某些草食动物消化道中及婴儿和成年人粪便中。

1. 形态特征 此菌为直或弯曲的杆菌，(0.6～1.9)μm×(1.9～35.0)μm，与气肿疽梭菌极为相似。在肝被膜和腹膜上可形成微弯曲的长丝状，长者可达数百微米。

2. 培养与生化特征 专性厌氧。在葡萄糖血液琼脂平板上，菌落微隆起，边缘不规则，易蔓延融合成大片生长，菌落周围有微弱 α 溶血环，培养 6 天后出现 β 型溶血。在高层葡萄糖琼脂平板上，琼脂浓度较低时菌落呈絮团状，琼脂浓度较高时菌落边缘有不规则丝状突起，呈心脏形或扁豆形。不分解蔗糖，不产生靛基质，部分菌株能分解水杨苷。

3. 抗原 此菌与气肿疽梭菌有许多相同的抗原成分，芽胞抗原彼此相同，但二者毒素的抗原性是特异的，没有抗毒素交叉保护作用。用凝集试验可将本菌分成不同的型，按 O 抗原可分为 4 个型，再按 H 抗原又可分为 5 个亚型，但没有毒素型的区分。

4. 致病性 经创伤感染，可致人的气性坏疽和马、牛、羊、猪等家畜的恶性水肿，鸡感染为气性水肿。本菌在一定条件下通过消化道感染，还能引起羊快疫。实验动物中豚鼠与小鼠最为易感，兔、鸽也可感染。

此菌可产生 4 种毒素。α 毒素是一种卵磷脂酶，β 毒素是一种脱氧核糖核酸酶，γ 毒素是一种透明质酸酶，δ 毒素是一种不耐氧的溶血素。这些毒素可增进毛细血管的通透性，引起肌肉坏死并使感染沿肌肉的筋膜面扩散。毒素及组织崩解产物的全身作用能在 2～3 天内导致致死性毒血症。

5. 微生物学诊断 用气性水肿部位的水肿液或病变组织直接涂片镜检，对恶性水肿无多大诊断意义。而羊快疫用肝脏被膜触片染色镜检，若发现长丝状细菌，则具有诊断参考价值。确诊有赖于细菌分离培养鉴定，应注意与气肿疽梭菌及其他梭菌相鉴别。

6. 防制 对羊快疫的免疫预防，有快疫、猝疽、肠毒血症三联菌苗，或羊快疫、猝疽、肠毒血症、羔羊痢疾、黑疫五联菌苗。五联菌苗免疫期，除对羊快疫较短外，对其他四种病可达一年。

六、破伤风梭菌

破伤风梭菌(*C. tetani*)是引起人畜破伤风的病原。由于该病以骨骼肌发生强直性痉挛的症状为特征，故又称为强直症，此菌也因此称之为强直梭菌。1889年，日本的北里柴三郎发现了破伤风梭菌，次年发现了破伤风抗毒素。

1. 形态 本菌为两端钝圆、细长、正直或略弯曲的杆菌，大小约(0.5～1.7)μm×(2.1～18.1)μm，长度变化很大。多单在，有时成双，偶有短链，在湿润琼脂表面上，可形成较长的丝状。在动物体内外均能形成圆形芽胞，位于菌体一端，而使芽胞体呈鼓槌状(图9-13)。

图9-13 破伤风梭菌(引自李明远，2010)

2. 培养特性 此菌严格厌氧，接触氧后很快死亡。最适生长温度为37℃，最适pH7.0～7.5。对营养要求不高，在普通培养基中即能生长。在血琼脂平板上生长，可形成直径4～6mm的菌落，常伴有狭窄的β溶血环。在一般琼脂表面不易获得单个菌落，尤其是在培养基湿润的情况下，扩散成薄膜状，覆盖整个平板表面，边缘呈卷曲细丝状，用高浓度琼脂可抑制其扩散生长。在厌氧肉肝汤和疱肉培养基中，轻微混浊生长，有细颗粒状或黏稠状沉淀，肉渣部分消化且微变黑，产生气体并具有特殊臭味。20%胆汁或6.5%NaCl能抑制其生长。

3. 抵抗力 繁殖体抵抗力不强，但芽胞的抵抗力极强。芽胞在土壤中可存活数十年，湿热105℃经25min、120℃经20min可杀死芽胞；干热150℃在1h以上可杀死芽胞；5%石炭酸和0.1%升汞作用15h可杀死芽胞。

4. 抗原性与分型 本菌具有不耐热的鞭毛抗原，用凝集试验可分为10个血清型，其中第6型为无鞭毛不运动的菌株，我国最常见的是第5型。各型细菌都有一个共同的耐热性菌体抗原，而2、4、5和9型还有共同的第二菌体抗原。各型细菌均产生抗原性相同的外毒素，并能被任何一个型的抗毒素所中和。

5. 致病性和免疫性 此菌芽胞常存在于土壤、污染的各种物品、健康人和动物肠道及粪便中。此菌在健康组织中，于有氧环境下，生长受抑制，而且易被吞噬细胞消灭。如有在深而窄的创口，同时创伤内发生组织坏死时，坏死组织能吸收游离氧而形成良好的厌氧环境，或伴有其他需氧菌的混合感染，有利于形成良好的厌氧环境，芽胞转变成细菌，在局部大量繁殖产生强烈毒素，引发破伤风。在自然情况下，本菌可感染很多动物。除人易感外，马属动物的易感性最高，其次是牛、羊、猪，犬、猫偶有发病，禽类和冷血动物不敏感，幼龄动物比成年动物更敏感。实验动物中，家兔、小鼠、大鼠、豚鼠和猴对破伤风痉挛毒素易感。

此菌产生两种毒素。一种为破伤风痉挛毒素，毒力非常强，可引起神经兴奋性的异常增高和骨骼肌痉挛。另一种为破伤风溶血素，不耐热，对氧敏感，可溶解马及家兔的红细胞，其作用可被相应抗血清中和，与破伤风梭菌的致病性无关。破伤风梭菌毒素具有良好的免疫原性，用它制成类毒素，可产生坚强的免疫，能非常有效地预防本病的发生。

6. 微生物学诊断 破伤风具有典型的临床症状，一般不需微生物学诊断。如有特殊需要，可采取创伤部的分泌物或坏死组织进行细菌学检查。还可用患病动物血清或细菌培养滤液进行毒素检查，其方法为小鼠尾根皮下注射0.5～1.0mL，观察24h，看是否出现尾部和后腿强直或全身肌肉痉挛等症状，且不久死亡。还可用破伤风抗毒素血清，进行毒素保护试验。

7. 防制 可用明矾沉淀破伤风类毒素，注射后 1 个月产生免疫力，免疫期达 1 年。破伤风抗毒素血清可用于紧急预防及破伤风治疗，效果良好，但作用仅能维持 14～21 天。

第十六节 分枝杆菌

牛分枝杆菌(*Mycobacterium bovis*)和结核分枝杆菌、禽分枝杆菌为同一属细菌，因繁殖时呈分枝状生长而得名。本属菌菌体平直或稍弯，大小为(0.2～0.6)μm×(1.0～10)μm，有时分枝，呈丝状；不产生鞭毛、芽胞和荚膜；革兰染色阳性；因能抵抗 3%盐酸乙醇的脱色作用，称为抗酸菌(抗酸染色法于 1892 年由 F. Ziehl 和 F. Neelson 发明)；抗酸染色时呈红色，非抗酸菌呈蓝色；对营养要求较高，一般培养基上不生长。在添加特殊营养物质的培养基上能生长，但生长缓慢。牛分枝杆菌和人的结核分枝杆菌、禽分枝杆菌特性有很多相似之处，故一并介绍。

1. 形态与染色 结核分枝杆菌为细长或稍弯曲的杆菌，(1.5～4)μm×(0.2～0.5)μm，两端钝圆，单个或成丛排列(图 9-14)。牛分枝杆菌较短而粗，禽分枝杆菌则呈多形性。革兰染色不易着色，常用抗酸染色法染色，本菌为红色，其他杂菌被染成蓝色或绿色。

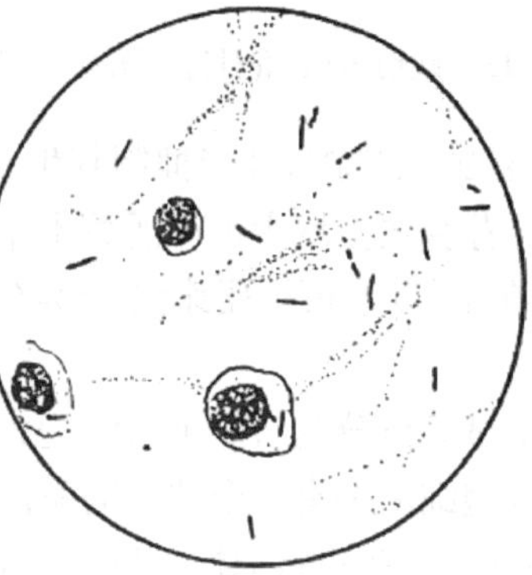

图 9-14 结核分枝杆菌(引自黄青云，2009)

2. 培养及生化特性 专性需氧菌。对营养要求较特殊，常用培养基有改良罗杰二氏培养基和裴氏培养基。菌落形成较慢，特别是初代培养，一般需 10～30 天才能看到菌落。固体培养基中形成的菌落为乳白色或米黄色，显著隆起，表面粗糙、皱缩、坚硬，不易破碎，似菜花状。在液体培养基中，形成厚皱菌膜，培养液一般保持清朗。不发酵糖类。结核分枝杆菌可产生烟酸，还原硝酸盐，牛分枝杆菌不能。有的毒株中性红试验阳性。

3. 抵抗力 本菌对干燥、寒冷及一般消毒药有较强的抵抗力。在干燥的环境中可存活 6～8 个月，0℃可存活 4～5 个月；对 4%NaOH、3%HCl、6%H_2SO_4有抵抗力，0.5h 不受影响；对 1∶7500 结晶紫或 1∶13 000 孔雀绿也有抵抗力，在培养基中加入这些染料可抑制杂菌生长。对湿热、紫外线和乙醇较敏感，60℃经 30min 失去活力，直射日光 2～7 h 或 75%乙醇数分钟即可杀死。本菌对异烟肼、链霉素等抗结核药易产生耐药性。

4. 致病性及变异性 本菌不产生内、外毒素及侵袭性酶，无荚膜和菌毛，其致病性可能与细菌在组织细胞内大量繁殖、菌体成分及代谢产物的毒性和机体对菌体成分产生的变态反应有关。主要菌体成分有类脂、蛋白质和多糖。其中，类脂具有促进单核细胞增长、抑制白细胞游走和吞噬细胞的吞噬作用，并与结核结节和干酪样坏死的形成及刺激机体产生迟发型变态反应有关；蛋白质可诱发迟发型变态反应；多糖常与类脂结合，引起局部细胞浸润。

本属菌可使人、畜和禽类发生结核病。牛分枝杆菌毒力最强，除使牛发病外，还可引起马、牛、猪、犬及人发病。结核分枝杆菌除使人发病外，还引起马、牛、猪、羊、犬等发病。禽分枝杆菌毒力最弱，除对家禽有较强的致病性外，对其他动物致病性较弱。

本属菌易发生菌落、毒力和耐药性等变异。典型菌落为粗糙型，可变异成光滑型。用于结核病特异性预防的卡介苗是卡氏(Calmette)和介氏(Guerin)二人将牛分枝杆菌经含甘油、胆汁、马铃薯的培养基培养 13 年、230 代而获得的减毒菌株。

5. 免疫性与变态反应　研究较多的是结核分枝杆菌。当细菌侵入机体后，机体主要产生细胞免疫，但随着病情加重而减弱，体液免疫则随着病情的加重而增强。凡病情得以控制或康复的动物，其细胞免疫可达到一定水平，而血清中抗体水平较低。重症动物的细胞免疫反应低下，甚至消失，血清中特异性抗体显著增加。在机体产生抗结核免疫的同时，也发生了迟发型变态反应，二者均由 T 细胞介导，但诱导产生免疫与变态反应的物质不同。将结核分枝杆菌核糖体中分离出的核糖核酸注入机体，可使机体获得对结核分枝杆菌的免疫力，而不产生变态反应。用结核分枝杆菌蛋白质与其胞壁成分中的蜡质 D 同时注入机体，使机体产生变态反应而不产生明显的免疫。结核菌素是结核杆菌的蛋白质组分之一，用结核菌素进行皮内注射或滴入眼结膜囊，看是否引起机体变态反应，从而推测是否感染过结核分枝杆菌。

6. 微生物学诊断　显微镜检查时，取病料涂片、抗酸染色，镜检时有红色抗酸杆菌，可初步诊断。分离培养时，先在病料中加入 4%NaOH、3%HCl 或 6%H_2SO_4处理 15min，杀死杂菌并溶解标本中的黏稠物质后，离心沉淀集菌。将集菌及经中和后的标本接种于固体培养基，37℃培养，每周观察一次，一般 2～8 周形成肉眼可见的菌落，根据菌落特点及菌落涂片染色结果进行鉴定。动物接种时，用上述经处理的供分离培养用的病料经皮下或腹腔接种于实验动物 0.5mL，结核分枝杆菌可致豚鼠明显的病变；牛分枝杆菌对兔有致病性，可于接种后 3 周至 3 个月死亡；禽分枝杆菌可使鸡发病。进行变态反应时，用提纯结核菌素在牛颈部皮内注射 0.1mL，72h 后局部炎症反应明显，皮厚差≥4mm 为阳性；炎症反应不明显，皮厚差为 2～4mm，为疑似；无炎症反应，皮厚差在 2mm 以下，为阴性。血清学检查时，可用荧光抗体技术、间接血凝试验及酶联免疫吸附试验等进行检查。

7. 防制　人类广泛采用卡介苗免疫接种，免疫期达 4～5 年。牛接种卡介苗的免疫期只有 12～18 个月，而一年后变态反应仍为阳性，结核菌素检疫时无法与自然感染牛区别，故不宜推广应用。饲养牛群每年春秋季节应进行检疫，对检出的阳性动物要扑杀处理。凡对人结核病有效的药物，对动物也有效。除珍稀或观赏动物外，一般动物不提倡用药物治疗。

第十七节　牛 放 线 菌

1877 年，Harza 首次发现一种厌氧寄生的牛型放线菌。牛放线菌(*Actinomyces bovis*)多侵害牛的上下颌骨和颊肌，形成局部肉芽肿样炎症和坏死样脓肿；猪也可传染，病变多局限于乳房；对马、犬及人也有致病性。

1. 形态与染色　本菌形态随所处环境不同而异。在培养物中，呈杆状或棒状，可形成 Y 形、V 形或 T 形排列的无隔菌丝，直径为 0.6～0.7μm(图 9-15)。在病灶脓液中，形成黄色小菌块，颜色似硫磺，故称“硫磺颗粒”。将硫磺状颗粒在载玻片上压平，镜检时呈菊花状，菌丝末端膨大，向周围呈放射状排列(图 9-15)。革兰染色时，菌块中央部分为阳性，周围膨大部分为阴性。

2. 培养与生化特性　培养比较困难，厌氧或微需氧，最适 pH 为 7.2～7.4，最适温度为 37℃。在 1%甘油、1%葡萄糖、1%血清的培养基中生长良好。在血液琼脂上，37℃厌氧培养 2 天，可见半透明、乳白色、不溶血的粗糙菌落，仅贴在培养基上，呈小米粒状，无气生菌丝。血液肉汤内培养时，沿管壁发育成颗粒状，肉汤往往透明。

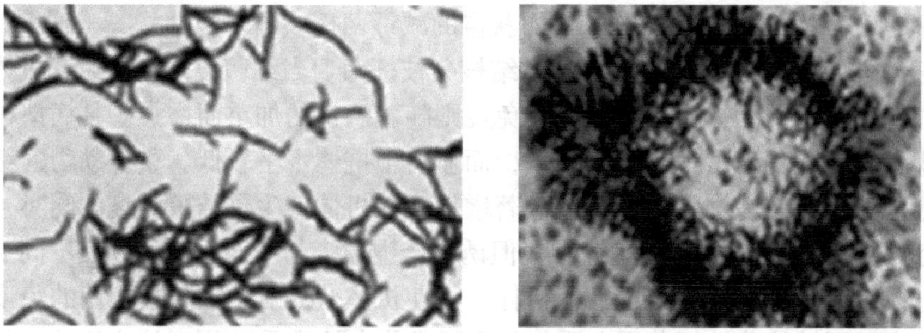

图 9-15　放线菌形态(左)和硫磺颗粒压片(右)(引自胡建和，2006)

能缓慢发酵葡萄糖、果糖、蔗糖、乳糖、麦芽糖，产酸不产气。不分解甘露醇。明胶上生长少，不液化。牛奶不凝固、不胨化，变酸，有时无生长。不还原硝酸盐。不产生吲哚、H_2S。

3. 抵抗力　对干燥、高热、低温的抵抗力弱，80℃经 5min 或 0.1%升汞经 5min 可将其杀死。对石炭酸的抵抗力较强。对青霉素、链霉素、四环素、头孢霉素、林可霉素、锥黄素和磺胺类药物敏感。但是，药物很难渗透到脓灶中，不易达到杀菌目的。

4. 致病性与免疫力　牛、猪、马、羊易感染。奶牛发病率较高。牛感染放线菌后主要侵害颌骨、唇、舌、咽、齿龈、头颈部皮肤及肺，尤以颌骨缓慢肿大。猪表现为乳房炎，马表现为鬐甲瘘。豚鼠可产生实验感染。该菌免疫原性不强。

5. 微生物学诊断　取少量脓汁加入无菌生理盐水中冲洗，沉淀后将硫磺样颗粒放在载玻片上，加 1 滴 5%氢氧化钾液，盖上盖玻片镜检。或用盖玻片将颗粒压碎，固定，革兰染色，镜检。若有典型的菊花瓣状结构，结合临床特征即可诊断。分离培养时，用血液琼脂，厌氧培养后可形成细小、圆形、乳白色菌落，继续培养菌落不增大。将硫磺样颗粒加少量生理盐水，注射于豚鼠腹腔，经 3～4 周后捕杀剖检，可在大网膜上见到灰白色小结节，外有包膜，取之分离培养，较易成功。

6. 防制　合理的饲养管理及遵守卫生制度，特别是防止皮肤、黏膜发生损伤，有伤口时及时处理、治疗，对本病的预防非常重要。本菌对青霉素、金霉素、四环素和头孢霉素等敏感，可用于治疗。

第十八节　病原性螺旋体

一、伯氏疏螺旋体

伯氏疏螺旋体(*Borrelia burgdorferi*)归属于疏螺旋体属，是莱姆病的病原体。莱姆病的发生是由于带伯氏疏螺旋体的蜱叮咬所致，是一种以野生动物为贮存宿主的自然疫源性人畜共患病，现已遍布全世界。

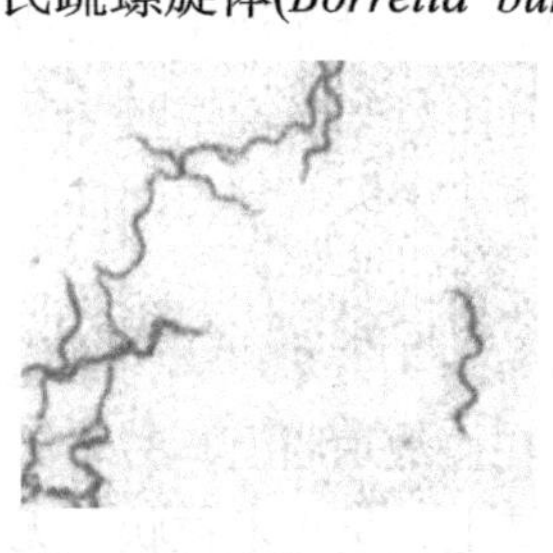

图 9-16　伯氏疏螺旋体(引自何建民，2008)

1. 生物学性状　菌体细长，长 4～30μm，直径约 0.2μm，有 4～20 个大而疏的较规则螺旋(图 9-16)。在菌体两端生长有鞭毛，缠绕着菌体并在中部相交叠，位于外膜和胞质膜之间。能进行转动和横向运动。革兰染色阴性，用吉姆萨染色效果好。不经染色，在暗视野或相差显微镜下能观察到菌体。能在含牛血清的人工培养基上生长，微需氧，最佳生长温度为34～37℃。

2. 致病性　能致人、犬、牛和马的关节炎。患者会出现皮肤红斑性丘疹，但犬未发现有疹块，表现为游走性关节炎，临床可见破行、关节胀，急性发作时伴有嗜睡、厌食，有时发热及淋巴结肿大。通常可持续数天，2～4周后往往复发，有的犬会发生肾功能紊乱。硬蜱在吸吮感染动物的血液之后，可在数年内都具有传染性。啮齿动物是伯氏疏螺旋体的天然贮主。

3. 微生物学诊断　采取蜱叮咬部的附近皮肤、患病关节液用暗视野显微镜或进行吉姆萨染色可观察到疏螺旋体。因培养困难，可用PCR法和血清学试验检查。一般常用ELISA法检测抗伯氏疏螺旋体IgM和IgG抗体。犬在感染4周后即可测出抗体，3个月后抗体达到高峰，此时犬可持续感染。抗体滴度维持高水平至少18个月。在疫区，仅有5%血清阳性的犬表现临床症状，但50%以上的犬可检出抗体阳性。

4. 防制　强力霉素或阿莫西林可用于莱姆病的治疗，但只能在一定程度上缓解病情，并不能完全消灭伯氏疏螺旋体。在疫区可进行预防接种。疫苗有两种，一种是全菌灭活疫苗，能导致不良反应，而且免疫效果不可靠；另一种是亚单位疫苗，可用它免疫犬，但对哺乳动物体内的伯氏疏螺旋体无效。

二、鹅疏螺旋体

鹅疏螺旋体(*Borrelia anserina*)是由蜱传播的能引起禽类螺旋体病的病原体。

1. 生物学性状　本菌长8～20μm，宽0.2～0.3μm，有5～8个螺旋。瑞氏染色呈蓝紫色，碱性复红染色呈紫红色。暗视野显微镜下，螺旋体明亮细长，以明显移位方式进行活泼运动。不能在普通培养基上生长，可在鸭胚或鸡胚中生长，并可用幼鸡或幼鸭每间隔3～5天连续传代和保存菌种。对各种理化因素抵抗力不强，在4～5℃下可存活2个月左右。对多种抗生素敏感。

2. 致病性　本菌可感染鸡、鸭、鹅、火鸡及多种鸟类，而鸽、小鼠、大鼠、家兔及其他哺乳动物均不易感。感染禽发病突然，以高温、拒食、沉郁、腹泻和贫血为特征，发病率不一，但死亡率相当高。蜱是重要的传播媒介和贮存宿主。鸡的各种羽虱也能传播该螺旋体。

3. 微生物学诊断　在病禽高温期采血，涂片、染色、镜检，或用生理盐水适当稀释，制成血压滴标本片，用暗视野显微镜观察；也可取肝、脾等病变组织染色镜检，如能检查到螺旋体即可初步诊断。首次检查阴性者，隔天可再进行镜检。分离培养可接种于鸡胚或鸭胚卵黄囊。还可用无相应抗体的雏鸡进行人工感染试验，同时接种啮齿动物，雏鸡若发病，而啮齿动物不发病，可确诊。也可用琼脂扩散试验、凝集试验、间接免疫荧光技术等进行血清学诊断。

4. 防制　用鹅疏螺旋体灭活苗免疫可获得坚强的体液免疫力。发病禽群可用土霉素拌饲料治疗。注意消灭环境中的蜱和虱。

三、兔梅毒密螺旋体

兔梅毒密螺旋体(*Treponema paraluiscuniculi*)是密螺旋体属的成员，是兔梅毒的病原体，是兔的一种性传播的慢性传染病。病变部位初在生殖器，然后在脸、眼、耳和鼻部皮肤出现疱疹、结节和糜烂。也可使小鼠、豚鼠和仓鼠慢性感染，人不感染。

螺旋体长 6～16μm，宽 0.25μm，有 8～14 个致密而规则的螺旋，能活泼运动。以吉姆萨染色可染成玫瑰红色。用福尔马林缓冲溶液固定时，普通碱性苯胺染料亦可着染。至今没有在人工培养基上培养成功。但可通过家兔睾丸内接种进行繁殖。

微生物学诊断时，以病灶部皮肤挤出的淋巴液或刮取物涂片，用印度墨汁、镀银或吉姆萨染色镜检，可发现病原体。一般兔会阴部病变刮取物检出率较高。

四、猪痢短螺旋体

猪痢短螺旋体(*Brachyspira hyodysenteraie*)属于短螺旋体属，是猪痢疾的病原体，经口传染，传播迅速，发病率较高而致死率较低。本病的发生常需有肠道某些其他微生物的协助作用。

1. 生物学特性 本菌长 6～10μm，宽约 0.4μm，呈波浪形，多为 2～4 个弯曲，两端尖锐，形似双燕翅状(图 9-17)。在电镜下观察，每端有 7～9 根轴丝向对端延伸，相互重叠于原生质柱的中部。革兰阴性或弱阳性，吉姆萨染色呈微红色，也可用镀银法染色。能通过 0.45μm 孔径的滤膜。

图 9-17 猪痢短螺旋体(引自南京农业大学、甘肃农业大学，1979)

猪痢短螺旋体严格厌氧，常用的一般厌氧环境不易培养成功。对培养基的要求也相当苛刻，通常要在加入 10%胎牛或兔血清的酪蛋白胰酶消化物大豆胨汤或脑心浸液汤的液体或固体培养基，以及含有 N_2 和 10%CO_2 混合气体的条件下才能生长。菌落呈扁平、半透明、针尖状，并有明显的 β 溶血。为抑制其他杂菌生长，提高肠道样品的分离率，可在培养基中加入壮观霉素(400μg/mL)或多黏菌素 B。本菌能发酵葡萄糖和麦芽糖，不能发酵其他碳水化合物；在含 6.5%NaCl 的条件下能生长。

猪痢短螺旋体用琼脂扩散试验可区分为 8 个血清型。

2. 致病性 猪痢短螺旋体常引发 8～14 周龄幼猪发病。临床表现为不同程度的黏膜出血性下痢和体重减轻。特征病变为大肠黏膜发生卡他性、出血性和坏死性炎症。自然发病猪康复后，可产生相应的抗体，但能否保护机体抵抗再感染，说法不一。以本菌的弱毒株口服或注射免疫猪体，只能产生微弱的保护力，如反复静脉注射则可产生对同菌株攻击的保护力。

3. 微生物学诊断 显微镜检查时，可取新鲜稀粪、结肠病变组织或结肠内容物制成压滴标本，暗视野镜检或制作涂片或组织切片，用吉姆萨染色法、印度墨汁作负染或镀银染色法染色。也可将待检样品与适量生理盐水混合后制成压滴标本片，置于相差或暗视野显微镜下镜检。分离培养时，可采集镜检证实有可疑螺旋体存在的病料，用灭菌生理盐水作 5～10 倍稀释，轻度离心去沉渣，上清液用大孔径滤膜过滤，滤液再经 0.8μm 和 0.45μm 滤膜依次过滤。用前述血琼脂平板厌氧 37～38℃培养 3～6 天，每隔 2 天检查 1 次，当观察到平板上出现强 β 溶血现象时，即可挑取可疑菌落，制成悬滴或压滴标本，用暗视野显微镜检查，或涂片染色镜检。动物试验时，可将待检菌株的新鲜培养物制成悬液，给 10～12 周龄仔猪灌服，每天 1 次，每次灌服 50mL/头(0.5×10^8～1×10^8cfu/mL)，连续 2 天。若猪在接种后 30 天以内，有一半下痢和产生肠道病变，即可证明具有致病力。还可做猪结肠结扎试验。将饥饿 48h 的 10～12

周龄仔猪，用常规方法结扎其结肠，每段5～10cm，间隔肠段为2cm左右。然后向结扎肠管内注入待检菌液(10^8cfu/mL)5mL，另设一个注入无菌生理盐水的肠段作为阴性对照。试验猪可饮水，停食2～3天，打开腹腔检查。如试验肠段出现明显膨胀，内含多量带黏液或血液的渗出物，黏膜肿胀、充血或出血，涂片镜检有大量短螺旋体，即可确定菌株的致病性。对照肠段应无此反应。也可用体重1.5～2kg的家兔作此项试验。血清学检查时可用直接或间接免疫荧光抗体染色法。

4. 防制　目前对猪痢疾尚无可靠或实用的免疫制剂，治疗普遍采用抗生素和化学药物控制此病。培育SPF猪，净化猪群是防制本病的主要手段。

五、钩端螺旋体

钩端螺旋体属(又称细螺旋体属)是一大类菌体纤细、螺旋致密，一端或两端弯曲呈钩状的螺旋体。其中大部分营腐生生活，广泛分布于自然界，尤其存活于各种水生环境中，无致病性。少部分是寄生性和致病性的螺旋体，可引起人和动物的钩端螺旋体病。

1. 生物学特性　钩端螺旋体呈纤细的圆柱形，长6～20μm，宽0.1～0.2μm。螺旋细密，较规则，至少有18个。用暗视野显微镜观察，形似细长的串珠样形态。菌体一端或两端可弯曲成钩状(图9-18)。以多种形式运动，如可做翻转和屈曲运动，使菌体形成C、S、O等字母形，且可随时迅速改变和消失。革兰染色阴性，但较难着色。较好的染色方法是镀银染色法和刚果红负染，用暗视野显微镜较易观察其形态和运动力。

钩端螺旋体严格需氧，最适pH为7.2～7.4，最适温度为28～30℃。对营养要求不高，是一种较易在人工培养基上生长的致病性螺旋体，在含动物血清和蛋白胨的柯氏培养基、不含血清的半综合培养基、无蛋白全综合培养基及选择性培养基上可良好生长。生长缓慢，一般需2～4天才可生长，通常在接种后7～14天生长最好。在液体培养基中，可见半透明、云雾状混浊，以后液体渐变成透明，管底出现沉淀块。在半固体培养基中，菌体生长较液体培养基中迅速、稠密而持久，大部分钩端螺旋体在表面下数毫米处生长，形成一个白色致密的生长层。在固体培养基上，可形成无色、透明、边缘整齐或不整齐、平贴于琼脂表面的菲薄菌落，大者4～5mm，小者0.5～1.0mm。故在挑取菌落时，应与琼脂一起钩取。

图9-18　钩端螺旋体(引自李明远，2010)

钩端螺旋体的生化反应极不活泼，不发酵糖类，不分解蛋白质。某些菌株能产生溶血素。

钩端螺旋体在污染的河水、池塘水和潮湿的土壤中可活数月之久，故该病主要经污染的水源传播。钩端螺旋体对热敏感，45℃经30min、50℃经10min、60℃经10s即可致死；对低温抵抗力较强，4℃冰箱中可存活1～2周，−70℃可保存2年多。直射阳光和干燥均能迅速将其致死。常用浓度的各种化学消毒剂在10～30min内可将其灭活，用漂白粉使水中有效氯含量在2mg/L时，可于1～2h内杀死水中的钩端螺旋体。

钩端螺旋体属有2个种。一是对人及动物无致病性的腐生钩端螺旋体，称为双曲钩端螺旋体；另一个是可致家畜、野生动物和人类细螺旋体病的问号钩端螺旋体。

2. 致病性　致病性钩端螺旋体能引起人和多种动物的钩端螺旋体病。人的感染总是间接或直接来源于家畜和野生动物。与钩端螺旋体致病力有关的毒力因子主要有吸附物质、溶血素、内毒素样物质和细胞毒性因子。致病性钩端螺旋体可感染大部分哺乳动物和人类，鼠类和猪是钩端螺旋体的主要贮存宿主和传染来源，带菌率高，排菌期长。在家畜中以牛和羊的易感性最高，其次是马、猪、犬、水牛和驴等，家禽的易感性较低。许多野生动物，特别是鼠类易感。钩端螺旋体在家畜大多数呈隐性带菌感染而不显症状，但它可在肾脏内长期繁殖，并随尿不断排出，污染土壤和水源等环境。人和家畜则通过直接或间接地接触这些污染源而被感染。

钩端螺旋体病的临床表现可因不同血清型而有所差异，但基本大同小异。急性病例的主要症状为发热、贫血、出血、黄疸、血红素尿及黏膜和皮肤的坏死；亚急性病例可表现为肾炎、肝炎、脑膜炎及产后泌乳缺乏症；慢性病例则可表现为虹膜睫状体炎、流产、死产及不育或不孕。

3. 微生物学诊断 根据临床症状、剖解病变及流行病学分析可进行初步诊断。确诊则有赖于微生物学检查。检查用病料要根据病程而定，一般发病在 1 周内可采集血、脑脊髓液，剖检可取肝和肾；发病 1 周以后可采集尿液，死后取肾。如做血清学检查，可采集血液分离血清。

(1) 显微镜检查：将病料用差速离心集菌后，取沉淀物制成悬液的压滴标本片进行暗视野直接镜检，看有无钩端螺旋体的典型形态与运动方式。也可用吉姆萨染色或镀银染色法染色镜检，前者呈紫色，后者呈黑黄色。

(2) 分离培养：病料接种柯氏培养基后，置 28～30℃温箱内培养，每 5～7 天观察一次钩端螺旋体生长情况并取样镜检，连续 4 周或更长时间，未见出现钩端螺旋体者可作阴性处理。如病料中含有钩端螺旋体，培养 7～10 天后，可观察到培养基略呈乳白色混浊，轻摇试管有云雾状生长物并向下移动，取培养物进行暗视野检查，能见到多量的典型钩端螺旋体。

(3) 动物接种试验：通常用豚鼠或乳仓鼠腹腔接种病料悬液，如病料中含有钩端螺旋体，接种 1～2 周后会出现体温升高和体重减轻，此时剖检取肾和肝，进行镜检和分离培养。

(4) 血清学检查：①显微凝集溶解试验。动物感染钩端螺旋体后，3～8 天即可产生凝集素和溶菌素两种抗体，12～17 天达到高峰，并持续存在一年以上。试验时，用当地常见菌株或我国标准菌株的活钩端螺旋体作为抗原，与不同稀释度的被检血清，在 37℃作用下 2h，然后取样进行暗视野镜检。若待检血清中有不同型抗体，则可见钩端螺旋体相互凝集成“小蜘蛛状”，继而菌体膨胀成颗粒样，随后便裂解成碎片。如血清稀释度过高时，仅发生凝集而无溶解现象。被检血清的凝集(溶解)效价在 1∶800 或以上者即可判为阳性反应，1∶400 为可疑，1∶400 以下的被检动物，应间隔 10～14 天后，再次采血作上述检查，如第二次血清效价较上次增高 4 倍，即可确诊为钩端螺旋体病。若以分离钩端螺旋体株的活菌作为抗原，与已知的钩端螺旋体分型血清作同样试验，即可鉴定出分离株的血清型。②补体结合试验。动物感染钩体发病后 3～4 天，血中有补体结合性抗体出现，第 4 周达到高峰，并能维持一年之久。故此法对钩体病的早期诊断、流行病学调查及追溯动物的隐性感染均有一定意义。③酶联免疫吸附试验。敏感性高于显微凝集溶解试验，而且快速简便，现多用于钩端螺旋体病的早期诊断。④SPA 协同凝集试验、间接凝集试验，DNA 探针及 PCR 技术等多种检测方法。

4. 防制 预防措施主要是搞好防鼠与灭鼠工作。疫苗注射，有良好的免疫预防效果。我国有钩端螺旋体单价苗、双价苗以及多价苗。治疗首选药物是青霉素，庆大霉素、金霉素及四环素等也可用。

第十九节　病原性支原体

一、猪肺炎支原体

对猪具有致病性的支原体有猪肺炎支原体(*M. hyopneumoniae*)、猪鼻支原体和猪滑液支原体等。猪肺炎支原体是引起猪地方流行性肺炎即猪喘气病的病原体，感染后死亡率不高，但严重影响猪的生长发育。

1. 生物学特性　猪肺炎支原体形态多样，大小不等。在液体培养物和肺触片中，以环形为主，也见球状、短链状和丝状等(图 9-19)。可通过 0.3μm 孔径滤膜。革兰染色阴性，着色不佳，吉姆萨或瑞氏染色良好。

猪肺炎支原体兼性厌氧，对营养要求比一般支原体高，在支原体专用培养基中生长，37℃培养 7～10 天可长成直径 4mm 的菌落，菌落圆形，中央隆起、丰满，缺乏“脐眼”样特征。可用 6～7 日龄鸡胚卵黄囊或猪肺单层细胞培养。

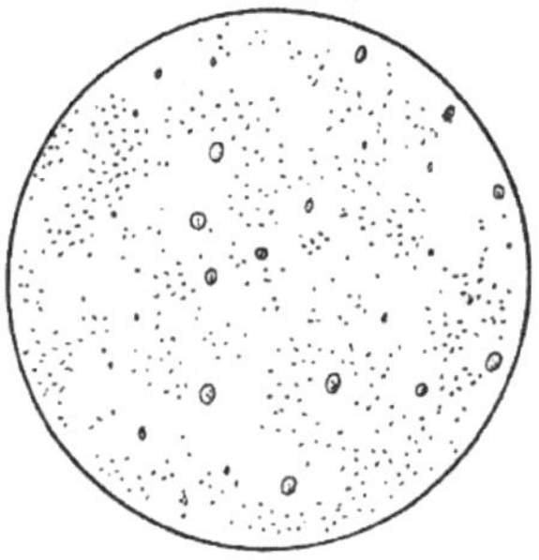

图 9-19　猪肺炎支原体形态

(引自崔保安，2005)

对外界环境的抵抗力较弱。病料于 15～25℃保存 36h 即失去致病力。病肺组织中的病原体在–15℃可保存 45 天，1～4℃可存活 4～7 天；经冷冻干燥的培养物在 4℃可存活 4 年；对常用化学消毒剂均敏感；对青霉素、红霉素和磺胺类药物等不敏感；对放线菌素 D、丝裂菌素 C 最敏感，对四环素类、泰乐菌素、螺旋霉素、林可霉素敏感。

2. 致病性　自然感染仅见于猪，可使不同年龄、性别、品种的猪感染，引起地方流行性肺炎，其中以哺乳仔猪和幼猪最为易感。本菌经呼吸道传播，将培养物滴鼻接种 2～3 月龄健康仔猪，能引起典型病变。环境因素的影响或猪鼻支原体、巴氏杆菌等继发感染时，常使猪的病情加剧乃至死亡。

3. 微生物学诊断　根据临床症状、剖检变化，结合流行病学一般可确诊，必要时进行微生物学诊断。初代分离培养时，可将病料研碎，接种于液体培养基中，为抑制猪鼻支原体干扰，可在液体培养基中加入抗猪鼻支原体免疫血清。常需连续移植盲目继代，逐渐适应繁殖后才能检出。动物感染试验时，可将分离的纯培养物或病料悬液经气管、肺或鼻腔接种给健康仔猪，2 周后可发病。可用代谢抑制试验、生长抑制试验、免疫荧光试验、间接血凝试验及酶联免疫吸附试验等鉴定。

4. 防制　感染本菌的康复猪免疫保护至少可达 60 周。我国研制的猪喘气病冻干兔化弱毒菌苗有一定的免疫效果。

二、禽败血支原体

禽的支原体有多种，有明显致病作用的有禽败血支原体(*M. gallisepticum*)、滑液囊支原体和火鸡支原体等。禽败血支原体是引起鸡和火鸡等多种禽类慢性呼吸道病的病原体，又称鸡败血支原体。从鸡、火鸡、珍珠鸡、野鸡、鹌鹑、鹧鸪、鸭、鸽、孔雀、麻雀等 10 多种禽类均分离到本菌。

1. 生物学特性 禽败血支原体通常呈球形，直径0.2～0.5μm，也有卵圆形或梨形。以吉姆萨或瑞氏染料着色良好，革兰染色为弱阴性。

需氧和兼性厌氧，对营养要求较高，在含灭活的马、禽或猪血清和酵母浸出液、葡萄糖等的培养基中生长良好。抑制杂菌的生长需加入乙酸铊和青霉素，pH7.8～8.0 为宜。在液体培养基中，37℃经2～5天的培养，可呈现轻度混浊乃至中等混浊。在固体培养基上经3～10天，可形成圆形、表面光滑、透明、边缘整齐、菌落中央有颜色、较深、致密、乳头状突起的露滴样小菌落，直径0.2～0.3mm。固体培养基上的菌落于37℃可吸附鸡、豚鼠、大鼠及猴的红细胞、人与牛的精子和HeLa细胞等，此吸附作用可被相应的抗血清抑制。能在5～7日龄鸡胚卵黄囊内良好繁殖，使鸡胚在接种后5～7天内死亡，病变表现为胚体发育不良，水肿、肝肿大、坏死等，死胚的卵黄及绒毛尿囊膜中含有大量本菌。

对理化因素的抵抗力不强。离开机体后迅速失去活力。在肉汤培养物中–30℃能存活2～4年，经低温冻干后4℃能存活7年，在卵黄中37℃能存活8周，在孵化的鸡胚中45.6℃经12～24h处理可灭活。对泰乐菌素、红霉素、螺旋霉素、放线菌素D、丝裂霉素最为敏感，对四环素、金霉素、链霉素、林可霉素次之，但易形成耐药菌株。对青霉素、多黏菌素、新霉素和磺胺类药物有抵抗力。

2. 致病性 本菌主要感染鸡和火鸡，引起呼吸道疾病，对鸡胚有致病性。亦可感染珍珠鸡、鸽、鹧鸪、鹌鹑及野鸡等。病原体存在于病鸡和带菌鸡的呼吸道、卵巢、输卵管和精液中，可垂直传播。火鸡被感染发生窦炎、气囊炎及腱鞘炎。并发细菌或病毒感染时，致病力增强。

3. 微生物学诊断 取呼吸道分泌物进行分离培养和鉴定，但分离率极低，一般常用血清学方法诊断。通常采用平板凝集试验、试管凝集试验、琼脂扩散试验、血细胞凝集抑制试验和免疫荧光试验等。

4. 防制 病鸡康复后具有免疫力。弱毒菌苗形成免疫需要时间较长，免疫力不坚强。灭活苗效果也不理想。

三、牛、羊的致病支原体

能致牛羊支原体病的有丝状支原体丝状亚种、殊异支原体、牛支原体、丝状支原体山羊亚种、无乳支原体、山羊支原体等。下面只介绍其中的两种。

(一) 丝状支原体丝状亚种

丝状支原体丝状亚种(*M. mycoides* subsp. *mycoides*)是传染性胸膜肺炎又称牛肺疫的病原体，存在于病牛的肺、纵膈淋巴结、胸膜与胸腔的渗出物，以及气管和鼻腔的排出物中，具有高度的传染性，引起以纤维性肺炎和胸膜肺炎为主的病变。

1. 生物学特性 菌体长度相差很大，最常见的是球形颗粒，还有球杆、丝状和分枝等形状。革兰染色阴性，吉姆萨液或瑞氏液染色较好。

本菌需氧，适宜的生长温度为 36～38℃，pH7.8～8.0。对营养要求不太高，只需在培养基中加入8%～10%的血清，便可生长。初分离时生长迟缓。在琼脂培养基上培养5～7天，出现细小露滴状菌落，菌落呈“油煎蛋状”。菌落没有吸附红细胞的能力。可轻度分解葡萄糖、果糖、麦芽糖，产酸不产气。葡萄糖可促进本菌生长，但由于产酸，经过一段时间后，反而会加速其死亡。不分解乳糖和蔗糖。

对外界环境抵抗力不强，能被常用消毒剂杀死。不耐高温、干燥和阳光。对低温有一定的抵抗力，在−20℃以下能存活数月。50%甘油可作为本菌的保存剂。对青霉素和磺胺类药物有抵抗力。对四环素、土霉素和大环内酯类抗生素敏感。

2. 致病性　本菌引起的传染性胸膜肺炎主要发生于黄牛、水牛、牦牛和奶牛，通过飞沫传染；绵羊、山羊和骆驼在自然条件下多不感染。正常情况下实验动物不感染。

3. 微生物学诊断　采肺病变组织、渗出液和胸部淋巴结等材料进行培养。用血清琼脂平板经 7～10 天培养，长出露滴状、透明、中央隆起的小菌落，有一定的诊断意义。对病牛或耐过牛可采血清做补体结合试验及微量凝集试验，或用病料做荧光抗体染色检查。

4. 防制　牛患传染性胸膜肺炎以疫苗免疫后保护可达 12～30 个月。兔化牛肺疫疫苗和绵羊化牛肺疫疫苗均有良好的免疫效果。

(二) 丝状支原体山羊亚种

丝状支原体山羊亚种(*M. mycoides* subsp. *capri*)是引致山羊传染性胸膜肺炎的病原体，对牛无病原性。

1. 生物学特性　细胞呈多形性，可见点状、球状、小环状或丝状。培养基中加入微量油酸(50μg/mL)能刺激丝状体形成。需氧，对营养要求相对不严，供给少量甾醇即能生长，在无血清的培养基中也能轻度生长。在含血清的琼脂上生长 3 天，菌落直径为 1.5～2.5mm，最大可达 4mm，圆形，有脐。在液体培养基中，轻度混浊。菌落不吸附红细胞。可在鸡胚卵黄囊中生长。该菌能凝集豚鼠红细胞，但不凝集牛红细胞。本菌抵抗力弱，60℃经 40min、1%煤酚皂液经 5min、0.5%石炭酸经 48h 即可杀死。

2. 微生物学诊断　采肺病变组织、渗出液和纵膈淋巴结等材料进行培养。用血清琼脂平板经 3 天培养，长出露滴状小菌落。在液体培养基中，呈现轻度混浊，有一定的诊断意义。补体结合试验、间接血凝试验和琼扩散试验与丝状支原体丝状亚种有交叉反应，但用生长抑制试验和代谢抑制试验可以区别开。

3. 防制　灭活疫苗和鸡胚化弱毒苗均安全有效。

第二十节　病原性衣原体

一、鹦鹉热亲衣原体

鹦鹉热亲衣原体(*Chlamydophila psittaci*)，旧称鹦鹉热衣原体，对多种动物宿主有广泛的寄生性，能引起不同种动物的多症候群疾病，如母猪流产、死产、产弱仔和围产期新生仔猪大批死亡，公猪睾丸炎、附睾炎、尿道炎，仔猪肺炎、肠炎、脑炎、心包炎和多发性关节炎等，成年猪结膜炎、关节炎，引起山羊和绵羊流产及禽的衣原体病。鹦鹉热亲衣原体还可感染马属动物，引起马的流产、呼吸道疾病。鹦鹉热亲衣原体也可感染人，引起孕妇流产及人的鸟疫(ornithosis)。因此，鹦鹉热亲衣原体是一种重要的人兽共患性传染病病原。

鹦鹉热亲衣原体是一种严格细胞内寄生的微生物，具有原体(elementary body，EB)和网状体(reticular body，RB)两个发育阶段。EB 在细胞质内可形成包涵体，经吉姆萨染色，呈致密的卵圆形，电镜下 EB 呈多形性，典型者多为梨形，有感染性。电镜观察，鹦鹉热亲衣原体包涵体周围有明显的线粒体聚焦，而肺炎亲衣原体没有此特点，可能是它们在发育过程中由于宿主细胞的供能方式不同而有别。RB 比 EB 大，呈球形或不规则形态，RB 是衣原体繁殖期的形态特征。用酶处理和梯度离心，可将 EB 的细胞壁提纯，其组分包括磷脂、多糖、葡萄糖和半乳糖等；对 EB 细胞壁进行 SDS-PAGE 电泳，显示出 16～18 条肽带。

二、牛羊亲衣原体

牛羊亲衣原体(*Chlamydophila pecorum*)，旧称牛羊衣原体，主要引起牛和绵羊的多发性关节炎、脑脊髓炎和腹泻，死亡率可达 50%。能在鸡胚卵黄囊和易感动物细胞内生长繁殖，并且有它自己的生活史。从较小的原体长成较大的外膜明显的中间体，然后再长大为网状体，此为繁殖型，无传染性；随之进行二次分裂，分裂后个体又变成原体，此为成熟型，有传染性。牛羊亲衣原体和沙眼衣原体可引起混合感染，使孕猪发生流产。

三、沙眼衣原体

沙眼衣原体(*Chlamydia trachomatis*)根据其来源、致病性、抗原性等方面的差异，可以分为两个生物型：沙眼生物型(*C.* biovar. *trachoma*)、性病淋巴肉芽肿生物型(*C.* biovar. *Lymphogranuloma venereum*，LGV)。沙眼衣原体主要寄生于人，可引起泌尿生殖道感染，胎儿感染后可致新生儿结膜炎、新生儿和小婴儿肺炎及其他并发症，如获得性反应性关节炎。沙眼衣原体感染的临床表现无特异，常易漏诊。世界上第一个沙眼衣原体分离株是我国科学家汤飞凡等于 1956 年用鸡胚培养法获得的。2 个生物型共有 19 个血清型，沙眼生物型有 15 个，LGV 生物型有 4 个。

第十章　重要致病性真菌

根据真菌致病性的差异，主要分为两大类。一类是真菌侵入动物机体而引起感染的病原性真菌；一类是通过产生毒素，当动物采食了含有毒素的饲料而引起中毒的产毒性真菌。这种分类是人为的，有的真菌既能感染动物组织，同时也产生具有致病作用的毒素，如烟曲霉。

第一节　感染性病原真菌

这是一类腐生性或寄生性真菌，可感染动物机体，并在感染部位生长繁殖或产生代谢产物而对机体致病。对动物有重要致病作用的有皮肤真菌、假皮疽组织胞浆菌、白色念珠菌等。

一、皮肤真菌

皮肤真菌是一类只侵害人畜体表角化组织(皮肤、毛、发、指甲、爪、蹄等)而不侵害皮下等深部组织或内脏的浅部病原性真菌。畜禽的主要皮肤真菌为毛癣菌属(*Trichophyton*)和小孢子菌属(*Mirosporum*)的成员。这些皮肤真菌主要在表皮角化层、毛囊、毛根鞘及其细胞内繁殖，有的穿入毛根内生长繁殖，使皮肤发生丘疹、水泡和皮屑，有的毛发区发生脱毛、毛囊炎或毛囊周围炎，有黏性分泌物或上皮细胞形成痂壳等。

1. 生物学特性　菌丝均有分隔并分枝，不产生有性孢子。

(1) 毛癣菌属：菌丝呈螺旋状、球拍状、结节状或鹿角状等；大分生孢子数目少或无，孢子呈长棒状或细梭状，具有 2～6 个横膈，大小为 10～50μm；小分生孢子数量多，单细胞，简单侧生呈葡萄串状、梨形或棒状等。有时还可见厚壁孢子。

(2) 小孢子菌属：菌丝呈结节状、梳状或球拍状等；大分生孢子呈纺锤状，表面粗糙有棘，壁厚，有 5～15 个横膈，大小为 40～150μm；小分生孢子呈卵圆形或棒状，单细胞，无小梗或小梗很短，孢子均单独生长在侧枝的末端，不呈葡萄串状排列，在初次培养时，孢子出现较少。厚壁孢子较常见到。

该类菌对营养要求不高，需氧，在葡萄糖蛋白胨琼脂上能良好生长。最适生长温度为 22～28℃，一般要培养 1 周以后，长出的菌落有绒絮状、粉粒状、蜡样或石膏样；随着时间延长，菌落形成灰白色、淡红色、橘红色、红色、紫色、黄色、橙色、棕黄色及棕色等。

2. 微生物学检查　皮肤真菌病最常用的检查方法为显微镜检查和分离培养鉴定。首先，将患部用 75%乙醇消毒后，用镊子拔下感染部被毛、羽毛；皮肤、皮屑及爪甲部病料用小刀刮取。

(1) 镜检：将病料放在玻片上，加氢氧化钾液，在火焰上稍加热使材料透明，加盖玻片，用低倍及高倍镜检查。也可在被检材料上加 1～2 滴乳酸酚棉蓝，加盖玻片 10min，镜检。感染毛癣菌的毛，可见孢子在毛上呈平行的链状排列，有的孢子在毛内，有的孢子在毛内、外均可见。感染小孢子菌时，可见孢子紧密而无规则地排列在毛干周围。

(2) 培养：将被检病料用酒精或石炭酸水浸泡 2～3min 杀死杂菌，以无菌生理盐水洗涤后，接种于加有抗生素的葡萄糖蛋白胨琼脂培养基上，22～28℃培养 2 周，根据菌落特性、菌丝和孢子的特征进行鉴定。

3. 防制　皮肤癣菌感染无特异预防方法，主要是注意皮肤卫生，避免与患畜接触，保持环境干燥。当畜禽发生皮肤真菌病时，可用 2%～5%热碱水、3%福尔马林或 0.5%过氧乙酸进行笼舍和桩柱的消毒。治疗可用灰黄霉素。

二、假皮疽组织胞浆菌

假皮疽组织胞浆菌(*Histoplasma farciminosus*)，旧名假皮疽隐球菌，是马属动物流行淋巴管炎的病原体，该病是以皮下淋巴管和淋巴结发炎、肿胀、化脓和皮肤溃疡为特征的慢性接触性传染病。

1. 生物学特性　本菌为典型的双相型真菌。在组织中，呈酵母样细胞；室温培养时，形成菌丝体。侵入动物体时，孢子繁殖以芽生方式为主，从母细胞产生芽胞子。芽胞子呈卵圆形或瓜子形，具有双层膜的酵母样细胞。大小为(2～3)μm×(3～5)μm，多单在或 2～3 个排列。菌体胞浆均匀，内含 2～4 个圆形、呈回旋运动的小颗粒。在培养物中，菌丝分支分隔、粗细不匀，末端形成瓶状假分生孢子。在病变组织和脓汁中也偶尔可检出菌丝。

需氧，最适温度为 25～30℃，pH5～9。常用培养基有 1%葡萄糖甘露醇甘油琼脂、2%葡萄糖甘油琼脂等，但只有在这些培养基中加入 10%的牛、绵羊、马或兔血清才能使本菌发育良好。初步培养比较困难，生长发育缓慢，一般在接种后 15～20 天才出现菌落，约 30 天左右能生长出蚕豆至拇指大小的菌落，菌落边缘不齐，表面有皱褶，呈淡黄色或褐色，如爆米花状。不发酵多种糖类，不产生靛基质和 H_2S，VP 试验阴性，能凝固石蕊牛乳，能轻微液化明胶。

2. 微生物学检查　镜检时，取脓汁或分泌物，适当稀释，或取痂皮加 10%氢氧化钾处理透明后，制片镜检，有双层荚膜酵母样细胞，结合病情，可作出诊断。分离培养时，病料先用青、链霉素处理 12h 后再接种。将出现的典型菌落用生理盐水制成悬液，接种家兔或豚鼠，观察是否有脓肿，作为诊断参考。变态反应检查时，用培养物颈部皮内注射，48～72h 后，注射部位如发生硬固的热痛肿胀，皮肤增厚超过 5mm 即为阳性。此法特异性强，检出率可达 80%以上。应用经高压后乙醇或乙醚提取的抗原进行沉淀反应、补体结合试验检查马血清中的抗体，也是有效的诊断方法。

3. 防制　目前尚无特异的免疫制剂。早期诊断、及时的隔离治疗或扑杀是防制本病的有效办法。对发病动物的局部溃疡采用外科处理，注射抗生素有一定效果，病愈动物可获得长期或终生免疫。

三、新型隐球菌

新型隐球菌(*Cryptococcus neoformans*)是动物和人的一种机会致病菌，是自然界中的腐生菌，常存在于土壤、鸽粪、牛奶、植物、污水及腐烂的水果蔬菜中，可引起马的呼吸道病，牛、羊的乳腺炎，以及人的肺炎、慢性脑膜炎。鸟类尤其是鸽子是本菌的自然宿主，但一般不致病。

1. 生物学特征　菌体为圆形或卵圆形孢子，直径为 4～20μm，在组织中菌体稍大。致病性隐球菌外围有一层透光的厚荚膜，厚度为 5～8μm，比孢子本身大 1～2 倍。一般染色法难以着色而不被发现，故称为隐球菌。用印度墨汁染色时，镜下可见在黑色的背景中呈圆形或卵圆形的菌体外包有一层透明的荚膜。孢子出芽或不出芽，多为边芽殖。

在沙保葡萄糖琼脂上生长缓慢，37℃培养1～2周方见白色、皱纹样菌落，继续培养时呈湿润、黏稠、光滑乳酪色或淡褐色典型的酵母菌落。在液体培养基中培养，可形成菌环，但不形成菌膜。不分解葡萄糖、麦芽糖、蔗糖和乳糖，硝酸盐试验阴性。分解尿素，此点可与念珠菌区别。

2. 微生物学检查　染色镜检时，采集脑、肺、乳汁及脊髓液、脓汁等制片，用印度墨汁染色观察。革兰染色阳性。动物试验时，用37℃培养物或病料乳剂，腹腔、尾静脉或颅内注射小鼠，经2～3周死亡，再用死鼠组织制片镜检。血清学诊断时常用补体结合反应、反向乳胶间接凝集试验和荧光抗体技术。

3. 防制　预防本病的主要措施是防止吸入污染鸟粪尤其是鸽粪的尘埃，避免长期使用皮质类固醇和免疫抑制剂。发病时，使用两性霉素B等。

四、白色念珠菌

白色念珠菌(*Candida albicans*)可致人和动物念珠菌病，是人和动物消化道、呼吸道及泌尿生殖道黏膜的常在菌，一般对正常动物不致病，只有当饲养管理不良、维生素缺乏、大剂量长期使用广谱抗生素或免疫抑制剂，使机体抵抗力下降时，才引起内源性感染，是机会性致病菌。患念珠菌病的动物多在消化道黏膜形成乳白色伪膜斑坏死物，主要侵害家禽，特别是雏鸡。牛、猪、犬和啮齿动物也可能感染。

1. 生物学特性　为假丝酵母菌，在病变组织渗出物和普通培养基上产生芽生孢子和假菌丝，不形成有性孢子。菌体呈卵圆形，壁薄，大小为(3.0～6.5)μm×(3.5～12.5)μm(图10-1)。新分离的菌株假菌丝上常带有球状成团的芽生孢子，菌丝中间或顶端常有大而薄的圆形或梨形细胞，这些细胞逐渐发展成为厚壁孢子。革兰染色阳性，着色不匀。

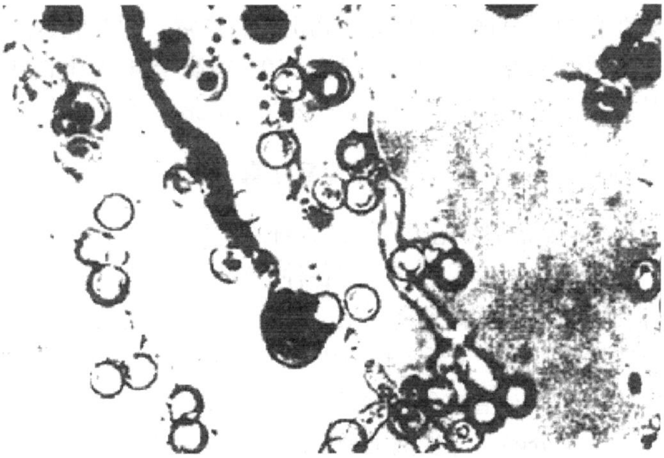

图10-1　白色念珠菌(引自陆承平，2013)

本菌在普通琼脂、血液琼脂与沙保葡萄糖琼脂培养基上均可良好生长。需氧，室温或37℃培养1～3天可长出菌落。菌落呈灰白色或乳白色，偶呈淡黄色，表面光滑，有浓厚的酵母气味，培养稍久，菌落增大，菌落表面形成隆起的花纹或呈火山口状。菌落无气生菌丝，但有向下生长的营养假菌丝，在玉米粉培养基上可长出厚壁孢子。

本菌能发酵葡萄糖、麦芽糖、甘露糖、果糖等，产酸产气。发酵蔗糖、半乳糖产酸不产气，不发酵乳糖、棉子糖等。不凝固牛乳，不液化明胶。

2. 微生物学检查 染色镜检时，取坏死伪膜病料，经氢氧化钾处理后，革兰染色镜检，有大量椭圆形、酵母样细胞或假菌丝，可作出初步诊断。初代分离培养时用血液琼脂，有大量菌落生长对确认有重要意义。血清学试验可用免疫扩散试验、乳胶凝集试验及间接荧光抗体试验，对全身性假丝酵母感染的诊断有一定的价值。进行动物试验时，家兔或小鼠静脉注射本菌的生理盐水悬液。兔子于注射4～5天后死亡，剖检可见肾脏皮质有许多白色脓肿。

3. 防制 无特异性防制措施。加强管理，提高动物机体免疫力，正确使用抗生素，可减少本病发生。用1%氢氧化钠溶液或2%甲醛溶液经1h处理该菌可得到抑制，5%氯化碘液处理3h可达到消毒目的。

第二节 中毒性病原真菌

凡能产生毒素、导致人和动物发生急性或慢性中毒的真菌，称为中毒性病原真菌。中毒性病原真菌产生的真菌毒素是一类次生代谢产物，种类很多。人们根据各种真菌毒素毒性作用的靶器官分为肝脏毒、肾脏毒、神经毒和造血组织毒等。肝脏毒主要引发肝细胞变性、坏死，或引起肝硬化、肝癌。肾脏毒主要引发肾脏急性或慢性病变，使肾功能丧失。神经毒主要造成大脑和中枢神经系统的损害，引起严重的出血和神经组织变性。造血组织毒主要损害造血系统，发生造血组织坏死或造血机能障碍、白细胞减少症等。许多真菌毒素往往作用两种以上的器官或系统，表现出致畸、致癌和致突变作用，还包括抑制细胞分裂或蛋白质合成、影响核酸复制、降低免疫应答等。

真菌毒素的产生，除取决于菌株外，还依赖于外界环境因素，如基质、温度和湿度等。一般真菌产毒菌株易在食物、粮食、饲草等植物上生长产毒，而在乳、蛋等动物源基质上产毒能力较低。大多数最适温度为25～30℃，低于10℃或高于40℃生长减弱，产生毒素的能力也会受到影响。基质含水量在17%～18%是真菌产毒的最适条件。

一、黑葡萄穗霉

黑葡萄穗霉(*Stachybotrys stra*)常见于发霉的含纤维物质，如种子、潮湿的干草、禾秆、杂草及草食动物粪便。产生的葡萄穗霉素能引起各种动物中毒。在自然条件下，最易导致马匹中毒，临床表现为坏死性口腔炎及胃肠炎；猪、牛、羊和禽类也可发病。在本病流行地区，与牧草接触的人也可能发生中毒，主要表现为皮炎、卡他性咽炎、出血性鼻炎、胸闷等症状。

1. 生物学特性 分生孢子梗直立于营养菌丝上，基部近于透明，顶部呈烟褐色，表面粗糙或有颗粒。营养菌丝分支分隔，分生孢子梗顶端产生花瓣样小梗，呈长卵圆形；小梗上长分生孢子，大部分呈卵形，比小梗稍粗，褐色，光滑，老龄时呈黑色(图10-2)。本菌为专性需氧霉菌，最适温度20～25℃，相对湿度为30%～45%。对营养要求不高，在琼脂培养基上菌落呈絮状、橙棕色圆形，背面为橙色。

黑葡萄穗霉产生毒素，其熔点为162～166℃，溶于各种有机溶剂，对120℃高温和酸稳定，易被20%～40%的苛性钠溶液破坏，毒素无抗原性。

2. 微生物学诊断　染色镜检时，刮取饲草、饲料上黑色菌层镜检，可见分支分隔菌丝和特征性的小梗及分生孢子等结构。分离培养时，取病料培养后观察菌落特征。

毒素检查时，将纯培养物接种于灭菌的潮湿干草上，20～25℃培养 20 天后，用乙醚浸渍 6h，再经浓缩后，涂于白色家兔体侧皮肤，另一侧皮肤涂用优质干草按同法制备的浓缩物。如试验侧皮肤于 48～72h 内出现明显充血、水肿以至坏死，对照侧无反应，则证明所分离物为产毒菌株。

3. 防制　患病动物不出现免疫反应，感染恢复者仍保持易感性。平时要注意保持草料的干燥，勿喂发霉的草料。

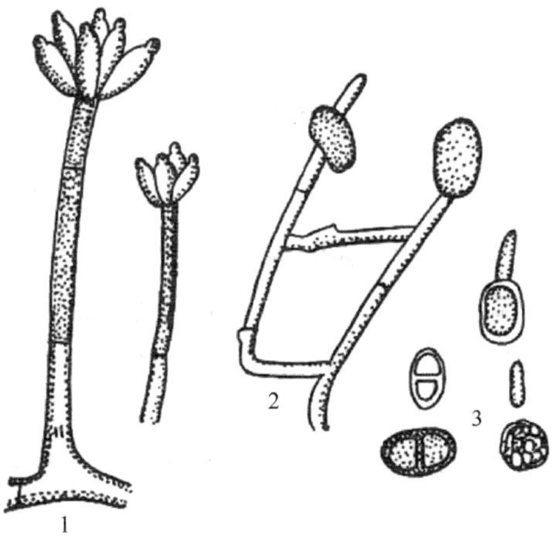

图 10-2　黑葡萄穗霉(引自孔宪刚，2013)
1. 分生孢子梗；2. 孢子萌发及牙管连接；3. 分生孢子

二、镰 刀 菌 属

镰刀菌属(*Fusarium*)，又称镰孢霉属，菌种繁多，分布广泛，是危害各种作物的病原菌，有些也是人、动物、昆虫的病原菌。

1. 生物学特性　本属菌镜下可见有大分生孢子和小分生孢子。大分生孢子由气生菌丝或分生孢子座产生，或产生在黏孢团中，为多细胞，一般有 3～5 个隔，少数有 6～12 个隔，形态多样，有镰刀形、线形、锥形、钩形、柱形和纺锤形等。小分生孢子产生于分生孢子梗上，多为单细胞，少数有 1～3 个隔，形态不一，呈卵圆形、腊肠形和纺锤形等。气生菌丝、黏孢团、子座、菌核呈各种颜色，基质也可被染成各种颜色。有些镰刀菌有性繁殖器官，产生闭囊壳，内含子囊及子囊孢子。

在马铃薯葡萄糖琼脂培养基上，菌落生长、扩展迅速，呈白毛、粉色、粉红、橙红、黄色、紫色等。气生菌丝发达，高的达 0.5～1.0cm，低的为 0.3～0.5cm。有的气生菌丝不发达或完全无气生菌丝，由营养菌丝组成子座，分生孢子梗座直接在子座上生出。

产生毒素的镰刀菌主要为禾谷镰刀菌、三线镰刀菌、串珠镰刀菌、木贼镰刀菌、拟枝镰刀菌和雪腐镰刀菌等。产生的毒素十分复杂，种类因镰刀菌而异，大致可分为三类。第一类是玉米赤霉烯酮， 白色结晶，不溶于水，溶于碱性溶液、乙醚、苯、二氯甲烷中，可引起仔猪子宫、外阴肿大，母猪阴门及乳腺肿大，子宫外翻、流产、胎儿畸形，所以称之为雌性发情毒素。牛有一定的抵抗力，但食入毒素的奶牛所产的奶中含毒素，对人有危害。第二类是单端孢霉烯族化合物毒素，是一组毒素的统称，主要引起动物呕吐、消化道黏膜溃疡及发炎、出血性病变及神经病状，发生拒食与呕吐综合征，猪多发。马属动物食入污染毒素的饲料也易发病，临床表现有神经症状和消化道出血，病理上出现脑白质软化等。第三类是丁烯酸内酯，为棒状结晶，易溶于水，微溶于二氯甲烷和氯仿，在碱性水溶液中极易水解，主要引起水牛的“蹄腿腐烂病”，喂饲带此毒素的霉败稻草后，蹄和皮肤处破裂，有时蹄匣脱落或尾尖、耳尖干性坏死。

2. 微生物学诊断　可进行病原的分离培养鉴定。也可进行毒素检测，即从可疑饲料提取毒素，腹腔接种小鼠，如有此毒素，可引致精神委顿、腹泻、胃肠出血，口部有坏死灶，最终死亡。

3. 防制 防止用发霉的饲料饲喂动物。

三、青 霉 属

青霉属(*Penicillium*)是一群种类多、分布广的真菌，其中黄绿青霉、橘青霉、岛青霉、圆弧青霉、扩展青霉是本属中主要的常见产毒素真菌，对人和动物机体的毒性作用各有不同。本属的基本特征是营养菌丝从无色到有鲜明颜色、菌丝有隔；气生菌丝呈密毯状，棉絮状或部分集结成菌索；分生孢子梗有隔，光滑或粗糙，顶端有呈扫帚状的轮生分支，称帚状支；分生孢子呈球形、椭圆形或圆柱形，大部分呈黄绿色、绿色或灰绿色。

(一) 黄绿青霉

黄绿青霉(*P. citreaviride*)，又称毒青霉，可从霉变米或土壤中分离到。分生孢子梗从贴于基质表面的菌丝中出生，壁光滑。帚状支多为单轮，分支较少，小梗密集。分生孢子呈球形或近似球形，壁薄而光滑，呈串状。琼脂培养基上室温培养 12～14 天，可长出直径为 2～3cm 的菌落，表面有皱褶，呈纽扣状，中心隆起或凹陷。大部分菌落呈明显的柠檬色及黄绿色，经 14 天后变成浊灰色，表面呈绒状或絮状，略带霉味。

黄绿青霉代谢产生的黄绿青霉素是很强的神经毒素，为橙黄色柱状结晶，熔点为 107～110℃，可溶于丙酮、氯仿、冰乙酸、甲醇或乙醇中，微溶于苯、乙醚，不溶于石油醚和水。紫外线照射下，呈黄色荧光，有特殊臭味。耐热，270℃才能失去毒性。

黄绿青霉素可使动物发生急性中毒，典型症状为上行性进行性神经麻痹，其他症状包括呕吐、痉挛和呼吸系统紊乱(脊髓麻痹)，严重可引起死亡。该毒素可使猫、犬、猴、兔、大鼠发生中毒。毒素主要分布在脑、肝、肾、脾脏中。

(二) 橘青霉

橘青霉(*P. citrinum*)多存在于土壤和霉败的粮食和饲料中。分生孢子梗大部分从基质上产生，也有从菌落中央的气生菌丝上生出的，壁光滑，不分支，帚状支有 3～4 个轮生梗基，每个梗基上生出 6～10 个密集而平行的小梗。分生孢子呈圆形，壁光滑，形成串状孢子链。琼脂培养基上生长局限，24～26℃培养 10～14 天，长出直径为 2.2～2.5cm 的菌落，有典型的放射状皱纹，呈绒状或絮状。菌落初期呈蓝绿色，日久则变为黄绿色，菌落背面呈黄色至橙黄色，有明显的蘑菇气味。

本菌能产生橘青霉素，为肾脏毒，柠檬色针状结晶，熔点为 172℃，溶于无水乙醇、氯仿、乙醚中，不溶于水。橘青霉素可引起牛、猪和禽类中毒，表现为肾功能障碍和病理上的肾小管变性。

(三) 岛青霉

岛青霉(*P. islandicum*)，亦称冰岛青霉，本菌分布广泛，主要在水稻、玉米、大麦中生长。分生孢子梗短，呈分支状，从气生菌丝上产生，帚状支为双轮对称，小梗平行密集，每簇 5～8 个。分生孢子为椭圆形，壁厚光滑，产生短的结节状分生孢子链。琼脂培养基上，生长缓慢，室温 14 天，菌落直径达 2.5～3cm，具有显著的环带及轻微的放射状皱纹，菌落呈黄橙色、橘红色、褐色及暗绿色等多种颜色。

本菌产生的岛青霉毒素主要有黄天精及环氯素，均为肝脏毒。黄天精呈黄色，六面体针状结晶，熔点为287℃，脂溶性，易溶于丙酮、甲烷、正丁醇和乙醚等有机溶剂，不溶于水。急性中毒引起动物肝萎缩，慢性中毒引起肝纤维化、肝硬化或肝肿瘤。环氯素又称含氯肽，白色针状结晶，熔点为 251℃，水溶性，毒性与黄天精相似，但作用非常迅速，急性中毒时体温低、竖毛、昏睡而死；肝充血、肥大，有时小肠出血。

四、甘薯黑斑病霉

甘薯黑斑病霉(*Ceratostomella fimbriata*)主要侵害甘薯的虫害部分或损伤部位。但目前甘薯已不再是主要饲料，此病也趋于消失。

本菌无性繁殖产生分生孢子和厚垣孢子。分生孢子着生于孢子梗顶端，单细胞，圆筒形、棒形或哑铃形。厚垣孢子呈暗褐色，椭圆形，壁厚，能抵抗不良环境。有性繁殖产生子囊果，基部呈球形，颈部细长，整个子囊果如一长颈瓶。子囊果内有梨形子囊，内含8个子囊孢子，子囊孢子呈钢盔状，单细胞，无色、椭圆形(图 10-3)。能在人工培养基上生长，幼龄菌丝呈白色，老龄变为深褐色。接种于甘薯块根时，局部迅速形成黑色斑，其中产生黑粉和刺毛，并有恶臭气味。

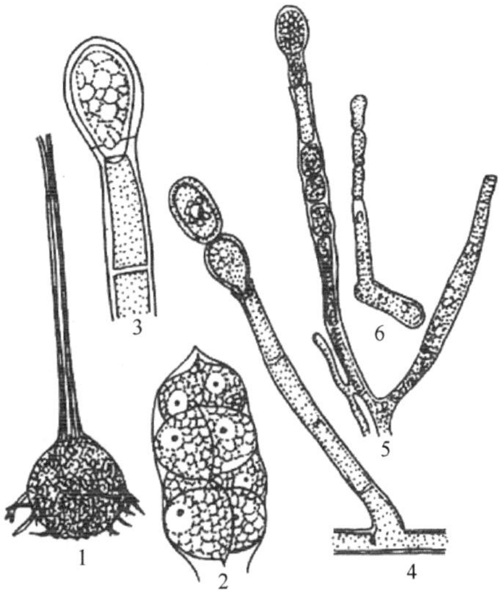

图 10-3　甘薯黑斑病霉(引自孔宪刚，2013)
1. 子囊壳；2. 子囊；3. 初分生孢子；4. 大分生孢子；5. 小分生孢子；6. 小分生孢子的萌发

在甘薯上可产生甘薯醇和甘薯酮等多种毒素，可引起乳牛、黄牛及水牛的中毒症，羊则次之。牛采食这种霉烂甘薯后，可引起急性肺水肿和间质肺气肿为特征的中毒症，主要表现是突然发生极度的呼吸困难，严重时死亡。

防制时，首先是预防甘薯侵染本病，并勿用病薯及其加工后的残渣饲喂牛和其他动物。

五、曲　霉　属

曲霉属(*Aspergillus*)种类繁多，在自然界中分布广泛。曲霉中对畜禽危害严重的有黄曲霉、烟曲霉、寄生曲霉、棕曲霉、杂色曲霉、构巢曲霉、白曲霉及黑曲霉等。曲霉病临床不多见。正常机体对本菌有一定抵抗力，当机体抵抗力降低时可引起感染。本菌较明显地因其所作用的机体体质类型、机体反应性及作用环境状况的不同而引起不同类型的疾病，如感染性疾病、变态反应性疾病及霉菌毒素中毒性疾病。在免疫缺损或受抑制的患者体内，可引起急性播散性曲霉病，死亡率高，经数日即可死亡。黄曲霉可产生毒性很强的黄曲霉毒素，食后可引起中毒并有明显的致癌作用。

(一) 烟曲霉

烟曲霉(*A. fumigatus*)在土壤、腐败有机物内均可繁殖，常从玉米、大麦、小麦和霉草中分离出。烟曲霉是曲霉属致病性最强的霉菌，既可引起畜、禽的感染，如导致禽的曲霉性肺炎及呼吸器官组织炎症，并形成肉芽肿结节；也可产生毒素，导致动物发生痉挛、麻痹，直至死亡。

1. 生物学特性　分生孢子梗常带绿色，光滑。顶囊呈绿色，上长满辐射状的小梗，小梗顶端长出的成串的球形分生孢子，呈绿色，表面粗糙有细刺(图 10-4)。在葡萄糖马铃薯培养基、沙保培养基、血琼脂培养基上经 25～37℃培养，生长较快，菌落最初呈白色绒毛状或棉絮样，迅速变为绿色、暗绿色及黑色，外观呈细粉末状或绒毛状，菌落反面无色或带褐色。

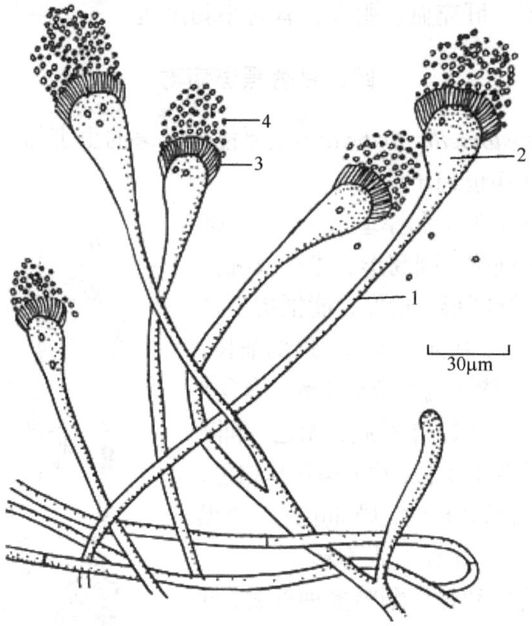

图 10-4　烟曲霉(引自孔宪刚，2013)

1. 分生孢子梗；2. 顶囊；3. 分生孢子；4. 孢子

2. 微生物学诊断　取病禽肺、气囊或腹腔上肉眼可见的小结节，置载玻片上，加生理盐水 1～2 滴，压盖玻片镜检，检查有无烟曲霉的特殊形态。也可取肺、肝或脾作切片，染色镜检，可见呈花冠状分生孢子，即可确诊。分离培养时，取肝等实质器官，接种于马铃薯培养基上，37℃下培养 3 天，可见菌丝生长。

3. 防制　加强饲养管理，保持禽舍通风干燥，不让垫草发霉。环境及用具保持清洁。本菌对一般的抗生素均不敏感，制霉菌素、两性霉素 B、灰黄霉素及碘化钾对本菌有抑制作用。

(二) 黄曲霉

黄曲霉(*A. flavus*)通常寄生于各类粮食、花生、棉籽、鱼粉及肉制品上，若收获、加工和贮藏过程中处理不当，便会大量繁殖。大多数菌株腐生于谷物后，对畜禽和人无害；但少数的菌株在繁殖时能产生毒素，可引起畜禽发生毒素中毒，并导致癌症，也严重危害人类的健康。

1. 生物学特性　黄曲霉的分生孢子梗壁厚而粗糙，无色。顶囊大呈烧瓶状或近球形，上有单层或双层小梗。分生孢子有椭圆形及球状，呈链状排列(图 10-5)。培养常用察氏琼脂，最适温度为 28～30℃，经 10～14 天，菌落直径可达 3～7cm，最初带黄色，然后变成黄绿色，老龄菌落呈暗色，表面平坦或有放射状皱纹，菌落反面无色或略带褐色。

黄曲霉分有毒株和无毒株，能形成黄曲霉毒素的是有毒菌株。毒素常见于霉变的花生、玉米等谷物及棉子饼等，在鱼粉、肉制品、咸干鱼、奶和肝脏中也可发现。黄曲霉毒素从化学上可分为B1、B2、G1、G2、B2a、G2a、M1、M2、P1、GM2、毒醇等多种。不同毒素的毒性大小不同，B1的毒性最强，其次是G1。黄曲霉污染物中，最常见的也是黄曲霉毒素 B1。黄曲霉毒素的熔点为 200～300℃，非常耐热，煮沸不能使之破坏；在pH9～10的强碱溶液中，毒素能迅速分解；几乎不溶于水，可溶于乙醇、氯仿、丙酮等有机溶剂。

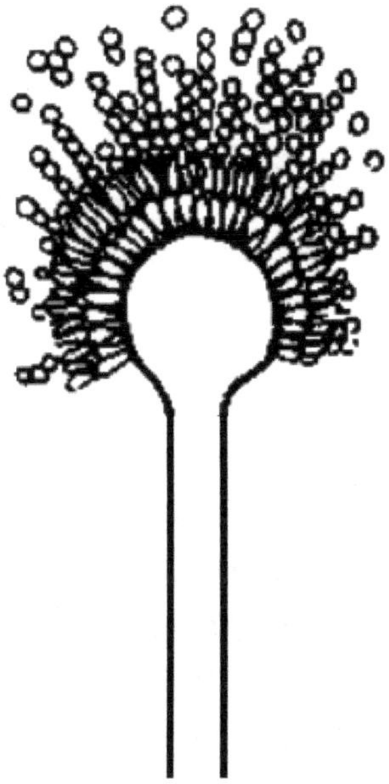

图 10-5 黄曲霉
(引自黄青云，2003)

不同动物对黄曲霉毒素的敏感性不同，鸭、兔、猫、猪、犬较敏感，猴、豚鼠、小鼠、羊敏感性较低。根据黄曲霉毒素的毒性作用，可将中毒分为三类，即急性或亚急性、慢性、致癌性。急性或亚急性中毒的雏鸡主要表现为肝实质细胞变性、坏死、胆管增生、肝出血等。人或动物持续地摄入一定量的黄曲霉毒素引起慢性中毒，主要表现为生长障碍、肝脏的慢性损伤。人和动物长期摄入较低水平的黄曲霉毒素，或在短期摄入一定数量的黄曲霉毒素，经过较长时间后发生肝癌。实验证明，黄曲霉毒素是目前发现的最强烈的致癌物质，其致癌能力约为二甲基偶氮苯的900倍，约为二甲基亚硝胺的75倍。除引发肝癌外，还能诱变胃腺癌、肾癌、直肠癌等其他肿瘤。

2. 微生物学诊断 毒素检查时，从可疑饲料中提取毒素，进行生物学鉴定。用1日龄鸭进行试验，着重检查肝脏病变，可见坏死、出血及胆管上皮细胞增生等；或用薄层层析法检测毒素。从可疑饲料分得真菌后，根据形态学及培养特点进行鉴定，并进行产毒试验。

3. 防制 防止饲料发霉，主要措施是控制温度和湿度。一般粮食含水量在13%以下，玉米在12.5%以下，花生在8%以下，真菌即不易繁殖。另外，勿用发霉饲料饲喂动物。

(三) 杂色曲霉

杂色曲霉(*A. versicolor*)在自然界广泛分布，在空气、土壤、腐败的植物、多种粮食、饲料中都可分离到，产生的毒素毒性仅次于黄曲霉毒素。

分生孢子头呈粗糙的半球形、放射状。分生孢子梗无色或微黄、壁厚、光滑。顶囊半椭圆形至半球形，顶囊生有双层小梗。分生孢子为球形有小刺，呈链状。在琼脂培养基上，生长缓慢，菌落局限，24～26℃培养15天，菌落直径可达2～3cm，呈绒状、絮状，中心较高，呈现放射状皱纹，不同菌株的菌落可呈不同颜色，如黄色、绿色、橙黄色、深绿色、灰绿色、粉红色等，背面无色至黄色、玫瑰色、粉红色至紫红色。

杂色曲霉素的纯品为淡黄色针状结晶，熔点246℃，耐高温，在246℃才裂解，易溶于氯仿、吡啶和二甲基亚砜等有机溶剂，不溶于水及强碱性溶液，在紫外线下呈橙红色荧光。杂色曲霉素为肝脏毒素，具有急性、慢性毒性及致癌性，主要损害肝、肾。致死病变主要表现在肝及肾的坏死，亦可见胃肠道、心包和所有浆膜出血。慢性中毒可见肝脏变性，产生再生结节、肝细胞癌变等。

第十一章　重要致病性病毒

第一节　马立克病病毒

马立克病病毒(Marek's disease virus，MDV)引起马立克病，以淋巴细胞增生和形成肿瘤为特征，传染性强，危害性大。本病隐性传染的带毒鸡是最危险的传染来源，在鸡群中，无论是直接或间接接触，都可传播病毒。

1. 生物学特性　马立克病病毒属于疱疹病毒目疱疹病毒科马立克病毒属，学名为禽疱疹病毒 2 型，基因组为双股 DNA。病毒子近似球形，直径为 150～250nm，呈二十面体对称。靶细胞为 T 淋巴细胞，在细胞内复制。病毒在鸡体组织内有两种存在形式，即无囊膜的裸体病毒和有囊膜的完全病毒。裸体病毒存在于肿瘤的病变中，与细胞完全结合，在外界存活的能力很弱，与细胞共存亡。完全病毒只存在于羽毛囊上皮细胞中，能在体外存活较长时间，具有传染性。

MDV 可分为三个血清型：一般所说马立克病病毒系指 1 型，为致瘤毒株；2 型为非致瘤毒株；3 型为火鸡疱疹病毒(HVT)，对火鸡可致产卵下降，对鸡无致病性。

2. 致病性　MDV 对鸡及鹌鹑有致病性，对其他禽类无致病作用。2～5 月龄高发，死亡率可达 80%。神经淋巴瘤病出现麻痹等症状，急性型在未出现神经症状之前即已死亡。还有眼型或皮肤型淋巴瘤。疾病的严重程度与毒株毒力、鸡的日龄、性别、免疫状况及遗传品系有关。隐性感染时，羽囊角化层的上皮细胞含有病毒，可终生带毒并排毒，易感鸡可通过吸入此种毛屑感染。病毒不经卵传递。MDV 可以在组织细胞和鸡胚中生长繁殖。一些野毒株具有独立增强的趋势。

3. 微生物学诊断　免疫检测时，采病鸡的血液，析出血清或羽毛囊上皮作琼脂扩散试验，出现沉淀线为阳性。还可以用免疫荧光抗体及间接血凝试验等方法诊断。病毒分离时，可用全血白细胞层接种细胞，或接种 4 日龄鸡胚卵黄囊或绒毛尿囊膜，再进行荧光抗体染色或电镜检查作出诊断。

4. 防制　由于火鸡疱疹病毒与本病毒有 95%的 DNA 同源性，故常用火鸡疱疹病毒制作疫苗进行预防接种。但随着 MDV 毒株毒力的增强，HVT 疫苗效果已经不佳。目前，常用 HVT+CVI988 进行免疫，效果较好。对该病的控制可采用对 1 日龄雏鸡进行免疫接种，对鸡群实行全进全出的管理体制及培育抗病品种等措施。

第二节　鸭 瘟 病 毒

鸭瘟病毒(Duck plague virus)可引致鸭瘟，主要危害家鸭，番鸭、野鸭、鹅、天鹅，其他水禽也易感。迁徙水禽对病毒起传播作用。野鸭在感染后 1 年以上仍能分离到病毒。

1. 生物学特性　鸭瘟病毒属于疱疹病毒目疱疹病毒科马立克病毒属，又名鸭疱疹病毒 1

型，基因组为双股DNA。病毒呈球形，直径为80～120nm，呈二十面体对称，有囊膜。

鸭瘟病毒可在8～14日龄的鸭胚绒毛尿囊膜及鸭胚成纤维细胞上生长。前者绒毛尿囊膜可出现灰白色坏死灶，胚胎死亡，肝有坏死灶。后者可形成核内包涵体。初次分离的鸭瘟病毒不能在鸡胚和鹅胚上生长，但经鸭胚适应后的病毒可以生长，并引起死亡。人工接种也可使1日龄小鸡感染。

病毒只有一个血清型，但毒力有差异。

2. 致病性 病毒主要侵害鸭的循环系统、消化系统、淋巴样器官和实质器官，引起头、颈部皮下胶样水肿，消化道黏膜发生损伤、出血、坏死，形成伪膜，肝有特征性出血和坏死。产蛋率下降25%～40%，发病率在5%～100%，出现临床症状的病鸭大多死亡。传染源主要是病鸭、潜伏期的感染鸭、病愈不久的带毒鸭及污染的环境，通过接触传染。

3. 微生物学诊断 结合临床症状，进行组织切片荧光抗体染色，或检测包涵体，必要时分离病毒进行中和试验，即可确诊。

4. 防制 接种鸡胚或鸭胚化的鸭瘟弱毒疫苗，可使鸭、鹅获得坚强的免疫力。防止带毒的野生水禽进入鸭群。

第三节 痘 病 毒

痘病毒(poxvirus)能引起禽和多种哺乳动物发生痘病，以皮肤和黏膜发生痘疹为特征，接触感染性强。痘病危害甚大，尤以绵羊痘最为严重，常引起羊只大批死亡，其次是鸡痘，白喉型鸡痘可造成小鸡大批死亡。

1. 生物学特性 痘病毒属于痘病毒科，对动物有致病性的痘病毒属于脊椎动物痘病毒亚科，基因组为双股DNA。病毒子呈砖形或卵圆形，长250～350nm、宽200～250nm。痘病毒的结构比较复杂，中央为DNA芯髓，其两旁有两个功能不明的侧体，被具有特殊管状结构的脂蛋白衣壳包裹，囊膜含有宿主细胞的类脂成分及某些病毒特殊蛋白。病毒在细胞质内复制，并形成包涵体。

脊椎动物痘病毒亚科现分为9个属，包括正痘病毒属、猪痘病毒属、山羊痘病毒属、兔痘病毒属、软疣病毒属、雅塔痘病毒属、鹿痘病毒属、禽痘病毒属和副痘病毒属。除软疣病毒属外，其余均对动物有致病性。

2. 致病性 绵羊痘病毒(*Sheeppox virus*)属于山羊痘病毒属。病毒通过空气传播，吸入感染，也可通过伤口和厩蝇等吸血昆虫叮咬感染。在自然条件下，只有绵羊发生感染，出现全身性痘疱，肺经常出现特征性干酪样结节，感染细胞的胞浆中出现包涵体。各种绵羊的易感性不同，死亡率在5%～50%不等。有些毒株可感染牛和山羊，产生局部病变。

鸡痘病毒(*Fowlpox virus*)是禽痘病毒属的代表种。在自然情况下，各种年龄的鸡都易感，但多见于5～12月龄的鸡。皮肤型病鸡的鸡冠、肉垂、口角和泄殖腔附近出现病变，先形成红色突起圆斑，随后变为上皮瘤；1～2天后，痘上皮瘤由痂皮被覆。病毒若侵害眼睛，可引起结膜炎和暂时失明。白喉型病鸡在口腔和咽喉部黏膜上出现黄白色稍突起的小结节，随后增大，并融合成一层黄白色干酪样假膜，覆盖于黏膜表面，严重时可引起咽喉阻塞，造成窒息死亡。白喉型病鸡往往有呼吸道症状，呼吸道排泄物中含有大量的病毒。此型鸡的死亡率最高，可高达30%～50%。也可感染火鸡，鸽偶可感染。

3. 微生物学诊断 痘病一般通过临床症状即可诊断。如需要，可采取痘疱液和痘疱皮进行琼脂扩散试验或荧光抗体染色检查。必要时，可接种鸡胚或细胞培养，观察病变；同时，还可进行包涵体检查以助诊断。

4. 防制 定期接种疫苗。预防绵羊痘病毒常用羊痘氢氧化铝苗和鸡胚化羊痘弱毒疫苗，预防鸡痘病毒常用鸡胚培养鸽痘病毒疫苗和鸡胚细胞传代的弱毒疫苗。

第四节 减蛋综合征病毒

除鸡以外，减蛋综合征也发生于家鸭、野鸭及鹅。病原为腺病毒，有三种基因型：第一种引自经典的减蛋综合征，许多国家均有发生；第二种仅发生于英国的鸭；第三种发生于澳大利亚的鸡。

1. 生物学特性 减蛋综合征病毒(Egg drop syndrome virus，EDSV)，学名鸭腺病毒甲型，属腺病毒科富胸腺病毒属的病毒，基因组为单分子线状双股 DNA。核衣壳为二十面体立体对称，直径 80～100nm，无囊膜。

EDSV 能凝集鸡及其他禽类红细胞，在鸭胚及鸭源或鹅源细胞均可高滴度增殖，鸡胚肾或肝细胞也可生长。病毒在细胞核内复制并组装，病毒颗粒可组成晶格样结构，使宿主细胞染色体浓缩并边缘化，导致细胞核异常，从而形成包涵体。病毒颗粒通过细胞崩解释放。

2. 致病性 病禽产褪色蛋、软壳蛋或无壳蛋。蛋壳分泌腺及输卵管上皮细胞坏死，出现炎性渗出，可见核内包涵体。病禽所产的蛋是主要的传染源，病毒也可随粪便排出，造成污染。

3. 微生物学诊断 通过临床症状诊断并不困难，确诊可进行病毒分离培养、血凝和血凝抑制试验、中和试验来检测。

4. 防制 用灭活疫苗在产蛋前预防接种，可降低发病率，但不能防止病毒的传播。

第五节 犬细小病毒

犬细小病毒(Canine parvovirus)是细小病毒科细小病毒属的病毒，我国在 20 世纪 80 年代初发现。该病毒具有高度的稳定性，并经粪-口途径有效传播，所有犬科动物均易感，而且有很高的发病率与死亡率。

1. 生物学特性 基因组为单分子线状单股负股 DNA，有 6～10 个末端回文序列，使之形成发夹结构。病毒颗粒呈球形，无囊膜，直径 25nm，二十面体对称。病毒在细胞核内复制，可在多种细胞上增殖。因此，病毒感染遍及全身。犬细小病毒可凝集猪和恒河猴的红细胞，此特性可作为鉴定犬细小病毒的参考指标。

2. 致病性 犬细小病毒可导致心肌炎，组织学检查可见局灶性心肌坏死，心肌细胞内形成核内嗜碱性包涵体。患全白细胞减少与肠炎综合征的幼犬往往急性死亡；病程稍长的犬可见小肠和回肠增厚，浆膜表面具有颗粒样物。组织学检查呈现胸腺萎缩、脾及淋巴结淋巴滤泡稀疏，以及腺上皮细胞坏死。

自然感染耐过犬能迅速产生免疫应答，感染 3～5 天后即可检出中和抗体，并达很高的滴度，免疫力可持续终生。90%的母源抗体经初乳传给幼崽，10%经胎盘传递。

3. 微生物学诊断 除注意临床上是否有明显的呕吐、腹泻与白细胞减少外，还应注意病犬的年龄，刚断乳的幼犬最易感。确诊本病有赖于病毒的分离鉴定和血清学检查，最简便的方法是进行血凝和血凝抑制试验。用猪或恒河猴红细胞于 pH6.5、4℃血凝，检测犬粪悬液。患急性肠炎的犬每克粪中可含 20 000 个血凝单位的病毒，相当于 10^9 病毒颗粒。还可用 ELISA、PCR 等方法检出病毒。检测 IgM 抗体可通过早期感染的诊断。

4. 防制 用灭活苗及弱毒苗防疫，当血清凝集抑制价≥1∶80 时，幼崽可获得保护。易受母源抗体的干扰，最好在幼崽 6～8 周龄接种疫苗，并每隔 2～3 周后再次接种疫苗，直至 18～20 周龄。在产生有效的免疫保护之前，还应对幼犬隔离饲养。控制犬细小病毒感染的重点是做好犬群的卫生工作。

第六节 鹅细小病毒

鹅细小病毒(Goose parvovirus)，又名小鹅瘟病毒，可使 8～30 日龄的雏鹅发病，表现为局灶性或弥散性肝炎，心肌、平滑肌及横纹肌急性变性。此病于 1956 年由我国方定一教授在世界上首先发现，取名为小鹅瘟，并研制了疫苗及多抗血清等有效的免疫防控措施。

1. 生物学特性 鹅细小病毒属于细小病毒科依赖病毒属，病毒基因组为单股 DNA，大小为 5～6kb。完整病毒粒子无囊膜，呈六角形，直径 20～22nm。仅有 1 个血清型。对多种动物和禽类的红细胞均无凝集作用。可在 12～14 日龄的鹅胚或番鸭胚或它们的细胞培养中增殖。但初次分离的病毒只能在 12～14 日龄的鹅胚中繁殖，接种途径为绒毛尿囊腔，接种后 5～7 天死亡，死亡的胚体有广泛的出血，尤以毛囊的出血明显；肝脏有变性和坏死；绒毛尿囊膜有轻度水肿。在鹅胚，通过 30 代以上连续继代，毒力显著降低，用它接种雏鹅常不发病。用鹅胚分离的病毒，亦能在鹅胚成纤维细胞上生长，对病变细胞进行染色镜检，可见核内包涵体。

2. 致病性与免疫 在自然情况下，只能使 1 月龄以内的雏鹅发病。雏鹅的病程一般为 1～2 天，均以死亡告终。15 日龄以上的小鹅病程稍长，有的还能自愈。病愈后的鹅或经隐性感染而痊愈的鹅可获得坚强的免疫力，并能将免疫力通过卵黄传给后代，使雏鹅被动获得母源抗体。用灭活病毒接种产蛋鹅，可使雏鹅得到保护至少 4 周。

3. 微生物学诊断 取病鹅的脾、胰或肝的匀浆上清液，接种 12～15 日龄鹅胚绒毛尿囊膜上，3～6 天后，鹅胚死亡，胚体有典型病变，即可确诊。也可用上述绒毛尿囊液接种 7～10 日龄左右的雏鹅，同时用已注射过抗小鹅瘟血清的雏鹅作对照，如果试验组雏鹅发病死亡，对照组不出现症状，即可确诊。

4. 防制 及早注射抗小鹅瘟高免血清能防止 80%～90%已感染的雏鹅发病。在严重流行地区，用弱毒疫苗甚至强毒疫苗免疫母鹅是预防本病最经济有效的方法。但是，在未发病地区不要用活疫苗，以免散毒。特别要做好种鹅的免疫。

第七节 口蹄疫病毒

口蹄疫病毒(Foot-and-mouth disease viruses，FMDV)能感染牛、羊、猪、骆驼等偶蹄动物，使患畜的口腔黏膜、舌及蹄部等发生特征性的水疱。本病极易感染，传播迅速，自然感染死亡率虽低，但发病率极高。

1. 生物学特性　口蹄疫病毒属于微 RNA 病毒科口蹄疫病毒属，基因组为单分子线状正股单股 RNA。病毒子呈二十面体立体对称，近似球形，大小为 21～25nm，无囊膜，耐乙醚，在细胞质内复制，往往可见晶格样排列的大量病毒颗粒。

口蹄疫病毒有 7 个血清型，即 A、O、C、南非(SAT)1 型、SAT 2 型、SAT 3 型和亚洲 1 型。每个血清型又有若干个亚型，由于不断发生抗原漂移，因此并不能严格区分亚型。各血清型之间无交互免疫力，但同一血清型的亚型之间有交互免疫力。

口蹄疫病毒经 70℃10min、80℃1min、1%氢氧化钠 1min 即被灭活，在 pH3 环境中失去感染性。最常用的消毒法是以 1%烧碱水或沸水来消毒车、船等运输工具或饲槽等用具。

2. 致病性与免疫　口蹄疫各型病毒均可引起偶蹄动物发病，也可感染人。人工感染乳兔、乳鼠可使其发病。反刍类动物感染的主要途径是通过吸入感染，也可通过采食或接触污染物感染。病毒经呼吸道感染时，最初在咽部复制，而后传播到其他组织。在临床症状出现前的 24h，患畜排出病毒，乳中也带有大量病毒，并可持续数天。感染猪喷出的飞沫中含有大量的病毒。病毒可依赖于风向及风速经气雾长距离传播，特别是在低温高湿及阴暗的天气。

感染口蹄疫病畜的主要症状是口、鼻、蹄等部位出现水疱，可能跛行。不同动物的症状稍有不同。怀孕母牛流产，导致繁殖力降低；猪则以跛蹄为最主要症状；山羊和绵羊的症状通常比牛温和。

病畜的康复与抗体的产生相关。早期 IgM 抗体既能中和同型病毒，也可以抗异型病毒。康复期产生的 IgG 则具有型特异性或是亚型特异性。康复牛对同型病毒感染的免疫力可维持 1 年或更长。

3. 微生物学诊断　送检样品包括水疱皮、水疱液、抗凝血或血清等，死亡动物则可采淋巴结、扁桃体及心脏。样品应冰冻保存或置于 pH7.6 的甘油缓冲液中。如果样品中病毒的滴度较低，可用细胞培养分离病毒。分离的病毒通过 ELISA 或者中和试验加以鉴定。口蹄疫病毒的检测方法有多种，OIE 推荐使用商品化及标准化的 ELISA 试剂盒进行诊断，如果水疱液或组织中含有足够量的抗原，数小时之内就可获得结果。

4. 防制　弱毒疫苗可能散毒，并对其他动物不安全，建议使用浓缩的灭活疫苗。由于病毒高度的传染力，控制措施必须非常严格和周密。无病地区严禁从疫区调运牲畜。一旦发病，应立即封锁现场，焚毁或深埋病畜。疫区周边的畜群应立即接种疫苗，建立免疫防护带。

第八节　狂犬病病毒

狂犬病病毒(Rabies virus)侵害动物的神经系统，能引起人和各种家畜的神经兴奋、意识障碍、麻痹和死亡。病毒存在于神经系统和唾液中，经咬伤而直接传播。

1. 生物学特性　狂犬病病毒属于弹状病毒科狂犬病毒属，基因组为单分子负股单股 RNA。病毒子呈子弹形，长 180nm，直径 75～80nm，圆柱状的核衣壳螺旋形对称，具有囊膜及膜粒。病毒囊膜粒为糖蛋白结构，具有抗原性，能刺激机体产生中和抗体，还参与病毒的吸附，故与病毒的免疫和致病作用有关。

狂犬病病毒在中枢神经细胞的胞质内复制，能形成圆形或卵圆形的包涵体，称为内基小体。狂犬病病毒可在大鼠、小鼠、家兔和鸡胚等脑组织及猪肾等细胞上培养，但一般不引起细胞病变，需用荧光抗体染色法以检测病毒抗原。通过实验动物继代后，病毒的毒力减弱，可用来制取弱毒疫苗。

2. 致病性与免疫　各种哺乳动物都有感受性，常因疯狗或其他狂犬病患畜咬伤而发病。狂犬病病毒能特异地结合神经肌肉结合处的乙酰胆碱受体及神经节苷脂等受体，在伤口附近的肌细胞内复制，而后通过感觉或运动神经末梢侵入外周神经系统，沿神经轴索上行至中枢神经系统，在脑的边缘系统大量复制，导致脑组织损伤，行为失控，出现症状。病毒从脑沿传出神经扩散至唾液腺等器官，在其内复制，并以很高的滴度分泌到唾液中。在出现兴奋狂暴症状乱咬时，唾液具有高度传染性。

病毒蛋白有很强的免疫原性，但在病毒从咬伤部位向中枢神经系统扩散的过程中，既不出现体液免疫应答，也不出现细胞免疫应答，这可能是因为病毒抗原隐埋在肌肉细胞或神经轴突之内。但此时如用抗体处理，可推迟感染进程。巴斯德在治疗狂犬病时，于感染后接种增殖比野毒快的疫苗毒，同时注射高免血清，收到较好的效果。

3. 微生物学诊断　一般不宜将咬人的动物立即杀死，先将其捕获观察，若一周后不发病，可认为该动物不是狂犬病病犬或咬人时唾液中尚无狂犬病病毒。若观察期间动物发病，即将其杀死解剖，取脑组织检查，特别是大脑海马回部位脑组织，涂片后用荧光素标记的抗狂犬病病毒血清染色，检查病毒抗原，其阳性率约达 90%。取脑组织作病理切片，寻找内基小体即包涵体。必要时可制成 10%脑组织悬液接种小鼠脑内，待发病后取脑组织，再按上述方法检查内基小体及病毒抗原，可提高阳性率。活体诊断可取皮肤或唾液样本，或进行角膜压片进行检测，但敏感性较差。

采用 RT-PCR 技术检测组织中的病毒 RNA，比标准化的荧光抗体法敏感 100～1000 倍，尤其适用于已掩埋的动物样本。

4. 防制　及时扑灭狂犬病患畜。对家养犬、猫进行免疫接种。国内常用的兽用狂犬病弱毒细胞培养疫苗适用于家犬的免疫；对猫和牛需用毒力更低的 FLURY 株鸡胚高代毒疫苗；从国外引进的 ERA 株狂犬病弱毒疫苗，毒力较弱，可用于各种动物的免疫。

注意监测带毒的野生动物。发达国家狐狸和狼的狂犬病投放含弱毒疫苗的食饵，对臭鼬和浣熊则计划使用金丝雀痘病毒为载体表达的狂犬病病毒糖蛋白的基因工程重组疫苗。

第九节　猪传染性胃肠炎病毒

猪传染性胃肠炎病毒(Transmissible gastroenteritis virus of swine，TGEV)是猪传染性胃肠炎的病原体。此病仅发生于猪，在世界各地均有发现，各种年龄的猪均可感染，是一种传播极其迅速的高度接触性胃肠道传染病。

1. 生物学特性　猪传染性胃肠炎病毒为冠状病毒科甲型冠状病毒属甲型冠状病毒 1 型的成员，基因组为单分子线状正股单股 RNA。病毒子呈球形，直径 80～220nm，有囊膜，核衣壳螺旋状对称。病毒在胞浆复制。猪传染性胃肠炎病毒可在猪肾单层细胞、猪甲状腺细胞上繁殖，并可引起细胞病变。

2. 致病性与免疫　病毒通过消化道进入机体，潜伏期 18～72 h 。幼小仔猪易感，并出现临床症状。虽然病毒不耐酸，仔猪的胃分泌物酸度低，但因吮乳冲淡了胃酸，因此病毒得到保护，进而到达并感染小肠绒毛上皮细胞，结果导致绒毛缩短。绒毛受损后，绒毛上皮细胞分泌的乳糖酶及其他双糖酶减少，导致肠道内容物的渗透压增高，水从组织进入肠腔，导致腹泻。肠腺上皮细胞不感染，所以绒毛的完整性及功能可迅速恢复。该病的病变仅限于胃肠道，包括胃肿胀及小肠肿胀，内含未吸收的乳。由于绒毛损坏，肠壁变薄。临床特征为腹泻，并伴有呕吐，3 周龄以下的仔猪有较高的死亡率。但有时成年猪也有高死亡率。母猪表现为厌食、发热、腹泻及无乳等，也可能无症状。病猪或恢复后的带毒猪可通过饲料、垫草及乳头散布病毒，引起本病流行。实验动物及人不易感。

仔猪可从初乳及母乳中获得母源 IgA 抗体，产生被动免疫；但血清中 IgG 抗体不能提供保护。非经肠免疫不能产生母源免疫，唯有通过黏膜免疫才有效。

3. 微生物学诊断 通常根据临床症状及病理变化进行诊断，必要时进行微生物学检查。可取疾病早期阶段的仔猪肠黏膜作涂片或冰冻切片，通过荧光抗体或 ELISA 可快速检出病毒。采集发病期及康复期双份血清样品作中和试验或 ELISA 检测抗体，具有流行病学价值。病毒分离可用猪甲状腺原代细胞、猪甲状腺细胞株 PD5 或睾丸细胞，产生细胞病变，再进一步用免疫学方法进行鉴定。也可取病猪粪便或空肠组织，制成 5%～10%悬液，取上清并加抗生素处理后，喂给 2～7 日龄的仔猪做动物试验。若病料中有病毒存在，试验者常于 18～72 h 内发生呕吐及严重腹泻，并可引起死亡。

4. 防制 用弱毒苗免疫效果不佳，用强毒株接种怀孕母猪可使仔猪通过母源抗体获得最佳保护。此外应注意改善卫生条件，加强饲养管理。

第十节 猪瘟病毒

猪瘟病毒(Classical swine fever virus，CSFV)是世界范围内最重要的猪病病毒。感染猪发病后死亡率很高，造成的经济损失巨大。

1. 生物学特性 猪瘟病毒属黄病毒科瘟病毒属，基因组为单分子线状正股单股 RNA，RNA 有传染性。病毒子呈球形，直径 38～44nm，核衣壳呈二十面体对称，有囊膜。病毒在细胞质内复制，在细胞膜上成熟，以芽生方式释放。猪瘟病毒与同属的牛病毒性腹泻病毒有共同抗原，存在交叉反应。

猪瘟病毒在自然情况下只引起猪感染，只在猪的细胞中繁殖，但常不产生细胞病变，人工感染于兔体后毒力减弱，并可获得弱毒疫苗。猪瘟病料加等量含 0.5%石炭酸的 50%甘油生理盐水，在室温下能保存数周，可用于送检材料的防腐。

2. 致病性与免疫 病毒最主要的侵入途径是通过采食。扁桃体是最先定居的器官，而后在内皮细胞、淋巴器官及骨髓增殖，导致出血症及白细胞和血小板减少。脾梗塞是猪瘟的特征性病变，并常见有脑炎。肠黏膜的坏死性溃疡可见于亚急性或慢性病例。病死的慢性病猪最显著的病变是胸腺、脾及淋巴结生发中心完全萎缩。急性型的猪瘟由强毒引起，表型高热、厌食、委顿及结膜炎；潜伏期 2～4 天。病猪白细胞严重减少，低于任何其他猪病的水平。仔猪可无症状而死亡，成年猪往往因细菌继发感染，于 1 周内死亡，死亡率可高达 100%。亚急性型及慢性型的猪瘟潜伏期及病程均延长，其病毒毒力减弱。此种毒株感染怀孕母猪导致死胎、流产、木乃伊胎或死产。所产仔猪不死者产生免疫耐性，表现为颤抖、矮小并终身排毒，多在数月内死亡。

病猪或隐性感染猪是主要的传染来源。病猪的分泌物和排泄物，特别是尿、污染饲料和饮水，通过消化道而使健康的动物感染发病。此外，各种用具如车辆、猪场人员的鞋等也可间接接触传染。

免疫注射可使猪迅速获得对该病毒坚强的免疫力。

3. 微生物学诊断　疑似猪瘟时，可采取淋巴结、脾、扁桃体、血液等，以荧光抗体法、酶标抗体法或琼脂扩散试验来确诊病猪体内有无猪瘟病毒。也可用家兔进行交互免疫诊断，但所需时间较长。用猪淋巴细胞或肾细胞培养可分离病毒，但由于不产生细胞病变，还需用免疫学方法进一步检出病毒。

4. 防制　加强饲养管理，利用餐厅、食堂或屠宰场废弃泔水喂饲时，应加热处理，以杀死可能存在的猪瘟病毒。冻肉及猪肉制品中的病毒可存活数年，交易、运输和进出口应严格检疫。我国的猪瘟兔化弱毒疫苗使用方便，保护率高，对成年猪、仔猪、妊娠母猪和体弱猪均无不良反应，是国际公认的有效疫苗，得到广泛使用。一些发达国家消灭猪瘟采取的措施是“检测加屠宰”，即检出阳性的猪全群扑杀，费用昂贵，但十分有效。

第十一节　新城疫病毒

新城疫病毒(Newcastle disease virus，NDV)能使鸡和火鸡发生新城疫。该病是高度接触性传染病，死亡率很高，对养鸡业危害极大。鸭及鹅大多数为隐性感染，对鸽、鹦鹉等也能致病。人类亦可感染，发生一过性结膜炎。

1. 生物学特性　新城疫病毒属于副黏病毒科禽腮腺炎病毒属，基因组为单分子负股单股RNA。病毒在细胞质内增殖，通过出芽的方式成熟。病毒粒子有的近球形，有的呈蝌蚪状，直径 140～170nm，有螺旋对称的核衣壳及 RNA 聚合酶，有囊膜，囊膜上有纤突。纤突具有两种糖蛋白，即血凝素神经氨酸酶和融合蛋白，它们在病毒感染过程中发挥重要作用。神经氨酸酶介导病毒的细胞吸附，其中和抗体可抑制病毒对受体的吸附。融合蛋白以无活性的前体形式存在，在细胞蛋白酶的作用下裂解活化，暴露出末端的疏水区导致病毒与细胞融合。如果宿主细胞不含有融合蛋白适合的蛋白酶，病毒就不具有传染性。融合蛋白对病毒的感染性甚为重要，是否具有蛋白酶识别的特异序列决定了病毒的毒力。新城疫病毒能凝集鸡、鸭、火鸡、人、豚鼠等红细胞，这种血凝特性能被特异的抗体所抑制。新城疫病毒多用鸡胚或鸡胚细胞培养来分离。新城疫病毒只有一个血清型，但毒株的毒力有着较大的差异。

2. 致病性与免疫　病毒首先在呼吸道及肠道黏膜上皮复制，借助血流扩散到脾及骨髓，产生二次病毒血症，从而感染肺、肠及中枢神经系统。因肺充血及脑内呼吸中枢的损伤，导致呼吸困难。感染鸡表现的呼吸道、循环系统、胃肠道紊乱及神经症状都很明显，产蛋鸡表现突发性产蛋下降、产薄壳蛋或鸡蛋白减少。临床表现往往取决于宿主的年龄及其免疫状态、感染毒株的毒力及嗜性，一般潜伏期为 5 天。火鸡的症状与鸡类似，有呼吸道及神经系统症状，最常见气囊炎。

新城疫病毒毒株的毒力差异主要取决于神经氨酸酶和融合蛋白的裂解及活化。无毒株的神经氨酸酶及融合蛋白为无活性的前体，有毒株的这些前体则可被裂解切割并活化。在病毒复制的组织内有蛋白酶，融合蛋白前体能被裂解活化。根据毒力的差异，将新城疫病毒分成三个类型，即强毒型、中毒型和弱毒型。区分毒力的致病指数包括病毒对 1 日龄雏鸡脑内接种的致病指数(ICPI)、42 日龄鸡静脉接种的致病指数(IVPI)、最小致死量致死鸡胚的平均死亡时间(MDT)。一般认为，MDT 在 68 h 以上、ICPI≤0.25 者为弱毒株；MDT 在 44～70 h 之间、ICPI 在 0.6～1.8 为中毒株；MDT 在 40～70 h 之间、ICPI>2.0 者为强毒株。IVPI 作为参考，强毒株 IVPI 常大于 2.0。

强毒型又名嗜内脏型，致死率可达 100%，消化道明显出血。天然弱毒株已作为疫苗被使用。病毒的相对稳定性及它的广泛宿主范围有利于在种群之间的机械传递。传播途径主要是呼吸道和消化道，鸡蛋也可带毒传播本病。耐过鸡可通过分泌物及排泄物排毒至少 4 周，有的持续感染鸡甚至在接种疫苗后仍能排出所感染的野毒 40 多天。

抗体产生迅速。血凝抑制抗体在感染后 4～6 天即可检出，并可持续至少 2 年。血凝抑制抗体的水平是衡量免疫力的指标。雏鸡的母源抗体保护可达 3～4 周。血液中 IgG 不能预防呼吸道感染，但可阻断病毒血症。分泌型 IgA 在呼吸道及肠道的保护方面具有重大作用。

3. 微生物学诊断 当怀疑患鸡为新城疫时，应采取病鸡脑、肺、肝和血液分别盛于无菌容器内，送实验室诊断。取上述病料接种鸡胚，进行分离病毒。用病鸡脑病料接种鸡胚，然后用尿囊液测定对鸡红细胞的凝集效价，再用新城疫病毒标准免疫血清作血凝抑制试验，便可获得诊断结果。在慢性新城疫流行的地区，可用血凝抑制试验作为监测手段。其他还可以用 ELISA、荧光抗体或琼脂扩散试验进行鸡新城疫诊断。

4. 防制 控制措施包括执行严格的卫生防疫制度，通常采用由天然弱毒株筛选制备的弱毒苗及强毒株的油乳剂灭活苗。弱毒苗可采用饮水、气雾、点眼或滴鼻途径免疫。免疫后约 1 周可产生免疫保护，产蛋种鸡应每 4 个月免疫一次。由于鸡在免疫接种后 15 天仍能排出疫苗毒，因此，有些国家规定鸡在免疫接种 21 天后才可调运。

第十二节 犬瘟热病毒

犬瘟热病毒(Canine distemper virus，CDV)能引起犬和水貂发生犬瘟热。该病是一种急性、传染性极强的病毒病。

1. 生物学特性 犬瘟热病毒属副黏病毒科麻疹病毒属的病毒，基因组为单分子负股单股 RNA。病毒粒子呈球形或不整形，直径为 90～250nm，核衣壳呈螺旋状，外有囊膜，囊膜表面存在放射状的囊膜纤突。

敏感细胞感染病毒后，CDV 在细胞质和细胞核内复制，并在胞质内产生包涵体，在细胞膜上以出芽的方式释放。病毒能在鸡胚绒毛尿囊膜上生长并产生病变，也能在鸡胚成纤维细胞上生长。病毒培养也可用犬胎、脑，幼犬脾、肺、肠系膜淋巴结、睾丸细胞，犬肾原代细胞等。

犬瘟热病毒与麻疹病毒、牛瘟病毒之间存在共同抗原，能被麻疹病毒或牛瘟病毒的抗体所中和。

2. 致病性与免疫 病毒首先在上呼吸道及结膜上皮细胞复制，继而在局部淋巴复制，其后被淋巴细胞携带进入血流，产生初始病毒血症，同时伴有第一次发热，此时病毒散播到网状内皮系统。在淋巴器官增殖的病毒被淋巴细胞及单核细胞再次携带进入血流，产生第二次病毒血症，并伴有第二次体温升高。

本病毒主要侵害幼犬，但狼、狐、豺、獾、鼬鼠、熊猫、浣熊、山狗、野狗、狸和水貂等动物也易感。以双相热型、鼻炎、支气管炎、卡他性肺炎，以及严重的胃肠炎和神经症状为特征。患畜在感染后第 5 天于临床症状出现之前，所有的分泌物及排泄物均排毒，有时可持续数周。传播方式主要是直接接触及气雾传播。青年犬比老年犬易感，不再有母源抗体的保护的 4～6 月龄幼犬最易感。雪貂对犬瘟热病毒特别敏感，自然发病的死亡率高达 100%。因此，常用雪貂作为本病的实验动物。人和其他家畜无易感性。

耐过犬瘟热的动物可以获得坚强的甚至终生的免疫力。

3. 微生物学诊断 因经常混合感染，诊断比较困难，确诊必须经过实验室检查。从自然感染病例分离病毒比较困难。通常用易感的犬或雪貂分离病毒，也可用犬肾原代细胞、鸡胚成纤维细胞及犬肺巨噬细胞进行分离。包涵体检查时，刮取膀胱、胆囊、舌、眼结膜等处黏膜上皮，涂片、染色、镜检，可见到细胞核呈淡蓝色，胞浆呈玫瑰色，包涵体呈红色。动物接种时，采取肝、脾、淋巴结等病料制成 1%乳剂，接种 2～3 月龄断奶幼犬 5mL，一般在接种后 5～7 天、长的 8～12 天发病，且多在发病后 5～6 天死亡。血清学检查时，应用荧光抗体技术可以检查膀胱、生殖器官、眼结膜等黏膜及剖检病料涂片中的病毒抗原，具有特异性强、准确性高、灵敏、快速的优点，只需 1.5～2 h 即可得出结论。也可用中和试验、免疫组化技术等进行诊断。

4. 防制 关键措施是检疫、卫生及免疫接种。幼犬免疫接种的日龄取决于母源抗体的滴度。也可于 6 周龄时用弱毒疫苗免疫，每隔 2～4 周再次接种，直至 16 周龄。治疗时，可用高免血清或者纯化的免疫球蛋白。

第十三节 传染性法氏囊病病毒

传染性法氏囊病病毒(Infectious bursal disease virus，IBDV)能引起鸡传染性法氏囊病。本病是一种高度接触性传染病，以法氏囊淋巴组织坏死为主要特征。由于本病侵害法氏囊，使 B 淋巴细胞的发育受到抑制，会导致鸡对其他疫苗接种后的体液免疫应答能力下降或缺乏。

1. 生物学特性 IBDV 为双 RNA 病毒科禽双 RNA 病毒属的病毒，基因组含 A、B 两个线状双股 RNA 分子。病毒粒子呈二十面体对称，大小约 55～65nm，无囊膜。病毒的复制对细胞的 RNA 及蛋白质的合成无明显影响。病毒在胞质组装并蓄积。约有半数的成熟病毒颗粒为细胞结合状态。

目前已知有两个血清型，仅 1 型对鸡有致病性，火鸡和鸭为亚临床感染。病毒不能凝集鸡红细胞，能在鸡胚、鸡胚成纤维细胞和法氏囊细胞中繁殖继代。

2. 致病性 病毒在肠道的巨噬细胞和淋巴细胞中复制，进入循环系统，导致初次病毒血症。感染后 11 h，在腔上囊淋巴细胞中可检测到病毒抗原。此时大量的病毒从腔上囊释放，导致二次病毒血症，并在其他组织中定位。由于病毒在腔上囊内的前淋巴细胞选择性地复制，从而造成免疫抑制。3～6 周龄鸡的腔上囊发育最完全，因此最易感。感染病毒的腔上囊增大、水肿和出血，带有条纹。腔上囊的淋巴滤泡坏死或凋亡。超强毒株还损害胸腺、脾及骨髓细胞。死亡时，腔上囊常萎缩，而肾脏肿大，肾小球可有免疫复合物的沉积。病鸡是主要的传染源，粪便中含有大量的病毒，污染饲料、饮水、垫料、用具、人员等，通过直接和间接接触传染。昆虫可作为机械传播的媒介。带毒鸡胚可垂直传播。

3. 微生物学诊断 主要有病毒分离和血清学检查。病毒分离时，用病鸡的法氏囊和脾等制成悬液，接种于鸡胚绒毛尿囊膜或 21～25 日龄易感鸡，鸡胚通常于接种后 3 天左右死亡，胚胎出现病变。血清学检查时，可应用琼脂扩散试验、中和试验、荧光抗体试验、ELISA 试验和聚合酶链反应试验等。

4. 防制　鸡感染传染性法氏囊病病毒后，或用疫苗免疫后，都能产生免疫应答。体液免疫是该病保护性免疫应答的主要机制。种鸡可用弱毒苗进行饮水免疫。在 18～20 周龄和 40～42 周龄经 2 次接种灭活的油乳剂苗后，可产生高水平的抗体，并传递给子代。母源抗体能为 4～7 周龄的雏鸡提供有效的保护。母源抗体水平低下的雏鸡可在 1～2 周龄时接种弱毒疫苗。当然，防制本病不能仅用疫苗，需采取综合措施。

第十四节　兔出血症病毒

兔出血症病毒(Rabbit hemorrhagic disease virus，RHDV)是引起家兔及野兔出血性败血症的一种急性高度接触性传染病的病原体。该病以呼吸系统出血、实质器官水肿、淤血及出血变化为特征。1984 年，杜念兴、徐为燕等在我国最先报道。

1. 生物学特性　兔出血症病毒属嵌杯病毒科兔病毒属的病毒，基因组为单分子线状正股单股 RNA，RNA 具有传染性。病毒粒子呈圆形，无囊膜，大小为 25～40nm，核衣壳为二十面体立体对称，病毒表面形成杯状凹陷。病毒在胞质内复制。本病毒具有凝集人红细胞的能力。

2. 致病性　病毒主要通过直接接触传染，也可通过病毒污染物经消化道、呼吸道、损伤的皮肤黏膜等途径感染。2 月龄以上兔易感。最急性者常在 6～24h 内死亡。急性或亚急性病例可见流鼻液，并可表现各种神经症状，发病率 100%，死亡率 90%。剖检可见全身组织的血管充满凝血块，血管内凝血可能引发了肝坏死。

3. 微生物学诊断　从感染兔的肝脏可获得高滴度的病毒，用人 O 型红细胞作血凝试验，再用兔出血症病毒的抗体进行血凝抑制试验即可确诊。也可用 ELISA 等方法作出诊断。

4. 防制　除采取严格的隔离消毒措施外，预防接种是防制本病的主要措施。可取肝等匀浆制成灭活疫苗，对兔群进行免疫接种，免疫期为 6 个月。

第十五节　禽流感病毒

禽流感病毒(Avian influenza virus，AIV)是引起禽流感的病原体。鸡、火鸡、珍珠鸡、野鸡和孔雀等均可感染，但以鸡和火鸡最为易感。禽流感的高致病力毒株引起高致病性禽流感，发病率和病死率都很高。

1. 生物学特性　禽流感病毒属正黏病毒科甲型流感病毒属的病毒，基因组为线状负股单股 RNA，有 8 个节段。病毒颗粒呈多形性，一般呈球形，直径 80～100nm，有囊膜和纤突，核衣壳为螺旋状对称。病毒在细胞核内复制，经胞质膜出芽成熟释放。纤突糖蛋白有两种，即血凝素蛋白(HA)和神经氨酸酶蛋白(NA)。HA 有 16 个亚型，NA 有 10 个亚型。H5N1 和 H7N7 亚型的某些毒株是高致病性毒株。病毒能凝集鸡、牛、马、猪和猴的红细胞。病毒适应鸡胚和雏鸡、兔、牛及人胚组织细胞培养，一般能形成细胞病变。有毒株能在鸡成纤维细胞上生长，形成空斑；无毒株则不能。

2. 致病性 大多数强毒株感染鸡或火鸡可出现病毒血症，导致胰腺炎、心肌炎及脑炎等。在发病后的3～7天可检出中和抗体，第2周时达到高峰。病毒可通过粪便排出，并可在环境中长期存活，特别是低温的水中。病毒通过野禽传播，特别是野鸭。除候鸟、水禽外，笼养鸟也可带毒，造成鸡群禽流感的流行。

3. 微生物学诊断 可进行病毒的分离鉴定和毒力检测。病毒分离时，可用泄殖腔或鼻咽部分泌物接种9～11日龄的鸡胚尿囊腔培养，取尿囊液用鸡红细胞进行血凝和血凝抑制试验或ELISA试验等。

4. 防制 预防禽流感的主要方法是防止病毒传入及蔓延，特别是防止病毒由野禽传给家禽。一旦发病，应立即采取果断措施防止扩散。可用灭活苗免疫，但由于流感病毒抗原复杂且易变异，给疫苗的应用带来了困难。

第十六节 禽传染性支气管炎病毒

禽传染性支气管炎病毒(Avian infectious bronchitis virus，IBV)主要感染鸡，此外还对雉、鸽、珍珠鸡有致病性。禽传染性支气管炎是一种急性、高度接触传染性的呼吸道疾病。

1. 生物学特性 禽传染性支气管炎病毒为冠状病毒科丙型冠状病毒属禽冠状病毒的成员，基因组为单分子线状正股单股RNA，RNA具有传染性。病毒粒子多呈球形，大小约为18～120nm，有囊膜，囊膜上有较长的棒状纤突，呈花瓣状，核衣壳螺旋状对称。病毒在细胞质内复制，通过出芽进入内质网，通过胞吐释放。

病毒能在鸡胚和鸡胚肾、肺、肝细胞培养物上生长，引起病变。病毒具有血凝素，能凝集鸡的红细胞，但不能凝集哺乳动物的红细胞。经鸡胚适应的病毒株缺乏血凝活性。

2. 致病性 病毒可通过气雾及摄入污染粪便的食物而在鸡群中迅速传播。病毒首先在呼吸道纤毛上皮细胞或肠道复制。感染1～2天后，出现病毒血症，并将病毒散布到组织器官，最终导致生殖系统及肾脏的严重损伤。病鸡表现咳嗽、喷嚏和气管发生啰音。雏鸡患病后死亡率较高，蛋鸡产蛋量减少和蛋质下降。另外，还出现了以肾、肠或腺胃病变为主的致病型。

在感染10天后很难分离到病毒，在个别情况下病毒可持续存在50天。肾及腔上囊等多种器官可分离到病毒。某些毒株可导致未成熟输卵管发生永久性的结构损伤。

雏鸡可从免疫的母体获得抗体IgG，IgG代谢半衰期为3天，可持续3～4周，抗体的存在可抑制病毒的复制。

3. 微生物学检查 取病变器官组织进行直接免疫荧光染色。也可分离病毒和进行血清学检查。分离病毒可取病料，制成乳剂接种于鸡胚尿囊腔，经过几次继代后，可使鸡胚死亡，出现特征性病变。进一步鉴定也可用中和试验、琼脂扩散、免疫荧光等。目前RT-PCR或cDNA探针也已使用。

4. 防制 可用弱毒苗点眼(鼻)、饮水和气雾免疫，灭活疫苗皮下注射免疫。这两种疫苗的使用效果虽然很好，但由于病毒的不断变异，遇到不同的血清型，其效果降低或无效。建立无病鸡群是根本性的预防措施。

第十七节　猪繁殖与呼吸综合征病毒

猪繁殖与呼吸综合征病毒(Porcine reproductive and respiratory syndrome virus，PRRSV)主要危害种公猪和繁殖母猪及仔猪。

1. 生物学特性　猪繁殖与呼吸综合征病毒属动脉炎病毒科动脉炎病毒属的病毒，基因组为单分子线状正股单股 RNA。病毒颗粒直径为 50～70nm，核衣壳呈二十面体立体对称，有囊膜。病毒在胞质内复制，通过出芽进入内质网，通过胞吐释放。病毒能在猪肺泡巨噬细胞和传代细胞上生长，并产生细胞病变。病毒无血凝性。

2. 致病性　感染猪于若干周内在抗体存在的同时出现病毒血症。抗体可增强病毒的感染性。病毒可穿过胎盘感染仔猪，导致脐带出血性病变。母猪则为子宫内膜炎及子宫肌炎。病毒侵害单核及巨噬细胞造成免疫抑制。感染猪表现为厌食、发热、耳发绀(故曾称为蓝耳病)、繁殖机能障碍和呼吸困难。

病毒在猪群中传播极快，在 2～3 个月内一个猪群 95%以上的猪均为血清学阳性。低温有利于病毒存活，故冬季易流行。病毒经粪尿、唾液以及流产的胎儿、羊水等排出体外，污染饲料、饮水等，再经消化道、呼吸道使健康猪感染。感染公猪的精液中含有病毒，可经交配传播。

3. 微生物学检查　可进行病毒分离鉴定，取血清、肺、肝，接种于仔猪的肺泡巨噬细胞、非洲绿猴肾传代细胞上培养，观察细胞病变，再用间接免疫荧光技术检测其中的病毒抗原。也可用 PCR 和 ELISA 等试验进行诊断。

4. 防制　目前多采用弱毒活疫苗进行免疫接种。对种猪场和规模化养猪场要加强管理与检疫，建立无病猪场是根本的措施。

第十八节　马传染性贫血病毒

马传染性贫血病毒(Equine infectious anemia virus，EIAV)为马传染性贫血的病原体。马传染性贫血是马属动物的传染病，其中以马最为敏感。该病流行范围广，传播快，是对马属动物危害较大的传染病之一。

1. 生物学特性　马传染性贫血病毒为逆转病毒科慢病毒属的病毒，基因组为二倍体，由两个线状的正股单股 RNA 组成，具有逆转录酶。病毒粒子为二十面体立体对称，有囊膜，并有糖蛋白膜粒，近似球形，大小为 90～140nm。

马传染性贫血病毒可用马和驴的白细胞进行细胞培养，增殖后能产生细胞病变。病毒经驴细胞多次传代后，还可使毒力减弱；也能在驴胚胎的各种继代细胞培养中生长增殖。

2. 致病性　病毒首先感染巨噬细胞，然后是淋巴细胞，所有感染马终身出现细胞结合的病毒血症。典型症状为发热、严重贫血、黄疸等，80%患马死亡。发生贫血是由于病毒感染导致骨髓细胞抑制，还是由于红细胞被自身免疫破坏，尚不清楚。临床表现主要是稽留热或间歇热，发热期间呈现贫血、黄疸、逐渐消瘦等症状；无热期间症状不明显或暂时消失。病马和带毒马是传染的主要来源，可经多种途径传播病毒。但通过吸血昆虫的叮咬传递是传染的重要途径。能传播马传染性贫血病毒的吸血昆虫有虻类、刺蝇、蚊类及蠓等，其中以虻类为主。也可经污染马传染性贫血病毒的医疗器械、针头和点滴管散播传染。此外，还可以经消化道感染。

3. 微生物学诊断 马感染马传染性贫血病毒后，体内出现补体结合抗体、沉淀抗体和中和抗体，可通过补体结合试验、琼脂扩散试验或荧光抗体染色检查，必要时可进行动物试验。

4. 防制 可用我国哈尔滨兽医研究所研制的驴白细胞弱毒疫苗，马接种后产生良好的免疫力。

第十九节 伪狂犬病病毒

伪狂犬病病毒(Pseudorabies virus，PRV)，学名为猪疱疹病毒 1 型，又名传染性延髓麻痹病病毒、奇痒症病毒、奥叶兹基氏病毒(Aujezky disease virus)。伪狂犬病病毒引起多种家畜和野生动物以发热、奇痒(猪除外)及脑脊髓炎为主要症状的一种疾病。

1. 生物学特性 伪狂犬病病毒是疱疹病毒目疱疹病毒科水痘病毒属的病毒，基因组为线性双股 DNA，分子质量为 8.7×10^7Da(约 150kb)。病毒粒子呈椭圆形或圆形，位于细胞核内无囊膜的病毒粒子直径 110～150nm，位于胞质内带囊膜的成熟病毒粒子的直径为 150～180nm；衣壳壳粒长度约 12nm，宽 9nm，其空心部分直径约 4nm；在外衣壳下还有两层以上的蛋白质膜。囊膜表面有呈放射状排列的纤突，其长度为 8～10nm。没有囊膜的裸露核衣壳同样具有感染性。

伪狂犬病病毒的抵抗力较强，在不同液体中和物体表面，至少能存活 7 天。在畜舍内干草上的病毒，夏季活存 30 天，冬季达 46 天。病毒在 pH4～9 之间保持稳定。保存在 50%甘油盐水中的病料，在 0～6℃下经 154 天后，感染力仅轻度下降，保存到 3 年仍具感染力。对乙醚、氯仿等脂溶剂及福尔马林和紫外线照射等敏感。5%石炭酸经 2min 灭活。对热的抵抗力较强，55～60℃经 30～50min 才能灭活，80℃经 3min 灭活。

世界各地的毒株都有一致的血清学反应，但毒力有强弱之分。在病毒与宿主的相互作用中，病毒糖蛋白起着重要作用，不仅介导对靶细胞的感染，而且是宿主免疫系统识别的主要抗原。

本病毒具有泛嗜性，能在多种组织培养细胞内增殖，但表现的敏感度不同。其中，以兔肾和猪肾细胞(包括原代细胞或传代细胞系)最适于病毒的增殖。病毒增殖引起明显的细胞病变，产生嗜酸性或嗜碱性核内包涵体。应用鸡胚进行绒毛尿囊膜接种，是最早用于病毒增殖和传代的方法。卵黄囊和尿囊腔等接种途径，同样可用于病毒的增殖培养。

2. 致病性与免疫 伪狂犬病病毒在自然条件下使猪、牛(黄牛、水牛)、羊、犬、猫、兔、鼠等多种动物，包括野生动物如水貂、北极熊、银狐和蓝狐等感染发病。马属动物对本病毒具有较强的抵抗性。除人类和灵长类以外，多种哺乳动物和很多禽类都能发生人工实验感染。常用的实验动物如家兔、豚鼠、小鼠对此病毒都易感，其中以家兔最敏感(较豚鼠敏感 1000 倍左右)，是常用的实验动物。

病毒首先在扁桃体、咽部和嗅上皮组织内增殖，然后通过嗅神经和舌咽神经等到达脊髓，又进一步增殖后扩散到整个大脑。病毒沿神经干传播，或通过被吸引到初发病变局部的白细胞摄入，然后由白细胞经血行路线将病毒带向机体各部，尤其是孕畜的胎盘组织，经初步增殖后侵入胎儿，致发流产或死产。

病后康复动物具有高度的免疫性，人工再接种强毒(包括经鼻途经)不能引起发病。耐过母猪可经初乳将抗体传给后代。

3. 微生物学诊断 除猪以外，感染本病的动物都呈现体表局部高度瘙痒症状，并取急性转归，据此即可得出初步诊断。而患猪常无特殊症状，新生猪和仔猪发病突然，病程很短，多于昏睡状态下死亡，诊断比较困难。从病理解剖学来看，除体表奇痒部出现病变外，脑脊髓和脊髓神经节呈非化脓性脑炎变化。组织学检查时，于神经细胞和胶原细胞内可发现核内包涵体。不过从病死动物尸体检出包涵体的例子不多，这就降低了它的诊断价值。最后确诊要靠病毒分离、血清学反应、实验动物感染或核酸探针杂交，尤其是在初次发病的牧场或畜群。

(1) 病毒分离：采取处于发热期病畜的脑组织(中脑和脑桥部含病毒最多)和扁桃体作为分离病毒检样。对亚临床感染的猪，多采取鼻咽洗液作为分离病毒的样品。准备长期保存的病料，应剪成小块，置 50%甘油盐水中，于低温冷冻条件下保存。在条件较差的实验室，可通过人工感染家兔或鸡胚，结合病畜和实验动物的症状或鸡胚病变的特征得出诊断。条件好的实验室应进行病毒的分离和鉴定。

(2) 病毒鉴定：除病毒的形态结构、物理化学和培养特性鉴定外，应进行病毒中和试验，即应用已知标准毒株的免疫血清对新分离病毒进行中和试验。采用常规的病毒稀释法或血清稀释法均可。

(3) 病毒抗原检查：应用荧光抗体染色法检查病毒。以直接或间接免疫荧光和免疫过氧化物酶单克隆抗体染色检测鼻细胞中的 PRV。经强毒株和次强毒株感染猪的鼻细胞中均检测到 PRV 抗原。

(4) 特异性抗体检查：自然条件下除猪以外，感染本病的其他动物均难以幸存。因此，血清抗体检查主要用于猪。应用病毒中和试验检查可疑猪血清内的特异性抗体。目前，有多种检测 PRV 抗体的方法，如乳胶凝集试验、ELISA 法、免疫荧光染色法、对流免疫电泳和微量免疫扩散试验。其中乳胶凝集试验是检测伪狂犬病的一种较为简便、快速的血清学诊断法。

(5) 核酸探针检测 PRV DNA：核酸杂交法能检出存在感染性和非感染性(隐性感染)病毒 DNA。聚合酶链反应(PCR)技术检测 PRV 的隐性感染，并能从猪的三叉神经节、脑、脊髓、扁桃体和造血系统细胞(主要是骨髓)中检测到隐性 PRV DNA。

4. 防制 疫苗包括灭活疫苗和弱毒疫苗。但灭活疫苗的免疫效果不如弱毒疫苗。基因缺失苗又称标记疫苗，缺少一种特异性的糖蛋白基因(*gG*、*gE* 或 *gC*)，可区别野毒感染。在计划根除伪狂犬病的国家，可选用这类标记疫苗。

第二十节 鸡传染性喉气管炎病毒

鸡传染性喉气管炎病毒(Avian infectious laryngotracheitis virus, ILTV)引起的急性疾病以呼吸困难、气喘、咳出血样渗出物为特征，受侵害的气管黏膜细胞肿胀与水肿，导致糜烂和出血。该病能使产蛋量下降并导致死亡率增加。

1. 生物学特性 鸡传染性喉气管炎病毒属疱疹病毒科甲型疱疹病毒亚科传喉病毒属的成员，系球形带囊膜的较大病毒，主要由核心、衣壳和囊膜三部分组成。在细胞核内呈散在或结晶状排列，无囊膜的核衣壳直径约 100nm，衣壳为二十面立体对称，并由 162 个长形空心的壳粒组成。胞质内带囊膜成熟病毒粒子的直径为195～250nm，在核衣壳的外周围绕有不规则的囊膜，囊膜表面有纤突。核心由双股DNA与蛋白质缠绕而成。基因组是双股线性DNA分子，分子质量为1.0×10^8Da，G+C mol%含量为45%，浮密度为1.704g/cm^3。

鸡传染性喉气管炎病毒对热、脂溶剂及许多消毒剂均敏感。经乙醚处理24h，即失去传染性。在55℃经10～15min即被破坏。悬浮于生理盐水中的病毒在55～75℃易被灭活，室温下存活不超过90min。在甘油盐水中病毒的存活期较长，37℃、7～14天，22℃、14～21天，4℃、100～200天。气管黏液内的病毒在直射日光下经6～8h灭活，但在黑暗房舍内可存活110天。鸡尸体气管组织中的病毒经37℃、44h，绒毛尿囊膜中的病毒经25℃、5h即被破坏。在冻干或-20～60℃条件下，能长期存活。3%甲酚和1%苛性钠在1min内使病毒迅速灭活。

鸡传染性喉气管炎病毒呈现高度的宿主特异性，能在鸡胚及其细胞培养物内良好增殖；虽能在HeLa细胞内增殖，但不形成细胞病变。本病毒易在10日龄鸡胚绒毛尿囊膜上生长，产生孤立的、大小不一的痘斑。一般来说，毒力强的毒株形成较大痘斑，其中央有下陷的灰白色坏死区；毒力弱的毒株形成较小痘斑，中央无坏死区。接种36～48h，以包涵体染色法检查时，可在被感染的外胚层细胞内发现典型的核内嗜酸性包涵体。采用尿囊腔接种时，绒毛尿囊膜内层表面呈现以炎症和充血为主的特征性变化，在鸡胚气管和支气管内也能看到类似病变，但产毒量不如绒毛尿囊膜途径。羊膜腔途径接种时，产毒量也很小。本病毒不能经鸡胚卵黄囊增殖传代。感染鸡胚的存活时间，随传代次数的增加而缩短。鸡传染性喉气管炎病毒可在鸡胚肝、鸡胚肾及鸡肾培养物中增殖。最早可在4～6h观察到细胞病变，细胞的折光性增强，细胞膨胀，染色质移位及核仁变圆，胞膜融合形成多核细胞。在接种后12h，可检出核内包涵体，30～36h包涵体的密度最高。多核细胞内形成大的胞质空泡，并随着细胞的变性，其嗜碱性增强。

2. 致病性与免疫　各种年龄和品种的鸡都易感，一年四季均可发生。鸡传染性喉气管炎病毒的自然入侵门户是上呼吸道。经口途径能感染鼻上皮细胞。在自然情况下，飞沫传播是最基本的传播方式。但通过人、野鸟、鼠类、犬及病毒污染用具的机械携带，也能引起传播。

病鸡表现为咳嗽和气喘、流涕等严重的呼吸困难，伸颈摇头，做挤压状，并咳出血样黏液，发病率可达100%，死亡率一般为50%～70%，因毒株毒力而异。低毒株死亡率只有3%，表现为结膜炎及产蛋下降等。病变以气管及喉部组织为主，初期变化在感染后36～42min出现，包括喉头、气管和支气管发炎，黏膜表面覆盖多量黏液。急性病例可见肺充血、出血和支气管炎变化，黏膜表层黏液带血。后期，喉头和气管表面形成伪膜性炎症。少数病死鸡喉头或气管被干枯样或脱落的伪膜堵塞。

体液免疫与感染有关，但对于鸡传染性喉气管炎病毒，它不是主要的保护机制，而是以细胞介导的免疫为主。鸡传染性喉气管炎病毒的母源抗体虽能经卵传给子代，但不能提供保护作用，也不干扰鸡的免疫接种。在免疫接种或野外感染鸡传染性喉气管炎病毒后，2周龄以上的鸡迅速产生免疫力，3～4天内可产生部分保护，到6～8天能完全保护。

3. 微生物学诊断　分离病毒时，采取病鸡的喉气管黏液或其组织悬液做鸡胚接种，可分离到病毒。鸡胚绒毛尿囊膜途径分离病毒是最敏感的方法。传代时，采取死亡鸡胚的绒毛尿囊膜并混以绒毛尿囊液，经研碎沉淀后，其上清液即为下代接种物。用于分离鸡传染性喉气管炎病毒的细胞，应首选鸡胚肝细胞与鸡肾细胞，在这些培养细胞中，最多只需传二代就能检测到本病毒。包涵体的检查时，检查气管、喉头或眼结膜上皮组织中的包涵体，也是诊断本病的一种特异方法。但只有在疾病早期(1～5 天)才能经常观察到核内包涵体。因为当疾病发展后，上皮组织脱落，病变的上皮细胞即破坏消失。

除对病毒的一般特性和形态进行检查外，重点在于用已知毒株的免疫血清进行病毒中和试验。但在自然流行中，毒力较弱的毒株常不能被已知标准强毒的免疫血清中和。因此，当其他特征与本病毒相符时，也应判定为鸡传染性喉气管炎病毒。病毒抗原检测时，应用荧光抗体法能有效地检出喉气管黏膜切片标本中的病毒抗原。基于单克隆抗体建立的酶联免疫吸附试验可快速检测出气管渗出物中的鸡传染性喉气管炎病毒抗原。荧光抗体技术及免疫扩散试验也可检测气管中的鸡鸡传染性喉气管炎病毒抗原。特异性抗体检测时，应用病毒中和试验和免疫扩散试验都能检出康复鸡的特异性抗体。两种试验对鸡新城疫和其他呼吸道传染病都不发生交叉反应，具有鉴别诊断意义。

4. 防制 根除本病必须全部扑杀病鸡群，并在彻底消毒鸡舍 1 个月后再引进健康鸡群。在流行地区可用弱毒疫苗免疫预防，可不发病，但不能防止野毒感染或改变带毒状态。

第二十一节 猪圆环病毒

猪圆环病毒(Porcine circovirus，PCV)是一种圆形小颗粒病毒，属圆环病毒科圆环病毒属。PCV-2 是引起猪断奶后多系统衰竭综合征(postweaning multisystemic wasting syndrome，PMWS)的病原体。PMWS 主要发生在仔猪，一般在断奶后 2～3 周开始发病，主要特征为进行性消瘦、皮肤苍白或黄疸、呼吸急促等。

1. 生物学特性 猪圆环病毒呈球形，衣壳呈二十面体对称，直径 4～26nm，平均为 17nm，无囊膜。基因组为单股环状 DNA，大小约为 1.76kb，为已知的最小的动物病毒之一。病毒沉降系数为 52S，CsCl 中的浮密度为 1.37g/cm^3。本病毒无血凝活性。

猪圆环病毒能在猪源细胞和 Vero 细胞中生长繁殖，但不产生细胞病变。PCV-1 和 PCV-2 均可在 PK-15 细胞上增殖，在细胞质和细胞核中有包涵体，并且细胞质中数量较多，包涵体呈圆形，大小不一，电子密度较高。

猪圆环病毒存在两种血清型，即 PCV-1 和 PCV-2，而且两个血清型之间基本无交叉反应 。PCV-1 无致病性，PCV-2 是 PMWS 的主要病原。PCV-2 能够进入猪体巨噬细胞内而不被破坏，并能干扰猪巨噬细胞，改变或抑制猪免疫系统，使猪对感染十分敏感而直接引起仔猪的多系统衰竭综合征。

猪圆环病毒对外界理化因子的抵抗力较强，在酸性环境中可存活较长时间。在 70℃时可以存活 15min，56℃不能将其灭活。氯仿作用不失活。

2. 致病性 猪圆环病毒 2 型(PCV-2)及其相关的疾病已在全世界范围内发生与流行。猪圆环病毒对猪具有较强的易感性，可经口腔、呼吸道感染不同年龄的猪，常见于 6～8 周龄的猪，哺乳猪很少发生。少数怀孕母猪感染猪圆环病毒后，可经胎盘垂直感染给仔猪。潜伏期一般为 2 周。病猪表现为被毛粗乱，挤堆，精神沉郁，食欲减退，呼吸急促，衰竭无力，皮肤苍白，有时可见黄疸。患猪腹泻，进行性消瘦，体表淋巴结肿大。本病毒常与猪呼吸道与繁殖障碍综合征、猪伪狂犬病、猪细小病毒等疫病的病原发生混合感染。

3. 微生物学诊断 病毒分离鉴定时，于 PMWS 暴发流行时采集样品，制成悬液，接种 PK-15 等细胞，但 PCV-2 在细部培养中不出现细胞病变，通常需要应用病毒特异性抗体才能证实病毒的复制。可检查病毒的特异性抗原或特异性 DNA。血清学检查时，可用间接荧光抗体技术或竞争 ELISA 方法。电子显微镜检查时，可观察到病猪的脾、淋巴结等组织细胞核内堆积大量的无囊膜病毒粒子，结合病毒粒子的形态可进行确认。

4. 防制　目前，虽然有重组的衣壳蛋白和全病毒灭活疫苗，但不能完全控制 PCV-2 的感染。抗生素应用和良好的管理有助于控制并发感染。本病的防制主要是加强兽医防疫工作，防止本病传入，加强饲养管理，实行全进全出制，预防并发或继发感染。

第二十二节　猪流感病毒

猪流感病毒(Swine influenza virus，SIV)属正黏病毒科甲型流感病毒属，可引起猪和鸡发病。

1. 生物学特性　典型的病毒粒子呈球形，直径 80～120nm，平均为 100nm。某些毒株在初次分离时，常呈丝状，丝状体长短不一，长者可达数微米。本病毒为单股 RNA 病毒，有囊膜。囊膜上有两种不同型的纤突，致密地镶嵌成规则的毛边样，一种是血凝素(HA)，为棒状的核蛋白多聚体，另一种是神经氨酸酶(NA)，呈蘑菇状，为完全不同于某些正常细胞中相应酶的糖蛋白多聚体。猪流感病毒的化学组成为蛋白质 70%～75%、RNA1%～2%、脂质 20%～25%、碳水化合物 5%～8%。

感染猪的流感病毒主要有 H1N1(包括猪 H1N7 和禽源 H1N1)、H3N2(人 H3N2 和禽源 H3N2)、H1N2、H3N6 和 H1N7，各亚型间有不同程度的血清学交叉反应。只有 H1N1 与欧洲型 H3N2 能引起猪发病。它们的抗原性与同时期引起人流感大流行的 HIN1 和 H3N2 关系密切。另外，还从猪体内分离到 H5N1 和 H9N2。

猪流感病毒能在鸡胚中培养增殖，并能在猴肾细胞、猪胚胎器官内培养生长。常应用 10 日龄鸡胚的羊膜腔或羊膜腔-尿囊腔同时接种法分离猪流感病毒。

猪流感病毒对干燥和冰冻的抵抗力强。病料中病毒在 50%甘油中存活 40 天，60℃加热 20min 灭活，一般消毒剂对其均有灭活作用。

2. 致病性　各种不同年龄、性别和品种的猪对猪流感病毒均有易感性。猪流感的传染源是病猪和带毒猪(痊愈后带毒 6～8 周)。病毒存在于病猪或带毒猪的鼻液或支气管、支气管渗出液，以及肺和肺淋巴结内。传染途径主要是呼吸道。猪流感的流行有较明显的季节性，大多发生在天气骤变的深秋、早春及寒冷的冬季，特别是在并发猪嗜血杆菌感染时，疾病传播迅速，往往在 2～3 天内全群发病，常呈地方性流行或大流行。病程较短，如无并发症，病猪可在 7～10 天康复。如有继发感染，可使病势加重，致发出血性支气管肺炎或肠炎而死亡。

本病发生突然，全群体温突然升高(40～42℃)，食欲减退或废绝，精神极度委顿，常卧地不愿起立，呼吸急促，呈腹式呼吸并常夹杂阵发性咳嗽，从眼和鼻流出结性分泌物，鼻分泌物有时带血。病变主要发生在呼吸器官，鼻、喉、气管和支气管黏膜充血，表面有大量泡沫状黏液，有时混有血液。肺部病变轻重不一，有的只在边缘部分有轻度炎症。严重时，病变部呈紫红色。组织学检查，可见卡他性支气管肺炎变化，细菌学检查常可发现嗜血杆菌。

3. 微生物学诊断　病毒分离与鉴定时，采取发病 2～3 天急性病猪的鼻分泌物或气管、支气管渗出物作为病料，用生理盐水作适当稀释后，经 3000r/min 离心沉淀 10min，吸取上清液，加入双抗于 4℃作用 1h，按羊膜腔和尿囊腔各 0.2mL 同时接种。将接种后的鸡胚置 33～

35℃培养 3 天，随后采集羊水和尿囊液，做血凝试验。如果盲传 3 代，仍无 HA 出现，则为阴性结果；如果出现 HA，即可进行病毒鉴定，以新分离病毒作为 HA 抗原，应用已知的各亚型毒株的免疫血清进行血凝抑制试验。血清学诊断时，采取病猪急性期和恢复期(相距 2～3 周)的双份血清进行血凝抑制试验，如果恢复期血清的抗体效价比急性期血清升高 4 倍以上，即可诊断为流感。

4. 防制 在流感痊愈后，产生比较坚强持久的免疫力，极少发生第二次感染，但康复猪却可能成为较长期的带毒和排毒者。因此，康复的种猪可能成为传播本病的慢性带毒者。有关猪流感疫苗，正处于研制阶段，未见推广应用，有福尔马林灭活疫苗的研究报道。

第二十三节 牛病毒性腹泻病毒

牛病毒性腹泻病毒(Bovine viral diarrhea virus，BVDV)属黄病毒科瘟病毒属。该病毒引起的急性疾病称为牛病毒性腹泻，引起的慢性持续性感染称为黏膜病，因此该病毒又称为牛病毒性腹泻-黏膜病病毒。该病主要发生于牛，犊牛更易感，新生犊牛经常发生致死性腹泻，并常可由腹泻物中分离到该病毒。曾有猪、绵羊、山羊和多种野生反刍动物自然感染的报道。

1. 生物学特性 病毒粒子略呈圆形，直径 40～60nm，具有脂蛋白囊膜。病毒粒子在蔗糖密度梯度中的浮密度是 1.13～1.14g/cm^3，病毒粒子的沉淀系数是 80～90S。

本病毒能在细胞培养中繁殖。实验室常用牛肾继代细胞(MDBK 二倍体细胞株)增殖病毒。另外，还可在牛胎肺、睾丸、子宫内膜、气管组织中生长。有些毒株可在不同的组织培养系统中产生细胞病变，但多数毒株不产生细胞病变。不出现细胞病变的毒株，可用已知的产细胞病变毒株进行蚀斑干扰试验或者用新城疫病毒的强化法(END 法)及免疫荧光技术等进行鉴定。某些毒株产生的细胞病变较快，且可完全毁坏细胞单层，主要表现为细胞变圆，细胞核固缩到边缘，胞质内出现大量空泡，细胞逐渐脱落，细胞单层呈网状，最后大部分或全部细胞从瓶壁脱落。

牛病毒性腹泻病毒的各个毒株之间在免疫血清学上似乎没有明显的抗原性差别，即不能明确地将其区分为不同的型或亚型。但有人提出，将 BVDV 分两个种，即 BVDV1 和 BVDV2，BVDV2 毒力更强一些。牛群中抗 BVDV 的中和抗体出现率较高，且在本病过程中又有较长时期的病毒血症，一般认为动物在感染 BVDV 后能够产生坚强持久的免疫力。

根据猪体免疫攻毒试验、琼脂扩散试验、中和试验和免疫荧光试验，已经充分证明牛病毒性腹泻病毒和猪瘟病毒之间存在免疫学关系。这两种病毒可能含有共同的可溶性抗原。

本病毒在 26℃或 37℃经 24h，大部分病毒丧失感染力，56℃可使病毒灭活。在低温下稳定，真空冻干的病毒可在−70～−60℃温度下保存多年。pH 低于 3 时才可致病毒死亡。对乙醚、氯仿敏感。

2. 致病性 本病毒在自然条件下可感染黄牛、水牛和奶牛。2 月龄至 2 岁的牛最易感染。有报道鹿也可感染，在绵羊、山羊、羚羊及猪体内可检出本病毒的抗体。在实验条件下，可感染绵羊、山羊、猪及兔，并不引起发病，但从猪体可分离出病毒。

牛病毒性腹泻病毒可引起病毒性腹泻和黏膜病两种症状。其中病毒性腹泻具有高度传染性，症状和病变较轻，发病率高而死亡率低。相反，黏膜病在野外条件下的传染性不高，患病犊牛经常呈现明显的临床症状，病变严重，并常死亡。黏膜病主要侵害 6～18 月龄的犊牛，潜伏期 7～9 天，发病突然。病牛体温上升到 40～42℃，食欲丧失，沉郁，并有浆液性鼻液，白细胞减少，2～3 天后，颊黏膜上出现浅表溃疡斑，病牛大量流涎，呼吸有恶臭。在口腔出现病变后迅速发生腹泻，最初呈水样，病后期含有血液和黏液，并常排出成片的肠黏膜。病程约几天，但也可能迁延至 1 个月左右。发病率为 2%～50%，犊牛的死亡率可达 90%，但也常见隐性感染。病毒性腹泻的症状与黏膜病相似，但要缓和得多，死亡率一般不超过 5%。孕牛患病毒性腹泻病时，可能发生流产，但流产胎儿常无特异性病变。怀孕 100～200 天之间发生感染的母牛，经常产出脑发育不全的犊牛。

常见的病变主要出现在消化系统，整个消化道充血、出血、水肿，并有糜烂和溃疡。肠管淋巴结肿大和溃疡。心肌，特别是沿冠状沟处和心室内膜上经常有出血斑。鼻孔、唇和颊腔黏膜充血，鼻镜、口腔(有时在食管)内有溃疡。

3. 微生物学诊断　病毒分离时，急性病例采取血液；检查局部时，可用棉拭子采取局部的分泌物或排泄物；尸体剖检时，则采取肠系膜淋巴结或脾脏，也可应用骨髓。各种牛源细胞均可用于病毒分离，包括牛肾和胎牛肺原代细胞或继代细胞及其牛睾丸细胞。犊牛睾丸细胞常可显示较好的细胞病变。犊牛原代睾丸细胞应用加有酵母浸膏和 10%犊牛血清的乳白蛋白水解物作为生长液。长成单层后，应用加有 2%犊牛血清的 199 液作为维持液。其他细胞培养液相同。分离株如果引起细胞病变，则应进一步用抗 BVDV 的免疫血清进行中和试验鉴定。电镜检查时，获得的新鲜病料或细胞培养物可直接用负染法，在电镜下观察病毒粒子的特征。也可用铬投影的电子显微照相测量病毒的大小和形态。存在于病畜肠黏膜、肠系膜淋巴结、胰腺以及发生病变的其他组织中的沉淀抗原可用琼脂扩散试验检出。具体方法是选取发炎、糜烂或溃疡周围的黏膜，不经任何处理，直接与阳性血清进行琼脂扩散试验。其他还有双抗体夹心 ELISA 和中和试验等都可用于本病的诊断。

4. 防制　国外已选育出弱毒株制造疫苗，可产生较长时间的免疫，有接种反应，妊娠动物不宜应用。我国也已研制出了冻干弱毒苗，免疫力良好，而且比较安全。但是，现在提倡的控制措施是检出并淘汰持续感染的牛，逐步净化牛群，可通过血清学监测检出阳性牛，继而再用分子生物学方法检测血清学阴性的带毒牛。

第二十四节　禽网状内皮组织增生病病毒

禽网状内皮组织增生病病毒(Reticuloendotheliosis virus, REV)属于逆转录病毒科丙型逆转录病毒属，是引起鸡、鸭、火鸡和其他禽类的网状内皮组织增生病(reticuloendotheliosis，RE)的病原体。REV 与各种哺乳动物的逆转录病毒在进化上有紧密的联系，为生物学界研究肿瘤病毒的演化提供了一个研究模型，现已引起广大研究者的高度重视。

1. 生物学特性　病毒呈球形，有壳粒和囊膜，直径为 100nm 左右，表面附有 6nm×10nm 的突起。病毒在蔗糖中的浮密度为 1.16～1.18g/mL 时，氯化铯浮密度为 1.20～1.22g/mL。REV 的遗传物质是单股 RNA，由 60～70S 复合体组成，包括 2 个 30～40S RNA 亚单位。REV 基因组由 *gag*、*pol* 和 *env* 等组成。完全复制型 REV 基因组大小为 9kb，而不完全复制型(缺陷型)T 株只有 5.7kb，原因是其基因组有丢失。REV 含 RNA 指导的 DNA 聚合酶(反转录酶需 Mn^{2+}激活)。此外还有许多多肽，有 *env* 基因编码的 gp90 和 gp20 两个糖蛋白，*gag* 基因编码的 5 种结构蛋白(p12、pp18、pp20、p30 和 p10)。gp90 为囊膜蛋白，p30 是主要的群特异性抗原。不同株 REV 的抗血清可互相发生交叉反应。

REV 可被脂溶剂如乙醚、5%氯仿和消毒剂破坏，不耐酸(pH3.0)。表面糖蛋白可被蛋白水解酶部分破坏。对紫外线有较强的抵抗力。从感染 REV 鸡的组织或细胞培养物液体中可以获得不含宿主细胞的 REV，它可以在−70℃长期保存而不降低活性，在 4℃下病毒比较稳定，在 37℃下 20min 后传染力丧失 50%，1h 后丧失 99%。感染的细胞加入二甲基亚砜后可以在液氮中长期保存。

虽然不同毒株的致病力不同，但都具有相似的抗原性，即属同一血清型。根据病毒中和试验等方法，将 REV 分成 3 种不同的抗原亚型，即Ⅰ、Ⅱ和Ⅲ型。其中Ⅰ型含 A、B、C 3 个抗原表位，Ⅱ型含 B 抗原表位，Ⅲ型含 A、B 抗原表位。

REV 分为完全复制型和不完全复制型两种病毒群。完全复制型的 REV 可在几种禽体内复制，而实验室内主要在鸡胚、火鸡胚、鸭胚及鹌鹑胚的成纤维细胞内增殖，有的毒株在鸭胚和火鸡胚成纤维细胞形成合胞体细胞病变。不完全复制型的 REV 需一种辅助病毒(REV-A)才能在上述细胞内复制，而且在 3 代以后即完全丧失致瘤作用。不同的 REV 毒株接种 6 日龄鸡胚卵黄囊可以引起不同的反应。REV-T 株能引起胚胎偶尔死亡和孵出雏鸡畸形，而其余 REV 则没有这样的严重变化。不同 REV 毒株在鸡胚各器官中的复制能力和特异靶器官中表现不一。能够引起法氏囊肿瘤病变的毒株主要影响肝脏和法氏囊，而不能引起法氏囊淋巴瘤的 REV 肿瘤病变的毒株则主要影响胸腺、心、肝和脾。

2. 致病性　REV 的自然宿主有鸡、火鸡、鸭、鹅、日本鹌鹑等，其中鸡和火鸡发病最常见。有人发现野禽也带有 REV，这样就给本病的控制带来困难。REV 一般感染低日龄鸡，特别是刚孵出的雏鸡及胚胎，感染后引起严重的免疫抑制或免疫耐受。而大日龄鸡免疫机能完善，感染后不出现或仅出现一过性病毒血症。REV 有水平和垂直传播两种方式。接触感染可因禽的种类、日龄及 REV 株不同而不同，人员、器械等也可机械性地传播该病。另外，吸血昆虫在本病的传播中也有一定作用。REV 污染某些疫苗(如马立克病疫苗、禽痘疫苗、新城疫疫苗)时，即可引起人工传播，并诱发矮小综合征和肿瘤，成为 RE 发病的主要原因。RE 综合征包括急性网状细胞增生症、矮小综合征，以及淋巴组织和其他组织的慢性增生症。尽管 RE 可人为地分成以上几类，但有时又难以区分，即使在同一试验或同一只禽也可见到不同的病变类型。

由于 REV 以淋巴细胞或网状内皮细胞为靶细胞，严重影响了免疫系统的功能，因而诱发明显的细胞和体液免疫抑制，降低机体对其他病原或抗原的免疫应答。尤其幼龄鸡、鸭感染时，可引起明显的免疫抑制，NK 细胞活性也受到显著影响。

3. 微生物学诊断　REV 的检查需在典型病理变化的基础上，结合检测 REV 或其抗体进行。

(1) 病毒分离与鉴定：REV 的病毒血症往往是一过性的，而且毒价相当低，但胚胎感染或发生免疫抑制时毒价则很高。可从不同的病变组织中分离到 REV，也可从血液中获得。含细胞的悬液含毒量高，而血中白细胞、淋巴细胞是分离病毒的较好材料。将病料接种于鸡胚成纤维细胞，盲传一定代次，观察细胞病变，或用免疫荧光、免疫过氧化物酶斑点试验测定培养物或血浆中 REV。ELISA 直接检测组织中病毒时，血清的敏感性最高。因此，血清是监测鸡群 REV 感染的理想样品。应用单克隆抗体可提高检验的特异性。聚合酶链反应具有灵敏度高、特异性强的特点，即使血清转阴，该方法也能检出血中的 REV。分离到的病毒可用人工发病或病毒中和试验进行鉴定。

(2) 抗体的检测：除检测病毒或其抗原外，检测鸡血清或蛋黄中的抗体也可作为诊断方法。琼脂凝胶试验、直接或间接荧光试验、ELISA、病毒中和试验等均可检出血清或卵黄中的抗体，而与血清相比，用卵黄则更方便。

4. 防制 目前无治疗 RE 的方法，也没有有效预防本病的报道。及时淘汰血清学检测查出的阳性鸡是行之有效的预防措施。

第二十五节 禽白血病病毒

禽白血病病毒(Avian leukosis virus，ALV)是逆转录病毒科甲型逆转录病毒属的代表种。本病毒除能引起白血病外，还能引起骨髓细胞瘤、上皮细胞瘤等肿瘤性疾病，而且它诱发的肿瘤多与造血系统有关。由于禽白血病病毒与禽肉瘤病毒在理化特性、病毒形态及致病性等方面具有许多相同的特征，因此常常统称为禽白血病/肉瘤病毒。

1. 生物学特性 禽白血病病毒具有典型的甲型逆转录病毒的形态特征，直径为 80～120μm，球形，核芯位于病毒粒子的中心，囊膜表面有纤突。病毒以出芽增殖的方式在胞质膜上出芽并释放。病毒基因组是由 2 个单股正链线性 RNA 构成的二聚体，在蔗糖中的浮密度为 1.15～1.17g/cm^3。每个基因组的单体约有 7.2kb。病毒的主要蛋白成分为衣壳蛋白、基质蛋白、核衣壳蛋白、蛋白酶、逆转录酶、整合酶、表面蛋白和跨膜蛋白。

本病毒具有共同的群特异性抗原 p27。根据对细胞的感染范围、干扰谱、囊膜糖蛋白的特性及基因组分子生物学特性等的不同，本病毒又分成 A～J 共 10 个亚群。同一亚群的病毒能够互相干扰，并具有不同程度的交叉中和能力。不同的群间没有这种能力。病毒的囊膜糖蛋白具有型特异性抗原决定簇，能诱发中和抗体。用中和试验可以将亚群细分为若干不同的抗原型。

禽白血病病毒能在鸡胚和鸡胚细胞培养物上良好生长，并能连续不断地产生病毒，一般情况下不产生细胞病变。当用肉瘤病毒接种鸡胚成纤维细胞时，会引起细胞发生肿瘤性转化，在接毒的细胞单层上能见到由这些转化的细胞形成的散发性克隆或病灶。

病毒对乙醚、氯仿等脂溶剂敏感，对紫外线有很强耐受性，不耐热，56℃经 30min 即可丧失感染性，–60℃条件下可长期保存。在 pH5～9 间稳定。

2. 致病性 由于感染的毒株不同，病鸡的症状和病理变化也有所不同。病毒的 A、B、C、D 和 J 亚群是外源性病毒，有较强的致病性。其他亚群是内源性病毒。所谓内源性，是指这类病毒的基因组已经为一种生物的固定基因结构的一部分。一般的鸡都携带 E 亚群基因序列，这些序列被整合到鸡细胞的基因组上。当完整的内源性病毒基因组存在时，细胞可能自发地或经某种化学试剂的作用，产生出 E 亚群白血病病毒。当内源性病毒基因是缺损型时，基因可能在细胞内进行表型表达而不产生感染性病毒。E 亚群对鸡的致病性很弱或根本不致病。F 和 G 亚群主要感染野鸡。J 亚群在 1991 年发现，为外源性，宿主为鸡，引起髓细胞瘤，对鸡危害严重。

3. 微生物学诊断 根据病史、症状及剖检发现肿瘤，通常可得出诊断结果，但应与马立克病相鉴别。可用 ELISA 等检测病毒抗原。确诊需要进行病毒的分离鉴定。

4. 防制 由于本病毒及其制备物在灭活的同时其免疫原性会遭到不同程度的破坏，培育无致病力的弱毒株亦未取得重要进展，至今仍没有研制出有实用价值的疫苗。比较切实可行的防制方法在于阻断病毒从亲代到子代的垂直传递。以清群为主，通过血清学检测，不断地淘汰阳性鸡，如此连续数年，可使鸡群逐步净化。同时选择来源于健康母鸡所产种蛋孵育小鸡，加强种蛋、孵化场等的消毒，尽可能地减少污染，消灭外环境中的病毒，以达到净化的目的。

第二十六节　鸡贫血病毒

鸡贫血病毒(Chicken anemia virus，CAV)属圆环病毒科圆环病毒属，是引起雏鸡再生障碍性贫血和全身性淋巴组织萎缩为特征的免疫抑制性病毒。由于病鸡的免疫系统遭到破坏，致使鸡极易继发其他病毒、细菌、支原体及真菌等感染，使发病率和死亡率增高。

1. 生物学特性　CAV 呈球形或六角形，有明显的表面结构，无囊膜，大小为 18～25nm，分空心粒子和实心粒子。病毒衣壳呈正二十面体，由 32 个中空壳粒构成，在宿主细胞核内复制，像细小病毒一样，复制时可能依赖于细胞增殖周期的 S 期所产生的细胞蛋白，在感染细胞中有环状双股 DNA 复制中间体。CAV 的基因组较小，约为 2.3kb，是共价闭合、环状、负链、单股 DNA。经克隆的 CAV 基因组序列分析，是由 2319 碱基组成，包含 3 个部分重叠的阅读框架，编码为 51.6kDa、24.0kDa 和 13.6kDa 的多肽。基因组可能只有一个启动子和一个 Poly(A)信号序列。在 CsCl 中的浮密度为 1.35～1.36g/cm^3。CAV 只有一个血清型，不能在 CK、CEF、VER0、CRFK、MDCK、A-72、MDCC-RP1、MDCC-BP1、LSCC-1104X5、LSCC-TLT、鸡胚皮、肌、肝、脑、肾、胸腺、法氏囊、骨髓等细胞培养物中增殖，但可在 MDC-MSB$_1$(MD 脾淋巴瘤)、MDCC-JP2(MD 卵巢淋巴瘤)、LSCC-1104B$_1$(LL 法氏囊肿瘤)细胞中增殖。通过卵巢囊、绒毛尿囊膜及尿囊腔接种 10 日龄鸡胚可增殖病毒。

50%氯仿处理 15min、50%乙醚处理 13h、pH3.0 处理 3h 仍有感染力。对热抵抗力强，70℃经 1h、80℃经 5min 并不完全灭活。5%酚处理 5min、10W 紫外线灯距离 10cm 照射 3min 可完全灭活。在 37℃下，1mg/mL 的 DNA 酶、RNA 酶、膜酶、蛋白酶 K 能耐受 2h，对次氯酸盐敏感。

2. 致病性　CAV 感染使患雏骨髓造血机能紊乱，临床上呈亚急性经过，表现渐进性贫血、消瘦、精神沉郁、可视黏膜苍白。患病 2 天后开始死亡，濒死鸡出现腹泻，皮肤及皮下有出血点。死亡率可达 30%左右。若与其他病原混合感染，症状表现复杂，死亡率增高。红细胞计数为 100 万～200 万/mm^3 或更低，白细胞低于 5000/mm^3，血小板低于 27%，血细胞比容值可降至 6%～20%。剖检可见，骨髓呈粉红色或黄白色的脂肪样变；肌肉、内脏器官苍白，血稀如水样；胸腺萎缩；法氏囊病变通常较轻。组织学病变主要表现为骨髓几乎完全被脂肪样组织所代替，血管周围、胸腺小叶等淋巴组织中的淋巴细胞严重缺失，网状内皮细胞增生。

自然条件下，鸡是该病的唯一易感动物，且表现明显的年龄抵抗力。2～3 周龄的雏鸡易感，但以肉用公鸡更为易感。在无其他病原影响下，随鸡日龄的增长，其易感性、发病率及死亡率逐渐降低。人工接种 1 日龄雏鸡最易感，发病率几乎 100%，死亡率可达 50%。1 周龄雏鸡亦可感染，但部分出现临床症状，一般不死亡。人工感染途径可通过气管、口腔及腹腔和腿部肌肉注射，其中以腹腔途径感染率高。成年鸡易感性较差，但可带毒。人工感染的潜伏期约 10 天。死亡率多集中在感染后 14～18 天。存活鸡可获免疫。传播途径主要为垂直传播。水平传播也有发生，可通过病鸡的分泌物、排泄物或死鸡的内脏及接触过的用具传播。粪便中的病毒一般可存活 1 周左右。

CAV 的致病力除与鸡的日龄和毒株密切相关外，同时还与某些免疫抑制性病毒(MDV、IBDV、REV)发生相互作用。如果先感染 IBDV 或 MDV，以后再感染 CAV 时，可增强 CAV 的致病性，其发病率和死亡率明显增高，症状加重。鸡日龄和母源抗体的保护效果能被 CAV 和免疫抑制病毒双重感染所破坏。

3. 微生物学诊断　病毒分离鉴定时，以感染后 1 周龄或病死鸡脏器作为分离材料，通常以肝脏分离率最高，按常规法制成 20%乳剂分别接种 4～6 日龄鸡胚，14 日龄收全胚，分离病毒。血清学试验可用中和试验、ELISA 试验、IFA(间接荧光法)、PCR 技术等。

4. 防制　CAV 抗体在鸡群中广泛存在,无论是健康鸡群还是患贫血症、MD、蓝翅病(BWD)鸡群都很容易查到 CAV 抗体，甚至在一些 SPF 鸡群中也可查到 CAV 抗体。曾有关于弱毒疫苗的研究，对仔鸡产生一定的免疫力，但还没有商品化的疫苗用于 CAV 的预防。

第二十七节　猪细小病毒

猪细小病毒(Porcine parvovirus，PPV)，又称猪细小 DNA 病毒(Porcine parvovirus)，是引起猪的生殖道疾病，致胚胎、胎儿死亡，是流产、死产和胎儿木乃伊化的病原体。

1. 生物学特性　病毒呈六角形和球形，无囊膜，直径 20～28nm，呈等轴对称的二十面体，衣壳由 32 个壳粒组成。核心含单股线状 DNA，分子质量为 1.4×10^6Da，G+C mol%含量为 48%。病毒粒子在 CsCl 中的浮密度为 1.37～1.39g/cm^3。

PPV 能凝集鼠、豚鼠、鸡、鹅、恒河猴和人 O 型红细胞，不能凝集牛、绵羊和猪的红细胞,对马和鸭的红细胞凝集能力视毒株而异。PPV 能在猪肾原代细胞、猪睾丸原代细胞和 PK-15 细胞系，以及人的某些传代细胞系(如 HeLa、KB、HEP-2、Lu132 等)中培养增殖，其中以原代猪肾细胞较为常用。在感染的猪肾细胞核内 18h 即可发现 A 型包涵体(HE 染色)。这种包涵体几乎充满整个细胞核。

PPV 对热和酸具有较强的抵抗力，在 pH3～9 稳定；对乙醚、氯仿、去氧胆酸盐等不敏感，胰酶短时间(1h)处理的病毒其感染性不仅不受影响，还能提高其感染效价。PPV 悬液在 −20℃和−70℃下保存 1 年，其感染价和血凝性都不减弱。

2. 致病性　猪是 PPV 的易感宿主，不同月龄的猪均可感染，但最易感的是初产母猪。母猪一旦感染 PPV，可能再度发情或不发情，不产仔，或产仔量减少或产出部分木乃伊胎儿。有的病猪产生死胎或死胚或者两者都有。公猪感染 PPV 后是否影响繁殖尚不清楚。成年猪、幼猪感染时无可见病理变化。流产、死产胎儿有脑脊髓炎变化，以细胞管套变化为主，可见神经胶质细胞增生和变性。

病毒可通过分泌物、排泄物及被污染的器具等引起传播，称为水平传染。病毒可以通过胎盘垂直传染给胎儿，特别在妊娠后期感染了胎儿，虽然生后不见异常，但很可能成为传染源。另外，病毒常呈潜伏感染状态，故在组织培养时往往发现病毒的感染。

3. 微生物学诊断　分离病毒和检查血凝抑制抗体是诊断 PPV 感染最可靠的方法。

(1) 病毒分离：用感染胎儿组织(肾、肺、肝、脑、睾丸和胎盘)的乳剂作为分离病毒样品。分离病毒通常用原代猪肾细胞或 SK 细胞系，一般不用 PK-15 细胞系。因后者不如前者敏感，接种病料样品的时机以细胞形成岛屿状阶段为宜。若病料的病毒含量较高时，于接种后24～72h即可出现细胞病变，一般在接种后16～36h出现核内包涵体。用原代猪肾细胞分离病毒时，必须设不接种病料的空白对照培养，而且要盲传3代，只有空白对照培养正常才能最后判定结果。直接用自体的病料组织(肺、肾、睾丸等)进行单层细胞培养，较应用异体细胞更易成功，但病料组织一定要新鲜无菌。PPV只有一个血清型，所以应用已知标准免疫血清进行血凝抑制试验或中和试验鉴定分离的病毒。

(2) 特异性抗体的检查：血凝抑制试验是检测PPV抗体的一种最常用的方法，操作简便，检出率高。通常采用病猪双份血清作血凝抑制试验，其血清滴度达1∶640以上时判为阳性。此外，通过中和试验、琼脂扩散试验和免疫荧光技术等进行抗体检测。

4. 防制 用PPV人工接种猪，于6～9天出现血凝抑制抗体，14～21天抗体滴度可达1∶1024～1∶5000。除血凝抑制抗体外，在循环血液中也可检出中和抗体及补体结合抗体。用于免疫预防接种的疫苗有弱毒苗和灭活苗两种，通常用于未妊娠的青年母猪和初产母猪。初产母猪应于配种前2～4周接种疫苗。经产猪由于几乎普遍保有抗体，不会因本病引起流产、死产，所以不必进行疫苗接种。我国研制的PPV弱毒苗和灭活苗已应用于生产实践，防制效果良好。

第二十八节 猪轮状病毒

猪轮状病毒(Porcine rotavirus)是呼肠孤病毒科轮状病毒属的成员，是引起仔猪严重腹泻的病原之一。轮状病毒对仔猪小肠急性感染，导致腹泻、厌食、偶有呕吐。仔猪死亡率变动很大，为0%～50%。

1. 生物学特性 与所有轮状病毒在形态上相似，以病毒粒子形似小轮子而得名。病毒粒子有一个粗的轴心，带有短的辐条和一个狭窄的轮缘。病毒有双股RNA，11个节段。猪轮状病毒的血凝性，有的报道认为不能凝集人O型和A型红细胞；有的认为能凝集猪、豚鼠和人红细胞。轮状病毒有6个血清群(A、B、C、D、E、F)，血清群间不存在抗原相关性。大部分猪轮状病毒属于C群，也发现非典型猪轮状病毒。C群猪轮状病毒进一步分成9个血清亚型。它们彼此在体外没有交叉中和作用，也不能交叉保护，但有人认为有较弱的交叉保护作用。

轮状病毒在体外培养较困难。猪轮状病毒是通过在培养基中加入胰酶或胰蛋白酶获得成功，但在制备原代猪肾细胞时须除去胎牛血清。接种受感染悉生小猪小肠内容物的10%无菌滤液，吸附1h后，将未吸附的残液倾去，培养18～24h，用免疫荧光试验检验有无轮状病毒。再将感染细胞经超声波处理，并用25μg/mL胰酶37℃处理1h，再传10代。另外，可将病毒接种到恒河猴肾细胞系(MA-104)中培养可使培养细胞产生病变和蚀斑。

乙醚、氯仿处理不能灭活病毒感染性；病毒对环境因素有抵抗力，对常用的消毒剂如碘伏、次氯酸耐受。能有效灭活轮状病毒的消毒剂有：2%戊二醛酸、95%乙醇、67%氯氨T。4.5%福尔马林作用30min以上也能有效灭活猪轮状病毒。

2. 致病性与免疫 自然条件下，动物之间不太可能存在轮状病毒交叉感染，但实验感染时可以发生，如SPF猪对许多轮状病毒(如牛、马、羊和人A群轮状病毒)均易感。仔猪是研究人轮状病毒感染机制的最成功动物模型。实验感染小于1周龄哺乳仔猪，呕吐，之后发生水样腹泻，持续3～5天，严重脱水，导致死亡。有的仔猪能康复。轮状病毒感染后体重减少

10%～30%。猪对轮状病毒感染有年龄易感性。<1.5 天的仔猪感染一般导致死亡；10～12 天感染发生腹泻，有的可康复；出生后 19 天感染表现为无症状。自然感染时，大部分病例呈临床感染，表现轻微腹泻症状。

发病率和死亡率与轮状病毒感染数量、动物年龄、母源抗体多少、饲养条件、有无其他病原共同感染或继发感染等密切相关。猪轮状病毒感染广泛分布于世界各地，发病率高(90%～100%)，成年猪几乎都可检测到轮状病毒抗体。轮状病毒感染不具有季节性，但干燥季节和 4～20℃环境有利于病毒感染。

轮状病毒主要感染部位为肠道，循环抗体无保护作用，只是作为病毒感染的指针，除非循环抗体是母源抗体。只有小肠腔中的局部抗体能提供保护作用。病毒感染肠道上皮细胞后，肠道相关淋巴样组织(GALT)内的淋巴细胞被激活，进入循环系统，之后回到隐窝，在这里分化为产生轮状病毒抗体的浆细胞。浆细胞产生的抗体主要为 IgA，分泌到肠道起到中和轮状病毒的作用。试验感染后 5～10 天内可检测到轮状病毒抗体。感染后 14～21 天用同种病毒攻击可提供完全保护。轮状病毒不同血清型间只能提供部分保护作用。在被动免疫方面，母源抗体不能提供足够保护作用。哺乳仔猪肠道中保持高水平的乳源抗体，主要为 IgA，但仔猪仍可发生亚临床感染，说明乳源抗体不能阻止病毒感染，但有一定抑制作用。有报道，乳中的非抗体因子如胰酶抑制因子能阻止轮状病毒感染。

3. 微生物学诊断 为了方便本病诊断，应在急性期即腹泻发生后 1～2 天及时收集病料。诊断时主要检测小肠组织切片、腹泻拭子和粪便中的病毒抗原。使用血清群特异性抗体能检测到猪 A 群轮状病毒，如用于检测牛和人轮状病毒的 ELISA 也能检测猪 A 群轮状病毒。病死猪应立即采其小肠组织和肠拭子，防止绒毛表皮细胞脱落，用免疫荧光抗体技术可以检测其中抗原。电镜检查是一种可靠的检测轮状病毒的技术，敏感性接近 ELISA。免疫电镜技术还可区分轮状病毒不同血清群。其他分子生物学诊断技术也开始应用于轮状病毒检测，如 PCR、核酸探针杂交等。

4. 防制 目前，尚没有有效的疫苗。主要依靠加强饲养管理，提高猪的抵抗力；使新生小猪能吃到初乳；做好环境的清洁、消毒等生物安全措施。

第二十九节 禽脑脊髓炎病毒

禽脑脊髓炎病毒(Avian encephalomyelite virus，AEV)是微 RNA 病毒目微 RNA 科震颤病毒属的成员，是侵害禽类中枢神经系统的一种病毒性传染病的病原体，主要侵害幼鸡、火鸡、雏鸡和鹌鹑等。该病的特征是共济失调、后肢麻痹及头部震颤。成年鸡感染后产蛋量急速下降。

1. 生物学特性 病毒粒子具有六边形轮廓，无囊膜，直径 24～32nm，核衣壳正二十面体，有 32 个或 42 个壳粒，表面有纤突。核酸具有感染性的单股(+)RNA。蛋白质有 4 种多肽，分子质量分别为 43kDa、35kDa、33kDa 和 14kDa。在 CsCl 中浮密度为 1.31～1.32g/cm^3。病毒 RNA 的复制是通过两种不同的双股 RNA 进行的，通过 mRNA 先转译成一条连续的氨基酸-多聚蛋白，经过首次切割产生初级产物，第二次切割成为病毒的结构蛋白，特异性 RNA 是在感染细胞质内合成的。

本病毒可在神经胶质细胞、鸡胚肾细胞、鸡胚成纤维细胞中生长增殖。病毒也可以在鸡胚中分离和培养增殖病毒。鸡胚中如有微量病毒抗体，则病毒不生长，病毒对鸡胚的致病力，在接种 4 天后，可见局部脑神经水肿，神经胶质细胞增生，胎儿的肌肉营养发生障碍，肌纤维肿胀和坏死，肌膜增生，脑软化。

病毒对氯仿、酸、乙醚、胰酶、去氧胆酸盐和去氧核酸酶有抵抗力。病毒在 50℃时有明显的稳定性。

2. 致病性 本病毒主要感鸡、雉、鹌鹑和火鸡，3 周龄内发病症状典型。本病毒在肠道增殖，经肠道和生殖器官排毒。经口感染，粪便含毒量较高。可水平传播，也可经蛋垂直传播。在孵化器孵化时也可感染。易感鸡群一年四季均可发病。雏鸡感染病毒后，潜伏期较短，为 1～3 天。病初，雏鸡眼睛发直，头轻微震颤，走路不稳。随着病情发展，眼发呆，不愿走路，易倒卧，颈部强直，出现共济失调。严重者瘫痪，当病鸡全麻后很快死亡。病死鸡可见到胸部轻度充血，大脑出现透明状脑水肿病变。组织学见到中枢神经非化脓性脑脊髓炎病变，神经元细胞肿大，细胞核用 Niss 氏法染色可见虎斑(尼克氏体)溶解消失，核偏移等。

3. 微生物学诊断 病毒分离时，必须使用不含病毒的鸡胚、雏鸡及组织细胞培养物，分离效果好。采样主要是病死鸡的脑和胰、十二指肠，经处理后接种鸡，观察症状并用免疫荧光抗体技术、免疫琼脂扩散试验检测，确定结果。进行血清学试验时，可用中和试验、间接免疫荧光试验、琼脂扩散试验和酶联免疫吸附试验等。

4. 防制 鸡感染本病毒康复后有免疫力。母源抗体能保护仔代雏 2～3 周。多数鸡群接种经鸡胚增殖的活病毒，可取得有效的防制。疫苗有两种，活疫苗用于接种 10～16 周龄的种母鸡，在接种后 1 周即可产生抗体，3 周后可达到最高水平。也可通过饮水免疫。但对 3 周龄以下的幼鸡较易感，一般不使用本法。对 10 周龄以上鸡使用本法时，要严格控制对环境的污染，以免成为传染源。灭活疫苗对 18～20 周龄的种母鸡接种，双倍注射效果好。

第三十节 猪流行性腹泻病毒

猪流行性腹泻病毒(Porcine epidemic diarrhea virus，PEDV)是冠状病毒科甲型冠状病毒属的成员，是引起以水泻、呕吐和脱水为特征的猪肠道传染病的病原体。

1. 生物学特性 猪流行性腹泻病毒具有冠状病毒科所有形态特征。从粪便中检出的病毒粒子具有多形性，近似球形，其直径(包括纤突)为 95～190nm，平均 130nm，纤突长 18～23nm，规则地呈花瓣状排列。PEDV 粒子有 6 种结构蛋白，其分子质量依次为:VP1 33kDa、VP2 40kDa、VP3 53kDa、VP4 62kDa、VP5 163kDa 和 VP61 90kDa，除 VP5(纤突蛋白)与 TGEV 有明显差别外，其余 5 种结构蛋白与 TGEV 很相似。PEDV 的体外培养困难。国内学者先后采用胎猪肠组织上皮细胞、胎猪小肠组织绒毛上皮细胞培养 PEDV 获得成功，并将分离的 PEDV 适应于 Vero、PK-15 和 ST 传代细胞，建立了适应传代细胞的 PEDV G_1 株。PEDV 对乙醚和氯仿敏感。在蔗糖中的浮密度为 1.18g/cm^3。至今尚未发现不同的血清型。

2. 致病性 PEDV 主要通过感染动物的粪便等污染物经消化道感染，各种年龄的猪均可发病，哺乳仔猪受害最严重，平均致死率为 50%。人工口服感染，潜伏期为 24～48h，自然病例潜伏期可能很长。仔猪表现水泻、呕吐，新生仔猪往往发生严重脱水而死亡。断奶猪和育肥猪水泻持续 4～6 天后，大多数可恢复。PEDV 常与 TFEV 或轮状病毒及大肠埃希菌混感，使症状加重。猪在自然感染或人工感染病毒后，其血清中可检测出特异性抗体，有一定免疫力。

3. 微生物学诊断 应根据病史作出初步诊断。PED 较 TGE 死亡率低，2 周龄以上仔猪很少死亡。与 TGE 相比，PED 在猪群中传播较慢。血清学诊断方法中，直接免疫荧光抗体技术检查病料中 PEDV 抗原最有实际应用价值，间接荧光抗体技术和血清中和试验可用于抗体检测。ELISA 双抗体夹心法可从粪便中直接检测 PEDV 抗原，准确性较高。

4. 防制 氢氧化铝灭活疫苗效果良好。在国内，猪传染性胃肠炎与猪流行性腹泻二联灭活疫苗已经商品化。

第三十一节 日本脑炎病毒

日本脑炎病毒(Japanese encephalitis virus，JEV)，过去曾称流行性乙型脑炎病毒(epidemic encephalitis virus B)，是黄病毒科黄病毒属的成员，是以三喙库蚊为主要传染媒介的人畜共患的严重流行性脑炎的病原体。

1. 生物学特性 本病毒呈球形，二十面体对称，单股 RNA，病毒粒子的直径为 53nm±45nm，核心为 29.8nm±2.5nm，外面包有脂蛋白包膜，包膜上面有含糖蛋白突起，分子质量约为 6×10^7Da。病毒 RNA 的分子质量 4×10^6Da，约 12kb，其 3′端有聚(A)尾，5′端有帽。JEV 有血凝活性和溶血活性，能凝集鸡、鸽和新生雏鸡的红细胞。病毒囊膜糖蛋白在补体结合试验中具有属的特异性，可溶性补体抗原(无结构性)有型特异性。日本脑炎病毒与西尼罗病毒(West Nile virus，WNV)、墨累河谷脑炎病毒(Murray valley encephalitis virus，MVEV)、圣路易斯脑炎病毒(st. Louis encephalitis virus，SLEV)有一些交互关系，由血凝抑制试验可以看出它们形成一个有关的亚组。

JEV 可在原代或传代细胞上培养，包括蚊细胞、仓鼠肾细胞、猪肾、羊胚肾细胞培养增殖，并可引起明显病变。在鸡、鼠胚(肝、肾、心、脾)、人胚(皮肤、肌肉、脾、肾)、人羊膜、猴心肌等细胞培养物中增殖，并在仓鼠肾、鸡胚、猿猴肾细胞培养物上传代，可形成蚀斑。

JEV 对外界抵抗力不强，56℃经 60min 即可灭活，100℃经 2min 灭活，在–20℃时病毒可存活数月，–70℃可保存数年，在 5%甘油盐水中 4℃可保存数月。pH7.0～8.5 较适宜，pH7.8～8.4 最佳，pH7.0 以下活性迅速降低。病毒对乙醚、乙醇、丙酮、氯仿、甲醛等脂溶性物质较敏感，但不失抗原性。病毒粒子经蛋白酶处理后，不仅灭活，且纤突和血凝活性消失。在 1%来苏儿溶液中经 5min，3%来苏儿经 2min、5%来苏儿经 1min 可灭活。

2. 致病性 日本脑炎是一种自然疫源性疾病，马、骡、驴、猪、牛、绵羊、山羊、骆驼、狗、猫、鸡、鸭、人及许多野生动物等均有感染性，并出现病毒血症。除人、马和猪外，一般不出现临床症状，而且多数为不显性感染。日本脑炎的传播环节是哺乳动物→蚊→哺乳动物。本病毒的流行因气温、雨量、地理条件及牲畜饲养状况的不同而异。在气温暖和、潮湿多雨及沼泽地区，特别是媒介体蚊子大量孳生时极易流行。马对乙脑病毒比较敏感，但隐性感染率极高。在流行地区的阳性率为 90%～100%。牛、绵羊、山羊和豹等仅有一定的感染性。

马在自然感染后，潜伏期为 1～2 周，开始发热，到 39.5～41℃，精神沉郁，食欲不振。多数病畜在 1～3 天恢复正常。但重症病马常高热稽留。在病毒侵入中枢神经系统后，可引起精神沉郁或狂暴症状。沉郁型病马反射迟钝或消失，呈睡眠状态，站立不稳，走路摇晃。狂暴型病畜狂暴不安，乱走乱撞，做圆圈运动，卧地不起，在 1～2 天死亡。猪自然感染一般不显症状。人工接种潜伏期 3～4 天。发病者呈神经症状而死。体温升高至 40～41℃，常于高温时发生睾丸肿大，精神不振，喜卧，食欲不振等。妊娠母猪发生流产、胎儿死亡。牛感染后发热、不食、呻吟、转圈运动和四肢强直，最后昏迷，于 1～2 天内死亡。人感染日本脑炎病毒后，只有少数人出现明显的临床症状，但大多为隐性感染，基本上都能出现 1～5 天的病毒血症，但毒价不高。

3. 微生物学诊断　主要是进行病毒分离鉴定和血清学诊断。在病畜发热初期采毒(血清、血液)或死后采集脑或脾，接种鸡胚或鼠胚肾、牛胚肾细胞培养，观察病变，并用补体结合试验、中和试验等进行鉴定。血清学试验包括补体结合试验、血凝抑制试验及中和试验等方法。

4. 防制　细胞培养的弱毒疫苗或灭活疫苗接种人及猪可有效地预防和控制本病。该病是 OIE 规定的通报性疫病。

第三十二节　鸭坦布苏病毒

鸭坦布苏病毒(Duck Tembusu virus，DTMUV)是黄病毒科黄病毒属的成员，在国内曾被称为 BYD 病毒。感染 DTMUV 后，患病鸭体温升高、食欲不振、体重下降、产蛋量下降甚至停止，卵泡变性、变形，卵泡膜充血、出血，严重者死亡。

1. 生物学特性　鸭坦布苏病毒有典型黄病毒的特征，基因组为不分节段的单股正链 RNA，基因组全长约为 11kb。病毒颗粒呈球形，大小在 30～55nm，有单层囊膜，囊膜上有薄的突起，以基底嵌入囊膜的前体膜蛋白和囊膜蛋白。前体膜蛋白和囊膜蛋白是病毒的重要组成部分，直接对病毒自身复制、组织嗜性、宿主范围，以及 B 淋巴细胞和 T 淋巴细胞免疫应答反应的激活起重要作用。

鸭坦布苏病毒可在鸡胚、鸭胚和多种原代细胞如鸡胚或鸭胚的成纤维细胞中增殖，也可在多种传代细胞如 DF1 细胞、Vero 细胞和 BHK-21 细胞等上增殖。鸭坦布苏病毒接种细胞后主要在细胞的胞浆中复制。经尿囊腔接种胚体，可在 2～6 天内致胚体死亡，死亡胚体水肿出血、绒毛尿囊膜增厚水肿。病毒不凝集鸽、鸡、鸭、鹅、鼠、兔、猪、人等的红细胞。

鸭坦布苏病毒对乙醚、氯仿、去氧胆酸盐敏感。病毒对热敏感，50℃处理 60min、56℃加热 15min，即可灭活。pH10.7 以上，病毒失活。以 pH9 的弱碱环境处理病毒 2h，病毒可保持感染性，但在 pH3、pH5、pH10 的条件下作用 2h，病毒失活。

2. 致病性　该病毒引起的疾病在国内曾称为“鸭病毒性脑炎”、“鸭出血性卵巢炎”、“鸭传染性产蛋减少症”、“鸭、鹅脑炎-卵巢综合征”、“鸭产蛋下降-死亡综合征”和“鸭黄病毒病”等。主要以水平方式传播，消化道和呼吸道是可能的传播途径；也能通过垂直方式进行传播；可能经蚊虫等节肢动物传播。鸭群发病率超过 90%，死亡率 5%～30%。人工感染 1 日龄雏鸭可治病，表现为神经症状、体重减轻、死亡，剖检可见肝脏出血性坏死、脑水肿、充血和出血，泄殖腔可排毒。产蛋鸭感染后，采食量减少，严重时采食停止，然后产蛋量开始下降，从 90%可下降到 10%，严重时停产，约 10 天后采食量开始恢复，30 天左右开始恢复产蛋。病鸭所产鸭蛋蛋壳灰暗、无光泽，蛋轻，软蛋、畸形蛋偏多。发病雏鸭生长迟缓。商品鸭、育成鸭亦会感染发病，病鸭出现明显神经症状，倒地翻个，共济失调性步态，排泄草绿色稀粪，淘汰死亡率在 5%～30%。鸡和鹅也能感染、发病。

3. 微生物学诊断　根据临床症状和病理变化可以做出初步诊断，确诊还需微生物学诊断。病毒分离时，采集泄殖腔拭子、小肠内容物、脑、卵巢、肝脏、脾脏、肾脏等作为分离材料，经尿囊腔途径接种 9 日龄鸡胚或鸭胚，收集尿囊液之后，进行病毒鉴定。目前，可用分子生物学技术如 RT-PCR、RT-LAMP、real-time RT-PCR 等技术进行病原鉴定。血清学试验时可用 ELISA、间接免疫荧光等技术。

4. 防制　鸭坦布苏病毒油乳剂灭活疫苗可对鸭坦布苏病毒产生良好的免疫保护力，但尚未商品化。加强饲养管理、做好卫生消毒等工作。

第十二章　饲料微生物

饲料上普遍存在着各种微生物。其中，有的微生物参与饲料的调制过程，增加饲料的适口性和营养价值，如青贮饲料中乳酸菌和酶解纤维素的微生物；有的微生物使饲料败坏，降低饲料的营养价值，并造成经济损失，如各种腐败性微生物；有的微生物能侵害饲料作物，或使种子丧失发芽力，导致饲料减产；有的微生物自身或其产物含有毒素，可引起畜禽中毒，如某些细菌、霉菌等。由此可见，微生物与饲料有着密切的关系。研究饲料微生物，关键在于辨别良莠，从而在饲料调制或保藏过程中采取措施，加强和发挥有益微生物的作用，防止和抑制有害微生物的活动，保证能顺利进行饲料调制和安全贮藏，达到提高饲料的营养价值、保护饲料的营养成分和有利于畜禽健康的目的。此外，有些微生物本身即具有较高的营养价值，可经培养、生产，成为单细胞蛋白饲料。

第一节　饲料中的微生物

饲料一般包括植物性饲料和动物性饲料。植物性饲料中的微生物主要来自植物根际、体表和体内。动物性饲料中的微生物主要来自动物自身及其环境。

一、植物根际的微生物

植物的根系表面及其附近的土壤称为根际(rhizosphere)，是微生物生存的特殊环境。根际存在有许多微生物群，对植物发挥有益作用，这些微生物称为根际微生物(rhizosphere microorganism)。植物的根系有大量枯死的根系组织可供微生物利用，同时，根系组织还分泌一些代谢产物，利于腐生性土壤微生物的生存。根际内细菌的密度最大，每克根际土壤通常含有 10^9 个细菌。由于根系分泌物的选择性，根际细菌的种类较少。植物根际微生物中，99%属于不形成芽胞的革兰阴性细菌，包括草生假单胞菌、荧光假单胞菌，以及能引起乳酸发酵的细菌，其中以异型乳酸发酵菌为主；而能形成芽胞的细菌数量较少，只有在植株死亡后才开始繁殖。植物生长早期，根际真菌很少，在植物生长后期，真菌的数量增多，主要有青霉、木霉菌、镰刀菌等。一部分植物根际微生物随植株生长上升并分布在植物茎叶表皮上，但只有少数能生存下来。

植物根际微生物群与植物互生或共生，有一些可以使有机物无机化，供植物吸收利用；某些微生物在生长中能分泌维生素、氨基酸及植物生长刺激素等植物生长调节物质；另一些微生物能固定大气中的氮被植物吸收，如固氮螺菌属(*Azospirillum*)等。根际微生物群的正常存在有利于抵抗植物病原菌的侵袭。某些根际微生物能分泌抗生素类物质，以利于植物避免土著性病原菌的侵染。某些根际微生物会对植物产生不利影响，如抑制种子发芽、幼苗生长和根系发育的毒素。当土壤中养分不足时，根际微生物会与植物竞争养分等。

二、植物体表的微生物

植物地上部分(叶、茎等)也存在着微生物，称为附生微生物(epibiotic microorganisms)。例如，苜蓿自然附生有戊糖片球菌、乳酸乳球菌、肠系明串珠菌和植物乳杆菌等乳酸菌，数量较少，约 $1\times10^1\sim3\times10^5$cfu/(g·FW)，但因为植物表面有附生微生物生存的环境条件，如植物的外渗物或分泌物可作为营养，并可为植物提供一定程度的保护。附生微生物的数量取决于环境的温度、湿度、植物的发育阶段及其他一些因素。植物表面暴露于空气中，受照射阳光、周期性干燥和较大的温湿度变化，多数附生微生物具有色素、保护性的厚壁及适当的传播机制，以利于其在植物体表的生存与发展。气候潮湿时，附生微生物的数量增加，植物越成熟，数量越多。微生物的种群有氨化细菌、乳酸菌、丁酸菌、大肠杆菌、硝化细菌、反硝化细菌、霉菌、酵母菌和芽胞杆菌等。它们主要来源于土壤、根际及空气尘埃等。它们中的一部分能从植物的分泌物中获取营养而生长繁殖。但由于植物表面的环境局限、健康植物的杀菌素和表皮的屏障作用，其生长繁殖也受到限制。其他微生物常呈休眠状态存在。病弱植物的微生物较多，也会存在着相应的植物病原微生物。

附生微生物对植物发育、提高种子质量有一些有益作用。某些叶面微生物可以固氮，直接或间接地向植物供应氮素营养。但也有一些附生微生物可引起植物腐烂、甚至致病等有害作用。同时，附生微生物对人类活动也产生影响。一些蔬菜、果实、牧草等表面存在的乳酸菌和酵母菌等在腌制、青贮和果酒制作中有天然接种剂的作用。

被割倒的植物失去了对微生物的屏障作用。处于休眠状态的附生微生物(包括大量的腐败菌、真菌、丁酸菌和其他的细菌)将植物组织作为营养，开始强烈地生长繁殖，饲料植物的营养物质被消耗，且发生腐败变质。这种植物性饲料有害于动物健康，不适于饲喂动物。为了保存植物性饲料的营养成分和防止败坏，要采取一系列措施如干制和青贮以控制有害的微生物。

三、植物体内的微生物

植物体内也有微生物存在，有的是有害的，有的是有益的。一般有害微生物为寄生菌，以植物的组成部分作为营养。有益微生物可与植物共生，能促进植物的生长发育。典型的共生是指微生物与植物形成特定的组织形态，如植物与真菌形成的菌根、细菌与植物形成的根瘤和茎瘤等固氮器官。

1. 与植物共生的真菌　植物根系与真菌形成的特殊共生体称为菌根(mycorrhiza)。菌根在自然界中很普遍，陆地上 97%以上的绿色植物都有菌根。根据形态和解剖学特征，菌根可分为外生菌根和内生菌根。

(1) 外生菌根：真菌菌丝体紧密地包围植物幼嫩固氮根，形成致密的鞘套。有的鞘套长出菌丝，取代了植物的根毛，部分菌丝能侵入根的外皮层细胞间隙，形成特殊的网状结构，称为哈蒂网。形成外生菌根的真菌大多是担子菌，少数是子囊菌。外生菌根对植物的有益作用主要体现在两个方面：鞘套及外延菌丝扩大了植物吸收营养的范围，并产生某些植物生长刺激素；能提高植物对病原菌的抗性。

(2) 内生菌根：真菌的菌丝体主要存在于根的皮层细胞间和细胞内，共生的植物仍保留有根毛。丛枝菌根是内生菌根中最普遍和最重要的一类。大多农作物、木本植物和野生草本植物均具有丛枝菌根。丛枝菌根是由无隔真菌侵染植物后在根的皮层细胞内产生泡囊和丛枝状结构的内生菌根。丛枝菌根增加了根圈的范围，扩大了根系从土壤中吸收水分和营养的范围，提高了植物的抗旱能力。

2. 与植物共生的细菌 根瘤是根瘤菌与豆科植物共生形成的特殊器官。根瘤菌固定大气中的氮，转换成植物生长所需要的氮素养料。植物通过光合作用合成有机物为根瘤菌提供碳素营养。这些根瘤菌主要包括根瘤菌属、固氮根瘤菌属、慢性根瘤菌属、中华根瘤菌属等属中的一些细菌。弗兰克放线菌能与非豆科植物共生以固氮。能够与弗兰克放线菌共生形成放线菌根瘤的植物有 24 个属，它们都是双子叶植物，包括草木、灌木和乔木。某些蓝细菌如鱼腥蓝细菌属(*Anabaena*)和念珠蓝细菌属(*Nostoc*)能与植物形成共生固氮体系。能与蓝细菌形成共生关系的植物有苔藓植物、蕨类植物、裸子植物和被子植物中的部分植物。

3. 植物内生菌 有些真菌和细菌只生活在植物组织中，或生活周期内大部分时间在植物体内，但不与植物形成特殊结构，这些微生物称为植物内生菌(plant endophyte)。内生菌有两种：永久性的(或称组成型)，即内生菌存在于植物种子中，从种子萌发到开花结果，周而复始；周期性的(或称诱导型)，即微生物在植物生长的一定阶段感染宿主。有的植物内生菌与植物互利共生，有的偏利共生，有的可能是寄生微生物。

四、动物性饲料的微生物及其来源

正常健康动物的组织一般是无菌的，但在屠宰和加工过程中，必然会发生微生物污染及其繁殖，使得这类动物性饲料带上数量不等的各类微生物。在这类饲料成品中，微生物的种类和数量往往很多，特别是腐败性细菌，常见的包括葡萄球菌、链球菌、绿脓杆菌、液化性荧光杆菌、大肠杆菌、变形杆菌、需氧性芽胞杆菌和厌氧性梭菌等，以及多种类型的霉菌。1g 普通的动物性饲料，含菌数可达数百万至数千万个。

在正常情况下，动物性饲料中的微生物主要是腐生性的。但是，若原料来自患传染病的动物，或者加工过程中污染了病原菌，则饲料成品中也会含有相应的病原微生物。

动物性饲料一般都用来干制或盐渍以利于贮藏。此状态下的微生物因缺乏可利用的水分而不能活动。但是，一旦受潮或加水之后，其中的微生物即迅速、强烈地生长繁殖，引起饲料败坏和严重发霉，因此在保藏和使用动物性饲料时应该注意。

第二节　干草调制中微生物的活动

干草广泛地用作家畜的粗饲料。新鲜刈割的青草含水多，易被微生物分解，不能保藏。因此，青草必须干燥，使水分减少到一定程度，制成干草，才能很好、长久地贮藏。新鲜的牧草和饲料作物含水量为 60%～75%，大部分为游离水，可被微生物利用。但是，在制成干草后，一般只含水 12%～16%，且主要为结合水，不易被微生物利用。因此，排除饲料中多余水分是饲料干制保存的主要关键。适当干燥的干草仍保留一定的青绿颜色，称青干草(green hay)。植物割倒后，若能较快地晾干，微生物和植物本身的酶会受到限制，但仍会有一定的活动，消耗一些营养成分，却能使一些营养成分得到初步的分解，产生一些芳香物质，使消化性和可口性都有所提高，从而提高了干草的质量。如果干燥得太慢，微生物和酶的活动旺盛，会导致营养成分严重损失，从而降低了干草质量。

虽然恰当晒干的干草含有大量微生物，但由于缺少繁殖条件，微生物处于休眠状态。如果干燥不够，含水量超过 20%～25%，或者当草堆受潮或遇雨时，微生物的活动即开始增强，从而产热，使草堆温度增高。当散热不良时，热量积累，温度可达 40～50℃以上，这时嗜热菌又活跃起来，4～5 天后温度能升高到 70～80℃，植物发生焦化现象，颜色开始变褐，然后变黑。温度升到 90℃时，微生物的活动会逐渐停止。饲料发热时温度越高，干草的质量越差。但在缺少日晒的地区，可依靠此方法来调制褐干草(brown hay)。将青草收割后晾干至含水量 45%～50%，然后压紧、堆叠成大堆。因水分充足，微生物开始繁殖并产生热量，可达 70～80℃。这样能使青草含水量降至 15%左右。1 个月左右，微生物活动随草堆足够干燥而消失。经此法调制的干草失去原来的颜色而变成褐色，故称为褐干草。

青干草在贮藏时若含水量在 17%以上，植物体内的酶和外部微生物的活动旺盛，会使温度上升到 40～50℃，甚至 90℃左右。此时微生物虽然停止活动，但纯化学作用却仍在进行。一些易燃气体如甲烷和氢等挥发出来，吸附在焦化的干草多孔表面。当温度继续升高而又有氧气透入，可能通过堆内含铁化合物的触媒作用，可引起干草堆自燃，有时会发生爆炸，造成损失。因此，堆贮干草的含水量应控制在 20%以下，当温度上升到 65℃时，应立即穿堆降温或倒堆散热。

第三节　青贮料的微生物

青贮料(silage)是把新鲜的青饲料如玉米秆、根茎类、栽培牧草等经切碎并填入和压紧在青贮窖或青贮塔中，密封，经过微生物的发酵作用而调制成的一种多汁、耐贮藏、能供家畜全年使用的饲料。这种调制饲料的方法称为青贮(ensiling)。青贮的原理主要是利用青贮原料上附着微生物如乳酸菌等的生命活动，通过厌氧呼吸过程将青贮原料中的碳水化合物(主要是糖类)变成有机酸(主要是乳酸)，使 pH 下降到 3.8～4.2，抑制有害细菌(如腐败菌和丁酸菌等)的生长，因厌氧环境而抑制霉菌活动，使青贮料带有芳香、酸甜的味道，能提高家畜的适口性。

一、青贮料中的微生物

除了土壤污染或添加水分而来之外，青贮料中的微生物主要还是来自植物原料，包括乳酸菌、肠道杆菌、丁酸菌、酵母菌、霉菌和其他微生物。

1. 乳酸菌　这类细菌是制作优良青贮料的主要微生物，有很多类型，如表 12-1 所示。青贮料得以保存主要是乳酸菌活动的结果。它们种类繁多、形态不一，有杆状和球状，有单个、成对和链状的。这些乳酸菌的生化特性有差别，但都是厌氧菌或微需氧菌，能分解青贮原料中碳水化合物并形成乳酸，引起乳酸发酵。在青贮过程中，正型和异型乳酸发酵均同时存在。乳酸菌不具备水解蛋白质的酶，因而不能分解蛋白质，但是需要多种氨基酸为氮源。所以，青贮料中的多种氨基酸被乳酸菌利用后，合成了菌体蛋白质，仍可作为家畜的氮素营养。

表 12-1　青贮饲料中常见的乳酸菌(引自黄青云，2009)

同型发酵			异型发酵	
干酪乳杆菌	棒状乳杆菌	酵母片球菌	短乳杆菌	布氏乳杆菌
弯曲乳杆菌	胚芽乳杆菌	戊糖片球菌	绿色乳杆菌	乳脂明串珠菌
嗜酸乳杆菌	乳酸片球菌	粪肠球菌	类肠明串珠菌	葡聚糖明串珠菌
屎肠球菌	乳酸乳球菌		发酵乳杆菌	肠膜明串珠菌

2. 肠杆菌　是一些兼性厌氧菌，以大肠杆菌和产气杆菌为主。它们在青贮料中进行异型乳酸发酵。除了产生乳酸、乙酸、琥珀酸，同时产生大量的氢气和二氧化碳，使相当一部分有营养价值的碳水化合物变成无价值的废物。这些微生物引起青贮料中蛋白质腐败性分解，破坏青贮料的营养成分，降低青贮料的营养价值和适口性。

3. 丁酸菌　为严格厌氧的梭状芽胞杆菌，在无氧条件下进行丁酸发酵，分解单糖、双糖、乳酸、淀粉、果胶和纤维素等，产生丁酸、二氧化碳和氢等，使饲料发臭，降低了青贮料品质。丁酸发酵程度是鉴定青贮料好坏的重要标准，丁酸含量越多，青贮料品质则越坏。用这种败坏的青贮料喂乳牛，容易使牛乳直接或间接地污染丁酸菌，影响牛乳的品质。

丁酸菌还能利用各种有机氮化物，从而破坏青贮料中的蛋白质，使营养成分损失，但一般不产生毒素、不致病。能产生外毒素的丁酸菌主要是肉毒梭菌。虽然很少有污染青贮料的情况，但当污染青贮料后，饲喂家畜则是非常危险的。

丁酸菌广泛分布在土壤中，只要在青贮过程中避免大量土壤污染，青贮料中丁酸菌的数量一般是不多的，而且丁酸菌严格厌氧，耐酸性比较差，只要在青贮初期不立即造成严格厌氧环境，又保证乳酸足量积累，pH 迅速下降，则丁酸菌是不能活动的。

4. 腐败菌　种类很多，如需氧的枯草杆菌、马铃薯杆菌，厌氧的腐败梭菌，兼性厌氧的变形杆菌等。这些菌能使蛋白质、脂肪、碳水化合物等营养成分分解成氢、二氧化碳、甲烷和硫化氢等，不但使青贮料失去营养价值，而且还产生臭味和苦味。因此，腐败菌是青贮中有害的微生物，往往是青贮料败坏的主要原因。

腐败菌在青贮原料中的数量占主要地位，但它们不耐酸，在迅速且足够酸化的青贮料中，腐败菌是不能引起有害作用的。但是，若调制不当，青贮窖或塔内空气过多，酸的累积不足以控制这类菌的生长繁殖，也会引起青贮料腐败，严重影响青贮料的品质。

5. 酵母菌　在青贮料中常见醭酵母和其他许多酵母菌。这些酵母菌引起酒精发酵，使青贮料具有良好的香味。但是，在糖分不足的青贮原料中，酵母菌引起的酒精发酵造成糖分减少，影响乳酸菌生长。当青贮装填不紧，酵母菌在有氧条件下繁殖，能分解各种有机酸，其中包括乳酸，因而影响乳酸的积累，使青贮的原料变得不能贮存。不过，正常情况下，这些酵母菌只能在最初几天内繁殖，因为随着氧气耗尽和乳酸积累等，这些酵母菌很快停止活动。

6. 霉菌　在植物原料上附着的霉菌数量不少。青贮料中常见毛霉、青霉、曲霉、枝孢霉等。虽然霉菌在 pH1.2～10 的环境中都能生存，但由于青贮窖内严格的厌氧环境，霉菌一般都不易生长繁殖。在青贮中，如果水分不足或是踩压不紧时，会留有较多的空气，霉菌便可以在其中生长，分解利用乳酸、乙酸和其他有机酸，降低青贮料的酸度，给腐败菌创造条件，进一步造成青贮料的败坏。青贮塔有裂缝漏气，或者青贮料开用后暴露空气太久，都会引起同样情况。

7. 其他微生物　在青贮原料上，可能还存在放线菌、担子菌等其他微生物，但受厌氧和酸性环境所限，通常不能增殖。

二、青贮过程中微生物的变化

青贮的过程也是微生物发酵的过程。在发酵过程中，各类微生物的兴衰变化是巨大的。根据微生物活动的特点，可将青贮过程分为四个时期。

1. 预备期发酵　又称为耗氧期。当青贮原料装填和压紧在青贮窖或塔内，原料上附着的微生物开始生长繁殖。由于青贮料之间仍存在或多或少的空气，各种需氧性和兼性厌氧性细菌先旺盛地进行生长发育，其中包括各种腐败菌、酵母菌、肠道细菌和霉菌等，以大肠杆菌和产气杆菌群细菌占优势。由于存活的植物细胞继续呼吸、各种酶的活动和微生物的发酵作用，饲料间少量氧气很快被完全耗尽，形成了厌氧环境。同时，微生物活动产生了大量二氧化碳、氢、部分醇类和一些有机酸，如乙酸、琥珀酸和乳酸等，使饲料变为酸性。这样就逐渐造成了不利于腐败菌和丁酸菌等继续生长繁殖的条件，而变成了有利于乳酸菌生长繁殖的环境。因此，乳酸菌旺盛地繁殖起来。首先是乳酸链球菌占优势，其次是乳酸杆菌。当有机酸积累到 0.65%～1.3%、pH≤5 时，绝大多数微生物的活动被抑制。霉菌也因厌氧环境而不能活动。

预备发酵期的时间随饲料化学成分和填压紧密程度而有所不同。含蛋白质多的豆科作物或豆科牧草比富含糖汁和淀粉的玉米植株或根茎类饲料为长，填装松软的比紧密的长。预备发酵期的时间一般都很短，通常为青贮后 2 天左右就结束，一般不超过 5 天。

2. 微生物发酵竞争期　在厌氧条件下，很多微生物或兼性厌氧菌在青贮过程中发酵。其中，乳酸菌的乳酸发酵能否占主要地位是青贮成败的关键。另外，梭状芽胞杆菌、大肠杆菌等能分解乳酸、糖分和蛋白质，发酵产生有害物质，为有害微生物。兼性厌氧的酵母菌可在青贮中存活、增殖。青贮料中各种微生物对酸的敏感程度不同。随着发酵进行，有机物积累，pH 下降，微生物的种类和数量发生很大变化(图 12-1)。

如果青贮料中有机酸积累不够，pH 不能很快下降，青贮原料表面分解糖的梭状芽胞杆菌(主要是丁酸菌)就会繁殖，将乳酸和水溶性糖分解，产生丁酸，导致 pH 上升。然后，水解蛋白质的梭状芽胞杆菌开始活动，产生氨，使 pH 进一步升高。分解糖的梭状芽胞杆菌生长繁殖的适宜 pH 为 4.2～5.0，而水解蛋白质的梭状芽胞杆菌的适宜 pH 为 5.0～5.5。原料上正常存在的肠杆菌属于兼性厌氧菌(主要是大肠杆菌)，其生长繁殖所需的 pH 为 5.5 以上，因而只在发酵初期活动。

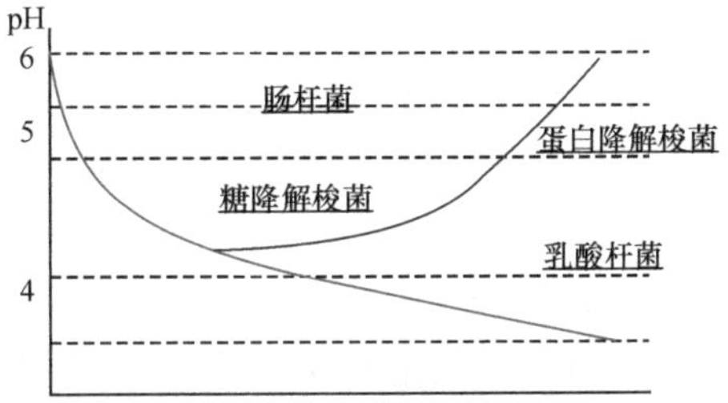

图 12-1　青贮过程中微生物种类随 pH 的下降或上升而变化(引自黄青云，2009)

制作青贮饲料时，必须尽快创造乳酸发酵所需要的厌氧、低 pH 环境，控制有害微生物繁殖的条件。这是青贮成败的关键。

3. 稳定期　当乳酸菌产生的乳酸积累到一定程度时，反过来对乳酸菌也有危害作用，乳酸菌的活动受到抑制，并逐渐死亡。当乳酸积累达到最高峰(1.5%～2.0%)，其 pH 为 4.0～4.2 时，青贮料在厌氧和酸性的环境中成熟，并长时间地被保存下来。此时，青贮料中除了少量乳酸杆菌外，还存在有少量耐酸的酵母菌和形成芽胞的细菌。

4. 青贮开窖期　制好的青贮饲料开窖后，由于空气进入，好氧微生物(主要是霉菌)利用青贮饲料的有机酸和残留糖分进行发酵、产热，从而引起饲料品质败坏，这种现象称为二次发酵(secondary fermentation)或好气性败坏(aerobic corrupt)。二次发酵中常见的微生物有青霉、曲霉、毛霉、地丝霉及一些酵母菌。开窖后，酵母发酵产热，pH 急剧上升，然后霉菌增殖，再度引起高温，使饲料腐烂。青贮过程中密封不严而漏入空气后，也会引起二次发酵。为防止二次发酵的发生，应该在青贮原料装窖时压紧、密封并经常检查；开窖后，青贮料应该连续、尽快用完，每次取用后用薄膜盖紧，尽量减少空气接触青贮料。

第四节 单细胞蛋白饲料

单细胞生物产生的细胞蛋白质称为单细胞蛋白(single cell protein，SCP)。由单细胞生物个体组成的蛋白质含量较高的饲料称为单细胞蛋白饲料(single cell protein feed)。

微生物能否作为单细胞蛋白饲料由微生物本身的一些特性决定。首先，这些微生物细胞含有丰富的蛋白质(其中各种必需氨基酸种类齐全)、脂肪、维生素、矿物元素等动物所必需的营养物质，还含有淀粉酶、蛋白酶、脂肪酶和辅酶等活性物质，可促进机体对饲料的消化吸收，而且这些营养物和酶类均应无毒性。其次，微生物生长繁殖快，合成蛋白质的效率高，可比植物快几百倍、比动物快几千倍以上。再次，培养这些微生物的条件容易满足和控制，常温常压、弱酸弱碱即可，又无污染环境的危险，培养原料来源广泛，可以利用工农业副产品、废水废渣、石油化工产品等，成本低廉。最后，可以设厂进行工业化生产，既不与粮食和牧草争土地，又不受气候的影响和限制，一年四季都可生产，便于机械化生产和自动化管理，劳动强度小，占地面积少但产量大。例如，在 $1m^2$ 上，藻类每年可提供 7000g 蛋白质，而玉米、小麦只有 150g 左右。用于生产单细胞蛋白的微生物种类主要有藻类、酵母菌等。总体来讲，对曲种的要求有：生长繁殖速度快，营养要求不高，容易培养；合成效率高，蛋白质含量大；菌体体积大，容易集中收获，收获率高；菌种应无毒性，无致病、致癌作用，且不易发生变异。生产中常用的单细胞蛋白饲料有饲料酵母、白地霉饲料、石油蛋白和藻体饲料。

1. 饲料酵母 是将酵母菌繁殖在适当的工农业副产品上而制成的一种饲料。常用于调制饲料的酵母菌是氧化型酵母菌，如产朊假丝酵母、热带假丝酵母等。

2. 白地霉饲料 白地霉，又称乳卵孢霉，隶属丛梗孢科，是酵母状霉菌，为需氧菌，最适 pH 为 5.5～6.0，在 15～35℃都能生长良好。白地霉能利用简单的糖类作为碳源，利用尿素、硫酸铵等无机氮化物作为氮源。生产原料来源十分广泛。采用通气深层液体培养或浅层培养，生产过程大致与饲料酵母相同。常用于生产的白地霉菌株有 As 2498 或顺糖二号等。

3. 石油蛋白 是利用微生物以石油为碳源进行微生物蛋白质生产、经干燥而制成的菌体蛋白，也称为烃蛋白。由于生产上广泛利用酵母菌来制造石油蛋白，故又称为石油蛋白酵母，简称石油酵母。能利用石油的微生物很多，包括细菌、放线菌、酵母菌等 30 个属左右的微生物。它们几乎能利用所有的石油成分，或将其氧化形成醇、醛、酸等物质。

4. 藻体饲料 用于藻体饲料生产的藻类应具备营养价值高、容易培养、单位面积产量大、易收获、易消化等优良性能，且生产成本低廉。早期用于生产藻体饲料的藻种，如小球藻属、栅藻属、衣藻属等，藻体很小，给收获带来困难，以致未能大规模人工培养。20 世纪 60 年代后期，开始利用螺旋蓝藻生产藻体饲料，其藻体比小球藻大 100 倍，长达 300～500μm，宽可达 8μm，易收获，不需要离心分离，用布过滤即可。螺旋蓝藻是丝状的蓝藻，属蓝藻门、段殖体目，共有 30 余种。人们发现极大螺旋藻和钝顶螺旋藻是两种较理想的生产藻种。极大螺旋藻宽 7～9μm，有规则地螺旋弯曲，灰绿色，螺旋宽 40～60μm，螺旋间距离 70～80μm，末端较尖细，细胞长 5～7μm，横壁不收缢，横壁两边具颗粒。钝顶螺旋藻细胞宽 6～8μm，疏松地螺旋弯曲，蓝绿色，螺旋宽26～36μm，螺旋间距宽43～57μm，末端呈圆形，细胞长2～6μm，长小于宽，细胞近方形，横壁略收缢，横壁处无颗粒。此外，还有其他螺旋藻可以试用。

第五节　益　生　菌

益生菌(probiotics)是指可以直接饲喂动物并能调节动物肠道微生态平衡，从而预防疾病、促进动物生长和提高饲料利用率的活性微生物或其培养物，又称之为微生态制剂(microbial ecological agent)或饲用微生物添加剂(microbial addictive)。益生菌产品必须具备以下特性：必须是非病原性的和无毒的，不会使人和动物致病，不与病原微生物产生杂交种；必须有足够数量的活菌，以建立和维持肠道微生态平衡；在体内外易于繁殖，体外繁殖速度快；在贮存和加工条件下有很强的耐受能力，加工后活菌存活率高，稳定性好。

一、益生菌的种类

可用作益生菌的菌类很多，各国实际应用和研究开发的不尽相同，主要有如下几类。

1. 无芽胞乳酸菌类　此类益生菌应用最早、品种最多，主要有乳酸杆菌属、双歧杆菌属、乳酸球菌，均为无芽胞菌，多为动物消化道正常微生物区系中的优势菌群，对维持动物消化道正常内环境的稳定、抑制和排除有害微生物有重要作用。这类微生物能产生一些特殊抗菌物质，可有效抑制大肠杆菌和沙门菌的生长。主要应用的是嗜酸乳酸杆菌、双歧杆菌和粪链球菌。

2. 芽胞杆菌类　芽胞杆菌属于需氧芽胞杆菌中的不致病菌，稳定性强，耐酸、耐盐、耐高温(100℃)、耐挤压。进入消化道后，不增殖、不定居，但能迅速发育、生长。芽胞杆菌具有较强的蛋白酶、脂肪酶和淀粉酶活性，能有效降解复杂的碳水化合物，有的还能产生维生素B和维生素K，具有助消化、促生长的作用。此外，在代谢过程中此类菌通过降低消化道内氧化还原电位，产生少量抗菌物质，如杆菌肽，对有害微生物起抑制和杀灭作用。主要使用枯草杆菌、地衣芽胞杆菌和东洋杆菌。

3. 梭状芽胞菌类　为厌氧芽胞生成菌。动物消化道中存在有多种有益或有害种群(如腐败梭状芽胞杆菌)。目前，已作为饲料添加剂的梭状芽胞菌类有丁酸梭状芽胞杆菌，普遍存在于土壤、耕地、多种植物根际、人和动物肠道。此菌能强烈水解发酵许多糖类物质，产生单糖、丁酸和乙酸，并能合成B族维生素，还有预防和治疗肠道微生物区系紊乱的作用。

4. 酵母　需氧菌，在多糖、偏酸环境中生长好，不耐热，60～70℃经1h即死亡。酵母菌在胃肠道内大量繁殖，有效地改善了胃肠环境和菌种结构，调控发酵，减少乳酸盐的产生，稳定pH，提高乳酸菌、纤维素菌等有益菌群繁殖及活力，促进营养物质的分解、合成、消化、吸收和利用，从而提高饲料利用率。此外，酵母菌体内还富含蛋白质和多种B族维生素。

美国食品药品监督管理局(FDA)于1989年规定允许饲喂的微生物有43种，主要是黑曲霉、米曲霉、嗜淀粉拟杆菌、婴儿双歧杆菌、罗氏乳杆菌、乳脂链球菌、多毛拟杆菌、弯曲乳杆菌、纤维二糖乳杆菌、乳酪链球菌、凝结芽胞杆菌、栖瘤胃拟杆菌、德氏乳杆菌、保加利亚乳杆菌、乳酸片球菌、迟缓芽胞杆菌、产琥珀酸拟杆菌、发酵乳杆菌、干酪乳杆菌、啤酒片球菌、地衣芽胞杆菌、青春双歧杆菌、瑞士乳杆菌、双乙酸乳链球菌、戊糖片球菌、短小芽胞杆菌、动物双歧杆菌、乳酸乳杆菌、中链球菌、费氏丙酸杆菌、枯草芽胞杆菌、两歧双歧杆菌、胚芽乳杆菌、嗜热链球菌、谢氏丙酸杆菌、酿酒酵母、长双歧杆菌、短乳杆菌、粪链球菌、肠膜明串珠菌、嗜热双歧杆菌、嗜酸乳杆菌、乳链球菌。我国农业部于 1996 年 6 月公布可用于饲料微生物添加剂的有 12 种，主要是干酪乳杆菌、粪链球菌、乳酸片球菌、沼泽红假单胞菌、植物乳杆菌、屎链球菌、枯草芽胞杆菌、啤酒酵母、嗜酸乳杆菌、乳链球菌、纳豆芽胞杆菌、产朊假丝酵母。但是，实际中主要使用的菌种有乳酸杆菌、粪链球菌、芽胞杆菌和酵母。乳酸杆菌和粪链球菌为肠道正常存在的微生物，而芽胞杆菌和酵母极少存在于肠道微生物群落中。饲用酵母一般不包括在益生素中。

二、益生菌的作用机理

目前，对益生菌的作用机理主要有以下三种假说。

1. 优势菌群学说　正常动物肠道内的细菌与宿主保持着动态平衡，微生物种群中优势种群对整个种群起决定作用，维持畜禽的正常生长和生产。这些菌群一旦失去了平衡，就会使原来的优势菌群发生更替，引起消化机能紊乱，抑制动物的生长发育，严重时还可致病。添加益生菌的目的就是为了补充有益菌，使有益菌在数量和作用强度上占绝对优势，使优势菌群得到恢复。这些菌群的繁殖和代谢，大大地抑制了致病菌群的生长繁殖，从而保持菌群的正平衡，有效防止菌群失调症的发生。

2. 菌群屏障学说　益生菌参与消化道有益菌群与致病菌之间的生存和繁殖空间竞争、时间竞争、定居部位竞争及营养竞争。益生菌可竞争性地抑制病原菌附着在肠壁上。有的益生菌通过改变有害菌附着的受体结构来起作用。有的益生菌由于与病原菌结构相似，同病原菌竞争附着空间，限制致病菌的生存、繁殖。有的益生菌在消化道内生成致密的膜菌群，形成微生物屏障，一方面可抑制消化道黏附病原菌，中和毒性产物；另一方面也可防止毒素及废物等有毒成分的吸收。因此，给幼龄动物饲喂益生菌有助于建立正常的有益微生物群落，排除或控制潜在的病原菌。

3. 微生物夺氧学说　在正常动物肠道内，厌氧菌作为优势菌群构成了微生物区系。当益生菌以芽胞形式添加时，它们在生长繁殖过程中消耗肠内氧气，在局部范围内形成厌氧环境，有利于厌氧微生物的生长，从而把失调菌群恢复到正常状态，达到防病、治病、提高免疫力和促生长等作用。

第六节　微生物与饲料中毒

能在饲料中产生毒素的微生物多见于细菌和霉菌。当动物采食了含有这些微生物或微生物毒素的饲料后，就会发生不同程度的中毒。本节主要介绍几种常见的真菌性饲料中毒。

真菌自身含有的有毒成分或其在生长过程中产生的毒性代谢产物称为真菌毒素(fungal toxin)。目前，已知的真菌毒素至少有 150 多种。真菌污染饲料的现象非常普遍，有时甚至相当严重，不仅使饲料霉变，造成重大经济损失，而且真菌性饲料中毒屡见不鲜，严重危害畜禽和人类的健康，引起世界各国的高度重视。

一、黄曲霉毒素中毒

黄曲霉毒素(aflatoxin，AFT)是黄曲霉和寄生曲霉的某些菌株在适宜的生长条件下产生的毒素。这是一类结构相似的化合物，其基本结构均有二呋喃环和香豆素，能形成多种衍生物。一般根据在紫外光照射下产生的荧光颜色不同，将 AFT 分为 B 族(蓝色荧光)和 G 族(绿色荧光)两大类，其中能引起家畜中毒的主要是 B1、B2、G1、G2 等 4 种。

AFT 毒性很大，是砒霜的 68 倍、氰化钾的 10 倍，具有强致癌性，是目前已知霉菌毒素中毒性最强的一种。AFT 作用的靶器官是肝脏。人和畜禽发生 AFT 急性或慢性中毒的临床症状特征是全身出血、消化机能障碍和神经系统紊乱。不同动物发生黄曲霉毒素中毒时的表现稍有差异。急性中毒表现有食欲减退、肝炎、黄疸、肝充血、肿大或坏死，病畜可在中毒后几小时或几天内死亡。慢性中毒表现有家畜食欲逐渐减退，体重减轻，随后出现黄疸，脂肪肝、肝损伤，生产性能下降及免疫力下降，甚至肝癌。

但是，目前对黄曲霉毒素中毒还没有特效的治疗方法。一般，以预防为主，防止饲料制作和贮存过程中黄曲霉的污染，同时严格控制有利于该类菌生长的水分和温度等环境条件，防止饲料发霉。一旦发霉，应立即作废弃处理并更换饲料。

二、棕曲霉毒素中毒

棕曲霉毒素(ochratoxin，OT)是棕曲霉、纯绿青霉等在生活过程中于适宜条件下产生的，包括棕曲霉毒素 A(OTA)、棕曲霉毒素 B(OTB)、棕曲霉毒素 C(OTC)、棕曲霉毒素 D(OTD)，其中 OTB 和 OTC 是 OTA 的衍生物。棕曲霉毒素的化学结构类似于香豆素。棕曲霉的最适产毒温度为 25～28℃。OTA 毒性最大，而 OTB 和 OTC 的毒性最小，在污染饲料中含量一般也较低。因此，污染饲料中棕曲霉毒素毒性分析主要根据 OTA 的含量。饲料污染棕曲霉、纯绿青霉等产毒菌株时，均能产生 OTA，动物食入这种污染饲料将会中毒。

OTA 的靶器官首先是肾脏，其次是肝脏。中毒后发生急性肾病变，肝脏损伤，骨髓变淡，造血机能下降，禽类的法氏囊减重，脾脏的淋巴细胞减少，产蛋率、孵化率下降，禽类血浆蛋白含量下降。中毒动物精神不振、体温升高，出现神经紊乱、下痢。重者衰竭死亡，慢性者生长缓慢。棕曲霉毒素可在猪、禽等单胃动物的组织内及畜产品中残留，人类食用此类产品后可引起癌变、畸变等。饲料中极微量的毒素亦可引起机体免疫功能下降，使机体对一些细菌性、病毒性疾病的易感性增高。

因此，要防止饲料发生霉变，一旦动物中毒，应该立即更换易消化且富含维生素的饲料，对中毒的动物采取治疗措施。

三、镰刀菌类毒素中毒

镰刀菌属中有很多菌常能引起禾谷类作物病害，并极易污染贮存的粮食和饲料，产生毒素，造成危害。镰刀菌产生的毒素种类很多，统称为镰刀菌素(fusanin)或镰孢素。其中影响家畜健康的主要是单端孢霉毒素、玉米赤霉烯酮(zearalenone，ZEN)、镰刀菌毒素(fusarium toxin)、串珠镰刀菌素(moniliformin，MON)和丁烯酸内酯(butenolide)。

1. 单端孢霉毒素 是镰刀菌产生的以 12,13-环氧基为基本结构的一类毒素，有 T-2 毒素、脱氧瓜蒌镰刀霉毒素(deoxynivalenol，DON)、蛇行霉毒素(diacetoxyscirpenol，DAS)、瓜蒌镰刀霉毒素(nivalenol，NIV)等 70 多种。这些毒素通常会两种或多种同时存在于饲料中，产生协同致毒效应，如 T-2 毒素和 DAS、T-2 毒素和 DON 共存时，毒性效应显著增强。另外，有镰刀菌污染的玉米中常发现 DON 和 ZEN 同时存在。单端孢霉毒素的靶器官是肝脏和肾脏，可直接损伤消化道黏膜。家畜中毒后常表现为食欲减退、胃肠黏膜炎症、出血和坏死、呕吐、腹泻、血凝不良、WBC 数量减少、免疫机能下降、流产等。

(1) T-2 毒素：三线镰刀菌是 T-2 毒素的主要产生菌，发霉玉米是 T-2 毒素的主要来源。若玉米收割时含水量高或遇阴雨天气，并贮存在易受潮的仓库内，则存在玉米中的镰刀菌可迅速生长，产生 T-2 毒素。T-2 毒素的毒性很强，可引起猪呕吐、脱毛、组织出血、流产等，可影响蛋鸡的产蛋率、孵化率，可造成牛体质衰弱、脱毛、运动失调、胃溃疡、腹泻等。

(2) 脱氧瓜蒌镰刀霉毒素：这是一种烯醇，能引起猪呕吐，也称为呕吐毒素(vomitoxin)。禾谷镰刀菌是 DON 的主要产生菌，易在阴凉、潮湿的条件下生长繁殖，如果谷物含水量很高，该菌很快会产生大量的 DON。禾谷镰刀菌既能产生 DON，又可产生玉米赤霉烯酮。因此，在发霉的玉米或其制作的饲料中，DON 和 ZEN 同时存在。DON 的毒性较小，但可广泛存在于温热地区的饲料中。当饲料发生霉变，DON 大量存在时，可引起家畜中毒。中毒后出现厌食、呕吐、腹泻，并影响免疫机能和繁殖机能。

2. 玉米赤霉烯酮　又称 F-2 毒素，是由镰刀菌产生的一种苯酚的二羟基草酸内酯(图 12-2)，主要产生菌是禾本科镰刀菌，拟分枝镰刀菌、木贼镰刀菌和串珠镰刀菌等也可产生少量 ZEN。禾本科镰刀菌的有性生长繁殖阶段称为玉米赤霉。玉米赤霉在 18～25℃、相对湿度为 85%时，繁殖最快，产毒素量高。除在大麦、小麦上生长引起病变外，在玉米秸、甜菜叶、稻秆、蚕豆等上也能生长。当这些作物收割期遇到阴雨天气，就会被赤霉菌污染，产生 ZEN。

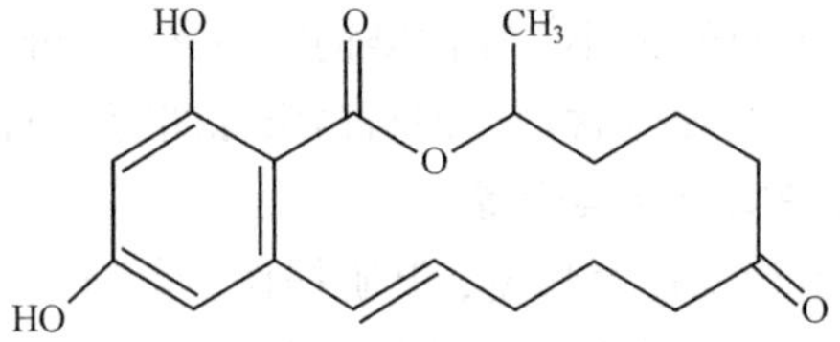

图 12-2　玉米赤霉烯酮(引自孔宪刚，2013)

玉米赤霉烯酮加热处理不易被破坏，作用类似于雌激素，是一种雌性发情毒素，可引起母畜发生流产和不孕。ZEN 与 DON 共存时，可抑制胎儿发育，与棕曲霉毒素 A 共存时，毒性作用是两者的相加。目前，对家畜 ZEN 中毒还没有特效疗法。中毒后，应立即更换发霉饲料，一般 2 周后，症状会消失。

3. 镰刀菌毒素　又称伏马毒素(fumonisins)，是串珠镰孢菌和 *F. proliferatum* 等菌株产生的一组毒素，包括镰孢菌毒素 B1、B2、B3。串珠镰孢菌广泛存在于玉米等谷物类作物，因此，很多玉米都有低剂量的镰刀菌毒素。日粮中小剂量的镰刀菌毒素可引起猪肺部水肿，大剂量引起高度肺水肿而出现突然死亡。镰刀菌毒素可引起马的脑白质软化症，导致马匹死亡；引起家禽的猝死；大量镰刀菌毒素可引起牛、羊的肝脏和肾脏的损伤，影响机体的免疫力。

4. 串珠镰刀菌素　这是一种水溶性毒素，结构为 3-羟基环丁-3-烯-1,2-二酮。串珠镰刀菌是该毒素的主要产生菌，其他镰刀菌也可产生该毒素。串珠镰刀菌易侵袭玉米，并产生 MON，家畜采食后可引起中毒。家畜低剂量慢性中毒表现为生长缓慢；急性中毒类似于砷中毒，心脏迅速衰弱，昏迷，可在 12h 内死亡。

5. 丁烯酸内酯　产生菌主要是三线镰刀菌和梨镰刀菌。丁烯酸内酯是一种血液性毒素，可引起家畜口腔损伤、组织出血和致死性中毒。在国外，放牧牛群的苇状羊茅烂蹄病或羊茅草烂蹄病就是因为采食了被三线镰刀菌污染的牧草。在我国，水牛、黄牛因为采食发霉稻草，可发生蹄腿肿烂病，又称耕牛霉稻草中毒症，也是丁烯酸内酯中毒造成的。因此，应防止稻草发霉，避免用发霉稻草喂牛。

四、甘薯黑斑病霉中毒

甘薯黑斑病霉是甘薯黑斑病的病原体，此种霉菌侵染甘薯的幼苗和块根。病甘薯上出现黑色或黑褐色、圆形或不规则形的病斑，中央稍凹陷，边缘轮廓清晰，病斑下的组织呈黑色，具有苦味和刺激性气味。后期病斑表面出现霉层(即分生孢子、厚垣孢子)和黑色刺状物(即子囊壳)。

将黑斑病菌接种在已煮熟的甘薯上，不产生苦味质；若接种生甘薯上，则发生黑斑病并产生有毒性的苦味质。苦味质并非该霉菌本身的产物，而是甘薯黑斑病霉作用于甘薯后所产生的有毒物质，如甘薯酮(分子式 $C_{15}H_{23}O_3$)及其羟基衍生物-甘薯醇($C_{14}H_{21}O_3$)、甘薯宁($C_9H_{10}O_3$)。此外，还有 4-薯醇和 1-薯醇。这几种毒素的毒性强并耐高热，不易被一般蒸煮方法所破坏。在用黑斑病甘薯加工后的粉渣、酒糟或饴糟粕中，仍含有一定数量的毒素。若作为饲料，能使家畜中毒。饲喂牛 0.75～1.125kg 有病变甘薯时可致死。这类毒素主要损害中枢神经系统、心脏血管系统和肺脏、肝脏、胃肠道等，从而引起呼吸机能和新陈代谢机能障碍。甘薯黑斑病中毒多发生于牛、绵羊，山羊次之，猪也偶尔发生。牛中毒后，特征性病变是肺脏显著肿大，造成严重缺氧状态，表现呼吸困难，呼吸次数可多达 100 次/min，俗称牛喘病或牛喷气病。

第七节　饲料的微生物学检验

植物性饲料和动物性饲料都极易受到微生物的污染，可能通过食物链对人类健康造成威胁，同时也造成饲料的浪费。因此，为阻止和控制微生物对饲料的污染，保证饲料的安全，必须对饲料中微生物进行检测。我国饲料安全卫生标准中微生物学指标主要包括霉菌总数、细菌总数、大肠菌群数和致病菌等。

1. 霉菌总数　指 1g 或 1mL 饲料样品于 25～28℃培养 1 周,培养 3 天后开始观察,能在高盐察氏培养基上长出的霉菌菌落总数，但未考虑霉菌的种类。数值的多少虽然不表明饲料中霉菌可能形成毒素及其可能引起中毒，但可以反映饲料产品被霉菌污染的程度，可以反映饲料生产过程中的卫生状况。霉菌总数的数值超标，表明生产过程缺乏有效的卫生管理。

2. 细菌总数　指 1g 或 1mL 饲料样品在有氧条件下，于(30±1)℃培养(72±3)h，能在营养琼脂培养基上长出的细菌菌落总数，但未考虑细菌的种类。细菌总数可以反映饲料产品的新鲜度、被细菌污染的程度和饲料生产中的卫生状况。

3. 大肠菌群数　用来评价饲料的卫生质量。饲料中大肠菌群数量越多，表明饲料受粪便污染的程度越大，同时也表明饲料中存在肠道致病菌(如沙门菌、志贺菌等)的可能性很大。饲料中大肠菌群数以每 100g(mL)饲料中大肠菌群的最近似数(MPN)来表示，即 MPN/100g(mL)。

4. 致病菌　主要指肠道致病菌(如沙门菌、志贺菌等)和致病性球菌(如金黄色葡萄球菌、致病性链球菌等)。饲料中一般“不得检出”致病菌。

常见饲料的微生物学国家标准如表 12-2 所示。另外，部分霉菌毒素也有国家标准。国家标准(GB13078.2—2006)规定饲料中薄层色谱法测定的玉米赤霉烯酮的允许量≤500μg/kg，赭曲霉素 A 的允许量≤100μg/kg。国家标准(GB13078.3—2007)规定饲料中薄层色谱法测定的脱氧雪腐镰刀菌烯醇的允许量≤1mg/kg。

表 12-2　常见饲料中微生物的国家标准(GB13078.2—2001)(引自黄青云，2009)

项目	使用范围	允许量	限量饲用	禁用
霉菌总数(10^3cfu/g)	玉米	<40	40～100	>100
	米糠	<40	40～80	>80
	小麦麸	<40	40～80	>80
	棉籽饼(粕)、菜籽饼(粕)、豆饼(粕)	<50	50～100	>100
	鱼粉、骨肉粉	<20	20～50	>50
	鸭配合饲料	<35		
	猪、鸡配合饲料，猪、鸡浓缩饲料，奶牛、肉牛精料补充料	<45		
细菌总数(10^6cfu/g)	鱼粉	<2	2～5	>5
沙门菌	饲料	不得检出		
黄曲霉毒素 B_1(mg/kg)	玉米	≤0.05		
	花生饼(粕)	≤0.05		
	肉用仔鸡、生长鸡配合饲料	≤0.01		
	产蛋鸡配合饲料	≤0.02		
	生长肥育猪配、混合饲料	≤0.02		

第十三章　动物性食品卫生相关微生物

动物性食品主要包括乳及其制品、肉及其制品和蛋及其制品等。动物性食品含有丰富的营养物质和能量，以供人类食用，但是，其也是微生物生长的最佳培养基。因此，动物性食品中存在着或污染有各种不同的微生物。有些微生物是有益的，如鲜乳中的乳酸杆菌、双歧杆菌等；有些是有害的，如肉毒梭菌、沙门菌等。如果处理不当，有害菌将会危害人类健康，导致疾病流行，造成巨大的经济损失。因此，必须了解动物性食品中可能有哪些微生物，利用有益微生物为人类服务，控制有害微生物，防止危害人类健康。

第一节　乳与乳制品的微生物

一、鲜乳中的微生物

(一) 鲜乳中微生物的来源

鲜乳中微生物主要来自乳房内部和外界环境两个方面。

1. 乳房内部　从健康动物乳腺分泌出来的乳汁本来是无菌的。但是，常因微生物污染乳头并向上蔓延入乳管和乳池内，挤乳时，乳汁通过，便把微生物冲出，带入鲜乳中，挤出的鲜乳便不可能是无菌的。最初挤出的鲜乳，含菌数最多，经过继续挤乳的冲洗作用，后来的含菌数越来越少。正常情况下，当乳汁刚从健康牛、羊体内挤出时，所含细菌的总数并不多，每毫升约在几个到几千个之间，细菌的种类也并不复杂。只有在管理不良、污染严重或当乳房呈现病理状态时，乳房里和乳汁中的细菌含量及种类会大大增多，甚至有病原微生物存在。

2. 外界环境　这是鲜乳中微生物的主要来源。

(1) 乳畜的体表：动物体表的被毛和皮肤常污染有大量的微生物。在管理不卫生、没有定期清洗栏舍和畜体时，乳畜的体表特别是臀、腰肷、尾、后腿及乳房等部位会黏附大量污物，包括土壤、动物粪尿、垫草及尘灰等。挤乳时，体表污染的微生物和含大量微生物的污物会落入挤奶桶内，从而污染鲜乳。为了减少这些污染，牛舍和牧场应经常保持清洁，牛体要常洗刷；挤乳前，先将牛的乳房洗净、揩干，采用小口挤乳桶，以减少尘灰落入的机会；使用机械挤乳，可大大避免这方面的污染。

(2) 用具：如果没有严格的清洗和灭菌，一切与鲜乳接触的用具都是鲜乳中微生物的重要来源，甚至是主要来源。接触过鲜乳的用具总有一些乳汁黏附，残留的或后来污染的细菌即可在其中生长繁殖，菌数大大增加。挤出的鲜乳用这些容器盛载或接触这些用具，立即被大量微生物污染，微生物迅速生长繁殖，使鲜乳含菌数很快增加。乳业用具中污染细菌的种类是多样的。凡能在鲜乳中生长良好的细菌均可在用具内发现，其中经常存在着乳酸菌，常是鲜乳污染该类细菌的重要来源。为了减少和避免这类污染，一切用具(特别是机械挤乳器)均须处理，充分洗净后再经严格灭菌并保持干燥。放置用具的场所，必须清洁、光亮、有日光照射、通风良好，同时应有防蝇、防尘、防鼠等设备。

(3) 工作人员：乳业工作人员(特别是挤乳人员)的双手和衣服等也常是鲜乳中微生物的来源之一。在不讲究个人卫生、手及衣着不清洁而又不严格执行卫生操作制度的情况下，大量细菌可被带入鲜乳中。工作人员如患有某些传染病或者是一个带菌(病毒)者，则更有传播病原的危险。

(4) 空气：空气中飘浮的灰尘上常常有各种微生物，落入乳中，即污染了鲜乳。虽然由空气而来的菌数一般较其他来源为少，但大量尘埃飞扬时，污染亦很严重。要防止微生物从空气中落入乳汁中，牛舍的通气必须良好，不可在多尘灰的牛舍内挤奶；干草须在挤乳后给予；打扫牛舍也应在挤奶之后，挤奶前一小时内不宜进行。

(5) 其他方面：洗涤用具及畜体所用的水、蝇类、蚊蚋及蟑螂等均可成为乳中微生物的来源。一些外来探访者或参观者亦会增加鲜乳污染的机会。

(二) 鲜乳中微生物的类群及特性

乳及乳制品中最常见的微生物为细菌、酵母及霉菌，间或存在有支原体和病毒。根据对乳品的影响不同，将乳中常见的微生物种类分为以下几种。

1. 能使乳汁发酵产酸的细菌　此类细菌有许多(表 13-1)，可使鲜乳中乳糖发生正型乳酸发酵。这类细菌在乳中生长繁殖得很快，迅速产生大量乳酸，使鲜乳均匀地凝固，不破坏乳中蛋白质成分，还常常产生芳香物质。乳酸又可以抑制一般腐败性微生物的生长。在乳品加工中常常利用乳酸菌的这些作用。这里简要介绍两种乳酸菌。

表 13-1　乳制品中部分乳酸菌的一些特性(引自黄青云，2003)

名称	细菌形态	最适生长温度/℃	乳变酸时间(在适温)	最高酸度/°T	凝块性质	味道	应用来制造的产品
乳酸乳球菌	双球状，短链	30～35	12h	120	均匀稠密	微酸	酸乳、酸乳油，酸凝乳，牛乳酒，酸性乳油乳酪，干酪
乳酪乳球菌	链状	30	12～14h	110～115	均匀稠密	微酸	酸乳、酸乳油，酸凝乳，牛乳酒，酸性乳油乳酪，干酪
柠檬酸乳球菌	单球状，双球状，不同长短的链	30	不变酸	—	—	—	酸乳、酸乳油，酸凝乳，牛乳酒，酸性乳油乳酪，干酪
嗜热链球菌	链状	40～45	12～14h	110～115			酸牛乳，干酪
嗜热乳杆菌(嗜酸乳杆菌、干酪乳杆菌、保加利亚乳杆菌)	长杆状，有时为粒状	40～45	12h	300～400	均匀稠密	酸味	酸乳，马乳酒，干酪
嗜温乳杆菌	不同大小的细杆菌	30	3～5d	200～250	均匀稠密	微酸	乳酒，干酪
乙型细菌(形成芳香物质的乳杆菌)	短杆状	30	不变酸	—	—	—	乳酒，干酪
柠檬酸明串珠菌	球形，念珠状排列，有荚膜	20～25	—	—	产生 CO_2 使制品中形成气孔	产生芳香，微酸	干酪二次低温时的发酵剂

(1) 乳酸链球菌类：主要是乳酸链球菌，其中又以产麦精乳酸链球菌、荷兰乳酸链球菌和

凝乳乳酸链球菌三个变种最常见。乳酸链球菌在乳中形成短链，一部分能形成荚膜，不产生芽胞，没有鞭毛，革兰染色阳性，在厌氧条件下生长最好，能分解葡萄糖、乳糖、半乳糖、果糖及麦芽糖，生成乳酸和少量挥发性酸(如乙酸、丙酸等)，酸的含量高达 0.7%～1%，有时可达 1.25%。此外，乳酪链球菌、嗜热链球菌与乳酸链球菌非常相似，亦能形成乳酸，但生长要求和生化特性不同。柠檬酸链球菌能发酵乳糖，主要产生酯酸、丙酸、CO_2、芳香性物质(联乙酯基、酯类)。乳房球菌则能分泌皱胃凝乳酶，使乳味变苦。

(2) 乳酸杆菌类：常见的有嗜酸乳酸杆菌(图 13-1)、保加利亚乳酸杆菌(图 13-2)、干酪乳酸杆菌。嗜酸乳酸杆菌是一种细而长的杆菌，长 1.5～6μm，宽 0.6～9μm，单个、成双或成短链，新鲜培养物为革兰阳性，老龄时可成为阴性，不形成芽胞，不能运动，微需氧，生长适宜温度为 37℃，能发酵乳糖、半乳糖、左旋糟、麦芽糖、甘露糖和蔗糖，产酸，常存在于食草兽肠道内。保加利亚乳酸杆菌是一种长型大杆菌，常成链状，革兰染色阳性，老龄培养物常染色不匀，不产生芽胞，微需氧或厌氧，生长适温为 45～50℃，发酵乳糖、半乳糖及葡萄糖，产酸，产生乳酸的能力极强。干酪乳酸杆菌是短杆状或长杆状细菌，短链或长链排列，革兰阳性，微需氧，能发酵葡萄糖、果糖、麦芽糖、乳糖，产生乳酸，最适温度为 30℃，还能利用酪蛋白，在干酪制作中有重要作用。

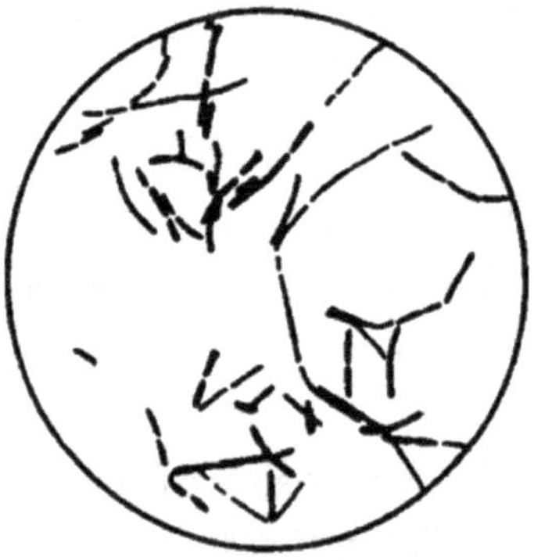

图 13-1　嗜酸乳酸杆菌(引自黄青云，2009)

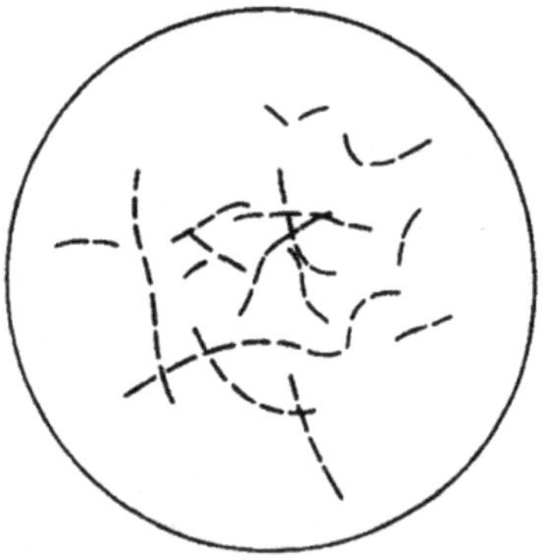

图 13-2　保加利亚乳酸杆菌(引自黄青云，2009)

2. 能使鲜乳发酵产酸产气的细菌　此类细菌可使乳中的乳糖转化为乳酸、乙酸、丙酸、乙醇、二氧化碳和氢等，同时也产气。这类细菌在鲜乳中生长繁殖也是很快的，但不如乳酸菌耐酸。因此，达到一定 pH 后，这类细菌被抑制而停止生长。鲜乳中主要的产酸产气细菌是各种杆菌，特别是大肠杆菌和产气杆菌。它们还分解蛋白质，产生一些有不快气味的无益产物，对鲜乳及乳制品有不良影响。

一些厌氧性丁酸梭菌类的细菌，如丁酸梭菌、产气荚膜梭菌、产芽胞梭菌、巴斯德梭菌、还原糖丁酸梭菌和丁酸弧菌等，也能使鲜乳产酸、产气。其中丁酸气味特别恶臭，产生的量又大，能使凝固的鲜乳裂成碎块，形成暴烈发酵现象。丁酸菌类的主要来源是土壤和粪便，其芽胞常不能被一般消毒杀死而呈有害作用，较常见于消毒鲜乳和乳制品中(如干酪发生膨胀)。

丙酸细菌也能使鲜乳和乳制品产酸产气，主要是丙酸、乙酸和二氧化碳。它们在乳中发育较慢，但能产生很高的酸度(160～170°T)，使干酪风味丰美芳香和形成孔洞。

3. 分解鲜乳蛋白质的细菌　鲜乳中常存在能强烈分解蛋白质的腐败菌。它们能够分泌凝乳酶，将酪蛋白变成副酪蛋白而凝固，然后再发生分解，使蛋白质水解胨化，变为可溶性蛋白胨，并进一步变为氨基酸、氨和其他一些有不快气味的物质，呈现碱性反应。多种腐败菌还能产生脂肪酶，同时分解乳中的脂肪，产生败坏的异常气味。这些腐败菌包括多种需氧性、厌氧性、有芽胞和无芽胞的细菌，如枯草杆菌、液化链球菌、丁酸梭菌、假单胞菌、变形杆菌等，一般对酸都敏感。

4. 嗜热性与耐热性细菌　嗜热性细菌能在30～70℃范围内生长发育。乳中的嗜热菌主要是嗜热链球菌、嗜热乳酸杆菌和一些需氧及兼性厌氧。耐热性细菌多能产生芽胞，可耐60～70℃经30min、甚至85～90℃经10min不死亡。这些细菌常生长在使用和管理不当的鲜乳消毒设备及乳品加工设备中，从而增加了消毒乳的细菌数量，并产生不良气味，造成乳制品的质量下降。

5. 嗜冷菌　鲜乳中的嗜冷菌主要以革兰阴性杆菌为主，假单胞杆菌占一半左右。另外，还有黄杆菌、产碱杆菌、大肠菌类。嗜冷菌可在冷藏乳中生长，并产生脂酶和蛋白酶，从而影响鲜乳的品质。

6. 酵母菌和霉菌　鲜乳中常见的酵母菌有牛乳酵母、酿酒酵母、产膜酵母、假丝酵母和圆酵母等。有些酵母菌能发酵乳糖，有些虽不发酵乳糖但能发酵从乳糖分解出的单糖，有些则不能发酵糖类而分解其他成分，最终形成大量的二氧化碳和少量乙醇，也可以使鲜乳发生强烈的酵母气味和苦味。

鲜乳中的霉菌以乳卵孢霉最多见，青霉和曲霉也常被发现。在鲜乳未变酸前，霉菌无明显的生长发育；变酸后，霉菌可在表面形成霉层，并逐渐破坏其酸性。霉菌孢子可耐过一般的加工处理，在后来的乳制品上生长发育，产生各种色素和引起一些作用，影响产品的品质。

7. 其他影响鲜乳质量的微生物　鲜乳中还发现有多种不常见但对鲜乳质量与乳制品品质有影响的微生物。

(1) 使鲜乳产生异味的微生物：荧光细菌、枯草杆菌、苦乳杆菌及某些球菌可以产生苦味；产麦精乳酸链球菌引起麦芽味；皂乳杆菌引起肥皂味；鱼杆菌引起鱼腥味；一些假单胞菌引起马铃薯味；一些放线菌引起苦霉味；阴沟杆菌可使鲜乳有醋酮气味。

(2) 使鲜乳变胶粘及过早凝固的细菌：有些细菌能使鲜乳变黏稠如胶浆，倾注时可形成长线索样。最常见的是黏性乳杆菌，这是一种有荚膜、生长快速的细菌，常存在于塘、泉、井和溪间等处水的表面。其他如乳酸菌的一些变种、某些球菌、某些大肠杆菌和产气杆菌的变种也可以使鲜乳变黏稠。脂样杆菌可使巴氏消毒乳形成软凝块与苦味。一些腐败性细菌包括大肠杆菌分泌凝乳酶，将酪蛋白变为副酪蛋白而使鲜乳发生过早的凝固，影响乳的品质及以后的加工。

(3) 能使鲜乳变色的细菌：类蓝假单胞菌产生蓝色，类黄假单胞菌产生黄色，灵杆菌和红酵母则产生红色，绿脓杆菌产生绿色。它们在有氧情况下产生颜色，常出现于鲜乳的表层，随后才逐渐扩散。

(三) 鲜乳中可能存在的病原微生物及其产物

来自健康动物和生产过程卫生管理良好的鲜乳一般不含有病原微生物。但是，有时鲜乳中可以检出病原微生物，其主要来自患某些传染病的动物本身，或者在卫生管理不良的生产过程中污染。

1. 乳中病原微生物的类型 乳畜患传染病时，乳汁中常含有病原微生物。例如，牛结核分枝杆菌、布氏杆菌、炭疽杆菌、链球菌、葡萄球菌和其他化脓球菌、副结核分枝杆菌、结肠炎耶尔森菌等。患有病毒性疾病时，亦可能有病毒存在。例如，患口蹄疫时，会有口蹄疫病毒。

2. 来自人为因素的病原微生物 工作人员患有传染病或是带菌(病毒者)，或在生产过程中从各方面(包括蝇、蚊和其他昆虫)污染，使得鲜乳中可能也存在病原微生物。除了家畜的病原菌外，还可能有人的病原菌，如伤寒沙门菌、化脓性链球菌、猩红热链球菌、痢疾杆菌、白喉棒状杆菌、结核分枝杆菌和其他病原菌。

这种含有病原微生物的鲜乳若不经严格消毒，能传播各种人和动物的传染病，或因微生物产生毒素而造成急、慢性中毒，或致畸、致癌。

(四) 鲜乳贮藏过程中的微生物学变化

正常乳汁从乳畜挤出后，如不立即灭菌而放置于10℃以上的常温中，会发生一系列的微生物学变化，大致上可以分为下述四个阶段。

1. 细菌减数阶段 刚挤出来的乳汁在一定的温度与时间内具有杀菌和抑菌作用，乳中微生物总数会相应地减少。乳汁杀菌作用的持续时间因其中所存在的微生物数量与保存温度而不同。乳内微生物数量少，可使其杀菌作用的持续时间延长；严重污染的乳汁，其杀菌作用的持续时间缩短。例如，严重污染的乳汁，在13～14℃时，杀菌作用的持续时间为18h，而同一温度下的清洁乳汁，杀菌作用能持续36h。温度上升时，杀菌效能增强，但持续时间则大大缩短。为了延长鲜乳的杀菌持续时间并抑制微生物的生长发育，应尽可能使鲜乳挤出后立即冷却到10℃以下。

鲜乳的杀菌作用与其含有的乳抑菌素(lactenin，一种蛋白质，有 L^1、L^2、L^3 三种，加热不被破坏)、抗体、补体、酶和白细胞等杀菌成分密切相关。但是，鲜乳的杀菌作用还是微弱的，乳中的微生物并没有完全被杀灭，而且对多种细菌(包括乳酸菌)甚至没有多大影响。

2. 发酵产酸阶段 在杀菌作用减退的同时，各种微生物的生长都很活跃。首先，腐败菌占优势，大肠-产气类杆菌和乳酸菌次之，很快，乳酸菌占优势。当其他微生物引起变化的程度尚小的时候，乳酸菌已将乳糖发酵为大量的乳酸，使pH迅速下降，抑制了其他微生物的继续生长发育。这种发酵作用可以持续几小时或几天，等到有大量的乳酸生成，使得乳酸菌本身的生长也被抑制时方才停止。此时，乳汁的酸度大约为1%。

3. 中和阶段 虽然多数微生物的活动停止，但霉菌和酵母菌却适合在酸性环境中生长繁殖，能分解、利用乳酸和其他有机酸，并且也分解蛋白质而生成碱性的副产品，中和乳的酸性。此时，常可在乳汁的表面看到浓厚的霉菌菌团。中和阶段可以持续几天或几个星期。

4. 腐败分解阶段 乳酸和其他有机酸因酵母菌及霉菌活动而消失，乳汁由酸性变为中性或微碱性。此时，以前被抑制不活动的一些细菌又重新开始活动。这部分细菌大多为腐败性细菌，主要分解酪蛋白，而酵母菌和霉菌又继续起作用，配合起来将乳汁内的固体成分分解无遗，变为澄清的液体，形成所谓胨化现象。最后，当营养分解完毕或有害物质积累到一定程度时，微生物的作用也就完全停止。此时，鲜乳已失去原来的特性，不仅营养几乎完全流失，而且会有毒性，不可供作食用。

二、乳制品的微生物

1. 乳酪的微生物　乳酪，又称奶油，分为两类：甜乳酪(或叫新鲜乳酪)和酸乳酪。甜乳酪的制造过程不依靠微生物的作用。消毒后的稀奶油迅速冷却到1～8℃时，剩余的大多数微生物停止发育。酸乳酪是经过乳酸发酵而制成的乳酪，有人工发酵和自然发酵两种方法。人工发酵法需要在冷却后的稀奶油中加入发酵剂进行发酵。发酵剂一般选用具有产酸能力的乳酸链球菌、乳酪链球菌和丁二酮乳酸链球菌的混合发酵剂，这种发酵剂称为D型发酵剂。为了获得特有风味，可适当加入柠檬酸明串珠菌，这种发酵剂称为L型发酵剂。自然发酵法因上述几类细菌的数量及活性不好控制，从而使产品的质量和风味优劣不定。

若微生物污染乳酪并大量生长繁殖，可引起乳酪不同程度的败坏。乳酪可因不同微生物的作用而发生变质现象。①发霉：霉菌在乳酪表面生长、繁殖，引起发霉，并呈现霉菌菌落的各种颜色。②变味：由于鱼杆菌或乳卵霉分解乳酪脂肪的卵磷脂，产生三甲胺，发生鱼腥味；有一些杂菌能引起腐败味、麦芽味、苦味、金属味等。③酸败：荧光假单胞菌、灵杆菌、乳卵霉、枝孢霉等能产生脂肪酶和蛋白酶，水解脂肪，产生酪酸和己酸等脂肪酸，使乳酪发生酸败现象，散发出酸臭气味。④变色：有些产色素的细菌能使乳酪变色，如玫瑰红球菌使乳酪变成粉红色，紫色产色菌或牛酪产色杆菌使乳酪变为紫色，黑假单胞菌使乳酪产生黑色，荧光假单胞菌可使其变为绿色。

2. 酸乳的微生物　鲜乳和鲜乳的产品经过乳酸菌类或乳酸菌和酵母菌等发酵而获得的制品，称为酸乳制品(也称发酵乳制品)，如酸牛乳、马乳酒、牛乳酒、酸乳酒及嗜酸菌乳等。酸牛乳常用纯培养的保加利亚乳酸杆菌和嗜热链球菌为发酵剂，嗜酸菌乳则以厌氧性嗜酸乳杆菌发酵而制成。制牛乳酒所用的发酵剂主要为开菲酵母、高加索乳酸菌、乳酸杆菌及乳酸链球菌等。马乳酒是以马奶为主要原料制作的酸奶酒，其发酵剂主要有保加利亚乳酸杆菌、嗜酸乳杆菌及发酵乳糖的霍尔姆球拟酵母等。

3. 干酪的微生物　用作干酪发酵剂的细菌主要有乳酪链球菌、柠檬酸明串珠菌和乳酸杆菌等，具体可根据干酪种类选择配合。若想使干酪产生多量气孔，可在发酵剂中添加丙酸菌。干酪成熟过程中最初含菌量较大，乳酸菌占优势。随着乳糖被分解完毕，乳酸菌停止活动，部分乳酸菌死亡。某些干酪还含有丙酸菌及柠檬酸明串珠菌。

干酪生产过程中，各种不当操作会引起各种败坏现象。①产气膨胀：乳糖在有害微生物作用下产生大量的酸和气体，使干酪膨胀，甚至发生爆裂等现象。产气的干酪变软，呈海绵状，有不适口的丁酸气味和油腻味。成熟初期，常常由大肠-产气杆菌群的作用而引起产气膨胀；成熟后半期，则常由某些酵母菌和丁酸菌引起产气膨胀。②腐败：当干酪的酸度和盐分不足，腐败菌及异型乳酸发酵细菌即可生长发育，致使干酪的表面形成液化点，有时整块干酪变成黏液状，并有腐败的气味。③发霉变色：霉菌在干酪表面生长时，会引起颜色变化和产生霉味，有的可产生霉菌毒素。烟曲霉在硬干酪表面生长，产生黑点。干酪丝内霉会使干酪产生红点。在适宜的温度下，霉菌在干酪表面或内都生长，均可产生毒素，如黄曲霉毒素、青霉酸等。④色斑：乳酸杆菌的某些变种及红色短乳杆菌可使干酪表面产生铁锈样红色斑点，玫瑰色圆酵母可使干酪呈粉红色，黑斑干酪是由黑乳杆菌引起，蓝斑干酪是由某些细菌和霉菌所致。⑤苦味：苦味酵母、液化链球菌和乳房链球菌等具有强力分解蛋白质的能力，使干酪产生苦味；有时由于乳牛吃了带有苦味的饲料，或皱胃凝乳酶用量过多，或所用盐的质量低劣，也可使干酪带有苦味。

4. 乳粉的微生物　乳粉是将鲜乳或脱脂乳经过离心、喷雾、干燥而制成的粉末状乳制品。乳粉中的微生物主要为耐热性的链球菌，少数为细球菌、芽胞杆菌及大肠菌，更少的是酵母和霉菌，但总的含菌数是不多的。乳粉含水量很低(3.0%～3.5%以下)，其中的微生物不能繁殖，且将逐渐死亡。

5. 炼乳的微生物　淡炼乳装罐封罐后经115～117℃高压蒸汽灭菌15min以上可杀灭全部微生物。但是，当灭菌不完全时，某些耐热性细菌如枯草杆菌、凝固芽胞杆菌、蜡样芽胞杆菌、嗜热乳芽胞杆菌、厌氧性芽胞梭菌、苦味杆菌等仍能存活，相应地引起淡炼乳产生凝块、胀罐、腐败、臭味或苦味等败坏。甜炼乳经过消毒和加热浓缩后，乳中99%以上的微生物被杀死，但还有一部分耐热的球菌、芽胞杆菌和少数酵母菌、霉菌等仍然存活，极少数具有抵抗高渗透压能力的微生物如炼乳酵母和球状酵母等可存在。若罐内留有足够空气，某些霉菌如灰绿曲霉和匍匐曲霉等可以生长繁殖，使甜炼乳发霉。一些细菌还能使甜炼乳黏稠凝结，不易倒出，或者产生不快的气味。

6. 冰淇淋的微生物　冰淇淋中的微生物由原料、制作用具和操作等污染而来，含菌数因污染程度不同而异，一般在10^3～10^8/g，常见的微生物有球菌、需氧性芽胞杆菌、厌氧芽胞梭菌、大肠菌群、假单胞菌、酵母菌和霉菌等，在不卫生的情况下，还可能有病原菌。制成的冰淇淋，适度冷冻，在合理的时间内，细菌数量不会增加，但过久存放，耐冷菌和嗜冷菌开始繁殖，会使冰淇淋产生不良气味。其他微生物包括可能存在的病原微生物，虽不生长，但也只有少数死亡，常不会全被杀灭。

三、乳及乳制品的微生物学检查及标准

鲜乳的微生物学检验，包括含菌数检验、大肠菌群最近似数测定和鲜乳中病原菌的检验。含菌数反映乳品受微生物污染的程度；大肠菌群含量说明乳品可能被肠道致病菌污染的程度；当认为有特定种类病原菌存在的可能时，应进行病原菌的直接检验。

1. 含菌数检验　按照不同需要或要求，可用直接涂片计数法或稀释倾注平板计数法，或通过测定细菌的生化活动的强弱(包括美蓝还原试验和刃天青试验)，以测定含菌数情况。其中稀释倾注平板计数法是国家规定的标准方法。

2. 大肠菌群最近似数测定　可对鲜乳进行大肠菌群最近似数的测定，但其卫生学意义远不如水中含有大肠菌群的重要，因为鲜乳易于直接或间接受到乳畜粪便的污染，很难避免有大肠菌群存在，且繁殖迅速，因此，一般的鲜乳常含有相当数量的大肠菌群。巴氏消毒可以杀灭绝大部分的大肠菌群，但仍会有极少数耐热性的大肠菌群类型存在。若在国家规定允许的卫生标准范围内，对安全没有太大影响。但是，如果含量超过一定限度时，则往往表示消毒以后又发生了新的污染或保存处理不妥，同时存在着病原微生物污染的可能性。

3. 鲜乳中病原微生物的检验　鲜乳中病原微生物的检出率一般不高，而且需要较长的时间才能获得结果。因此，实际上不着重乳样的检查。当有必要时，才对鲜乳着重进行几种常见病原菌如结核分枝杆菌、布氏杆菌、溶血性链球菌、金黄色葡萄球菌、肠道致病菌等的检查，而不是全面检验。鲜乳及其制品的微生物的检测限量参见相关国家标准。

第二节　肉与肉制品的微生物

一、鲜肉中的微生物

(一) 鲜肉中微生物的来源

鲜肉和肉制品的保存性及其卫生程度与其中微生物的数量和种类有直接关系。健康与饲养管理良好的动物的肌肉和内脏中一般是无菌的。但是，实际上普通的鲜肉都含有或多或少的微生物。鲜肉中微生物的来源可分为内源性和外源性两个方面。

1. 内源性来源　是指微生物来自动物体内。动物宰杀时，如不按操作规程，损坏了肠道、呼吸道等含有微生物的内脏器官，这些部位的微生物即可进入肌肉和内脏，使之污染。屠宰前，患有传染病的动物可能在肉和器官中含有相应的病原微生物，如炭疽杆菌、沙门菌、猪丹毒杆菌、多杀性巴氏杆菌、伪结核耶尔森菌等。在生活期间，一些老弱或过度疲劳、饥饿或患病垂死前的动物可能因防卫机能减弱而在其肌肉和内脏中侵入一些微生物。一般来说，内源性来源是次要的。

2. 外源性来源　是主要的污染来源，主要是动物在屠宰和加工过程中由于环境卫生条件、用具、工人的个人卫生、用水、运输过程等不洁而造成肉及肉制品污染。

(二) 鲜肉中微生物的类型

鲜肉中污染的微生物主要是腐败菌、霉菌、酵母菌等。其中，有病原菌和非病原菌，有芽胞杆菌和无芽胞杆菌，有嗜热菌、嗜温菌和嗜冷细菌，有需氧菌和厌氧菌。一般常见的有以下几类：引起鲜肉在保存时颜色及味道产生变化的细菌，如灵杆菌、蓝乳杆菌、磷光杆菌等；引起鲜肉发霉的真菌，如枝孢霉、毛霉、枝霉、青霉、曲霉等；引起鲜肉腐败的细菌，如变形杆菌、枯草杆菌、马铃薯杆菌、蕈状杆菌、腐败杆菌、产气荚膜梭菌、产芽胞杆菌等。

(三) 鲜肉中病原微生物

肉中病原微生物大多数来自病畜，也可以是外来的污染。当动物患有某种传染病时，在其生前和宰后，其肉中都会有相应的病原微生物存在。一些外表正常的带菌者，其体内亦存在某些病原微生物。若动物抵抗力降低或者加工处理不当，很容易引起这些病原微生物的内源性侵入，这些微生物能在肉中生长繁殖。

肉中病原微生物是多种多样的，包括炭疽杆菌、结核分枝杆菌、布氏杆菌、沙门菌、巴氏杆菌、病原性链球菌、致病性葡萄球菌、猪丹毒杆菌、土拉伦斯杆菌、李氏杆菌、鼻疽杆菌、志贺菌、副溶血弧菌、钩端螺旋体、口蹄病病毒、猪传染性水泡病病毒、猪瘟病毒、猪痘病毒、鸡新城疫病毒、鸭瘟病毒等；有些是人畜共患传染病的病原体；有些虽不感染人类，但对畜禽却有很大危害性。

二、肉制品的微生物

1. 冻肉　冷冻保存肉类是比较常用的一种方法。通过低温可抑制一些微生物的生长繁殖，但能耐低温的微生物还有很多。例如，沙门菌在−165℃可存活 3 天，结核分枝杆菌在−10℃可存活 2 天，炭疽杆菌在低温下也可存活；口蹄疫病毒在冻肉骨髓中可存活 144 天，猪瘟病毒在冻肉中可存活 366 天；霉菌的耐寒性也很强，在−2℃、−6℃仍可生长。

2. 腌腊肉制品 利用高渗透压来腌制肉类是一种比较常用的方法。盐液能停止细菌活动，但不能杀死细菌。例如，在饱和盐液内，大肠杆菌类在 6 周至 6 个月、结核分枝杆菌经过 3 个月、化脓性链菌球在 5 个月内都可能未被杀死，甚至不能破坏肉毒梭菌所产生的毒素。另外，有些嗜盐菌如副溶血弧菌在高浓度盐液中仍能繁殖，霉菌孢子在干盐内则长年生存。

3. 熏肉 通过熏烟中的一些防腐物质来抑制部分微生物的活动。但是，仍有不少的细菌能耐受熏烟，如猪丹毒杆菌、结核分枝杆菌等。

4. 罐头肉制品 灭菌完善的肉类罐头所含的微生物全部被杀死。如果灭菌不彻底，就会使罐头发生胀罐和败坏，甚至产生毒素，危害人类健康。嗜热脂肪芽胞菌可引起罐头食品变质、酸败却不发生胀罐。这种细菌能产生耐热的芽胞，常规灭菌不能杀灭，仍有可能产生平酸腐败，严重影响低酸性罐头食品的质量。罐头的杀菌温度是根据肉毒梭菌的耐热能力而制定的。目前，采用中心温度 120℃经 5～6min 的高温高压方式杀菌。这样杀菌后的罐头中，残存的微生物一般只有嗜热的芽胞菌。例如，嗜热需氧芽胞杆菌主要有嗜热脂肪芽胞杆菌和凝结芽胞杆菌，产酸、不产气；嗜热厌氧芽胞杆菌主要是嗜热解糖梭菌和致黑梭菌，可导致罐头腐败，但贮存的温度低于 43℃以下，不会繁殖。进行肉罐头的细菌学检查时，主要检验是否有沙门菌、志贺菌、葡萄球菌、链球菌、肉毒梭菌、魏氏梭菌等。

5. 香肠和灌肠 酵母、微杆菌及一些革兰阴性杆菌常引起生肠类肉制品变质。熟肠是经过加热制备的，其中不存在细菌的繁殖体，但可能有芽胞。加热时间和温度不够、冷藏温度大于 5℃，D 群链球菌、芽胞杆菌可能存活并繁殖，造成肉肠变质或食物中毒。

6. 熟肉制品 经过加热处理的熟肉制品一般不含细菌的繁殖体，但可能有少量的芽胞。如有微生物，往往是加热后污染的，常见的有微球菌、棒状杆菌、库特菌等。常引起熟肉变质的微生物主要是真菌，如根霉、青霉及酵母。

三、肉的微生物学检查及标准

肉类微生物学检查的常用检验内容有细菌镜检、细菌数量测定和大肠菌群最近似数测定。对可疑的肉类，必要时还应做病原微生物的分离和鉴定。其中，细菌镜检是普通而常用的一种方法。进行细菌镜检可由肉样的表层和深层分别制成触片，观察时应考虑三个指标：细菌的数目、种类和触片着色的程度。判定标准：新鲜肉，触片印迹着色不良，在每个视野中，表层见到少数的球菌和杆菌，深层仅发现个别的细菌或者见不到细菌，同时触片上完全看不到分解的肉组织；可疑新鲜肉，触片印迹着色较好，在每个视野中，表层见到 20～30 个球菌，深层可发现 20 个左右的细菌，触片上可明显地看出分解的肉组织；非新鲜肉，触片印迹着色很浓，在每个视野中，不论表层和深层均可见到 30 个以上的细菌，且多为杆菌，有时几乎见不到球菌，触片上粘着大量分解的肉组织。肉及其制品的微生物的检测限量参见相关国家标准。

第三节 蛋与蛋制品的微生物

一、鲜蛋中的微生物

(一) 禽蛋里的微生物来源

健康母禽所产蛋的蛋液里是不含有微生物的。母禽生殖器官虽然与泄殖腔直接相邻，但在正常的情况下其内是没有微生物的，因为其具有复杂的防止感染的自卫机制。这种自卫机制由以下三种因素构成：吞噬反映、蠕动收缩(机械地排除微生物)和蛋白的杀菌性能。这一杀菌性能是抗菌物质即溶菌酶所引起的。当自卫机制发生障碍或失去时，蛋壳上会带菌，特别是泄殖腔污染了粪便，更易使微生物污染到蛋壳上。但是蛋液里仍是无菌的。贮存禽蛋的蛋液里可长时间保持无菌状态。禽蛋的蛋壳特别是各种蛋壳膜能防止微生物的侵入。蛋白中含有的溶菌酶具有溶菌性能，并能不经溶解便可杀灭各种微生物，特别是革兰阳性杆菌和球菌，以及许多霉菌和酵母菌。禽蛋的新鲜蛋白能溶解对溶菌酶敏感的微生物。因此，在保存良好的条件下，在贮存期间的一段时间内，由于禽蛋本身存在着各种防御微生物侵入的机制，微生物不会侵入到蛋液里。蛋在正常的室温下约能贮存 4 周，在温暖而潮湿的地方贮存，经过 5～15 天，蛋白内的溶菌酶就逐渐失去活性，微生物便容易侵入蛋白内，继而侵入蛋黄，特别是胚胎上、胚胎膜薄，微生物容易侵入，加之营养丰富，很适于微生物的生活与繁殖。

如果母禽不健康，那么生殖器官的杀菌作用会减弱，来自肠道或肛门中的微生物便可侵入输卵管，使蛋液有可能污染各种微生物。其次，母禽患有传染病时，卵巢和输卵管等器官中往往有病原微生物侵入，则禽蛋里便有可能污染各种病原微生物。母禽病愈后，体内的病原微生物在一定的时间内仍未消灭或排出体外，其所产的蛋，也必然带菌。

禽蛋经过泄殖腔由肛门排出体外时以及与外界接触时，蛋壳上便污染上各种微生物。虽然蛋壳上有无数的气孔，但蛋壳外面的一层黏液质(即外蛋壳膜)能防止微生物的侵入。然而，在有些情况下，外蛋壳膜失去保护作用时，微生物便可以从气孔侵入。蛋产出后，蛋温的自然冷却有助于微生物进入蛋内。因为，冷却时，蛋内容物收缩，经蛋壳上的气孔向蛋内抽吸空气，微生物便有可能由气孔吸入蛋里。但是往往因为溶菌酶的作用，侵入的微生物便被杀死。

细菌不能直接通过内蛋壳膜和蛋白膜。细菌通过蛋壳气孔和壳膜而进入蛋内的过程要比霉菌缓慢。因为霉菌的菌丝能很快地渗入蛋内，而细菌则须将内蛋壳膜和蛋白膜溶解后才能进入蛋内。霉菌在湿度升高的时候，更容易繁殖，甚至在气温是 0℃或−10℃时，如果湿度较高，霉菌也能发育繁殖。霉菌的菌丝一般在靠近气室部分的蛋壳气孔进入蛋内，并在蛋壳膜上生长。

(二) 常见污染禽蛋的微生物

1. 蛋壳上的杂菌数 禽蛋是通过肛门到达体外的，肛门附近常常是带菌的。因此，蛋壳上往往是带菌的。禽蛋产下后，经污泥、粪便等污染，在存放过程中，蛋壳上的微生物可大量增加。商品蛋壳上的细菌数是很多的，污壳蛋污染的微生物数比净壳蛋大得多。净壳鸡蛋上的杂菌数平均为 1800 万个，鸭蛋为 4300 万个，鹅蛋为 1840 万个。污壳鸡蛋上的杂菌数平均为 190 000 万个，鸭蛋为 640 000 万个，鹅蛋为 187 000 万个。污壳蛋的杂菌数比净壳蛋增大的倍数，鸡蛋约为 105 倍，鸭蛋约为 145 倍，鹅蛋约为 100 倍。

2. 蛋液里的微生物　蛋液里的微生物主要来源于不健康的母禽及蛋壳上的污染。常见的微生物有大肠杆菌、变形杆菌、产气杆菌、产碱杆菌、枯草杆菌、绿脓杆菌、微球菌、链球菌、葡萄球菌、沙门菌、毛霉、青霉、曲霉、白地霉及多种病毒。

二、蛋制品中的微生物

1. 松花蛋　又称皮蛋或彩蛋，其制作料液中的氢氧化钠具有强大的杀菌作用，盐也能抑菌防腐，因此松花蛋能很好地保存。

2. 咸蛋　高浓度的盐溶液有强大的抑菌作用。因此，咸蛋在常温中能保存而不坏。

3. 糟蛋　糟料中的醇和盐具有消毒及抑菌作用。因此，糟蛋不但气味芳香，而且能很好保存。

4. 液蛋和冰冻蛋　液蛋极易受微生物的污染。污染来源主要有三个方面：首先是蛋壳；其次是个别腐败蛋，尤其是蛋内容物未出现可见变化或可闻气味的细菌污染蛋；第三是来自打蛋用具、操作人员、环境等。巴氏消毒可使液蛋的其他细菌减少 99%～99.9%，残存的细菌主要是微球菌、葡萄球菌、芽胞杆菌和少数革兰阴性杆菌。为防止微生物繁殖，液蛋均应迅速放入–7℃以下冷藏。若要冰冻，应迅速放入–40～–23℃速冻，然后保存于–18℃以下。

5. 干蛋粉　微生物来源及其控制措施除与液蛋相同外，必须严格按照干蛋粉制作的操作规程，并对所用器具作清洁消毒。干蛋粉不应含有沙门菌。但它仍会残存极少数其他细菌，主要是微球菌和需氧性芽胞杆菌。它们在干蛋粉中不能繁殖，但可长期存活，当蛋粉受潮即可生长繁殖，使产品变质。

三、蛋的微生物学检查及标准

目前，蛋和蛋制品的微生物学检验项目主要是细菌总数测定、大肠菌群的检验和肠道致病菌的检验(主要指沙门菌)。检验方法可按照国家卫生部制定的《食品卫生检验法——细菌学部分》进行。各种蛋制品的微生物检测限量参见相关国家标准。

第三篇

实 验 指 导

实 验 须 知

【微生物学实验的目的与要求】

微生物学实验的目的，在于加深和巩固对理论知识的理解，掌握微生物学操作的基本技术与技能，养成严肃认真和实事求是的科学态度，培养观察、分析和解决问题的能力，具有独立思考、勇于创新的精神，为今后的实际工作打下良好的基础。

为保证实验工作顺利进行，在实验前应认真阅读实验指导；在实验中要谨慎操作，严防实验室污染或散布病原，但也不要因此而产生恐惧心理，影响实验的进行。

【注意事项】

1. 进入实验室，实验人员和指导教师必须穿工作服，自己的衣服和书包不可放在实验桌上。

2. 实验室内禁止饮食、吸烟、戴隐形眼镜、化妆及用嘴湿润铅笔和标签等物。

3. 实验进行时，实验室要保持肃静，不得到处走动，不要动用实验室内与所做实验无关的物品，以防意外。

4. 在实验中一旦发生意外，如吸入菌液、划破皮肤以及细菌(或病料)污染实验桌或地面等处，应立即向指导教师报告，听候处理。被微生物污染的衣帽必须立即脱下，浸入消毒液中过夜或高压灭菌，而后洗涤。

5. 用过的培养物、病料及器具等均必须放入指定地点，待灭菌后刷洗。

6. 实验中应注意整洁，确保无菌操作，以达到正确结果，同时应做好实验记录，必要时以照片形式留存。

7. 未经许可，不得将病原微生物、病料、试剂等实验材料带出实验室。

8. 含培养物的试管不可平放桌上，以免其中液体流出。

9. 注意节约水、电、染色液及其他药品、器材。

10. 实验完毕，及时清理实验台，值班人员必须做好防保检查工作及室内清洁卫生，关好门窗，检查水、电、气等是否关好。

11. 离开实验室，需用消毒药水洗手，将实验报告交指导教师评阅。

12. 从事人兽共患病病原实验时，实验人员要进行相关疫苗的接种，或实验室应配备相关病原的敏感药物，以备不时之需。

13. 进行动物实验时，实验动物需确保没有患病，特别是传染病，操作时，要谨慎，防止伤害到人或其他动物，防止动物粪便污染实验试剂；实验结束后，彻底打扫干净。

14. 操作危险病原微生物时，勿开口说话或分心，以免发生意外。

15. 一切易燃物品必须远离火源。酒精灯、电炉、电热板等用完后立即关闭。实验室应备有足够的灭火器，以供紧急时使用。

16. 注意实验仪器的正确操作，做好仪器的维修与保养。不知道如何使用时，请询问指导教师。

实验一　显微镜油浸系的使用及细菌基本形态观察

【目的要求】

1. 掌握正确使用及护理显微镜的方法，特别是油浸系的使用及护理。
2. 认识细菌的基本形态和构造。

【基本原理】

(一) 普通光学显微镜的构造

普通光学显微镜包括机械部分和光学部分两部分。机械部分包括镜座、镜臂、镜筒、载物台、物镜转换器、粗调节螺旋、细调节螺旋、标本夹等。光学部分包括接目镜、物镜、反光镜、光圈、聚光镜(集光器)等。

(二) 油浸系的原理

油浸系是在油浸镜与标本之间加 1 滴香柏油，调整光源，检查细菌标本的方法。油浸镜是一种高倍放大的物镜，一般都刻有放大倍数，如10×、40×、95×、100×等。其镜头标记国产镜多用“油”字表示，国外产品则用“Oil”或“HI”表示。油镜的镜身较高倍镜和低倍镜为长，镜片最小。这也是识别的另一种标志。其使用原理是由于香柏油与玻璃的折光率相似(香柏油为 1.515，玻璃为 1.52)。镜检时，滴加香柏油的作用是使光源尽可能多的进入物镜中，避免光线通过折光率低的空气(折光率为 1.0)而散失，因而能提高物镜的分辨率，使物像明亮、清晰(图实 1-1)。

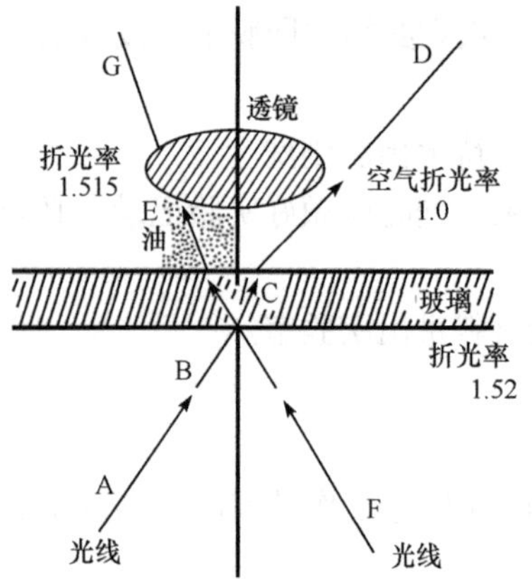

图实 1-1　油镜的使用原理
(引自黄青云，2009)

【使用方法】

镜检者需姿势端正，一般用左眼观察，右眼用于绘图和记录，两眼同时睁开，以减少疲劳。目前也有很多双目显微镜，左右眼可同时观察。光源用自然光线或人工光源，注意避开直射日光。用人工光源时，为了避免赤黄光线，需在集光镜下装入蓝色滤光片。

1. 对光　将光圈完全开放，升高聚光镜与载物台同高，置标本片于载物台上，在低倍镜下对光，转动反光镜以调节之，至视野最亮时为止。若用天然光源，宜用反光镜平面，较弱光源用凹面。检查未染色标本，光不宜太强，而染色标本需强光。光线强弱可通过放大或缩小光圈、升降聚光镜、旋转反光镜来调节。

2. 加油　将标本放在载物台上，染色部位正对集光器的中央，用标本的结构夹固定好，滴加香柏油 1 滴，用油浸镜检查，使油镜头浸入油滴中，几乎与标本面接触为度。然后由接目镜注视镜内，同时慢慢转动粗调节螺旋提起镜筒(绝对不能下降镜筒)至能模糊看到物像时，再转动细螺旋(细螺旋转动一般不超过 1 周)，直至物像清晰为止。

【显微镜的保护】

从镜箱内取显微镜时，以右手持镜臂，以水平方向慢慢抽出，不得碰镜，再以左手托镜座，保持镜体平行，以防反光镜及接目镜滑落。显微镜各镜头绝对不可用手指拭抹，应用擦镜纸或用绸布轻拭之。油镜用过后，立即用擦镜纸拭之，若油渍已干，则需用擦镜纸蘸二甲苯拭之，然后用干燥镜纸轻拭之。镜体可用软布轻拭，以保持清洁。用过后应将显微镜各部分复位，尤其注意不要让接物镜对集光器，同时把集光器下降，以免发生碰撞，然后置镜箱内锁好。注意防潮，勿靠近热源及有腐蚀性的化学药品。显微镜各零件不要任意拆卸，尤其是光学部分，以免损坏。

【细菌正常形态的观察】

练习显微镜油浸系的使用，观察已制好的细菌染色标本，如葡萄球菌、链球菌、四联球菌、大肠杆菌、枯草杆菌、螺旋状菌及细菌的荚膜、芽胞和鞭毛，并进行绘图。

实验二　细菌抹片的制备及染色

【目的要求】

1. 掌握细菌抹片的制备方法和几种常用的染色方法。
2. 认识革兰染色的反应特性。

【基本原理】

染色是细菌学上一个重要而基本的技术。由于细菌个体微小，且半透明，如不经染色，往往不易识别。因此，借助于染色法可使细菌着色，与背景形成鲜明的对比，便于在显微镜下进行观察。也可根据不同的染色反应，作为鉴别细菌的一种依据。

【操作步骤】

细菌的涂片、染色和镜检需要经历一个操作过程，如图实 2-1 所示。

(一) 载玻片处理

载玻片应清晰透明，清洁而无油渍，滴上水后，能均匀展开，附着性好，如有残余油渍，需要进行处理。滴上 95%乙醇 2～3 滴，用清洁纱布擦拭，然后以钟摆速度通过酒精灯焰 3～4 次。若仍未能除去油渍，可再滴上 1～2 滴冰乙酸，用纱布擦净，再在酒精灯火焰上轻轻拖过。玻片洁净后，用玻璃铅笔在预涂材料处的背面划一个直径 1.5cm 的圆圈，用以标记。

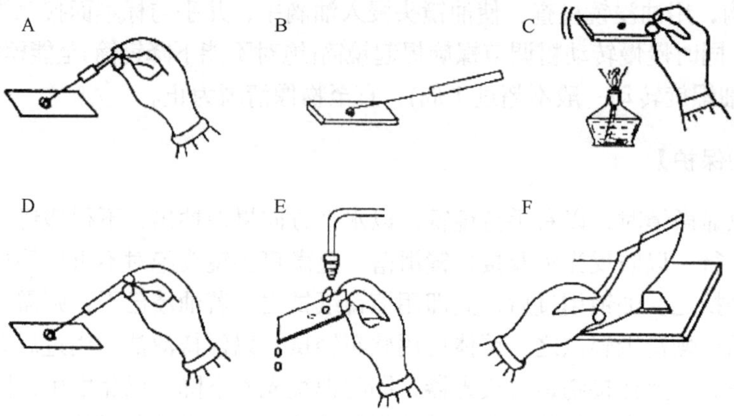

图实 2-1 图片、固定、染色和干燥(引自唐丽杰，2005)

A. 加水；B. 涂菌；C. 固定；D. 滴染色液；E. 冲洗；F. 吸干

(二) 涂片方法

1. 菌落涂片方法 涂片时，左手握菌种管，右手持接种环(又称铂金耳)取 1～2 环灭菌生理盐水，置于载玻片上，然后将接种环在火焰上灭菌。待冷后，从菌种管内取少许菌落，置于生理盐水中混匀，涂成直径 1.5cm 的涂膜，此膜应既薄又均匀为好，待干即成。

2. 菌液涂片法 用灭菌接种环蘸取菌液(液体培养物、血清、乳汁、脓汁、组织渗出液等)1～2 接种环，均匀涂抹在载玻片上，使成直径为 1.5cm 左右的圆形或椭圆形涂膜，自然干燥后备用。

3. 血液涂片方法 先取一张干净无油垢、边缘整齐的载玻片，其一端蘸取少许血液，以 45°角放在另一张干净无油垢的载玻片一端，从这端向另一端推成薄而均匀的血膜，待干后备用。

4. 组织涂片方法 先用镊子夹持组织局部，然后以灭菌剪刀剪取一小块，夹出后以其新鲜切面在载玻片上压印或涂成一薄层。

(三) 干燥

涂片最好在室温中自然干燥。必要时，可将标本面向上，在离酒精灯火焰远处烘干，切勿紧靠火焰，以免标本糊焦而不能检查。

(四) 固定

1. 火焰固定 将已干燥好的抹片，使涂面向上，以钟摆速度通过酒精灯火焰 4 次，使固定后的标本触及皮肤时，稍感烧烫为度。放置冷却后，进行染色。

2. 化学固定 血液、组织脏器等抹片做吉姆萨染色或单染色时，不用火焰固定而用甲醇固定。可将已干燥的抹片浸入甲醇中 2～3min，取出晾干；或者在抹片上滴加数滴甲醇使其作用 2～3min 后，自然挥发干燥。抹片做瑞氏染色时，不必做特别固定，染色液中含有的甲醇可达到固定目的。

抹片固定的目的是使菌体蛋白凝固，并附着在载玻片上，以防染色过程中被水冲掉；杀死细菌，以改变细菌对染料的通透性，因活细菌一般不允许染料进入细菌体内；能杀死抹片中的部分微生物。

必须注意，在抹片固定过程中，实际上并不能保证杀死全部细菌，也不能完全避免在染色水洗时不将部分涂抹物冲掉。因此，在制备病原菌特别是带芽胞的病原菌抹片和染色时，应严格处理染色用过的残液和抹片本身，以免引起病原的散播。

(五) 常用的染色方法

1. 单染色法　只应用一种染料进行染色的方法，如美蓝染色法。

美蓝染色法是在已干燥、固定好的抹片上，滴加适量的(足够覆盖抹片点即可)美蓝染色液，经 1～2min，水洗，沥去多余的水分，吸干或烘干(不能太热)，然后镜检。

2. 复染色法　应用两种或两种以上的染料或再加助染剂进行染色的方法。染色时，有些是将染料分别先后使用，有些则同时混合使用。染色后不同的细菌和物体或者细菌结构的不同部分，可以呈现不同颜色，有鉴别细菌的作用，又称为鉴别染色法，如革兰染色法、抗酸染色法、瑞氏染色法和吉姆萨染色法等。

(1) 革兰染色法：①在已干燥、固定好的抹片上滴加草酸铵结晶紫染色液，经 1～2min，水洗。②加革兰碘液于抹片上媒染，1～3min，水洗。③加 95%乙醇于抹片上脱色，约 30s～1min，水洗。④加 10 倍稀释的石炭酸复红液复染 1～2min，水洗。⑤吸干或烘干，镜检。革兰阳性菌呈蓝紫色，革兰阴性菌呈红色。

(2) 抗酸染色法：①在已干燥、固定好的抹片上滴加较多量的石炭酸复红染色液，将玻片置酒精灯火焰上缓缓加热至产生蒸汽即止(不要煮沸)，维持微微产生蒸汽，经 3～5min，水洗。②用 3%盐酸乙醇脱色，直至标本无颜色脱出为止，充分水洗。③用美蓝染色液复染约 1min，水洗。④吸干或烘干，镜检。抗酸性细菌呈红色，非抗酸性细菌呈蓝色。

(3) 瑞氏染色法：①抹片自然干燥后，滴加瑞氏染色液于其上，为了避免很快变干，染色液可稍多加些，或者看情况补充滴加；放置 1～3min。②加约与染液等量的中性蒸馏水或磷酸盐缓冲液，轻轻晃动玻片，使与染液混匀；经 3min 左右，直接用水冲洗(不可先将染液倾去)。③吸干或烘干，镜检。细菌染成蓝色，组织、细胞等呈其他颜色。

(4) 吉姆萨染色法：①于 5mL 新煮过的中性蒸馏水中滴加 5～10 滴吉姆萨染色液原液，即成为常用的吉姆萨染色液。②抹片经甲醇固定并干燥后，在其上滴加足量的染色液或将抹片浸入盛有染色液的染色缸中，染色 30min，或染色数小时至 24h，取出，水洗，吸干或烘干，镜检。细菌呈蓝青色，组织、细胞等呈其他颜色。视野常呈淡红色。

(5) 荚膜染色法：①涂片、干燥等同单染色法。②滴加甲醇液于涂抹面上，固定 2～3min。③倾去甲醇液，用水轻微冲洗。④滴加碱性美蓝染色液数滴于涂抹面上，染色 2～3min。⑤倾去染色液，用水轻微冲洗。⑥干燥、镜检，菌体染成蓝色，荚膜染成粉红色或无色。

炭疽杆菌荚膜染色的原理：炭疽杆菌荚膜是由 γ-D 谷氨酸组成的多肽所构成，而菌体的主要成分为核蛋白，因二者着色力不同，染色水洗后，可把荚膜上一部分染料冲洗掉，颜色变淡，故显微镜检查时，在着色较深的菌体周围看到一圈呈淡紫色的膜，即荚膜。又因碱性美蓝是一种多染性染料，故菌体染为蓝色，荚膜则染成淡蔷薇色。

(6) 芽胞染色法：①将有芽胞的材料做涂片，干燥、固定。②将 5%孔雀绿水溶液滴加于固定好的涂片上。③用木夹夹住载玻片在酒精灯火焰上加热，使染料冒蒸汽(但不能煮沸)，切勿使染料蒸干，必要时可添加少许染料。加热时间从冒蒸汽时开始计算 4～5min。④倾去染色液，待玻片冷却后水洗，至孔雀绿不再褪色为止。⑤用 0.5%沙黄水溶液复染 1min，水洗。⑥干燥或烘干后，置油镜观察，芽胞呈绿色，菌体呈红色。

(7) 鞭毛染色法(Ⅰ)：①取 10～12min 的幼龄培养菌，用 1%福尔马林水溶液制成菌液，在 37℃温箱中固定 24h，涂抹于载玻片上。②自然干燥，不固定。③用下述染色液加温染色 30s 到 1min，然后静置 1～2min。A：0.5%苦味酸水溶液(加温溶解后过滤)1.0mL；B：20%鞣酸水溶液(加温溶解，不过滤)1.0mL；C：5%钾明矾水溶液(加温溶解后过滤)0.5mL；D：10%复红酒精溶液(配制后 7 天过滤)0.5min。在用前，按 A、B、C、D 的顺序混合后，即可使用(染色液现配现用)。④水洗、干燥、镜检。⑤结果菌体呈深红色，鞭毛呈淡红色。

(8) 鞭毛染色(Ⅱ)：①将新的或表面没有磨损痕迹的脱脂玻片用洗衣粉水溶液煮 10～15min。取出玻片用清水洗净，再放入洗涤液中浸泡 24h 左右。取出后，用自来水和蒸馏水洗净，再用 95%乙醇脱脂，用火焰烧去乙醇，即可使用。如不立即使用，可在脱脂后放于干净的盒中，或浸泡于 95%乙醇中，用前在火焰上烧去乙醇，冷却后使用。②菌种用新制的琼脂斜面接种，培养 10～12h 应用。如所用菌种久未移植，最好在这种斜面上每天移植 1 次，连续移植 2～3 次后使用。③染色液的配制。甲液：单宁酸 5g；$FeCl_3$ 1.5g；蒸馏水 100mL；15%福尔马林 2.0mL；1%NaOH 1.0mL。配好后，当天使用，次日效果差，第 3 天则不好用。乙液：$AgNO_3$ 2g；蒸馏水 100mL。待 $AgNO_3$ 溶解后，取出 10mL 备用，再向余下的 90mL $AgNO_3$ 中滴入浓氨水，使之成为很浓的氢氧化银，再继续滴加氨水变为透明，直到重新形成的沉淀物又刚刚溶解为止。再将备用的 10mL $AgNO_3$ 慢慢滴入，则出现薄雾，但轻轻摇动后，薄雾状沉淀又消失，再滴入 $AgNO_3$，直至摇动后仍呈现轻微而稳定的薄雾状沉淀为止。如所呈薄雾不重，即可使用，此染剂可使用 1 周。如雾过重，则银盐被沉淀出，不宜使用。④染色方法。在载玻片一端加蒸馏水一滴，再用接种环取少量细菌于水滴中蘸几下，将载玻片倾斜，使水滴流到另一端。然后将载玻片稍斜或平放，在空气中干燥后，在涂片上滴加甲液染色 2～4min，用蒸馏水冲洗。将残水甩干，或用乙液冲去水后，再加乙液染色 30～60s，然后用蒸馏水冲洗。在空气中晾干，镜检。如未见鞭毛，应在整个涂片上多找几个视野，有时只在部分涂片上染出鞭毛来。如加乙液后，将载玻片在酒精灯上稍加热，使其微冒蒸汽且不干，则效果更好。

实验三　培养基的制备

【目的要求】

1. 掌握一般培养基制备的原则和要求。
2. 熟悉一般培养基制备的过程。

【基本原理】

培养基是根据各类微生物生长繁殖的需要，用人工方法把多种物质混合而制成的营养物，一般用来分离、培养菌类。常用的培养基有基础培养基、增菌培养基、选择培养基、鉴别培养基和厌氧培养基。在制备培养基时，应掌握如下原则和要求：

(1) 培养基必须含有细菌生长繁殖所需要的营养物质。所用的化学药品必须纯净，称取的分量务必准确。

(2) 培养基的酸碱度应符合细菌生长要求。按各种培养基要求准确测定、调节 pH。多数细菌生长的适宜 pH 为 7.2～7.6，呈弱碱性。

(3) 培养基的灭菌时间和温度应按照各种培养基的规定进行，以保证灭菌效果及不损失培养基的必需营养成分。培养基经灭菌后，必须置于 37℃温箱中培养 24h，无菌生长者方可应用。

(4) 所用器皿必须洁净，忌用铁或钢质器皿，要求没有抑制细菌生长的物质存在。

(5) 制成的培养基应该是透明的，以便观察细菌生长性状以及其他代谢活动所产生的变化。

【操作步骤】

不同的培养基其制备方法也不同。但是，一般均包括以下步骤：

(1) 准确称量：根据不同菌类和用途，选择适宜的培养基。培养基所需试剂必须纯净。

(2) 校正 pH：将称量好的培养基各种成分放入容器内，标记划线，加热溶解，补充水分，测定酸碱度，常用 pH 为 6.8～8.0 的精密试纸或酸度计测定。用 1mol/L NaOH 和 1mol/L HCl 调节 pH 到适宜范围内。

(3) 过滤：将玻璃漏斗置铁架上，用纱布夹棉花或用滤纸放在漏斗中，将上述培养基倒入其中，过滤至透明。

(4) 分装：将过滤后的培养基分装于中试管或三角瓶内(试管内每支装 5mL，三角瓶中装 100～150mL)，塞好塞子，用牛皮纸或报纸包扎好，准备灭菌。

(5) 灭菌：常用高压蒸汽灭菌法进行培养基的灭菌。一般微生物的营养细胞在水中煮沸后即被杀死，但细菌的芽胞有较强的抗热性，必须经高压蒸汽灭菌才能达到彻底灭菌的目的。根据蒸汽温度随压力升高而上升的原理，压力越大，蒸汽温度就越高。因此，与在同一温度条件下，采用高压蒸汽灭菌比干热灭菌法效果要好。而且在湿热情况下，菌体吸收水分后，其蛋白质易于凝固变性，因为蒸汽的穿透力强，杀菌效果好。

高压蒸汽灭菌一般采用 1.0342×10^5Pa 的压强，此时的温度是 121.3℃。灭菌 20～30min 后，可达到完全灭菌的目的。在进行灭菌的时候，首先要把灭菌锅内的冷空气排出，否则冷空气存在会降低锅内的实际温度，影响灭菌效果。

【简单培养基的制备】

1. 牛肉浸液(肉水)

(1) 成分：新鲜牛肉 500g，水 1000mL。

(2) 制法：①取新鲜牛肉，剔除肌膜、脂肪，切成小块，用绞肉机绞碎。②按上述比例加水，浸泡过夜(夏天应将浸泡液放置在低温的地方，防止腐败；如果没有冷藏条件时，可省去浸泡过夜这一步)，期间应搅拌数次。③次日取上液煮沸 1h，并不断搅拌。④补足蒸发的水分，用白布或绒布过滤后分装于三角瓶中，准备灭菌。⑤置高压灭菌器内，1.0342×10^5Pa 灭菌 20～30min，置低温、暗处保存，备用。

(3) 用途：用于制备各种培养基的基础液。

2. 肉浸液肉汤(普通肉汤)

(1) 成分：肉水 1000mL，蛋白胨 10g，氯化钠 5g，磷酸氢二钾 2g。

(2) 制法：①将以上成分加热，溶于牛肉浸液中。②调 pH 为 7.4～7.6。③过滤后，分装。④$1.0342\times10^5$Pa 20～30min 灭菌，备用。

(3) 用途　作一般细菌培养用。

3. 营养琼脂培养基(普通琼脂)

(1) 成分：肉水 1000mL，蛋白胨 10g，磷酸氢二钠 1g，氯化钠 5g，琼脂 20g。

(2) 制法：①将上述成分混合后，加热溶解，补足水分。②校正 pH 为 7.4～7.6。③用纱布夹棉花过滤。④分装于中试管或三角瓶中。⑤高压灭菌 20～30min 后，将试管摆成斜面，保存备用。

(3) 用途：一般细菌分离培养、菌种保存或用作特殊培养基。

4. 半固体培养基　基本上与营养琼脂的制备相同，仅将琼脂量减少至 0.5%～0.7% (1000mL 中加 5～7g 琼脂)即可。

5. 鲜血琼脂　将灭菌的营养琼脂加热溶化，冷却至 45～50℃时，加入 5%～8%无菌脱纤鲜血(绵羊、黄牛、马和兔等)，分装于试管后立即摆成斜面或倾注于平皿中，待凝固后，置 37℃培养 1～2 天。有污染者废弃；无菌者保存，置冰箱备用。

无菌脱纤维鲜血的制备：以无菌操作采取动物鲜血(绵羊、黄牛、马从颈静脉采血；兔则从心脏采血)，放入带玻璃珠的无菌三角瓶内，摇动 5～10min，放冰箱中备用。

实验四　细菌的分离培养及培养性状的观察

【目的要求】

1. 学习、掌握需氧菌和厌氧菌分离培养的基本要领与技术。
2. 了解细菌的菌落形态及其在各种培养基上的培养性状。
3. 了解培养性状对细菌鉴别的重要意义。
4. 掌握钓菌、纯培养及移植技术。

【基本原理】

在细菌学检验中，细菌的分离培养是重要的基本技术之一。从混杂微生物中获得单一菌株纯培养的方法称为分离。纯培养是指一株菌种或一个培养物中所有的细菌都是由一个细胞分裂、繁殖而产生的后代。分离培养的目的在于从被检材料中或者从污染的众多杂菌中分离出纯的病原菌。细菌分离培养应先从被检材料或病料中分离培养单个菌落，然后取可疑菌落进行纯培养，再将纯培养物移植培养，然后再进行各种培养性状的观察。

【操作步骤】

一、需氧性细菌分离培养法

(一) 平板划线分离法

菌种被其他杂菌污染时或混合菌悬液常用平板划线法进行纯种分离。此法是借助将蘸有混合菌悬液的接种环在平板表面多方向连续划线，使混杂的微生物细胞在平板表面分散，经培养得到分散的由单个微生物细胞繁殖而成的菌落，从而达到纯化目的。但划线分离的培养基必须事先倾倒好，需充分冷凝，待平板稍干后才可使用。为便于划线，一般培养基不宜太薄，每皿约倾倒 20mL 培养基，培养基应厚薄均匀，平板表面光滑。划线分离主要有连续划线法(图实 4-1)和分区划线法(图实 4-2)两种。划线法的操作示意图见图实 4-3。

图实 4-1　连续划线法
(引自姚火春，2002)

图实 4-2　分区划线法
(引自姚火春，2002)

图实 4-3　划线分离操作示意图
(引自崔保安，2005)

1. 连续划线法　以无菌操作用接种环直接取平板上待分离纯化的菌落。将菌种点种在平板边缘一处，取出接种环，烧去多余菌体。将接种环再次通过稍打开皿盖的缝隙伸入平板，在平板边缘空白处接触，使接种环冷却，然后从接种细菌的部位在平板上自左向右轻轻划线。划线时，平板面与接种环面成 30～40°角，以手腕力量在平板表面轻巧滑动划线。接种环不要嵌入培养基内划破培养基，线条要平行密集，充分利用平板表面积。注意，勿使前后两条线重叠。划线完毕，关上皿盖。灼烧接种环，待冷却后放置于接种架上。培养皿倒置于适宜的恒温箱内培养。培养后，在划线平板上观察沿划线处长出的菌落形态，涂片、镜检。为纯种后再接种斜面。

2. 分区划线法　取菌、接种、培养方法与“连续划线法”相似。在划线分离时，将平板分几个区，故称为分区划线法，常用的有三区划线法和四区划线法。图实 4-2 所示的为四区划线法。其中，第 4 区是单菌落的主要分布区，故其划线面积应最大。为防止第 4 区内划线与 1、2、3 区线条相接触，应使 4 区线条与 1 区线条相平行，这样区与区间线条夹角最好在保持 120°左右。先将接种环蘸取少量菌在平板上 1 区划 3～5 条平行线，取出接种环，左手关上皿盖，将平板转动 60°～70°。灼烧接种环，待在平板边缘上冷却后，再按以上方法以 1 区划线的菌体为菌源，由 1 区向 2 区做第 2 次平行划线。第 2 次划线完毕，同时再把平皿转动 60°～70°，同样依次在 3、4 区划线。划线完毕，灼烧接种环，关上皿盖，倒置于 37℃恒温箱中培养 24h 后，在划线区观察单菌落。

(二) 倾注平皿分离法

被检材料若含有两种或两种以上细菌时，可借助溶化的琼脂将细菌稀释，待琼脂冷凝后，分散的细菌就被固定在原地形成菌落，这样也能达到分得纯种的目的。根据材料中存在菌数的多少，倾注平皿前可将被检材料不稀释或用生理盐水做适当稀释。

其具体方法如下：取 3 支预先准备的普通琼脂培养基试管，水浴加热融化，冷至约 50℃，用火焰灭菌接种环钓取待分离物接种至第 1 管内。充分摇匀后，自第 1 管取 1 接种环内容物至第 2 管，以同样方法自第 2 管移种至第 3 管。然后分别倾注一个已灭菌的平皿(图实 4-4)，凝固后倒转，置于 37℃温箱内培养 24h。结果多数细菌在琼脂内生长成菌落，仅少数菌落出现在表面，通常第 1 个平板内的菌落数较多而密集，第 2、3 个平板则逐渐减少，可见单个菌落。

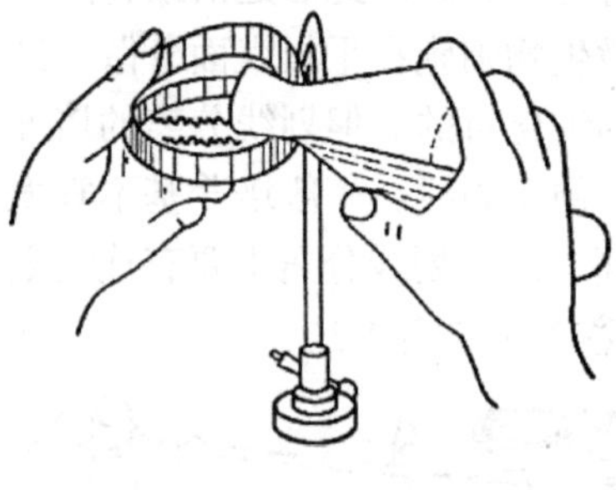

图实 4-4　倾注平皿分离法

(引自唐丽杰，2005)

(三) 需氧芽胞菌分离培养法

如果被检材料中有可疑的带芽胞的细菌，先将被检材料加少量生理盐水或肉汤，置于 80℃水浴箱中维持 15～20min，或 85℃加热 10min，再进行培养。材料中带芽胞的细菌仍可存活而生长繁殖，不耐热的细菌繁殖体则被杀灭。然后，再按照划线分离法或倾注平皿法进行纯化分离。

(四) 利用化学药品的分离培养法

有些药品对某些细菌有极强的抑制或杀菌作用，而对另外一些细菌没有作用。因此，可利用这种特性进行细菌的分离。例如，通常在培养基中加入结晶紫或青霉素等化学药品来抑制革兰阳性菌的生长，以分离得到革兰阴性菌；将病料如结核病料用 15%硫酸溶液处理，其他杂菌均被杀死，而结核分枝杆菌因具有抗酸性而存活。然后，再按照划线分离法或倾注平皿法进行纯化分离。

(五) 实验动物分离法

被检病料中疑有某种病原菌存在，可将病料以无菌操作取出，放入灭菌乳钵或组织匀浆器内，加 3～5 倍量无菌生理盐水制成混悬液，吸取一定量混悬液注射(肌肉、腹腔、皮下或静脉)入易感实验动物。待实验动物死后，取其脏器，常可分离到纯的病原菌。例如，将疑有猪丹毒杆菌的病料注射于鸽子体内，鸽子死后，再取其脾脏以分离猪丹毒杆菌，可得到纯培养。

(六) 琼脂斜面分离法

取琼脂斜面 3 管，用接种环蘸取欲检病料少许(如为脏器，先将表面烧烙后，用灭菌解剖刀切开，以灭菌接种环由切口插入、转动、钓取组织)，混合于第 1 管的凝集水中，再做斜面划线；然后抽出接种环，不经烧灼，继续在第 2 管、第 3 管斜面上作同样短线。划毕，置 37℃温箱中培养。经此法分离培养后，第 2 管的菌落较第 1 管为少，第 3 管的菌落更少，如此较易得到单个菌落，达到纯培养的目的。

(七) 琼脂平板涂布分离法

被检病料如血液、腹水等可用灭菌毛细吸管或吸管吸取 1～2 滴置于平板中央，用灭菌的L形玻棒做均匀涂布，如估计细菌数很多，可直接用火焰灭菌的接种环钓菌，并做分区划线。如为脏器病料，可先做成乳悬液再行涂布；或取其一小块，用镊子夹住表面烧烙后，用灭菌刀切开，以其切面直接进行涂布，此法适用于含菌量较少的病料的分离。

(八) 营养肉汤分离法

当组织病料中含病原菌少，或有抗菌药残留时，用上述琼脂斜面或平板分离法可能无菌落长出。此时，可以无菌操作剪取一小块病料直接投入肉汤，经 37℃培养，在肉汤中长出细菌后，再用琼脂斜面或琼脂平板分离。

二、厌氧性细菌分离培养法

细菌接种后，直接放在恒温箱内培养，可以使需氧菌与兼性厌氧菌生长繁殖。但对厌氧菌，则需将培养环境或培养基中的氧气除去，或将氧化型物质还原，降低其氧化还原电势，才能生长繁殖。在有氧环境下，培养基的氧化还原电势较高，不适于厌氧菌的生长。为使培养基降低电势，降低培养环境的氧分压是十分必要的。现有的厌氧培养法很多，主要有生物学法、化学法和物理学法，可根据各实验室的具体情况而选用。

(一) 生物学方法

培养基中含有植物组织(马铃薯、燕麦、发芽谷物等)或动物组织(新鲜动物组织小片，或加热的肌肉、心脑等)，因组织的呼吸作用以及组织中可氧化物质的氧化而消耗氧气(肌肉和脑磷脂中不饱和脂肪酸的氧化、碎肉培养基的应用)，可造成厌氧环境，以利于厌氧性细菌的生长繁殖。同时，组织中所含的还原性化合物(谷胱甘肽)也可使氧化还原电势下降。此外，将厌氧菌与需氧菌共同培养在同一环境中，则环境中的氧被需氧菌消耗，造成厌氧环境，也有利于厌氧菌的生长繁殖。

1. 动物组织及其他物质加入法 在液体培养基内加入肝脏、肾脏等动物脏器，因其中的半胱氨酸的-SH 基极不稳定，为强还原剂，所以可利用此培养基进行厌氧培养。在培养之前，将肝片肉汤加热，以驱出空气，冷却，然后接种培养。

2. 共栖培养法 将厌氧菌与需氧菌共同培养在同一个平皿内，利用需氧菌的生长繁殖将氧气消耗后，造成厌氧环境利于厌氧菌生长。具体方法是将培养皿的一半接种消耗氧气能力极强的需氧菌如灵杆菌、大肠杆菌、枯草杆菌等，另一半接种厌氧菌。接种后将平皿倒扣在一块玻璃板上，并用石蜡密封，置 37℃恒温箱中培养 2～3 天，即可观察到需氧菌和厌氧菌均先后生长。

(二) 化学方法

利用还原能力强的化学物质，将环境或培养基内的氧气消耗，或还原氧化型物质，降低氧化还原电势，以利于厌氧性细菌生长。

1. 焦性没食子酸法 焦性没食子酸在碱性溶液内能大量吸收氧气而造成厌氧环境，有利于厌氧菌的生长繁殖。通常 100cm^3空间用焦性没食子酸 1g 及 10%氢氧化钠或氢氧化钾 10mL。

具体方法主要有以下几种。

(1) 平板培养法：将厌氧菌划线接种于适宜的琼脂平板，取一小团直径约 2cm 的脱脂棉，置于平皿盖的内面中央，其上滴加 0.5mL 10%氢氧化钠溶液。在靠近脱脂棉的一侧放置 0.5g 焦性没食子酸，暂勿使两者接触。立即将已接种的平板覆盖于平皿盖上，迅速用融化的石蜡密封平皿四周。封闭，轻轻摇动平皿可使被氢氧化钠溶液浸湿的脱脂棉与焦性没食子酸接触，然后置 37℃恒温箱中培养 24～48h 后取出观察。

(2) Buchner 试管法：取一大试管，在管底放焦性没食子酸 0.5g 及玻璃珠数个或放一螺旋状铅丝。将已接种的培养管放入大试管中，迅速加入 2% NaOH 溶液 0.5mL，立即将试管口用橡皮塞塞紧，必要时周围用石蜡密封，37℃培养 24～48h 后观察(图实 4-5)。

(3) 瑞氏厌氧培养法：将已接种细菌的培养管的脱脂棉棉塞在火焰中灼烧灭菌后，塞入管中离培养基 1～1.5cm 处，置适量焦性没食子酸于其上，加入 10% NaOH 溶液 2mL，迅速用橡皮塞将管口塞紧，以胶泥或石蜡严密封闭置温箱中培养(图实 4-6)。

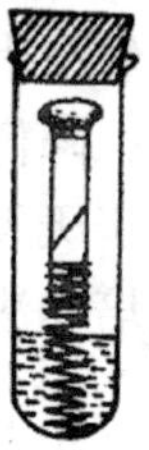

图实 4-5　Buchner 试管法(引自崔保安，2005)

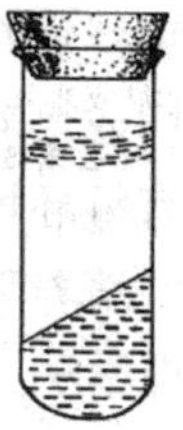

图实 4-6　瑞氏厌氧培养法(引自崔保安，2005)

(4) 史氏厌氧培养法：用图实 4-7 所示的厌氧培养皿，在皿底一边置焦性没食子酸，另一边置 NaOH 溶液，将已接种的平皿翻盖于皿上，并将接合处用胶泥或石蜡密封，然后摇动底部，使氢氧化钠与焦性没食子酸混合，置温箱中培养。

(5) 平皿厌氧培养法：置一片中有小圆孔的金属板于两平皿之间，上面的平皿接种细菌，下面的平皿盛焦性没食子酸及氢氧化钠溶液，用胶泥封闭后置温箱申培养(图实 4-8)。

图实 4-7　史氏厌氧培养法(引自崔保安，2005)

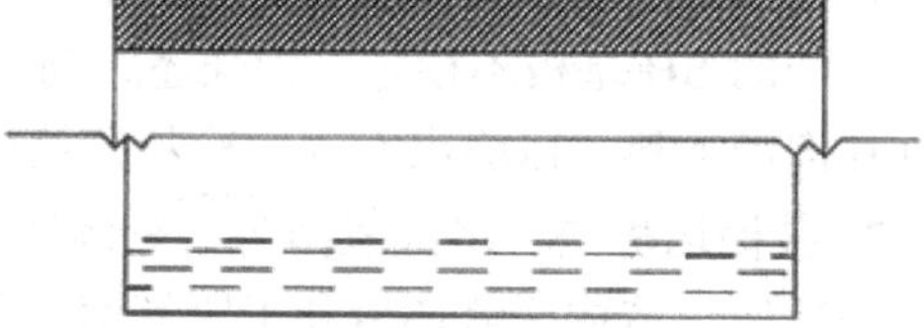

图实 4-8　平皿厌氧培养法(引自崔保安，2005)

(6) 玻罐或干燥器法：置适量焦性没食子酸于一干燥器或玻罐的隔板下面，将培养皿或试管置于隔板上，并在玻罐内置美蓝指示剂一管，从罐侧加入氢氧化钠溶液于罐底，将焦性没食子酸用纸或纱布包好，用线系住，暂勿与氢氧化钠接触，等一切准备好后，将线放下，使焦性没食子酸落入氢氧化钠溶液中，立即将盖盖好，密封，置温箱中培养。

2. 李伏夫法　此法是利用连二亚硫酸钠(natrium bydrosulfurosum)和碳酸钠以吸收空气中的氧气，释放二氧化碳造成厌氧环境。

取一有盖的玻璃罐，罐底垫一薄层棉花，将接种好的平皿重叠正放于罐内(如是液体培养基，则直立于罐内)。最上端保留可容纳 1～2 个平皿的空间(视玻罐的体积而定)，按玻罐的体积每 1000cm^3 空间用连二亚硫酸钠及碳酸钠各 30g，在纸上混匀后，盛于上面的空平皿中。加水少许使混合物潮湿，但不可过湿，以免罐内水分过多。若用无盖玻罐，可将平皿重叠正放在浅底容器上，以无盖玻罐置于皿上，罐口周围用胶泥或水银封闭(图实 4-9)。

3. 硫乙醇酸钠法　硫乙醇酸钠是一种还原剂，加入培养基中，能除去其中的氧或还原氧化型物质，促使厌氧菌生长。其他可用的还原剂包括葡萄糖、维生素 C 及半胱氨酸等。

(1) 液体培养基法：将细菌接入含 0.1%的硫乙醇酸钠液体培养基中，并加入美蓝溶液作为氧化还原的指示剂，37℃培养 24～48h 后观察。在无氧条件下，美蓝被还原成无色。

(2) 固体培养基法：利用特殊构造的 Brewer 培养皿，可使厌氧菌在培养基表面生长而形成孤立的菌落。先将 Brewer 培养皿干热灭菌，将融化冷却至 50℃左右的硫乙醇酸钠固体培养基倾入皿内。待琼脂冷凝后，将厌氧菌接种于培养基的中央部分。盖上皿盖，使皿盖内缘与培养基外围部分相互紧密接触(图实 4-10)。此时皿盖与培养基中央部分留在空隙间的氧气被硫乙醇酸钠还原，美蓝指示剂逐渐褪色，而外缘部分因与大气相通，仍呈蓝色。将 Brewer 培养皿于 37℃恒温箱内 24～48h 后观察。

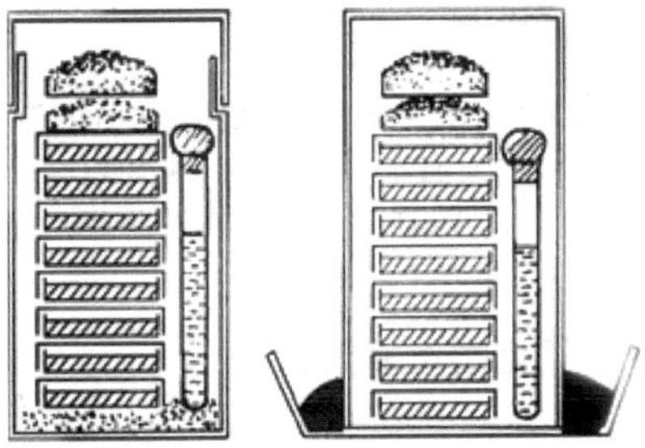

图实 4-9　李伏夫厌氧培养法(引自崔保安，2005)

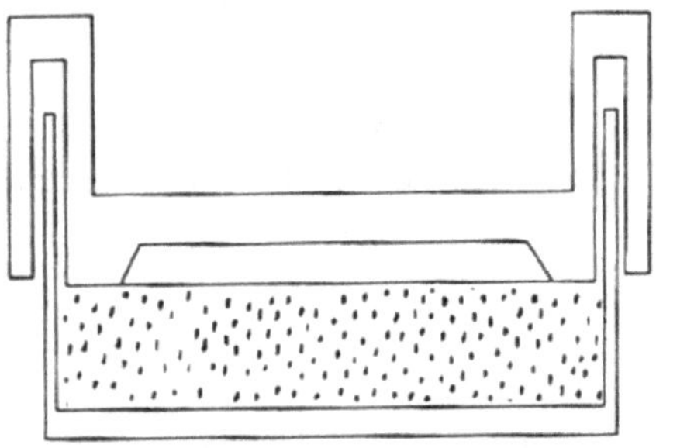

图实 4-10　Brewer 培养皿(引自崔保安，2005)

(三) 物理学方法

利用加热、密封、抽气等物理方法，以驱除或隔绝环境及培养基中的氧气，造成厌氧环境，有利于厌氧菌的生长繁殖。

1. 厌氧罐法　常用的厌氧罐有 Brewer 罐、Brown 罐和 Mclgtosh-Rides 二氏罐(图实 4-11)。将接种好的厌氧菌培养皿依次放于厌氧罐中，先抽去部分空气，代以氢气至大气压。通电，使罐中残存的氧与氢经受铂或钯的催化而化合成水，使罐内氧气全部消失。将整个厌氧罐放入温箱培养。

图实 4-11　Mclgtosh-Fildes 二氏厌氧罐(引自崔保安，2005)

2. 真空干燥器法　将接种好的平皿或试管放入真空干燥器中，开动抽气机，抽至高度真空后，替代以氢、氮或二氧化碳气体。将整个干燥器放进孵育箱中培养(图实 4-12)。

3. 加热密封法　将液体培养基放在阿诺氏锅内加热 10min，驱除溶解液体中的空气，取出，迅速置于冷水中冷却。接种厌氧菌后，在培养基液面覆盖一层 0.5cm 的无菌凡士林石蜡。置 37℃培养 24～48h 后观察。

4. 高层琼脂柱法　加热融化一管适合分离厌氧菌用的琼脂培养基，待冷至 50℃左右，接入少许经适当稀释的待分离的培养物或含菌材料，充分摇震均匀。在琼脂凝固前，迅速以无菌滴管吸取上述已接种的琼脂培养基，注入准备好的玻璃管内(长约 15cm，一端塞小胶塞或小木塞，另一端塞棉花塞，高压灭菌备用)，装至 4/5 左右之处，塞好棉花塞，放在大试管或玻璃筒内，置 37℃恒温箱中培养(图实 4-13)。长出菌落后，拔去胶塞和棉花塞，以无菌玻棒将琼脂柱推出于无菌平皿中，再用灭菌接种环钓取独立菌落进行厌氧纯培养。

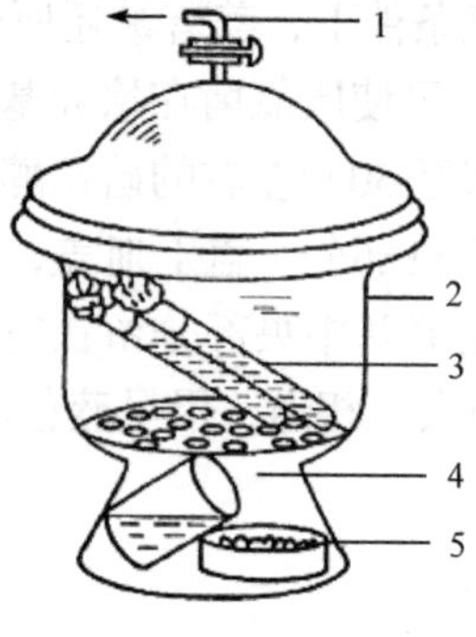

图实 4-12　真空干燥器厌氧培养装置(引自唐丽杰，2005)

1. 连接真空泵；2. 干燥器；3. 大试管；4. 质量分数为 10%的 NaOH 溶液；5. 邻苯三酚粉末

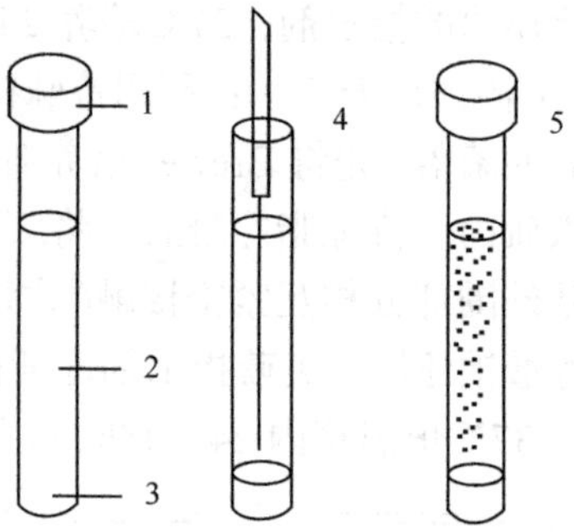

图实 4-13　高层琼脂柱法(引自唐丽杰，2005)

1. 塑料盖；2. 营养琼脂；3. 无菌橡皮塞；4. 接种针刺至底部；5. 培养后长出的菌落

三、兼性厌氧菌的分离培养方法(二氧化碳培养法)

在细菌培养中，有少数细菌(如牛型布氏杆菌)在含有 5%～10%二氧化碳的环境下方能生长。最简单的二氧化碳培养法是烛缸法(图实 4-14)。将接种细菌的培养基置玻璃干燥器或其他可以密闭的玻璃缸内，在其内点燃一小段蜡烛，加上盖(盖边涂上凡士林，以防漏气)。约 1min 左右蜡烛自然熄灭，此时缸内氧气已被消耗，缸内含二氧化碳 5%～10%。注意蜡烛勿太长，而且不宜靠近缸壁，以免因局部玻璃过热而破裂。也可用化学物质作用生成二氧化碳气体，如碳酸氢钠与硫酸钠或者碳酸氢钠与硫酸进行反应。

图实 4-14　CO_2 培养法——烛缸法(引自黄青云，2009)

四、细菌的钓菌、纯培养和移植

将划线分离培养于 37℃、24h 的平板从温箱中取出，挑取单个菌落，经涂片染色镜检，证明不含杂菌。此时用接种环挑取单个菌落移植于琼脂斜面培养，所得培养物即为纯培养物，再做其他各项试验检查和致病性试验等。具体操作方法如下。

1. 接种环移植法　两试管斜面移植时，左手斜持菌种管和新鲜空白琼脂斜面各一管，使管口互相并齐，稍上斜，管底握于手中，松动两管塞子，以便接种时容易拔出(图实 4-15)。右手食指和拇指执接种环，烧灼接种环，以右手小指扭开第 1 管的棉塞，无名指扭开第 2 管的棉塞。棉塞头向掌心内，将试管口通过酒精灯火焰灭菌，待冷却后将接种环插入菌种管中，钓取细菌少许，取出接种环，立即接种在新鲜空白琼脂斜面上，不要碰及管壁，直达斜面底部。从斜面底部开始划曲线或直线，向上至斜面顶端为止，管口通过火焰灭菌后，塞好棉塞。接种完毕，将接种环烧灼灭菌，放好。用记号笔在试管上标明细菌名称和接种日期，置 37℃温箱中培养。斜面接种无菌操作过程如图实 4-16 所示。

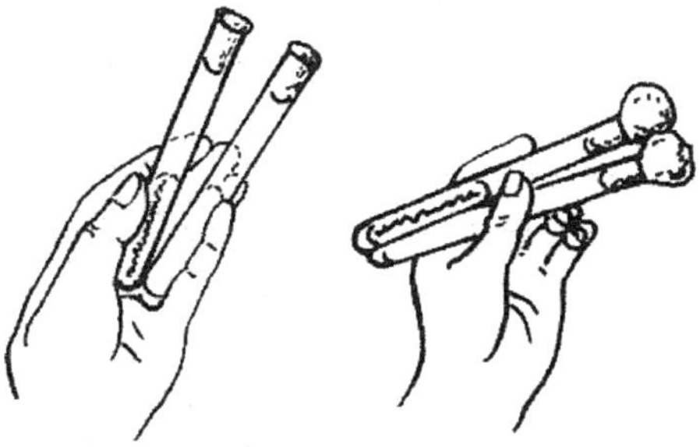

图实 4-15 斜面接种时试管的拿法(引自崔保安，2005)

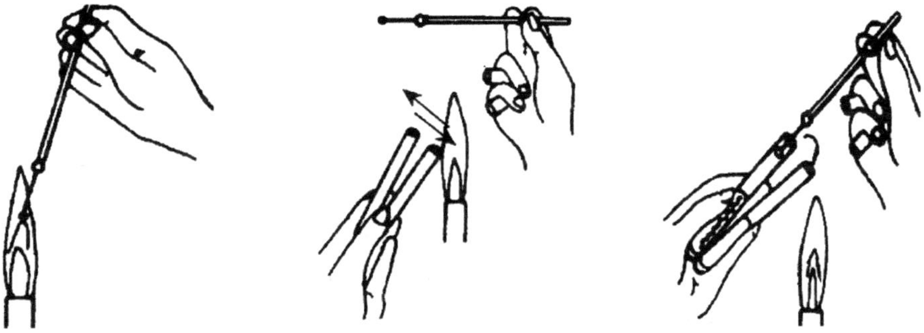

图实 4-16 斜面接种无菌操作过程(引自崔保安，2005)

2. 吸管或注射器移植法 欲移植定量的液体培养物或表面有液体石蜡油的厌氧菌培养物，可以利用吸管或注射器移植。其操作方法是以无菌吸管或无菌注射器吸取培养物，代替接种环进行移植。

五、穿 刺 培 养

明胶穿刺和琼脂柱穿刺方法基本上与纯培养接种相同，不同的是用接种针挑取菌落，垂直插入培养基中。要从培养基表面的中部一直刺入管底，然后按原方向退出即可。

六、细菌培养性状的观察

(一) 细菌在固体培养基上的生长表现

1. 琼脂平皿上的生长表现 细菌在固体培养基表面生长繁殖，形成单个肉眼可见的细菌集落群体，称为菌落。按照特征的不同，各种细菌的菌落可以在一定程度上鉴别某种细菌。例如，葡萄球菌在琼脂平皿上，由于产生色素的不同，形成各种颜色的圆形且突起的菌落；炭疽杆菌形成扁平、干燥、边缘不整齐的火焰状菌落，用放大镜观察时，呈卷发样构造；肠道杆菌属的细菌形成圆形、湿润、黏稠、扁平、大小不等的菌落；巴氏杆菌和猪丹毒杆菌形成细小、露珠状菌落。观察菌落的方法除肉眼外，还可用放大镜，必要时也可用低倍显微镜进行检查。各种类型的菌落特征如图实 4-17 和图实 4-18 所示。

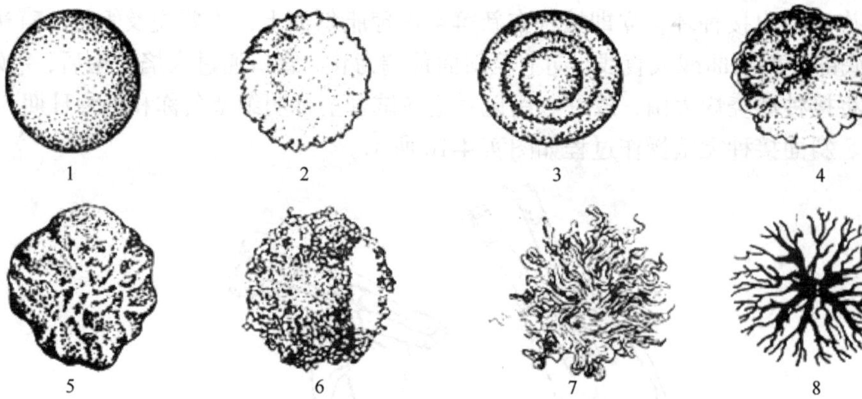

图实 4-17 菌落的形状、边缘和表面构造(引自崔保安，2005)

1. 圆形、边缘整齐，表面光滑；2. 圆形、叶状边缘，表面有放射状皱褶；3. 圆形、边缘整齐，表面有同心圆；4. 圆形、锯齿状边缘，表面较不光滑；5. 不规则形、波浪状边缘，表面有不规则皱纹；6. 圆形、边缘残缺不全，表面呈颗粒状；7. 毛状；8. 根状

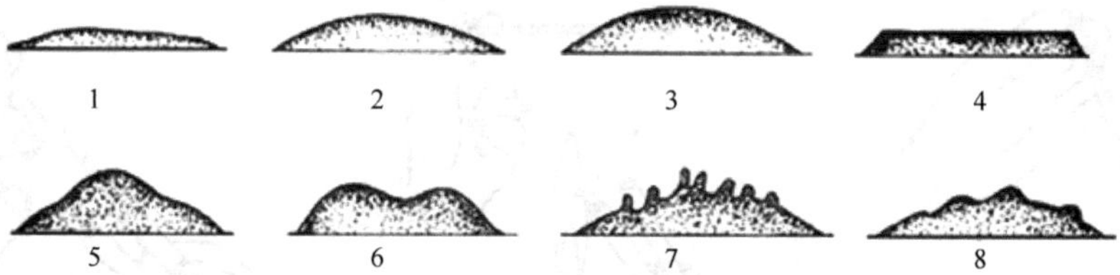

图实 4-18 菌落的隆起度(引自崔保安，2005)

1. 扁平状；2. 低隆起；3. 隆起；4. 台状；5. 脐状；6.纽扣状；7. 乳头状；8. 褶皱凸面

菌落观察的主要内容有如下几个方面：

(1) 大小：菌落的大小，规定用毫米(mm)表示，一般不足 1mm 者为露滴状菌落；1～2mm 者为小菌落；2～4mm 者为中等大菌落；4～6mm 或更大者称为大菌落或巨大菌落。

(2) 形状：菌落的外形有圆形、不规则形、根足形、葡萄叶形。

(3) 边缘：菌落边缘有整齐、锯齿状、网状、树叶状、虫蚀状、放射状等。

(4) 表面性状：观察其是否平滑、粗糙、皱襞状、漩涡状、荷包蛋状，甚至有子菌落等。

(5) 隆起度：表面有隆起、轻度隆起、中央隆起，也有陷凹或堤状者。

(6) 颜色及透明度：菌落有无色、灰白色，有的能产生各种色素；菌落是否有光泽；其透明度可分为透明、半透明及石透明。

(7) 硬度：黏液状、膜状、干燥或湿润等。

(8) 溶血情况：若是鲜血琼脂平皿，应看其是否溶血、溶血情况怎样。

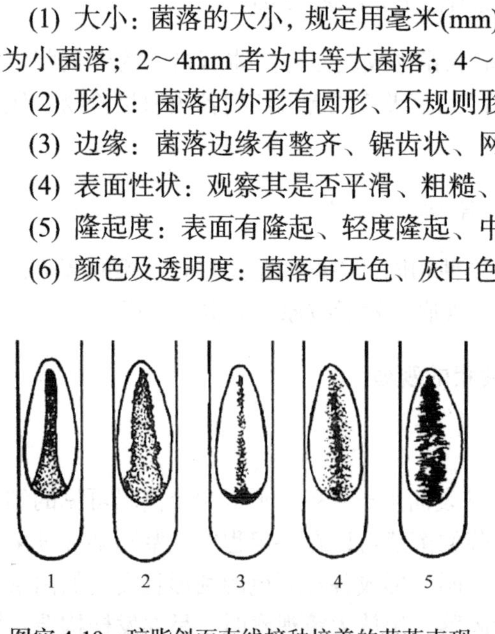

图实 4-19 琼脂斜面直线接种培养的菌落表现(引自崔保安，2005)

1. 线状；2. 棘状；3. 珠状；4. 扩散状；5. 根状

2. 琼脂斜面上生长表现(图实 4-19) 将各种细菌分别以接种针直线接种于琼脂斜面上 (自底部向上划一直线)，培养后观察其生长表现。

3. 琼脂柱穿刺培养中的生长表现 将各种细菌分别以接种针穿刺接种于琼脂柱中，培养后观察其生长表现(图实 4-20)。

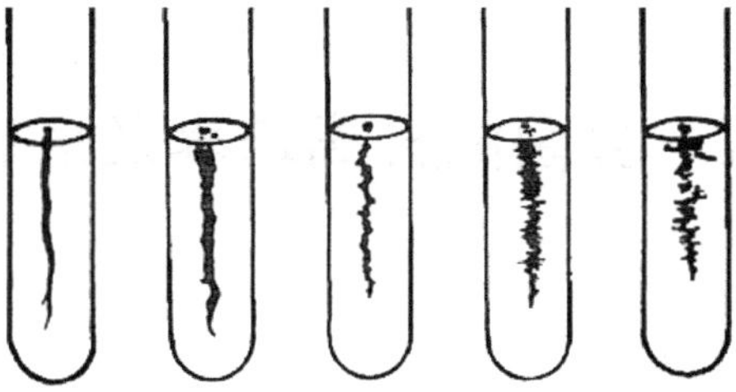

图实 4-20　琼脂柱穿刺培养的菌落表现(引自崔保安，2005)

1. 线状；2. 棘状；3. 珠状；4. 绒毛状；5. 根状

(二) 细菌在明胶柱穿刺培养中的生长表现

取大肠杆菌、枯草杆菌和其他细菌分别以接种针穿刺接种于明胶柱，置 22℃温箱中培养后观察其液化与否和液化的情况，不同细菌对明胶柱的液化作用各不相同(图实 4-21)。

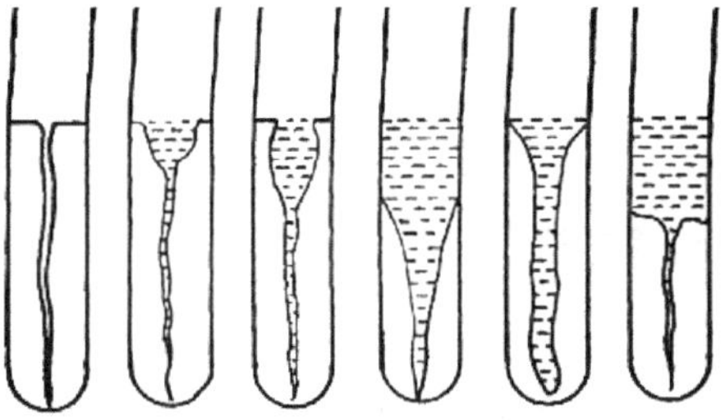

图实 4-21　细菌明胶柱穿刺培养生长表现

(引自黄青云，2009)

1. 不液化；2. 火山口状；3. 芜菁状；4. 漏斗状；5. 囊状；6. 层状

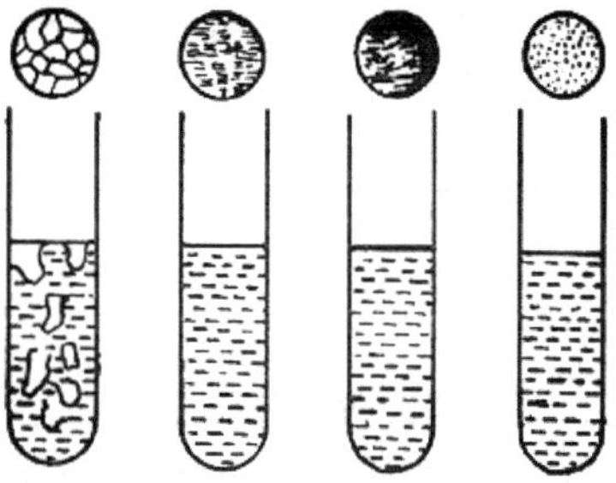

图实 4-22　细菌在肉汤中生长表现

(引自黄青云，2009)

1. 絮状；2. 环状；3. 厚膜状；4. 均匀状

(三) 细菌在液体培养基中的生长表现

将马腺疫链球菌、绿脓杆菌、葡萄球菌、大肠杆菌、炭疽杆菌等分别接种于肉汤中，培养后观察其生长情况，主要观察其混浊度、沉淀物、菌膜、菌环和颜色等(图实 4-22)。

1. 混浊度　细菌接种在液体培养基中经适当培养后，其表现性状不同，有均匀混浊、轻度混浊或培养基保持透明(表面有菌膜或底部有沉淀物)。

2. 沉淀物　细菌在液体培养基中所形成的沉淀有颗粒状沉淀、黏稠沉淀、絮状沉淀、小块状沉淀。另外还有不生成沉淀的细菌。

3. 表面性状　主要是观察细菌在液体培养基中培养后有无菌膜或菌环形成等。

4. 颜色　有的细菌在生长繁殖过程中能产生色素，色素能溶于水，所以细菌在液体培养基中培养后，所产生的色素会使培养基的颜色发生变化。

实验五　真菌的分离培养及形态观察

【目的要求】

1. 掌握真菌分离培养的方法。
2. 认识真菌菌落的特征，比较与细菌菌落有何不同。
3. 了解真菌载片培养法。
4. 掌握观察真菌的基本方法，并观察其形态特征。

【基本原理】

真菌分离培养应考虑所分离真菌的特性，配制合适的培养基，选择所需的气体环境。由于真菌分离材料常污染有大量细菌，所以要在培养基中加入抗生素，并在分离培养过程中严格执行无菌操作。

【操作步骤】

一、真菌的分离培养方法

1. 平板划线分离法

(1) 取适合真菌的琼脂培养基融化，冷至 45℃，注入无菌平皿中，每皿 15～20mL，制成平板待用。

(2) 取要分离的材料(如田土、混杂的或污染的真菌培养物、真菌)少许，投入盛无菌水的试管内，振摇，使分离菌悬浮于水中。

(3) 将接种环经火焰灭菌并冷却后，蘸取上述菌悬液，进行平板划线(同细菌的划线法)。

(4) 划线完毕，置温箱中培养 2～5 天，待长出菌落后，钓取可疑单个菌落先制片检查。若只有一种所需要的真菌生长，即可进行钓菌纯培养。如有杂菌，可从单个菌落中钓少许菌制成悬液，再做划线分离培养。有时需反复多次，才得纯种。另外，也可在放大镜下观察，用无菌镊子夹取一段待分离的真菌菌丝，直接放在平板上做分离培养，可获得该种真菌的纯培养。

2. 稀释分离法

(1) 取盛有无菌水的试管 5 支(每管 9mL)，分别标记 1、2、3、4、5 号。取样品(如田土等)1g，投入 1 号管内，振摇，使悬浮均匀(图实 5-1)。

(2) 用 1mL 灭菌吸管，按无菌操作法，从 1 号管中吸取 1mL 悬浮液注入 2 号管中并摇匀；同样由 2 号管取 1mL 至 3 号管。依此类推，直至 5 号管。注意每稀释一管应更换一支灭菌吸管。

(3) 用 2 支无菌吸管分别由 4 号、5 号试管中各取 1mL 悬液，并分别注入 2 个灭菌培养皿中，再加入融化后冷至 45℃的琼脂培养基约 15mL，轻轻在桌面上摇转，静置，使冷凝成平板。然后倒置于温箱中，培养 2～5 天后，从中挑选单个菌落，并移植于斜面上。

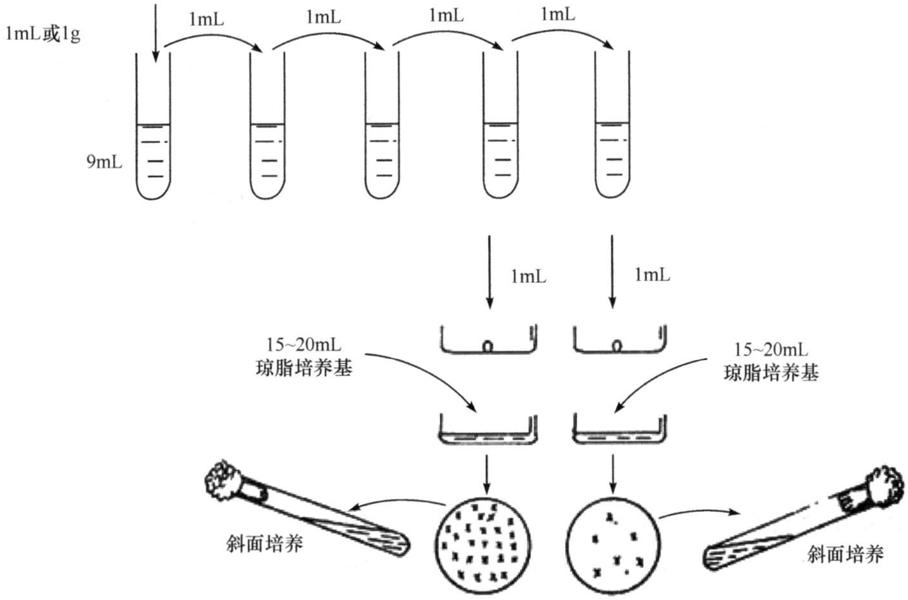

图实 5-1　稀释分离法示意图(引自黄青云，2009)

二、真菌培养性状观察

1. 真菌在固体培养基上的生长表现

(1) 酵母菌：酵母菌在固体培养基上多呈油脂状或蜡脂状，表面光滑、湿润、黏稠，有的表面呈粉粒状、粗糙或皱褶。菌落边缘整齐、缺损或带丝状。菌落颜色有乳白色、黄色或红色等。

(2) 霉菌：将不同霉菌在固体培养基上培养 2～5 天，可见霉菌菌落呈绒毛状、絮状、蜘蛛网状等。菌落大小依种而异，有的能扩展到整个固体培养基，有的有一定的局限性(直径 1～2mm 或更小)。很多霉菌的孢子能产生色素，致使菌落表面、背面甚至培养基呈现不同的颜色，如黄色、绿色、青色、黑色、橙色等。

2. 真菌在液体培养基中的生长表现

(1) 酵母菌：注意观察其混浊度、沉淀物及表面生长性状等。

(2) 霉菌：霉菌在液体培养基中生长，一般都在表面形成菌层，且不同的霉菌有不同的形态和颜色。

三、真菌的形态观察

(一) 真菌水浸片的制备及观察

常用美蓝染色液制备真菌水浸片来观察真菌的菌体形态，并且活细胞能还原美蓝为无色，故可区别死细胞和活细胞。

1. 酵母菌水浸片的制备　将美蓝染色液一滴滴加在干净的载玻片中央，如不染色则加蒸馏水一滴，用接种环以无菌操作取培养 48h 左右的酵母菌体少许，在液滴中轻轻涂抹均匀(液体培养物可直接取一接种环培养液于玻片上)，并加盖干净盖玻片。为避免产生气泡，应先将其一边接触液滴，再慢慢放下盖片。然后置于显微镜载物台上进行观察，注意酵母菌的形态、大小和芽体，同时可以根据染上的颜色来区别死细胞和活细胞。

2. 霉菌水浸片的制备 在干净载玻片上加蒸馏水或美蓝染色液一滴。取培养 2～5 天的根霉或毛霉，或培养 3～5 天的曲霉、青霉或木霉，或培养 2 天左右的白地霉，同上法制片。霉菌要选择有无性孢子的菌体，用解剖针挑取少量菌丝体，放在载玻片的液滴中，将玻片置于解剖镜下。细心地用解剖针将菌丝体分散成自然状态，然后加盖玻片，注意不要让其产生气泡。盖后不再移动玻片，以免弄乱菌丝。制好片后，就可以在显微镜下观察。

观察时注意它们的菌丝有无隔膜，孢子囊柄与分生孢子柄的形状，分生孢子小梗的着生方式，孢子囊的形态，足细胞与假根的有无，孢子囊孢子和分生孢子的形状和颜色，节孢子的形状和特点等，并且要区别根霉、毛霉、青霉、曲霉、木霉之间的异同点及白地霉的特点。

(二) 霉菌封闭标本的制备

霉菌的封闭标本常用乳酸石炭酸液封片，其中含有的甘油使标本不宜干燥，而石炭酸又有防腐作用。在封片液中，还可加入棉蓝或其他酸性染料，以便于观察菌体。

在洁净载玻片上滴一滴乳酸石炭酸棉蓝染色液，用解剖针从霉菌菌落的边缘处取少许带有孢子的菌丝于染液中。再细心地把菌丝挑成自然状态，然后用盖玻片盖上，注意不要产生气泡。在温暖干燥室内放数日，让水分蒸发一部分，使盖玻片与载玻片贴紧，即可封片。封片时，先用清洁的纱布或脱脂棉将盖玻片四周擦净，并在盖玻片周围涂一圈加拿大树胶或合成树胶，风干后即成封闭标本。

(三) 真菌的载片培养

真菌的载片培养法不仅可克服水浸片制片的困难，还可使对菌丝分支和孢子着生状态的观察获得更满意的效果。

取直径 7cm 左右圆形滤纸一张，铺放于一个直径 9cm 的平皿底部(图实 5-2)，上放一 U 形玻棒。其上再平放一张干净的载玻片与一张盖玻片，盖好平皿盖进行灭菌。挑取真菌孢子接入盛有灭菌水的试管中，摇振试管制成孢子悬液备用。用灭菌滴管吸取灭菌后融化的真菌固体培养基少许，滴于上述灭菌平皿内的载玻片中央，并以接种环将孢子悬液接种在培养基四周，加上盖玻片，并轻轻压贴一下。为防止培养过程中培养基干燥，可在滤纸上滴加灭菌 20%甘油液 3～4mL，然后盖上平皿盖，即成所谓湿室载片培养。放在适宜温度(多数真菌为 20～30℃)的培养箱内培养，定期取出在低倍镜下观察，可以看到孢子萌发、发芽管的长出、菌丝的生长、无隔菌丝中孢子囊柄与孢子囊孢子形成的过程、有隔菌丝上足细胞生长过程、锁状联合的发生、孢子着生状态等。

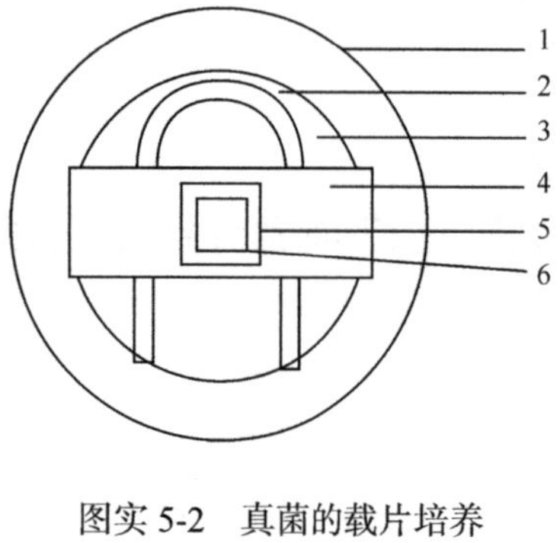

图实 5-2 真菌的载片培养

(引自崔保安，2005)

1. 培养皿；2. U 形玻片；3. 滤纸；4. 载玻片；5. 盖玻片；6. 固体培养基

实验六　细菌的生理生化试验

【目的要求】

1. 掌握细菌鉴定中常用生理生化试验的原理和试验方法。
2. 掌握细菌鉴定用各种选择性培养基和鉴别培养基的原理。

【基本原理】

细菌由于其种类不同，对营养物质的吸收与排出、分解与合成的能力不同。这与细菌本身所固有的和环境诱导的酶有密切关系。细菌在自然界是一种巨大的生化动力，在它们的代谢过程中往往同时产生多种代谢产物，有些对人类有利，有些会引起动植物和人类疾病。细菌的这些合成和分解代谢产物具有种的特异性。我们可借此来进行细菌种的鉴定。

【操作步骤】

一、氧化型与发酵型(O/F)的测定

1. 原理　细菌含有分解不同糖(醇、苷)类的酶，因而分解各种糖(醇、苷)类的能力也不一样。有些细菌分解某些糖(醇、苷)产酸(符号：+)、产气(符号：O)，培养基由蓝色变黄色(指示剂溴麝香草酚蓝由蓝色遇酸变黄色的结果)，并有气泡；有些产酸，仅培养基变黄色；有些不分解糖类(符号：–)，培养基仍为蓝色。

2. 培养基

(1) 成分：蛋白胨 2g，氯化钠 5g，磷酸氢二钾 0.3g，琼脂 4g，葡萄糖 10g，0.2%溴麝香草酚蓝(BTB)12mL，蒸馏水 1000mL。

(2) 制法：将蛋白胨、琼脂、盐类和水混合，加热融解，调 pH 为 7.2，然后加葡萄糖和指示剂，混合加热 10min，分装试管，加塞包装，115℃高压蒸汽灭菌 20min，取出使成琼脂柱。

3. 试验方法

(1) 用 18～24h 斜面培养物接种于两管 O/F 培养基，穿刺接种，距管底有一定距离。

(2) 加 1mL 灭菌的液状石蜡油到一个 O/F 试验管进行发酵试验。

(3) 37℃下孵育 48h 或更长点时间。

4. 结果判定

(1) 只在没有覆盖石蜡油的一管发酵糖产酸或产酸产气者属氧化型(或呼吸型)。

(2) 两管均发酵糖产酸或产酸产气者为发酵型。

二、糖类分解(发酵)试验

1. 原理　细菌分解糖的能力是受遗传基因控制的，是细菌含有直接分解糖的酶或诱导产生的酶作用的结果，是细菌种的特征的表现，可帮助细菌的鉴定。含糖培养基中有指示剂，若某细菌分解糖，则产酸(发酵)或产酸产气(氧化)，会使培养基的指示剂改变颜色，可判断细菌是否分解某种糖或醇或其他碳水化合物。

2. 培养基

(1) 需氧菌：邓亨(Dunham)蛋白胨水溶液中加入0.5%～0.7%的琼脂、1.6%溴甲酚紫乙醇溶液、特定糖或醇。

(2) 厌氧菌：用含胨、盐、硫羟代乙醇酸钠、琼脂的高层半固体培养基的指示剂同上。

3. 试验方法

(1) 用接种针挑取少量琼脂斜面培养物，穿刺接种于糖发酵管深部(勿穿到管底！)。

(2) 若所要接种的细菌营养要求高，则需要先将糖发酵管加热融化后，再加几滴除菌的马血清(牛血清也可)，摇匀待凝固后再行接种(如巴氏杆菌、布鲁菌等)。

(3) 将接种管标记清楚，37℃孵育24～48h，观察结果，有的菌对某一糖的发酵属迟缓作用，则需要培养1个月之久。

4. 结果判定

无变化	－	培养基不变色
产　酸	＋	培养基变黄
产酸产气	⊕	培养基变黄并有气泡

三、淀粉水解试验

1. 原理　有的细菌具有淀粉酶，能水解培养基中的淀粉，产生麦芽糖。淀粉水解后遇碘液，不再呈蓝紫色反应。

2. 培养基与试剂　3%可溶性淀粉琼脂平板和革兰碘液。

3. 试验方法

(1) 将细菌划线接种于3%可溶性淀粉琼脂平板上，在37℃培养24h。

(2) 取出平板，在菌落处滴加碘液少许，观察。

4. 结果判定　培养基呈深蓝色，说明淀粉未被水解，即淀粉酶阴性。能水解淀粉的细菌，其菌落周围有透明的环(即淀粉酶阳性)。

四、吲哚(靛基质)试验

1. 原理　有些细菌(如大肠埃希菌)能分解蛋白质中的色氨酸生成吲哚，后者与对位二甲基氨基苯甲醛作用，形成玫瑰吲哚而呈红色。

2. 培养基和试剂

(1) 培养基：邓亨蛋白胨水溶液。

(2) 试剂：①欧立希(Ehrlich's)试剂，对位二氨基苯甲醛1g，无水乙醇95mL，浓盐酸20mL，先用乙醇溶解试剂后加盐酸，避光保存。②Kovac's试剂，对位二氨基苯甲醛5g，戊醇(或异戊醇)75mL，浓盐酸25mL。

3. 试验方法与结果判定

(1) 试管试验法：①以接种环将待检菌新鲜斜面培养物接种于邓亨蛋白胨水溶液中，置37℃培养24～48h(可延长4～5天)；②于培养液中加入戊醇或二甲苯2～3mL，摇匀，静置片刻后，沿试管壁加入欧立希或Kovacs试剂2mL；③在戊醇或二甲苯下面的液体变为红色者为阳性反应。

(2) 斑点试验法：①将一片滤纸放在培养皿的盖子上或一张载玻片上；②滴加 1～1.5mL 试剂于滤纸上使其变湿；③取 18～24h 血琼脂平板培养物涂布于浸湿的滤纸上；④在 1～3min 内棕色的试剂由紫红色变为红色者为阳性。

(3) 加热试验法：①将一小指头大的脱脂棉，滴上两滴欧立希氏试剂，再在同一处滴上两滴高硫酸钾($K_2S_2O_8$)饱和水溶液，置于含培养液的被检试管中，离液面约 1.5cm；②将被检试管放入烧杯或搪瓷缸水浴煮沸为止；③脱脂棉上出现红色者为阳性。若将试剂加到液体中，吲哚和粪臭素均呈阳性反应，而用此法，只是吲哚(具挥发性)呈阳性反应。

五、甲基红(M.R)试验/维倍(V-P)二氏试验

1. 原理 甲基红是一种 pH 指示剂，变色范围为 pH4.4(红色)～6.2(黄色)。当细菌分解培养基中葡萄糖产酸，且产酸量大，致使培养基在加入甲基红指示剂后显红色为阳性。V-P 试验则是某些细菌能使葡萄糖发酵，产生丙酮酸，丙酮酸再变为乙酰甲基甲醇，乙酰甲基甲醇又变成 2,3-丁二烯醇，2,3-丁二烯醇在有碱存在时氧化成二乙酰，后者和胨中的胍基化合物起作用，产生粉红色化合物。通常 M.R 和 V-P 试验是密切相关的，如果一个微生物的 M.R 试验是阳性，则 V-P 是阴性，反之亦然。这个试验对区别大肠埃希菌与肠杆菌是特别有用的。

2. 培养基和试剂

(1) 培养基：葡萄糖蛋白胨水溶液。

(2) M.R 试剂：甲基红 0.02g；95%乙醇 60mL；蒸馏水 40mL。

(3) V.P 试剂：甲液：α-萘酚乙醇溶液(α-萘酚 5g，无水乙醇 100mL)；乙液：KOH 溶液(KOH 40g，水 100mL)。将甲液和乙液分装棕色瓶中，于 4～10℃保存；或硫酸铜 1g；浓氨水 40mL；10%KOH 950mL；蒸馏水 10mL，待溶解后分装棕色瓶中备用。

3. 试验方法与结果判定

(1) M.R 试验：接种细菌于培养基中，在 37℃培养 24～48h 后。于培养物中加入几滴试剂，变红色者为阳性反应，橘红到黄色则为阴性。

(2) V-P 试验：①取出培养 24h 的葡萄糖蛋白胨溶液 1mL；②将 6%α 萘酚乙醇溶液 0.5mL 加入，随后加 16%KOH 0.5mL，轻摇，然后让其静置 10～15min；③在 15min 内出现红色者则为阳性，1h 后可出现假阳性；④或者加等量的硫酸铜试剂于培养物中混合，静置，强阳性者约 5min 后可产生粉红色反应。

六、柠檬酸盐利用试验

1. 原理 在这个培养基中，柠檬酸钠为唯一的碳源，磷酸铵是唯一的氮源。若细菌利用这些盐作为碳素和氮素来源而生长，利用柠檬酸钠则生成碳酸盐，铵盐被利用所产生的 NH_3 转变为 NH_4OH，使培养基变碱，pH 升高，指示剂溴麝香草酚蓝就显出深蓝色。

2. 培养基 西蒙氏(Simmon's)柠檬酸钠琼脂斜面培养基。

3. 试验方法 将被检菌纯培养物或单个菌落划线于柠檬酸钠琼脂斜面并在 37℃培养 24～48h。

4. 结果判定 肠杆菌、枸橼酸杆菌和一些沙门菌种产生阳性反应，可见菌体生长好，或培养基显示为深蓝色。

七、石蕊牛乳试验

1. 原理 石蕊是一种指示剂，当pH升至8.3时显蓝色，pH降至4.5时显红色；pH接近中性，未接种的培养基为紫蓝色，故称紫乳。石蕊也是一种氧化还原指示剂，可以还原为白色，所以，石蕊牛乳(紫乳)是用来测定被检细菌几种代谢性质的一种鉴别培养基。

2. 培养基与试剂 加石蕊乙醇饱和溶液于新鲜脱脂乳中，分装小管，经流通蒸汽灭菌而成。石蕊乙醇溶液的制备：8g石蕊在30mL的40%乙醇中研磨，吸出上清液，加乙醇研磨，连续两次。加40%乙醇总量100mL，并煮沸1min。取用上清液，必要时可加几滴1mol/L盐酸使呈紫色。现多用溴甲酚紫代替石蕊，即于100mL脱脂乳中加1.2mL 1.6%溴甲酚紫乙醇溶液。

3. 试验方法 将被检菌接种于紫乳，置37℃温箱培养，观察结果。

4. 结果判定 若细菌分解乳糖产酸，指示剂变色(石蕊为红色，溴甲酚紫为黄色)。若产酸产气，使牛乳酸凝，气体使凝块中有裂隙，如产气荚膜梭菌呈“爆烈发酵”。若为紫色，表示乳糖未分解；若为蓝色，表示乳糖虽未发酵，但细菌分解培基中所出现的氮源物质而产碱所致。若指示剂还原则为无色，常出现在酸凝块形成之后。

八、硫化氢试验

1. 原理 凡细菌能分解含硫氨基酸，产生H_2S者，其所产生的H_2S会使培养基中乙酸铅(或含乙酸铅的湿润滤纸条)或$FeCl_3$形成黑色的硫化铅或硫化铁。

2. 培养基与试剂 乙酸铅琼脂，三糖铁琼脂斜面，营养肉汤，肝浸汤琼脂斜面或血清葡萄糖琼脂斜面。

饱和乙酸铅溶液：取10g乙酸铅溶于50mL沸蒸馏水中即为饱和乙酸铅溶液。

3. 试验方法与结果判定 用接种针蘸取纯培养物，沿试管壁作穿刺，37℃孵育24～48h或更长时间，培养基变黑者为阳性。或将纯培养物接种于肉汤，肝浸汤琼脂斜面或血清葡萄糖琼脂斜面，在试管壁和棉花塞间夹一6.5cm×0.6cm大小的试纸条(浸有饱和乙酸铅溶液)，培养于37℃，观察，纸条变黑者为阳性。

九、硝酸盐还原试验

1. 原理 有些细菌能从硝酸盐提出氧而将其还原为亚硝酸盐(偶尔还会形成NH_3+N_2、NO、NO_2和NH_4OH的其他产物)。若向培养物中加入对氨基苯磺酸和α-萘胺，会形成红色的重氮染料对磺胺苯-偶氮-α-萘胺。这对鉴定细菌是有用的试验(锌也可还原硝酸盐为亚硝酸盐，而且对区别假阴性反应和真阴性反应是有用的)。

2. 培养基与试剂

(1) 培养基：适用于需氧菌的硝酸钾蛋白胨水；适用于厌氧菌的硝酸盐培养基。

(2) 试剂。甲液：甲基α-萘胺0.6g，5mol/L冰乙酸100mL，稍加热溶解，用脱脂棉过滤，放棕色瓶中，4～10℃保存。乙液：对氨基苯磺酸0.8g，5mol/L冰乙酸100mL，先用5mol/L冰乙酸30mL溶解对氨基苯磺酸，再加冰乙酸至100mL。放入带玻璃塞的玻璃瓶中4～10℃保存。

3. 试验方法与结果判定 用纯菌培养物接种到硝酸盐培养基中，在37℃培养18～24h，再加试剂甲和乙各 3～5 滴，在 30s 内出现红色，即为阳性。若无颜色出现，加少量锌渣，随后出现红色，则是真正的阴性试验。

十、尿素酶试验

1. 原理　细菌分解尿素产生两分子氨，使培养基 pH 升高，指示剂酚红显示出红色，即证明细菌有尿素酶。

2. 培养基　Christensen's 尿素琼脂培养基，内含尿素、蛋白胨和酚红指示剂。

3. 试验方法　用接种环将待检菌培养物接种于尿素琼脂斜面，不要穿刺到底，下部留作对照。置 37℃培养，于 1～6h 检查(有些菌分解尿素很快)，有时需培养 24h 到 6 天(有些菌则缓慢作用于尿素)。

4. 结果判定　琼脂斜面由粉红到紫红色，则为阳性反应。

十一、接触酶试验

1. 原理　本试验是检测细菌有无接触酶的存在。过氧化氢的形成看成是糖需氧分解的氧化终末产物，因为 H_2O_2 的存在对细菌是有毒性的，细菌产生酶将其分解，这些酶为接触酶(过氧化氢酶)和过氧化物酶。

2. 试剂　3%H_2O_2(新配)。

3. 试验方法与结果判定　可用接种环将一菌落放于载玻片的中央，加一滴 3%H_2O_2 于菌落上，立即观察有无气泡出现，也可在菌落和 H_2O_2 混合物之上放一张盖玻片，可帮助检出轻度反应，还可降低细菌的气溶胶颗粒的形成。也可将 3%H_2O_2 加到培养琼脂斜面或平板上直接观察有无气泡出现(血琼脂平板除外)。

十二、氧化酶试验

1. 原理　测定细菌细胞色素氧化酶的产生。阳性反应限于能够在氧气存在下生长的同时产生细胞内细胞色素氧化酶的细菌。

2. 试剂　1%四甲基对苯二胺，新鲜配制，装棕色瓶贮存 4℃，一个月。

3. 试验方法与结果判定

(1) 加 2～3 滴试剂于滤纸上，用一搅拌签挑取一个菌落到纸上涂布，观察菌落的反应。阳性反应在 5～10s 内由粉红到黑色，15min 后可出现假阳性反应。

(2) 也可将试液滴在细菌的菌落上，菌落呈玫瑰红色至深紫色者为阳性。

(3) 也可在菌落上加试液后倾去，再徐徐滴加用 95%乙醇配制的 1%的 α-萘酚溶液，当菌落变成深蓝色者为细胞色素氧化酶阳性。

4. 注意事项　操作时只能使用搅拌签(或铂金环)，因为铁丝会出现假阳性反应。另外，不要使用含葡萄糖培养基上生长的菌落，因为它的发酵作用会抑制氧化酶的活性，可能给予假阴性结果。

十三、苯丙氨酸脱氨酶试验

1. 原理　若细菌具有苯丙氨酸脱氨酶，能将培养基中的苯丙氨酸脱氨变成苯丙酮酸，酮酸能使三氯化铁指示剂变为绿色。变形杆菌、普罗菲登斯菌及莫拉菌有苯丙氨酸脱氨酶的活力。

2. 培养基与试剂

(1) 培养基：DL-苯丙氨酸 2g 或 L-苯丙氨酸 1g，氯化钠 5g，琼脂 12g，酵母浸膏 3g，蒸馏水 1000mL，磷酸氢二钠 1g。分装于小试管内，121℃高压蒸汽灭菌 10min，做成斜面。

(2) 试剂：10%$FeCl_3$水溶液。

3. 试验方法与结果判定　将被检菌 18～24h 培养物取出，向试管内注入 0.2mL(或 4～5 滴)10%$FeCl_3$，溶液于生长面上，变绿色者为阳性。

十四、氨基酸脱羧酶试验

1. 原理　这是肠杆菌科细菌的鉴别试验，用以区分沙门菌(通常为阳性)和枸橼酸杆菌(通常为阴性)，若果细菌能从赖氨酸或鸟氨酸脱去羧基(—COOH)，导致培养基 pH 变碱，指示剂溴麝香草酚蓝就显示出蓝色，试验结果为阳性；若细菌不脱羧，培养基不变，则为黄色。

2. 培养基　基础培养基：蛋白胨 5g，酵母浸膏 3g，葡萄糖 1g，蒸馏水 1000mL，0.2%溴麝香草酚蓝溶液 12mL。调整 pH 至 6.8，在每 100mL 基础培养基内，加入需要测定的氨基酸 0.5g，所加的氨基酸应先溶解于 1.5%NaOH 溶液内。赖氨酸 0.5g＋1.5%NaOH 溶液 0.5mL，鸟氨酸 0.5g＋1.5%NaOH 溶液 0.5mL。加入氨基酸后，再调整 pH 至 6.8，分装于灭菌小试管内，每管 1mL，121℃高压蒸汽灭菌 10min。

3. 试验方法与结果判定　从琼脂斜面挑取培养物少许，接种于试验用培养基内，上面加一层灭菌液状石蜡。将试管放在 37℃培养 4 天，每天观察结果。阳性者培养液先变黄后变为蓝色，阴性者为黄色。

十五、β-半乳糖苷酶试验

1. 原理　细菌分解乳糖依靠两种酶的作用。一种是 β-半乳糖苷酶透性酶，位于细胞膜上，可运送乳糖分子渗入细胞。另一种为 β-半乳糖苷酶，亦称乳糖酶，位于细胞内，能使乳糖水解成半乳糖和葡萄糖。具有上述两种酶的细菌能在 24～48h 发酵乳糖，而缺乏这两种酶的细菌，不能分解乳糖。乳糖迟缓发酵菌只有 β-D-半乳糖苷酶(胞内酶)而缺乏 β-半乳糖苷酶透性酶，因而乳糖进入细菌细胞很慢，但经培养基中 1%乳糖较长时间的诱导，产生相当数量的透性酶后，能较快分解乳糖，故呈迟缓发酵现象。β-半乳糖苷酶可迅速进入细菌细胞，被半乳糖苷酶水解，释出黄色的邻位硝基苯酚(故由培养基液变黄可迅速测知 β-半乳糖苷酶的存在，从而确知该菌为乳糖迟缓发酵菌)。

2. 培养基

(1) 成分：邻硝基酚 β-半乳糖苷 0.6g，0.01mol/L pH7.5 磷酸缓冲液 1000mL，pH7.5 的灭菌 1%蛋白胨，水 300mL。

(2) 制法：先将前两种成分混合溶解，滤过除菌，在无菌条件下与 1%蛋白胨水混合，分装试管，每管 2～3mL，无菌检验后备用。购不到 β-半乳糖苷酶时，可用 5%的乳糖，并降低蛋白胨含量为 0.2%～0.5%，可使大部分迟缓发酵乳糖的菌在 1 天内发酵。

3. 试验方法与结果判定　取一环细菌纯培养物接种在 β-半乳糖苷酶培养基上，置 37℃培养 1～3h 或 24h，如有 β-半乳糖苷酶，会在 3h 内产生黄色的邻硝基酚；如无此酶，则在 24h

内不变色。

十六、明胶液化试验

1. 原理　明胶是一种动物蛋白质，某些细菌具有明胶液化酶。明胶经分解后，可呈现不同的特征，有利于细菌的鉴定。

2. 培养基　明胶培养基。

3. 试验方法与结果判定　分别穿刺接种被检菌18～24h培养物于明胶培养基，置22℃下孵育，观察明胶液化状况。明胶低于20℃凝成固体，高于24℃则自行呈液化状态。因此，孵育温度最好在22℃。但是，有些细菌在此温度下不生长或生长极为缓慢，则可先放在37℃培养，再移至4℃冰箱放置30min后取出观察，具有明胶液化酶者，虽经低温处理，明胶仍呈液态而不凝固。

明胶耐热性差，若在100℃以上长时间灭菌，能破坏其凝固性，此点在制备培养基时应注意。

十七、胆汁溶解试验

1. 原理　肺炎链球菌产生自溶酶，能使正在生长的菌体溶解，使老龄菌落中心下陷，胆盐可能通过降低培养基与菌体细胞膜之间的表面张力而加速这一过程。本试验常用以鉴别肺炎链球菌和甲型链球菌。胆汁能溶解肺炎链球菌，却不能溶解甲型链球菌。

2. 试剂　2%去氧胆酸钠溶液。

3. 试验方法与结果判定　于被检菌血琼脂平板上找到单个分散的菌落，在其上加一滴试液。再置37℃培养箱中，30min后取出观察菌落，可见菌落消失，或尚有部分保留。

实验七　动物试验法

【实验目的】

1. 学习并掌握实验动物的接种方法。
2. 学习并掌握实验动物的剖检方法。

【实验原理】

在微生物实验和研究工作中，动物实验是常用的技术之一，其主要用途有以下几个方面。

(1) 病原体的分离和鉴定：有些直接分离培养有困难的病原菌或需鉴定的细菌，通过易感动物体就可达到目的。如从子宫分泌物中分离布氏杆菌，可用豚鼠接种法。

(2) 确定病原的致病力：有些细菌在形态、生物学特性等方面性状相似，仅在致病性上不同，可利用动物试验鉴别。

(3) 恢复或增强病原的毒力：多数病原菌长期通过人工传代保存后，其毒力减弱，须通过易感动物恢复或增强其致病力。

(4) 测定外毒素：如产气荚膜梭菌的毒素测定。

(5) 制备疫苗或诊断用抗原：如兔化猪瘟疫苗。

(6) 制备作诊断或治疗用的免疫血清：如作为鉴定用的沙门菌诊断血清。

(7) 其他：用于检验药物的治疗效果及毒性等。

【操作步骤】

一、实验动物接种法

(一) 接种材料

细菌培养物(肉汤培养物或细菌悬液)、尿液、脑脊液、血液、分泌物、脏器组织悬液等。

(二) 实验动物

常用的动物有家兔、豚鼠(也称海豚、荷兰猪、天竺鼠)、大白鼠、小白鼠及绵羊等。所需实验动物以自行繁殖最为方便可靠；如必须向外购买，要选择健康无病、未做过任何试验的动物。

(三) 实验动物常用的接种方法

1. 皮肤划痕接种　实验动物多用家兔，用剪毛剪剪去胁腹部长毛，必要时再用剃刀或脱毛剂脱去被毛，以 75%乙醇消毒，待干，用无菌小刀在皮肤上划成几条平行线。划痕口可略见出血，然后用刀将接种材料涂在划痕口上。

2. 皮下接种　多种动物可用皮下接种的方法。

(1) 家兔皮下接种：由助手把家兔伏卧或仰卧保定，于其背侧或腹侧皮下结缔组织疏松部分剪毛、消毒，术者右手持注射器，以左手拇指、食指和中指捏起皮肤使成一个三角形皱褶，或用镊子夹起皮肤，于其底部进针，感到针头可随意拨动，即表示插入皮下。当推入注射物时，感到流利畅通，也表示在皮下。拔出注射针头时，用消毒棉球按住针孔并稍加按摩。

(2) 豚鼠皮下接种：保定和术式同家兔。

(3) 小白鼠皮下接种：无须助手帮助保定，术者在做好接种准备后，用右手抓住鼠尾，令其前爪抓住饲养罐的铁丝盖，然后用左手的拇指及食指捏住颈部皮肤，并翻转左手，使小鼠腹部朝上，将其尾巴挟在左手掌与小手指之间，右手消毒术部，持注射器，以针头稍微挑起皮肤插入皮下，注入时见有水泡微微鼓起即表示注入皮下。拔出针头后，同家兔皮下注射时一样处理。

3. 皮内接种　进行家兔、豚鼠及小白鼠皮内接种时，均需助手保定动物，其保定方法同皮下接种。接种时，术者以左手拇指及食指夹起皮肤，右手持注射器，用细针头插入拇指及食指之间的皮肤内，针头插入不宜过深，同时插入角度要小，注入时感到有阻力且注射完毕后皮肤上有小硬疱即为注入皮内。皮内接种要慢，以防使皮肤胀裂或自针孔流出注射物而散播病原。

4. 肌肉接种　肌肉注射部位在禽类为胸肌，其他动物为后肢内股部。消毒后，将针头刺入肌肉内注射感染材料。

5. 腹腔内接种　在家兔、豚鼠、小白鼠进行腹腔接种，宜采用仰卧保定。接种时稍抬高后躯，使其内脏倾向前腔，在腹后侧面插入针头，先刺入皮下，后进入腹腔，注射时应无阻力，皮肤也隆起(图实 7-1)。

6. 静脉注射　将病原从静脉进入体内的方法。

(1) 家兔的静脉注射：将家兔纳入保定器内或由助手把握住它的前、后躯保定，选一侧耳边缘静脉，先用 75%乙醇涂擦兔耳或以手指轻弹耳朵，使静脉扩张。注射时，用左手拇指和食指拉紧兔耳，右手持注射器，使针头与静脉平行，向心脏方向刺入静脉内，注射时无阻力且有血向前流动表示注入静脉，缓缓注射感染材料，注射完毕用消毒棉球紧压针孔，以免流血或注射物溢出(图实 7-2)。

图实 7-1　小白鼠腹腔接种(引自崔保安，2005)

图实 7-2　家兔的保定和静脉注射　(引自胡桂学，2006)

(2) 豚鼠静脉内接种：使豚鼠伏卧保定。腹面向下，将其后肢剃毛，用 75%乙醇消毒皮肤，施以全身麻醉，用锐利刀片向后肢内上侧向外下方切一长约 1cm 的切口，使露出皮下静脉，用最小号针头刺入静脉内慢慢注入感染材料。接种完毕，将切口缝合。

(3) 小白鼠静脉接种：注射部位为尾侧静脉。选 15～20g 体重的小白鼠，注射前将尾部血管扩张，易于注射。用一烧杯扣住小白鼠，露出尾部，最小号针头(4 号)刺入侧尾静脉，缓缓注入接种物，注射时无阻力，皮肤不变白、不隆起，表示注入到静脉内。

7. 脑内接种法　进行病毒实验研究时，有时用脑内接种法，通常多用小白鼠，特别是乳鼠(1～3 日龄)，注射部位是耳根连线中点略偏左(或右)处。接种时用乙醚使小白鼠轻度麻醉，术部用碘酒、酒精棉球消毒，在注射部位用最小号针头经皮肤和颅骨稍向后下刺入脑内进行注射，以棉球压住针孔片刻，接种乳鼠时一般不麻醉，不用碘酒消毒。家兔和豚鼠脑内接种法基本同小白鼠，唯其颅骨稍硬厚，事先用短锥钻孔，然后再注射，深度宜浅，以免伤及脑组织。

(四) 注射量

家兔 0.2mL，豚鼠 0.15mL，小白鼠 0.03mL。凡脑内注射后 1h 内出现神经症状的动物作废，认为是接种创伤所致。

二、实验动物采血法

如欲取得清晰透明的血清，宜于早晨没有饲喂前抽取血液。如采血量较多，则应在采血后以生理盐水静脉(或腹腔内)注射或以饮用盐水补充水分。

1. 家兔采血法　可经耳静脉、心脏或颈动脉采血。

(1) 耳边缘静脉采血：方法基本与静脉接种相同，不同之处是以针尖向耳尖反向抽吸其血，一般可采血 1～2mL。

(2) 心脏采血：用于采集大量血液。动物左仰卧由助手保定，或以绳索将四肢固定，术者在动物左前肢腋下处局部剪毛、消毒，在胸部心脏跳动最明显处下针。用 12 号针头，直刺心脏，感到针头跳动或有血液向针管内流动时，即可抽血，一次可采血 15～20mL。

(3) 颈动脉放血：用于采集全血。将动物保定，左颈部剃毛消毒，动物稍加麻醉，用刀片在颈静脉沟内切一长口，露出颈动脉并结扎，于近心端插入一玻璃导管，使血液自行流至无菌容器内，凝后析出血清。如利用全血，可直接流入含抗凝剂的瓶内，或含有玻璃珠的三角瓶内振荡、脱纤防凝。放血可达 50mL 以上。

2. 豚鼠采血法 豚鼠一般从心脏采血。助手使动物仰卧保定，术者在动物胸部心跳最明显处剪毛、消毒，用针头插入胸壁稍向右下方刺入。刺入心脏则血液可自行流入针管，一次未刺中心脏稍偏时，可将针头稍提起向另一方向再刺。如多次没有刺中，应换一动物，否则有心脏出血致死亡的可能。

3. 小白鼠采血法 可将尾部消毒，用剪刀断尾少许，使血液溢出，即得血液数滴，采血后用烧烙法止血。也可自心脏采血，或摘除眼球放血。

4. 绵羊采血法 在微生物实验中绵羊血最常用。采血时，助手半坐骑在羊背上，两手各持其一耳(或角)或下颚，因为羊的习惯好后退，令尾靠住墙根。术者在其颈部上 1/3 处剪毛消毒，一手压在静脉沟下部使静脉努张，右手持针头猛力刺入皮肤，此时血液流入注射器或直接流入无菌容器内。一切应无菌操作，以获得无菌血液。

5. 鸡采血法 剪破鸡冠可采血数滴供作血片用。少量采血可从翅静脉采取，将翅静脉刺破以试管盛之，或用注射器采血。需大量血，可从心脏采取。固定家禽使其侧卧于桌上，左胸部朝上，从胸骨脊前端至背部下凹处连线的中点垂直刺入，约 3.3 cm 深即可采得心血。一次可采 10～20mL 血液。

三、实验动物的观察

(一) 接种后的检查

动物接种后，须按照试验要求进行观察和护理。

1. 外表检查 注射部位皮肤有无发红、肿胀及水肿、脓肿、坏死等。检查眼结膜有无肿胀发炎和分泌物。对体表淋巴结注意有无肿胀、发硬或软化等。

2. 体温检查 注射后有无体温升高反应和体温稽留、回升、下降等表现。

3. 呼吸检查 检查呼吸次数、呼吸或呼吸状态(节律、强度等)。观察鼻分泌物的数量、色泽和黏稠性等。

4. 循环器官检查 检查心脏搏动情况，有无心动衰弱，紊乱和加速，并检查脉搏的频度节律等。

正常实验动物的体温、脉搏和呼吸(见表实 7-1)。

表实 7-1 正常实验动物的体温、脉搏和呼吸(引自姚火春，2002)

动物	体温/℃	脉搏/(次/min)	呼吸/(次/min)
猪	38.5～40.0	60～80	10～20
绵羊或山羊	38.5～40.0	70～80	12～20
犬	37.5～39.0	70～120	10～30
猫	38.0～39.0	110～120	20～30

续表

动物	体温/℃	脉搏/(次/min)	呼吸/(次/min)
豚鼠	38.5～40.0	150	100～150
大白鼠	37.0～38.5	—	21
小白鼠	37.4～38.0	—	—
鸡	41.0～42.5	140	15～30
鸭	41.0～42.5	140～200	16～28
鹅	41.0～42.5	140～200	16～28

(二) 剖检

实验动物经接种后而死亡或予以扑杀后，应对其尸体进行剖解，以观察其病变情况，并可取材保存或进一步进行微生物学、病理学、寄生虫学、毒物学等检查。

先用肉眼观察动物体表的情况。将动物尸体仰卧固定于解剖板上，充分露出胸腹部。用70%乙醇或其他消毒液浸擦尸体的颈胸腹部的皮毛。以无菌剪刀自其颈部至耻骨部切开皮肤，并将四肢腋窝处皮肤剪开，剥离胸腹部皮肤，使其尽量翻向外侧，注意皮下组织有无出血、水肿等病变，观察腋下、腹股沟淋巴结有无病变。用毛细管或注射器穿过腹壁及腹膜，吸取腹腔渗出液，供直接培养或涂片检查。另换一套灭菌剪，剪开腹腔，观察肝、脾及肠系膜等有无变化，采取肝、脾、肾等实质脏器各一小块，放在灭菌平皿内，以备培养或直接涂片检查。然后剪开胸腔，观察心、肺有无病变，可用无菌注射器或吸管吸取心脏血液，进行直接培养或涂片。必要时破颅取脑组织进行检查。如欲进行组织切片检查，将各种组织小块置于10%甲醛溶液中固定。剖检完毕妥善处理动物尸体，以免散播传染，最好火化或高压蒸汽灭菌，或者深埋，若是小白鼠尸体可浸泡于3%来苏儿液中杀菌，而后倒入深坑中，令其自然腐败，所用解剖器械也须煮沸消毒，用具用3%来苏儿浸泡消毒。

实验八　放线菌的形态观察

【目的要求】

学会放线菌制片方法，观察其形态特征。

【实验原理】

放线菌的菌丝体分为营养菌丝和气生菌丝两部分。部分气生菌丝的顶端分化成子孢子丝，呈螺旋状、波浪状或分支状等。在子孢子丝顶端产生子孢子，孢子常呈球形、椭圆形或杆形等。气生菌丝和孢子的形状、颜色常作为分类的依据。放线菌菌丝的宽度与细菌类似，必须染色后才能进行观察。

【操作步骤】

(一) 营养菌丝的制片与观察

(1) 用接种针取放线菌菌落(连同培养基一起)，置于载玻片中央。

(2) 另取一块载玻片用力将其压碎，弃去培养基，制成涂片，干燥、固定。

(3) 用美蓝染色液或石炭酸复红染色液染色 30～60s，水洗、干燥、用油镜观察营养菌丝的形态。

(二) 气生菌丝、孢子丝的观察

将培养皿打开，放在低倍镜下寻找菌落的边缘，直接观察气生菌丝和孢子丝的形态(分支、卷曲情况等)。

(三) 孢子链及孢子的观察(印片法)

取洁净的盖玻片一块，在菌落上面轻轻地压一下，然后将印有痕迹的一面朝下，放在滴有一滴美蓝液的载玻片上，使孢子等印浸在染色液中，制成印片。用油镜观察孢子链及孢子的形态。

(四) 埋片法的制片观察

(1) 在马铃薯浸汁琼脂培养基平板上，划线接入少量放线菌的孢子，在接种线旁倾斜地插入无菌盖玻片，于 28～30℃培养。

(2) 培养 3～4 天后，菌丝沿着盖玻片向上生长。待菌丝长好后，取出盖玻片放在干净的载玻片上，置于显微镜下观察。观察营养菌丝、孢子丝、孢子链及孢子的形态。

实验九　水、空气的微生物学检验

【目的要求】

掌握水、空气的微生物学检验内容、方法及意义。

【实验原理】

水和空气中都存在着微生物，某些传染病可通过水和空气进行传播。检验水和空气中微生物的数量可以初步估计水和空气的污染情况。最常用的方法主要是进行细菌总数计数和大肠菌群的检测，必要时进行病原微生物的检测。当细菌总数或大肠菌群超过一定标准时，表明水体或空气受到了不同程度的污染。

【操作步骤】

一、水的微生物学检验

(一) 水中细菌总数检验法

1. 自来水

(1) 取水样：采取自来水样时，须先开水龙头放水几分钟，然后再注入灭菌大试管内。自来水因含细菌少，可以不用稀释。

(2) 倾注平皿：用灭菌吸管吸取 1mL 水样注入灭菌平皿中，然后再倾注已融化并冷却到 45～50℃的营养琼脂，并在桌面上轻轻旋转平皿，使水样与培养基充分混匀。每个水样应倾注 2 个平皿。

(3) 培养、计数与报告：冷却凝固后，翻转平皿，使底面向上，置 37℃恒温箱内培养 24h 后，取出计算菌落数。2 个平皿中的平均菌落数即是 1mL 水样中的细菌总数。

2. 河水及其他水源水

(1) 取水样：将灭菌的采样瓶或取水瓶潜入水源 10～15cm 处，掀开瓶塞，待水盛满后，在水中塞好瓶塞，取出以备检查。由于河水含菌量较多，在检查时必须 1∶100 稀释。

(2) 水样稀释：用灭菌吸管吸取 1∶100 的稀释水样 1mL，注入盛有 9mL 灭菌水的试管中，混匀成 1∶1000 稀释，按同样的方法依次稀释成 1∶10 000 和 1∶100 000 等。

(3) 倾注平皿、培养：分别用灭菌吸管吸取 1mL 各稀释度的水样，注入已作好相应标记的灭菌平皿中，每个稀释度做 2 个平皿，以后的倾注培养、琼脂培养等操作与自来水的检查步骤相同。

(4) 菌落计数和结果报告：可用肉眼观察菌落数，必要时用放大镜检查，以防遗漏。每个稀释度计算出 2 个平皿的菌落平均数。

3. 结果报告　按下述举例的方法进行报告。

(1) 首先选择其中只有一个稀释度的平均菌落数在 30～300 之间的，以其菌落数乘其稀释倍数报告之(见表实 9-1 例 1)。

(2) 若其中有两个稀释度的平均菌落数均在 30～300 之间，则按这两个稀释度的菌落总数之比值来决定：若其比值小于 2，应报告两者的平均数(见表实 9-4 例 2)；若比值大于 2，则报告其中较小的菌落总数(见表实 9-1 例 3)。

(3) 若所有稀释度的平均菌落数大于 300 个，则应按稀释度最高的平均菌落数乘以稀释倍数报告之(见表实 9-1 例 4)。

(4) 若所有稀释度的平均菌落数均小于 30 个，则应按稀释度最低的平均菌落数乘以稀释倍数报告之(见表实 9-1 例 5)。

(5) 若所有稀释度的平均菌落数均不在 30～300 之间，则以最接近 300 或 30 的平均菌落数乘以稀释倍数报告之(见表实 9-1 例 6)。

表实 9-1　稀释度选择及菌落总数报告方式(引自黄青云，2009)

例次	不同稀释度的平均菌落数			两个稀释度菌落数之比	菌落总数/(cfu/mL)	报告方式/(cfu/mL)
	10^{-1}	10^{-2}	10^{-3}			
1	1 365	164	20	—	16 400	16 000 或 1.6×10^4
2	2 760	295	46	1.6	37 750	38 000 或 3.8×10^4

续表

例次	不同稀释度的平均菌落数			两个稀释度菌落数之比	菌落总数/(cfu/mL)	报告方式/(cfu/mL)
	10^{-1}	10^{-2}	10^{-3}			
3	2 890	271	60	2.2	27 100	27 000 惑 2.7×10^4
4	无法计数	1 650	513	—	513 000	510 000 或 5.0×10^5
5	27	11	5	—	270	270 或 2.7×10^2
6	无法计数	305	12	—	30 500	31 000 或 3.1×10^4

(6) 结果报告的菌落数在 100 个以内时，按实有数报告。大于 100 个时，采用二位有效数值。二位有效数值后面的数值，以四舍五入方法计算。为了缩短数字后面的零数也可用 10 的指数来表示。

(二) 大肠菌群检验

1. 发酵试验　取 20mL 的 10 倍料的乳糖胆盐发酵管 2 支，每支以无菌操作接种水样 20mL。取 10mL 3 倍料的乳糖胆盐发酵管 10 支，每支接水样 10mL。置 37℃温箱，培养 18～24h。如所有乳糖胆盐发酵管都不产气，可报告为阴性；如有产气者，则按下列程序进行。

2. 分离培养　将所有产气发酵管，分别转种在麦康凯琼脂平板上(也可用伊红美蓝琼脂平板)，置 37℃培养 18～24h，观察有无可疑大肠菌群的菌落生长(菌落呈现红色、圆形、光滑、边缘整齐、中等大小)。

3. 复发酵试验　在上述平板上，挑取大肠菌群可疑菌落 1～2 个进行革兰染色，同时接种单料乳糖胆盐发酵管，置 37℃温箱内培养 18～24h，观察产气情况。凡乳糖管产气、革兰染色为阴性、无芽胞杆菌，即可报告该管为大肠菌群阳性；如乳糖管不产气或革兰染色阳性，则报告为大肠菌群阴性。

4. 结果报告　根据证实为大肠菌群阳性的管数，按表实 9-2 检索报告 1000mL 水中大肠菌群的最近似数(MPN)。生活饮用水每 1000mL 的大肠菌群最近似数不得超过 30。

表实 9-2　水中大肠菌群最近似数检索表(引自黄青云，2003)

[接种水量 300mL(2 管 100mL，10 管 10mL)]

100mL 阳性管数 \ 10mL 阳性管数	0	1	2	3	4	5	6	7	8	9	10
0	<3	3	7	11	14	18	22	27	31	36	40
1	4	8	13	18	24	30	36	43	51	60	69
2	11	18	27	38	52	70	92	120	160	230	>230

二、空气中微生物的检查

空气中微生物的检查，主要是检查单位体积空气中的细菌总数。其检查方法如下：取普通琼脂平板数个，将盖打开置于空室内不同地方(在室内周围及中央各放一个)，于 5～10min 后，将盖盖好，置 37℃温箱中培养 24～48h，取出，计算每个平皿的菌落数，然后算出平均值。

本法简便易行，但只能相对地说明空气中含菌情况，而不能精确地计算出一定容量空气中的含菌数及其类型。

实验十　饲料的微生物学检验

【目的要求】

掌握饲料中霉菌、青贮饲料中乳酸菌和腐败菌的培养计数原理及方法。

【实验原理】

本实验对常规饲料如全价配合饲料或饲料原料中的霉菌，以及青贮饲料中的乳酸菌和腐败菌进行培养计数测定。为准确计算微生物菌落数，一般要求每个培养平板上的菌落数范围在 10～150 个之间。因此，样品需制备成不同稀释度的菌液。各同类菌的稀释度因菌源、环境条件而异。在培养计数时，还应考虑各种微生物的不同特性，避免样品中各类微生物之间的相互干扰。因此，通常在培养霉菌的培养基中添加抗生素以抑制细菌的生长，或用选择性培养基培养某类特定的微生物。

【操作步骤】

一、饲料中霉菌培养和计数

霉菌可在有氧及 22～25℃条件下、含有抗生素的马铃薯葡萄糖培养基中生长，而大多数细菌在有抗生素的条件下受到抑制。

(一) 样品采集和实验准备

测定饲料中的霉菌时，要采集代表性样品或最可能受霉菌污染部位的样品 20g。制备含链霉素的无菌生理盐水以备稀释用，盐水用量根据实验而定，但其中链霉素的最终浓度应为 50U/mL。在已灭菌并冷至 50℃左右的马铃薯葡萄糖培养基中添加链霉素母液，使链霉素最终浓度为 50U/mL，轻轻混匀，并置于 50℃恒温水浴中待用。

(二) 操作步骤

1. 样品制备　准确称取 10g 饲料样品，置于盛有 90mL 含链霉素生理盐水的三角瓶中(10^{-1}稀释)。样品在磁力搅拌器上低速搅拌 2min。

2. 样品稀释　用无菌移液管从上述样品液中取 1mL 加入盛有 9mL 含链霉素生理盐水的试管中，混匀，成 10^{-2} 稀释，然后继续稀释成 10^{-3}、10^{-4}、10^{-5} 的稀释度。每个稀释度用无菌移液管各取 3mL，分别放在 3 个无菌平皿中，每皿 1mL，即每个稀释度重复 3 个平皿，共做 9 个平皿。实验采用的稀释度要根据饲料中霉菌数量情况而定，一般以稀释样品培养后一个平皿中菌落总数为 10～150 个为宜。

3. 培养　每个平皿中，倾注 15～20mL 上述预备好待用的含链霉素的马铃薯葡萄糖培养基，并立即在平面上轻轻混匀，待凝固后倒置，分别标明相应稀释度、时间、组别等，置 22～

25℃恒温箱中培养5天进行菌落计数。如果有大量霉菌生长，则可在3天计数。

4. 计数 经培养后，选择菌落数在10～150个范围内的平皿，用菌落计数器计算每一块平板上的所有菌落数，记录每块平板的菌落数和稀释度。

5. 计算 计算该稀释度3个平板的平均菌落数；计算每克样品中的霉菌数，即平均菌落数乘以稀释度倒数，如10^{-2}稀释度则乘10^2。

二、青贮饲料中乳酸菌和腐败菌的培养计数

MRS培养基是乳酸菌的选择培养基，乳酸菌在这种培养基上可形成湿润、微小、边缘整齐的菌落。明胶液化剂中的升汞和浓盐酸可使明胶(一种动物性蛋白质)发生白色沉淀反应。如果生长在明胶琼脂平板上的细菌能产生明胶酶(腐败菌产生的)，菌落周围的明胶被分解，则在明胶液化试剂加入后不发生这种白色沉淀反应，所以菌落周围出现透明圈的为腐败菌。

(一) 青贮饲料样品的采集和稀释

1. 样品的采集 采用无菌操作方式从青贮窖或塔的不同层次采集有代表性的样品50g左右。

2. 称取样品 将上述样品混合均匀，弃去大部分，留下20g左右，用无菌剪刀剪碎，称取两份，每份5g样品。一份置烘箱中烘干以测定干物质含量，另一份作稀释培养用。

3. 样品稀释 将5g青贮饲料样品置于盛有45mL无菌生理盐水的三角瓶中(10^{-1}稀释)，样品在磁力搅拌器上低速搅拌2min。然后，用无菌移液器从样品稀释液中取1mL加入盛有9mL无菌生理盐水的试管中，混匀，成10^{-2}稀释，如此，继续稀释成10^{-3}、10^{-4}、10^{-5}、10^{-6}的稀释度。

(二) 乳酸菌的培养和计数

1. 样品与培养基混合 分别从10^{-4}、10^{-5}、10^{-6}的样品稀释液中，用无菌移液管各取3mL，分别放在3个无菌平皿中，每皿1mL，即每个稀释度重复3个平皿，共做9个平皿。

2. 培养 取灭菌并冷至45℃左右的MRS培养基，倾注15～20mL到每个平皿中，并立即在平面上轻轻混匀，待凝固后倒置，分别标明相应稀释度、时间、组别等，置37℃恒温箱中培养。

3. 计数 经1～2天培养后，选择菌落数在10～150个范围内的平皿，用菌落计数器计算每一块平皿上的所有菌落数，记录每块平皿菌落数和稀释度。计算出每克青贮饲料干物质中乳酸菌数。

(三) 腐败菌的培养和计数

1. 样品与培养基混合 分别从10^{-4}、10^{-5}、10^{-6}的样品稀释液中，用无菌移液管各取3mL，放在3个无菌平皿中，每皿1mL，即每个稀释度重复3个平皿，共做9个平皿。

2. 培养 将灭菌并冷至45℃左右的明胶琼脂培养基，倾注15～20mL到每个平皿中，并立即在平面上轻轻混匀，待凝固后倒置，分别标明相应稀释度、时间、组别等，置37℃恒温箱中培养。

3. 明胶液化反应 待菌落生长后，倾注明胶液化试剂于平板菌落上面，其用量以正好铺

满平板为宜。菌落周围呈现透明圈，说明该菌是产生明胶酶的腐败菌，没有明胶酶的地方呈乳白色。

4. 计数　用菌落计数器计算每一块平皿上的所有带透明圈的菌落数，记录每块平皿菌落数和稀释度。计算出每克青贮饲料干物质中的腐败菌数。

明胶液化试剂：升汞 15g，浓盐酸 20mL，蒸馏水 100mL。先将升汞溶于水中，再加入浓盐酸混匀即成。

实验十一　鲜乳的微生物学检验

【目的要求】

1. 掌握鲜乳中含菌量的计数方法。
2. 学习有关鲜乳的大肠菌群最近似数的测定法及鲜乳中病原菌的检验方法。

【实验原理】

鲜乳在采集过程中会受到不同微生物的污染，有时鲜乳中的微生物来自患病的奶牛。通过不同方法检测鲜乳中微生物的数量及证实病原微生物的存在对于鲜乳的安全具有重要意义。

【操作步骤】

一、鲜乳样品的采取和送检

1. 散装或大型包装的鲜乳　用灭菌吸管或勺取样，每采一件样品，必须专用一套灭菌吸管或勺。采样时应注意部位等代表性。每件样品的数量不少于 500mL，放入灭菌容器内，及时送检。一般不得超过 3h。在气温较高或路途较远的情况下，应进行冷藏，不得使用任何防腐剂。

2. 小型包装的鲜乳　应采取整件原包装，采样时应注意包装的完整。各种小型包装的鲜乳，每件采样量为：生奶 1 瓶；消毒奶 1 瓶。

3. 成批产品　其采样数量每批以千分之一计算，不足千件者抽取 1 件。

二、鲜乳中含菌数的检验(稀释倾注平板计数法)

1. 样品稀释　先将乳样摇匀后，用灭菌生理盐水稀释成 10^{-1}、10^{-2}、10^{-3}、10^{-4}。

2. 倾注平板　各吸取 1mL 上述稀释度的乳样于灭菌标准平皿中，一式两份，并在平皿上标明样品的编号及稀释度。分别注加 0.1mL 灭菌的脱脂乳于经加热融化并已冷却到 45℃的普通琼脂培养基(pH7.4～7.6，每管装 15mL)中，轻轻摇匀后，倾注于已盛有稀释乳样的皿内(注意摇匀)。

3. 培养计数　凝固后倒置，37℃恒温箱中培养 48h。取出，计算各皿菌落数，并求每个稀释度两个皿的平均数。

4. 结果报告　参照水中细菌总数检查法的结果报告方法。

三、大肠菌群最近似数(MPN)的测定

鲜乳及乳制品中大肠菌群数系以每 100mL(g)检样内大肠菌群最近似数(MPN)表示。据此含义，所有鲜乳及乳制品卫生标准中所规定的大肠菌群数均应为 100mL(g)鲜乳及乳制品内允许含有大肠菌群数的实际数值。

1. 发酵试验　无菌操作取 25mL 乳样，加 225mL 灭菌生理盐水作 1∶10 稀释。再从中取 1mL，加 9mL 盐水，如是作 1∶100、1∶1000 稀释。每个稀释度接种 3 支乳糖胆盐发酵管，接种量每管 10mL 者，用双料乳糖胆盐发酵管，每管 1mL 及 1mL 以下用单料乳糖胆盐发酵管，置 35～37℃温箱内，培养(24±2)h，如所有发酵管都不产气，则可报告为大肠菌群阴性，如有产气者，则按下列程序进行。

2. 分离培养　将产气的发酵管分别转种在伊红美蓝琼脂平板(也可采用远藤琼脂平板或麦康凯琼脂平板)上，置 35～37℃温箱内，培养 18～24h。

3. 复发酵试验　在上述平板上，挑取红色的大肠菌群可疑菌落 1～2 个进行革兰染色，同时接种乳糖发酵管，置 35～37℃温箱内培养(24±2)h，观察产气情况。凡乳糖管产气、革兰染色为阴性、无芽胞杆菌，即可报告为大肠菌群阳性；如乳糖不产气或革兰染色阳性，则报告为大肠菌群阴性。

4. 结果报告　根据上述检验结果，按照判定为大肠菌群阳性管数，查检索表(表实 11-1)，按表内所查得的数值，报告大肠菌群的最近似数。

表实 11-1　每 100mL(g)检样中大肠菌群最近似数(MPN)检索表(引自黄青云，2009)

检样量				大肠菌群最近似数个/100mL(g)
10mL(g)×3	1mL(g)×3	0.1mL(g)×3	0.01mL(g)×3	
0	0			0
0	1			3
0	2			6
0	3			10
1	0			4
1	1			7
1	2			12
1	3			16
2	0			9
2	1			15
2	2			20
2	3			30
3	0			25
3	1			45
3	2			110
3	3			250
	0	0		0
	0	1		30
	0	2		60
	0	3		100

续表

检样量				大肠菌群最近似数个/100mL(g)
10mL(g)×3	1mL(g)×3	0.1mL(g)×3	0.01mL(g)×3	
	1	0		40
	1	1		70
	1	2		120
	1	3		160
	2	0		90
	2	1		150
	2	2		200
	2	3		300
	3	0		250
	3	1		450
	3	2		1 100
	3	3		2 500
		0	0	0
		0	1	300
		0	2	600
		0	3	1 000
		1	0	400
		1	1	700
		1	2	1 200
		1	3	1 600
		2	0	900
		2	1	1 500
		2	2	2 000
		2	3	3 000
		3	0	2500
		3	1	4 500
		3	2	11 000
		3	3	25 000

四、乳中病原菌检验

1. 结核分枝杆菌　以 30mL 乳样离心(3000r/min)15min，然后收集上层乳脂，再收集数毫升底部的乳样及其沉渣混合物。取这些混合物 3mL，鼠蹊部皮下注射 300～350g 的健康豚鼠 2 只；又取上述乳脂，用少许无菌水冲淡，鼠蹊部皮下注射豚鼠 2 只。3～4 周后，如注入的材料中含结核分枝杆菌数较多时，可见接种部位附近淋巴肿大，试验动物食量减少，体重减轻，不久死亡；如注入的菌数不多，则病状常不显著，常延至 8 个星期以上尚不致死。一般在动物接种后至 8 个星期仍未病死者，也应将动物杀死剖检。

动物接种后如欲判断是否已受结核分枝杆菌传染及能否适合解剖，以便提早诊断，则可于 3～4 周后进行结核菌素试验。将豚鼠腹部的毛剃掉，然后皮内接种结核菌素 0.1mL。阳性者在 24～48h 后在接种部位出现红肿硬块，可进行剖检。剖检可见在接种部位附近的淋巴结肿大，淋巴结内部充满干酪样物，脾、肝等处常有无数微小的结核病变，取淋巴结内的干酪样物或病变部位的结节抹片染色镜检，可有结核分枝杆菌检出。进一步作分离培养，观察结核分枝杆菌的培养和形态特性，更有助于确诊。

2. 布氏杆菌 取乳样离心处理后，收集其上层乳脂与下层沉淀。然后将乳脂与沉淀混合，划线接种于血琼脂平板，在35℃含有10% CO_2的条件下培养5～7天，挑取可疑布氏杆菌菌落(微小、灰色、圆形、隆起)作进一步的细菌学鉴定。以收集的乳脂腹腔注射2只体重250g的豚鼠各5mL。另以豚鼠2只，腹腔注射乳样沉淀各5mL。试验动物死亡时，应剖检并将脾髓接种于血琼脂上，进行病原分离和鉴定工作。如试验动物于6周后仍存活，也应扑杀剖检，同样作病原菌分离鉴定。

3. 溶血性链球菌 将待检乳样作鲜血琼脂平板划线，37℃培养18～24h，取出检查，如菌落细小、圆形、周围有清晰的溶血环，且抹片染色镜检是链球菌，则将其纯培养物进一步作生化试验及动物接种试验以行鉴定。

五、乳样中乳酸菌、嗜冷菌和真菌的检验

1. 乳酸菌的检验 乳样进行不同稀释度的稀释，每个稀释度取1mL于灭菌平皿中，将经高压灭菌并冷却到45～50℃的MRS-琼脂培养基倾注入皿内，每个平皿12～15mL，混匀，待其凝固。倒置于32℃温箱培养48h。乳酸菌将生长形成湿润、边缘整齐、小而薄的菌落，其菌落周围呈透明区。可挑取此菌落制成涂片，革兰染色，镜检观察乳酸菌的形态及染色特性。

过氧化氢酶试验：在菌落上滴加10%的过氧化氢，观察有无气泡产生；或者用接种环钓取菌落一部分放在玻片上，滴加上述过氧化氢并作观察。若无气泡产生，为过氧化氢酶试验阴性；有气泡产生者为阳性。乳酸菌应为过氧化氢酶阴性。

2. 嗜冷菌的检验 乳样采取后，应该尽快检验，减少在冷藏室或冰箱内贮存的时间。乳样进行不同浓度的稀释，然后各取0.1mL，分别置CVT琼脂平板表面，用L型玻璃棒涂布均匀，停放片刻，倒置于(7±1)℃温箱培养10天；或在17℃温箱培养17h后，再置7℃温箱培养72h，观察结果。嗜冷菌在CVT平板生长后呈红色菌落，并计算嗜冷菌的数量。

3. 酵母菌和霉菌的检验 乳样进行不同浓度的稀释，各取1mL，分别置于灭菌平皿中，然后倾注马铃薯葡萄糖琼脂培养基12～15mL，25℃培养2～5天。观察结果，分别计算酵母菌、霉菌的菌落数。酵母菌呈小而黏稠的菌落；霉菌呈大而絮片样菌落。

实验十二　病料的采集、包装和运送

【目的要求】

1. 认识病料采集、包装和运送的意义。
2. 掌握病料采集、包装和运送的基本原则及操作技术。

一、病料采集、包装、运送的基本原则

动物传染病给畜牧业生产带来的损失是巨大的。因此，动物传染病的快速而准确的诊断对早期控制、扑灭传染病的流行是非常必要的。对传染病患畜(禽)进行微生物学诊断并获得准确结果是诊断传染病最确切的依据之一。动物传染病的微生物学诊断方法较多，如显微镜检查、病原的分离培养、血清抗体检测、病原的分子生物学检测等，各个方法的病料采集、处理、保存、运送等方面各有要求。但是都须注意以下几项基本原则：

(1) 要分离病原微生物，必须准确采集含菌(病毒)最多的病料。这就必须充分了解各种病原微生物在患病动物体内及其分泌物和排泄物中的分布情况。不同的病原微生物在患病动物体内的分布情况是不同的，即使是同一种病原微生物，在病程的不同时期和不同的病型中分布也不相同。因此，在采集病料之前，必须根据该传染病的流行病学特点、临床表现和病理解剖检验的结果，对被检动物可能患什么传染病作出初步的诊断，然后采集最合适的病料。

(2) 采集病料时，应尽可能避免杂菌污染。要求尽量做到无菌操作，所用的器械、容器等均要求无菌。

(3) 采集的病料应尽快送检，不宜久置。患病动物死后，应立即剖检，采取病料送检，否则组织腐败、不利于病原体的分离。因故不能及时送检时，则需冷冻保存，但保存时间也不应太久。小动物(如家禽、家兔、羔羊、仔猪等)可将其整个尸体装入塑料袋内送检。

(4) 进行人兽共患传染病病尸的剖检时，须做好个人防护工作和环境的消毒工作，以免发生自身感染和散播病原。凡认为动物死于炭疽或可疑为炭疽等重大烈性传染病时，严禁剖检，应立即报告上级防疫部门，严格诊断处理。

(5) 剖检时要对病例各个组织器官的病理变化进行详细的记录。

二、各种病料的采集与保存

1. 涂片或触片　患病动物的病灶组织、脓汁、血液等可制成涂片或触片，待自然干燥后送检。血液涂片可制成两种，一种为薄血片，供显微镜检查用；另一种为厚片，供细菌分离或接种实验动物用。所有涂片或触片的一端应贴上标签，注明来源、是否固定等。

2. 检查包涵体的病料　采集早期的病灶组织，浸泡在固定液中保存，以供制备病理切片。固定液的配方：40%甲醛 50mL，冰乙酸 120mL，96%乙醇 1100mL，苦味酸 8g，蒸馏水 1000mL。

3. 细菌学检验病料　可采集组织脏器，如肝、脾、肾、心肌、淋巴结、脑组织等，盛入无菌容器中送检。液态病料如痰、黏液、脓汁、腹水、脑脊液、关节液及胆汁等，可用无菌注射器吸取，装入无菌试管中，或用无菌棉球、无菌棉签蘸取后放入无菌试管中送检。凡装有病料的容器均要求直立瓶口或试管口棉塞用融化的石蜡密封，并贴好标签。

4. 病毒学检验的病料　采集、保存应按不同病料采用不同方法。

(1) 血液：可于疾病的早期采集，最好同时采集两份血液，其中一份加肝素(每毫升血液加入 100 单位)抗凝，或以灭菌玻璃珠脱纤维蛋白。不用枸橼酸钠作为抗凝剂，因为枸橼酸钠有微弱的灭活病毒的作用，而且在接种实验动物或鸡胚时易引起非特异性反应，从而影响病毒的分离效果。另一份血液在自然凝固后分离血清，供血清学检验之用。

(2) 组织脏器：常用 50%的甘油磷酸盐缓冲液(或 50%甘油生理盐水)保存。伴发水疱、脓

疱或有分泌物的病毒性疾病，可采集病初的疱液、脓汁或分泌物，也可采集病灶的组织。表面消毒未破溃的水疱、脓疱后，用无菌注射器吸取疱液、脓汁或分泌物立即混入等量的无菌缓冲液(如磷酸缓冲肉汤、10%灭活兔血清、10%的生理盐水鸡蛋液、2%的生理盐水灭活马血清或灭菌脱脂乳)中送检。采集的其他组织病料也可置上述保护液中送检。

(3) 供电子显微镜超薄切片用的病料：必须新鲜，其大小为 $1mm^3$，于0～4℃条件下在特定的固定剂(锇酸或戊二醛)中固定，然后按电子显微镜检验标本的制作程序进行处理。

5. 血清学检验的材料　血清学检验包括鉴定抗原或抗体。作为病毒样抗原的样品取材要准确，并注意保持病毒的抗原性。用荧光抗体检验的病毒病料，应立即置丙酮中在低温下固定，然后送检。供鉴定抗体的血清，采血时不加抗凝剂，直接在无菌条件下分离血清，将血清装入灭菌试管、小瓶或台式微量离心管中，并可在血清中加入抗生素(青霉素和链霉素各1000U/mL)、0.5%石炭酸或0.01%的硫柳汞或0.08%的叠氮化钠防腐。

三、病料的包装和运送

将盛病料的容器表面用消毒剂擦拭好，以免散播病原。然后贴上标签，注明病料来源、种类、保存方法、采集时间等。为防止病料外漏，须用融化的石蜡严封瓶口或管口。各种病料装好后，全部置于密封箱/膜/袋或金属容器内，再置于内有冰块的泡沫箱或广口保温瓶中。然后，指派专人将病料送到检验机关。送检人员应了解病料来源及疫病流行等情况，同时要携带一份病料送检单，其主要内容、格式可参考表实12-1。

表实12-1　病料送检单(引自黄青云，2009)

第　　号　　　　年　　月　　日

项　目	记　录
送检单位、电话、邮编	
病畜(禽)种类、年龄、性别特征	
饲养管理、卫生、放牧、使役、牲畜数字等情况	
流行病学情况	
主要临床症状	
病理解剖变化	
病料种类、数量、保存方法、采集日期	
送检目的及要求	
病料送出时间	

送检单位　　(盖章)

畜牧兽医负责人　　(签名)

送检人员　　(签名)

实验十三　主要病原菌的认识

【目的要求】

1. 认识主要病原菌的形态特征和培养特性。

2. 本实验可结合各地传染病发生的情况，选择当地主要病原菌的抹片染色标本和培养标本进行观察。

一、金黄色葡萄球菌

1. 形态特征　为革兰阳性的球菌。脓汁、乳汁、液体培养物的染片中常呈双球或短链排列，菌落涂片染色中呈圆形、卵圆形、葡萄串状。无芽胞，无荚膜。

2. 培养特性　普通琼脂平板上生长成湿润、光滑、隆起、圆形的菌落。菌落颜色依菌株及培养条件而异，在含糖、牛乳或血清培养基中，22℃及有 CO_2 环境下，易产生色素，初灰白色，继而金黄色、白色或柠檬色。血琼脂平板上生长的菌落较大，呈β型溶血及色素的多为病原菌。普通肉汤中生长快，混浊，底部有沉淀，轻摇易上升、分散，培养 2～3 天后沉淀变黏稠，上面可见薄的菌环。

二、链球菌(以猪链球菌为例)

1. 形态特征　为革兰阳性的链球菌。在脏器涂片标本中呈单个或成对卵圆形，液体培养物染色呈链状排列。在鲜血或血清培养基上生长的新分离菌株，有的能产生荚膜。

2. 培养特性　普通琼脂培养基和鲜血琼脂培养基上，37℃培养 24h 后，长成灰白色、透明的小菌落，多呈 β 型溶血。

三、大肠埃希菌

1. 形态特征　为革兰阴性的短杆菌，常单独存在，偶呈短链排列，周身鞭毛，能运动，无芽胞，不形成荚膜。在组织和渗出液涂片染色标本中，常呈两极着色(比巴氏杆菌大)，要注意同巴氏杆菌区别。

2. 培养特性　普通琼脂平板上 37℃培养 24h 后，长成圆形、微隆起、湿润、半透明、无色的菌落。一些致病菌株在绵羊血平板上呈 β 型溶血。在麦康凯琼脂上长成红色菌落。远藤氏培养基上，形成带金属光泽的红色菌落。肉汤培养基中呈均匀混浊。

四、沙　门　菌

1. 形态特征　为革兰阴性的两端钝圆小杆菌，多单个散在，偶有呈 2～3 个菌体相连的短链，雏沙门菌、鸡沙门菌等无鞭毛，其他种沙门菌多数有周身鞭毛，能运动。无芽胞，无荚膜。

2. 培养特性　多数沙门菌在普通琼脂平板上生长形成圆形、光滑、微隆起、灰白色菌落(但雏沙门菌、鸡沙门菌等生长较贫瘠，菌落较小，直径约 0.5mm，其他约 1.5mm)，时间稍久，菌落变干，表面产生皱纹。在普通肉汤中生长，呈均匀混浊。

五、布 氏 杆 菌

1. 形态特征 为革兰阴性的球状或短杆菌，多单个散在，少数成双或短链，无运动性，不形成芽胞和荚膜。利用科兹洛夫斯基鉴别染色法，本菌被染成红色，而其他杂菌染成绿色。

2. 培养特性 牛型和绵羊型布氏杆菌初代分离需在 5%～10%的 CO_2 环境中始能缓慢生长(2～24 天)。已经长期传代保存的菌种，在血清葡萄糖琼脂平板上，1～2 天可长成圆形、隆起、光滑、湿润、闪光、半透明、微蓝色的菌落。在血清肝汤培养基中呈微混浊生长，培养日久可形成菌环。

六、巴 氏 杆 菌

1. 形态特征 为革兰阴性的类球杆菌，菌体两端钝圆，单个散在，偶有成双排列。碱性美蓝或瑞氏染色的病料组织抹片中，本菌呈典型的两极染色。

2. 培养特性 血液琼脂平板上生长良好，24h 长成淡灰色、露珠样小菌落，表面光滑、闪光，边缘整齐，不溶血。在血清肉汤中生长，24h 轻微混浊。在普通琼脂平板或肉汤中生长贫瘠。在麦康凯培养基上不生长。

七、炭 疽 杆 菌

1. 形态特征 在瑞氏或美蓝染色的组织标本中为两端平截的粗大杆菌，单个存在或成双、呈短链排列，竹节状，有荚膜，无芽胞。但在人工培养物的涂片标本中，革兰染色为阳性大杆菌，呈长链排列，无荚膜，有卵圆形的中央芽胞。陈旧培养物的革兰染片中，仅见游离芽胞。

2. 培养特性 在普通琼脂平板上培养 24h，长成灰白色、粗糙、干燥、无光泽、不透明、边缘不整齐的菌落，在低倍镜下观察，菌落边缘如卷发状。在普通肉汤中培养 18～24h，长成絮状沉淀，肉汤澄清。明胶穿刺培养，液化明胶，呈倒立松树状。

八、梭状芽胞杆菌

以产气荚膜梭菌和破伤风梭菌为例。

(一) 产气荚膜梭菌

1. 形态特征 在组织(肠黏膜)和纯培养染片中，均为大杆菌，多数单个散在，少数两个相连，革兰阳性，菌体两端较齐。无论组织片或纯培养都少见芽胞，若偶尔见到，芽胞呈椭圆，不比菌体宽，位于菌体中心或偏端。

2. 培养特性 在普通肉汤中厌氧条件下可生长。在厌氧肉肝汤中生长快，37℃、3～4h 即生长旺盛，产生大量气体。在鲜血琼脂平板上厌氧培养 18～24h，长成圆形、光滑、凸起、灰白、半透明、边缘整齐的菌落，菌落周围呈“双环”溶血。溶血环外，还有一环不完全的溶血。在葡萄糖鲜血琼脂上厌气培养的菌落，在 25℃以上与空气接触后，菌落附近血细胞呈绿色。

(二) 破伤风梭菌

1. 形态特征 在培养物染片中，繁殖菌体细长，两端钝圆，革兰阳性；芽胞圆形，位于菌体末端，且比菌体宽许多，呈“鼓槌状”。

2. 培养特性 在厌氧肉肝汤中生长，产生特有的臭味。在鲜血琼脂上厌气培养 3～4 天，长成半透明、灰黄色、中央圆形、边缘不整齐、有细丝状突起、似“蜘蛛状”菌落，周围呈 β 型溶血。

九、猪丹毒杆菌

1. 形态特征 为革兰阳性、平直或微弯的纤细短杆菌。在急性病猪脏器抹片中，可见菌体纤细、单个、成双或成丛排列。在血液涂片中，菌体在白细胞内成丛呈现。在慢性猪丹毒心内膜疣状物抹片中，菌体多呈长丝状。无运动性，不形成荚膜和芽胞。

2. 培养特性 在血液琼脂平板上，24～48h 后长成针尖大、露滴样、圆形小菌落，菌落无色、透明，周围可形成狭窄的绿色溶血环。在普通琼脂上生长不佳。明胶穿刺培养 2～3 天后，呈试管刷状生长(沿穿刺线向四周横向生长)，不液化明胶。

十、结核分枝杆菌

以结核分枝杆菌和副结核分枝杆菌为例。

(一) 结核分枝杆菌

1. 形态特征 为革兰阳性的细长或弯曲杆菌。抗酸性染色阳性(红色)，呈单个或 V 型、Y 型、人字型排列，有的则成丛堆积。无芽胞，无荚膜，无运动性。

2. 培养特性 营养要求严格，生长缓慢。在罗杰二氏等培养基中培养 2～6 周后，人、牛型结核杆菌长成干燥、皱缩、灰白色(或黄色)的菌落。禽型菌落则较光滑湿润。

(二) 副结核分枝杆菌

1. 形态特征 为革兰阳性的小杆菌，抗酸性染色阳性(红色)。病料抹片或培养物涂片中的细菌多成团或成丛排列。

2. 培养特性 培养基为加甘油和草分枝菌素的改良 Dubos 培养基等，37℃培养 5～6 周，才长出细小灰白色菌落。

实验十四 凝 集 试 验

【目的要求】

通过实验，掌握玻片凝集反应和试管凝集反应的原理、操作技术和判定方法。

【实验原理】

细菌、红细胞等颗粒抗原与相应抗体比例适合，有电解质参与下，经过二步特异结合，颗粒抗原被凝集，形成肉眼可见的凝集块。凝集反应中的抗原称为凝集原，抗体称为凝集素。

凝集试验可用已知的抗原检测血清抗体，也可用已知的免疫血清检查未知抗原，以达到鉴定抗体(抗原)和诊断疾病的目的。

【操作步骤】

以检验猪血清中布氏杆菌抗体为例。

一、玻片凝集试验

(1) 取清洁玻板一块，用蜡笔划成约 $3mm^2$ 的方格，用滴管吸抗原液，滴一滴于方格中心。抗原用前须充分摇匀。

(2) 取滴管吸被检血清，滴一滴于抗原液上，随即用牙签(或火柴棒)充分混匀。

(3) 于 20～35℃环境中，将玻板不断回旋倾斜摇动，使抗原与血清经常在玻板上旋回流动。3min 内观察反应。注意温度过低会影响反应，可将玻板放在用热水或灯泡加温的盒上操作。

(4) 每次试验均需作阴性和阳性血清对照。

(5) 结果判定：如在 3min 内出现片状或较大颗粒凝集块，液体透明，整个液滴呈花斑状，即为阳性反应，记录为“+”。如在 3min 内不出现凝集，玻板上的混合液仍保持原来的状态，或变成中心部分较浓、四周较稀薄的混悬物，即为阴性反应。记录为“–”。对不易判定为阳性或阴性的，可判为疑似反应。记录为“±”。观察反应应在 3min 以内完成。如用无色抗原，观察时，玻板下面可衬以黑色背景；如用染色抗原，则用白色背景。

二、试管凝集试验

(1) 每份血清用 4 支试管，另取对照管 3 支，共 7 支试管置试管架上。

(2) 按表实 14-1，先加入 0.5%石炭酸生理盐水，然后吸取待检血清 0.2mL，加入第 1 管中，吹吸混合 3 次，弃去 1.5ml，再吸 0.5mL 于第 2 管中，如前法，依次稀释至第 4 管，混合后弃去 0.5mL。第 5 管不加血清，为抗原对照，第 6 管加 1∶12.5 的阳性血清，第 7 管加 1∶12.5 阴性血清各 0.5mL。

表实 14-1　布氏杆菌试管凝集反应(引自黄青云，2009)

管号	1	2	3	4	5	6	7
稀释度	1∶25	1∶50	1∶100	1∶150	抗原对照	阳性血清对照 1∶25	阴性血清对照 1∶25
0.5% 石炭酸生理盐/mL	2.3	0.5	0.5	0.5	0.5	—	—
被检血清/mL	0.2	0.5	0.5	0.5	—	0.5	0.5
稀释抗原/mL	0.5	0.5	0.5	0.5	0.5	0.5	0.5
	弃去 1.5				弃去 0.5		

注：实际检验中待检血清的稀释度，猪、羊、狗用 1∶25、1∶50、1∶100、1∶200，牛、马和骆驼用 1∶50、1∶100、1∶200、1∶400 四个稀释度。大规模检疫可简化，用两个稀释度，即猪、羊、狗为 1∶25 和 1∶50，牛、马、骆驼为 1∶50、1∶100。

(3) 每管均加入用 0.5%石炭酸生理盐水稀释的布氏杆菌试管凝集抗原 0.5mL。抗原的稀释按瓶签说明，通常 1∶10 稀释。

(4) 加毕后，充分振摇混合，置37℃温箱4～10h，取出后置室温18～24h，观察结果。

(5) 结果判定：

++++　液体完全透明，菌体完全凝集于管底呈伞状，振摇时沉淀物呈片状、块状或颗粒状(100%菌体凝集)。

+++　液体略呈混浊，菌体大部分被凝集沉于管底，振摇后情况同上(75%菌体凝集)。

++　液体不甚透明，管底有明显的凝集，振摇时有块状或小片絮状物(50%菌体凝集)。

+　液体透明度不明显或不透明，有少量颗粒凝集(25%菌体凝集)。

–　液体不透明，管底无凝集，有时管底中心可能有少量抗原沉淀，但振摇后立即散开，呈均匀混浊。

确定血清凝集价时，应按出现“++”凝集现象的最高血清稀释度为该血清的凝集价。

判定标准：牛、马和骆驼凝集价1∶100以上，猪、山羊、绵羊和狗凝集价1∶50以上为布氏杆菌感染阳性，牛、马和骆驼1∶50，猪、羊等1∶25为可疑。

实验十五　琼脂双向双扩散(琼扩)试验

【目的要求】

1. 掌握琼扩试验的原理。
2. 掌握琼扩试验的操作方法及结果判定。

【实验原理】

血清或病毒抗原，与相应抗体，在1%琼脂凝胶中，由加样孔向四周自由扩散，抗原、抗体相遇，特异结合，并在比例适当处，联结成大的抗原抗体复合物，呈现一条不透明的白色沉淀带，沉淀带一旦形成就是一道“特异性的屏障”，能阻止相同的抗原抗体继续扩散，但仍允许不同的抗原抗体继续扩散。因此，每一种抗原与相应抗体均可形成各自的沉淀带。若抗原抗体不相对应，则不出现沉淀带，或与阳性对照的沉淀带交叉。本法可用于分析抗原成分、比较抗原的异同和微小的差异、鉴定病毒等。

【操作步骤】

1. 制1%琼脂凝胶板　取优质琼脂1g，加100mL生理盐水，并加万分之一硫柳汞作防腐剂，微波炉加热或隔水煮沸，使其充分溶解，稍冷，倾入平放的清洁平皿，或用吸管或注射器注于平放的载玻片上，厚约2mm。

2. 打孔　待琼脂凝固后，把按试验要求设计的图形(图实15-1)置琼脂板下，用打孔器打孔(如无专用的打孔器，可利用吸水笔尖的金属套管打孔)，一般孔距略小于孔径，用针挑去孔内琼脂。

3. 封底　将琼脂板的打孔部位底部，在酒精灯火焰上方通过几次微微加热、封底；或用融化的琼脂滴少量于孔底，以免渗漏。

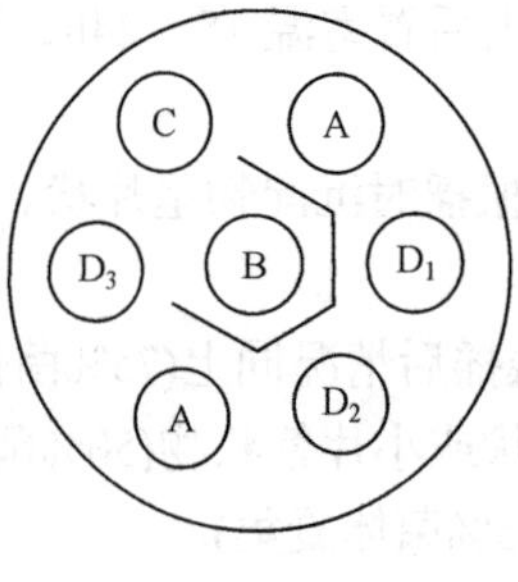

图实 15-1　琼脂扩散试验(引自黄青云，2009)
以 MDV 抗原检验为例；A.MDV 阳性抗原，B.MDV 阳性血清，
C.阴性抗原，D1、D2、D3.待检抗原

4. 加样　视试验目的和要求不同，设计加样方案。用毛细滴管分别在孔内滴加抗原或抗体，加满为止，注意滴时勿溢出孔外。设阳性、阴性对照。

5. 观察结果　将加样后的琼脂凝胶板水平放置湿盒中(内置湿纱布或湿棉球)，放在 37℃温箱或室温下，每天观察结果，观察 1～2 天。

6. 结果判定　抗原孔与抗体孔之间出现清晰的白色沉淀带，则为阳性。抗原孔与抗体孔之间不出现沉淀带，则为阴性。待检抗原与阳牲抗原沉淀带相吻合，待检抗原与已知抗原相同。沉淀带交叉，待检抗原与阳性抗原不同。有分叉，待检抗原与阳性抗原部分相同。待检抗原与已知血清之间有多条沉淀带，待检抗原有多种抗原成分。

实验十六　间接酶联免疫吸附试验(ELISA)

【目的要求】

1. 熟悉酶联免疫吸附试验(ELISA)主要试剂的成分及配制方法。
2. 熟悉酶联免疫吸附试验(ELISA)的原理、操作方法及结果判定。

【实验原理】

在酶标反应板上，包被的抗原与相应的抗体结合，再与酶标记的抗抗体或酶标记的 SPA 结合，加入底物和供氢体，酶催化底物使其分解，氧化供氢体使还原成带颜色的产物。由于酶降解底物和有色产物是成正比关系，因此，可以应用酶标检测仪测定颜色的 OD 值，计算出参与反应的抗原、抗体的含量。

【实验材料】

以检测猪瘟病毒抗体为例。酶标板(猪瘟病毒抗原包被)，猪瘟标准阳性血清、猪瘟标准阴性血清、被检猪血清(以上 3 种血清用前均以 TNE 液作 1:20 稀释)，羊抗猪正常球蛋白 IgG 酶(HRP)结合物(冻干的 IgG-HRP，用前按说明用 TNE 液溶解、稀释)，样品稀释液(TNE 液：Tris 1.2g，EDTA 0.4g，NaCl 8.5g，Tween-20 3mL，加双蒸水至 1000mL，用 1mol/L HCl 调 pH 至 7.4)，洗涤液(NaCl 8.5g，Tween-20 0.5g，加双蒸水至 1000mL，用 HCl 调 pH 至 7.0)，底物溶液(磷酸盐-柠檬酸缓冲液，0.2mol/L Na_2HPO_4 25.7mL、0.1mol/L 柠檬酸 24.3mL，蒸馏水 50mL)，底物溶液[磷酸盐-柠檬酸缓冲液 100mL，10mg TMP(供氢体，先溶于 1.0mL 二甲基亚砜)、30%H_2O_2 20μL(供氢体)，于棕色瓶中混匀，现配现用]，终止液(2mol/L H_2SO_4，浓 H_2SO_4 22.2mL、蒸馏水 177.8mL)，酶标检测仪，可调移液器，吸嘴，洗涤瓶等。

【操作步骤】

(1) 将样品稀释液 100μL 加入已包被猪瘟病毒(抗原)板的反应孔中，作空白对照。

(2) 将稀释好的猪瘟标准阳性血清和猪瘟标准阴性血清分别加入相邻两个孔，每孔 100μL，作阳性和阴性对照。

(3) 将稀释好的被检猪血清加入包被板的相邻两个孔，每孔 100μL。

(4) 将酶标板置湿盒中，于 37℃作用 30min。

(5) 将酶标板的样品液弃去，用洗涤液洗 3 次，每次 3min，甩干。

(6) 加入稀释好的酶标抗体，每孔 100μL。

(7) 重复步骤 4 和步骤 5。

(8) 加入底物液，每孔 100μL。置湿盒中，37℃作用 20min。

(9) 加终止液终止反应，每孔 5μL，静置 5min。

(10) 置酶标板于酶标检测仪中，按使用要求调节检测仪，在 450nm 处测定和记录各样品及对照的 OD 值。

(11) 结果判定：凡被检猪血清孔的平均 OD 值(P)与阴性血清平均 OD 值(N)的比值(P/N)≥2.1，则判为阳性。以被检血清呈阳性的最高稀释度为该血清的 ELISA 效价。

实验十七　细菌的药敏试验

【目的要求】

1. 掌握纸片扩散法和稀释法的原理、操作方法、结果判读及临床意义。
2. 熟悉纸片扩散法和稀释法的质量控制方法。

一、纸片扩散法

【实验原理】

含有定量抗菌药物的纸片贴在已接种测试菌的琼脂平板上，纸片中所含的药物吸收琼脂中的水分溶解后便不断地向纸片周围扩散，形成递减的梯度浓度。在纸片周围抑菌浓度范围内的细菌生长被抑制，形成透明的抑菌圈。抑菌圈的大小反映测试菌对测定药物的敏感程度，并与该药对测试菌的最小抑菌浓度(minimal inhibitory concentration，MIC)呈负相关，即抑菌圈越大，MIC 越小。

【实验材料】

1. 抗生素纸片　可购用或按下列方法制备：将质量较好的滤纸用打孔机打成直径 6mm 的圆片，每 100 片放入一小瓶中，高压灭菌后在 60℃条件下烘干。用无菌操作法将待测的抗菌药物溶液 1mL(含药量按表实 17-1 所列计算，例如，庆大霉素 10μg/片×100 片=1000μg/mL)加入 100 片纸片中，置冰箱内浸泡 1～2h，如立即试验可不烘干，若保存备用，可用下列一种方法烘干(干燥的抗生素纸片可保存 6 个月)。

表实 17-1　纸片法药敏试验纸片含药量和结果解释(引自黄青云，2009)

抗菌药物	纸片含药量	抑菌圈直径/mm		
		耐药(R)	中介度(I)	敏感(S)
阿米卡星(AMO)	30μg	≤14	15～16	≥17
庆大霉素(GEN)	10μg	≤12	13～14	≥15
青霉素(PEN)	10U	≤28	—	≥29
苯唑西林(OXA)	1μg	≤10	11～12	≥13
氨苄西林(AMP)	10μg	≤13	14～16	≥17
哌拉西林(PIP)	100μg	≤17	—	≥18
头孢唑林(FZN)	30μg	≤14	15～17	≥18
头孢呋辛(FRX)	30μg	≤14	15～17	≥18
头孢他啶(CAZ)	30μg	≤14	15～17	≥18
氨曲南(ATM)	30μg	≤15	16～21	≥22
亚胺配南(IMP)	10μg	≤13	14～15	≥16
环丙沙星(CIP)	5μg	≤15	16～20	≥21
万古霉素(VAN)	30μg	—	—	≥15
克林霉素(CLI)	2μg	≤14	15～20	≥21
复方新诺明(SXT)	1.25/23.75μg	≤10	11～15	≥16

注：敏感(S)表示被测菌株感染，可用该抗菌药的常用剂量治愈。耐药(R)表示被测菌株感染，用该抗菌药的常用剂量治疗，预期元效。中介度(I)出现此结果，有可能因试验技术因素引起的误差，不应报告，必要时用稀释法重做。

2. 培养皿烘干法　将浸有抗菌药液的纸片摊平在培养皿中，于 37℃温箱内保持 2～3h 即可干燥，或放在无菌室内过夜干燥。

3. 真空抽干法　将放有抗菌药物纸片的试管置干燥器内，用真空抽气机抽干。将制好的各种药物纸片装入无菌小瓶中，置冰箱内保存备用，并用标准敏感菌株作敏感性试验，记录抑菌圈的直径。若抑菌圈比标准敏感菌株的原来缩小，则表明该抗菌药物已失效，不能再用。

4. 培养基　Muelk-Hinton(M-H)琼脂

5. 试剂　无菌生理盐水，0.5 麦氏标准比浊管(相当于 1.5×10^8cfu/mL)。

6. 菌种　金黄色葡萄球菌 ATCC 25923、大肠埃希菌 ATCC 25922、铜绿假单胞菌 ATCC 27853。

【实验方法】

(1) 用培养 16～24h 血平板上的菌落接种于生理盐水管中，校正浓度至 0.5 麦氏标准(相当于 1.5×10^8cfu/mL)。

(2) 用无菌棉拭子蘸取少量的菌液，在 M-H 琼脂表面均匀涂抹接种 3 次，每次旋转平板 60°，最后沿平板内缘涂抹一周。

(3) 将接种的平板置室温下干燥 3～5min 后，用无菌镊子取含药纸片紧贴于琼脂表面，各纸片中心相距应大于 24mm，纸片距平板内缘应大于 15mm，置 35℃培养 16～18h 后观察结果。药物的选择参照表实 17-2。

表实 17-2 药敏纸片的选择(引自黄青云，2009)

待测菌	药物
金黄色葡萄球菌 ATCC 25923	PEN、OXA、CLI、VAN、CIP、GEN、SXT
大肠埃希菌 ATCC 25922	AMP、FZN、GEN、AMS、FRX、CIP、IMP
铜绿假单胞菌 ATCC 27853	CAZ、GEN、PIP、AMK、ATM、CIP、IMP

【结果判定】

根据抗菌药纸片周围抑菌区的大小，测定其药物的敏感性(如图实 17-1)。用毫米尺测量抑菌圈直径，参照表实 17-1 的标准判读结果。按敏感(S)或耐药(R)报告。

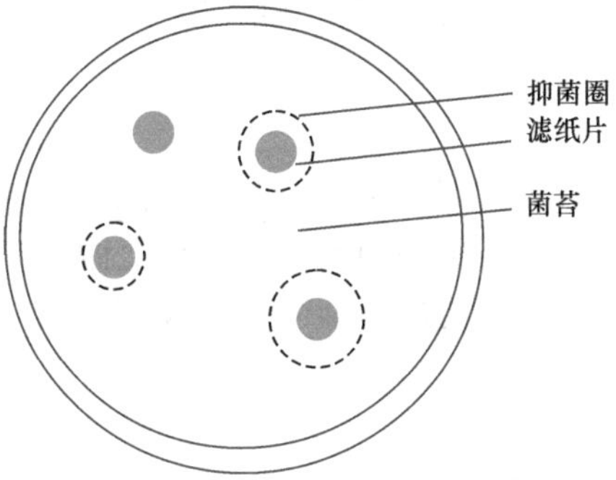

图实 17-1 药物抑菌试验示意图(改绘自胡建和，2006)

【质量控制】

标准菌株的抑菌圈应在表实 17-3 所示的预期范围内。如果超出该范围，应视为失控而不发报告，及时查找原因，予以纠正。

表实 17-3 质控标准菌株的抑菌圈预期值范围(引自黄青云，2009)

抗菌药物	纸片含药量	抑菌圈直径/mm		
		金黄色葡萄球菌 ATCC 25923	大肠埃希菌 ATCC 25922	铜绿假单胞菌 ATCC 27853
阿米卡星(AMO)	30μg	19～26	20～26	18～26
庆大霉素(GEN)	10μg	19～26	19～27	16～21
青霉素〈PEN)	10U	—	26～37	—
苯唑西林(OXA)	1μg	—	18～24	—
氨苄西林(AMP)	10μg	16～22	27～35	—
哌拉西林(PIP)	100μg	24～30	—	25～33
头孢唑林(FZN)	30μg	29～35	23～29	—
头孢呋辛(FRX)	30μg	20～26	27～35	—

续表

抗菌药物	纸片含药量	抑菌圈直径/mm		
		金黄色葡萄球菌 ATCC 25923	大肠埃希菌 ATCC 25922	铜绿假单胞菌 ATCC 27853
头孢他啶(CAZ)	30μg	16～20	25～32	22～29
氨曲南(ATM)	30μg	—	28～36	23～29
亚胺配南(IMP)	10μg	26～32	—	20～28
环丙沙星(CIP)	5μg	30～40	22～30	25～33
万古霉素(VAN)	30μg	—	17～21	—
克林霉素(CLI)	2μg	—	24～30	—
复方新诺明(SXT)	1.25/23.75μg	24～32	24～32	—

二、稀　释　法

【实验原理】

将不同剂量的抗菌药物加入融化并冷至 50℃左右的定量水解酶蛋白(阳)琼脂中，制成含不同递减浓度药物的平板，经接种待测菌(可在一个平板上做多株测定)，培养后其最小药物浓度不出现菌落者，即为该药对待试菌的最小抑菌浓度(MIC)。

【实验材料】

1. 培养基　Mueller-Hinton(M-H)琼脂

2. 试剂　无菌生理盐水、蒸馏水、0.1mol/L 磷酸盐缓冲液(pH 6.0)、0.5 麦氏标准比浊管(相当于 1.5×10^{8}cfu/mL)。

3. 菌种　金黄色葡萄球菌 ATCC 29213、大肠埃希菌 ATCC 25922、铜绿假单胞菌 ATCC 27853、粪肠球菌 ATCC 29212。

【实验方法】

1. 抗菌药物原液的配制　各种抗菌药物原液的溶剂和稀释剂为蒸馏水和 0.1mol/L 磷酸盐缓冲液(pH6.0)。原液浓度常高出测定最高浓度的 10 倍以上。琼脂稀释法常用的原液浓度为 5120μg/mL。原液配制好后过滤法除菌，小量分装备用。大部分抗菌药物原液在−20℃以下可保存 3 个月，但在 4℃下只能保存 1 周。琼脂稀释法常用抗菌药物容积稀释法见表实 17-4。

2. 含药物琼脂的制备　按上表所示，稀释待测抗菌药物。分别取 2mL 加入一系列已做好标记、内径为 90mm 的平皿内。再取融化后已在 50℃水浴中平衡 0.5h 以上的 MH 琼脂 18mL 加进平皿中，轻微震摇，使药物和培养基充分混匀。

表实 17-4　琼脂稀释法常用抗菌药和容积(引自黄青云，2009)

药物浓度/(μg/mL)	取药液量/mL	加稀释剂量/mL	药物稀释浓度/(μg/mL)	琼脂中最终含药浓度(μg/mL 药物：琼脂=1：9)
5120(原液)	1	0	5120	512
5120	1	1	2560	256

续表

药物浓度/(μg/mL)	取药液量/mL	加稀释剂量/mL	药物稀释浓度/(μg/mL)	琼脂中最终含药浓度(μg/mL 药物：琼脂=1：9)
5120	1	3	1280	128
1280	1	1	640	64
1280	1	3	320	32
1280	1	7	160	16
160	1	1	80	8
160	1	1	40	4
160	1	7	20	2
20	1	1	10	1
20	1	3	5	0.5
20	1	7	2.5	0.25
2.5	1	1	1.25	0.125
2.5	1	3	0.625	0.0625
2.5	1	7	0.312	0.0312

3. 接种　用 Steers 多头接种器(一次可接种 37 株菌)对平板逐个接种。每头的接种菌量为 1～2μL(含菌量约 10^7cfu/mL)，最终每个接种点含 10^4 个菌。接种时，应先接种不含抗菌药物的生长对照平板，然后接种含药浓度低的平板，最后接种含药浓度高的平板。

4. 培养　待接种点菌液干后，将接种后的平板置 35℃培养 16～20h，观察结果。

【结果判定】

菌落生长被完全抑制的最低药物浓度为该菌对待检菌的 MIC。单一菌落生长可忽略不计。

【质量控制】

每个琼脂平板应同时接种标准菌株，根据测试菌种分别选用金黄色葡萄球菌 ATCC 29213、大肠杆菌 ATCC 25922、粪肠球菌 ATCC 29212 和铜绿假单胞菌 ATCC 27853 等标准菌株，在同一试验条件下进行测定。常用抗菌药物对这些标准菌株的 MIC 的预期值范围已有标准可供参考，如测试结果超过或低于预期值范围一个稀释度以上时，不发出报告，查找引起差错的可能原因以及标准菌株是否被污染或已变异等，并重复测定。同时，应在接种完毕后于接种器各孔内取一接种环的含菌肉汤，划线接种于血平板上以检查有无污染或混合生长。

实验十八　荧光抗体染色法

【目的要求】

1. 理解荧光抗体染色法的原理。
2. 掌握荧光抗体染色法的基本操作方法。

【实验原理】

免疫球蛋白与荧光素结合后制成的荧光抗体既具有与相应抗原结合的抗体特性，又具有在荧光显微镜下易检测的特性，故可作为一种特异性试剂，在特定条件下去浸染标本。若标本中存在着相应的抗原时，抗原可与荧光抗体结合，形成抗原-抗体-荧光素复合物，在荧光显微镜下观察，即可看到带荧光的抗原形态，表明相应抗原的存在。如果标本中不存在与该种荧光抗体相应的抗原，荧光抗体就不能被结合，而被水洗掉，在荧光显微镜下就看不到抗原的形态，达到鉴别抗原、诊断疾病的目的。

【操作步骤】

以检测炭疽荚膜为例。

一、直 接 法

(1) 用疑似病尸的脏器(肝、脾、淋巴结等)涂片，自然干燥，火焰固定。

(2) 用滴管将抗炭疽杆菌荚膜荧光抗体诊断液(用 PBS 稀释至工作效价)滴加于待检标本片上，并使之布满整个标本。

(3) 将玻片置湿盒中(玻片少时，可用大平皿；玻片多时，可用放有玻片架的有盖搪瓷盘，容器底部垫以含水纱布或滤纸)，放 37℃温箱，作用 30min 左右。

(4) 取出玻片，用 pH 为 7.2～7.6 的 PBS 冲去多余的荧光抗体，将玻片在大量的 PBS 中漂洗 15min，中间换液 1 次，再以蒸馏水冲洗除盐。

(5) 玻片自然干燥后，在荧光显微镜下用高倍镜观察，或滴 1 滴甘油缓冲盐水(中性无自发荧光的甘油 9 份，加 pH 为 7.4～7.6 的 PBS 1 份)代替香柏油，用油镜观察。

二、间 接 法

(1) 用疑似病尸的脏器涂片，自然干燥，火焰固定。

(2) 用滴管吸取未标记的兔抗炭疽杆菌荚膜血清(事先用 PBS 稀释 10～20 倍)，滴加于待检标本片上，并使其布满整个标本。

(3) 将玻片置湿盒中，放 37℃温箱，作用 30min，取出玻片用 PBS 冲洗 15min，中间换液 2 次。

(4) 玻片干燥后，滴加羊抗兔 IgG 荧光抗体诊断液(以 PBS 稀释至工作效价)，并使它布满整个标本。

(5) 置湿盒中，放于 37℃温箱，作用 30min，取出玻片，用 PBS 充分漂洗，再以中性蒸馏水冲洗除盐。

(6) 玻片干燥后，放荧光显微镜下观察。

【结果判定】

用荧光显微镜观察菌体荧光图像，主要以两个指标判定结果：一是菌体的形态特征；二是荧光亮度。疑为炭疽的标本片经用荧光抗体(直接法或间接法)染色后，若标本片上发现增大的有荚膜的大杆菌，荚膜有明亮的黄绿-亮绿色的荧光，荚膜中央菌体呈暗绿色或不着色，则判为阳性；若被检病料有不同程度的分解，镜检时见到呈杆状排列的颗粒状荧光，而菌体不清，亦有一定的判定意义；但发现无荚膜而发均匀荧光的杆菌，则不能判为炭疽杆菌，因抗炭疽杆菌荚膜血清中含有沉淀素，能与部分其他需氧芽胞杆菌发生交叉反应。

初次应用制成的荧光抗体时，应设以下对照：

(1) 阳性对照：用接种炭疽杆菌死亡的小鼠肝脏涂片，用制备的荧光抗体染色，应见到明显增大的粗大杆菌，荚膜有明亮的黄绿-亮绿色荧光，菌体呈暗绿色。将制备的荧光抗体用 PBS 进行不同倍数稀释后，分别用以染色，以确定荧光抗体的工作效价(菌体有明亮的荧光)及非特异性荧光最弱的荧光抗体稀释倍数。如制成的荧光抗体浓度太低，染色后荧光太弱，可将其浓缩后再用。

(2) 类属抗原对照：以枯草杆菌或其他类炭疽杆菌的纯培养物涂片，用制备的荧光抗体染色，应无明亮的特异荧光。

(3) 阻抑试验：将制备的荧光抗体与未标记的同类 IgG 或血清等量混合后，去染已知含炭疽杆菌的病料(一步法)，或先以未标记的血清处理标本片，作用 30min 后，再加荧光抗体(二步法)染色，均应无荧光，或呈弱荧光。

实验十九　病毒的鸡胚培养

【目的要求】

1. 了解鸡胚接种的基本过程。
2. 掌握鸡胚接种的方法。

【实验原理】

鸡胚是正在发育的活的机体，组织分化程度低，细胞代谢旺盛，适于许多人类和动物病毒的生长增殖，是常用的病毒分离培养方法之一(衣原体、立克次体的分离亦用鸡胚)。目前，鸡胚在正黏病毒、副黏病毒、痘病毒、疱疹病毒及脑炎病毒，尤其在禽类病毒的研究上应用较多，可用于病毒的分离和鉴定、抗原和疫苗制备，以及病毒性质的研究等。虽然随着组织培养技术的不断发展，不少病毒已不再用鸡胚来分离培养，但对某些病毒来说，鸡胚仍是一种不可缺少的培养手段。鸡胚培养的优点：来源充足，价格低廉，操作简单，无需特殊设备或条件，易感病毒谱较广，对接种的病毒不产生抗体等。当然，鸡胚培养也有其缺点：除痘斑和鸡胚死亡是特异性感染指征外，多需用第二试验系统来测定病毒存在与否；非 SPF 鸡胚，亦可能含有对某些家禽病毒的母源抗体，甚至还可能带有雏沙门菌、支原体、禽白血病病毒等。因此，用鸡胚分离培养病毒时，必须考虑这些问题。原则上应使用非免疫蛋来孵鸡胚，最好用 SPF 鸡胚。

一般说来，孵育至 8～14 天的鸡胚最有利于病毒的生长，因为此阶段鸡胚发育日趋完善，各种脏器均已形成，已能经受接种物的适当刺激，同时胚胎细胞幼嫩，骨骼不健全，还未长出羽毛，很利于病毒在胚胎中增殖，同时也有利于收获高滴度的病毒。14 天以后，胚胎骨骼硬化，胚皮表面羽毛渐生，已不便感染病毒，特别是已不利于收获病毒材料。在操作鸡胚时，一定要注意到这一点。孵育至 21 天左右，羊水和尿囊液已全部被胚胎吸收，一部分卵黄陷入胚胎腹部，另一部分则仍留在体外，胚胎已发育成小鸡，破壳而出。

鸡胚的基本结构如图实 19-1，从图中可以看出，鸡胚的最外层为石灰质的卵壳，上有气孔，供气体交换，卵壳之下为壳膜，很易与卵壳分离，其功能是使气体分子与胚胎内的液体分子在内外进行交换。因此，在孵育时需要有一定的湿度和空气。如果湿度太低，鸡胚就容易脱水，引起鸡胚死亡。气流不通，鸡胚缺氧，同样会造成鸡胚死亡。鸡胚的钝头(俗称“大头”)是气室，其功能是呼吸和调节胚内压力。壳膜之下为血管丰富的绒毛尿囊膜，其外层为绒毛膜，系外胚层形成，内层为尿囊膜，系内胚层形成，两膜所夹为中胚层。由于胚胎的肺发育不完善，此时绒毛尿囊膜代行胚胎呼吸器官的作用，气体的交换是在绒毛尿囊膜的血管内通过卵壳进行的。尿囊腔是胚胎的排泄器官，内含的尿囊液，初为透明液体，成分极类似于生理盐水溶液，以后则尿酸盐含量增高。尿囊液量在 11～13 日龄时最高，平均达 6mL 左右。羊膜是胚胎的最内层包被，系外胚层和中胚层形成，羊膜腔内含羊水，胚胎浸于其中，羊水在起初是单纯的生理盐水溶液，以后蛋白质含量增加。羊水量在 8～15 日龄时最高，平均约为 1mL 左右。附着于胚胎上的是卵黄囊，其膜系由内胚层和中胚层形成，内包卵黄，是胚胎发育的养料。卵的尖端(俗称“小头”)是卵白，是胚胎发育晚期的养料。

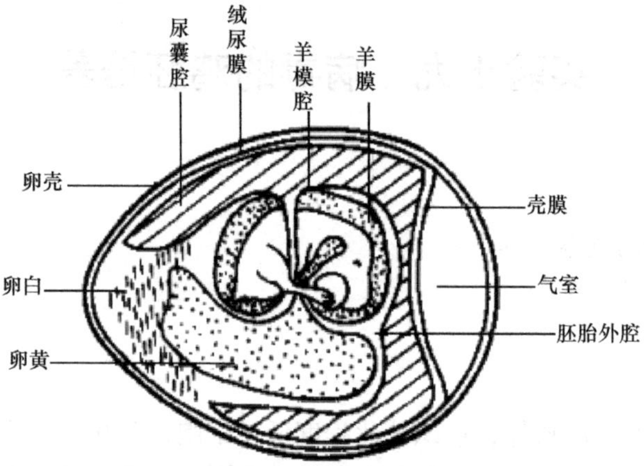

图实 19-1　鸡胚的基本结构(引自姚火春，2002)

除鸡胚外，其他禽类胚胎也常用于动物病毒的分离、培养等研究，如鸭胚、鹅胚、鸽胚等，其操作技术不作详述，可参照鸡胚之操作进行。

【实验器材】

孵化箱、检卵器(检卵箱或手持检卵灯)、卵架、打孔器、镊子、酒精灯、无菌眼科镊子和剪刀、吸头、洗耳球、注射器、适用的针头、无菌试营、平皿、三角瓶、烧杯、消毒胶布、石蜡和灭菌生理盐水等，NDV 毒种，9～11 日龄鸡胚。

【操作步骤】

一、鸡胚的实验室孵育

选择实验室用鸡卵，最好用白色薄壳鸡蛋，其易于观察胚胎的生活情况。实验用卵一般不宜保存过长时间，通常保存期不应超过 10 天，5 天以内最好；而且不宜在高温下保存，通常保存于 4～20℃，以 10℃条件下最好。适宜的孵育温度为 38～39℃，相对湿度为 45%～60%，并注意空气流通。孵育 3 天后每天应翻卵 1～2 次，以保证气体交换均匀、发育齐全，从而避免半边发育现象的出现。孵后第 4 天，用检卵器对鸡卵进行检视，检出未受精卵和死亡的鸡胚。经 4 天孵育后，未受精卵不见有鸡胚迹象，仅见模糊的卵黄暗影；受精卵则可见清晰的血管小团，其中有鸡胚迹象，较大的鸡胚可见到胚胎主动运动。濒死或死亡的鸡胚见到胚胎运动呆滞或不运动，血管昏暗、折断或飘落，这种鸡胚应剔出不用。

二、鸡胚的接种、剖视和收获

根据欲接种病毒的不同，选用不同的接种途径，主要应考虑最适病毒感染部位、最佳接种胚龄和获得最大的病毒滴度。常用的接种途径有尿囊腔、绒毛尿囊膜、羊膜腔、卵黄囊和静脉等。

(一) 尿囊腔接种法(图实 19-2)

(1) 选用 9～12 日龄发育良好的鸡胚，照蛋，标出气室及胚胎位置，在气室底边胚胎附近无大血管处标出尿囊腔注射部位。

(2) 气室向上，放置鸡胚于卵架上，在气室及标记处先后用碘酊和酒精棉球消毒蛋壳表面。

(3) 在所标记注射部位用剪刀尖端打孔，注意用力要稳，恰好使蛋壳打通而不伤及壳膜。为防止注射接种物时因胚胎内产生压力而使接种物溢出，可在气室顶端也打一小孔。

(4) 用 1mL 注射器抽取接种物，针头斜向(与卵壳成 30°角)刺入注射部位 3～5mm，达尿囊腔内，注入接种物。一般接种量为 0.1～0.2mL。

(5) 另一种接种方法是只开一小孔，在距气室底边 0.5cm 处的卵壳上打一个孔，由此孔进针注射接种物。

(6) 注射完毕，用融好的石蜡或消毒胶布封闭注射孔和气室孔。气室朝上于 35～37℃温箱中孵育。弃去 24h 内的死亡鸡胚，因多系机械损伤、细菌或霉菌污染等非特异性因素所引起，以后每天检卵 1～2 次。

(7) 检视出的死鸡胚、孵育 48～72h 的活鸡胚(某些病毒并不收获活鸡胚，应弃之)，取出置 4℃冰箱过夜或 −20℃冰箱中 1h，以免收获时流血。

(8) 取出冷却的鸡胚，气室端卵壳表面用碘酊和酒精棉球消毒，用镊子无菌击破气室部卵壳，并去除壳膜，撕破绒毛尿囊膜，以眼科镊子镊住绒毛尿囊膜，用毛细吸管或吸管吸取尿囊液和羊水，置无菌容器中保存备用(低温冰箱冻结保存)。一般能收获尿囊液 6mL 左右，最多可达 10mL。

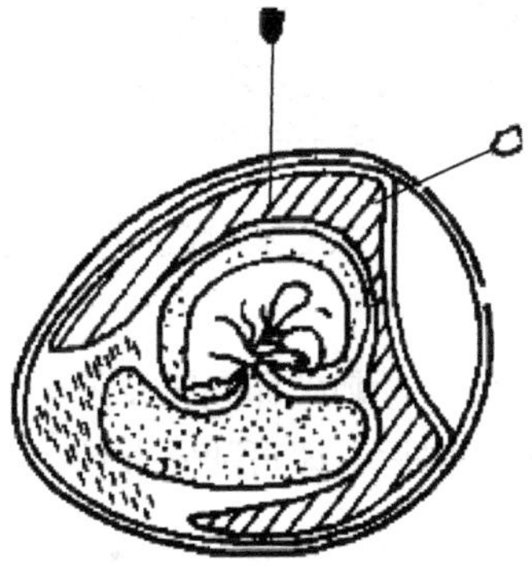

图实 19-2　尿囊腔接种法

(引自姚火春，2002)

(9) 取出鸡胚胎，于平皿内观察胚胎有无病理变化，如出血、蜷缩、侏儒胚等。根据需要，也可保存鸡胚胎或经匀浆机(器)处理后的悬浮液备用。

(二) 绒毛尿囊膜接种法(图实 19-3)

(1) 选用 10～12 日龄发育良好的鸡胚，检视并用铅笔标出气室和胚胎位置，在胚胎附近无大血管处的蛋壳上标出一个边长约 0.6cm 的等边三角形，作为接种部位。

(2) 在气室及标记处，先后用碘酊和酒精棉球消毒蛋壳表面。

(3) 横放鸡胚于卵架上，标记处朝上，用牙科钻砂轮挫或小钢锉轻挫三角处，不破坏壳膜取下三角形蛋壳。气室中央用钢锥开一小孔。滴加灭菌生理盐水一滴于三角形壳膜上，用灭菌针头或火焰消毒钢锥在壳膜上斜刺，挑破一小孔，注意不能伤及绒毛尿囊膜。同时用吸头或洗耳球于气室小孔上轻吸，使三角处绒毛尿囊膜下陷，生理盐水吸入，造成人工气室。(可在检卵器上检视人工气室的确实与否)。

(4) 用无菌注射器吸取接种物，于三角处小孔上刺入 0.5～1mm，注入病毒液，注射量一般为 0.1～0.2mL。轻轻旋转鸡胚，使接种液扩散到人工气室的整个绒毛尿囊膜上。用消毒胶布封闭三角形小口及气室小孔，横放鸡胚，开口向上，于 35～37℃温箱中继续孵育。24h 后检视，死胎弃去。以后每天检视 1～2 次。

(5) 检视出的死鸡胚、孵育 48～72h 的活鸡胚(或视不同的病毒、不同的实验目的孵育更长时间)，取出并用碘酊和酒精棉球消毒人工气室周围蛋壳，去除胶布，用无菌眼科剪、镊子去除人工气室处卵壳、壳膜。剪下人工气室处绒毛尿囊膜，置于无菌平皿中，用灭菌生理盐水冲洗，展平后观察痘斑等病理变化。收集绒毛尿囊膜并低温保存、备用。也可收集部分绒毛尿囊膜、固定，供组织病理学切片、检查包涵体。

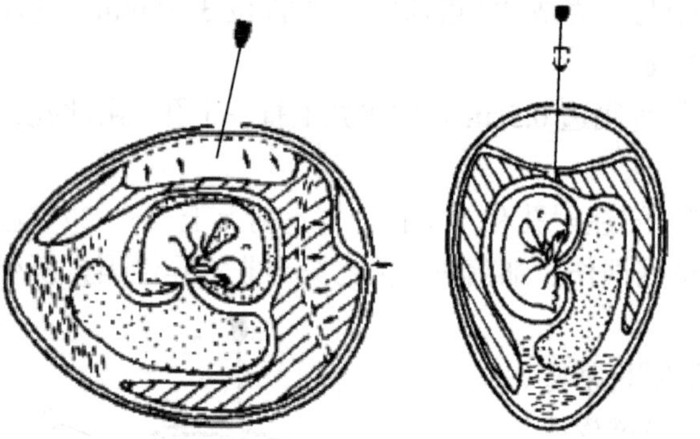

图实 19-3　绒毛尿囊膜接种法(引自姚火春，2002)

(6) 绒毛尿囊膜的另一种接种方法是，检视鸡胚划出胚胎位置及气室界线，用碘酊和酒精棉球消毒，在气室边缘附近将卵壳开一半径约 0.3cm 的小窗口，左手持鸡胚，使小窗口朝向操作者，右手持注射器用针头将气室边缘的壳膜挑起一小孔，缓缓注入接种物，使接种物渗入壳膜与绒毛尿囊膜之间。用消毒胶布封口，直立放置孵育。或不必开小窗，在大头顶端刺一小孔，插入针头，接种病料于空室内，针头继续深入，刺破卵壳膜及绒毛尿囊膜(深 1～1.5cm)，拔出针后封口，卵直立使气室向上，培养几小时后，即可随便翻动。

(三) 卵黄囊接种法(图实 19-4)

(1) 选用 5～8 日龄发育良好的鸡胚，检视、标出气室及胚胎位置。

(2) 气室向上，置鸡胚于卵架上，气室端卵壳用碘酊和酒精棉球消毒，用剪刀尖端在气室中央轻刺一小孔。

(3) 用注射器吸取接种物，通过气室中央小孔，用长针头(3～4cm)垂直刺入 2～3cm，也可刺入达鸡胚长径的 1/2，注入接种物。注射量一般为 0.2～0.5mL。

(4) 注射完毕，用融化石蜡封闭气室小孔，直立鸡胚，于 35～37℃温箱中继续孵育。24h

后检视，死胎弃丢。以后每天检视 1～2 次。

(5) 继续孵育，24h 以上死亡或濒死的鸡胚，取出气室向上直立于卵架上，气室周围卵壳用碘酊和酒精棉球消毒，去除气室端卵壳。用无菌镊子撕破绒毛尿囊膜和羊膜，提起鸡胚，夹住卵黄带，分离绒毛尿囊膜，置鸡胚与卵黄囊于平皿内。用无菌生理盐水冲去卵黄，分别将鸡胚和卵黄囊置于无菌容器中，低温冰箱保存备用。如欲作涂片，可取一小块轻轻涂于载玻片上制成薄片。

另外，由于卵黄是鸡胚的营养供给者，病毒可通过卵黄而进入胚胎，所以收获的胚胎一般病毒滴度也很高。

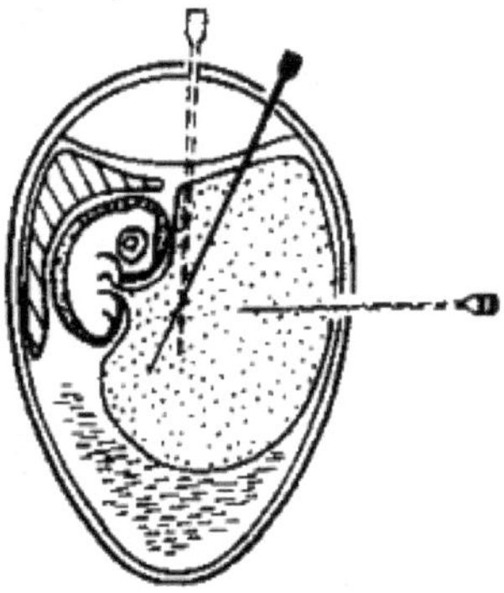

图实 19-4　卵黄囊接种法
(引自姚火春，2002)

(四) 羊膜腔接种法(图实 19-5)

(1) 选用 10 日龄发育良好的鸡胚，照蛋，标出气室和胚胎位置。

(2) 鸡胚气室向上，置于卵架上，用碘酊和酒精棉球消毒气室，将气室顶端开一直径 0.7～1.2cm 的小窗口。

(3) 滴加一滴灭菌液体石蜡于胚胎位置(也可用生理盐水代替石蜡，但透明度较差)。用眼科镊子细头由无血管处穿过绒毛尿囊膜，镊住羊膜，将其提出于绒毛尿囊膜外，使成伞状。

(4) 用注射器吸取接种物注入羊膜腔内，接种量一般为 0.1～0.2mL。注毕，用灭菌胶布封闭窗口，35～37℃温箱直立孵育。24h 后检视，死胎弃去。以后每天检视 1～2 次。

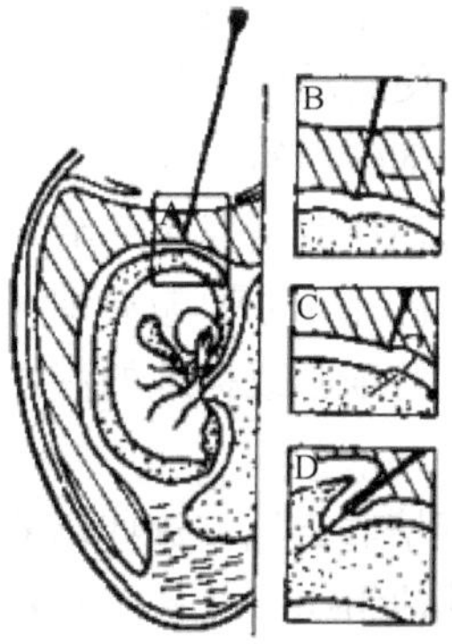

图实 19-5　羊膜腔接种法
(引自姚火春，2002)

(5) 经 48h 或稍长时间的孵育，死胚或活胚按尿囊腔接种法收获时的办法低温处置鸡胚，碘酊和酒精棉球消毒气室卵壳，自气室处打开窗口，用无菌吸管吸出尿囊液，再用眼科镊子轻轻夹起羊膜使成伞状，用一无菌毛细吸管插入羊膜腔内吸取羊水，置灭菌容器中低温保存、备用。方法得当，一般可获得 0.5～1mL 羊水。

(五) 鸡胚静脉接种

(1) 选用 12～14 日龄的鸡胚，暗室中照蛋并标出较粗的静脉，标出其位置和血流方向。

(2) 消毒标记处，用锉在卵壳上挫出一个 2～3mm 宽、5～6mm 长的长方形，注意不要伤及壳膜。

(3) 用镊子或外科刀挑去该长方形卵壳，在暴露的壳膜上滴加一滴灭菌液体石蜡，使壳膜透明，此时即可见到静脉。

(4) 用磨过的 4 号针头顺血流方向刺入静脉内，注射 0.02mL 接种液。若静脉内出现血流暂时中断，静脉呈白色，表明确已注入静脉。

(5) 用灭菌胶布封卵壳缺口，置温箱中孵育，弃去24h内死胚。

(6) 72～96h的死胚或健胚，普通冰箱中静置4～10h，收获胚胎，根据需要，采集相应器官组织，如肌肉、肝、脑等，保存或处理待用。

实验二十 组织培养

【目的要求】

1. 掌握病毒组织培养的方法。
2. 掌握病毒培养用细胞的制备方法。

【实验原理】

培养病毒的组织培养技术，都是下列5种基本方法的改良。

1. 悬浮细胞培养法 这是一个古老但仍在继续应用的方法，常用于口蹄疫病毒的培养。

2. 血浆凝块培养法 是应用凝固血浆(经常是鸡血浆)使组织块贴附在玻片或试管壁上进行培养的方法。先在玻璃表面涂布一层血浆膜，加入胚胎浸出液使其凝固。将组织块置入这一基质内，即能贴附于玻璃表面并增殖。应用这一方法可以看到细胞增殖，并可测量组织块的生长情况。这类培养物中的病毒生长，可根据下列几种方法测知：取培养物的液体或细胞作为病毒样品，接种于已知能发生感染的易感动物；注意其对细胞代谢的影响(亦即对某些代谢路径的抑制)；观察细胞死亡(坏死)；检测是否有血凝素存在；对细胞或提纯的液体进行电子显微镜检查。

3. 单层细胞培养 静止的试管培养是病毒学中最常用的细胞培养方法。这些培养物是用酶分散的组织制备的，这些组织来自肾、睾丸、皮肤、肿瘤及其他组织。这种培养物内含有小的细胞团块和单个细胞。将组织用剪刀剪碎，并用盐水冲洗，除去血细胞和细胞碎屑后将其置于酶溶液内，并用磁力搅拌装置不断搅拌。当细胞分散时(具体时间随酶消化的温度和所用组织而不同)，稍予离心沉淀，用营养液冲洗2～3次，除去酶。用几层纱布过滤后进一步稀释，使每毫升溶液中含有足够量的细胞，以保证良好的生长(细胞的具体数量随细胞种类而不同)，并分装于试管内培养。由肾组织制备的细胞悬液能在静置的任何玻璃表面(平皿或试管或玻璃瓶)产生丰盛的单层细胞。这样制备的试管培养物可用于病毒的分离、滴定、中和试验以及研究病毒在细胞内的生长。

4. 直接培养 这种培养方法与单层细胞培养相同。在尸体剖检时采取组织或者采取活体组织，用以制备单层细胞培养物，以提高病毒分离的机会。应尽可能少用酶，因为有些病毒可被酶灭活。

5. 器官培养 取器官薄片(如一段胎儿气管)进行体外培养，许多呼吸道病毒就是应用器官培养才分离出来的。

现在最常用的组织培养方法是单层细胞培养。培养病毒以易感动物细胞最佳(即牛易感的病毒用牛的细胞)，以肾细胞较常用。胚胎细胞较幼年动物的细胞效果好，而幼年动物肝细胞又较成年动物的细胞效果好。

细胞培养对玻璃器皿洗涤要求很高，应彻底洗净后用蒸馏水冲洗，再用双蒸水冲洗，干燥灭菌后备用。所有溶液均用双蒸水配制，所用药品试剂要用高质量的分析纯试剂。操作过程中，要求严格无菌操作。

【常用溶液的配制】

1. 胰蛋白酶溶液　以汉克斯液配制，其浓度因胰蛋白酶品牌而定。一般说来，Difco 牌用 0.27%，E-Merk 牌用 0.75%，其他品牌要经试验确定。按量将胰蛋白酶加入汉克斯液后，置 37℃ 20min 使其完全溶解，滤器除菌(不能加温，更不能高压)。无菌检查合格后，置−20℃保存，用前加适量 3.5%或 1.4%的 $NaHCO_3$ 使其 pH 为 7.6～7.8。此液供消化细胞用。

2. 汉克斯(Hank's)液

(1) 原液甲

① 原液甲一：NaCl 160g，$MgSO_4\cdot 7H_2O$ 2g，KCl 8g，$MgCl_2\cdot 6H_2O$ 2g，加双馏水至 800mL。

② 原液甲二：$CaCl_2$ 2.8g，加双馏水至 100mL。

将原液甲一和原液甲二混合，加双馏水至 1000mL，加 2mL 氯仿防腐，即为原液甲，保存于 5℃。

(2) 原液乙

① 原液乙一：$NaH_2PO_4\cdot 12H_2O$ 3.04g，KH_2PO_4 1.20g，葡萄糖 20g，加双蒸水至 800mL。

② 原液乙二：4%酚红液 100mL(0.4%酚红液是将 0.4g 酚红置乳钵中，边研磨边徐徐滴加 0.1mol/L 的 NaOH 11.28mL，酚红应完全溶解，置于 100mL 量杯中，最后加双蒸馏水达 100mL)。

将原液乙一和原液乙二混合，加双馏水至 1000mL，2mL 氯仿防腐，即为原液乙，保存于 5℃。

按下方配成汉克斯液：原液甲 1 份，原液乙 1 份，双蒸水 18 份，6.2052×10^4Pa 10min 灭菌，此液在 5℃下可保存 1 个月。

用前，以 1.4%$NaHCO_3$(6.2052×10^4Pa 10min 灭菌)，无菌操作，校正 pH 到 7.4(根据需要而定)，大约每 20mL 的汉克斯液加入 0.5mL 的碳酸氢钠，pH 可达 7.4，此时颜色应是黄红色。

3. 厄尔(Earle)氏液

(1) 原液甲：NaCl 68g，$NaHCO_3$ 22g，KCl 4g，葡萄糖 10g，$NaH_2PO_4\cdot 2H_2O$ 1.4g，双蒸水 1000mL。

(2) 原液乙：$CaCl_2$ 2g，$MgCl_2\cdot 6H_2O$ 1.7g，双蒸水 500mL。

使用时，按下方配成厄尔氏液：原液甲 2 份，原液乙 1 份，双蒸水 17 份，滤器过滤，无菌检查合格后，5℃下保存备用。保存期 1 个月。

4. 供组织培养用的磷酸盐缓冲盐水(简称 PBS)　NaCl 8g，Na_2HPO_4 1.15g，KCl 0.2g，KH_2PO_4 0.2g，$CaCl_2$ 0.1g，$MgCl_2\cdot 6H_2O$ 0.1g，双蒸水 1000mL。滤器过滤，此液 pH 为 7.3，保存于 5℃。当有沉淀发生时，不能供组织培养用。

5. 乙二胺四乙酸二钠(简称 EDTA)溶液　乙二胺四乙酸二钠 0.05g，Na_2HPO_4 0.288g，KH_2PO_4 0.55g，NaCl 2g，KCl 0.05g，双蒸水 250mL。5.5158×10^4Pa 10min 灭菌，4℃下保存备用，可代替胰蛋白酶溶液来消化传代细胞。

6. 5%乳蛋白水解物　将 5g 乳蛋白水解物加入双蒸水 100mL，待其完全溶解后装瓶，5.5158×10^4Pa 10min 灭菌，冷后置 4℃保存。亦可用汉克斯液直接配成 0.5%的溶液便于应用，但不宜长时间保存。

【细胞制备】

组织培养时使用细胞种类很多，现以原代猪肾细胞为例进行介绍。

(1) 无菌操作取胚胎或仔猪肾。

(2) 去肾被膜，将肾切为两半，剪去肾盂及髓质部。

(3) 以含青霉素、链霉素各 200IU/mL 的磷酸盐缓冲盐水洗去血细胞，用剪刀剪成约小米粒大的小块，移至灭菌三角瓶中。

(4) 再用含抗生素的磷酸盐缓冲液洗 3～4 次，至洗液彻底清亮为止。

(5) 加入 3～4 倍以上体积的 35℃胰酶液，在电磁搅拌器上搅拌消化(如无电磁搅拌器可置 40℃水浴锅中，内加无菌玻璃珠摇动)，搅拌(或摇振)时以发生漩涡而不起泡沫为度，至液体明显混浊时(约 10min)，再用吸管或注射器吹打数次。待组织块沉淀后，将上层被消化后的细胞吸出，再加入消化液，将余下组织块再同样消化 10～20min。再次吹打，分散细胞，将两次消化液混合在一起，经 4 层纱布过滤，收集滤液，离心(1500r/min，10min)，弃上清液，加入含抗生素的汉克斯液(见前述)，再离心，弃上清，加入营养液悬浮，再离心。亦可将组织块在 4℃下消化 16～24h(所谓冷消化法)，搅拌，吹打，收集细胞液，离心，同上述。

(6) 末次离心后，弃上清液，加入少许营养液悬浮，用计算白细胞的方法计算每毫升中细胞数。计数发现细胞太多时，可取少许浓细胞液加营养液适当稀释后再计数。营养液：取 10mL 小牛血清、80mL 汉克斯液和 10mL 5%乳蛋白水解物配成营养液，加双抗使每毫升营养液中含青、链霉素各 200IU。青、链霉素事先可配成各 20 000 IU/mL 的溶液。

(7) 根据计数结果，以营养液稀释到每毫升含肾细胞 100 万个。

(8) 分装于细胞培养瓶中，平放静置 37℃孵育 2 天后，每日检查，至长成单层为度，快则 2～3 天，慢则 6～7 天。如液体混浊，说明有细菌生长并往往变酸或有霉菌生长时，应废弃。

【病毒接种】

待长成单层后，吸弃营养液，加入 9mL 维持液。维持液中血清含量比营养液少 50% (抗生素含量同上)。接种含病毒的材料 0.1mL，再放回温箱培养。

每日检查一次，凡有霉菌及细菌生长者弃之。病毒在其中生长，可引起细胞变性，原生质出现颗粒，核浓缩或裂解，有的还引起明显的细胞溶解，出现空斑。发现有细胞变化或空斑时，即可将液体收集保存，同时做无菌检验。所收集的液体即繁殖的病毒液。有的病毒在细胞上生长，但细胞不出现病变，此时应以其他方法检查，如动物回归试验、END 法、荧光抗体检查等。

实验二十一　病毒的血凝试验及血凝抑制试验

【实验目的】

1. 掌握血凝及血凝抑制试验的作用和用途。
2. 掌握血凝及血凝抑制试验的基本过程。

【实验原理】

有些病毒能凝集某种动物的红细胞，可以用来推测材料中有无该病毒的存在。如有能凝集红细胞的病毒，其凝集性可被相应的抗体抑制。这种抑制具有特异性，故病毒的红细胞凝集抑制试验，可用已知病毒来检查被检血清中的相应抗体，也可用已知血清来鉴定未知病毒。由于只是某些病毒有血凝性，故血凝或血凝抑制试验只能用于那些有血凝性的病毒。

【实验材料】

现以新城疫病毒为例介绍血凝及血凝抑制试验。

1. 病毒　弱毒鸡新城疫疫苗，通过鸡胚繁殖后所收获的绒毛尿囊液。

2. 阳性血清　将弱毒苗初次免疫鸡后，以后每周肌肉注射按规定稀释好的疫苗 1mL，4 次。末次注射后 2 周，心脏采血，分离血清，血凝抑制价可超过 1∶1280，加硫柳汞之后在冰箱中可保存 5 年以上。

3. 被检血清　从被检鸡的翅静脉或心脏采血，分离血清。

4. 鸡红细胞　采鸡血，抗凝，洗红细胞，配制成 1%鸡红细胞生理盐水液。

【操作步骤】

一、微量红细胞凝集试验(HA)

按照表实 21-1，将各种试验材料按顺序加入各孔中，混合均匀，置室温(20～30℃)或 37℃、10min，每 5min 观察一次，以对照孔的红细胞完全沉淀为准，开始判定结果；或置 18～22℃中 45～60min，观察结果。

表实 21-1　血凝试验操作程序(引自姚火春，2002)　(单位：μL)

孔号	1	2	3	4	5	6	7	8	9	10	11	12
稀释度	2^{-1}	2^{-2}	2^{-3}	2^{-4}	2^{-5}	2^{-6}	2^{-7}	2^{-8}	2^{-9}	2^{-10}	2^{-11}	对照 弃 50
生理盐水 新城疫病毒	50 50	50 50	50 50	50 50	50 50	50 50	50 50	50 50	50 50	50 50	50 50	50 —
1%鸡红细胞	50	50	50	50	50	50	50	50	50	50	50	50
感作	30～37℃、10min，每 5min 观察 1 次，以对照孔红细胞完全沉淀为准，开始判定											
结果举例	++++	++++	++++	++++	++++	++++	++++	++	++	+	−	−

注：++++ 为完全凝集；++ 为不完全凝集；− 为不凝集。

血凝反应的强度如图实 21-1 所示。能使鸡红细胞发生完全凝集的病毒最高稀释倍数，称为该病毒的血凝滴度。如表实 21-1 所示，病毒血凝滴度为 1∶256。

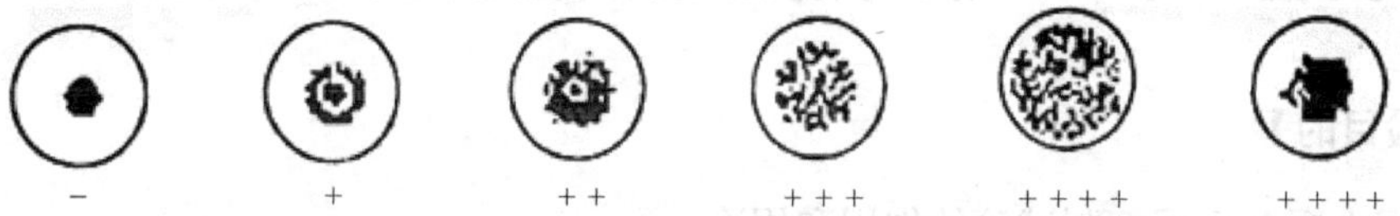

图实 21-1　血凝反应强度示意图(引自杨延彬，1998)

能使鸡红细胞完全凝集的最高稀释倍数的病毒液 50μL 为一个病毒血球凝集单位。在进行血凝抑制试验时，病毒液需含 4 个血凝单位量，即用呈一个血凝单位的稀释度增加 4 倍浓度。如上例，一个血凝单位为 1∶256 稀释的病毒液 50μL，要使病毒含 4 个血凝单位，应将原病毒液作成 256/4=64 倍稀释。

二、血凝抑制试验(HI)

要检测抗新城疫病毒血清的效价，必须在利用血凝试验测定出 4 单位病毒的基础上进行血凝抑制试验。

操作方法如表实 21-2。凡能使 4 个凝集单位的病毒凝集红细胞的作用完全受到抑制的血清最高稀释倍数，称为血凝抑制价(血凝抑制滴度)。

表实 21-2　血凝抑制试验操作程序(引自姚火春，2002)　　(单位：μL)

孔号	1	2	3	4	5	6	7	8	9	10	11	12
稀释度	2^{-1}	2^{-2}	2^{-3}	2^{-4}	2^{-5}	2^{-6}	2^{-7}	2^{-8}	2^{-9}	2^{-10}	2^{-11}	对照 弃 50
生理盐水	50	50	50	50	50	50	50	50	50	50	50	50
待检血清	50	50	50	50	50	50	50	50	50	50	50	–
4 单位 NDV	50	50	50	50	50	50	50	50	50	50	50	50
感作	30～37℃、10min(注意应做一孔不加病毒的对照孔)											
1%鸡红细胞	50	50	50	50	50	50	50	50	50	50	50	50
感作	30～37℃、10min，每 5min 观察 1 次，以不加病毒对照孔红细胞完全沉淀为准，开始判定											
结果举例	–	–	–	–	–	–	++	++++	++++	++++	++++	++++

注：++++ 为完全凝集；++ 为不完全凝集；– 为不凝集。

上例阳性血清的血凝抑制价为 1:128。

附：1%鸡红细胞的制备

(1) 用灭菌注射器通过翅静脉采抗凝血 1mL(抗凝剂使用 10%枸橼酸盐)。

(2) 将抗凝血放入 10mL 离心管，加入灭菌生理盐水，轻轻混匀，切勿用力吹打，以免红细胞破裂。

(3) 1500r/min 离心 3min 后，小心去上清。

(4) 管底的红细胞用 10mL 灭菌生理盐水轻轻混匀，重复步骤(3)。

(5) 重复步骤(3)～(4)3 次。

(6) 非常小心地吸尽上清。

(7) 加入 1mL 灭菌生理盐水混匀红细胞，假设这时红细胞液的体积为 V，那么实际红细胞体积为(V–1)mL。将(V–1)mL 的红细胞加入到体积为(V–1)×100mL 的灭菌生理盐水中，即得到 1%鸡红细胞悬液。

主要参考文献

白惠卿，陈育民，安云庆. 2008. 医学免疫学与微生物学. 北京：北京大学医学出版社.
曹澍泽. 1992. 兽医微生物学及免疫学技术. 北京：北京农业大学出版社.
陈三凤，刘德虎. 2003. 现代微生物遗传学. 北京：化学工业出版社.
崔保安. 2005. 动物微生物学(第 3 版). 北京：中国农业出版社.
崔治中. 2015. 兽医免疫学(第 2 版). 北京：中国农业出版社.
崔治中，崔保安. 2004. 兽医免疫学. 北京：中国农业出版社.
冯仰廉. 2006. 反刍动物营养学. 北京：科学出版社.
甘肃农业大学. 1980. 兽医微生物学. 北京：农业出版社.
何建民，梅玫. 2008. 病原微生物镜检手册.天津：天津科学技术出版社.
胡桂学，陈金顶，彭远义. 2015. 兽医微生物学实验教程(第 2 版). 北京：中国农业大学出版社.
胡建和，王丽荣，杭柏林. 2006. 动物微生物学. 北京：中国农业科学技术出版社.
扈荣良. 2014. 现代动物病毒学. 北京：中国农业出版社.
黄青云. 2003. 畜牧微生物学(第 4 版). 北京：中国农业出版社.
黄青云. 2009. 畜牧微生物学(第 5 版). 北京：中国农业出版社.
姜平. 2015. 兽医生物制品学(第 3 版). 北京：中国农业出版社.
孔宪刚. 2013. 兽医微生物学(第 2 版). 北京：中国农业出版社.
李舫. 2006. 动物微生物. 北京：中国农业出版社.
李明远. 2010. 微生物学与免疫学. 北京：高等教育出版社.
陆承平. 2013. 兽医微生物学(第 5 版). 北京：中国农业出版社.
南京农业大学，甘肃农业大学. 1979. 家畜传染病学实习指导(第 2 版). 北京：农业出版社.
任家琰，马海利. 2001. 动物病原微生物学. 北京：中国农业科技出版社.
沈萍. 2000. 微生物学. 北京：高等教育出版社.
苏燎原.2000. 淋巴细胞及其辐射效应.北京：原子能出版社.
唐丽杰. 2005. 微生物学实验. 哈尔滨工业大学出版社.
韦平，秦爱建. 2008. 重要动物病毒分子生物学. 北京：科学出版社.
谢天恩，胡志红. 2002. 普通病毒学. 北京：科学出版社.
杨汉春. 2003. 动物免疫学. 北京：中国农业出版社.
杨延彬. 1998. 免疫学及免疫学检验. 北京：人民卫生出版社.
姚火春. 2002. 兽医微生物学实验指导(第 2 版). 北京：中国农业出版社.
殷震，刘景华. 1997. 动物病毒学. 北京：科学出版社.
张小凡. 2013. 环境微生物学. 上海：上海交通大学出版社.
周德庆. 2002. 微生物学教程(第 2 版). 北京：高等教育出版社.
周群英，高延耀. 2000. 环境工程微生物学(第 2 版). 北京：高等教育出版社.
朱军. 2010. 微生物学. 北京：中国农业出版社.
David E. Swayne. 2013. Disease of Poultry. 13th ed. Iowa: John Wiley & Sons, Inc.
MacLachlan N J, Dubovi E J. 2011. Fenner's Veterinary Virology. 4th ed. London: Academic Press.
Markey B, Leonard F, Archambault M, et al. 2013. Clinical Veterinary Microbiology. 2nd ed. Amsterdan: Mosby Elsevier.
McVey D S, Kennedy M, Chengappa M M. 2013. Veterinary Microbiology. 3rd ed. Iowa: Blackwell Publishing.

附　　录

附录一　常用玻璃器材的准备

微生物实验室内应用的玻璃器材种类甚多，如吸管、试管、烧瓶、培养皿、培养瓶、毛细吸管、载玻片、盖玻片等，在采购时应注意各种玻璃器材的规格和质量，一般要求能耐受多次重复灭菌，且以中性为宜。玻璃器皿用前要经过刷洗处理，使之干燥清洁，有的需要无菌处理。对于每个从事微生物工作的人员应熟悉和掌握各种玻璃器皿用前用后的处理。现将玻璃器皿的种类及其准备列述如下。

一、常用玻璃器皿的种类及要求

1. 试管　用于细菌及血清学试验的试管应较坚厚，以便加塞时不致破裂(附图 1-1)。常用的规格有：① (1.2～3)mm × 65mm，用于环状沉淀试验；②(2.11～13)mm×100mm，用于血清学反应及生化试验等；③3.15mm×150mm，用于分装 5～10mL 的培养基及菌种传代等；④4.25mm×200mm，用于特殊试验或装灭菌滴管等。

2. 三角烧瓶　底大口小，放置平稳，便于加塞，多用于盛培养基、配制溶液等。常用的规格有 50mL、100mL、150mL、250mL、500mL、1000mL、2000mL、3000mL、5000mL 等。

3. 培养皿　为硬质玻璃双碟，常用于分离培养。盖与底的大小应合适(附图 1-1)。盖的高度较底稍低，底部平面应特别平整。常用的规格(以皿盖直径计)有：90mm、75mm、60mm 等。

4. 吸管　用于吸取少量液体。常用的吸管有两种：一种为无刻度的毛细吸管；另一种为有刻度吸管，管壁有精细的刻度。一般长为 25cm。常用的容量为 0.2mL、0.5mL、1.0mL、2.0mL、5.0mL 及 10mL。

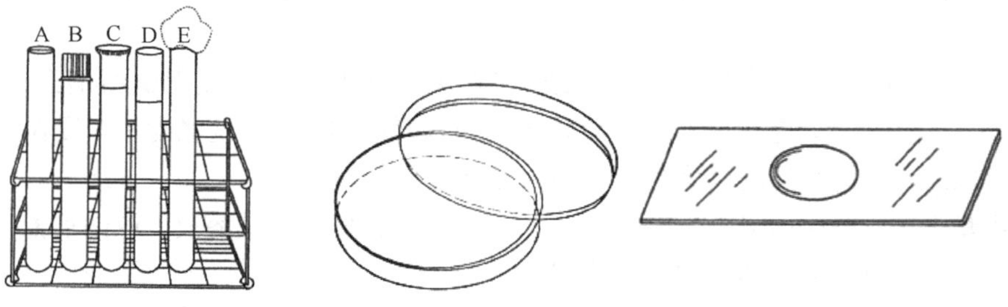

试管与试管塞(帽)　　培养皿　　凹玻片

附图 1-1　常用玻璃器皿(引自唐丽杰，2005)
A. 细菌学试管；B. 螺旋帽；C. 塑料帽；D. 金属帽；E. 棉塞

5. 量筒、量杯　用于液体的测量。常用规格为：10mL、20mL、25mL、50mL、100mL、200mL、500mL、1000mL 及 2000mL。

6. 烧杯　规格为 50～3000mL，供盛液体或煮沸用。

7. 载玻片及盖玻片　载玻片供做涂片用，规格为 75mm×25mm，厚度为 1～2mm，另有凹玻片可供做悬滴标本及做血清学试验用(附图 1-1)。盖玻片为极薄的玻片，用于标本封闭及悬滴标本等，有圆形的，直径 18mm；方形的，18mm×18mm 或 22mm×22mm；长方形的，22mm×36mm 等数种。

8. 离心管 规格有 10mL、15mL、100mL、250mL 等数种，供分离沉淀用。

9. 试剂瓶 有磨砂口，有盖，分广口和小口两种，容量 30～1000mL 不等，视需要选择使用。分棕色、无色两种，为贮藏药品和试剂用，凡需避光保存的药品、试剂均宜用棕色瓶。

10. 玻璃缸 缸内常放置石炭酸或来苏儿等消毒剂，以放置用过的玻片、吸管等。

11. 染色缸 有方形和圆形两种，可放载玻片 6～10 片，供细菌、血液及组织切片标本染色用。

12. 滴瓶 分白色和棕色，容量有 30mL 和 60mL 等，供贮存试剂及染色液用。

13. 漏斗 分短颈式和长颈式两种。漏斗直径大小不等，视需要而定。分装溶液或过滤杂质用。

14. 注射器 有 0.25mL、0.5mL、1mL、2mL、5mL、10mL、20mL、50mL 和 100mL 等规格。供接种试验动物和采血用。

15. 下口瓶 分有龙头和无龙头两种。容量有 2500～20 000mL 不等。存放蒸馏水或常用消毒药液，也可在细菌涂片染色时冲洗染液使用。

除上述外，还有发酵管、玻璃棒、酒精灯、玻璃珠及蒸馏水瓶等玻璃器材。

二、一般玻璃器皿的准备

1. 新购入玻璃器皿的处理 新购入玻璃器皿常附有游离碱质，不可直接使用，应先在 2%盐酸溶液中浸泡数小时，以中和碱性，然后用肥皂水及洗衣粉洗刷玻璃器皿之内外，再以清水反复冲洗数次，以除去遗留的酸质，最后用蒸馏水冲洗。

2. 玻璃器皿用后的处理 凡被病原微生物污过的玻璃器皿，在洗涤前必须进行严格的消毒后再行处理，其方法如下。

(1) 一般玻璃器皿(如平皿、试管、烧杯、烧瓶等)：均可置高压灭菌器内灭菌。随即趁热将内容物倒净，用温水冲洗后，再用 5%肥皂水煮沸 5min，然后按新购入产品的方法同样处理。

(2) 吸管类：使用后，投入 2%来苏儿或 5%石炭酸溶液内 48h，对其进行消毒，但要在盛来苏儿溶液的玻璃筒底部垫一层棉花，以防吸管投入时破损。吸管洗涤时，先浸在 2%肥皂水中 1～2h，取出，用清水冲洗以后再用蒸馏水冲洗。

(3) 载玻片与盖玻片：用过后，可投入 3%来苏儿或 5%石炭酸溶液，取出后煮沸 20min，用清水反复冲洗数次，浸入 95%乙醇中备用。

各种玻璃器材若用上述方法处理，若还未达到清洁目的，则可将其浸泡于下述清洁液中过夜，取出后用水反复冲洗数次，最后用蒸馏水冲洗。

清洁液的配制方法：重铬酸钾 60g，硫酸 60mL，自来水 100mL。此液可连续使用，直至液体变绿后不能再使用。此种清洁液内含有硫酸，腐蚀性很强，使用时应注意避免对衣服和皮肤的灼伤。

凡含油脂如凡士林、石蜡等的玻璃器材，应单独进行消毒及洗涤，以免污染其他的玻璃器皿。这种玻璃器材于未洗刷之前必须尽量去油，然后用肥皂水煮沸，趁热洗刷，再用清水反复冲洗数次，最后用蒸馏水冲洗。

玻璃器材洗净后，通常倒置于干燥架上，令其自然干燥，必要时亦可放于干烤箱中，50℃左右烤干，以加速其干燥。温度不宜太高，以免玻璃器皿碎裂。干燥后以干净的纱布或毛巾拭去干后的水迹，以备进一步处理应用。

3. 玻璃器皿的包装　玻璃器皿在消毒之前，必须包装妥当，以免消毒后又被杂菌所污染。

(1) 一般玻璃器材(试管、三角瓶、烧杯等)的包装：用适宜大小的棉塞，将试管或三角烧瓶口塞好，外面再用纸张包扎，烧杯可直接用纸张包扎。

(2) 吸管的包装：要用细铁丝或长针头塞少许棉花于吸管口端。塞进的棉花大小要适度，太松或太紧对其使用都有影响。最后，每个吸管均需用纸分别包卷，有时也可用报纸每 5～10 支包成一束或装入金属筒内进行干热灭菌。

(3) 培养皿、青霉素瓶、乳钵等的包装：要用无油质的纸将其单个或数个包成一包，置于金属盒内或仅包裹瓶口部分直接进行灭菌。

4. 玻璃器材的灭菌　玻璃器材干燥包装后，均置于干热灭菌器内，调节温度至 160℃维持 1～2h 进行灭菌。灭菌后的玻璃器材需在 1 周内用完，过期应重新灭菌，再行使用。必要时，也可将玻璃器材用油纸包装后，用 121℃高压蒸汽灭菌 20～30min。

三、供组织培养用的玻璃器皿及其他器皿的清洗、包装与消毒

1. 清洗　新购置的或用过的玻璃器皿都必须先浸泡于粗硫酸(有的实验室用清洁液)中过夜，次日取出用自来水浸泡 4～6h 后，再用自来水冲洗 10 次(不得少于 10 次)或用流水冲洗 5min(清洁液浸泡的应适当延长)；最后蒸馏水冲洗 6 次(双蒸馏水冲洗 3 次即可)，放入温箱中干燥即可包装。

2. 包装　吸管和移液管首先在管口塞入普通棉花少许(不得过紧或过松)，用麻纸包扎后，装入玻璃筒灭菌(附图 1-2)；培养瓶在塞好塞子后，外面用牛皮纸包扎；平皿用牛皮纸包裹；中试管以 4～6 支用方形牛皮纸包裹在一起，进行灭菌。再用的链霉素小瓶，可直接放入铝饭盒内灭菌。

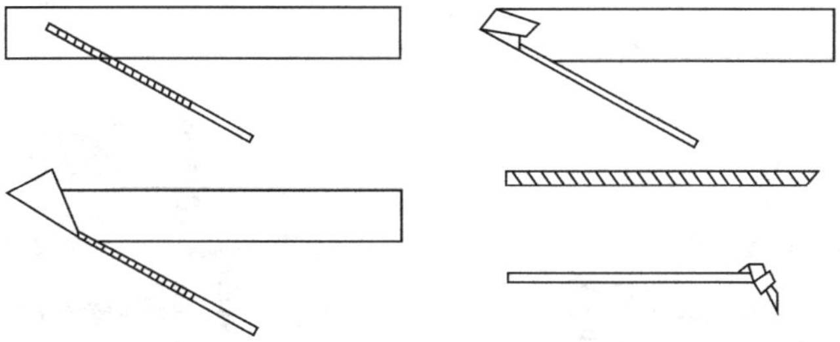

附图 1-2　吸管的包装方法(引自唐丽杰，2005)

3. 灭菌　包装好的玻璃器皿，均以干热灭菌，100℃维持 2～3h，灭菌过的器皿，必须在 1 周内用完，过期应重新灭菌。

4. 翻口橡皮塞的准备　一般经肥皂水煮沸 20min 后，流水冲洗 10 次，再以蒸馏水冲洗 2 次后，用双蒸水浸泡于玻璃缸中备用。使用前煮沸消毒 15min，亦可取出晾干、包装、高压灭菌后使用。

四、毛细管的制备

取直径 5mm、长约 10cm 的中性硬质玻璃管，两端各塞以棉花，包扎，灭菌，然后两手持管的两端，将其中段置于喷灯上烧灼，待其赤热熔化时，即离开火焰，向两端拉长，即成毛细管。

附录二　常用仪器的使用

微生物实验室常用的主要仪器有培养箱、干烤箱、普通冰箱、低温冰箱、离心机、超速离心机、高压灭菌器、滤器、水浴锅等。

一、培 养 箱

培养箱，亦称恒温箱，是培养微生物的重要设备(附图 2-1)。使用时应注意以下事项：用前要检查其所需要的电压与所供应的电压是否一致，如不符合，则应使用变压器；如内外夹壁之间需盛水，用前则需注入与所需要的培养温度相接近的温水，每过一定时间应换水一次，以保持水的清洁和恒定的量。不用时应将水放出；初用时应检查温度调节器是否准确，箱内各部分的温度是否均匀一致；除了取、放培养材料外，箱门应始终严密关闭；经常观察箱上的温度计所指示的温度是否与标准相符；箱内外应保持清洁干燥。

二、干 燥 箱

干燥箱，也称干热灭菌器，其原理与培养箱相似，只是所用的温度较高(附图 2-2)。主要用途是供消毒玻璃器皿。干燥箱的使用方法及注意事项如下：要消毒的玻璃器皿必须清洁、干燥，并包装好。放入干燥箱后，将门关紧，然后接通电源，打开开关加热，使温度缓慢上升。当温度升至 60～80℃时，开动鼓风机，使灭菌器内的温度均匀一致。达到所要的温度(通常为 160～180℃)后维持一定的时间，通常为 1.5～2h，然后关闭电源。待干燥箱内温度降到室温时方可将门打开(干燥箱内温度高于 67℃时，不能将门打开，取放器皿)，取出灭菌物品。灭菌后玻璃器皿上的棉塞和包扎纸张应略呈淡黄色。

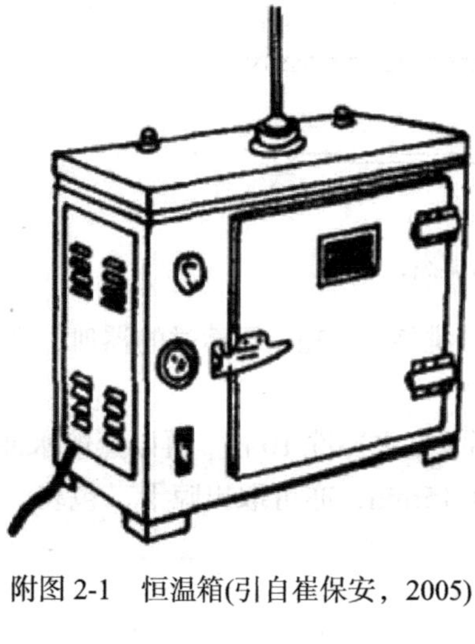

附图 2-1　恒温箱(引自崔保安，2005)

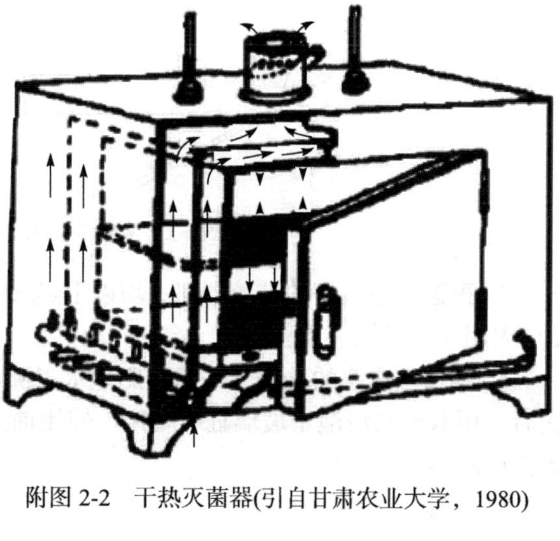

附图 2-2　干热灭菌器(引自甘肃农业大学，1980)

三、普通冰箱

冰箱是根据液体挥发成气体时需要吸热，而将其周围的温度降低这一原理设计而成的。可用的冷却液有氨、二氧化碳和二氯二氟甲烷[Cl_2F_2，或称 Freon(氟里昂)]等，这些物质液态时都容易气化，气化时吸收大量的热，稍加压力又易被液化。

使用冰箱时应注意的事项如下：购入冰箱时，应注意其所需要的电压是否与所供应的相符，如不符，则必须用变压器，并注意供电线路上的负荷及保险丝的种类是否符合冰箱的要求；冰箱应置于通风明亮的房舍内，并注意离墙壁要有一定距离；使用时，应将温度调节到所需要的温度，通常微生物实验室所用的冰箱，其下部温度应为 4～10℃，而主部冷却室中应结冰，冷却室内的铝盘不可将水盛满，以免膨胀后将水溢出盘外；冰箱开启时间应尽量短暂，温度过高的物品不能放入冰箱中，以免过多的热气进入箱中而消耗电量，并增加其机件的工作时间，缩短使用寿命；冰箱内应保持清洁干燥，如有霉菌生长，应先清理内部，然后用福尔马林气体熏蒸消毒。无论是冰箱内有霉菌生长还是冷却室内结冰太多需要清理时，都应先将电路关闭，将冰融化后再行清理。

四、低温冰箱

低温冰箱的原理和普通冰箱一样。一般的低温冰箱使用时注意事项如下：①购入冰箱时应注意低温冰箱所需要的电压是否与所供应的一致，如不一致应根据低温冰箱的要求调整电压，并注意供电线路上的负荷及保险丝的种类是否符合低温冰箱的要求。②低温冰箱宜放置在室内，四周至少离墙壁 50cm，并尽量远离发热体。应使室内空气流通，使冰箱不受日光照射。环境温度宜低于 35℃。③新购入的低温冰箱试机时或因停电温度回升过高时，为了避免机器一次工作时间过长，应控制温度调节器，使之逐渐下降。④冷凝结片间易受空气尘埃堵塞，影响冷凝效果，应经常注意清理。⑤整个制冷系统都是气密的，使用时不可随意紧松连接管上的接头及压缩机上的螺钉。如怀疑有漏气的情况，可以用浓肥皂水检查，如确有漏气，接头处应拧紧。⑥当环境温度与低温冰箱内温度差距较大时，尽量缩短开闭时间。一般使用情况下，每年要进行一次维修。

五、离　心　机

离心机是根据物体转动时发生离心力这一原理而制成的。在微生物实验室内，离心机可以用于沉淀细菌、分离血清和其他比重不同的材料。

电动离心机的用法如下：①将盛有材料的离心管置于离心机金属管套内，必要时可在管底垫一层棉花。用天平称量，必须使相对两管连同其管套的重量相符，如仅有材料一管，可盛清水于相对一管中以平衡之。②将离心管及其套管按对称位置放入离心机转动盘中，将盖盖好。③打开电源，慢慢转动速度调节器的指针至所要求的速度刻度上，维持一定时间。有的离心机在转动盘上装有玻璃管一根，从盖中央的小孔中突出于离心机外，管中盛乙醇，当离心机转动时，因离心作用使乙醇形成一个旋涡，从旋涡的深度即可显示转动速率。④到达一定时间后，将速度调节器的指针慢慢转回至零点，然后关闭电源。⑤等转动盘自行停止转动后，将离心机盖打开，取出离心管。取出离心管时应小心，勿使已经沉淀的物质又因震动而上升。⑥使用离心机时，如发现离心机震动，且生杂音，则是内部重量不平衡；若发现有金属音，则往往表示内部试管破裂，应立即停止使用，进行检查。

六、超速离心机

超速离心机比一般离心机转速高，转速每分钟可达到50 000转以上，微生物实验室用作病毒的提纯、浓缩，测定沉降速率与病毒颗粒的大小和浮密度等。

1. 常用超速离心机的类型　常用的超速离心机有下列两种类型。

(1) 斜角离心机：离心转头大约与中轴呈28°角。这种离心机效能较高，可用于沉降多种病毒。离心速率一般都以每分钟转数来表示。也可以用相对离心力(g)来表示。

(2) 涡轮型离心机：属小型离心机，其涡轮上有翼片，受压缩空气的冲击而转动涡轮。最高速度达到50 000～60 000r/min，但仅可分离少量材料。

2. 超速离心机的使用方法　现以英国“MSE”超速离心机为例(附图2-3)，说明一般超速离心机的使用方法。

(1) 根据仪器使用说明和要求，安装时应特别注意机体稳固，保持离心机在水平位置上转动。使用前应全面检查各项安装使用要求，若无问题方可启用。

附图2-3　“MSE”超速离心机

(引自崔保安，2005)

(2) 一个离心机有几个转头，根据需要和用途，选择合适的转头安装在转轴上。

(3) 取出离心管和管套，装入所要离心的材料，在天平上称量准确，再对应地放入转头中，盖好离心池上边的盖。

(4) 调节离心池的温度控制器到所要求的温度，再接通电源，打开总开关，启动压缩机。当离心池温度到达要求的温度后，抽气机自动工作。这时把时间控制旋钮按逆时针方向转动到“0”，速度控制旋钮转到启动和增速位置，再把控制离心机转动的旋钮转到自控或手控位置。

(5) 当离心池抽成真空时，抽气机自停而转头自动启动。当离心速度达到所需速度时，再把速度控制旋钮转到维持速度，把时间控制旋钮转到所需要的时间位置。

(6) 离心时间结束时，离心机会自动减速停下来。离心池进气后方可打开离心池盖，小心地取出离心管。

(7) 工作完后，全面检查，切断电源。

七、电热恒温水浴锅

电热恒温水浴锅主要用于温热化学药品、融化培养基、灭活血清等。使用方法及注意事项如下：使用时，必须先在锅内加水，可按需要的温度加入热水，以缩短加热时间。接通电源，绿灯亮；锅内加温，红灯亮。观察温度计是否已升到所需要的温度，如锅内温度不够，而红灯已灭，应旋转调节器旋钮来进行调节。顺时针方向旋转，红灯亮，即接通锅内电热管使之加温；逆时针方向转动，红灯灭，即断电降温。如锅内温度和所需要的温度相差有限，要微微转动达到恒温。倘要锅内水温达 100℃做沸水蒸馏用时，可将调节旋钮转至终点。但不可加水过多，以免沸腾时水量溢出锅外。应注意锅内水量不能少于最低水位(即不能使锅内电热管露出水面)，以免烧坏电热管。在锅内中的铜管内装有玻璃棒，切勿碰撞和剧烈振动，以免碰断。

八、高压灭菌器

高压灭菌器是根据沸点与压强成正比的原理而设计的(附图 2-4 和附表 2-1)，其灭菌效果较流通蒸汽灭菌器好。通常在 121.3℃下灭菌 15～20min 可将一般细菌和芽胞完全杀死。

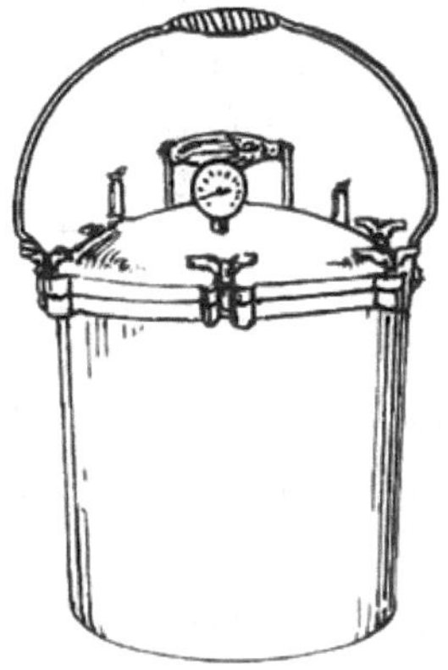

附图 2-4　手提式高压灭菌器(引自崔保安，2005)

附表 2-1　压力与沸点的关系(引自崔保安，2005)

压力/(lbf/in)	沸点/℃	压力/(lbf/in)	沸点/℃	压力/(lbf/in)	沸点/℃	压力/(lbf/in)	沸点/℃
1	102.3	7	111.7	13	119.1	19	12 620
2	104.2	8	113.0	14	120.2	20	128.10
3	1 057	9	114.3	15	121.3	21	129.3
4	107.3	10	1 156	16	122.4	22	1 315
5	1 088	11	116.8	17	12 330	23	133.1
6	110.3	12	1 180	18	12 430	24	134.6

注: 1lbf/in=6894. 72Pa。

高压灭菌器的用法及其注意事项如下：①在灭菌器内加入适量的水，约近金属隔板处。②将灭菌物品包扎好，小心放于隔板上。③将盖盖好，扭紧螺旋，关闭气门。④在灭菌器下加热，但勿使温度上升过快，以免玻璃器皿破裂。⑤压强器指针上升至(1.38～2.01)×10^4Pa(3.45×10^4Pa 以内)时徐徐打开气门，排出器内所存留的空气，直至排出的蒸汽内不夹杂空气为止，然后关紧气门。⑥压强上升至所需压强时开始计时，并将热源调节至恰能维持所需要的压强为度。达到规定时间后撤去热源。⑦待灭菌器中压力自行降至零，方可将气门慢慢打开，放气、排气完毕后，开盖取出被灭菌物品，气未排完前切不可开盖。⑧将灭菌器内的水放出，并做必要的清洗。

九、流通蒸汽灭菌器

流通蒸汽灭菌器简称蒸气灭菌器，亦称阿诺德(Arnold)氏灭菌器(附图 2-5)，其原理是用流通蒸汽杀灭病菌。这种灭菌器的温度最高达 100℃，通常用于消毒不耐高热的材料如筋胶和含牛奶、糖类的培养基等。其用法如下：①在灭菌器的底部加水，由水孔进入盛水腔，水量以不淹没隔板为度。②置灭菌材料于内腔横膈板上，将内外层的门关好。③在盛水腔下

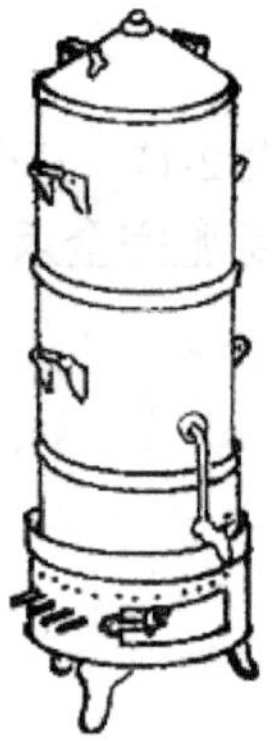

附图 2-5　阿诺德氏流动蒸汽灭菌器(引自崔保安，2005)

加热。④温度上升至一定高度(通常为沸点)后维持一定时间(通常为 30～60min)，停止加热。待灭菌器内温度下降至室温后，再将被灭菌材料取出。⑤若用间歇灭菌法，则材料取出变冷后，应放入温箱内使其中存在的芽胞萌发，第 2 天再灭菌 1 次，复置温箱中使残余的芽胞萌发；第 3 天再灭菌 1 次，即将一般细菌芽胞和繁殖体完全杀死。

十、细 菌 滤 器

细菌滤器，又称滤器，是微生物实验室中不可缺少的一种仪器，可以用来去除糖溶液、血清、腹水、某些药物等不耐热液体中的细菌，也可用来分离病毒以及测定病毒颗粒的大小等。

1. 滤器的种类　常用的滤器有伯克菲滤器、姜伯朗滤器、蔡氏滤器、玻璃滤器以及火棉胶滤器和纤维素膜滤器等。

(1) 伯克菲(Berkefeld)滤器：用砂藻土制成，有金属接头，带负电荷，有 3 种：① V 级是粗孔径(8～12μm)，用于粗滤，排除一些细菌及悬液中的大颗粒；② N 级是中孔径(5～7μm)，能阻止大多数细菌，几乎可以滤过所有的病毒，最常用；③ W 级是孔径最细的(3～4μm)，可阻留所有的细菌，也可以阻留 70～150nm 大的病毒。

(2) 姜伯朗(Chambertand)滤器：由无釉瓷制成，为一整体，无金属接头，所以不易有泄漏，是其优点。按孔径分 9 级：t_1、L_1Bir、L_2、L_3、L_5、L_7、L_9、L_{11} 和 L_{13}，以 L_1 孔径最大，L_{13} 最小。L_1 级相当于伯克菲滤器的 V 级，L_3 相当于 N 级，L_{13} 相当于 W 级。

(3) 蔡氏(Seitz)滤器：是用金属将石棉板夹在中间，作为滤过器使用，每次换一块石棉板。石棉板按孔径大小有两种：K 型(粗)，可作澄清用；EK 型(细)，能阻止细菌通过。如要减低其滤过性，一次可用两层石棉板。石棉板带正电荷。

(4) 玻璃滤器：全部由玻璃制成(附图 2-6)，使用较方便，但滤孔易于堵塞是其缺点。孔径大小 0.5～250μm，分为 G_1、G_2、G_3、G_4、G_5、G_6 6 种规格。常用型号为 G_5、G_6，均能阻挡细菌通过，常用它滤过病毒。G_5 孔径为 1.5～2.5μm,G_6 孔径为 1.5μm。

2. 影响滤器滤过的因素　滤过效率取决于病毒的大小、病毒量的多少、滤器的孔径、滤器表面电荷的性质、病毒表面电荷的性质、抽滤时负压的大小、悬液的黏稠度、悬液的 pH 及滤过时间等因素。因此，要成功地进行滤过，必须事先了解滤器的性能和滤液的性质。由于影响过滤效率的因素比较复杂，一般滤过时多选用比病毒颗粒大些的滤孔滤器。

过滤病毒悬液时，常遇到的困难是表面电荷的干扰。当病毒颗粒与滤膜表面电荷相异时，则病毒颗粒仅少部分通过滤膜，大部被滤膜所吸附，致使病毒不能滤过。为了克服这个困难，就必须加大病毒悬液的病毒浓度，否则滤过的病毒过少或不能滤过。

附图 2-6　玻璃滤器
(引自甘肃农业大学，1980)

3. 滤器的使用　将清洁的滤器、滤瓶等分别用纸包装后，灭菌 20min。以无菌操作法将滤器与滤瓶装妥，并使滤瓶的侧管与抽气机的抽气橡皮管相连(或中间安装压力计及缓冲空瓶)。倒入滤器液，开动抽气机，使滤瓶中压力渐减，滤液流入滤瓶或滤瓶内的试管内。滤毕，关闭抽气机。先将抽气机的抽气橡皮管从滤瓶侧管处拔下，再开启滤瓶的橡皮塞。迅速以无菌操作取出瓶中滤液，移至无菌玻璃容器内。若滤瓶中装有试管，则将盛有滤液的试管取出加塞即可。

十一、冻　干　机

冻干机是供冻干菌种、毒种、补体、疫苗、药物等使用的机器，主要由真空干燥机、真空泵、压力计、真空度检验枪等组成(附图 2-7)。冷冻真空干燥，即将保存的物质放在玻璃容器内，在低温中迅速冷冻，然后用抽气机抽去容器内的空气，使冰冻物质中的水分直接升华而干燥。这样，微生物在冻干状态下可以长期保存而不致失去活力。

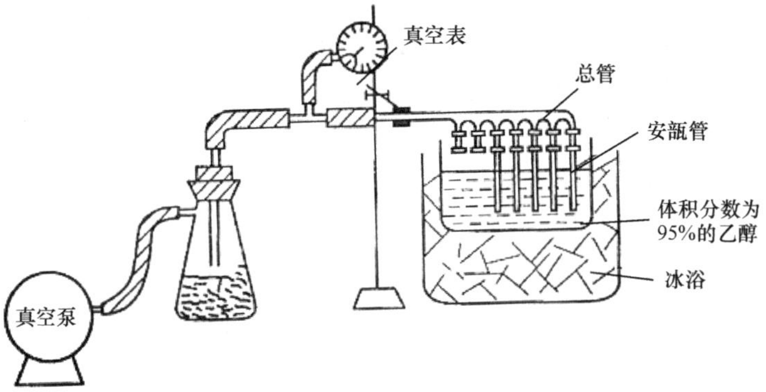

附图 2-7　真空冷冻干燥装置(引自黄青云，2009)

冷冻真空干燥机的使用方法如下：①首先检查冻干系统各部件连接是否严密，将干燥剂(氯化钙、硫酸钙、五氧化二磷等)放在干燥盘上。②将要冻干的物质，定量分装于无菌的安瓿内，每安瓿 0.1～0.5mL，放于–20℃以下的低温冰箱中迅速冷冻 10～30min。③将冻好的安瓿放在干燥剂上，关闭冻干机盖，打开抽气机连续抽气 6～8h。当压力降至 0.203×10^5Pa 以下时，干燥即告完毕，关闭抽气机。④取出干燥剂上的安瓿，存放于干燥器内，待封口。将干燥后的安瓿取出 8 支，安装在冻干机上的 8 个橡皮管上，打开抽气机 10～30min，安瓿内气压很快降至 0.203×10^5Pa 以后，以细火焰在安瓿颈中央部封口。如此连续，进行干燥和封口。⑤封口的安瓿再用真空度检查枪在其玻璃面附近检查，呈现蓝紫色荧光者，表示合格。⑥工作完后，将冻干机内的干燥剂取出，重新干燥备用。

十二、超净工作台

现代的微生物学实验技术的普及使传统单一的酒精灯已不能满足无菌的需要，而使用超净工作台可明显地减少污染的机会。超净工作台的英文名为 laminar flow cabinet，译名为层流室，简称净化台或 hood。超净工作台是目前已普遍应用的无菌操作装置，其原理是：利用鼓风机，驱动空气通过高效空气微粒滤层(high efficiency particulate air filter，HEPA)净化后，徐徐通过工作台面，在操作场地形成无菌环境，如附图 2-8 所示。净化台按气流方向的不同可分为两种类型。

(1) 外流式：净化的气流朝操作者方向流动，保证外方气流不能混入，保持工作面无菌，但对操作者无保护作用，特别是在进行有害物质实验时。外流式净化台很少被实验室采用。

(2) 侧流式：即净化后气流从上向下流向工作台面，或气流从左至右通过工作台面流向对侧，形成气流屏障，将操作者与台面完全隔开，既可保持台面无菌，又可保证操作者免受病菌或毒物的侵害。室内空气经净化台前下部网格被抽入，与从净化台内抽入的空气完全混合，再从净化台后部循环至上部。在这里，30%的空气通过一层 HEPA 滤层返回室内，另外 70%的气体经另一层 HEPA 滤层过滤后垂直向下进入净化台的操作室内，以 0.4m/s 的速度，形成气流屏障，有效地将操作者与操作面隔开(附图 2-8)。

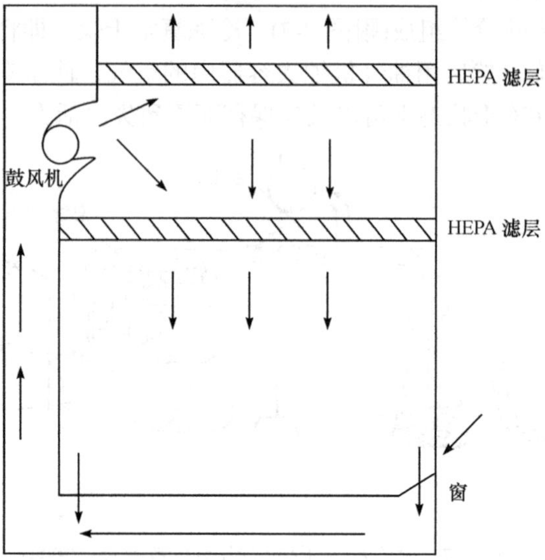

附图 2-8　侧流垂直式净化台工作原理示意图(引自唐丽杰，2005)

使用时应注意：①使用时应提前 50min 开机，同时打开紫外线杀菌灯，处理操作区内表面积累的微生物，30min 后关闭紫外线杀菌灯，打开紫外杀菌灯，同时启动风机；②操作区内不许存放不必要的物品，以保证操作区的洁净气流流畅不受干扰；③每周应对操作区环境进行一次消毒，同时用乙醇等有机溶剂纱布揩擦紫外线杀菌灯，保持其表面洁净，以保证杀菌效果；④不论何种类型的净化台，都要经常检查 HEPA 滤膜层是否发生阻塞。一旦感到气流变弱，如台面上的酒精灯火焰不动，说明滤层已发生阻塞，应请维修人员进行检修，及时更新滤层。

附录三　常用培养基的配制

1. 肉浸液肉汤

(1) 成分：绞碎牛肉 500g，蛋白胨 10g，磷酸氢二钾 2g，氯化钠 5g，蒸馏水 1000mL。

(2) 制法：将绞碎去筋膜无油脂的牛肉 500g 加蒸馏水 1000mL，混合后在冰箱中过夜，除去液面的浮油，水浴煮沸 30mim，使肉渣完全凝结成块，用纱布过滤并挤压、收集全部滤液，加水补足原量。加入蛋白胨、氯化钠和磷酸盐，溶解后调节 pH 至 7.4～7.6。煮沸、过滤，分装，121℃高压灭菌 30min。

(3) 用途：一般细菌培养用。

2. 营养琼脂

(1) 成分：肉汤 1000mL，蛋白胨 10g，磷酸氢二钾 1g，氯化钠 5g，琼脂 20～30g。

(2) 制法：先将琼脂剪碎，用冷水洗净后加入肉汤中，按需要补充水分，加热熔化，调节 pH 至 7.4～7.6，用纱布夹棉花过滤至透明。分装试管或三角瓶。121℃高压灭菌 20min，灭菌后，试管摆成斜面。

(3) 用途：一般细菌的分离培养、纯培养、观察菌落性状及保存菌种用，是特殊培养基的基础。

3. 鲜血琼脂

(1) 成分：营养琼脂，脱纤维鲜血(马、绵羊、牛、家兔)5%～8%。

(2) 制法：将灭菌的营养琼脂加热熔化，冷至 45～50℃时，加入无菌脱纤维鲜血 5%～8%，分装试管，摆成斜面或倾注平皿。待凝固后，置 37℃培养 1 天，有污染者废弃，无菌者保存于冰箱中备用。

(3) 用途：用于分离培养和保存菌种。

无菌脱纤维鲜血是以无菌手术采取健康动物(马、绵羊、牛用颈静脉采血，家兔用心脏采血)血液，加到盛有玻璃珠的三角瓶内，振摇 5～10min，置冰箱中备用。

4. 半固体培养基

(1) 成分：肉汤培养基(pH7.4～7.6)100mL，琼脂 0.3g。

(2) 制法：将琼脂加入肉汤培养基中加热融化，调节 pH 至 7.6，滤过后分装于试管内，高压灭菌 20～30min，做成高层，经无菌检查合格后，置冰箱中保存备用。

(3) 用途：菌种保存，观察细菌的运动性。

5. 明胶培养基

(1) 成分：普通肉汤 100mL，明胶 12～15g(冬天少用，夏天多用)。

(2) 制法：将上述成分加热熔化，调节 pH 至 7.6，趁热过滤，分装试管，灭菌，经无菌检验合格的保存于冰箱内备用。

6. 乳糖胆盐发酵培养基

(1) 成分：蛋白胨 20g，猪胆盐(或牛、羊肠盐)5g，乳糖 10g，0.04%溴甲酚紫水溶液 25mL，蒸馏水 1000mL。

(2) 制法：将蛋白胨、胆盐及乳糖溶于水中，调节 pH 至 7.4，加入指示剂，每管分装 10mL，并先放入一个倒立的小管，115℃高压灭菌 15min。

注：双料乳糖胆盐发酵管除蒸馏水外，其他成分加倍。

7. 乳糖发酵培养基

(1) 成分：蛋白胨 20g，乳糖 10g，0.04%溴甲酚紫水溶液 25mL，蒸馏水 1000mL。

(2) 制法：将蛋白胨及乳糖溶于水中，调节 pH 至 7.4，加入指示剂，按检验要求分装 30mL、10mL 或 3mL，并放入一个倒立的小管，115℃高压灭菌 15min。

注：①双料乳糖发酵除蒸馏水外，其他成分加倍。②30mL 和 10mL 乳糖发酵管专供酱油及酱类检验用，3mL 乳糖发酵管供大肠菌群证实试验用。

8. 缓冲蛋白胨水(BP)

(1) 成分：蛋白胨 10g，磷酸二氢钾 1.5g，磷酸氢二钠($Na_2HPO_4 \cdot 12H_2O$)9g，氯化钠 5g，

蒸馏水 1000mL。

(2) 制法：按上述成分称好后，装入大烧瓶，121℃高压灭菌 15min。用时无菌分装，每瓶 225mL。

注：本培养基供沙门菌培养前增菌用。

9. 氯化镁孔雀绿增菌液(MM)

(1) 成分。甲液：胰蛋白胨 5g，氯化钠 8g，磷酸二氢钾 1.6g，蒸馏水 1000mL。

乙液：氯化镁(化学纯) 40g，蒸馏水 100mL。

丙液：0.4%孔雀绿水溶液。

(2) 制法：分别按上述成分配好后，121℃高压灭菌 15min 备用。临用时取甲液 90mL、乙液 9mL、丙液 0.9mL，以无菌操作混合即可。

注：本培养基亦称为 Rappaprt10(R10)增菌液。

10. 四硫磺酸钠煌绿增菌液(TTB)

(1) 成分。基础培养基：胨 5g，胆盐 1g，碳酸钙 10g，硫代硫酸钠 30g，蒸馏水 1000mL。

碘溶液：碘 6g，碘化钾 5g，蒸馏水 20mL。

(2) 制法：将基础培养基的各成分加入蒸馏水中，加热溶解，每瓶分装 100mL。分装时应随时振摇，使其中的碳酸钙混匀。121℃高压灭菌 15min。临用时每 100mL 基础培养基中加入碘溶液 2mL、0.1%煌绿溶液 1mL。

11. 亚硒酸盐胱氨酸增菌液(SC)

(1) 成分：蛋白胨 5g，乳糖 4g，亚硒酸氢钠 4g，磷酸二氢钠 4.5g，L-胱氨酸 0.01g，蒸馏水 1000mL。

(2) 制法：将除亚硒酸氢钠和 L-胱氨酸以外的各成分溶解于 900mL 蒸馏水中，加热煮沸，冷却后备用。另将亚硒酸氢钠溶解于 100mL 蒸馏水中，加热煮沸，冷却后以无菌操作与上液混合。再加入 1%L-胱氨酸-氢氧化钠溶液 1mL。分装于灭菌瓶中。每瓶 100mL，pH 应为 7.0±0.1。

注：1%L-胱氨酸-氢氧化钠溶液的配法是称取 L-胱氨酸 0.1g(或 DL-胱氨酸 0.2g)，加 1mol/L 氢氧化钠 1.5mL，使其溶解，再加入蒸馏水 8.5mL 即成。

12. GN 增菌液

(1) 成分：胰蛋白胨 20g，葡萄糖 1g，甘露醇 2g，柠檬酸钠 5g，去氧胆酸钠 5g，磷酸氢二钠 4g，磷酸二氢钾 1.5g，氯化钠 5g，蒸馏水 1000mL。

(2) 制法：按上述成分配好，加热使其溶解，调节 pH 至 7.0。每瓶分装 225mL，115℃高压灭菌 15min。

13. 肠道菌增菌肉汤

(1) 成分：蛋白胨 10g，葡萄糖 5g，牛胆盐 20g，磷酸氢二钠 8g，磷酸二氢钾 2g，煌绿 0.015g，蒸馏水 1000mL。

(2) 制法：将上述成分按量配好，加热熔解，调节 pH 至 7.2。每瓶分装 30mL，115℃高压灭菌 15min。

14. HE 琼脂

(1) 成分。基础液：肘胨 12g，牛肉膏 3g，乳糖 12g，蔗糖 12g，水杨苷 2g，胆盐 20g，氯化钠 5g，琼脂 10～20g，0.4%溴麝香草酚蓝溶液 16mL，蒸馏水 1000mL。

Andrade 指示剂：酸性复红 0.5g，1mol/L 氢氧化钠溶液 16mL，蒸馏水 100mL。将复红溶解于蒸馏水中，加入氢氧化钠溶液，数小时后如复红褪色不全，再加氢氧化钠溶液 1～2mL。

甲液：硫代硫酸钠 34g，柠檬酸铁铵 4g，蒸馏水 100mL。

乙液：去氧胆酸钠 10g，蒸馏水 100mL。

(2) 制法：将基础液 8 种成分溶解于 400mL 蒸馏水内作为基础液，将琼脂加入于 600mL 蒸馏水内，加热融化。加入甲液 20mL 和乙液 20mL 于基础液内，调节 pH 至 7.5。再加入 Andrade 指示剂 20mL，并与琼脂液合并，待冷至 50～55℃，倾注平板。

注：此培养基不可高压灭菌。

15. SS 基础培养基

(1) 成分：牛肉膏 5g，肘胨 5g，三号胆盐 3.5g，琼脂 17g，蒸馏水 1000mL。

(2) 制法：将牛肉膏、肘胨和胆盐溶解于 400mL 蒸馏水中，将琼脂加入于 600mL 蒸馏水中，煮沸使其融化，再将两液混合，121℃高压灭菌 15min，保存备用。

16. SS 完全培养基

(1) 成分：基础培养基 1000mL，乳糖 10g，柠檬酸钠 8.5g，硫代硫酸钠 8.5g，10%柠檬酸铁溶液 10mL，1%中性红溶液 2.5mL，0.1%煌绿溶液 0.22mL。

(2) 制法：加热熔化培养基，按此比例加入上述染料以外的各成分，充分混合均匀，调节 pH 至 7.0，加入中性红和煌绿溶液，倾注平板。

注：制好的培养基宜当日使用，或保存于冰箱内于 48h 内使用；煌绿溶液配好后应在 10 天以内使用；可以购买 SS 琼脂的干燥培养基。

17. 麦康凯琼脂

(1) 成分：蛋白胨 17g，肘胨 3g，猪胆盐(或牛、羊胆盐)5g，氯化钠 5g，琼脂 17g，乳糖 10g，0.01%结晶紫水溶液 10mL，0.5%中性红水溶液 5mL，蒸馏水 1000mL。

(2) 制法：将蛋白胨、肘胨、胆盐和氯化钠溶解于 400mL 蒸馏水中，调节 pH 至 7.2。将琼脂加入于 600mL 蒸馏水中，加热融化。将两液合并，分装于烧瓶内，121℃高压灭菌 15min 备用。临用时，加热融化琼脂，趁热加入乳糖。冷至 50～55℃时，加入结晶紫和中性红水溶液，摇匀后倾注平板。

注：结晶紫及中性红水溶液配好后需经高压灭菌。

18. 伊红美蓝琼脂(EMB)

(1) 成分：蛋白胨 10g，乳糖 10g，磷酸氢二钾 2g，琼脂 17g，2%伊红溶液 20mL，0.65%美蓝溶液 10mL，蒸馏水 1000mL。

(2) 制法：将蛋白胨、磷酸盐和琼脂溶于蒸馏水中，调节 pH 至 7.1，分装于烧瓶内，121℃高压灭菌 15min 备用。临用时，加入乳糖并加热熔化琼脂，冷却至 50～55℃，加入伊红和美蓝溶液，摇匀，倾注平板。

19. 三糖铁琼脂

(1) 成分：蛋白胨 20g，牛肉膏 5g，乳糖 10g，蔗糖 10g，葡萄糖 1g，氯化钠 5g，硫酸亚铁铵 0.2g，硫代硫酸钠 0.2g，酚红 0.025g，琼脂 12g，蒸馏水 1000mL。

(2) 制法：将除琼脂和酚红以外的各成分溶解于蒸馏水中，调节 pH 至 7.4。加入琼脂，加热煮沸熔化。加入 0.2%酚红水溶液 12.5mL，摇匀。分装试管，装量宜多些，以便得到较高的底层。121℃高压灭菌 15min。放置高层斜面备用。

20. 三糖铁琼脂(换用方法)

(1) 成分：蛋白胨 15g，肘胨 5g，牛肉膏 3g，酵母膏 3g，乳糖 10g，蔗糖 10g，葡萄糖 1g，氯化钠 5g，硫酸亚铁 0.2g，硫代硫酸钠 0.3g，琼脂 12g，酚红 0.025g，蒸馏水 1000mL。

(2) 制法：同“18. 伊红美蓝琼脂 EMB”。

21. 血消化汤

(1) 成分：绞碎猪胃 100g，绞碎猪血块 100g，磷酸二氢钾 1g，2mol/L 碳酸钠溶液 50mL，浓盐酸 10mL，蒸馏水 1000mL。

(2) 制法：洗涤猪胃，除去油脂，保留胃黏膜，用绞肉机绞碎；用绞肉机将猪血块绞碎；将蒸馏水加热至 55℃，加入猪胃、猪血块和盐酸置 55℃水浴中 24h，常加以摇动；从水浴锅内取出，加入 1mol/L 碳酸钠液 5mL，煮沸 10min，置于冰箱内过夜；吸取上层清液，加磷酸氢二钾 1g，加热至 75℃，加入 1mol/L 碳酸钠溶液 45mL，煮沸，调节 pH 为 7.2～7.4；用滤纸过滤，分装入烧瓶，121℃高压灭菌 20min。

注：本培养基不含糖，可用作鉴别培养基的基础，不需加蛋白胨和氯化钠。1mol/L 碳酸钠溶液的配方：无水碳酸钠 106g，溶于 1000mL 蒸馏水中。

22. 克氏双糖铁琼脂

(1) 成分。下层：血消化汤(pH 为 7.6)500mL，琼脂 2g，葡萄糖 1g，0.2%酚红溶液 5mL。

上层：血消化汤(pH 为 7.6)500mL，琼脂 6.5g，硫代硫酸钠 0.1g，硫酸亚铁铵 0.1g，乳糖 5g，0.2%酚红溶液 5mL。

(2) 制法：取血消化汤按上层和下层的琼脂用量，分别装入琼脂，加热融化；分别加入其他各种成分。上层培养基分装于烧瓶内；将下层培养基分装于灭菌试管内(12mm×100mm)，每管约 2mL。高压灭菌 15min。将上层培养基放在 56℃水浴锅内保温；将下层培养基室温直立放置，使其凝固。待下层培养基凝固后，以无菌操作将上层培养基分装于下层培养基的上面，每管约 1.5mL，放成斜面。

23. 克氏双糖铁琼脂(换用方法)

(1) 成分：蛋白胨 20g，牛肉膏 3g，酵母膏 3g，乳糖 10g，葡萄糖 1g，氯化钠 5g，柠檬酸铁铵 0.5g，硫代硫酸钠 0.5g，琼脂 12g，酚红 0.025g，蒸馏水 1000mL。

(2) 制法：同“18. 伊红美蓝琼脂 EMB”。

24. 动力-硝酸盐培养基(A 法)

(1) 成分：蛋白胨 5g，牛肉膏 3g，硝酸钾 1g，琼脂 3g，蒸馏水 1000mL。

(2) 制法：加热溶解，调节 pH 至 7.0。分装试管，每管 10mL，121℃高压灭菌 15min。

25. 动力-硝酸盐培养基(B 法)

(1) 成分：蛋白胨 5g，牛肉膏 3g，硝酸钾 5g，磷酸氢二钠 2.5g，半乳糖 5g，甘油 5g，琼脂 3g，蒸馏水 1000mL。

(2) 制法：将上述各成分混合，加热溶解，调节 pH 为 7.4，分别装试管，121℃高压灭菌 15min。

26. 马丁氏肉汤

(1) 成分：猪胃数个，过滤清水(普通水)150mL，纯盐酸 15mL。

(2) 制法：取猪胃去掉筋膜及脂肪，以绞肉机绞碎，每 300g 猪胃加盐酸 15mL、蒸馏水 150mL，于 50℃消化 24h(每小时搅拌 1～2 次)，取出后加热至 80℃，使消化作用停止，并用

NaOH 中和，调 pH 至 7.2。用滤纸过滤，分装试管或小三角烧瓶，高压灭菌 15min。

27. 察氏培养基

(1) 成分：硝酸钠 3g，磷酸氢二钾 1g，硫酸镁 0.5g，氯化钾 0.5g，硫酸亚铁 0.01g，蔗糖 30g，琼脂 20g，蒸馏水 1000mL。

(2) 制法：加热溶解，分装后 121℃灭菌 20min。

(3) 用途：青霉、曲霉鉴定及保存菌种用。

28. 马铃薯葡萄糖琼脂(PDA)

(1) 成分：马铃薯(去皮切块)300g，葡萄糖 20g，琼脂 20g，蒸馏水 1000mL。

(2) 制法：将马铃薯去皮切块，加 1000mL 蒸馏水，煮沸 10～20min。用纱布过滤后加蒸馏水至 1000mL。加入葡萄糖和琼脂，加热融化，分装，121℃高压灭菌 20min。

(3) 用途：分离培养霉菌。

29. 马铃薯琼脂

(1) 成分：马铃薯(去皮切块) 200g，琼脂 20g，蒸馏水 1000mL。

(2) 制法：同“28. 马铃薯葡萄糖琼脂(PDA)”。

(3) 用途：鉴定霉菌用。

30. Elek 氏培养基(毒素测定用)

(1) 成分：肘胨 20g，麦芽糖 3g，乳糖 0.7g，氯化钠 5g，琼脂 15g，40%氢氧化钠溶液 1.5mL，蒸馏水 1000mL。

(2) 制法：用 500mL 蒸馏水溶解除琼脂外的成分，煮沸，并用滤纸过滤。用 1mol/L 氢氧化钠调节 pH 至 7.8。用另外 500mL 蒸馏水加热融化琼脂。将两液混合，各分装于试管 10mL 或 20mL。121℃高压灭菌 15min。临用时，加热融化琼脂，倾注平板。

31. 胰蛋白胨水

(1) 成分：胰蛋白胨 10g，蒸馏水 1000mL。

(2) 制法：将上述成分溶解，调节 pH 至 7.0。分装试管，121℃高压灭菌 15min。

32. 3.5%氯化钠三糖铁琼脂

(1) 成分：三糖铁琼脂 1000mL，氯化钠 30g。

(2) 制法：按“18. 伊红美蓝琼脂(EMB)”或“19. 三糖铁琼脂”配制三糖铁琼脂，再加入氯化钠 30g，分装试管，121℃高压灭菌 15min。放置成高层斜面备用。

33. 牛肉(或牛心)消化汤

(1) 成分：绞碎牛肉(或牛心)1000g，15%氢氧化钠溶液 27mL，胰蛋白酶 40mL，氯仿 1mL，氯化钠 10g，蒸馏水 200mL。

(2) 制法：称取碎牛肉，加蒸馏水，水浴加热到 80℃，维持 15min。加氢氧化钠溶液，用 pH 试纸检验呈弱碱性，冷却至 40℃。加胰蛋白酶、氯仿，在(36±1)℃放置 4～5h，每小时摇动 1～2 次。4h 后，吸取上层液 5mL 于试管中，加 1%硫酸铜溶液 0.1mL、4%氢氧化钠溶液 5mL，混合。若呈红色，则不需再消化，可由温箱取出。加入 15%乙酸溶液 45mL，用 pH 试纸检验呈酸性。煮沸 15min，使胰蛋白酶破坏，冷却后放冰箱内过夜。次日吸取上层清液，加氯化钠 10g，并加水补足原量，煮沸。调节 pH 至 7.0～7.6(加 15%氮氢氧化钠液约 10mL)，加热，用滤纸过滤，分装烧瓶，121℃高压灭菌 20min。

注：①此培养基可作为琼脂培养基的基础，不需要加蛋白胨。②胰蛋白酶的配制，称取

去脂绞碎的猪胰脏 500g，加入乙醇 500mL，蒸馏水 1500mL，混合，装入玻璃瓶内。每日振摇 3 次，3 天后，用纱布过滤，挤出其汁液，加盐酸至 0.05%，放冰箱内保存备用。

34. 0.1%蛋白胨水稀释剂

(1) 成分：蛋白胨 1g，蒸馏水 1000mL。

(2) 制法：蛋白胨溶解于蒸馏水中，调节 pH 至 7.0，121℃灭菌 15min。

附录四　常用染色液的配制

染料有很多种，可分为酸性染料和碱性染料两大类。酸性染料与细胞质结合性较好，宜于染原虫和组织细胞；碱性染料与核质结合性较好，宜于细菌等微生物的染色。常用的酸性染料有伊红，碱性染料有美蓝(次甲基蓝或亚甲蓝)、碱性复红、结晶紫、沙黄、孔雀绿等。两类染料可以单用，也可联合应用。

一、染料原液的配制

将染料先配成饱和溶液，以作原液贮备，方便用时按浓度折算稀释即可。常用染料饱和溶液的配制见附表 4-1。

附表 4-1　几种常用染料在水和乙醇中的溶解度(引自黄青云，2009)

染料名称	溶解度/(g/100mL)	
	水	乙醇(95%)
结晶紫(crystal violet)	1.7	13.9
碱性复红(basic fuchsin)	1.13	3.2
美蓝(methylene blue)	3.55	1.48
沙黄(safranine)	5.45	3.41
孔雀绿(malachite green)	7.6	7.52

二、常用染色液的配制

1. 骆氏美蓝染色液　甲液：美蓝 0.3g，95%乙醇 30mL；乙液：0.01%氢氧化钾溶液 100mL。甲液与乙液混合即成。

2. 1%美蓝乙醇溶液　美蓝 1g，95%乙醇 100mL，充分混合溶解即成。

3. 革兰染色液

(1) 草酸铵结晶紫染液。甲液：结晶紫 2.0g，95%乙醇 20mL；乙液：草酸铵 0.8g，蒸馏水 80mL。用时先以蒸馏水将甲液稀释 5 倍，然后加 20mL 于 80mL 乙液中，混合即成。

(2) 革兰碘溶液。碘片 1g，碘化钾 2g，蒸馏水 300mL。先将碘化钾置于干净的乳钵中，加入蒸馏水少许(约 5mL)，待碘化钾完全溶解后，再加入碘片，略作研磨，使碘片完全溶解，然后徐徐加水，充分混匀，直至足量。切忌将碘与碘化钾一起直接加入瓶中，一次加水配制，这样，碘片不能完全溶解而影响碘的浓度。

(3) 95%乙醇。

(4) 复染色液。可用碱性复红液、沙黄液或稀释的石炭酸复红液。碱性复红液：碱性复红 0.1g，蒸馏水 100mL，混合即成。沙黄液：3.41%沙黄乙醇溶液 10mL，蒸馏水 90mL，混合。稀释石炭酸复红液：石炭酸复红液(配法见抗酸染色法) 10mL，蒸馏水 90mL，混合，即成。

4. 抗酸染色液

(1) 石炭酸复红液：3%碱性复红乙醇溶液 10mL，5%石炭酸水溶液 90mL，混合即成。

(2) 盐酸乙醇液：浓盐酸 3mL，95%乙醇 97mL，混合即成。

5. 瑞氏染色液　瑞氏染料粉(内含伊红、美蓝) 0.1g，纯甘油 0.1mL，中性甲醇 60mL。置染料粉于玛瑙乳钵或玻璃乳钵中，充分研磨，再徐徐加入甲醇，边研磨边搅拌，促其溶解，然后盛于棕色玻璃瓶中，置暗处过夜，次日以滤纸滤过后，仍盛于棕色玻瓶中，保存于暗处备用。

6. 吉姆萨染色液　取吉姆萨染料粉(内含伊红、天青) 0.6g，加入甘油 50mL，置于 55～60℃温度中 1.5～2h，再加入甲醇 50mL，静置 1 天以上，滤过后即可；或者取吉姆萨氏染料粉 0.75g，纯甲醇 65mL，纯甘油 35mL，盛于有玻璃珠的玻璃瓶内，充分摇匀，滤过后，贮于有色玻璃瓶中，盖紧，备用。

7. 乳酸石炭酸液(镜检真菌制备标本液)　石炭酸 20g，乳酸 20mL，甘油 40ml，蒸馏水 20mL。按量将上述各成分依次放入玻璃瓶内，于水浴中加热溶解。

8. 乳酸石炭酸棉蓝染色液　在乳酸石炭酸液中加入棉蓝(Cotton blue 或 Methyl blue) 0.05%混合即成。

9. 纽曼染色液(染牛乳涂片用)　美蓝粉 1.12g，乙醇 54mL，四氯乙烷 40mL，冰乙酸 6mL。将乙醇及四氯乙烷先混合于一大玻璃瓶内(注意温度不可高于 70℃)，加入美蓝，并使充分溶解，再徐徐加入冰乙酸，滤过，保存备用。

10. 方吞那螺旋体染色液

(1) 媒染剂：鞣酸 5g，石炭酸 1g，蒸馏水 100mL，混合即成。

(2) 染色液：硝酸银 5g，蒸馏水 100mL。临染色前，取出 3～5mL，徐徐滴入 10%浓氨水，至其生成黑色沉淀，摇振后即又消失为止，再徐徐滴入 5%硝酸银溶液，至液体略呈混浊，摇振后仍不消失为度。

染色法：抹片经火焰固定后，滴媒染剂作用 0.5min，水洗 0.5min 后，滴染色液数滴，置火焰上加热使略生蒸汽经 20～30s；水洗，吸干，镜检，背景为浅棕色，螺旋体呈棕黑色。

11. 柯兹洛夫斯基布氏杆菌染色液　2%沙黄(即番红花红)水溶液，1%孔雀绿水溶液。

染色法：涂片，自然干燥，火焰固定；滴 2%沙黄水溶液，在火焰上加温染色(出现气泡为止)，约 90s；充分水洗 1～2mim，滴 1%孔雀绿水溶液，复染 0.5～1mim，水洗，干燥，镜检。所见布氏杆菌呈红色，而其他菌呈绿色。

附录五　常用试剂及其配制

1. 乳酸苯酚固定液　乳酸 10g，结晶苯酚 10g，甘油 20g，蒸馏水 10mL。

2. 质量分数为 1.6%的溴甲酚紫　溴甲酚紫 1.6g，乙醇 100mL，棕色瓶中保存备用。用做培养基指示剂时，每 1000mL 培养基中加入 1mL 质量分数为 1.6%的溴甲酚紫即可。

3. Alsever's 血细胞保存液 葡萄糖 2.05g，柠檬酸钠 0.8g，NaCl 0.42g，蒸馏水 100mL。以上成分混匀后，微加温使其溶解后，用柠檬酸调节 pH 到 6.1，分装于三角瓶中(30～50mL/瓶)，113℃湿热灭菌 15min，备用。

4. 0.1mol/L $CaCl_2$ 溶液 双蒸馏水 900mL，$CaCl_2$ 11g，定容至 1L，用孔径为 0.22μm 的滤器过滤除菌，或 121℃湿热灭菌 20min。

5. 0.05 mol/L $CaCl_2$ 溶液 双蒸馏水 900mL，$CaCl_2$ 5.5g，定容至 1L，用孔径为 0.22μm 的滤器过滤除菌，或 121℃湿热灭菌 20min。

6. α-淀粉酶活力测定试剂

(1) 碘原液：称取碘 11g、碘化钾 22g，加水溶解，定容至 500mL。

(2) 标准稀碘液：取碘原液 15mL，加碘化钾 8g，定容至 500mL。

(3) 比色稀碘液：取碘原液 2mL，加碘化钾 20g，定容至 500mL。

(4) 质量分数为 2%的可溶性淀粉：干燥可溶性淀粉 2g，以少许蒸馏水混合均匀，再徐徐倾入煮沸的蒸馏水中，继续煮沸 2min，待冷却后定容至 100mL(此液当天配制使用)。

(5) 标准糊精液：分析纯糊精 0.3g，用少许蒸馏水混匀，倾入 400mL 水中，冷却，定容至 500mL，加入几滴甲苯试剂防腐，冰箱保存。

7. pH6.0 磷酸氢二钠-柠檬酸缓冲液 $Na_2HPO_4 \cdot 12H_2O$ 45.23g，柠檬酸($C_6H_8O_7 \cdot H_2O$) 8.07g，加蒸馏水定容至 1000mL。

8. 0.1 mol/L 磷酸缓冲液(pH7.0)

(1) A 液：称取 $Na_2HPO_4 \cdot 12H_2O$ 35.82g，溶于 1000mL 蒸馏水中。

(2) B 液：称取 $Na_2HPO_4 \cdot 12H_2O$ 15.605g，溶于 1000mL 蒸馏水中。

取 A 液 61mL、B 液 39mL，可得到 100mL 0.1mol/L pH7.0 的磷酸缓冲液。

9. 测定乳酸的试剂

(1) pH9.0 缓冲液：300mL 容量瓶中加入甘氨酸 11.4g，质量分数为 24%的 NaOH 2mL，加 275mL 蒸馏水。

(2) NAD 溶液：NAD 600mg 溶于 20mL 蒸馏水中。

(3) L-LDH 溶液：加 5mg L-LDH 于 1mL 蒸馏水中。

(4) D-LDH 溶液：加 2mg D-LDH 于 1mL 蒸馏水中。

10. *Taq* 缓冲液(10×) Tris-HCl(pH8.4) 100mmol/L，KC1 500mmol/L，$MgCl_2$ 15mmol/L，BSA(牛血清蛋白)或明胶 1mg/mL。

11. dNTP 混合液 dATP 50mmol/L，dCTP 50mmol/L，dGTP 50mmol/L，dTTP 50mmol/L。

12. 质量分数为 1%的琼脂糖 琼脂糖 lg，TAE 100mL，100℃溶化后待晾至 40℃倒胶，胶厚度为 4～6mm。

13. TAE Tris 碱 4.84mL，冰乙酸 1.14mL，0.5mol/L pH8.0 的 $EDTA\text{-}Na_2 \cdot 2H_2O$(乙二胺四乙酸钠盐)2mL。

14. 0.5mol/L EDTA(pH8.0) 在 800mL 蒸馏水中加 186.11g EDTA，剧烈搅拌，用 NaOH 调 pH 至 8.0，定容至 1L，分装后 121℃湿热灭菌备用。

15. 硝酸盐还原试剂

(1) 格里斯试剂：A 液：对氨基苯磺酸 0.5g，稀乙酸(体积分数为 10%左右)150mL。

B 液：α-萘胺 0.1g，蒸馏水 20mL，稀乙酸(体积分数为 10%左右)150mL。

(2) 二苯胺试剂：二苯胺 0.5g，100mL 浓硫酸，蒸馏水 20mL。

培养液中滴加 A、B 液后溶液如变为粉红色、玫瑰红色、橙色或棕色等表示有亚硝酸盐还原，反应为阳性。如无色出现，则可加 1～2 滴二苯胺试剂；如溶液呈蓝色，则表示培养液中仍存在有硝酸盐，从而证实该菌无硝酸盐还原作用；如溶液不呈蓝色，则表示形成的亚硝酸盐已进一步还原成其他物质，故硝酸盐还原反应仍为阳性。

附录六　动物病原微生物分类名录

农业部令(第 53 号)

《动物病原微生物分类名录》业经 2005 年 5 月 13 日农业部第 10 次常务会议审议通过，现予公布，自公布之日起施行。

二〇〇五年五月二十四日

动物病原微生物分类名录

根据《病原微生物实验室生物安全管理条例》第七条、第八条的规定，对动物病原微生物分类如下：

一、一类动物病原微生物

口蹄疫病毒、高致病性禽流感病毒、猪水疱病病毒、非洲猪瘟病毒、非洲马瘟病毒、牛瘟病毒、小反刍兽疫病毒、牛传染性胸膜肺炎丝状支原体、牛海绵状脑病病原、痒病病原。

二、二类动物病原微生物

猪瘟病毒、鸡新城疫病毒、狂犬病病毒、绵羊痘/山羊痘病毒、蓝舌病病毒、兔病毒性出血症病毒、炭疽芽胞杆菌、布氏杆菌。

三、三类动物病原微生物

多种动物共患病病原微生物：低致病性流感病毒、伪狂犬病病毒、破伤风梭菌、气肿疽梭菌、结核分枝杆菌、副结核分枝杆菌、致病性大肠杆菌、沙门菌、巴氏杆菌、致病性链球菌、李氏杆菌、产气荚膜梭菌、嗜水气单胞菌、肉毒梭状芽胞杆菌、腐败梭菌和其他致病性梭菌、鹦鹉热衣原体、放线菌、钩端螺旋体。

牛病病原微生物：牛恶性卡他热病毒、牛白血病病毒、牛流行热病毒、牛传染性鼻气管炎病毒、牛病毒腹泻/黏膜病病毒、牛生殖器弯曲杆菌、日本血吸虫。

绵羊和山羊病病原微生物：山羊关节炎/脑脊髓炎病毒、梅迪/维斯纳病病毒、传染性脓疱皮炎病毒。

猪病病原微生物：日本脑炎病毒、猪繁殖与呼吸综合征病毒、猪细小病毒、猪圆环病毒、猪流行性腹泻病毒、猪传染性胃肠炎病毒、猪丹毒杆菌、猪支气管败血波氏杆菌、猪胸膜肺炎放线杆菌、副猪嗜血杆菌、猪肺炎支原体、猪密螺旋体。

马病病原微生物：马传染性贫血病毒、马动脉炎病毒、马病毒性流产病毒、马鼻炎病毒、鼻疽假单胞菌、类鼻疽假单胞菌、假皮疽组织胞浆菌、溃疡性淋巴管炎假结核棒状杆菌。

禽病病原微生物：鸭瘟病毒、鸭病毒性肝炎病毒、小鹅瘟病毒、鸡传染性法氏囊病病毒、鸡马立克氏病病毒、禽白血病/肉瘤病毒、禽网状内皮组织增殖病病毒、鸡传染性贫血病毒、鸡传染性喉气管炎病毒、鸡传染性支气管炎病毒、鸡减蛋综合征病毒、禽痘病毒、鸡病毒性关节炎病毒、禽传染性脑脊髓炎病毒、副鸡嗜血杆菌、鸡毒支原体、鸡球虫。

兔病病原微生物：兔黏液瘤病病毒、野兔热土拉杆菌、兔支气管败血波氏杆菌、兔球虫。

水生动物病病原微生物：流行性造血器官坏死病毒、传染性造血器官坏死病毒、马苏大麻哈鱼病毒、病毒性出血性败血症病毒、锦鲤疱疹病毒、斑点叉尾鮰病毒、病毒性脑病和视网膜病毒、传染性胰脏坏死病毒、真鲷虹彩病毒、白鲟虹彩病毒、中肠腺坏死杆状病毒、传染性皮下和造血器官坏死病毒、核多角体杆状病毒、虾产卵死亡综合征病毒、鳖鳃腺炎病毒、Taura 综合征病毒、对虾白斑综合征病毒、黄头病病毒、草鱼出血病毒、鲤春病毒血症病毒、鲍球形病毒、鲑鱼传染性贫血病毒。

蜜蜂病病原微生物：美洲幼虫腐臭病幼虫杆菌、欧洲幼虫腐臭病蜂房蜜蜂球菌、白垩病蜂球囊菌、蜜蜂微孢子虫、跗腺螨、雅氏大蜂螨。

其他动物病病原微生物：犬瘟热病毒、犬细小病毒、犬腺病毒、犬冠状病毒、犬副流感病毒、猫泛白细胞减少综合征病毒、水貂阿留申病病毒、水貂病毒性肠炎病毒。

四、四类动物病原微生物

危险性小、低致病力、实验室感染机会少的兽用生物制品、疫苗生产用的各种弱毒病原微生物以及不属于第一、二、三类的各种低毒力的病原微生物。

附录七　一、二、三类动物疫病病种名录

(中华人民共和国农业部公告第 1125 号)

为贯彻执行《中华人民共和国动物防疫法》，我部对原《一、二、三类动物疫病病种名录》进行了修订，现予发布，自发布之日起施行。1999 年发布的农业部第 96 号公告同时废止。

特此公告

附件：一、二、三类动物疫病病种名录

二〇〇八年十二月十一日

附件：

一、二、三类动物疫病病种名录

一类动物疫病(17 种)

口蹄疫、猪水疱病、猪瘟、非洲猪瘟、高致病性猪蓝耳病、非洲马瘟、牛瘟、牛传染性胸膜肺炎、牛海绵状脑病、瘙痒病、蓝舌病、小反刍兽疫、绵羊痘和山羊痘、高致病性禽流感、新城疫、鲤春病毒血症、白斑综合征

二类动物疫病(77 种)

多种动物共患病(9 种)：狂犬病、布鲁氏菌病、炭疽、伪狂犬病、魏氏梭菌病、副结核病、

弓形虫病、棘球蚴病、钩端螺旋体病

牛病(8 种)：牛结核病、牛传染性鼻气管炎、牛恶性卡他热、牛白血病、牛出血性败血病、牛梨形虫病(牛焦虫病)、牛锥虫病、日本血吸虫病

绵羊和山羊病(2 种)：山羊关节炎脑炎、梅迪-维斯纳病

猪病(12 种)：猪繁殖与呼吸综合征（经典猪蓝耳病）、猪乙型脑炎、猪细小病毒病、猪丹毒、猪肺疫、猪链球菌病、猪传染性萎缩性鼻炎、猪支原体肺炎、旋毛虫病、猪囊尾蚴病、猪圆环病毒病、副猪嗜血杆菌病

马病(5 种)：马传染性贫血、马流行性淋巴管炎、马鼻疽、马巴贝斯虫病、伊氏锥虫病

禽病(18 种)：鸡传染性喉气管炎、鸡传染性支气管炎、传染性法氏囊病、马立克氏病、产蛋下降综合征、禽白血病、禽痘、鸭瘟、鸭病毒性肝炎、鸭浆膜炎、小鹅瘟、禽霍乱、鸡白痢、禽伤寒、鸡败血支原体感染、鸡球虫病、低致病性禽流感、禽网状内皮组织增殖症

兔病(4 种)：兔病毒性出血病、兔黏液瘤病、野兔热、兔球虫病

蜜蜂病(2 种)：美洲幼虫腐臭病、欧洲幼虫腐臭病

鱼类病(11 种)：草鱼出血病、传染性脾肾坏死病、锦鲤疱疹病毒病、刺激隐核虫病、淡水鱼细菌性败血症、病毒性神经坏死病、流行性造血器官坏死病、斑点叉尾鮰病毒病、传染性造血器官坏死病、病毒性出血性败血症、流行性溃疡综合征

甲壳类病(6 种)：桃拉综合征、黄头病、罗氏沼虾白尾病、对虾杆状病毒病、传染性皮下和造血器官坏死病、传染性肌肉坏死病

三类动物疫病(63 种)

多种动物共患病(8 种)：大肠杆菌病、李氏杆菌病、类鼻疽、放线菌病、肝片吸虫病、丝虫病、附红细胞体病、Q 热

牛病(5 种)：牛流行热、牛病毒性腹泻/黏膜病、牛生殖器弯曲杆菌病、毛滴虫病、牛皮蝇蛆病

绵羊和山羊病(6 种)：肺腺瘤病、传染性脓疱、羊肠毒血症、干酪性淋巴结炎、绵羊疥癣、绵羊地方性流产

马病(5 种)：马流行性感冒、马腺疫、马鼻腔肺炎、溃疡性淋巴管炎、马媾疫

猪病(4 种)：猪传染性胃肠炎、猪流行性感冒、猪副伤寒、猪密螺旋体痢疾

禽病(4 种)：鸡病毒性关节炎、禽传染性脑脊髓炎、传染性鼻炎、禽结核病

蚕、蜂病(7 种)：蚕型多角体病、蚕白僵病、蜂螨病、瓦螨病、亮热厉螨病、蜜蜂孢子虫病、白垩病

犬猫等动物病(7 种)：水貂阿留申病、水貂病毒性肠炎、犬瘟热、犬细小病毒病、犬传染性肝炎、猫泛白细胞减少症、利什曼病

鱼类病(7 种)：鮰类肠败血症、迟缓爱德华氏菌病、小瓜虫病、黏孢子虫病、三代虫病、指环虫病、链球菌病

甲壳类病(2 种)：河蟹颤抖病、斑节对虾杆状病毒病

贝类病(6 种)：鲍脓疱病、鲍立克次体病、鲍病毒性死亡病、包纳米虫病、折光马尔太虫病、奥尔森派琴虫病

两栖与爬行类病(2 种)：鳖腮腺炎病、蛙脑膜炎败血金黄杆菌病